INTRODUÇÃO AO REVIT ARCHITECTURE 2012: CURSO COMPLETO

Elise Moss

Tradução: Angelo Giuseppe Meira Costa (angico)

Do original:
Revit Architecture 2012 Basics: From the Ground Up

Editor: Paulo André P. Marques
Produtora Editorial: Aline Vieira Marques
Diagramação: Ana Lucia Quaresma
Tradução: Angelo Giuseppe Meira Costa (angico)
Capa: Carlos Arthur Candal (Baseada no original)
Assistente Editorial: Laura Santos Souza

FICHA CATALOGRÁFICA

MOSS, Elise.

Introdução ao Revit Architecture 2012: Curso Completo

Rio de Janeiro: Editora Ciência Moderna Ltda., 2012.

1. Informática. 2. Arquitetura
I — Título

ISBN: 978-85-399-0247-7 CDD 001.642
720

Editora Ciência Moderna Ltda.
R. Alice Figueiredo, 46 – Riachuelo
Rio de Janeiro, RJ – Brasil CEP: 20.950-150
Tel: (21) 2201-6662/ Fax: (21) 2201-6896
E-MAIL: LCM@LCM.COM.BR
WWW.LCM.COM.BR **04/12**

Prefácio

O Revit é um software de modelagem paramétrica 3D, usado primariamente para trabalhos de arquitetura. Tradicionalmente, os arquitetos têm sido muito felizes trabalhando em 2D, primeiro no papel, e depois em CAD 2D, geralmente no AutoCAD.

As vantagens de trabalhar em 3D não são inicialmente aparentes para a maioria dos usuários de arquitetura. Os benefícios vêm quando você começar a criar sua documentação e percebe que suas vistas são automaticamente definidas com seu modelo 3D. Seus quadros de esquadria (agendas) e vistas são automaticamente atualizados quando você altera funcionalidades. Você pode explorar seus projetos conceituais mais rapidamente e com mais profundidade.

À medida que mais arquitetos virem e compreenderem as vantagens de criar seus modelos de construção em 3D, o Revit ganhará mais usuários fiéis.

O Revit não fará de você um melhor arquiteto. No entanto, ele permitirá que você comunique suas ideias e projetos mais rápida e facilmente e de forma mais bonita.

O livro é voltado para usuários que não têm nenhuma experiência em modelagem 3D e muito pouca ou nenhuma experiência com o AutoCAD. Presume-se alguma experiência com um computador e no uso da Internet.

Eu me esforcei para tornar este texto tanto quanto possível fácil de entender e livre de erros... No entanto, erros podem estar presentes. Fique à vontade para me enviar email se você tiver qualquer problema com qualquer um dos exercícios ou perguntas sobre o Revit em geral.

Agradecimentos

Um agradecimento especial a James Cowan, Tobias Hathorn, Rick Rundell, Christie Landry e Steve Burri, empregados da Autodesk, que têm a incumbência de apoiar e promover o Revit.

Agradecimentos adicionais para Carl Bass por seu apoio e encorajamento.

Agradecimentos adicionais para Scott Davis, James Balding, Rob Starz, e todos os demais usuários do Revit por aí afora, que me forneceram ideias valiosas sobre a forma como eles usam o Revit.

Obrigada a Stephen Schroff e Mary Schmidt, que trabalharam incansavelmente para levar esses manuscritos até você, o usuário, e fornecer o importante apoio moral de que os autores necessitam.

Minha eterna gratidão ao meu parceiro de vida, Ari, meu maior líder de torcida ao longo dos anos que estamos juntos.

Elise Moss

Sobre a Autora

Elise Moss trabalhou nos últimos 30 anos como designer de mecânica, em Silicon Valey, primariamente na criação de projetos de chapas metálicas. Ela tem escrito artigos para a revista Toplines, da Autodesk, PaperSpace, da AUGI, a DigitalCAD.com e a Tenlinks.com. Ela é presidente da Moss Designs, criando aplicativos e projetos personalizados para clientes corporativos. Ela deu aulas de CAD no DeAnza College, no Silicon Valley College, e para revendedores Autodesk. Atualmente está lecionando CAD na SFSU, no campus do College for Extended Learning e no Laney College, em Oakland. A Autodesk a nomeou como Faculty of Distinction pelo currículo que ela desenvolveu para os produtos da Autodesk. Ela tem bacharelado em Engenharia Mecânica pela San Jose State.

Elise é uma engenheira de terceira geração. Seu pai, Robert Moss, foi engenheiro metalúrgico na indústria aeroespacial. Seu avô, Solomon Kupperman, foi engenheiro civil na cidade de Chicago.

Outros livros de Elise Moss

AutoCAD Architecture 2012 Fundamentals

Autodesk Revit Architecture 2012 Guia de Certificação Unofficial

Sumário

Lição 1: A INTERFACE DO REVIT 1

A Faixa do Revit 2

A Barra de Ferramentas Rápidas 3

Imprimindo 4

Desfazer 6

Refazer 6

Ferramentas de Visualização 6

EXERCÍCIO 1-1: Usando o Volante & o ViewCube 8

EXERCÍCIO 1-2: Mudando o Segundo Plano Ver 15

EXERCÍCIO 1-3: Fechando e Abrindo o Navegador de Projetos e Paleta de Propriedades 17

EXERCÍCIO 1-4: Alterando a Exibição da Faixa 18

A Faixa Modify 20

EXERCÍCIO 1-5: Dimensões Temporárias, Permanentes e de Escuta 21

A Faixa Collaborate 30

O Menu do Revit 31

A Faixa View 32

A Faixa Manage 36

O Menu Help 45

EXERCÍCIO 1-6: Ajustando as Localizações de Arquivos 46

EXERCÍCIO 1-7: Criação de Fases 48

Questionário da Lição 1 69

Lição 2: ELEMENTOS DE MASSA 71

Ferramentas de Massa 71

EXERCÍCIO 2-1: Adicionando Um Nível 72

EXERCÍCIO 2-2: Adição de Elementos de Massa 76

EXERCÍCIO 2-3: Modificando Elementos de Massa 80

EXERCÍCIO 2-4: Criar Parede por Face 91

EXERCÍCIO 2-5: Adição de Portas e Janelas 99

EXERCÍCIO 2-6: Criando uma Massa Conceitual 108

EXERCÍCIO 2-7: Usando uma Massa Conceitual num Projeto 119

Projetos Adicionais 125

Questionário da Lição 2 127

Lição 3: PLANTAS BAIXAS 131

EXERCÍCIO 3-1: Colocação de Uma Grade 132

EXERCÍCIO 3-2: Colocando Paredes 138

EXERCÍCIO 3-3: Convertendo uma Planta Baixa do AutoCAD 148

EXERCÍCIO 3-4: Propriedades de Paredes 156

EXERCÍCIO 3-5: Adicionando as Paredes do Interior do Nível 1 168

EXERCÍCIO 3-6: Adicionando as Paredes do Interior do Nível 2 171

EXERCÍCIO 3-7: Adicionando Portas 178

EXERCÍCIO 3-8: Adicionando Escadas 182

EXERCÍCIO 3-9: Criando um Corrimão numa Parede 191

EXERCÍCIO 3-10: Criando um Tipo de Escada 201

EXERCÍCIO 3-11: Modificando a Planta Baixa - Revisão de Conhecimentos 212

EXERCÍCIO 3-12: Definindo uma Parede 2h 216

EXERCÍCIO 3-13: Adicionando um Elevador 218

EXERCÍCIO 3-14: Carregamento de Famílias 230

EXERCÍCIO 3-15: Componentes Espelhos 240

EXERCÍCIO 3-16: Criar uma Vista 3D 245

EXERCÍCIO 3-17: Copiando os Arranjos dos Banheiros 248

EXERCÍCIO 3-18: Adicionando uma Porta a uma Parede de Cortina 253

EXERCÍCIO 3-19: Modificando uma Parede de Cortina 261

EXERCÍCIO 3-20: Adicionando Janelas 268

EXERCÍCIO 3-21: Arranjo da Planta Baixa 275

Projetos Adicionais 279

Questionário da Lição 3 285

Lição 4: PISOS E TETOS 289

EXERCÍCIO 4-1: Criando Pisos 289

EXERCÍCIO 4-2: Copiando Pisos 297

EXERCÍCIO 4-3: Criando uma Abertura com Eixo 299

EXERCÍCIO 4-4: Criando Partes 306

EXERCÍCIO 4-5: Visualizando Partes Numa Vista de Planta Baixa 315

EXERCÍCIO 4-6: Adicionando um Corrimão 317

EXERCÍCIO 4-7: Criando Tetos 322

EXERCÍCIO 4-8: Adicionando Pontos de Iluminação 325

EXERCÍCIO 4-9: Definindo Cores de Tinta e Papel de Parede 327

EXERCÍCIO 4-10: Aplicando Tinta e Papel de Parede a Paredes 342

Projetos Adicionais 352
Questionário da Lição 4 355

Lição 5: AGENDAS 359

EXERCÍCIO 5-1: Criando Parâmetros Compartilhados 359
EXERCÍCIO 5-2: Adicionando Parâmetros Compartilhados a Famílias 366
EXERCÍCIO 5-3: Criando uma Agenda de Porta Personalizada 379
EXERCÍCIO 5-4: Criando uma Agenda de Janela Personalizada 384
EXERCÍCIO 5-5: Adicionando Chaves de Agenda 389
EXERCÍCIO 5-6: Adicionando Agendas e Tabelas a Folhas 398
EXERCÍCIO 5-7: Usando Notas Chaves 403
EXERCÍCIO 5-8: Criar uma Elevação de Construção 411
EXERCÍCIO 5-9: Localizar e Substituir Famílias 420
EXERCÍCIO 5-10: Modificando Tipos de Famílias numa Agenda 422
EXERCÍCIO 5-11: Exportando uma Agenda 425
Projetos Adicionais 429
Questionário da Lição 5 431

Lição 6: TELHADOS 435

EXERCÍCIO 6-1: Criação de um Telhado Usando Pegada 435
EXERCÍCIO 6-2: Modificando um Telhado 443
EXERCÍCIO 6-3: Modificando a Forma de um Telhado 453
EXERCÍCIO 6-4: Adicionando Drenos de Telhado 455

Projetos Adicionais 458

Questionário da Lição 6 460

Lição 7: ELEVAÇÕES & PLANOS 463

EXERCÍCIO 7-1: Criando Documentos de Elevação 463

EXERCÍCIO 7-2: Usando Trabalho de Linhas 467

EXERCÍCIO 7-3: Criando uma Vista de Corte 471

EXERCÍCIO 7-4: Modificando Estilos de Notas Chaves 475

EXERCÍCIO 7-5: Adicionando Marcas de Janelas 483

EXERCÍCIO 7-6: Mudando Marcas de Janelas de Tipo para Instância 484

EXERCÍCIO 7-7: Criando uma Vista de Região Plana 488

EXERCÍCIO 7-8: Criando uma Vista de Detalhes 494

EXERCÍCIO 7-9: Usando uma Linha de Correspondência 502

Projetos Adicionais 510

Questionário da Lição 7 514

Lição 8: PRODUÇÃO FINAL 517

EXERCÍCIO 8-1: Criando uma Superfície Topográfica 517

EXERCÍCIO 8-2: Criando uma Região Dividida 522

EXERCÍCIO 8-3: Criando uma Calçada 525

EXERCÍCIO 8-4: Adicionando Componentes do Sítio 533

EXERCÍCIO 8-5: Definindo Vistas de Câmera 537

EXERCÍCIO 8-6: Configurações de Produção 541

Exercício 8-7: Planejamento de Espaço 546

EXERCÍCIO 8-8: Cortes de Prédios 552

EXERCÍCIO 8-9: Decalques 554

EXERCÍCIO 8-10: Criando uma Vista de Câmera 3D (reprisando) 559

EXERCÍCIO 8-11: Colocando uma Produção numa Folha 565

EXERCÍCIO 8-12: Colocação de um Caminho para um Passo-a-Passo 569

EXERCÍCIO 8-13: Executando o Passo-a-Passo 572

EXERCÍCIO 8-14: Editando o Caminho do Passo-a-Passo 574

EXERCÍCIO 8-15: Criando uma Animação 576

EXERCÍCIO 8-16: Subindo Escadas 579

Projetos Adicionais 583

Questionário da Lição 8 585

Lição 9: PERSONALIZANDO O REVIT 589

EXERCÍCIO 9-1: Criando um Símbolo de Anotação 589

EXERCÍCIO 9-2: Criando um Bloco de Título Personalizado 596

EXERCÍCIO 9-3: Usando um Bloco de Título Personalizado 612

EXERCÍCIO 9-4: Criando um Estilo de Linha 614

EXERCÍCIO 9-5: Definindo Atalhos de Teclado 618

EXERCÍCIO 9-6: Criando uma Família de Mobília 622

EXERCÍCIO 9-7: Modificando uma Família 650

TECLAS DE ATALHO DO REVIT 653

ÍNDICE REMISSIVO 657

Lição 1

A Interface do Revit

O Revit pode ser iniciado a partir de seu menu Iniciar, ou do ícone da área de trabalho.

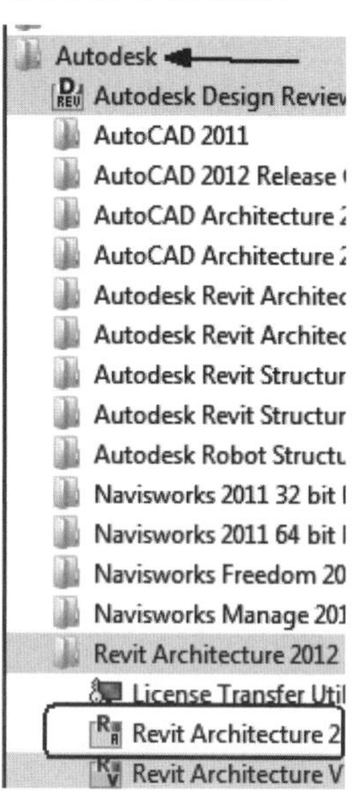

Vá até Iniciar → Programas → Autodesk → Revit Architecture 2012 → Revit Architecture 2012.

Quando você iniciar o Revit pela primeira vez, verá esta tela.

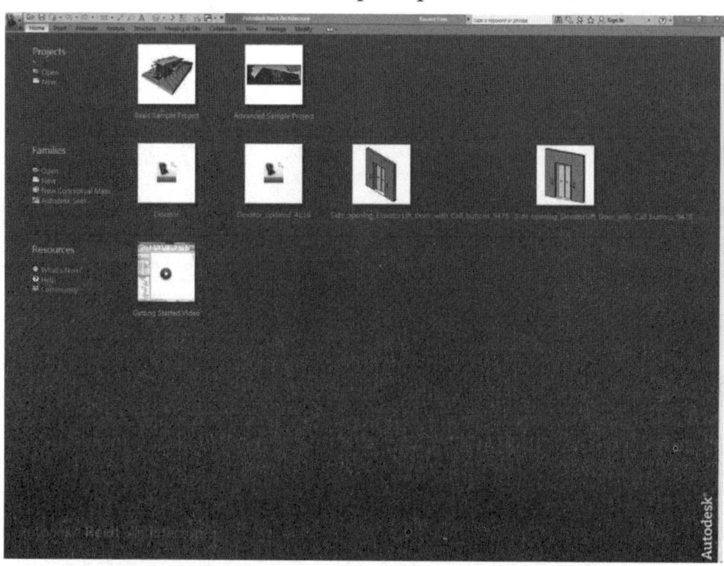

Ela é dividida em três seções. A seção superior é para abrir (Open) ou iniciar (New) um novo projeto. O Revit chama de projeto o modelo de construção em 3D. Alguns estudantes acham isso confuso.

A segunda seção é usada para abrir, criar ou gerenciar famílias (Families) do Revit. As construções do Revit são criadas usando-se famílias do Revit. Portas, janelas, paredes, pisos etc, são todos famílias.

A terceira seção, Resources (recursos), contém ajuda, tutoriais e vídeos para ajudar novos usuários a aprendem a trabalhar no Revit.

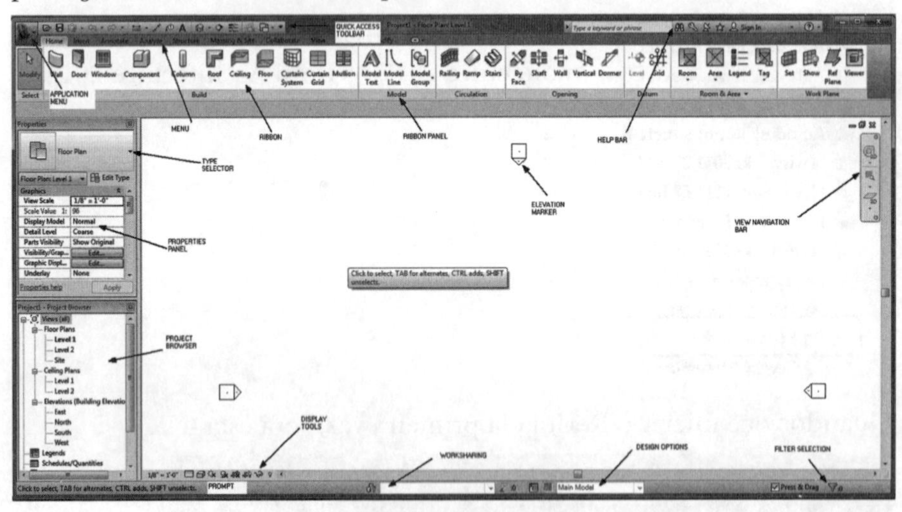

A Faixa do Revit

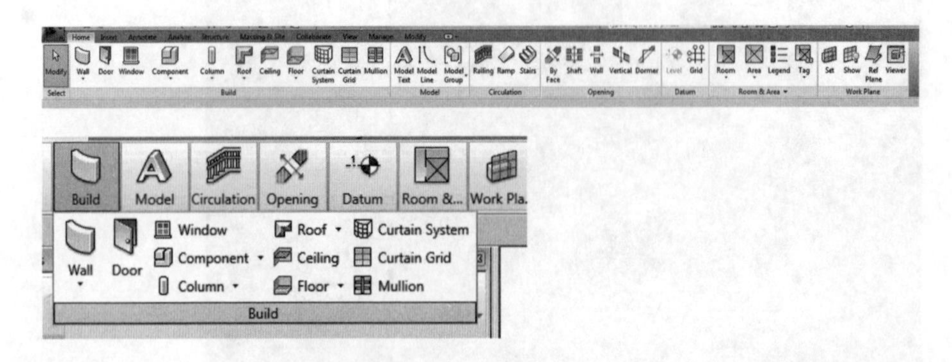

A faixa do Revit contém uma lista de painéis contendo ferramentas. Cada botão, quando pressionado, revela uma série de comandos relacionados.

A Barra de Ferramentas Rápidas

A maioria dos usuários do Windows está familiarizada com as ferramentas padrões: Novo (New), Abrir (Open), Salvar (Save), Desfazer (Undo) e Refazer (Redo).

Save to Central (salvar para central) é usada em ambientes de equipe onde os usuários fazem check-in e check-out de tarefas num projeto compartilhado. A localização Central deve ser uma drive ou servidor compartilhado que todos os membros da equipe possam acessar.

A ferramenta Save to Central fica acinzentada, a menos que você tenha configurado seu projeto como um projeto compartilhado com uma localização central.

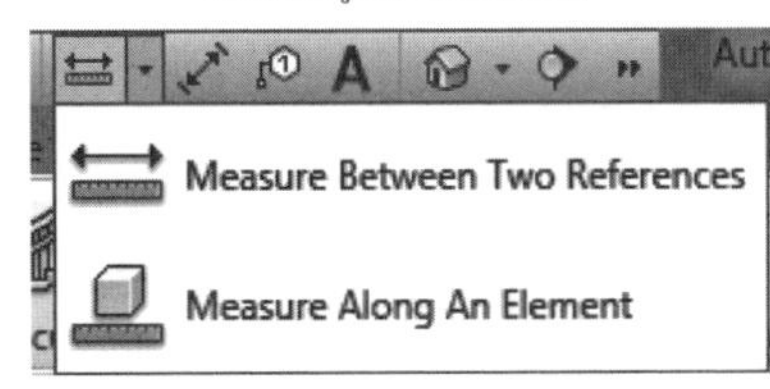

Measure (medir) é usada para medir distâncias.

Coloca uma dimensão linear permanente.

Tag by category (marca por categoria) adiciona um rótulo ou símbolo em portas, janelas, equipamentos etc

Adiciona texto à vista atual.

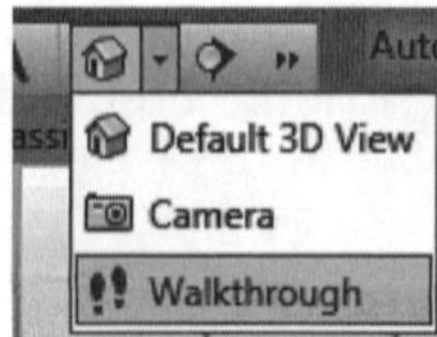

Permite que o usuário alterne para uma vista 3D isométrica omissiva, coloque uma câmera ou crie um passo a passo.

Cria uma vista de seção.

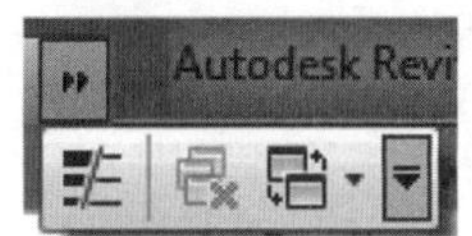

Ferramentas adicionais estão disponíveis na seção flutuante.

A primeira ferramenta permite que os usuários definam a espessura de linha.

A segunda fecha janelas não ativas.

A terceira ferramenta permite que o usuário selecione/ alterne para uma janela diferente.

A seta para baixo permite que os usuários personalizem as ferramentas que aparecem na Quick Access Toolbar (barra de ferramentas de acesso rápido).

Imprimindo

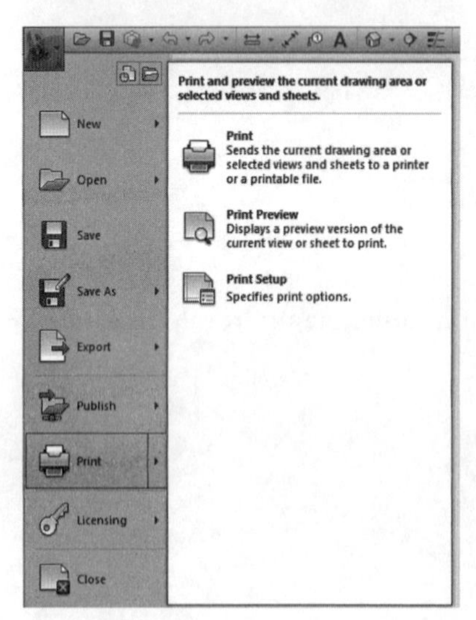

Print (imprimir) está localizado no menu Application.

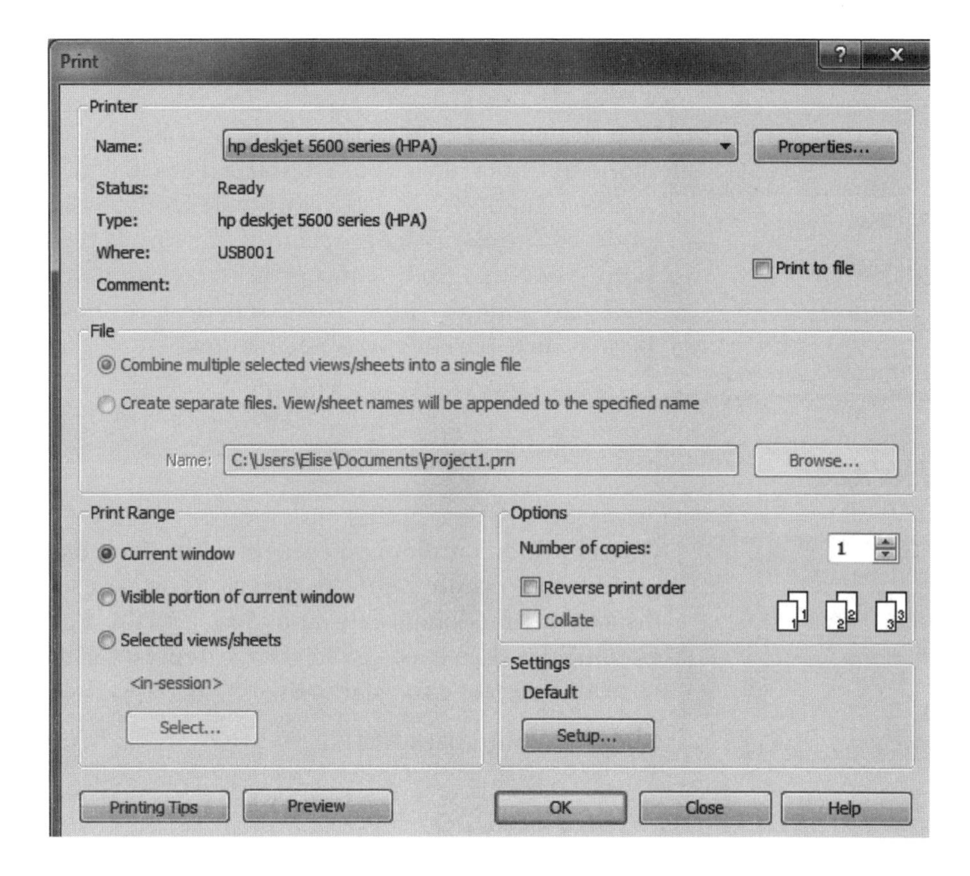

O diálogo de impressão é bastante simples.

Selecione a impressora desejada na lista drop-down, que mostra as impressoras instaladas.

Você pode ajustar para 'Print to File' (imprimir para arquivo), ticando a caixa de seleção ao lado de Print to File.

A área de Print Range (intervalo de impressão) do diálogo permite que você imprima a janela atual, uma parte ampliada (zoom) da janela, e vistas/folhas selecionadas.

Desfazer

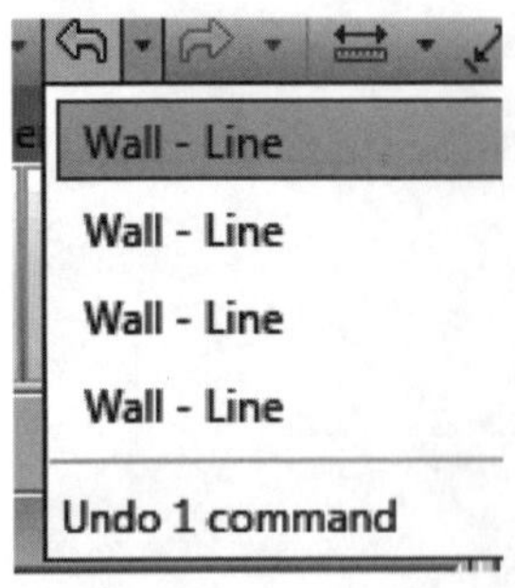

A ferramenta Undo permite que o usuário selecione múltiplas ações para desfazer. Para isso, use a seta drop-down ao lado do botão Undo; você pode selecionar as ações recentes que deseja desfazer. Você não pode pular ações (por exemplo, você não pode desfazer "Nota" sem desfazer também as duas paredes (wall) acima dela.)

Ctl-Z também atua como UNDO.

Refazer

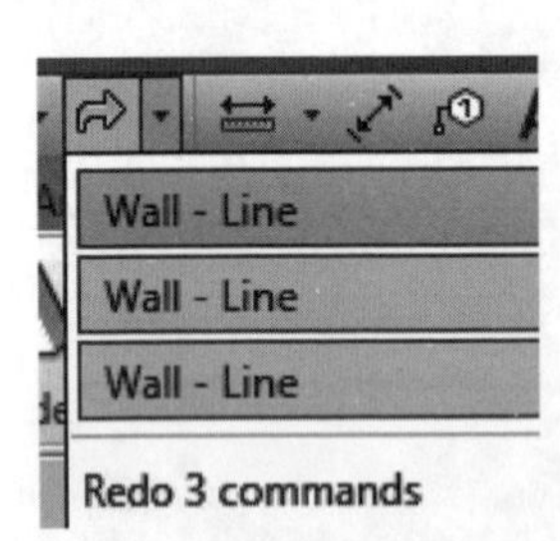

O botão Redo também oferece uma lista de ações que foram recentemente desfeitas. Redo só está disponível imediatamente após um UNDO. Por exemplo, se você executar UNDO, e depois WALL (parede) REDO não estará ativo.

Ctl-Y é o atalho para REDO.

Ferramentas de Visualização

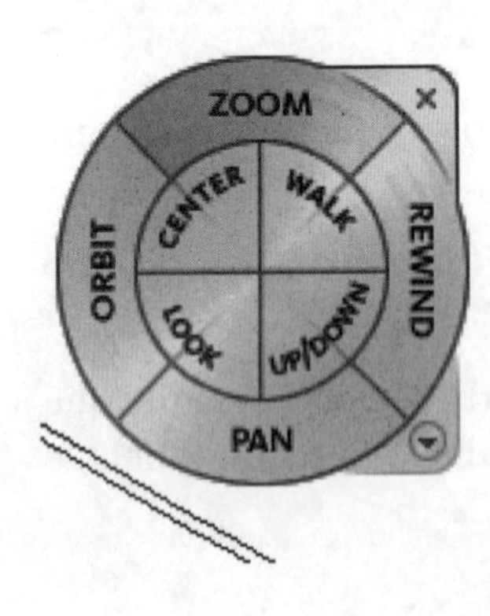

A roda de rolagem do mouse pode substituir o uso do volante. Pressione a roda de rolagem para expandir. Gire a roda de rolagem para efetuar zoom in (ampliar) e zoom out (reduzir).

O botão Rewind do volante leva o usuário de volta à vista anterior.

Diferentes volantes estão disponíveis, dependendo de você estar ou não trabalhando numa vista plana (Plan) ou 3D.

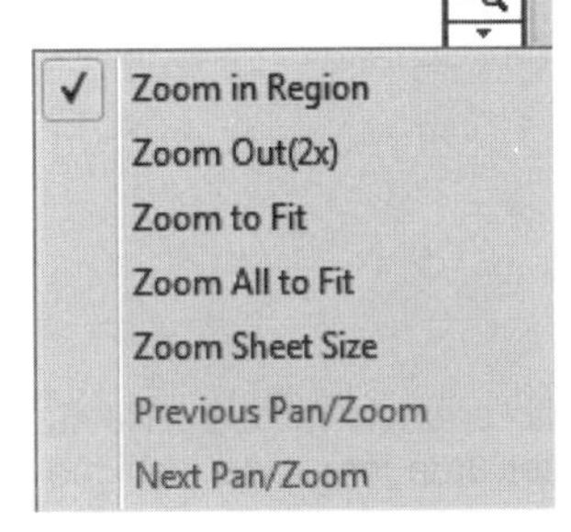

A segunda ferramenta tem um menu flutuante que permite que o usuário efetue zoom até uma janela/região selecionada ou até encaixar (extensões).

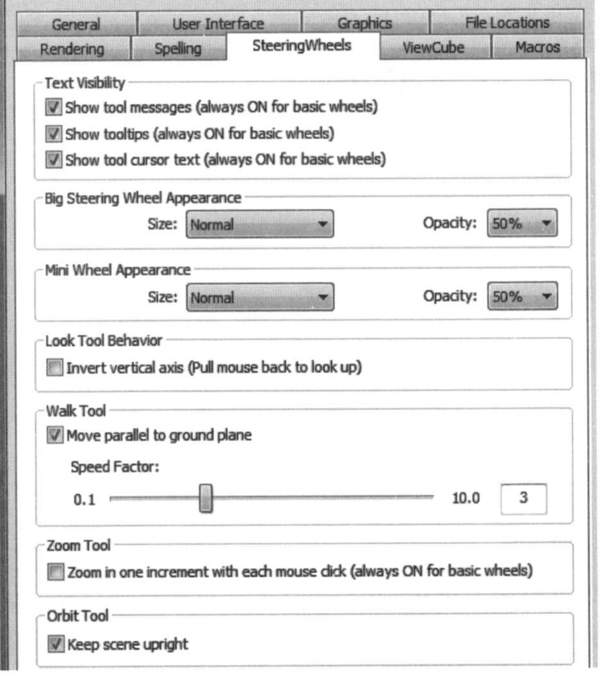

Você pode controlar a aparência dos volantes clicando com o botão direito no volante e selecionando Options (opções).

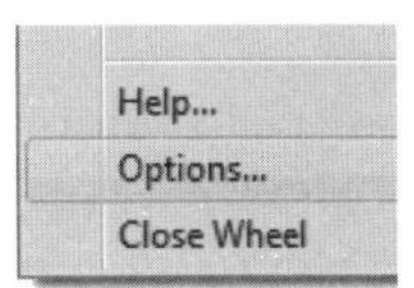

DICA: Orient to a view (Alinhar a uma vista) permite que se produza uma elevação direta, sem perspectiva. Orient to a plane (Alinhar a um plano) permite que o usuário crie curvas ao longo de caminhos não ortogonais.

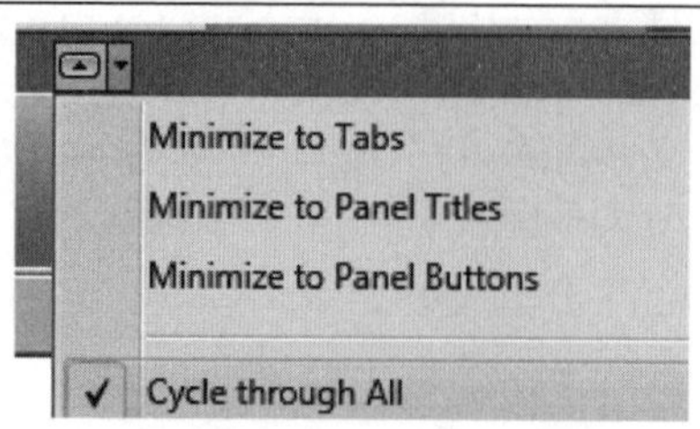

- Se você clicar com o botão direito sobre a faixa do Revit, poderá minimizar a faixa para obter uma janela de exibição maior.

Exercício 1-1:

Usando o Volante & o ViewCube

Nome do desenho: *basic_project.rvt*

Tempo estimado: 30 minutos

Este exercício reforça as seguintes habilidades:

- ❑ O ViewCube
- ❑ O Volante 2D
- ❑ O Volante 3D
- ❑ Navegador de projetos
- ❑ Os menus de atalho
- ❑ O Mouse

1. 

Vá para **File-> Open**.

2. 

Localize o arquivo chamado *basic_project.rvt.*

   Este arquivo está localizado no CD incluído com o texto.

3. 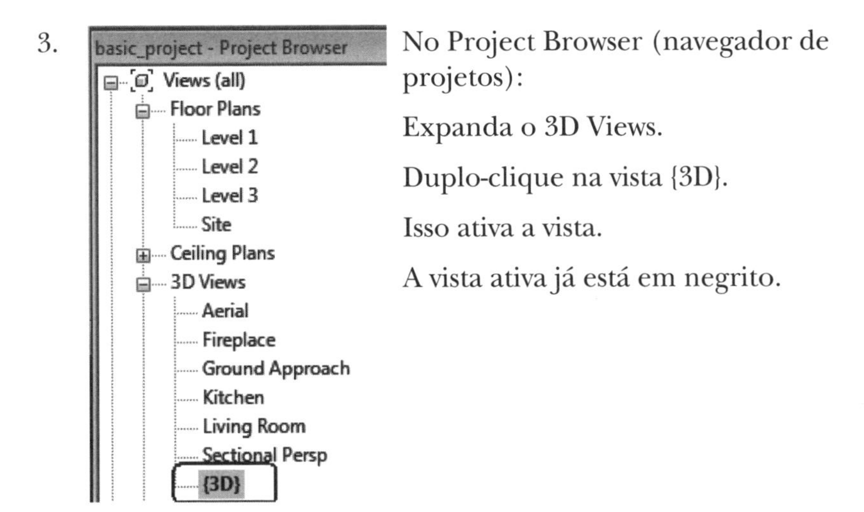

No Project Browser (navegador de projetos):

Expanda o 3D Views.

Duplo-clique na vista {3D}.

Isso ativa a vista.

A vista ativa já está em negrito.

4. Se você tiver um mouse com uma roda de rolagem, experimente os seguintes movimentos.

Se rolar a roda para cima e para baixo, você poderá efetuar zoom in (ampliar) e zoom out (reduzir).

Mantenha a tecla SHIFT pressionada e pressione ao mesmo tempo a roda de rolagem. Isso girará ou orbitará o modelo.

Pressione a roda de rolagem. Isto expandirá o modelo.

5. 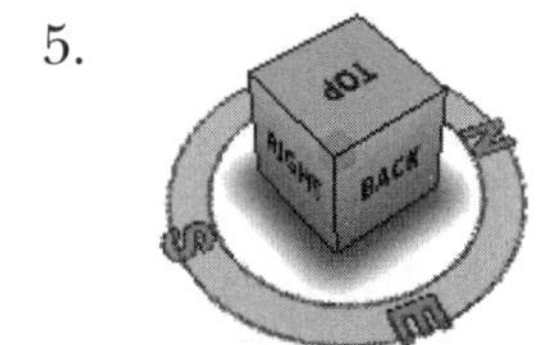

Quando você estiver numa vista 3D, uma ferramenta chamada ViewCube estará visível no canto superior direito da tela.

6. 

Clique em cima do cubo, como mostrado.

7. 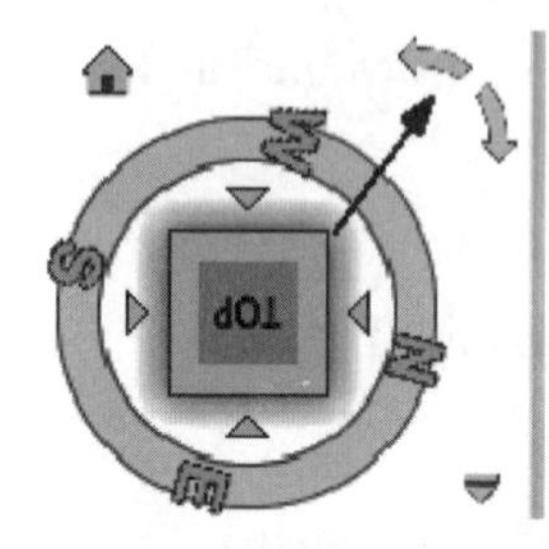

A exibição muda para uma vista plana.

Use as setas de giro para girar a vista.

8. 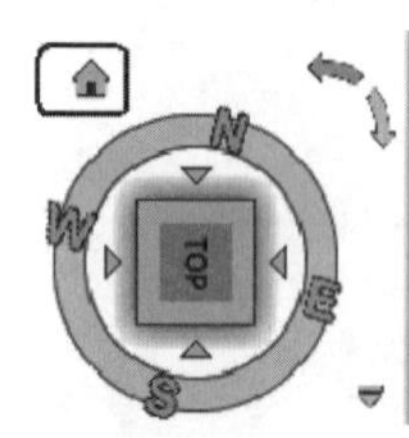

Clique na casinha (ferramenta *Home*) para retornar à vista omissiva.

9. 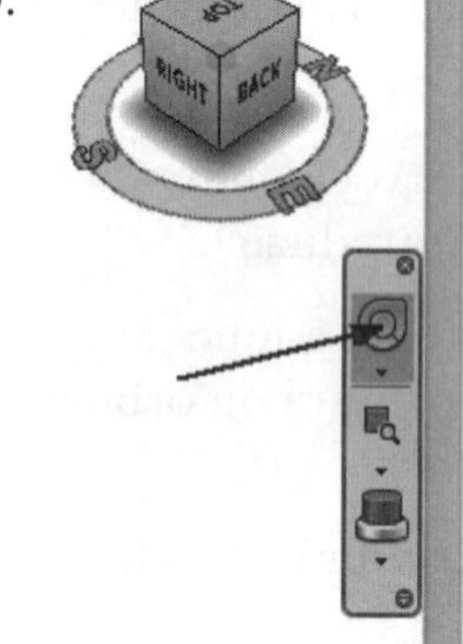

Selecione a ferramenta Steering Wheel (volante) localizada na barra de ferramentas View.

10. Um volante aparecerá. Note que, à medida que você passa o mouse sobre as seções do volante, elas se destacam.

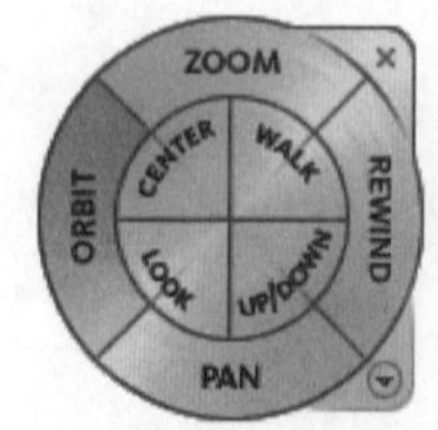

Passe o mouse sobre a seção Zoom e mantenha pressionado o botão esquerdo do mouse. A exibição deverá efetuar zoom in (ampliar) e zoom out (reduzir).

Passe o mouse sobre a seção Orbit e mantenha pressionado o botão esquerdo do mouse. A exibição deverá orbitar.

Passe o mouse sobre a seção Pan e mantenha pressionado o botão esquerdo do mouse. A exibição deverá expandir.

11.

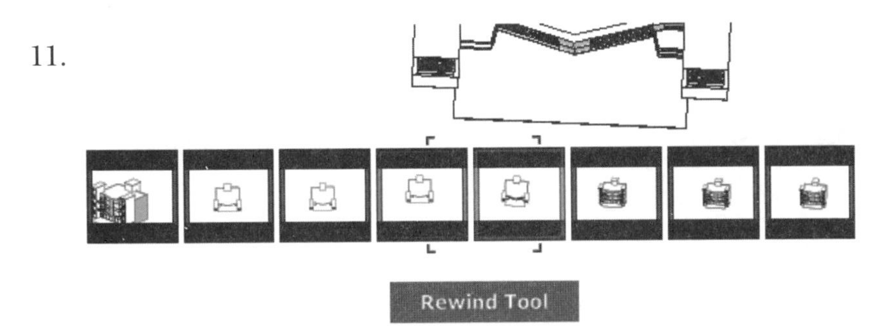

Selecione a ferramenta Rewind (rebobinar).

Uma seleção de vistas prévias será exibida.

Você não tem mais de voltar pelas vistas anteriores. Você pode saltar diretamente para a vista anterior que quiser.

Selecione uma vista prévia para ativar.

12.

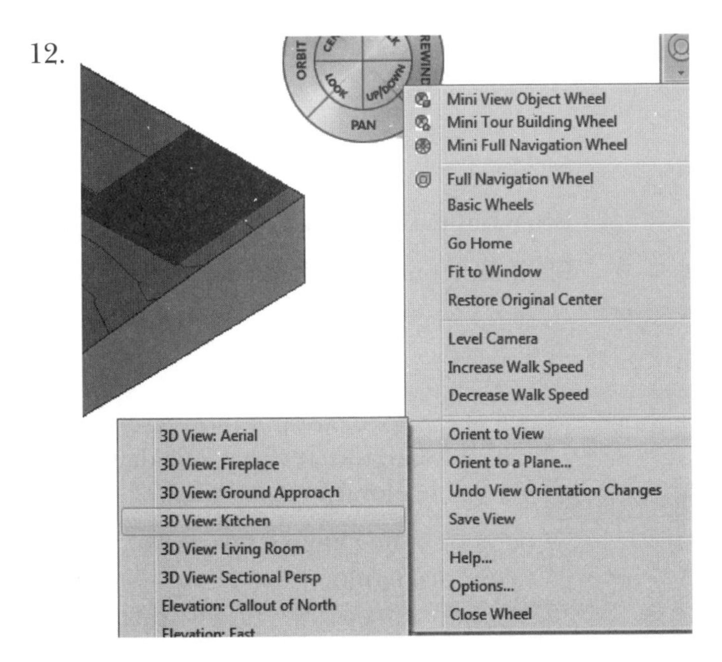

Coloque o cursor do mouse sobre o volante.

Clique com o botão direito do mouse e um menu de atalho aparecerá.

Selecione **Orient to View-> 3D View: Kitchen**.

13.

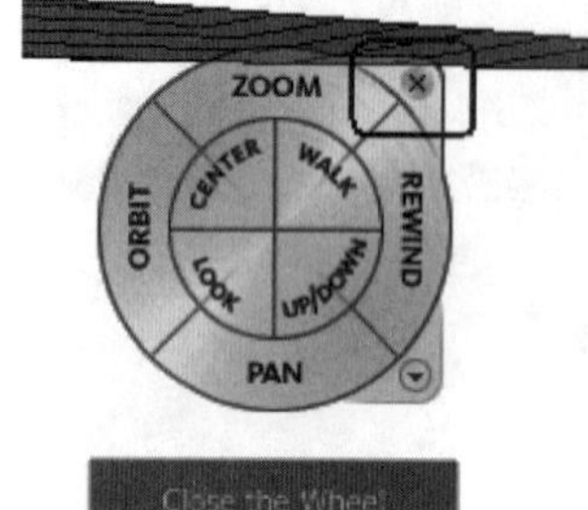

Clique no **x** para fechar o volante.

14.

Views (all)
Floor Plans
Level 1
Level 2
Level 3
Site

Duplo-clique no **Level 3**, no navegador de projetos.

Isso abrirá a vista de planta do piso Level 3.

Tenha cuidado para não escolher a planta de teto, em vez da planta do piso.

15.

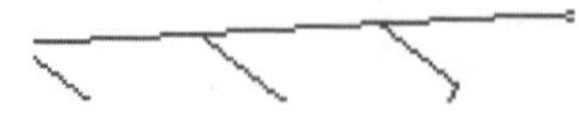

Isto é um marca de elevação.

Ela define uma vista de elevação.

16.

Views : Elevation : North

Se você passar o mouse sobre o triângulo, verá o nome da vista de elevação associada.

Duplo-clique na parte do triângulo.

17. 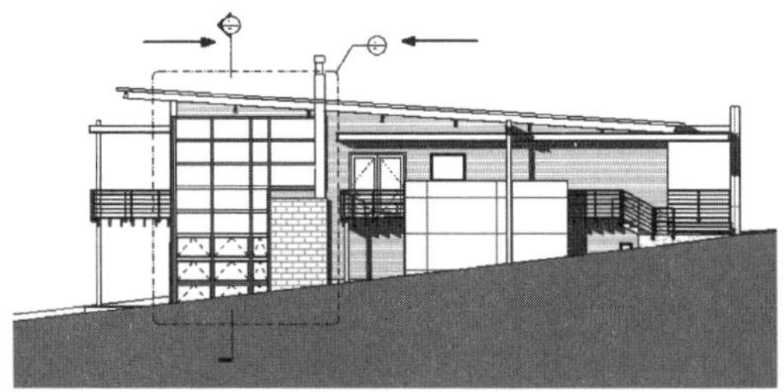

Esta vista tem uma vista de seção e uma chamada.

Duplo-clique no balão da seção.

O balão da seção fica do lado esquerdo.

18. 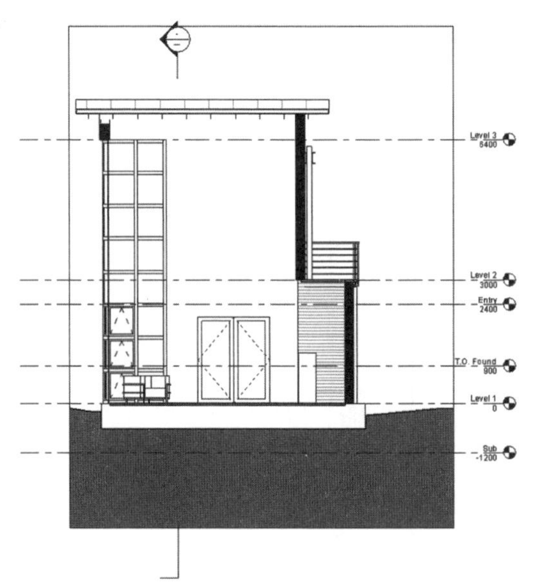

A vista de seção é aberta.

19. Você também vê a vista de seção em negrito, no navegador de projetos.

20. Level 2 3000
Entry 2400
T.O. Found 900
Level 1 0
Sub -1200

À direita do prédio, há níveis.

Alguns dos níveis são azuis e outros são pretos.

Os níveis azuis são níveis de piso – eles têm vistas associadas.

Os níveis pretos são níveis de referência – eles não têm vistas associadas.

Duplo-clique no balão de Level 1.

21.

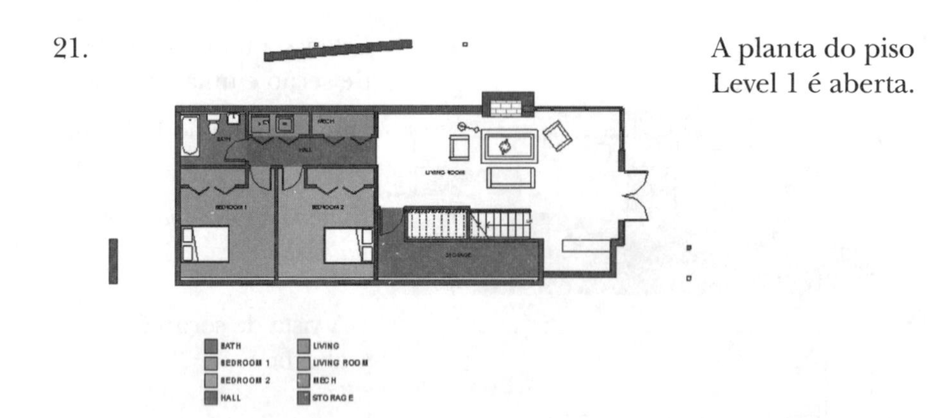

A planta do piso Level 1 é aberta.

Level 1 também está em negrito, no navegador de projetos.

22.

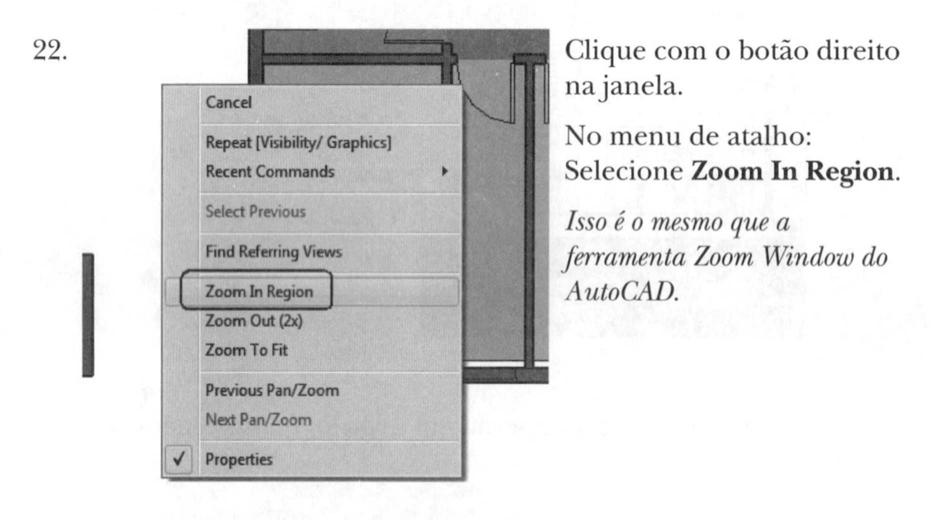

Clique com o botão direito na janela.

No menu de atalho: Selecione **Zoom In Region**.

Isso é o mesmo que a ferramenta Zoom Window do AutoCAD.

23.

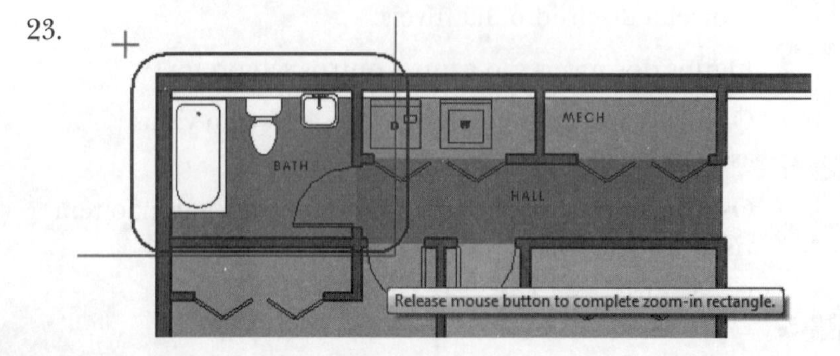

Coloque um retângulo com o mouse para ampliar a área do banheiro.

24. 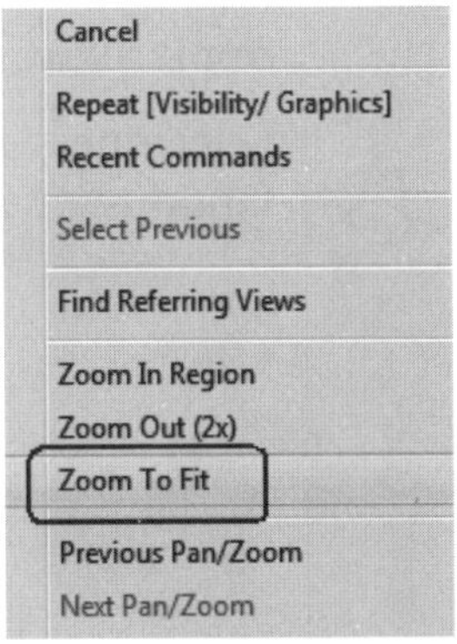 Clique com o botão direito na janela.

No menu de atalho:

Selecione **Zoom To Fit**.

Isto é o mesmo que a ferramenta Zoom Extents do AutoCAD.

25. Feche o arquivo sem salvar.

Exercício 1-2:

Mudando o Segundo Plano Ver

Nome do desenho: *basic_project.rvt*

Tempo estimado: 5 minutos

Este exercício reforça as seguintes habilidades:

- ❑ Modo de Gráficos
- ❑ Opções

Muitos dos meus alunos vêm de uma base de AutoCAD e querem mudar o plano de fundo do seu visor para preto.

1.  Vá para **File-> Open**.

2. 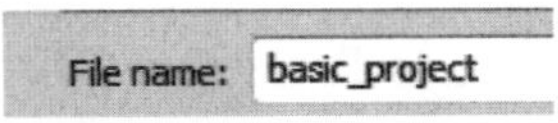 Localize o arquivo chamado *basic_project.rvt.*

Este está localizado no CD incluído com o texto.

3. 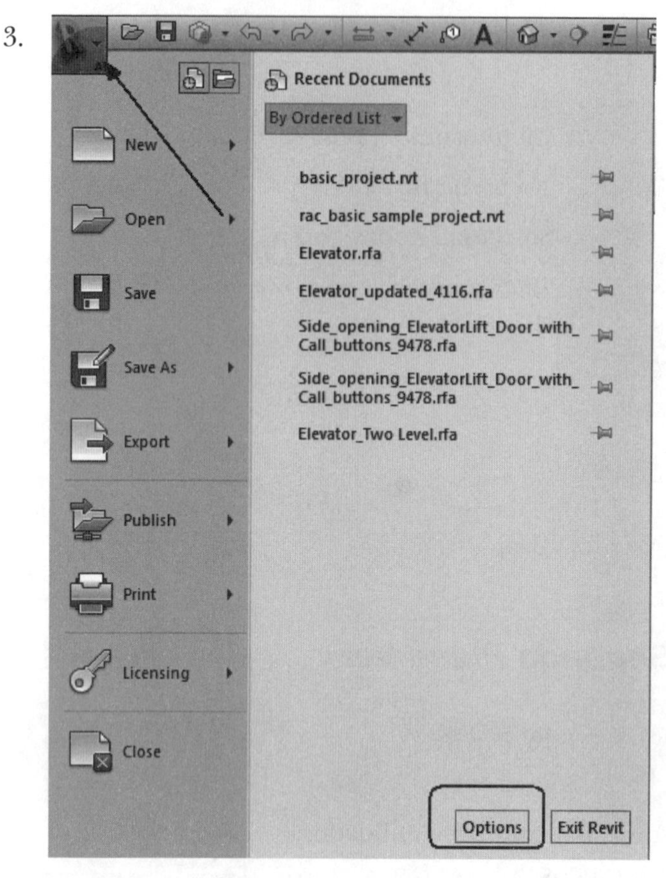

Selecione o drop-down no menu Application.

Selecione **Options**.

4. Selecione a aba **Graphics**.

5. Tique **Invert background** para ajustar o fundo para preto.

Pressione **OK**.

6. Feche o arquivo sem salvar.

Exercício 1-3:

Fechando e Abrindo o Navegador de Projetos e Paleta de Propriedades

Nome do desenho: *basic_project.rvt*

Tempo estimado: 5 minutos

Este exercício reforça as seguintes habilidades:

- ❑ A Interface de Usuário
- ❑ A faixa
- ❑ O Navegador de projetos
- ❑ O Painel de Propriedades

Muitos de meus alunos fecham acidentalmente o Navegador de projetos e/ ou a paleta Properties (propriedades) e querem trazê-los de volta. Outros preferem manter esses itens fechados na maior parte do tempo, para terem uma área de trabalho maior.

1. Vá para **File → Open**.

2. Localize o arquivo chamado *basic_project. rvt.*

   E3ste está localizado no CD incluído com o texto.

3. Feche a paleta de propriedades, clicando no **x** do canto.

4. 

   Feche o Navegador de projetos, clicando no **x** no canto.

5. 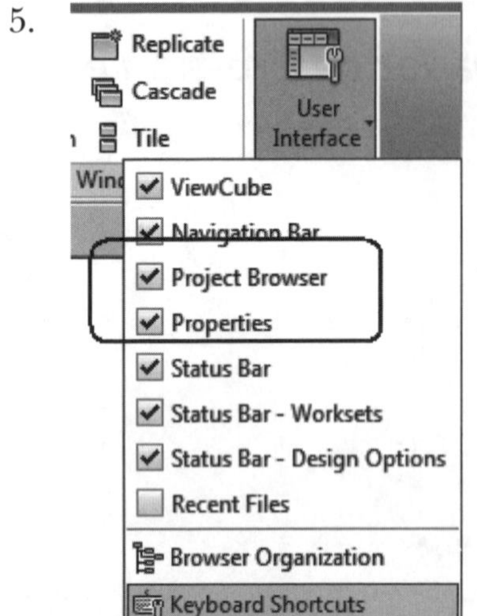

Ative a faixa View.

Vá para a drop-down User Interface, no canto direito.

Coloque um tique ao lado do Project Browser e Properties para torná-los visíveis.

6. Feche sem salvar.

Exercício 1-4:

Alterando a Exibição da Faixa

Nome do desenho: *basic_project.rvt*

Tempo estimado: 15 minutos

Este exercício reforça as seguintes habilidades:

- ❑ A Interface de Usuário
- ❑ A Faixa

Muitos de meus alunos acidentalmente colapsam a faixa e querem trazê-la de volta. Outros preferem manter a faixa colapsada na maior parte do tempo para terem uma área de trabalho maior.

1. Vá para **File-> Open**.

2. 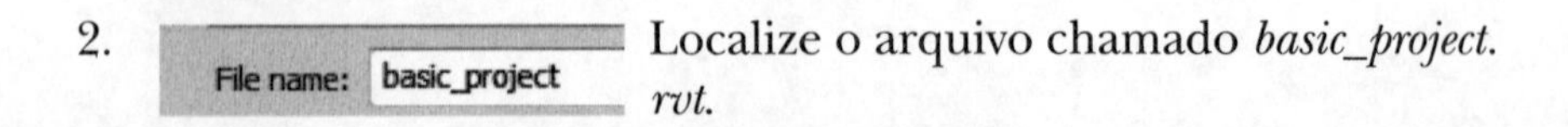

Localize o arquivo chamado *basic_project.rvt.*

Este está localizado no CD incluído com o texto.

3. 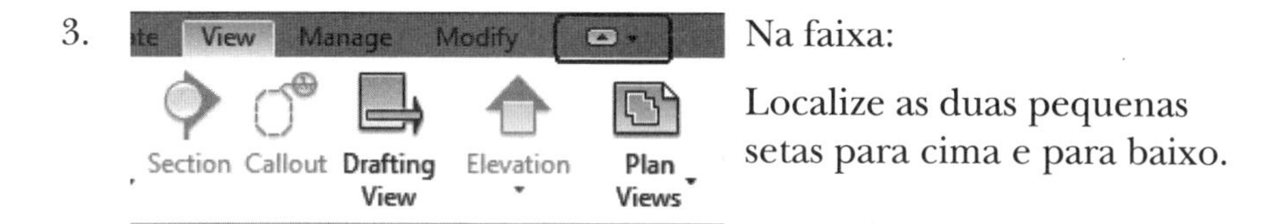

Na faixa:

Localize as duas pequenas setas para cima e para baixo.

4. Clique no botão branco.

5. A faixa colapsa as abas.

6. 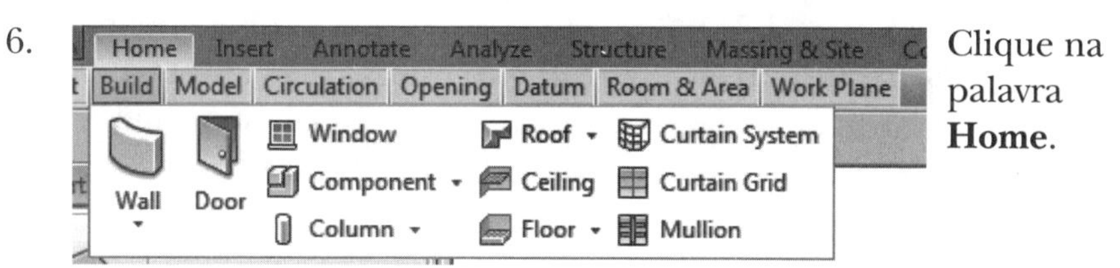

Clique na palavra **Home**.

Passe o mouse sobre a palavra **Build** e o painel de ferramentas Build (construir) aparecerá.

7. Clique novamente no botão branco.

8. 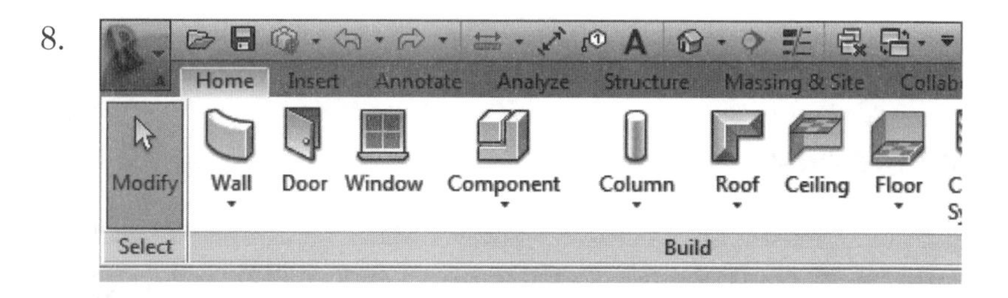

A fita fica novamente com tamanho completo.

9. Clique na seta preta.

10. 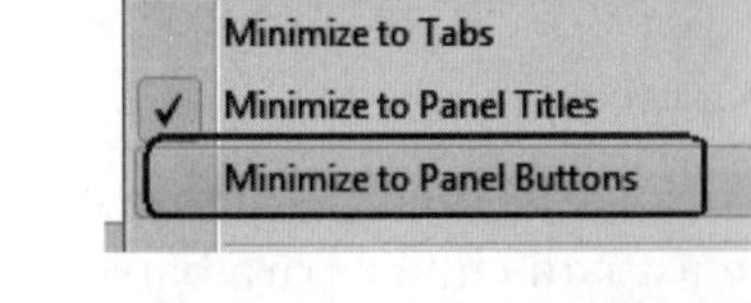

Clique em **Minimize to Panel Buttons**.

11. 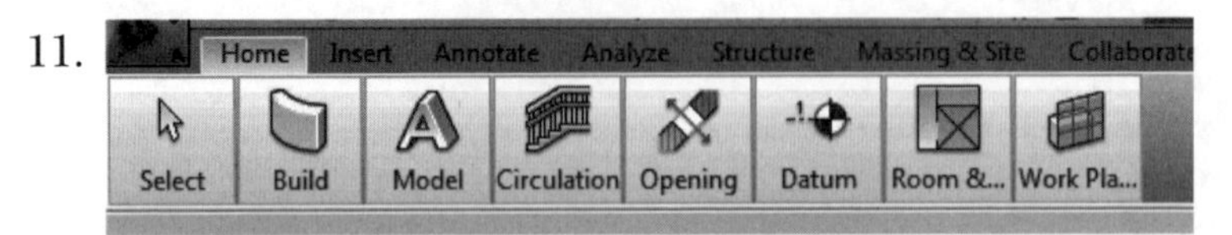

A faixa muda para botões do painel.

12. 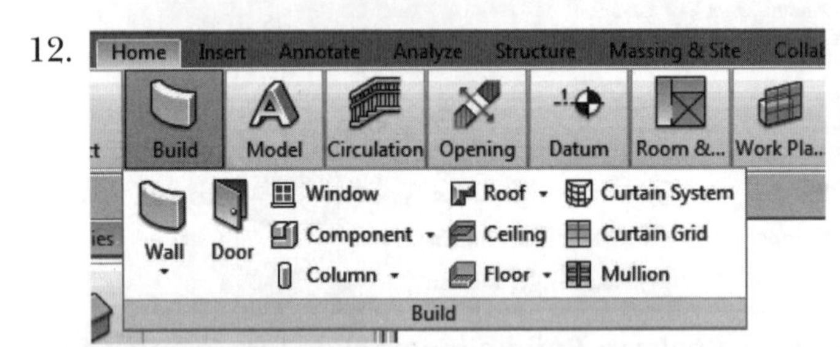

Passe o mouse sobre um botão e as ferramentas do botão serão exibidas.

13. 

Clique no botão branco para exibir a faixa completa.

14. Feche sem salvar.

A Faixa Modify

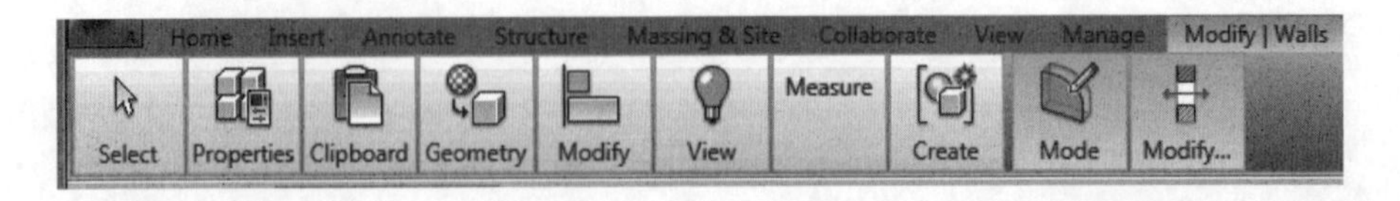

Quando seleciona uma entidade, você muda automaticamente para o modo Modify (modificar). Uma faixa Modificar aparecerá com diferentes opções.

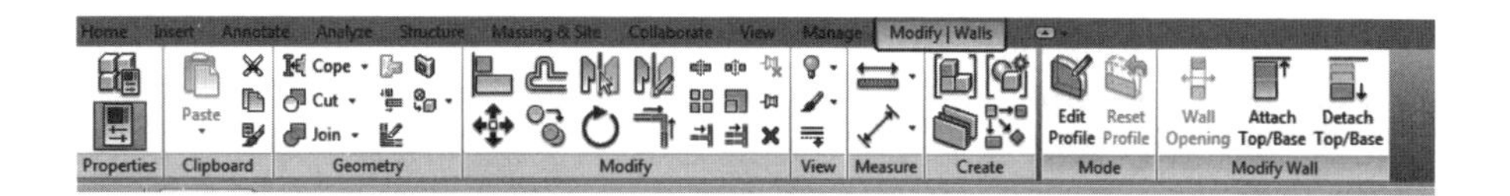

O Revit usa três tipos de dimensões: *de escuta, temporárias* e *permanentes.* As dimensões são colocadas usando as posições relativas dos elementos entre si. Dimensões permanentes são dirigidas pelo valor da dimensão temporária. Dimensões de escuta são exibidas à medida que você desenha ou coloca um elemento.

Exercício 1-5:

Dimensões Temporárias, Permanentes e de Escuta

Nome do desenho: *ex1-2.rvt*

Tempo estimado: 30 minutos

Este exercício reforça as seguintes habilidades:

- ❑ O Navegador de projetos
- ❑ Escala
- ❑ Escala Gráfica
- ❑ Escala Numérica
- ❑ Dimensões Temporárias
- ❑ Dimensões Permanentes
- ❑ Dimensões de escuta
- ❑ Seletor de tipos

1. Navegue até o *ex1-2.rvt* no CD de arquivos complementares.
   Salve o arquivo numa pasta.
   Abra o arquivo.

   O arquivo possui quatro paredes:

   As paredes horizontais têm 80' de comprimento.

   As paredes verticais têm 52' de comprimento.

Queremos mudar as paredes verticais de modo que elas fiquem com 60' de comprimento.

2. 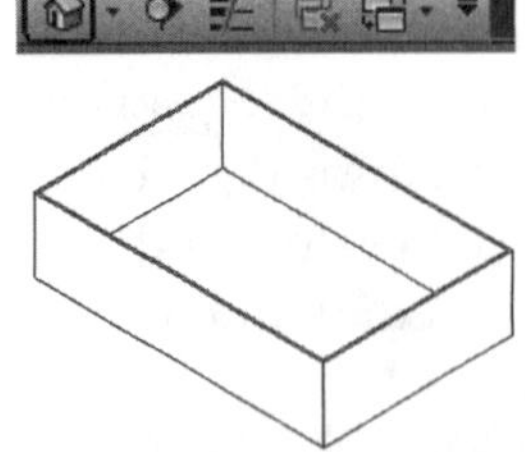

Selecione o ícone de Home (a casinha) na Barra de Ferramentas de Acesso Rápido.

Isso alterna a exibição para uma vista 3D omissiva.

Você vê que os elementos exibidos são paredes.

3. 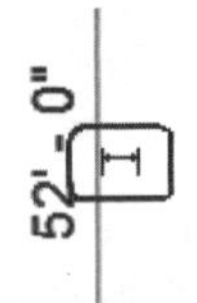

Duplo-clique em Level 1, sob Floor Plans, no Navegador de projetos.

A exibição da vista muda para a planta baixa Level 1.

4. 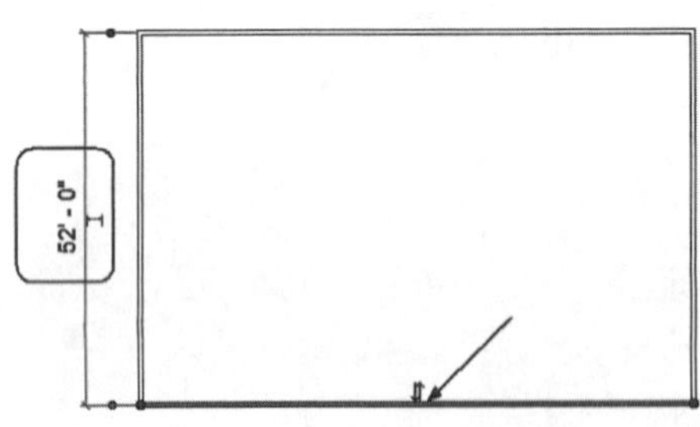

Selecione a parede horizontal inferior.

Uma dimensão temporária aparece mostrando a distância vertical entre a parede selecionada e a parede acima dela.

5. 52' - 0"

Um pequeno ícone de dimensão fica ao lado da dimensão temporária.

Clique neste ícone para colocar uma dimensão permanente.

Clique em qualquer parte da janela para liberar a seleção.

6. 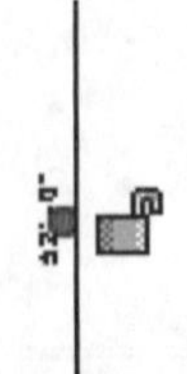

Selecione a dimensão permanente.

Um cadeado aparece. Se você clicar sobre o cadeado, ele impedirá que você modifique a dimensão.

Se você selecionar a dimensão permanente, não poderá editar seu valor, apenas o estilo da dimensão.

7. 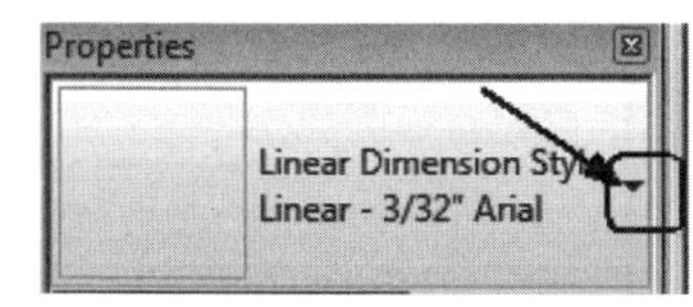

A Paleta de Propriedades mostra o estilo de dimensão da dimensão selecionada.

Selecione a pequena seta para baixo.

Este é o Seletor de Tipo.

8. 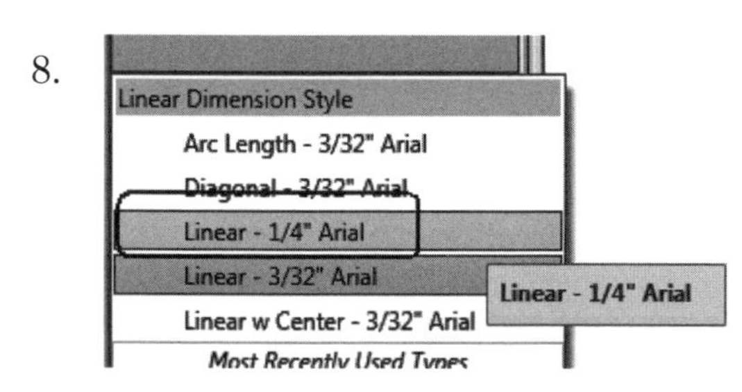

O Seletor de Tipo mostra os estilos de dimensão disponíveis no projeto.

Clique no estilo dimensão **Linear- 1/4"Arial** para selecionar este estilo de dimensão.

Clique em qualquer parte da área de desenho para liberar a seleção e mudar o estilo da dimensão.

9. 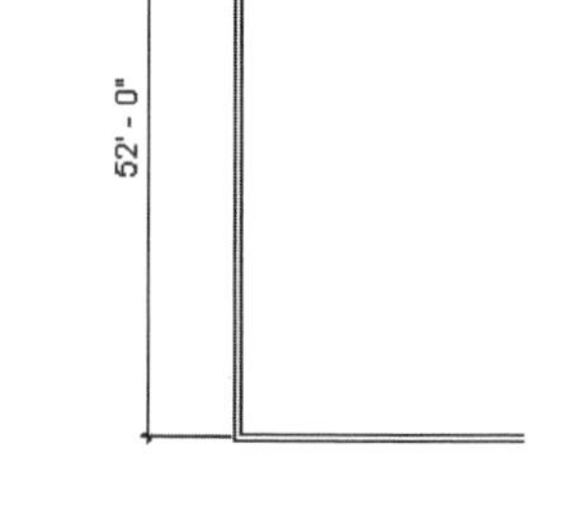

A dimensão é atualizada para o novo estilo de dimensão.

10. 

Selecione a parede vertical direita.

11. 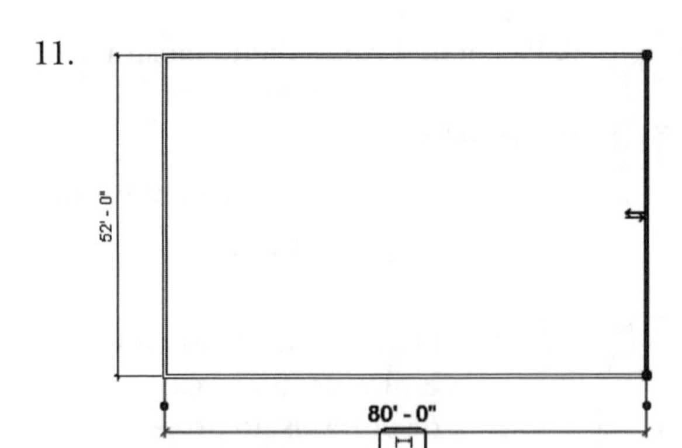

Uma dimensão temporária aparece, mostrando a distância entre a parede selecionada e a parede vertical mais próxima.

Clique no ícone de Dimensão Permanente para colocar uma dimensão permanente.

12. 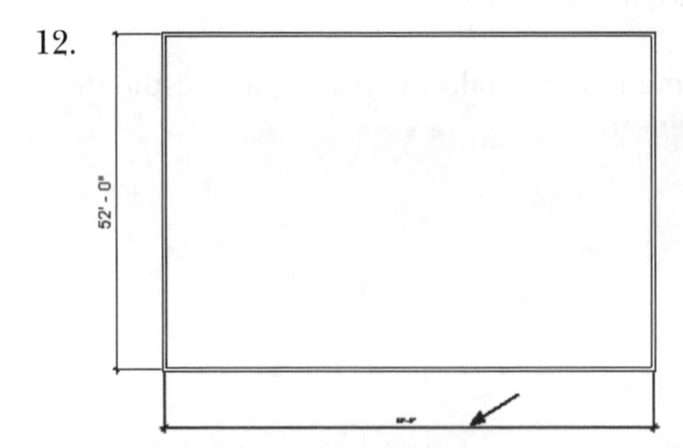

Uma dimensão permanente é colocada.

Selecione a dimensão permanente horizontal.

13. 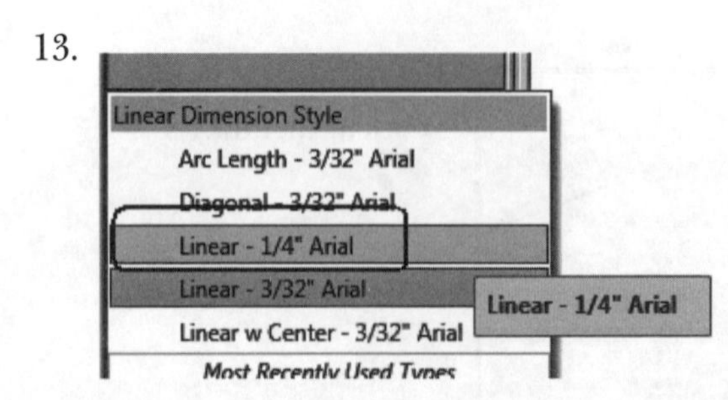

Use o Seletor de Tipo para mudar o estilo de dimensão da dimensão horizontal para o estilo dimensão **Linear- 1/4"Arial**.

Clique em qualquer parte da área de desenho para liberar a seleção e mudar o estilo da dimensão.

14. 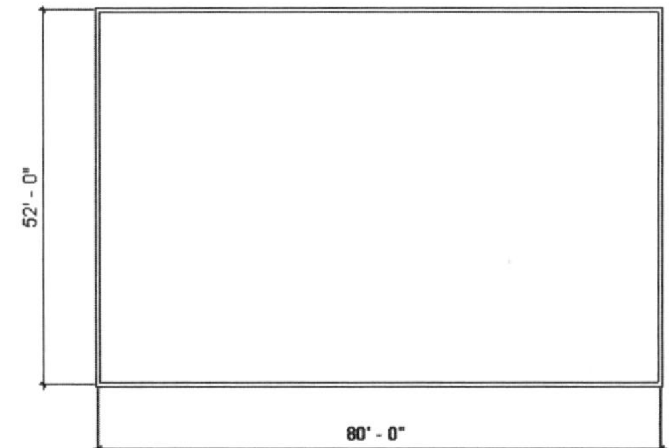

Você colocou duas dimensões permanentes.

15. Mantenha pressionada a tecla Control e selecione ambas as paredes **horizontais** (lados superior e inferior) de modo que elas fiquem destacadas em vermelho.

NOTA: *Nós selecionamos as paredes horizontais para alterar o comprimento da paredes verticais, e selecionamos as paredes verticais para mudar o comprimento das paredes horizontais.*

16. 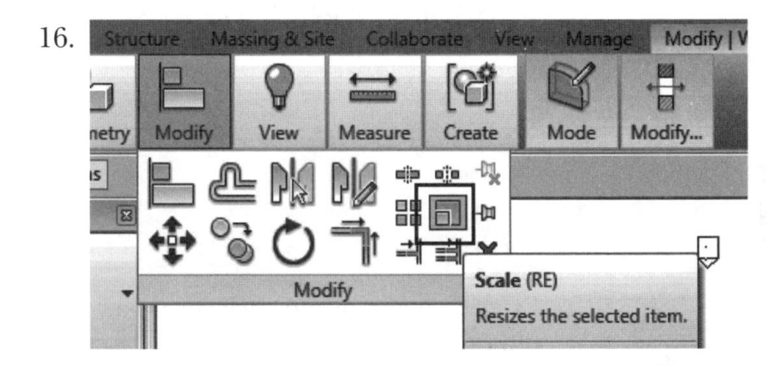

Selecione a ferramenta **Scale** localizada na faixa Modify Walls (modificar paredes).

17. Modify | Walls ◉ Graphical ○ Numerical Scale: 2

Na barra de opções, você pode selecionar o método gráfico ou o numérico para redimensionar os objetos selecionados.

18. Habilitar **Graphical**.

    A opção Graphical requer três entradas.

    Entrada 1: Ponto de Origem ou Base

    Entrada 2: Comprimento Original ou de Referência

    Entrada 3: Comprimento Desejado

19. Selecione a ponta (Endpoint) inferior esquerda para a primeira entrada – a origem.

20. Selecione a ponta superior esquerda para a segunda entrada – o comprimento de referência.

21. 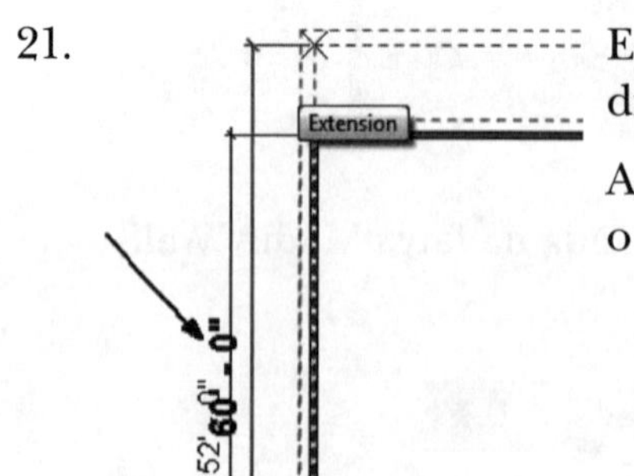

    Estenda o cursor até você ver uma dimensão de 60'.

    A dimensão que você vê enquanto move o cursor é uma *dimensão de escuta.*

22.

Clique para a terceira entrada – o comprimento desejado.

Clique em qualquer parte da janela para liberar a seleção e sair do comando Scale.

Note que a dimensão permanente é atualizada.

23.

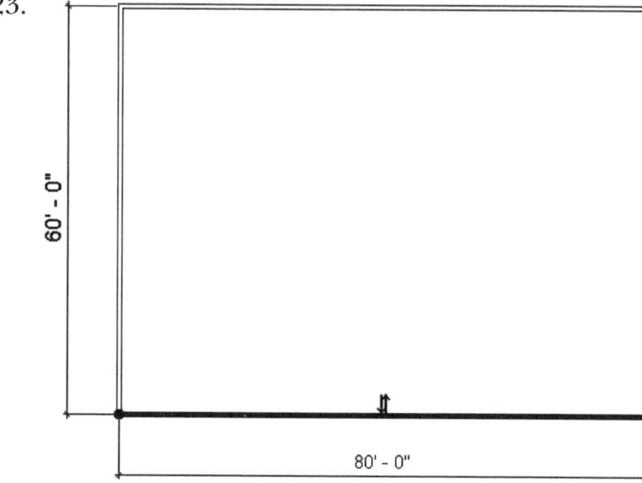

Selecione a parede horizontal inferior para exibir a dimensão temporária.

24.

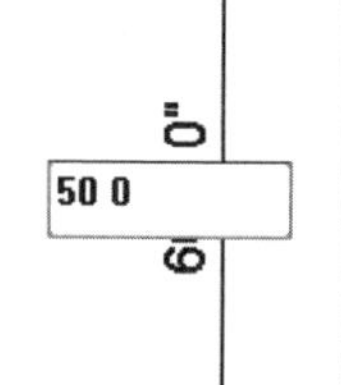

Clique na dimensão temporária vertical. Uma caixa de edição será aberta. Digite **50 0**.

O Revit não exige que você entre unidades.

Clique para entrar e liberar a seleção.

25. 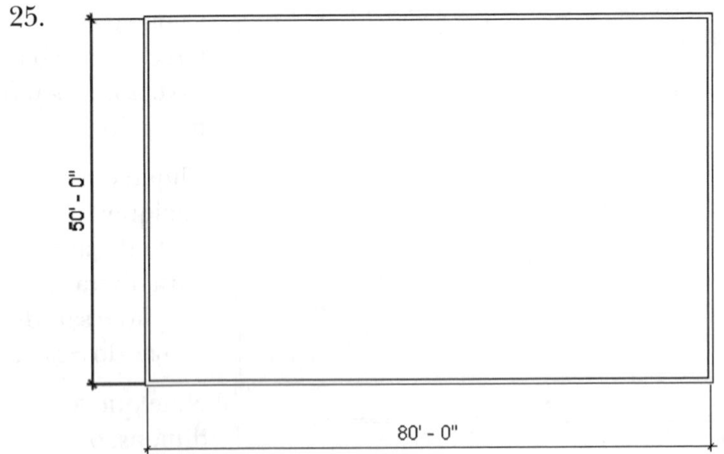

A dimensão permanente é atualizada.

NOTA: *Se você selecionar a dimensão permanente, não poderá editar seu valor, apenas seu estilo.*

26. Agora, mudaremos as paredes horizontais usando a opção Numerical (numérica) da ferramenta Resize (redimensionar).

    Mantenha pressionada a tecla Control e selecione as paredes verticais esquerda e direita.

27. 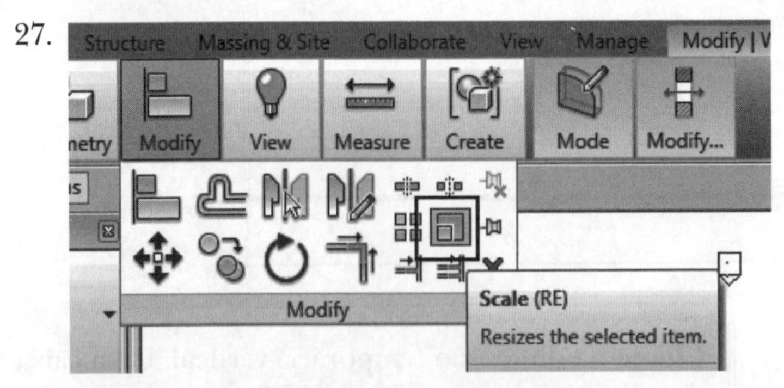

    Selecione a ferramenta **Scale**.

28. Modify | Walls | Graphical | Numerical | Scale: 0.5

    Habilite Numerical.

Ajuste Scale para **0.5**.

Isso mudará o comprimento das paredes de **80’** para **40’**.

A opção numérica requer apenas uma entrada para o ponto de origem ou base.

29. Selecione a ponta inferior esquerda para a primeira entrada – a origem.

30. As paredes serão imediatamente ajustadas. Clique na área de desenho para liberar a seleção.

    Note que a dimensão permanente é automaticamente atualizada.

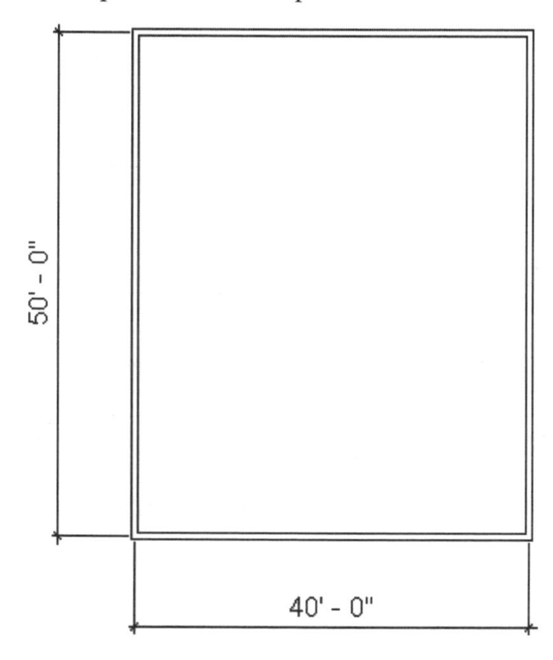

31. Feche sem salvar.

A ferramenta Group (grupo) funciona de maneira similar ao GROUP do AutoCAD. Basicamente, você está criando uma série de seleções de objetos similares ou não, que pode ser selecionada como uma unidade única. Uma vez selecionada, você pode mover, copiar, girar, espelho, ou excluí-la. Depois de criar um Grupo, você pode adicionar ou remover membros desse grupo. Grupos existentes são listados em seu painel de navegador e podem ser arrastados e soltos em vistas conforme necessário. Detalhes típicos, arranjos de escritórios, de banheiros etc, podem ser agrupados e salvos fora do projeto, para uso em outros projetos.

DICA: Se você mantiver pressionada a tecla Control enquanto arrasta um objeto ou grupo selecionado, o Revit automaticamente criará uma cópia do objeto ou grupo selecionado.

A Faixa Collaborate

As ferramentas de colaboração são usadas se mais de um usuário estiver trabalhando no mesmo projeto. Elas também podem ser usadas para verificar conjuntos de dados provenientes de outras fontes.

O Menu do Revit

Quando quiser começar um novo projeto/construção, você vai até File → New → Project ou usa a tecla de atalho, pressionando Control e 'N' ao mesmo tempo.

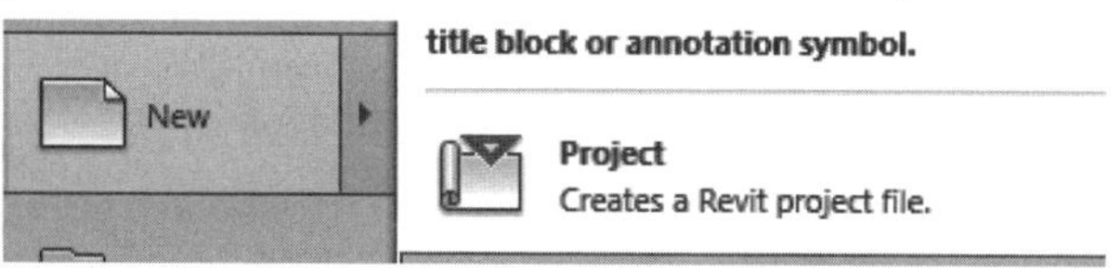

Quando iniciar um novo projeto, você usará um gabarito omissivo (default.rte). Este gabarito cria dois níveis (alturas omissivas de piso) e ajusta a janela de vista (View Window) para a vista de Level 1 (nível 1) de Floor Plans (plantas baixas).

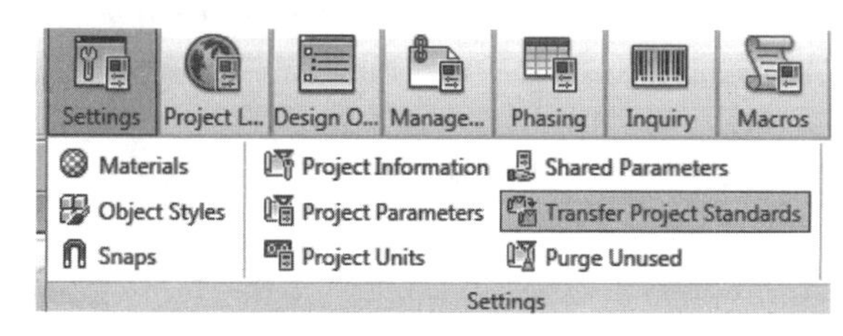

Você pode transferir os ajustes de projeto de um projeto antigo para um novo abrindo ambos os projetos numa sessão do Revit e, depois, com seu novo projeto ativo, selecionando **Manage → Settings → Transfer Project Standards**. Tique os itens que deseja transferir e depois clique em 'OK'.

DICA:

- Se você planeja exportar para .dwg ou importar detalhes de .dwg existentes, é importante definir sua configuração de importação/exportação. Isso permite que você controle as camadas que o Revit exportará e a aparência dos arquivos .dwg importados.
- Pressionar a tecla ESC duas vezes sempre levará você para o comando Modificar.
- Conforme se torne mais proficiente com o Revit, você poderá querer criar seus próprios gabaritos com base em seus ajustes favoritos. Um gabarito personalizado, baseado nos padrões de seu escritório (incluindo estilos de linha, materiais de execução, detalhes comuns, legendas de portas, janelas e salas, tipos de paredes, de portas e de janelas comumente usadas, e folhas típicas) aumentará a produção do projeto.

A Faixa View

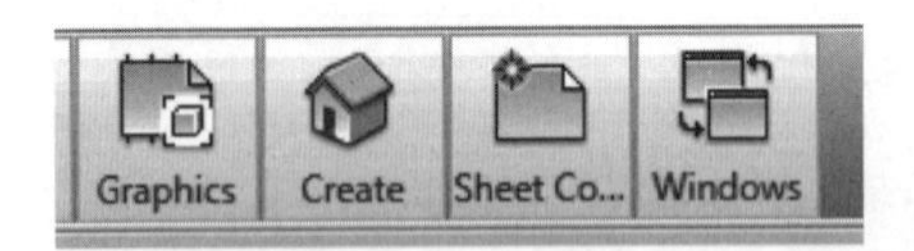

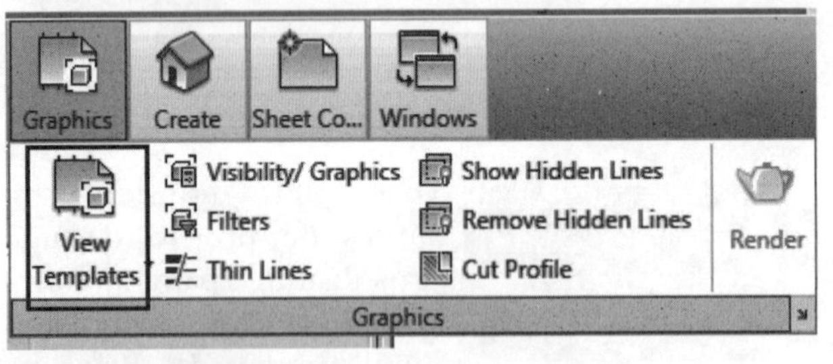

View Templates (gabaritos de vistas) permitem que o usuário salve ajustes de vistas e os aplique a diferentes vistas.

Permite que o usuário desative a visibilidade de elementos, tais como links de elevação, dimensões, pisos, paredes, etc

Filters

Os usuários podem criar e salvar filtros usados para criar conjuntos de seleções.

Thin Lines — Exibe todas as linhas na vista com uma única espessura de linha.

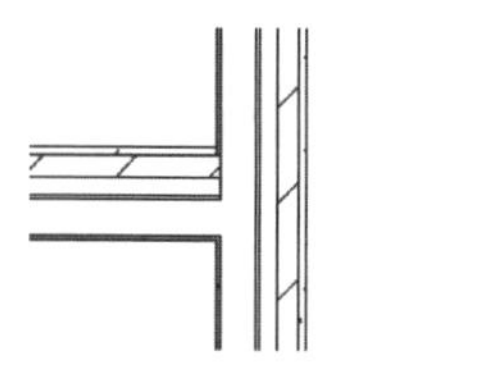

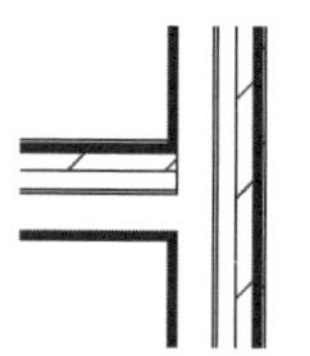

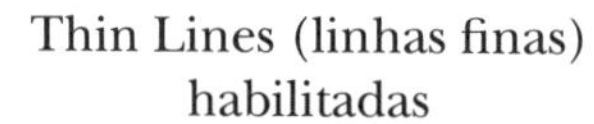

Thin Lines (linhas finas) habilitadas

Thin Lines desabilitadas

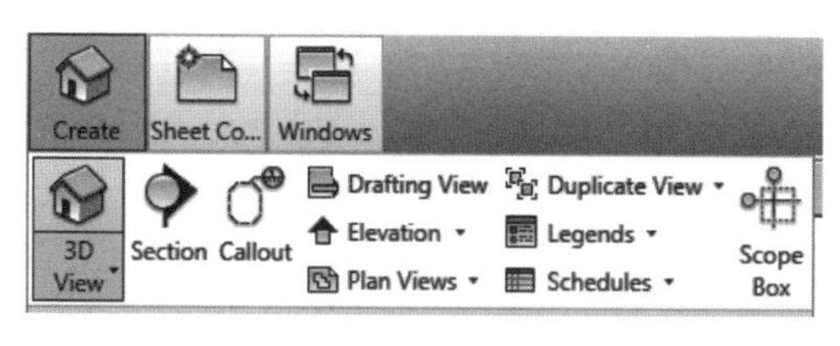

As ferramentas de vista 3D permitem que o usuário apresente uma vista isométrica do modelo, crie uma nova vista usando uma câmera, ou crie uma animação passo a passo.

Cria uma vista de seção.

Cria uma chamada para vista de detalhes, útil para vistas de enquadramento e de fundação.

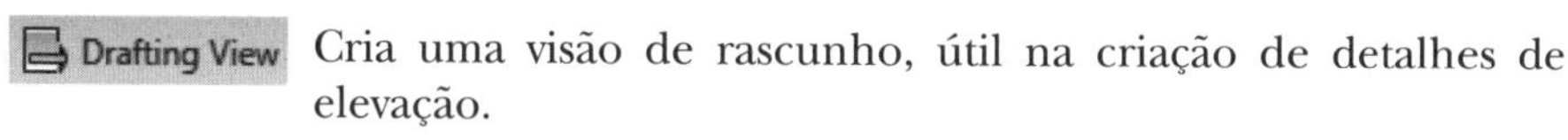

Cria uma visão de rascunho, útil na criação de detalhes de elevação.

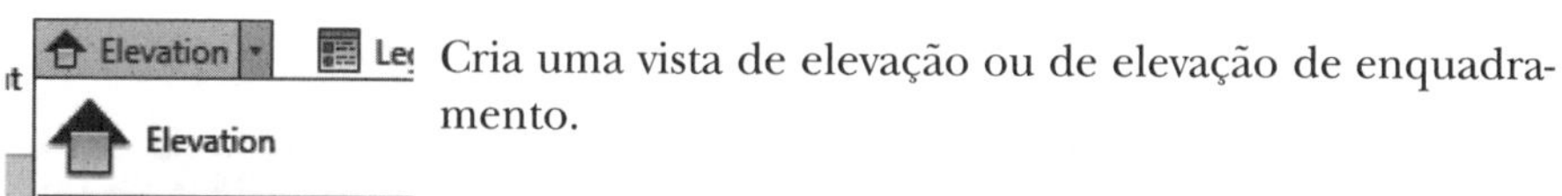

Cria uma vista de elevação ou de elevação de enquadramento.

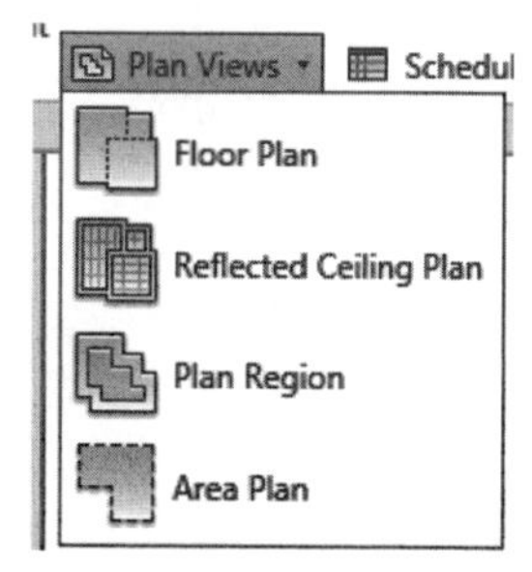

A ferramenta Plan Views (vistas de plantas) cria uma planta baixa, uma planta de teto refletido, uma região plana ou uma planta de área. A região plana pode ser usada quando você tiver uma planta baixa rebaixada ou elevada.

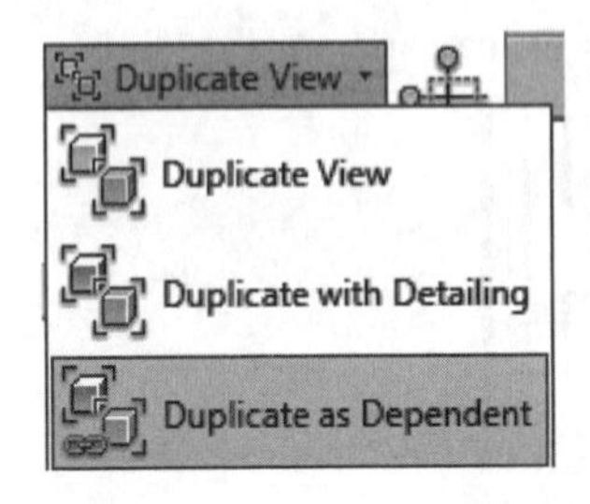

Duplicate View (duplicar vista) pode ser usada para criar vistas similares para diferentes fases ou para exibir diferentes elementos, tais como mobília ou arranjos de espaço.

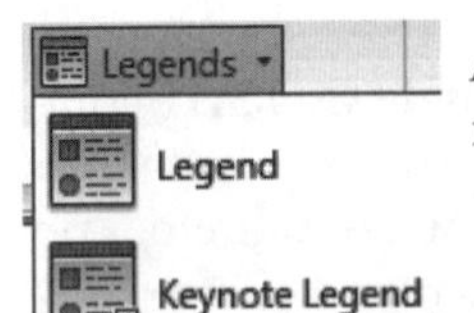

A ferramenta Legend é usada para colocar uma legenda numa folha.

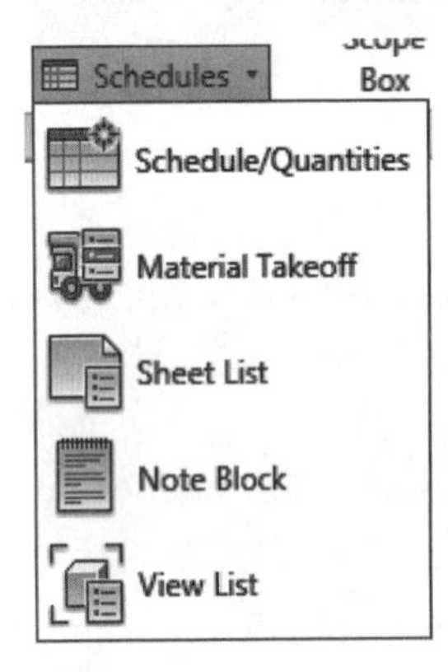

A ferramenta Schedules é usada para criar legendas de especificações.

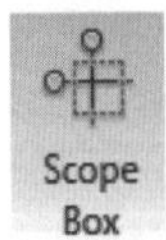

A Scope Box (caixa de escopo) é usada para controlar a exibição de níveis ou grades. Também é útil para criar uma vista de seção do modelo 3D.

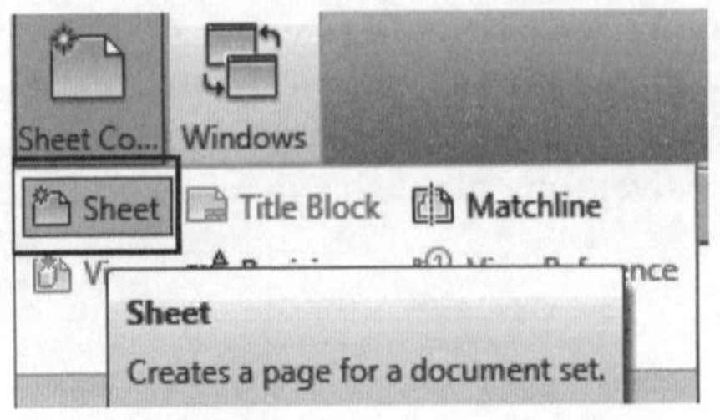

Coloca uma nova folha no arquivo de projeto.

Insere ou adiciona uma vista a uma folha.

Title Block Adiciona um bloco de título a uma folha.

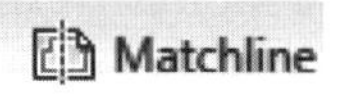

Coloca uma linha de correspondência numa vista. Esta é usada quando você tem uma vista que se estende por mais de uma folha e você quer ser capaz de alinhá-las.

Usada para alinhar vistas ou notas em folhas.

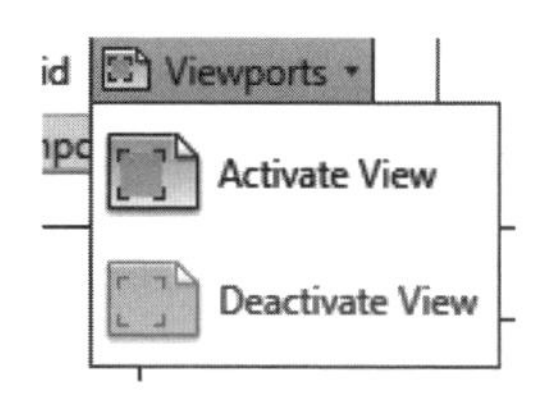

Viewsports → Activate View/Deactivate View funciona de forma similar a Model/Paper Space numa aba de arranjo. Permite que o usuário edite os elementos na vista ou mude os ajustes de exibição.

Usado para adicionar uma anotação para indicar o número da folha e o número do detalhe para a vista selecionada.

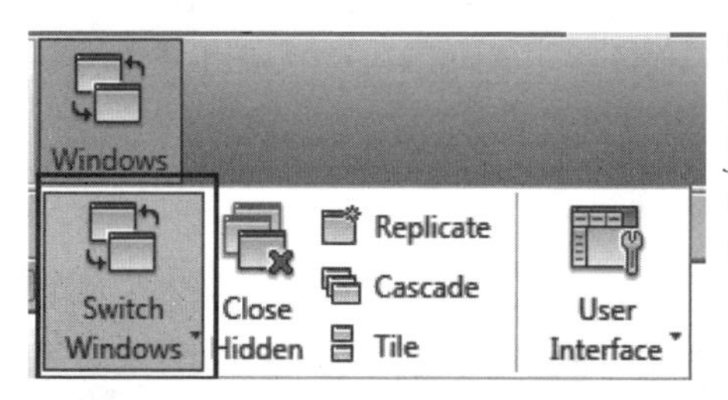

Switch Windows (alternar janelas) é usada para alternar de um projeto ou janela aberto para outro. Isto é similar ao menu Window ou ao uso da tecla tab.

Fecha todas as janelas abertas, exceto a janela ativa na exibição.

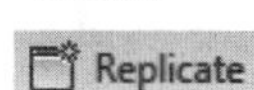

Abre uma nova janela da janela atual.

Cascateia todas as janelas abertas.

Dispõe lado a lado todas as janelas abertas. Isto é útil quando se trabalha com massas ou famílias do Revit.

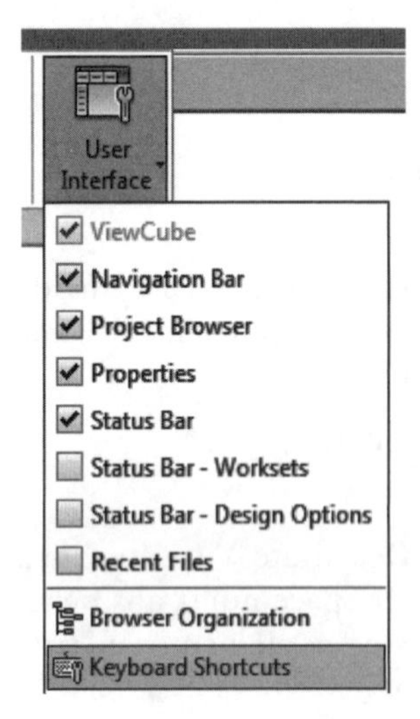

Controla a visibilidade de diferentes sistemas de navegação do usuário. Browser Organization (organização do navegador) permite que o usuário personalize a forma como as vistas aparecem no Navegador de projetos. Nós não usamos Worksets ou Design Options neste texto, portanto, ambas as barras de status podem ser desativadas.

DICA: A criação de gabaritos de vista padrões (elevações exteriores, plantas baixas ampliadas etc) em seu gabarito de projeto ou no início de um projeto poupará muito tempo na estrada.

A Faixa Manage

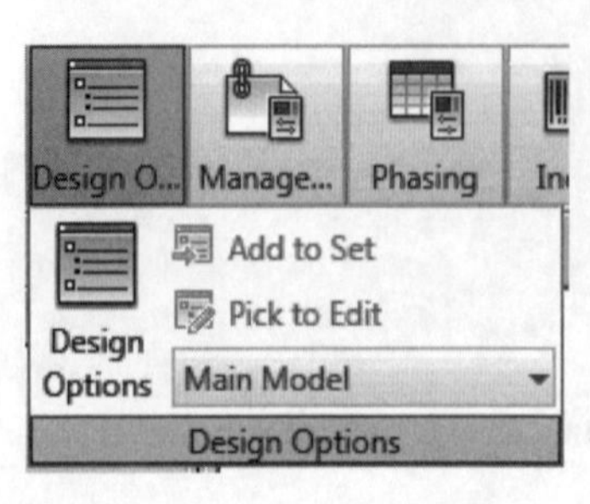

Design Options (opções de desenho) são usadas para projetar diferentes opções para um modelo de prédio. Isto permite que o usuário crie diferentes versões do mesmo prédio para apresentar a um cliente. Os elementos podem ser adicionados a diferentes conjuntos de opções e depois exibidos. É similar a um Configuration Manager (gerenciador de configurações).

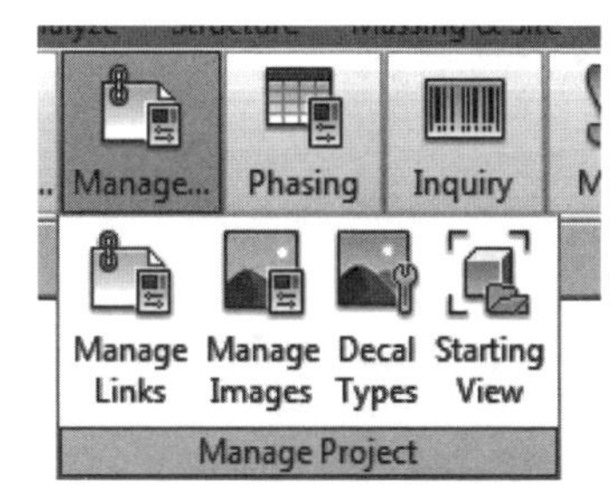

Esta é similar ao External Reference Manager (gerenciador de referências externas) do AutoCAD. É usada quando você inseriu arquivos cad externos, tais como arquivos topo para serem usados no modelo.

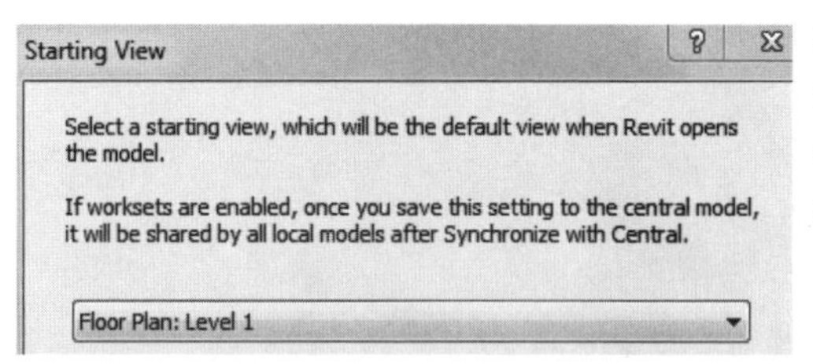

Starting View (vista inicial) define a vista que você quer abrir automaticamente sempre que abrir um arquivo.

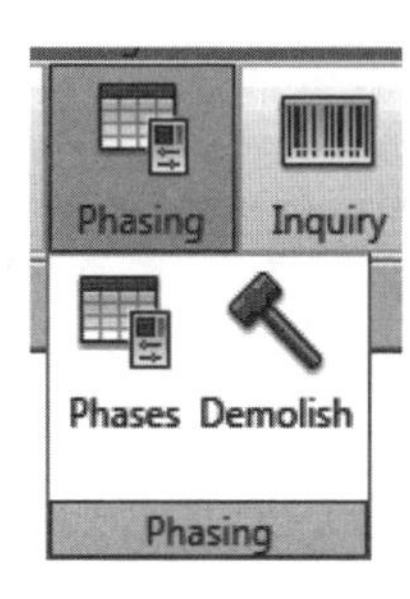

Fases são usadas para gerenciar as diferentes fases de um projeto de construção.

DICA:

- Por omissão, o navegador lista todas as folhas e todas as vistas.
- Se você tiver múltiplos usuários do Revit em seu escritório, coloque suas bibliotecas de famílias e bibliotecas de processamento num servidor e designe o caminho na aba File Locations (localizações de arquivos), em Options; isso permite que múltiplos usuários acessem as mesmas bibliotecas e materiais.

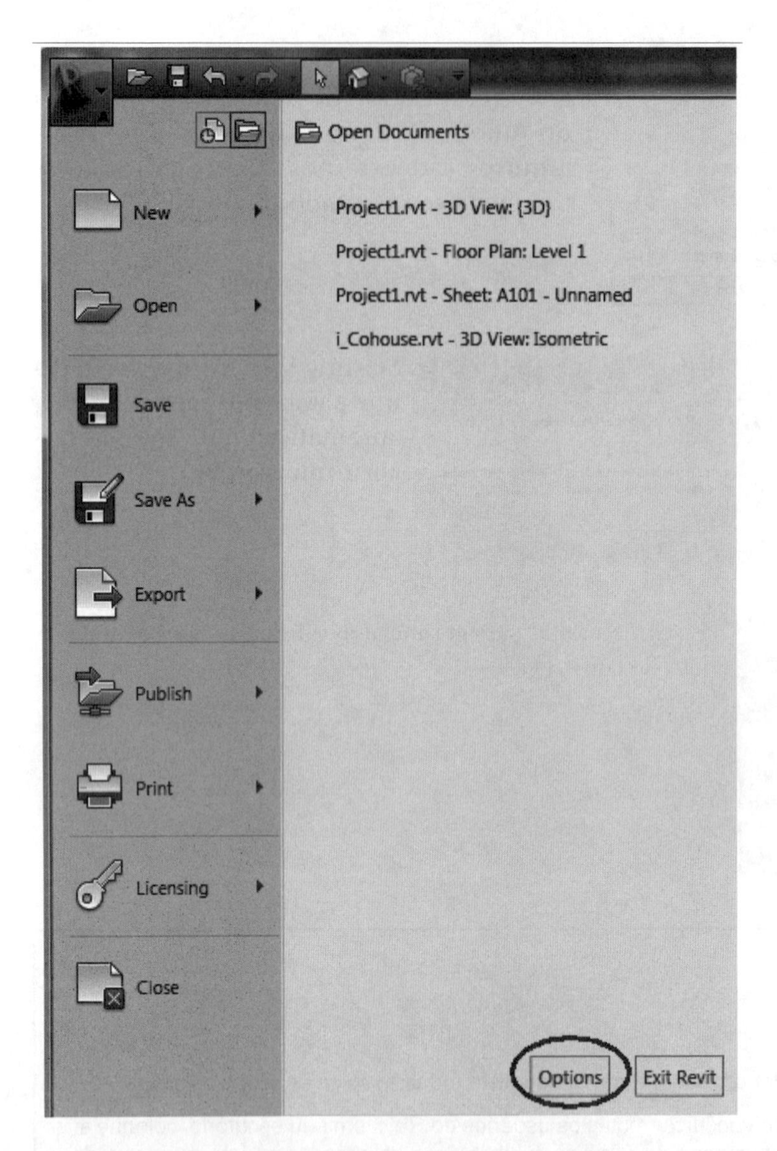

Para acessar as Opções do Sistema:

Vá até o menu do Revit e selecione o **botão Options** localizado na parte inferior do diálogo.

Intervalo do lembrete de salvamento:

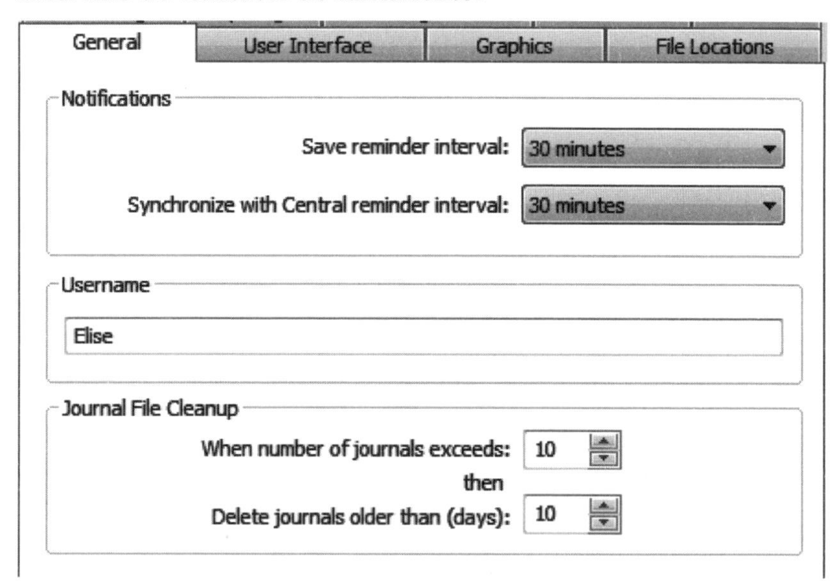

Notifications (notificações)

Você pode selecionar qualquer opção no drop-down. Esta não é uma funcionalidade de salvamento automático. Seu arquivo não será salvo, a menos que você selecione o botão 'Save'. Tudo o que isso faz é abrir um diálogo no intervalo de lembrete selecionado.

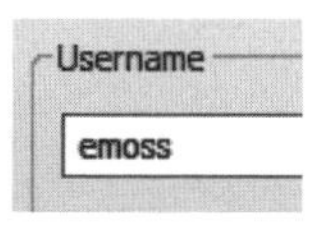

Nome de usuário

Isto indica o nome do usuário que abre e fecha documentos. Isso só é aplicável se você estiver trabalhando num ambiente colaborativo. Você não pode mudar o nome de usuário, a menos que tenha salvo todos os trabalhos.

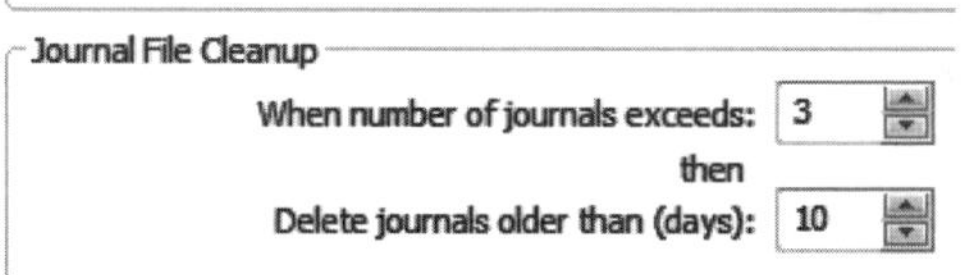

Limpeza do Arquivo de Revista

Não há, atualmente, nenhuma opção para colocar o arquivo de revista em qualquer lugar, além do local omissivo.

Determina quantas versões anteriores de transcrições de um projeto podem ser armazenadas. Você pode ajustar o número de versões de projeto a serem salvas e excluir qualquer número que exceda esse valor depois de um número definido de dias. Transcrições são usadas para recuperar um arquivo de projeto se for danificado ou corrompido.

Transcrições fornecem a capacidade de limpar revistas criadas anteriormente, que ficam localizadas em "C:\Program Files\<Nome e versão do produto Revit>\Journals"

Elas podem ser abertas com o WordPad, o NotePad ou qualquer outro programa baseado em texto.

As Opções da Interface do Usuário

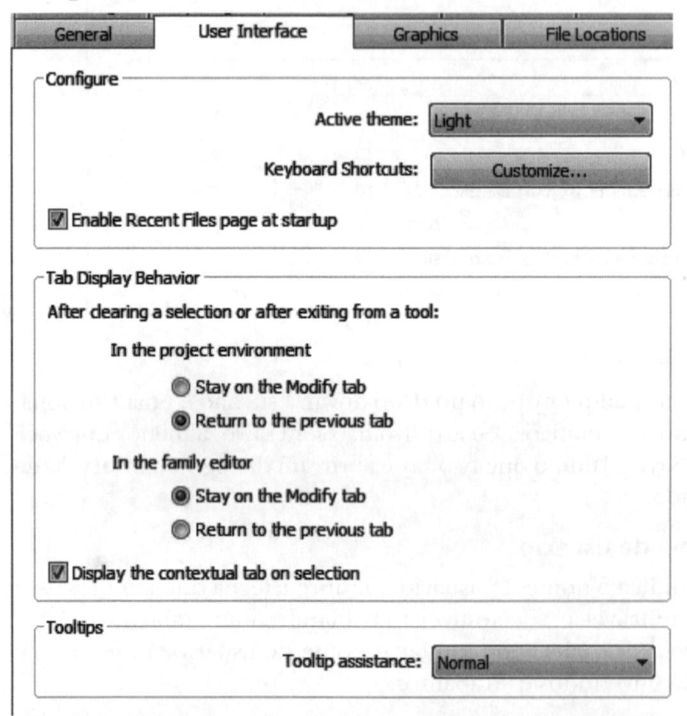

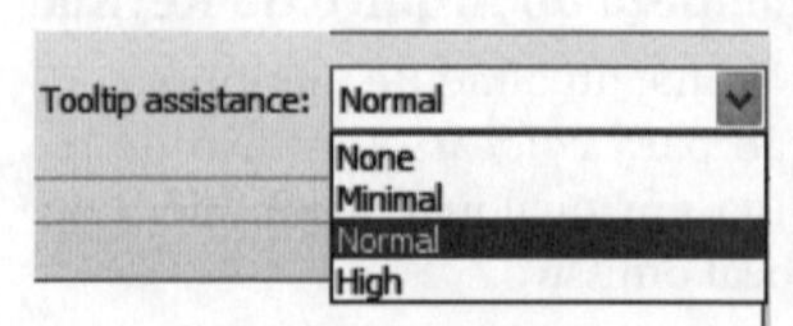

Assistência por Dicas

Este ajuste controla o número de mensagens de ajuda que você verá enquanto trabalha.

Este ajuste controla o número de mensagens de ajuda que você verá enquanto trabalha.

A Sba Graphics

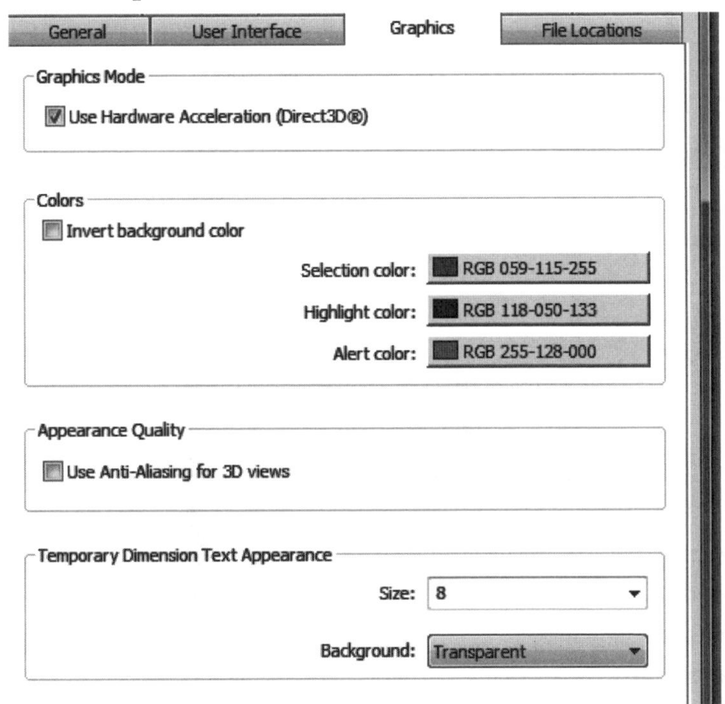

Use Open GL acceleration Use Direct 3D	Deixe a caixa de seleção OpenGL desmarcada, a menos que você saiba que a placa de vídeo do seu computador tenha sido projetada para o OpenGL; este é um controle avançado. Você poderá querer experimentar se as vistas ocultas ou sombreadas não forem corretamente exibidas.
Invert background color	Se ativado, a janela gráfica exibirá um fundo preto.
Selection Color	Define a cor a ser usada quando objetos forem selecionados.
Alert Color	Define a cor para os elementos que estão selecionados quando ocorrer um erro
Use Anti-Aliasing for 3D Views	Se estiver habilitado, a aparência das bordas será menos irregular, mas o desempenho será mais lento.

Temporary Dimension Texto	Os usuários podem definir o tamanho da fonte do texto de dimensões temporárias e alterar o fundo da caixa de texto.

Localizações de arquivos

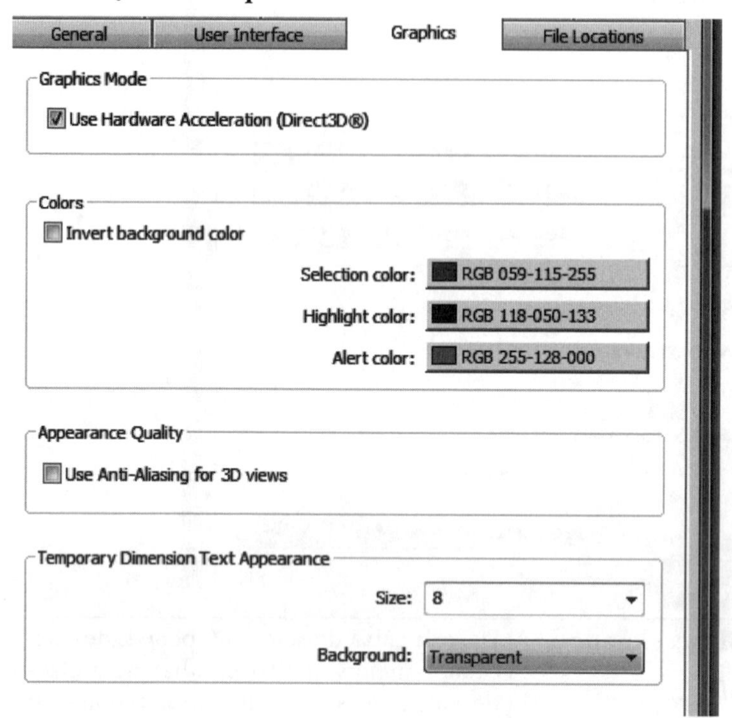

Localizações de arquivos são usadas para definir os locais omissivos de busca de gabaritos e famílias.

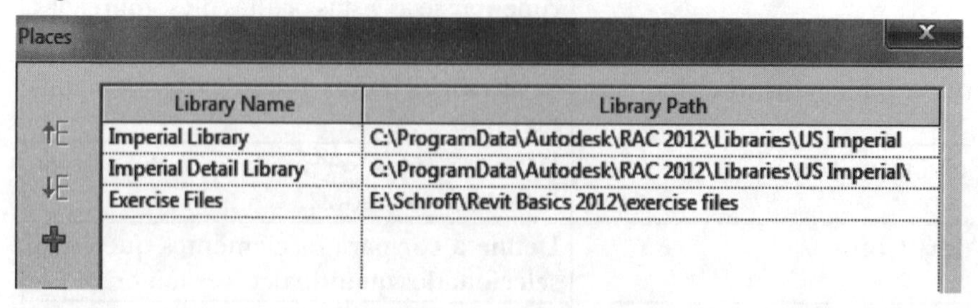

Places (locais) lista todos os locais que aparecerão no painel esquerdo do diálogo Open (abrir). Use para gabaritos, locais de projetos, e bibliotecas.

A aba Rendering

A aba Rendering (apresentação) controla onde você armazena seus arquivos AccuRender e diretórios onde você armazena seus materiais.

Isso permite que você defina seus caminhos para que o Revit possa facilmente localizar materiais e arquivos.

Se você pressionar o botão Get More RPC, seu navegador será lançado para acessar o site da ArchVision. Você deve baixar e instalar um complemento para gerenciar seus downloads de RPC. Existe um serviço gratuito de troca de conteúdo, mas você tem de criar uma conta de login.

A aba Spelling

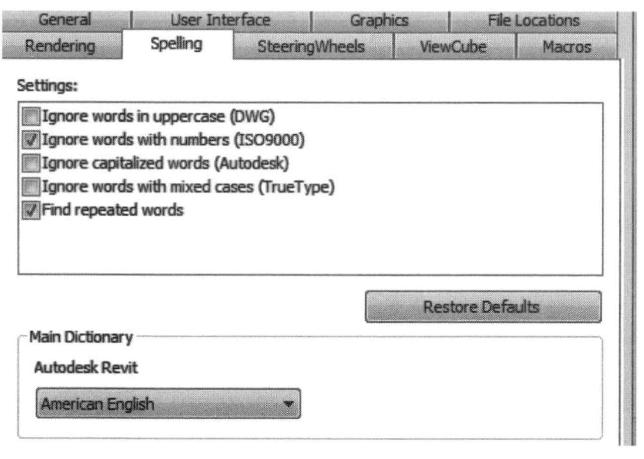

A aba Spelling (ortografia) permite que você use o dicionário de seu Microsoft Office, bem como quaisquer dicionários personalizados que você possa ter configurado. Esses dicionários são úteis se você tiver muitas notas e especificações em seus desenhos.

Para adicionar uma palavra ao dicionário Custom (personalizado), pressione o botão **Edit**.

O Bloco de Notas será aberto e você poderá simplesmente digitar qualquer palavra que você queira adicionar ao dicionário.
Salve o arquivo.

A aba SteeringWheels

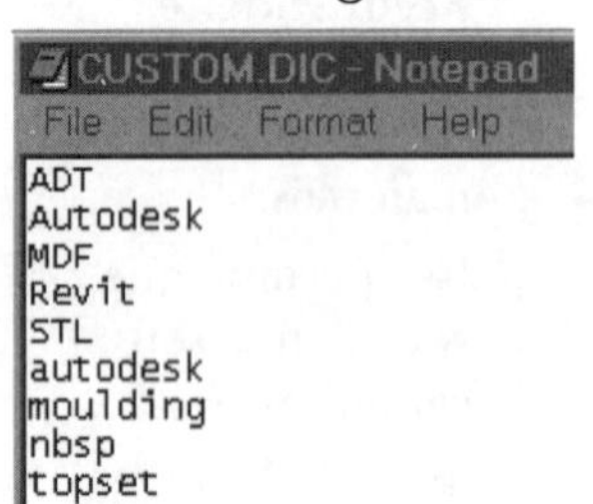

A guia SteeringWheels controla a aparência e a funcionalidade dos volantes.

Volantes são usados para alterar a exibição.

A aba ViewCube

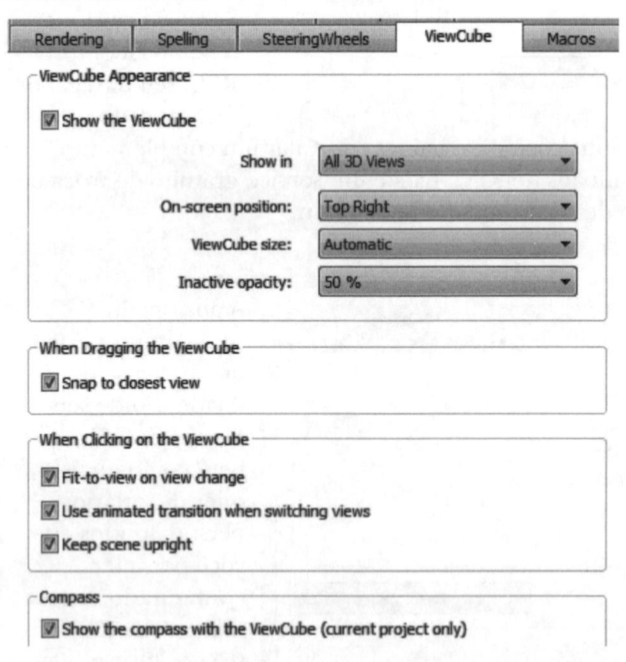

A aba ViewCube controla a aparência e localização do ViewCube.

O usuário também pode determinar como a exibição muda quando o ViewCube é selecionado.

A aba Macros

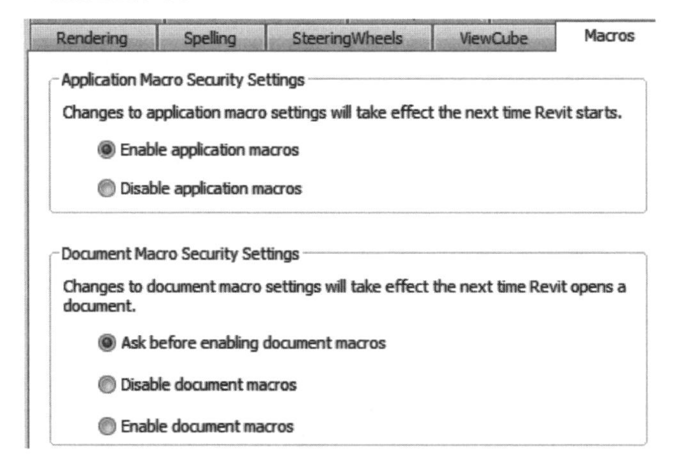

A aba Macros é onde o usuário define o nível de segurança para Macros.

DICA: Para aumentar a produtividade, armazene todos os seus gabaritos personalizados na rede, para fácil acesso, e ajuste o ponteiro para a pasta correta.

O Menu Help

O **Help do Revit** (também alcançável pela tecla de função F1) traz o diálogo de ajuda.

What's New (o que há de novo) permite que os usuários veteranos se inteirem rapidamente sobre a última versão.

Documents on Web lança informações de ajuda no website do Revit. Você deve ter uma conexão de Internet ativa para poder acessar o site.

Additional Resources (recursos adicionais) lança seu navegador e abre um link no website da Autodesk. A biblioteca de conteúdo Web do Revit leva você ao Autodesk Seek, onde você pode baixar conteúdo de fabricantes.

O **Customer Involvement Program** (programa de envolvimento do cliente) é usado pela Autodesk para rastrear o uso de seu software remotamente, usando sua conexão de internet.

About (sobre o Revit Architecture 2012) chega a uma tela com informações sobre a versão e compilação da cópia do Revit com que você está trabalhando. Se não tiver certeza sobre qual o Service Pack que você instalou, este é o lugar onde você vai encontrar essa informação.

Exercício 1-6

Ajustando as Localizações de Arquivos

Nome do Desenho: Fechar todos os arquivos abertos

Tempo estimado: 5 minutos

Este exercício reforça as seguintes habilidades:

- ❑ Opções
- ❑ Localizações de arquivos

1. Feche todos os arquivos ou projetos abertos.

2. 

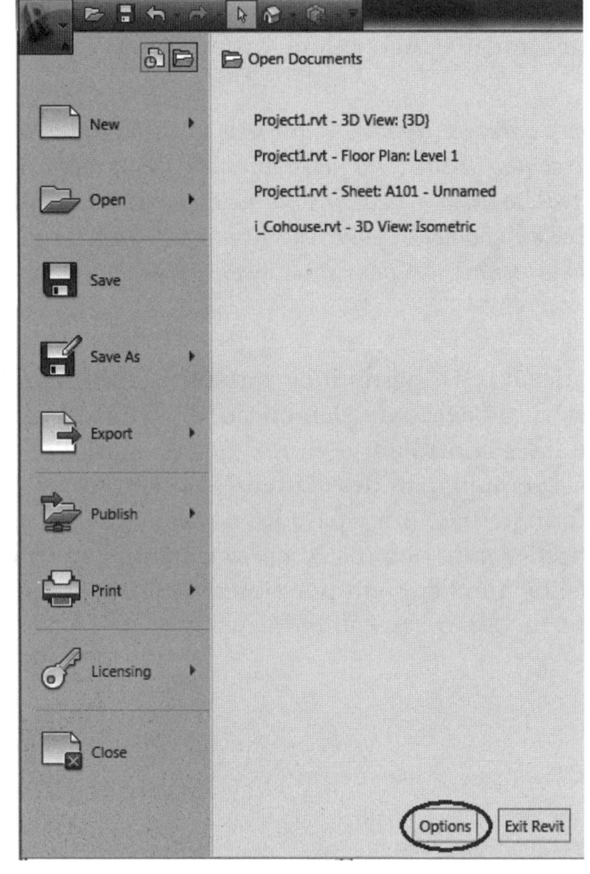

Vá para o menu **Application**.

Selecione o botão **Options** na parte inferior da janela.

3. File Locations

Selecione a aba **File Locations**.

4. Default path for user files:

C:\Users\Elise\Documents

Browse...

Na seção **Default path for user files**, clique no botão **Browse**.

5. Default path for user files:

E:\Schroff\Revit Basics 2012\exercise files\

Navegue até a pasta local ou de rede onde você salvará seus arquivos.

Quando a pasta correta for destacada, clique em **Open** (abrir). Seu instrutor ou gerente de CAD poderá fornecer esta informação.

Eu recomendo aos meus alunos trazerem uma unidade flash para a aula, e fazerem backup do trabalho de cada dia nessa unidade. Dessa forma, você nunca perderá seu valioso trabalho. Alguns alunos esquecem sua unidade flash. Estes devem criar o hábito de enviar seus arquivos para o Google Docs ou usar o www.yousendit.com para enviarem por e-mail o arquivo para si mesmos.

O Revit tem capacidades de 4D, permitindo que os usuários configurem fases, ou seja, construção existente, demolição, novo trabalho, fases futuras etc. Filtros de fases controlam como os objetos em diferentes fases são exibidos. Por exemplo, paredes existentes podem ser exibidas em cinza com um padrão de hachura e paredes novas podem ser apresentadas em preto, paredes para demolição em vermelho. Um usuário pode optar por não exibir uma fase em nenhuma vista. Isto permite a fácil criação de plantas de demonstração e documentos de construção separados por fase.

Exercício 1-7

Criação de Fases

Nome do desenho: *c_phasing.rvt*

Tempo estimado: 75 minutos

Este exercício reforça as seguintes habilidades:

- ❑ Propriedades
- ❑ Filtros
- ❑ Fases
- ❑ Renomear Vista
- ❑ Copiar Vista
- ❑ Configurações de gráficos para Fases

1. Selecione a ferramenta **Open**.

2. File name: c_Phasing.rvt

Localize o arquivo c_phasing.rvt.

Selecione **Open**.

3. 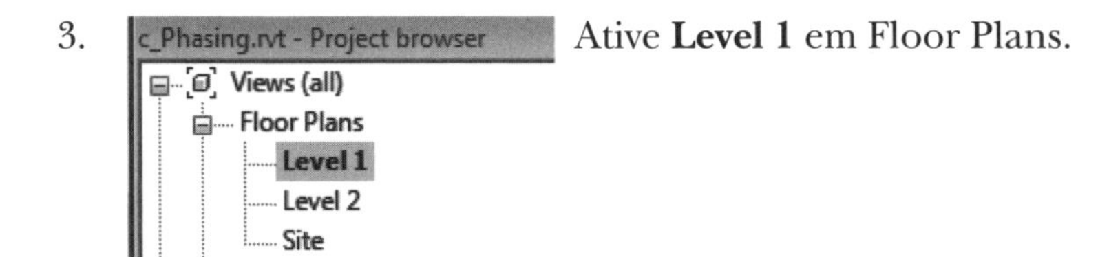

Ative **Level 1** em Floor Plans.

4. 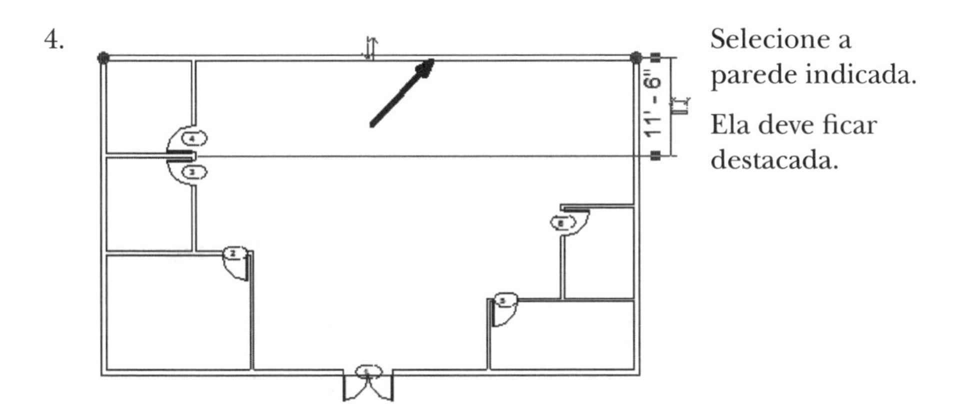

Selecione a parede indicada.

Ela deve ficar destacada.

5.

Phasing	
Phase Created	New Construction
Phase Demolished	None

Role para baixo até a categoria Phasing, no painel de propriedades, na parte superior esquerda.

6. Esta parede foi criada na Fase de Nova Construção (New Construction Phase). Note que ela não está marcada para ser demolida.

7. Clique com o botão direito e pressione **Cancel** para desmarcar a parede. Cancel

8. 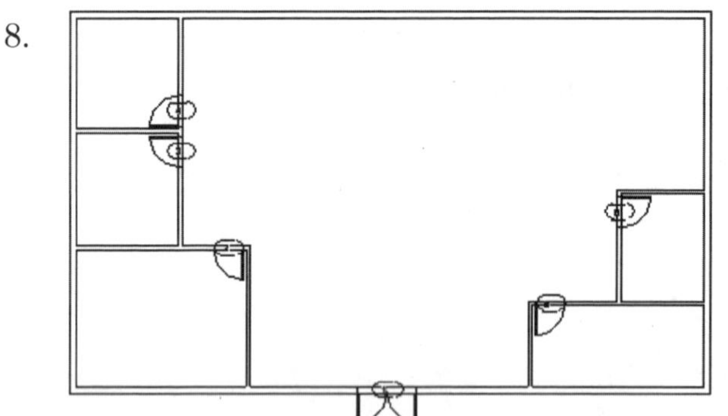

Trace um quadro em torno de todo o edifício para selecionar tudo.

9. Selecione a ferramenta **Filter**.

10. 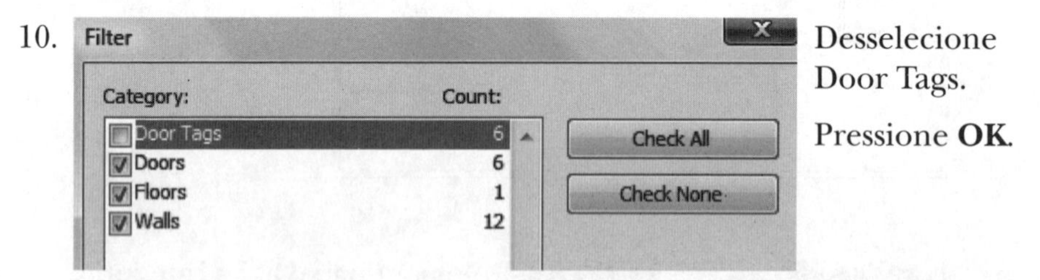

Desselecione Door Tags.

Pressione **OK**.

***Nota:** Se Door Tags estiver selecionada, você não será capaz de acessar Phases no diálogo Properties.*

11. No painel de propriedades:

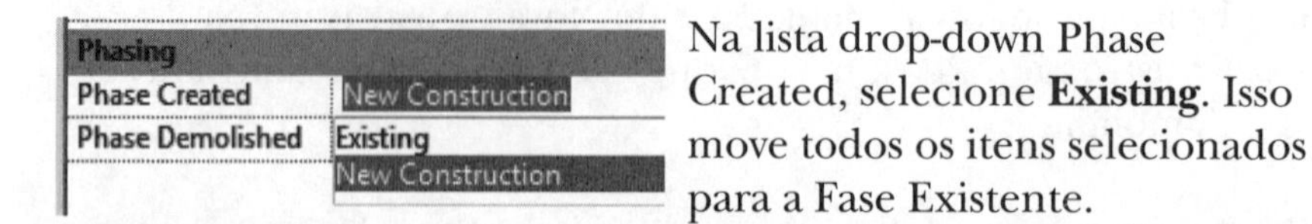

Na lista drop-down Phase Created, selecione **Existing**. Isso move todos os itens selecionados para a Fase Existente.

12. Clique com o botão direito e pressione **Cancel** para desselecionar.

Note que os elementos agora são exibidos em cinza, em vez de preto.

13. 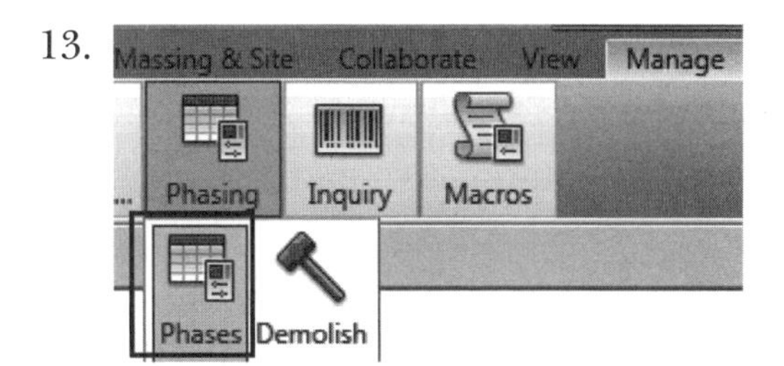

Vá para a faixa **Manage**.

Selecione **Phasing** → **Fases**.

14. Destaque New Construction e pressione o botão **Before**.

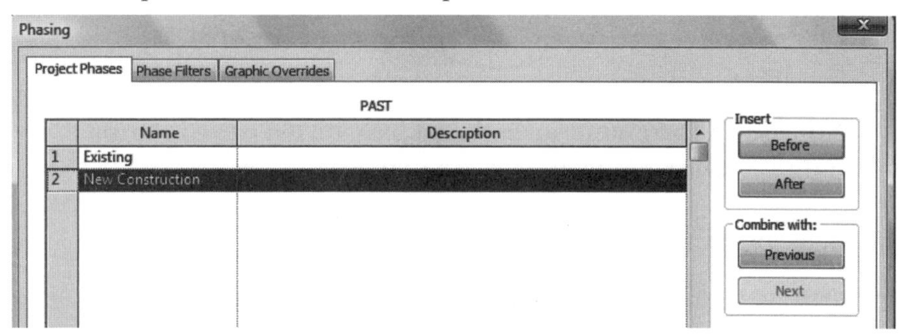

15. Project Phases | Phase Filters | Graphic Overrides

PAST

	Name	Description
1	Existing	
2	Demo	Demolished
3	New Construction	

Digite **Demo**, na coluna Name.

Digite **Demolished** tipo na coluna Descrição.

16. 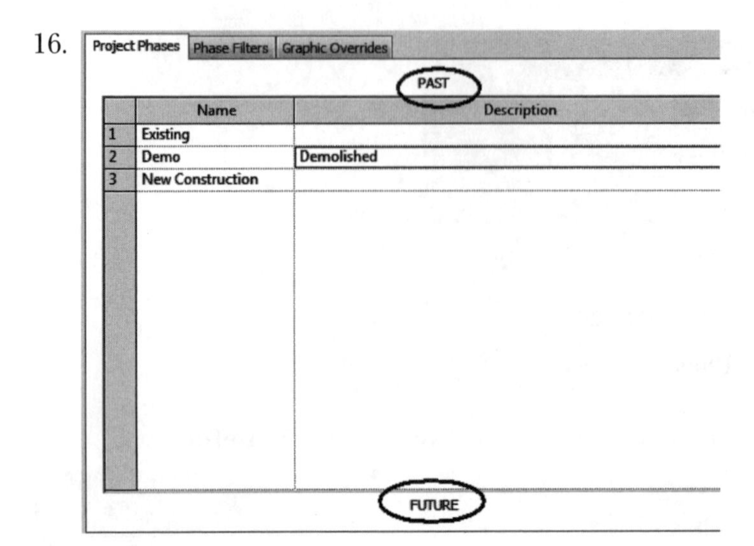

Note que a parte superior indica o passado e a parte inferior indica o futuro para ajudar a orientar as fases.

17. Selecione a aba Graphic Overrides.

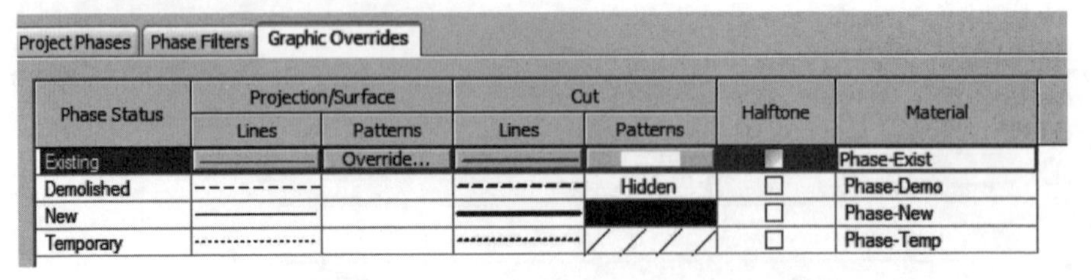

18. Note que na coluna Lines da Fase Existing, a cor da linha está ajustada para cinza.

19. 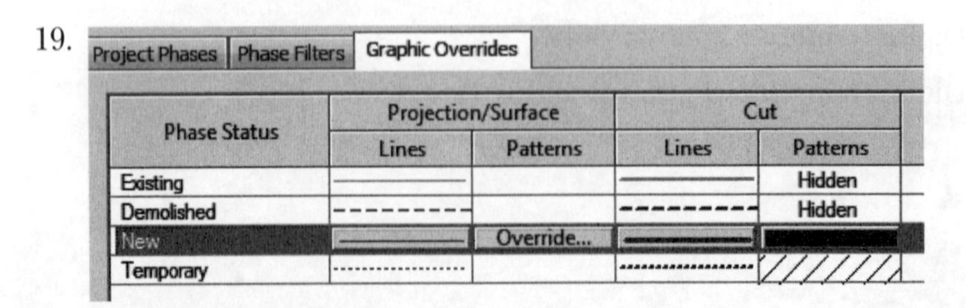

Clique na coluna **Lines** e o diálogo Line Graphics será exibido.

Projection/Surface é o que é exibido nas vistas de planta baixa.

Cut é a exibição para as vistas de elevação ou de seção.

Override indica que você alterou a exibição das configurações omissivas.

20. Ajuste a cor para **Green** (verde) para a fase Existing, selecionando o botão de cor.

    Ajuste a cor para **Blue** (azul) para a fase de Demolition.

    Ajuste a cor para **Magenta** para a fase New.

    Mude as cores de ambos, Projection/Surface e Cut.

21. 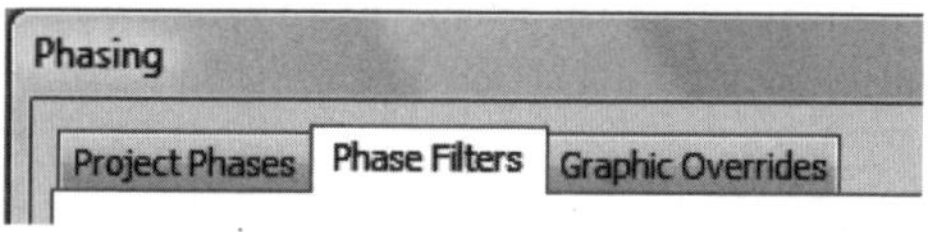 Phasing — Project Phases | Phase Filters | Graphic Overrides

    Selecione a aba **Phase Filters**.

22. Project Phases | Phase Filters | Graphic Overrides

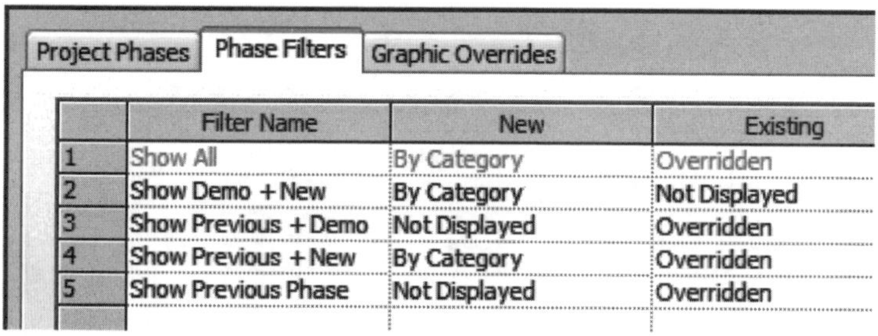

	Filter Name	New	Existing
1	Show All	By Category	Overridden
2	Show Demo + New	By Category	Not Displayed
3	Show Previous + Demo	Not Displayed	Overridden
4	Show Previous + New	By Category	Overridden
5	Show Previous Phase	Not Displayed	Overridden

Note que já existem filtros de fase predefinidos, que controlarão o que é exibido numa vista.

23.  New

    Pressione o botão **New** na parte inferior do diálogo.

24.

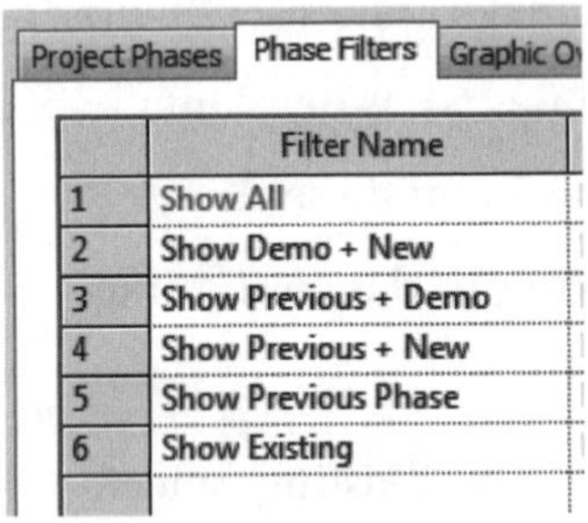

Project Phases | Phase Filters | Graphic O

	Filter Name
1	Show All
2	Show Demo + New
3	Show Previous + Demo
4	Show Previous + New
5	Show Previous Phase
6	Show Existing

Mude o nome do novo filtro de fase para **Show Existing** (mostrar existentes).

Show Previous+ Demo exibirá os elementos existentes mais os demolidos, mas não os novos.

Show Previous + New exibirá os elementos existentes mais os novos, mas não os demolidos.

25.

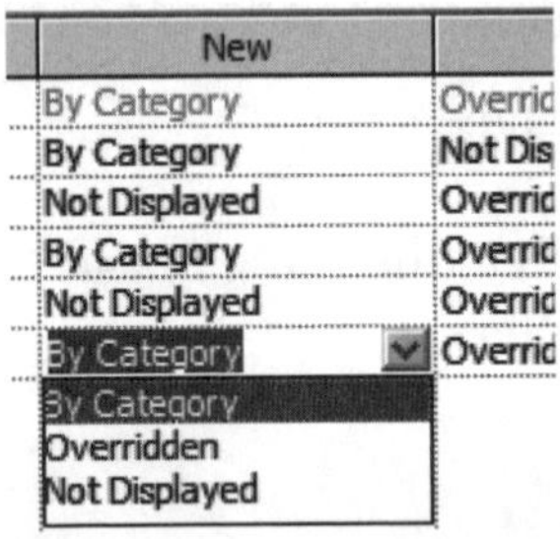

New	
By Category	Overrid
By Category	Not Dis
Not Displayed	Overrid
By Category	Overrid
Not Displayed	Overrid
By Category	Overrid

By Category
Overridden
Not Displayed

Na coluna New, selecione **By Category**.

Na coluna Existing, selecione **Overridden**.

Isto significa que os ajustes omissivos de exibição usarão a nova cor atribuída.

Na coluna Demolished, selecione **Not Displayed**.

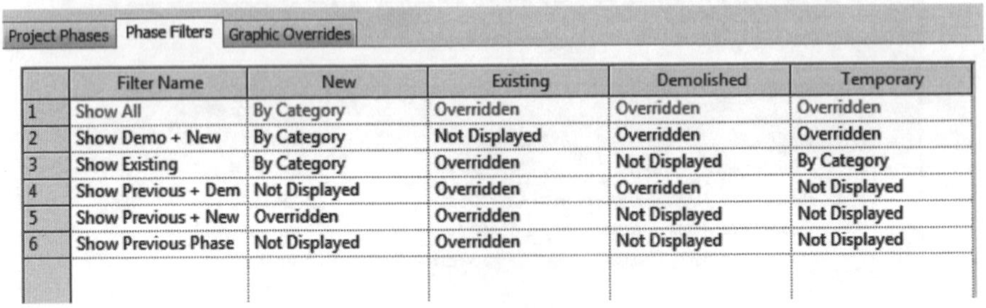

Project Phases | Phase Filters | Graphic Overrides

	Filter Name	New	Existing	Demolished	Temporary
1	Show All	By Category	Overridden	Overridden	Overridden
2	Show Demo + New	By Category	Not Displayed	Overridden	Overridden
3	Show Existing	By Category	Overridden	Not Displayed	By Category
4	Show Previous + Dem	Not Displayed	Overridden	Overridden	Not Displayed
5	Show Previous + New	Overridden	Overridden	Not Displayed	Not Displayed
6	Show Previous Phase	Not Displayed	Overridden	Not Displayed	Not Displayed

26. Pressione **Apply** e **OK** para fechar o diálogo Phases.
Note que todos os elementos na camada existente são agora exibidos em verde.

Se apenas as portas ou apenas as paredes forem exibidos em verde, volte e verifique se as cores em ambas as colunas estão apropriadamente ajustadas.

27.

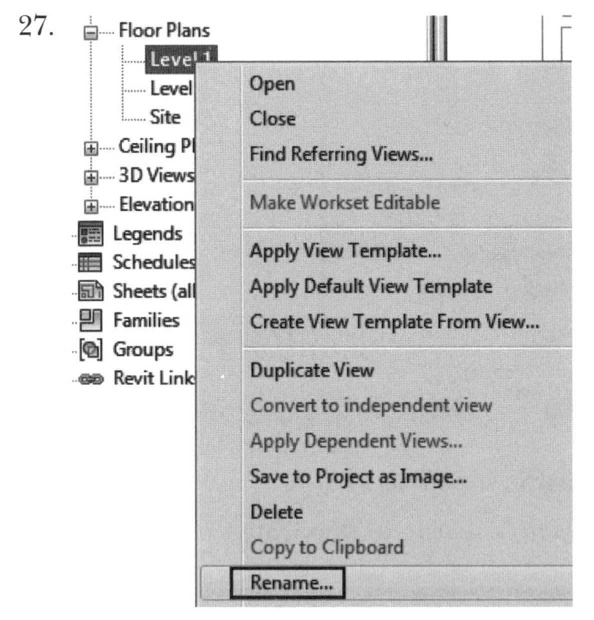

Em seguida, nós criamos três vistas da planta baixa Level 1 para cada fase.

Destaque **Level 1**, em Floor Plan.

Clique com o botão direito e selecione **Rename**.

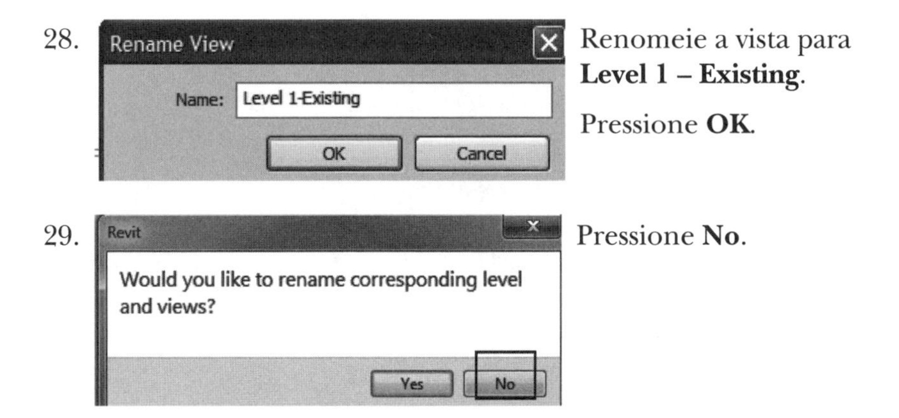

28. Renomeie a vista para **Level 1 – Existing**.

Pressione **OK**.

29. Pressione **No**.

30. 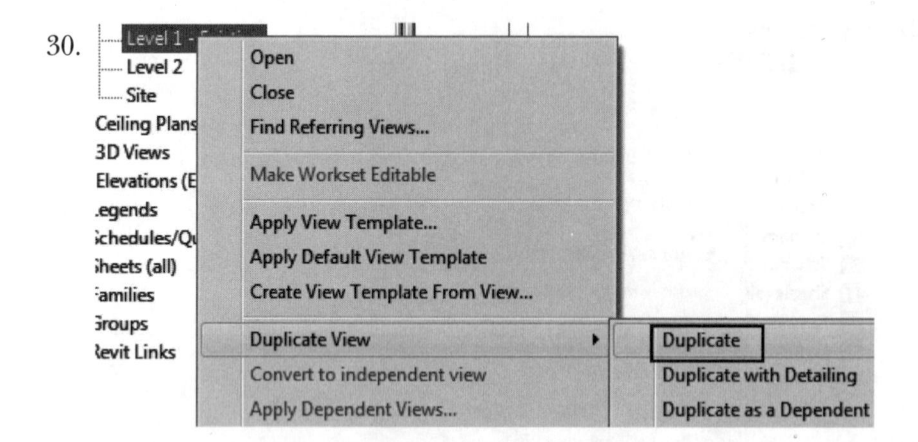

Destaque **Level 1 – Existing**, em Floor Plan.

Clique com o botão direito e selecione **Duplicate View → Duplicate**.

31. 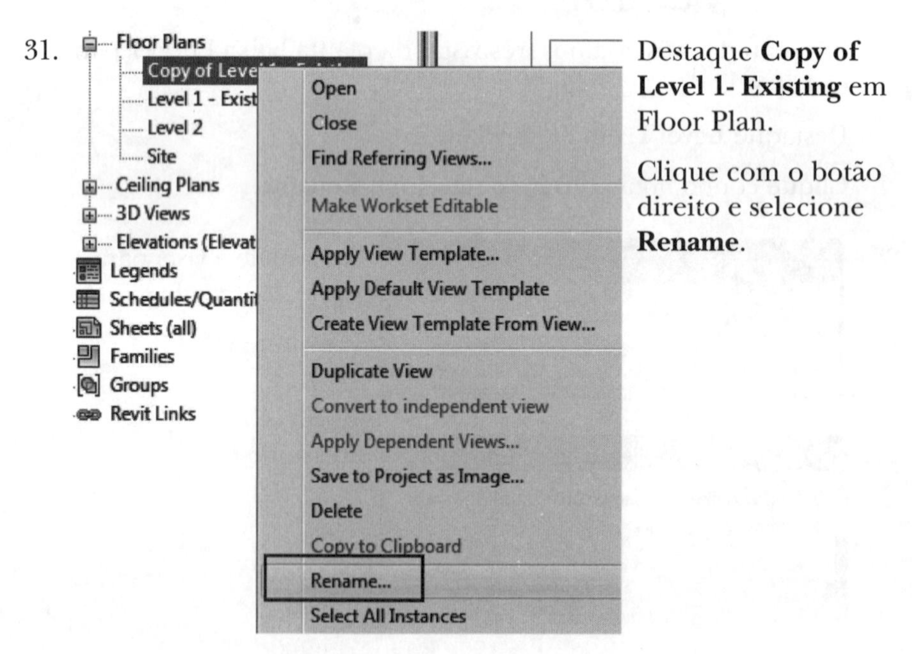

Destaque **Copy of Level 1- Existing** em Floor Plan.

Clique com o botão direito e selecione **Rename**.

32. No campo de texto, entre **Level 1 – Demo**.

Pressione **OK.**

33. 

Destaque **Level 1- Existing**, em Floor Plan.

34. Clique com o botão direito e selecione **Duplicate View → Duplicate**.

35. 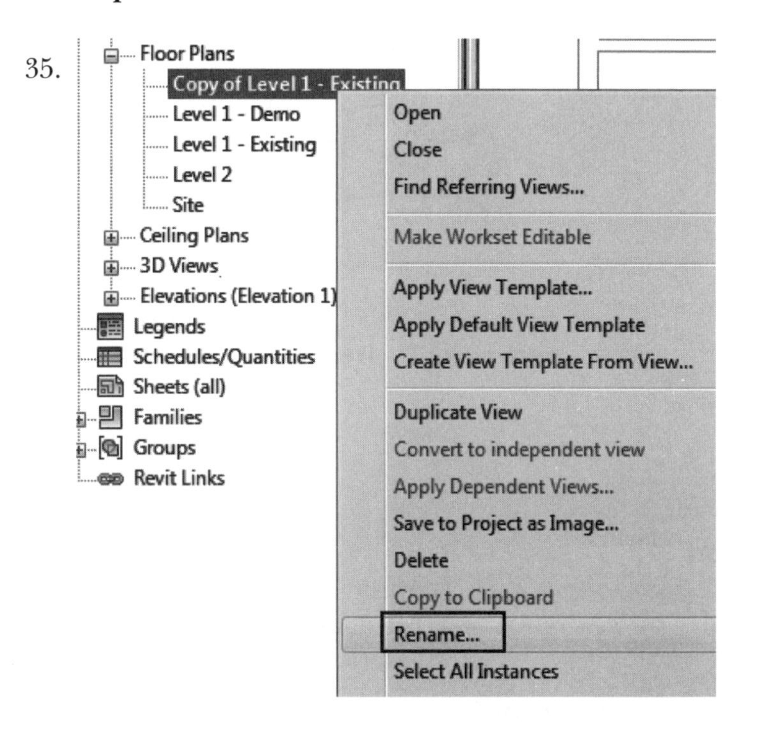

Destaque **Copy of Level 1 – Existing**, em Floor Plan.

Clique com o botão direito e selecione **Rename**.

36. No campo de texto, entre **Level 1 – New**.

Pressione **OK**.

37. Você deverá ter três vistas de planta baixa listadas para Level 1 - Demo, Existing e New.

Note que elas são automaticamente organizados em ordem alfabética.

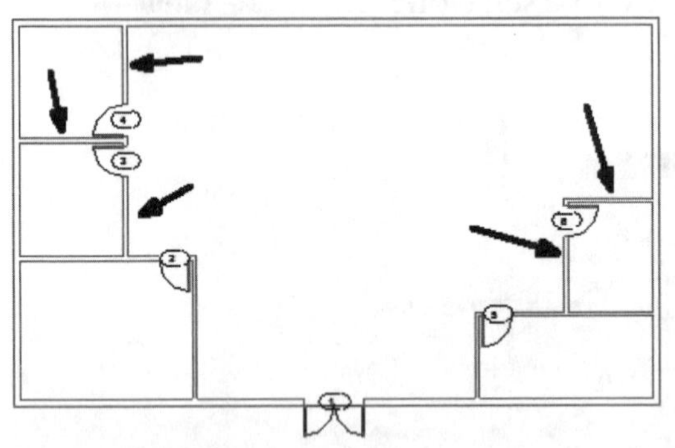

As paredes indicadas pelas setas deverão ser demolidas.

38. Ative a vista **Level 1 – Demo**.

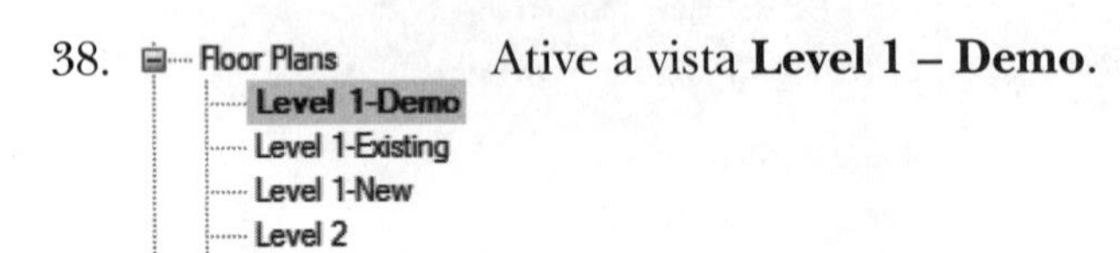

39. No diálogo Properties:

Phasing	
Phase Filter	Show Previous + Demo
Phase	Demo

Ajuste a Phase Filter para **Show Previous + Demo**. A fase anterior à demo é Existing.

Isso significa que a vista exibirá elementos criados na fase existente e na demolida.

Ajuste a fase para **Demo.**

40. 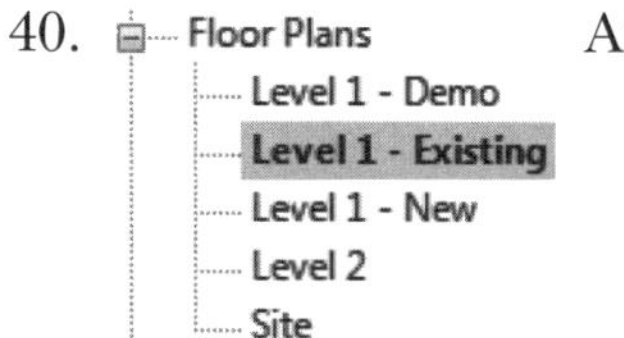

Ative a vista **Level 1 – Existing**.

41. No diálogo Properties:

Depth Clipping	No clip
Phasing	
Phase Filter	Show Existing
Phase	Existing

Ajuste o Phase Filter para **Show Existing**. O filtro composto mostra as exibições sobrepostas.

Ajuste a fase para **Existing**.

42. 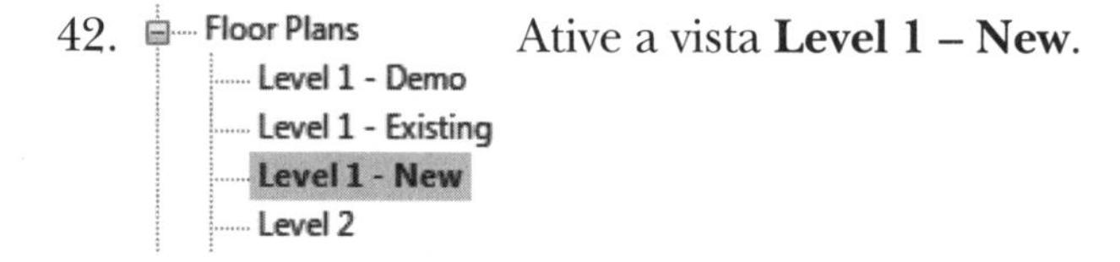

Ative a vista **Level 1 – New**.

43. No diálogo Properties:

Phasing	
Phase Filter	Show Previous + New
Phase	New Construction

Ajuste o Phase Filter para **Show Previous + New**. Isto exibirá os elementos criados na fase Existing e na fase New, mas não na fase Demo.

Ajuste a fase para **New**.

44. 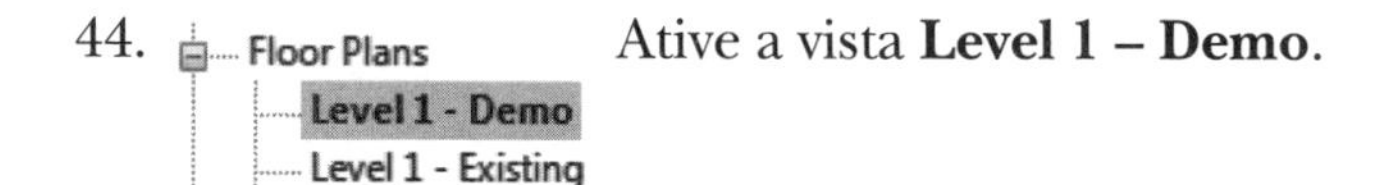

Ative a vista **Level 1 – Demo**.

45. Mantenha pressionado o botão Ctrl.

Selecione as duas paredes indicadas.

46. No painel Properties:

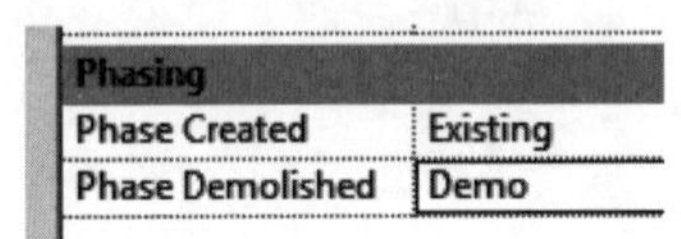

Role para baixo até o final.

Na lista drop-down Phase Demolished, selecione **Demo**.

47. Pressione **OK**.

48. As paredes demolidas mudam de aparência com base nas sobreposições gráficas. Libere as paredes selecionadas clicando com o botão direito → Cancel ou pressionando ESCAPE.

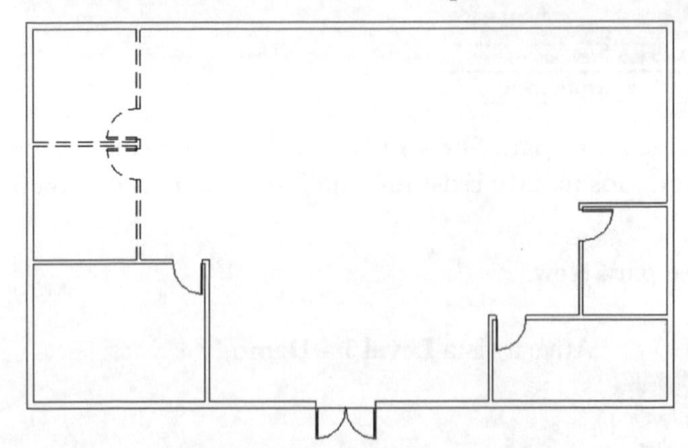

49. Selecione a faixa **Manage**.

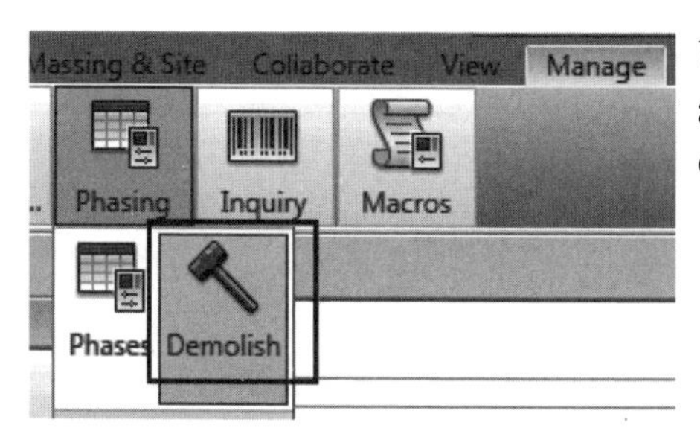

Use a ferramenta **Demolish** abaixo de Phasing para demolir as paredes indicadas.

50.

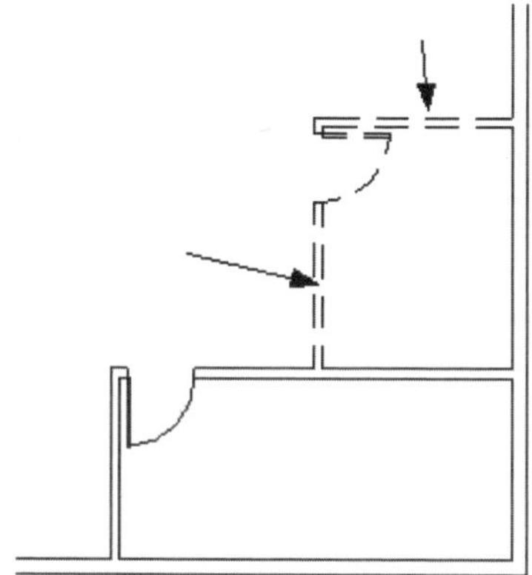

Note que as portas serão automaticamente demolidas, juntamente com as paredes. Se houvesse janelas, estas também seriam demolidas. É por isso que esses elementos são considerados como *hospedados na parede.*

Clique com o botão direito e selecione Cancel para sair do modo de demolição.

51.

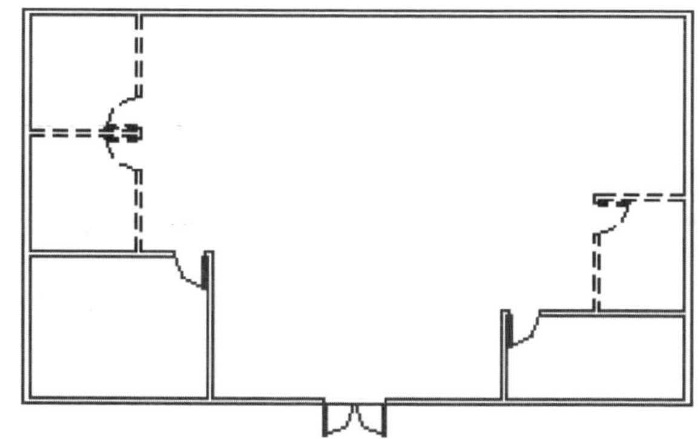

É assim que a vista Level 1 – Demo deve ficar. Do contrário, marque as paredes para verificar se elas estão ajustadas para a Phase Created: Existing, Phase Demolished: Demo.

52. Floor Plans
Level 1 - Demo
Level 1 - Existing
Level 1 -New
Level 2
Site

Duplo-clique na vista da planta baixa Level 1 - Existing para ativá-la.

53. 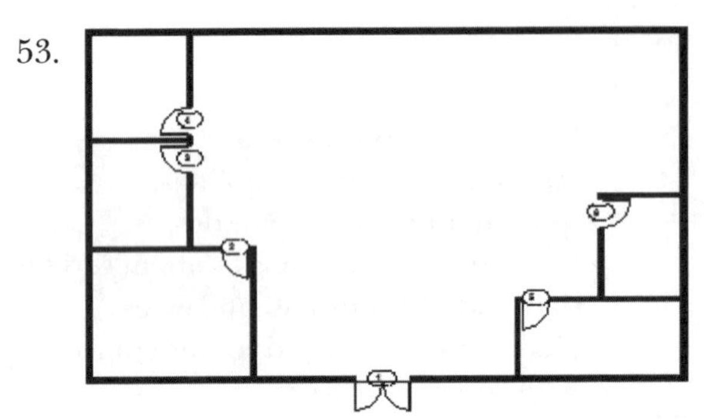

A vista deverá ser atualizada como exibido.

O nível existente usa a atribuição de cor da fase de construção nova. Isto é confuso para muitos estudantes. De acordo com a Autodesk, quando sua vista for ajustada para 'Existing Phase', as paredes marcadas como 'Existing' serão considerados 'New' (novas). Para conseguir a Sobreposição Gráfica 'Existing' numa vista Existing, você precisaria ajustar a propriedade phase da parede para uma fase anterior.

54. 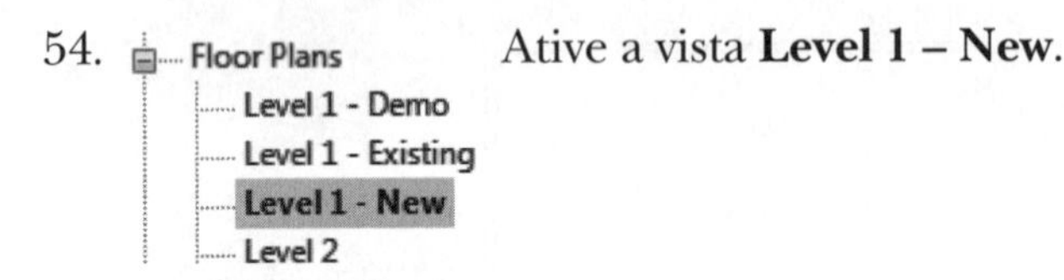

Ative a vista **Level 1 – New**.

55. 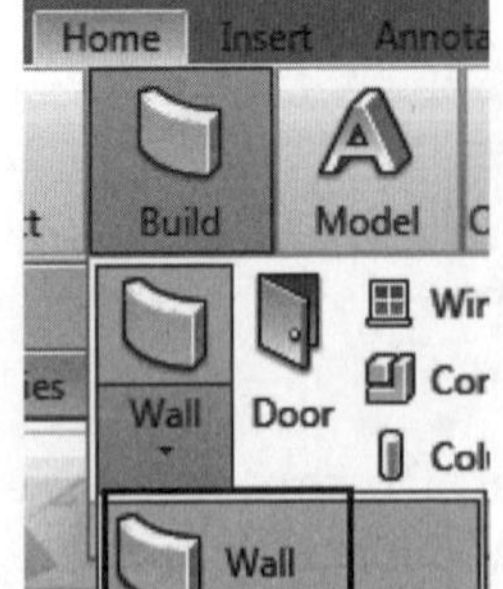

Selecione a faixa **Home**.

Selecione a ferramenta **Wall** em Build-> Wall.

56. 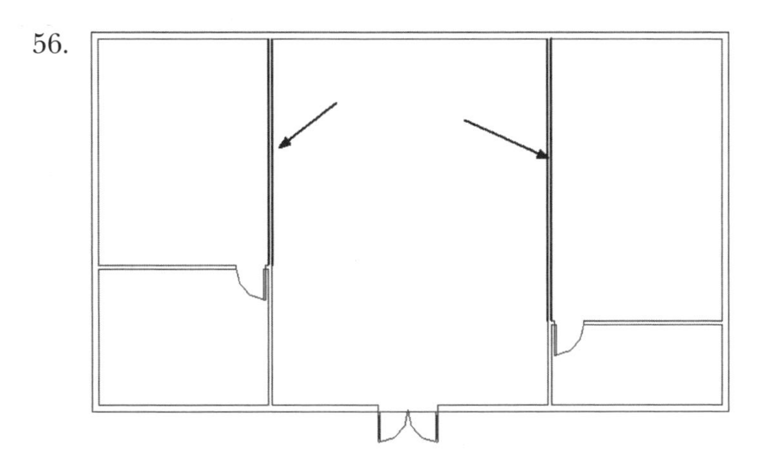

Coloque duas paredes como mostrado. Selecione as pontas das paredes existentes e simplesmente desenhe.

Clique com o botão direito e selecione **Cancel** para sair do modo Draw Wall (desenhar paredes).

57. 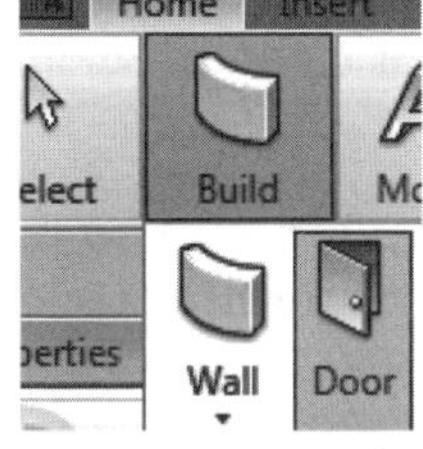

Selecione a ferramenta **Door** no painel Build.

58. 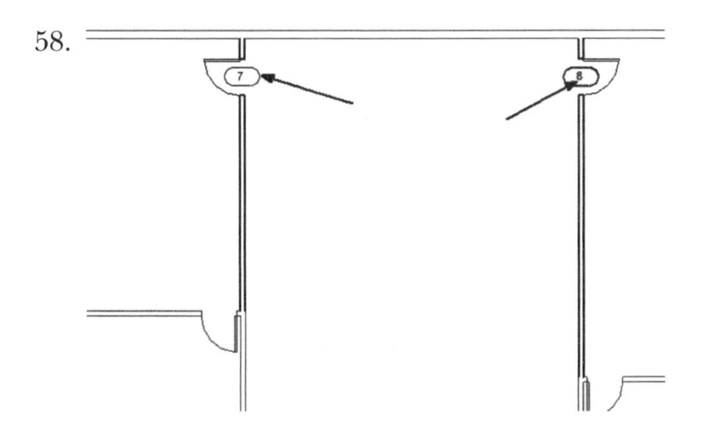

Coloque duas portas como mostrado. Ajuste as portas para 3' 6" da parede horizontal superior. Vire a orientação das portas, se necessário.

Você pode pressionar a barra de espaço para orientar as portas antes de clicar com o botão esquerdo para fixá-las.

59. 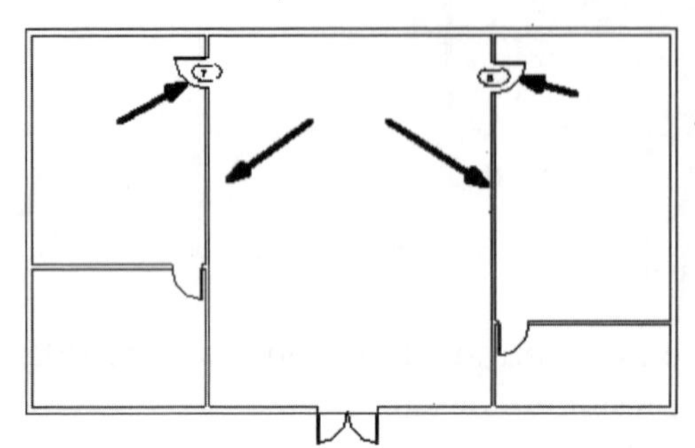

Note que as novas portas e janelas estão numa cor diferente das paredes existentes.

60. 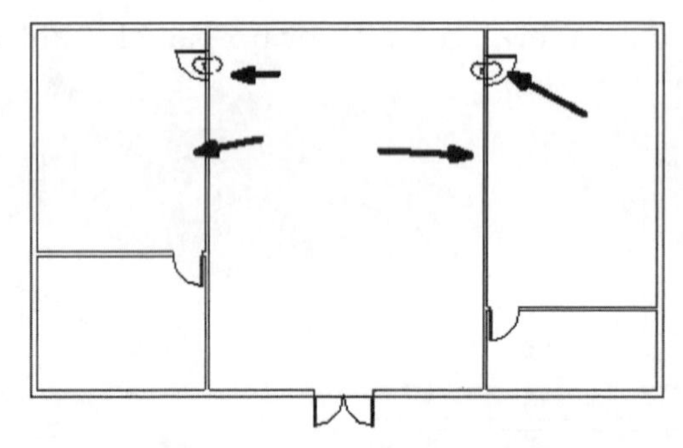

Selecione as portas e janelas que você acabou de colocar.

Você pode selecioná-las, mantendo a tecla CONTROL pressionada ou traçando um retângulo ao redor da área.

Nota: *Se as Door Tags (marcas de portas) forem selecionadas, você não será capaz de acessar Phases no diálogo Properties.*

61. Vá para o painel Properties e role para baixo até Phasing.

Phasing	
Phase Created	New Construction
Phase Demolished	None

Note que os elementos já estão ajustados para **New Construction** (nova construção), no campo Phase Created.

62. Alterne entre as três vistas para ver como elas são exibidas de forma diferente.

63. 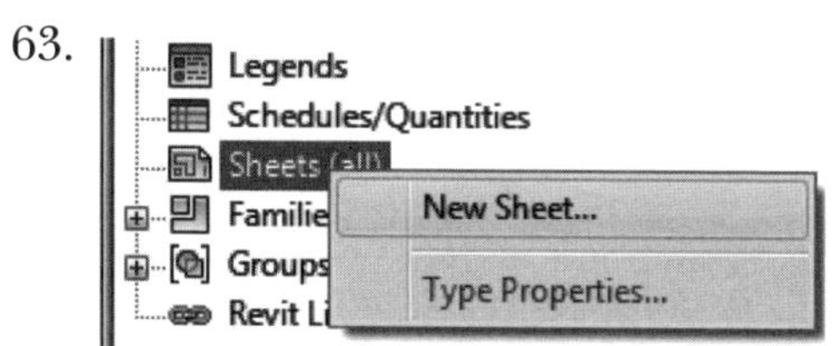

Destaque **Sheets** no Navegador de Projetos.

Clique com o botão direito e selecione **New Sheet** (nova folha).

64. 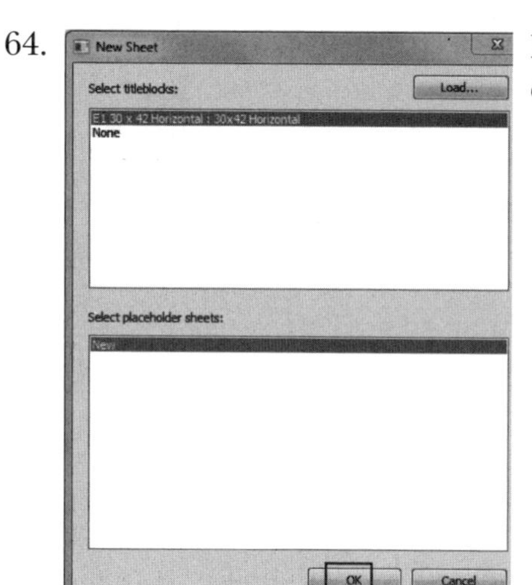

Pressione **OK** para aceitar o bloco de título omissivo.

65. 

Uma vista será aberta com a nova folha.

66. 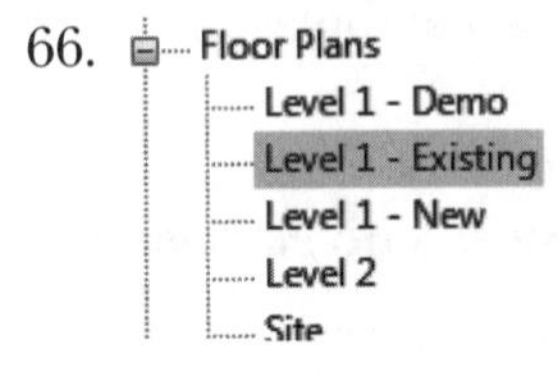

Destaque a planta baixa Level 1 – Existing.

Mantenha pressionado o botão esquerdo do mouse e arraste a vista para a folha. Solte o botão esquerdo do mouse para clicar para fixar.

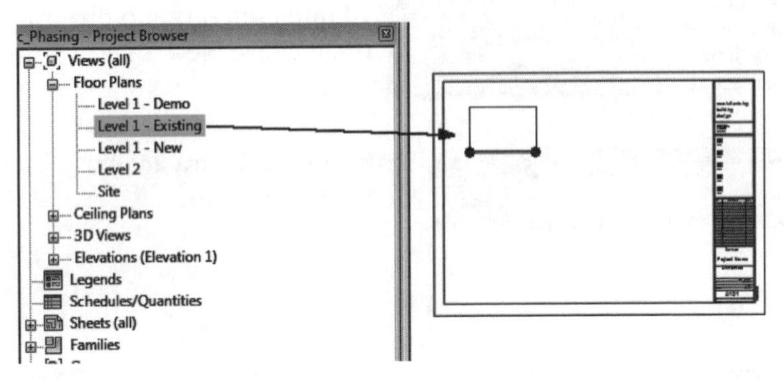

Uma pré-visualização será exibida no seu cursor.

Clique com o botão esquerdo para colocar a vista na folha.

67. Destaque a planta baixa Level 1 – Demo.

Mantenha pressionado o botão esquerdo do mouse e arraste a vista para a folha. Solte o botão para clicar para fixar.

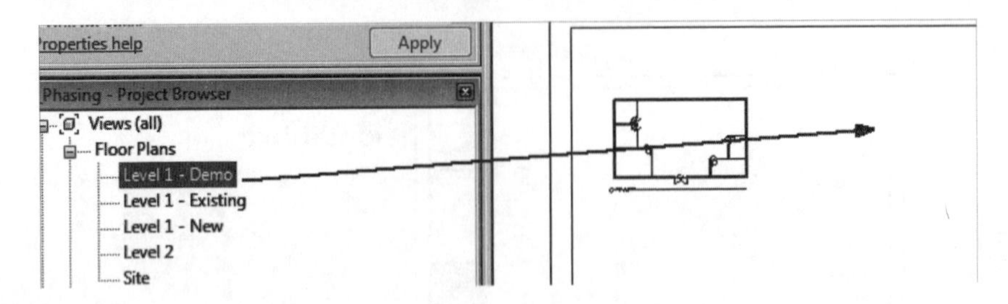

68. 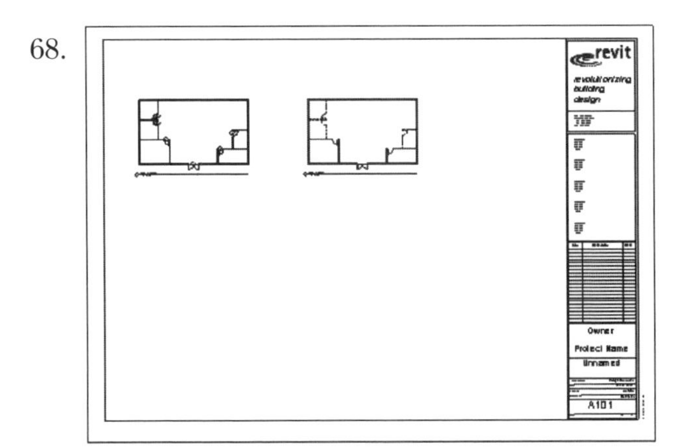

As duas vistas aparecerão na folha.

69. Destaque a planta baixa Level 1 – New.

Mantenha pressionado o botão esquerdo do mouse e arraste a vista para a folha. Solte o botão para clicar para fixar.

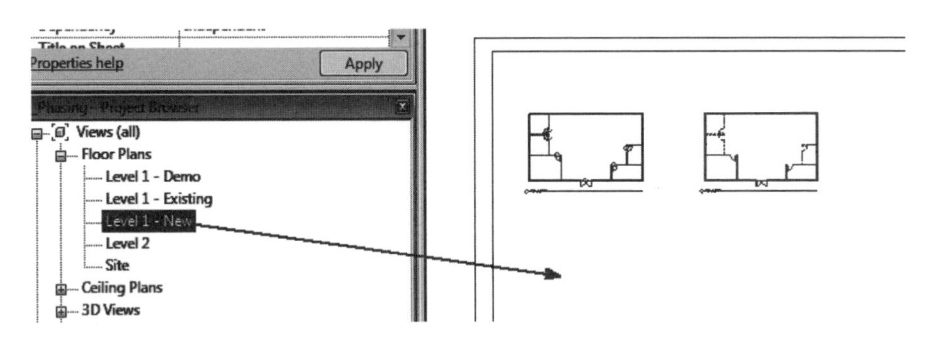

70. Amplie com zoom para inspecionar as vistas.

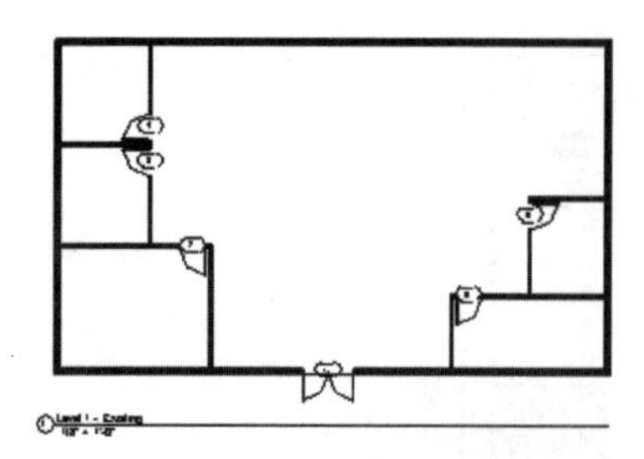

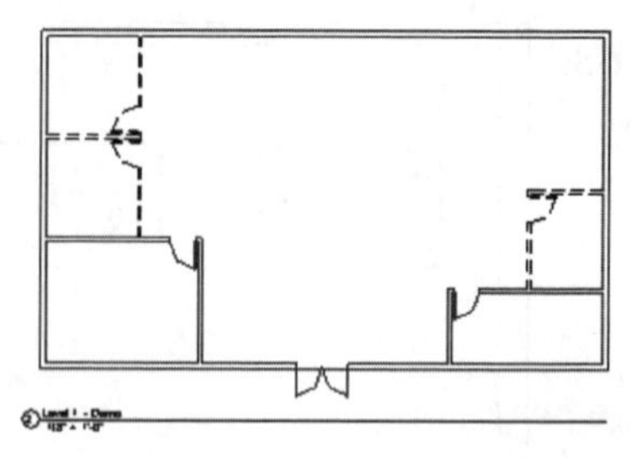

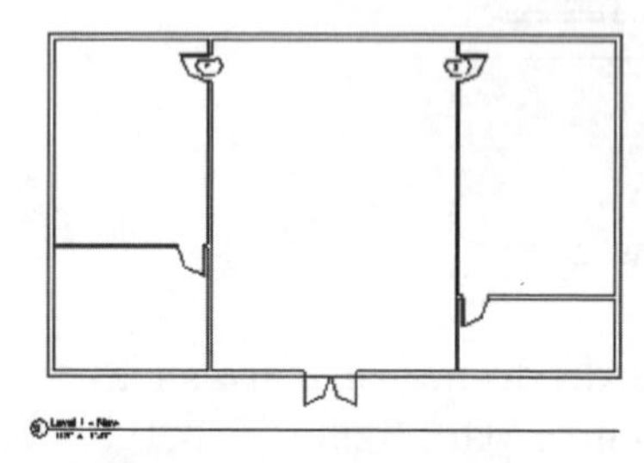

71. Feche sem salvar.

Questionário da Lição 1

Verdadeiro ou Falso

1. As Advertências do Revit não interrompem os comandos, de forma que podem ser ignoradas e revistas posteriormente.

2. A opção Deactivate View do menu View é usada para remover Vistas de Folhas.

3. Demolish é o mesmo que Delete.

Múltipla Escolha [Selecione a melhor resposta]

4. Fases são utilizadas para:

   A Atribuir elementos de construção a diferentes estágios de construção.

   B Controlar a visibilidade de elementos.

   C Controlar a transparência de elementos.

   D Gerenciar um projeto de construção.

5. Quando seleciona um objeto, você pode acessar as propriedades do elemento por meio de:

   A Clicando com o botão direito do mouse e selecionando Element Properties.

   B Selecionando Element Properties=> Instance Properties, na Barra da Faixa.

C Indo até File-> Properties.

D Usando o painel Properties, localizado do lado esquerdo da tela.

6. O item da interface que muda de aparência constantemente dependendo das seleções de entidades e do status do comando é ________________.

A A Faixa

B O Navegador de Projetos

C A Barra de Menus

D A Barra de Status

7. Os estilos de vista disponíveis no Revit são ________________.

A Wireframe (moldura)

B Hidden Line (linha invisível)

C Shaded (sombreado)

D Consistent Colors (cores consistentes)

E Todas as opções acima

8. A tecla de atalho para abrir o volante é ________.

A F2

B F3

C VV

D F8

RESPOSTAS:

1) T; 2) F; 3) F; 4) A; 5) D; 6) A; 7) E; 8) D

Lição 2

Elementos de Massa

Elementos de massa são usados para oferecer a você uma ideia conceitual do espaço e da forma de um prédio sem ter de perder tempo na colocação de um monte de detalhes. Eles permitem que você crie rápida e facilmente designs alternativos e obtenha a aprovação antes de empenhar grande esforço.

Ferramentas de Massa

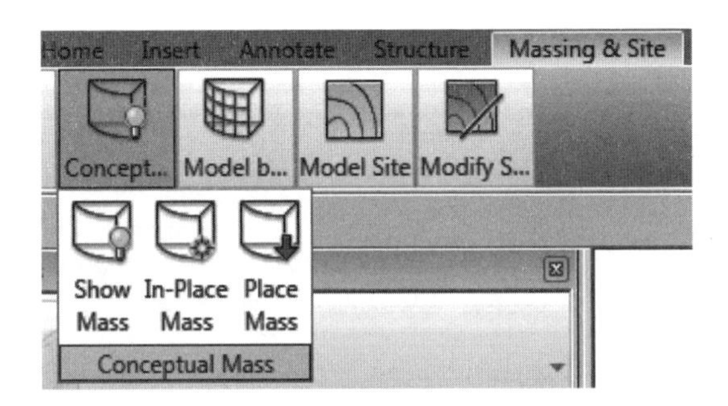

Cria uma forma sólida.

Controla a visibilidade de objetos de massa.

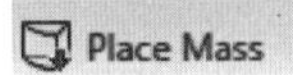

Insere um grupo de massa no projeto ativo.

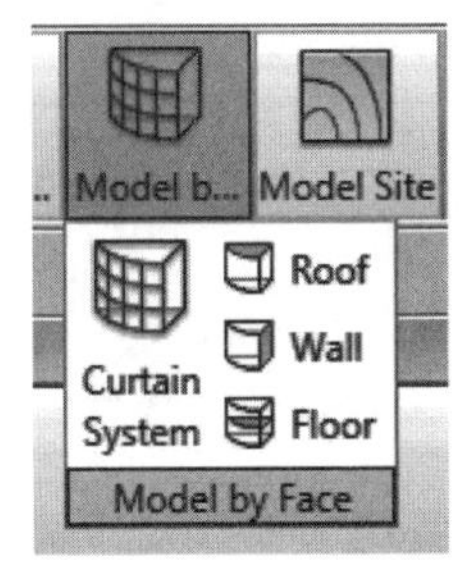

Model by Face: Converte uma face num telhado (Roof), num sistema de parede-cortina (Curtain Wall System), numa parede ou num piso.

Ao criar uma massa conceitual para ser usada num projeto, siga estes passos:

1 Crie um esboço das formas desejadas.

2 Crie níveis para controlar a altura das formas.

3 Crie planos de referência para controlar a largura e a profundidade das formas.

4 Desenhe um esboço do perfil da forma.

5 Use as ferramentas de Massa para criar a forma.

Exercício 2-1

Adicionando Um Nível

Nome do Desenho: *default.rte [default.rte métrica]*

Tempo estimado: 5 minutos

Este exercício reforça as seguintes habilidades:

- ❑ Alternância de Vistas de Elevação
- ❑ Fundamentos
- ❑ Adição de um Nível

Este tutorial usa unidades métricas ou imperiais. Unidades métricas serão indicadas entre chaves.

O Revit usa um nível para definir outro piso ou pavimento num edifício.

1. 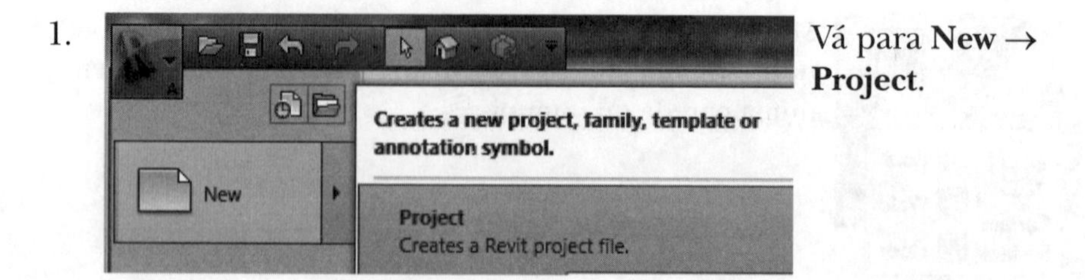

Vá para **New → Project**.

2. 

Em Template file: selecione **Browse**.

3. 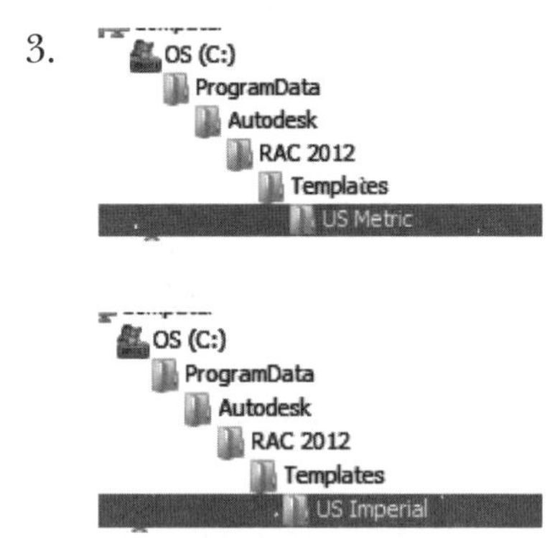

Localize a pasta *Metric Templates*, em *ProgramData/Autodesk/RAC2012.*

Localize a pasta *Imperial Templates*, em *ProgramData/Autodesk/RAC2012.*

4. 

Selecione o gabarito *default.rte [DefaultMetric.rte].*

Os colchetes indicam que o sistema métrico é selecionada como alternativa.

Pressione **OK**.

Se você acidentalmente selecionou Metric quando queria Imperial ou versa-vice, poderá mudar as unidades a qualquer momento. O Revit alternará automaticamente quaisquer dimensões nas unidades ativas.

Para mudar as unidades do Projeto, vá até a faixa Manage.

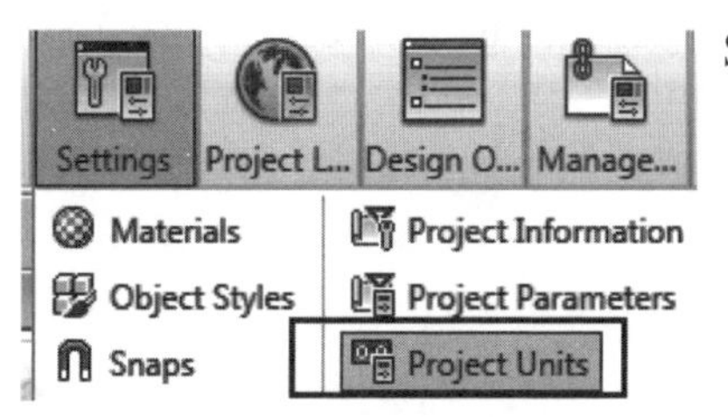

Selecione **Settings-> Project Units**.

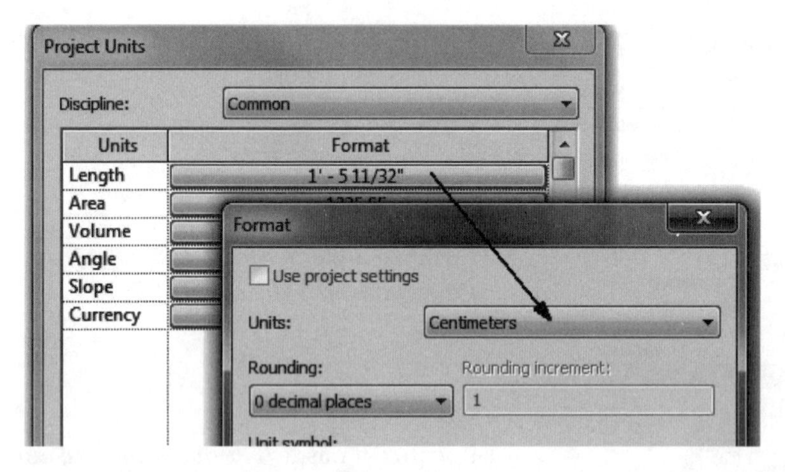

Clique no botão Length, depois selecione as unidades desejadas na lista drop-down.

5. Duplo-clique em **EAST**, em Elevations.

   Isso ativa a orientação de vista EAST (leste).

6. Selecione a faixa **Home**.

7. Selecione a ferramenta **Level**, em Datum. (Isto adiciona uma elevação de piso)

8. Mova o mouse para ajustar uma elevação de **12' [3650 mm]**.

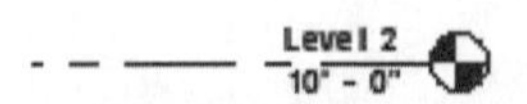

9. Selecione para iniciar a linha de elevação.

Na barra Options, localizada na parte inferior esquerda da tela, habilite **Make Plan View**.

Esta deve ser habilitada se você quiser que o Revit crie automaticamente uma vista de planta baixa deste nível. Se você esquecer de ticar esta caixa, poderá criar a vista de planta baixa mais tarde, usando a faixa View.

DICA: Duplo-clique no símbolo azul de elevação para alternar automaticamente para a vista de planta baixa dessa elevação.

10. 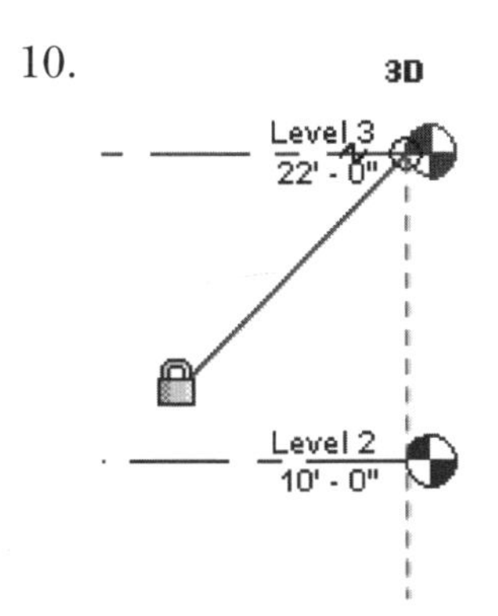

Selecione para colocar a ponta para posicionar o indicador de nível acima dos outros indicadores.

11. Basicamente, você coloca um novo nível, selecionando dois pontos na altura desejada.

Clique com o botão direito e selecione **Cancel** duas vezes para sair do comando Level.

O Revit está sempre procurando por referências, mesmo entre anotações; você perceberá que as marcas de nível se atraem e travam juntas, de modo que quando você mover uma para a direita ou esquerda, todas as que estiverem alinhadas com ela seguirão.

A linha irregular permite que o usuário crie uma irregularidade, se desejar.

Se você precisar ajustar a posição da marca, simplesmente clique na linha; 3 pegadores azuis aparecerão. Estes podem ser clicados e arrastados conforme necessário. Você também pode clicar com o botão direito numa marca de nível e selecionar 'Hide annotation in view' (ocultar anotação na vista) e a marca e a linha de nível desaparecerão apenas nessa vista.

Hide annotation in view só é habilitada se um objeto estiver selecionado, primeiro.

12. Salve o arquivo como um projeto, como *ex2-1.rvt.*

Exercício 2-2

Adição de Elementos de Massa

Nome do desenho: *ex2-1.rvt*

Tempo estimado: 10 minutos

Este exercício reforça as seguintes habilidades:

- ❑ Alternar Vistas de Elevação
- ❑ Adicionar Massa

1. Abra ou continuar a trabalhar no arquivo ex2-1.rvt.

2. 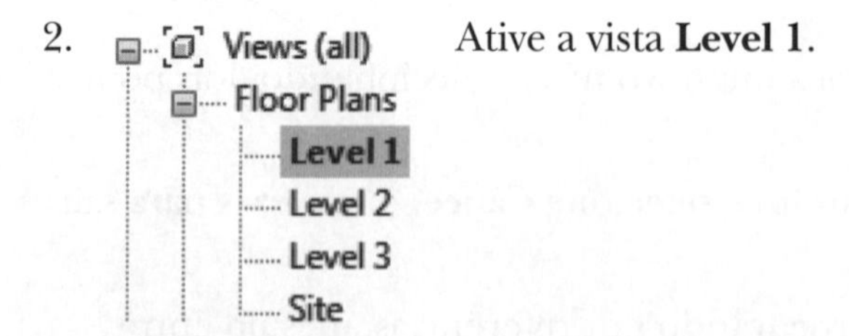

Ative a vista **Level 1.**

3. Massing & Site Selecione a faixa **Massing & Site.**

4. 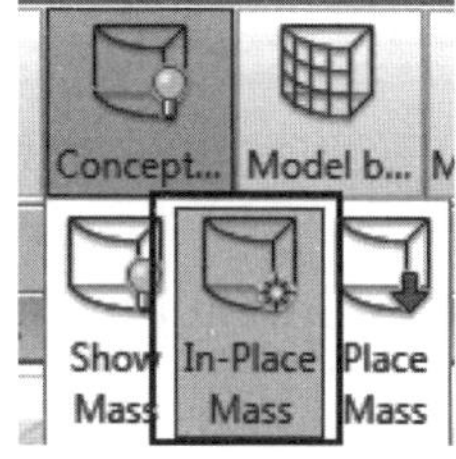

Selecione a ferramenta **In-Place Mass**.

*O Revit utiliza três categorias diferentes de família. **Famílias do sistema** são famílias que estão definidas dentro do projeto, tais como pisos, paredes e tetos. **Famílias de modelos** são arquivos externos que podem ser carregados no projeto, como portas, janelas e mobília. A terceira categoria de família consiste das **massas no local** (in-place) que são famílias criadas dinamicamente.*

5. 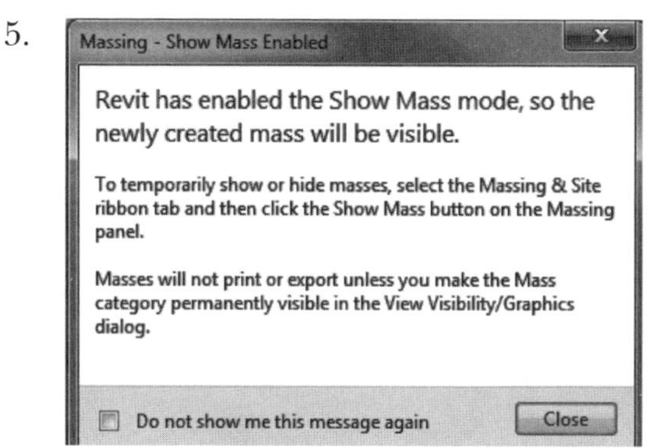

Massas, por omissão, são invisíveis. No entanto, para criar e editar massas você precisa ver o que está fazendo. O Revit apresenta um diálogo para que você saiba que o software está alternando a visibilidade das massas para ON (ligada), para que possa trabalhar.

Pressione **Close**.

*Se não quiser ser incomodado por este diálogo, ative a opção **Don't show me this message again**.*

6. Entre **Mass 1** no campo Name.

Pressione **OK**.

7. 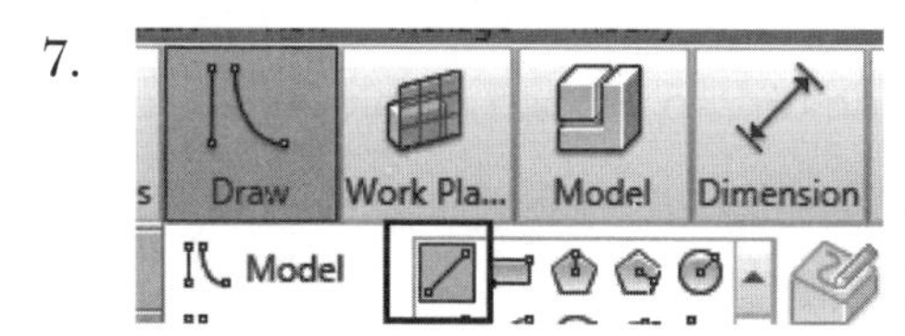

Em seguida, nós criamos o esboço dos limites para definir a nossa massa.

Selecione a ferramenta **Line** localizado sob o painel Draw.

8. Chain Offset: 0' 0" Radius: 1' 0"

Habilite **Chain** na barra de opções localizada na parte inferior da tela.

Isso permite que você desenhe linhas sem que sempre tenha de selecionar o ponto de partida.

9. Crie a forma mostrada.

A figura da esquerda mostra as unidades em unidades imperiais (pés e polegadas).

A figura da direita mostra as unidades em milímetros.

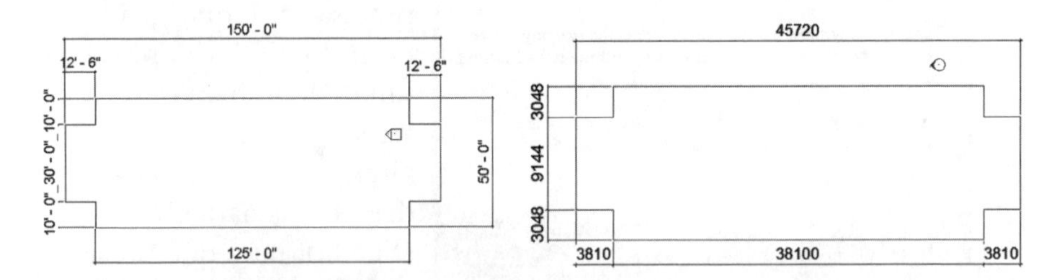

Você pode desenhar usando dimensões de escuta ou entrar os valores das dimensões à medida que desenha.

10.

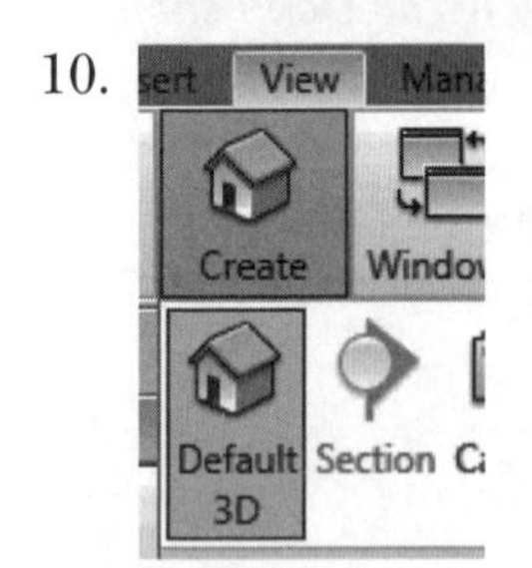

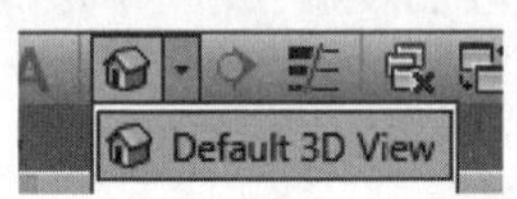

Alterne para uma vista 3D.

Ative a faixa **View** e selecione **3D View**.

Você também pode alternar para uma vista 3D a partir da barra de ferramentas de Acesso Rápido, selecionando o ícone da casinha.

11. Trace um retângulo em torno de todo o esboço para que ele seja destacado.

12. 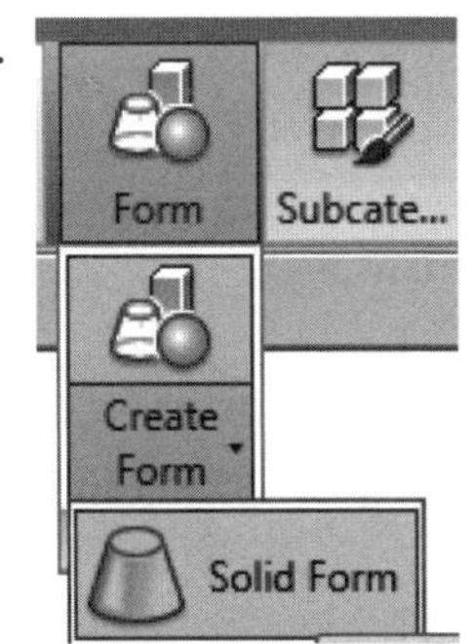

Selecione **Form → Create Form → Solid Form**.

Você deve selecionar o esboço para criar o formulário.

Se o esboço tiver lacunas, sobreposição de linhas, ou linhas que façam interseção consigo mesmas, você obterá um erro. Saia do comando e inspecione o esboço para ter certeza de que ele é um polígono limpo fechado.

13. 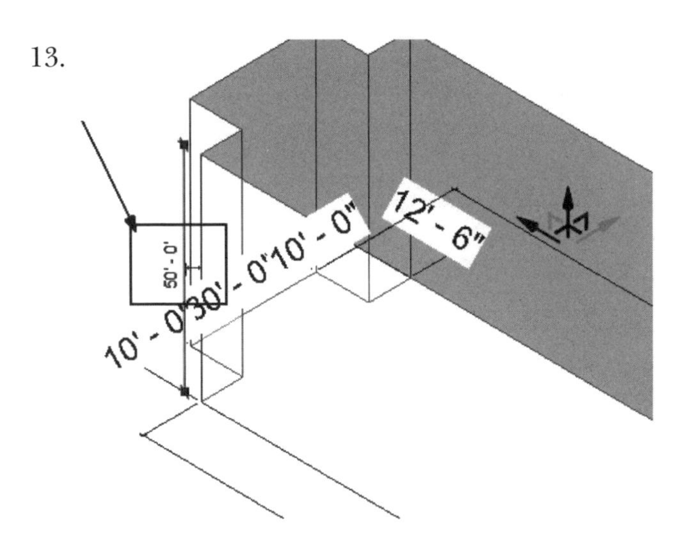

Uma distância de extração é exibida.

Esta pode ser editada, se desejado.

14. 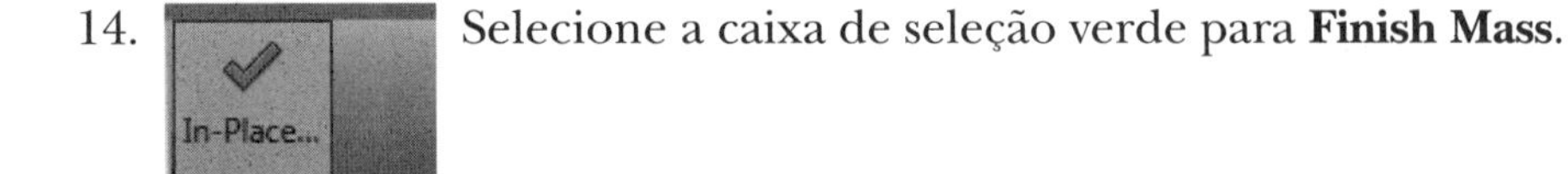

Selecione a caixa de seleção verde para **Finish Mass**.

15. 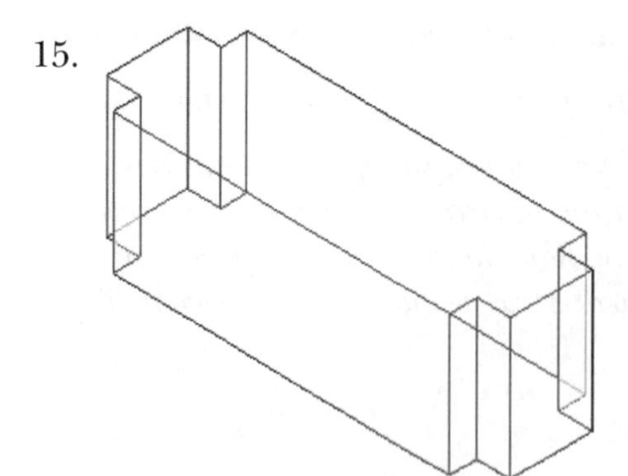

A Massa é criada.

16. Salve o arquivo como *ex2-2.rvt*.

DICA: O rastreamento de objetos só funcionará se os objetos do esboço estiverem ativos e disponíveis no esboço atual. Você pode usar **Pick** para copiar entidades para o esboço atual.

Exercício 2-3

Modificando Elementos de Massa

Nome do desenho: *ex2-2.rvt*

Tempo estimado: 30 minutos

Este exercício reforça as seguintes habilidades:

- ❑ Mostrar Massa
- ❑ Alinhar
- ❑ Modificar Massa
- ❑ Espelhar
- ❑ Criar Formulário
- ❑ Salvar Vista

Um pequeno vídeo deste exercício está disponível no meu website, para ajudar os usuários com ele. Acesse *www.mossdesigns.com/documents/ex3-3--revit.avi.*

1. Abra *ex2-2.rvt*.

2. 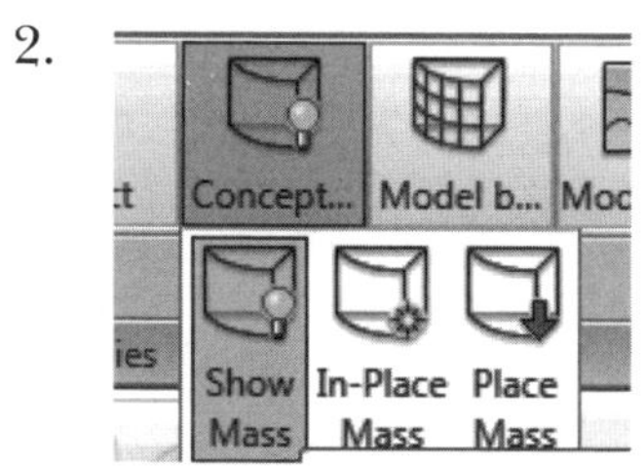

   Se você não vir a massa, clique em **Show Mass** da faixa Massing & Site para ativar a visibilidade de massas.

   Alguns alunos podem enfrentar esse problema se fecharem o arquivo e depois o reabrirem para uma aula posterior.

3. 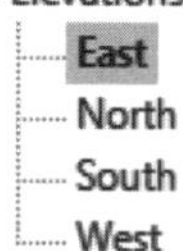

   Ative a Elevação **EAST**.

4. 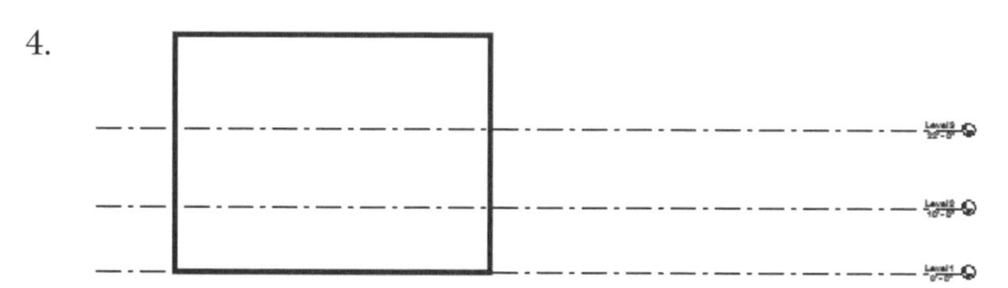

   Vemos que o topo do edifício não se alinha com o Nível 3.

   Para ajustar a posição horizontal das linhas de nível, simplesmente selecione a linha e use o pegador para estendê-la ou encurtá-la.

5. Selecione a Faixa **Modify**.

6. 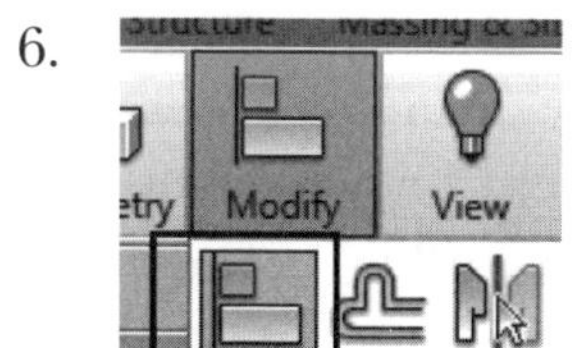

   Selecione a ferramenta **Align**.

   Ao usar Align, o primeiro elemento selecionado atuará como fonte, e o segundo elemento selecionado mudará de posição para se alinhar com o primeiro.

7. 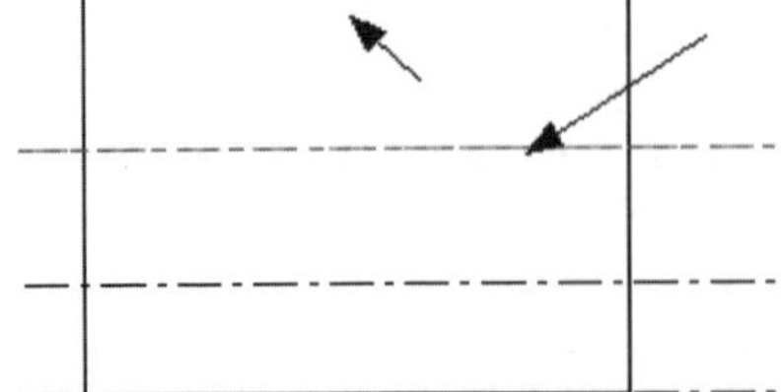

Selecione a linha de nível superior (Level 3), e depois selecione a parte superior da extração.

Clique com o botão direito e selecione **Cancel** duas vezes para sair do comando Align.

8. 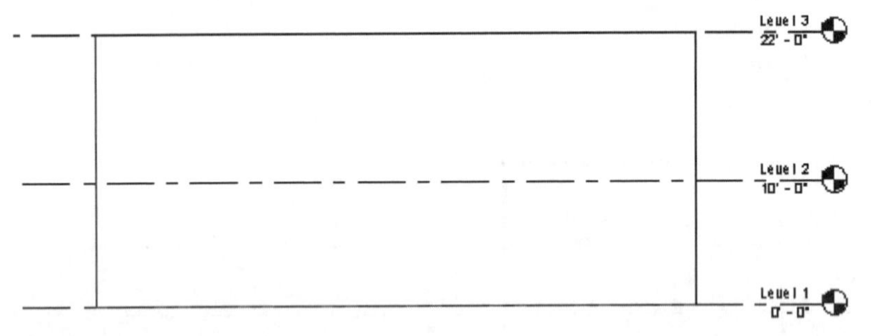

O topo da extração agora se alinha com o nível 3.

9. 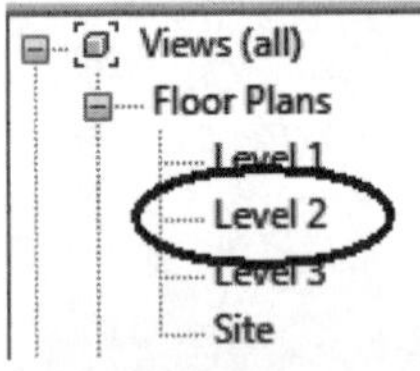

Ative **Level 2** em Floor Plans.

10. 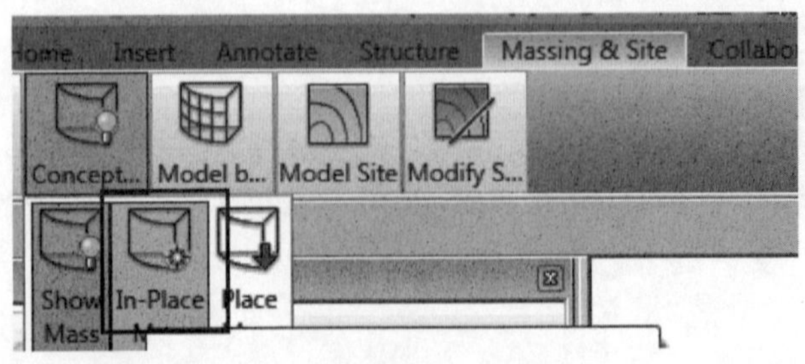

Selecione **In-Place Mass** na faixa Massing & Site.

11. Nomeie a nova massa como **Tower**.

Pressione **OK**.

12. 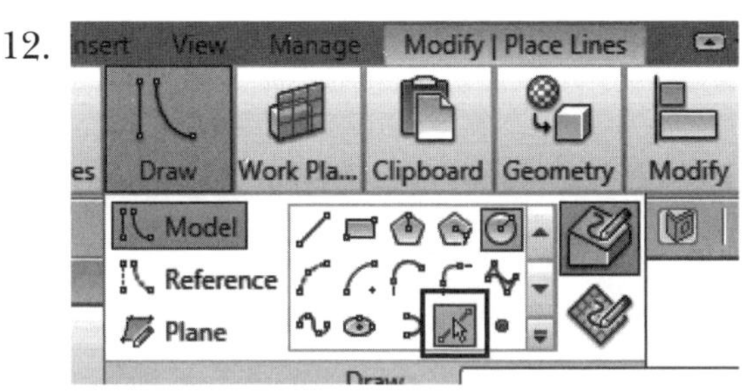

Você pode usar o rastreamento de objetos para localizar a intersecção entre os dois cantos.

Para ativar o rastreamento de objetos, ative a ferramenta **Pick Lines**, localizada sob Draw. Depois, selecione as duas linhas com que você quer alinhar.

13. Selecione as duas linhas indicadas para serem usadas para rastreamento de objetos para localizar o centro do círculo.

14. 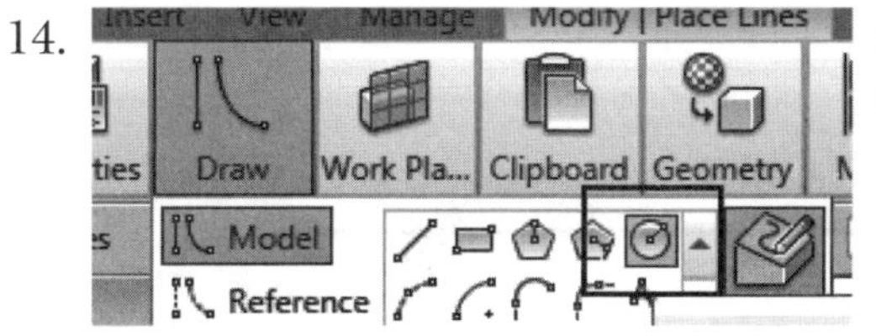

Selecione a ferramenta **Circle**, sob Draw.

15. Quando você vir o X grande e a dica informar Intersection, você terá localizado a interseção.

Selecione para localizar o centro do círculo na interseção.

16. Entre um raio de **16'-0"** [**4880**].

Quando usou a ferramenta Pick Line, você copiou aquelas linhas para o esboço atual. Uma vez que as linhas eram parte do esboço atual, elas podiam ser usadas para rastreamento de objetos.

17. Selecione o esboço do círculo para que ele fique destacado.

18. 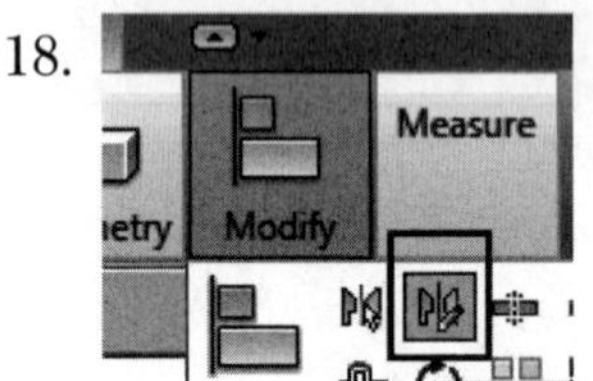

Selecione a ferramenta **Draw Mirror Axis** sob a ferramenta **Mirror**.

19. 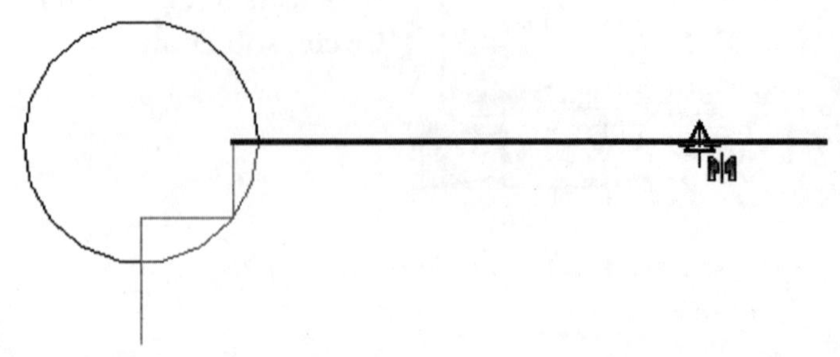

Localize o ponto médio da linha horizontal pequena e selecione.

20.

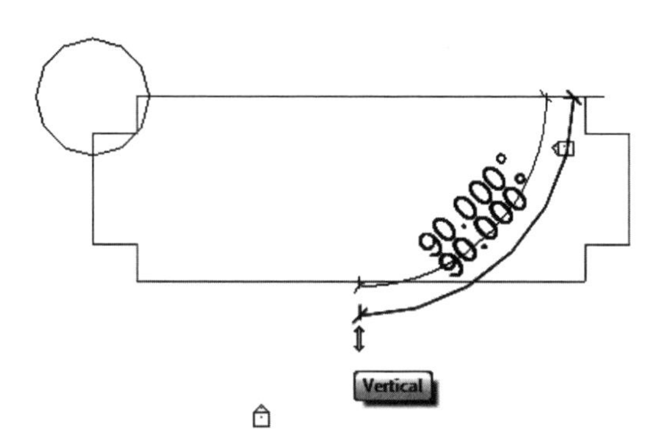

Desça o mouse na direção vertical e selecione para o segundo ponto do eixo do espelho.

21.

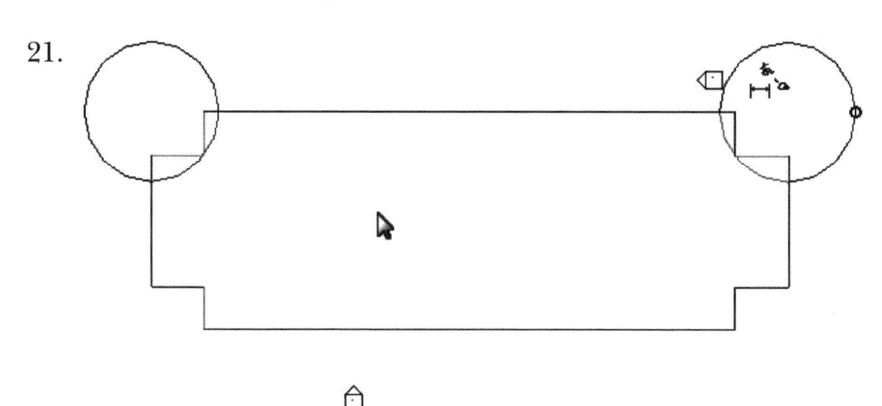

O esboço do círculo é espelhado.

Clique para liberar a seleção.

22. 3D Views {3D} Alterne para uma vista 3D usando o Navegador de Projetos.

23. Selecione **um** dos círculos, de forma que ele fique destacado.

Selecione **Form → Create Form → Solid Form**.

24. 

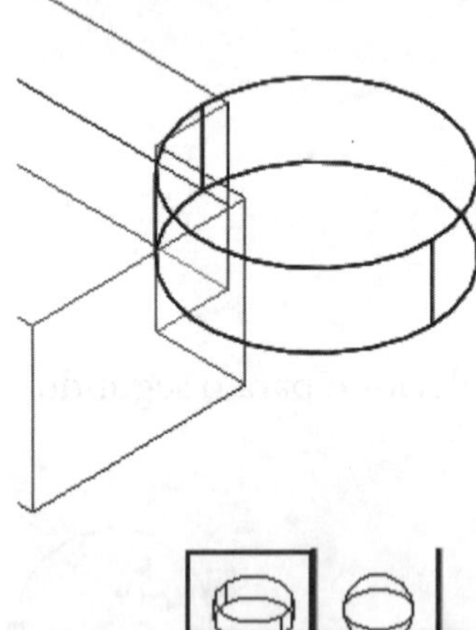

25. Uma pequena barra de ferramentas aparecerá com duas opções para extração do círculo.

Selecione a opção que parece com um cilindro.

26. 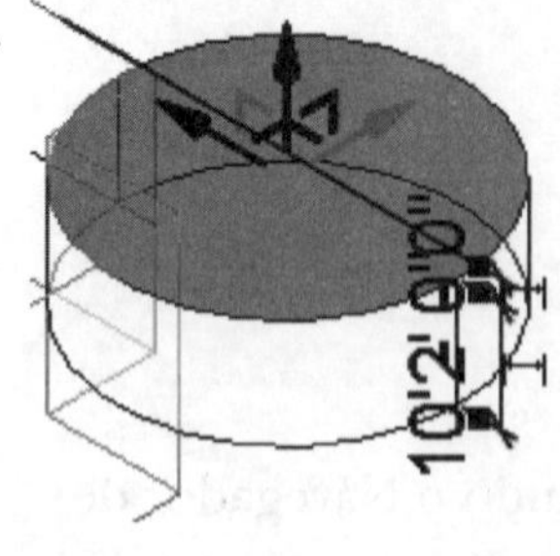

Uma pré-visualização da extração aparecerá com a dimensão temporária. Você pode editar a dimensão temporária para modificar a altura da extração.

Pressione ENTER ou clique com o botão esquerdo para aceitar a altura omissiva.

27.

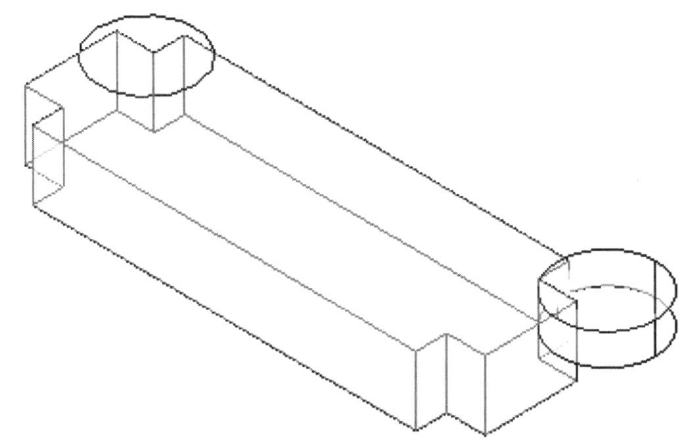

Se você pressionar ENTER mais de uma vez, cilindros adicionais serão postos.

O círculo é extraído.

28.

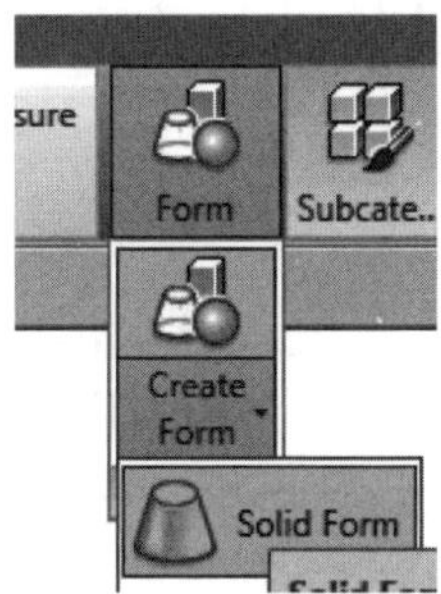

Selecione o outro círculo para que ele fique destacado.

Selecione **Form → Create Form → Solid Form**.

29.

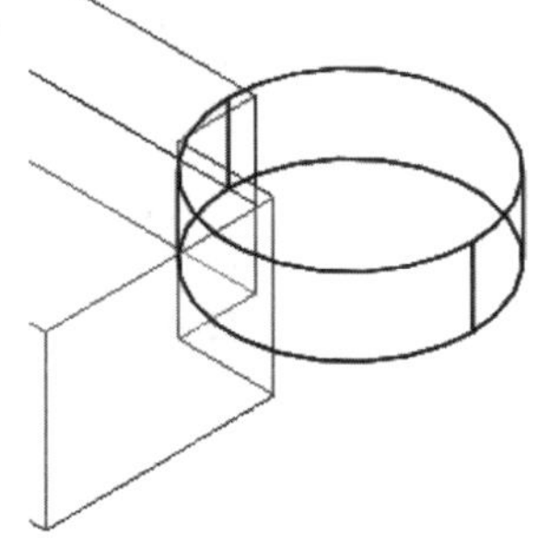

Uma pequena barra de ferramentas aparecerá com duas opções para extração do círculo.

Selecione a opção que parece com um cilindro.

30.

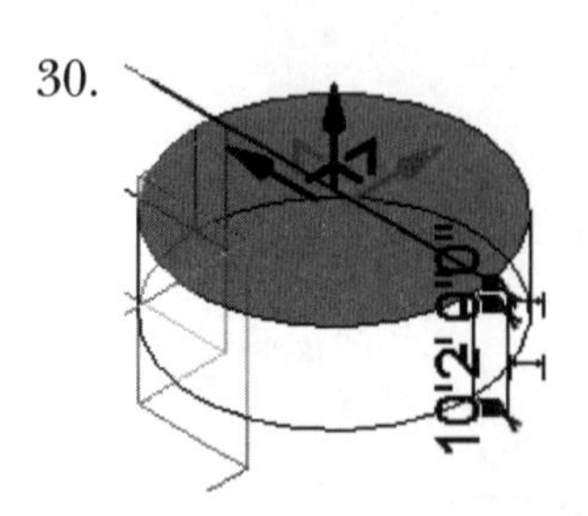

Uma pré-visualização da extração aparecerá com a dimensão temporária. Você pode editar a dimensão temporária para modificar a altura da extração.

Pressione ENTER ou clique com o botão esquerdo para aceitar a altura omissiva.

31.

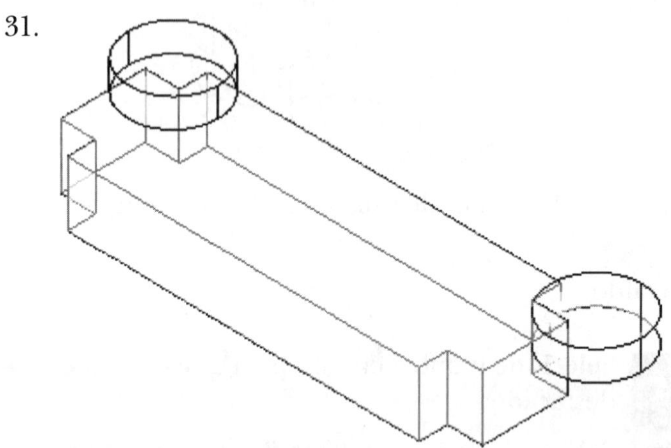

Ambos os círculos estão agora extraídos.

32.

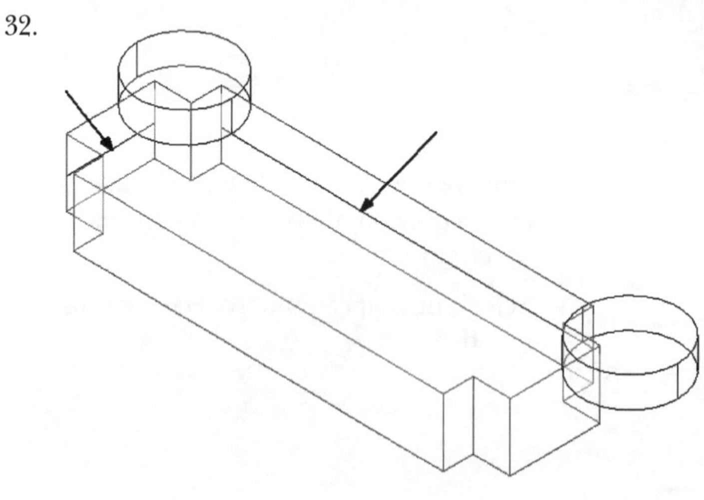

Selecione as duas linhas usadas para localizar o esboço do círculo.

Clique com o botão direito e selecione **Delete** no menu de atalho para deletar as linhas.

Você também pode pressionar a tecla Delete do teclado ou usar a ferramenta Delete no painel Modify.

33. 

Selecione **Finish Mass**.

Se você não apagar as linhas antes de finalizar a massa, obterá uma mensagem de erro.

34. 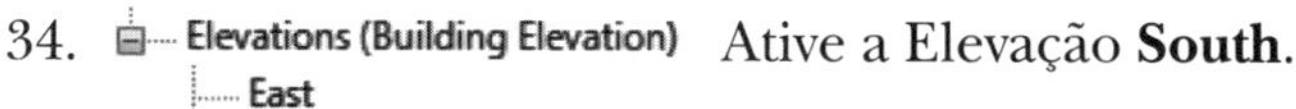

Ative a Elevação **South**.

35. Selecione cada nível de linha.

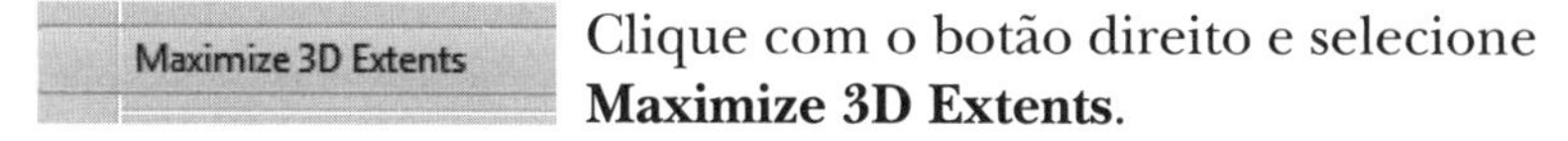

Clique com o botão direito e selecione **Maximize 3D Extents**.

Isto estenderá cada linha de nível para que elas cubram todo o modelo.

36. 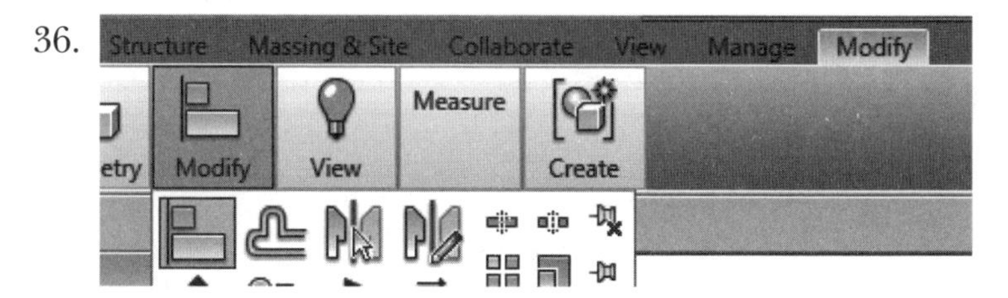

Ative a faixa Modify.

Selecione a ferramenta **Align** no Painel Modify.

37. 

Na barra Options, habilite **Multiple Alignment**.

38. Selecione a linha do nível 3 como o objeto de origem.

39. Selecione o topo das duas torres como bordas a serem deslocadas.

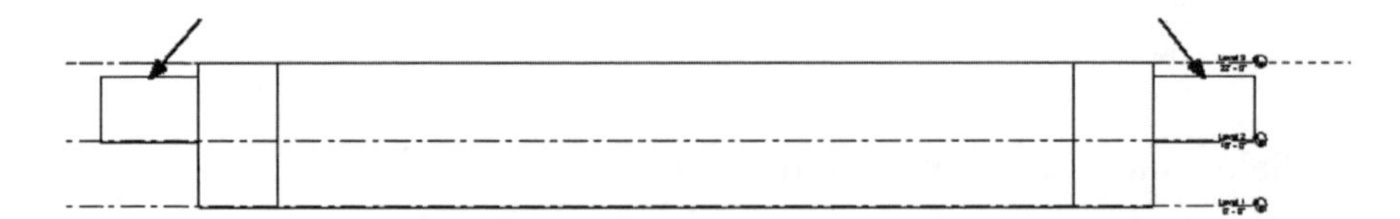

40. Alterne para uma vista 3D usando o Navegador de Projetos.

41. Use o ViewCube localizado no canto superior direito da tela para orbitar pelo modelo.

42. Para salvar a nova orientação, clique com o botão direito no ViewCube e selecione **Save View**.

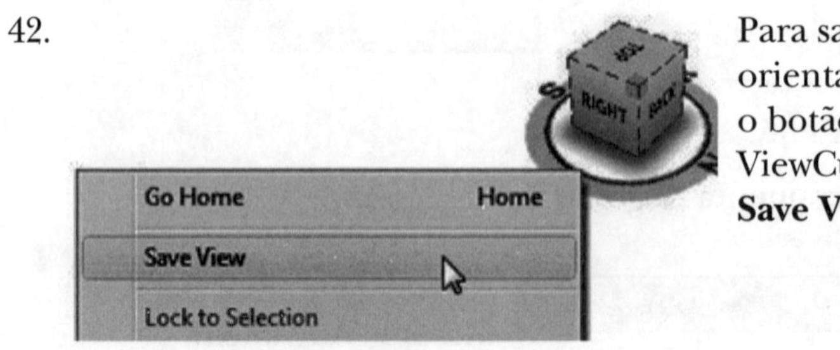

43. Entre **3D Ortho** para nome da vista.

Pressione **OK**.

44. A vista salva é agora listado no Navegador de Projetos sob 3D Views.

45. Salve o arquivo como *ex2-3.rvt*.

- Clique num elemento de massa para ativar seus pegadores. Você pode usar os pegadores para alterar a forma, o tamanho e a localização do elemento.
- Você só pode usar o menu View-> Orient para ativar vistas 3D quando já estiver no modo de visualização 3D.

Exercício 2-4

Criar Parede por Face

Nome do desenho: *ex2-3.rvt*

Tempo estimado: 15 minutos

Este exercício reforça as seguintes habilidades:

- ❑ Parede por Face
- ❑ Aparar
- ❑ Mostrar Massa

Você pode adicionar portas e janelas ao seu modelo conceitual para torná-lo mais fácil de visualizar.

1. Abra *ex2-3.rvt*.

2. Ative a vista **3D Ortho** em 3D Views.

3. Ative a faixa **Massing & Site**.

4. Selecione **Model by Face → all**.

5. 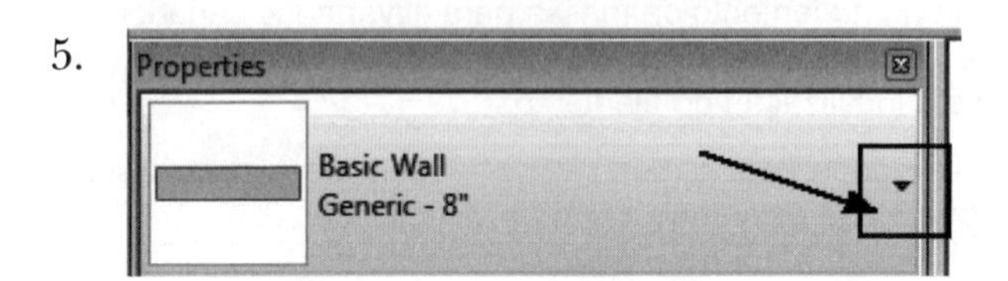

Note o tipo de parede atualmente habilitado no painel Properties. Um tipo diferente de parede pode ser selecionado na lista drop-down disponível, usando a pequena seta para baixo.

Imperial:	Sistema Métrico:
Ajuste o Default Wall Type (tipo omissivo de parede) para:	Ajuste o Default Wall Type para:
Basic Wall: Generic- 8".	**Basic Wall: Generic- 200 mm.**

6. 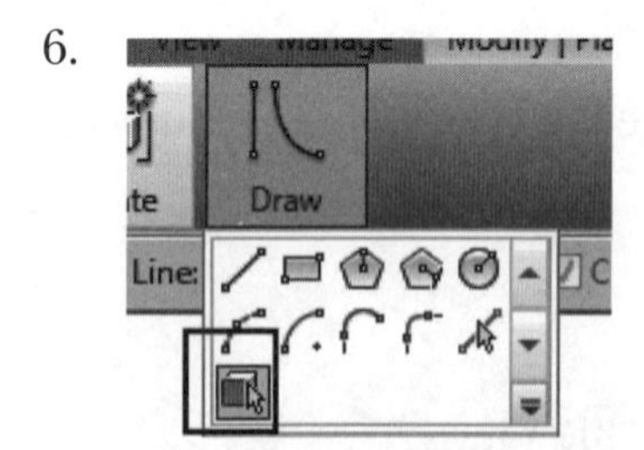

Ative **Pick Faces** no Painel Draw, na faixa.

7.

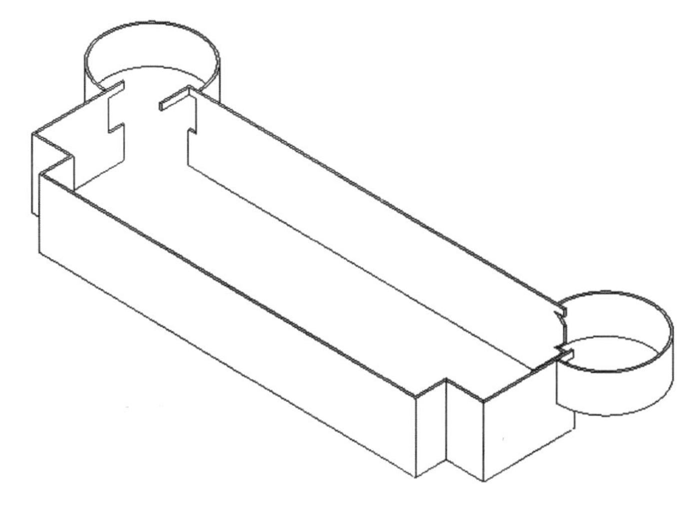

Selecione cada parede e cilindro.

O cilindro será dividido pelas paredes, de forma que você terá de selecionar cada metade.

Você terá que fazer uma limpeza nos cantos onde estão as torres.

Alguns alunos acidentalmente selecionarão a mesma face mais de uma vez. Você verá uma mensagem de erro informando que você tem paredes sobrepostas/duplicadas. Simplesmente apague as paredes extras.

8.

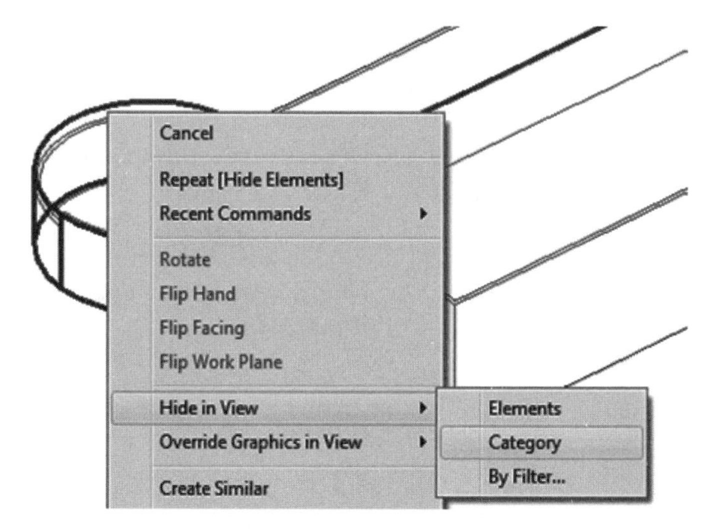

Selecione qualquer massa visível.

Clique com o botão direito e selecione **Hide in View → Category**.

Isso desativará a visibilidade de massas.

9. Ative a planta baixa **Level 1**.

10. 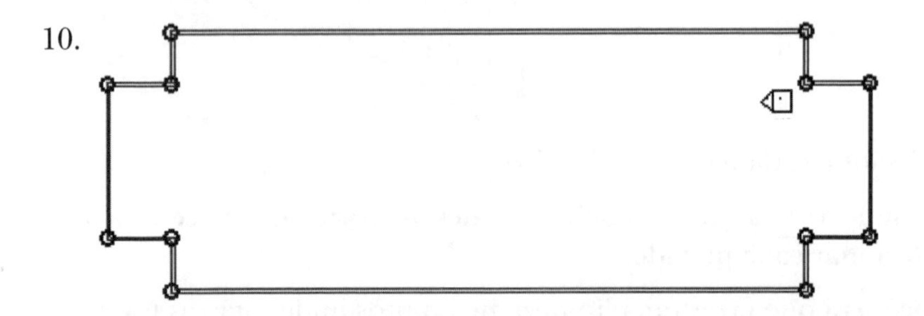

Trace um retângulo em torno de todas as paredes para selecioná-las.

11. Selecione a ferramenta **Filter** na faixa.

12. 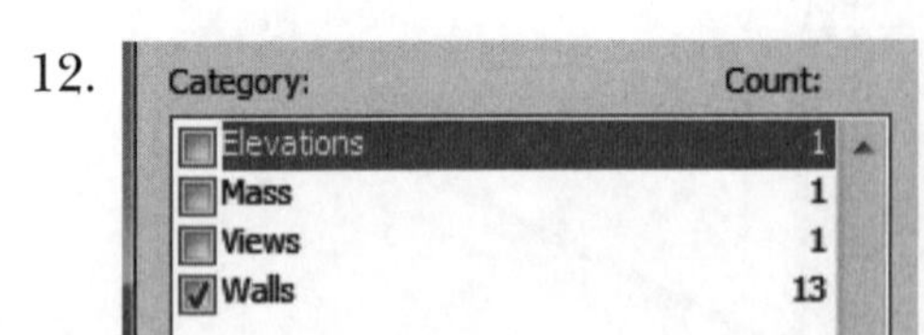

Desmarque todas as caixas, EXCETO Walls.

Pressione **OK**.

Há algumas paredes duplicadas nesta seleção.

13.

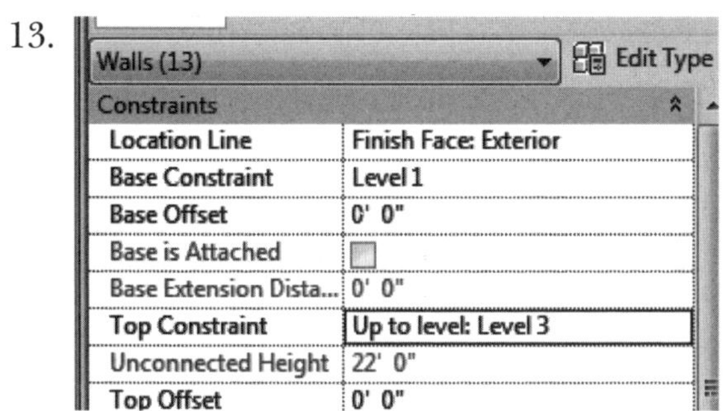

No painel Properties:

Ajuste Top Constraint (restrição superior) para **up to Level 3**.

Clique com o botão direito e selecione Cancel para liberar a seleção ou clique na janela de exibição para liberar a seleção.

14.

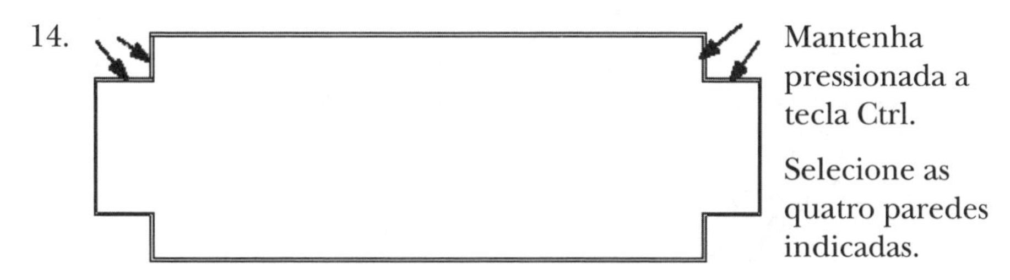

Mantenha pressionada a tecla Ctrl.

Selecione as quatro paredes indicadas.

15.

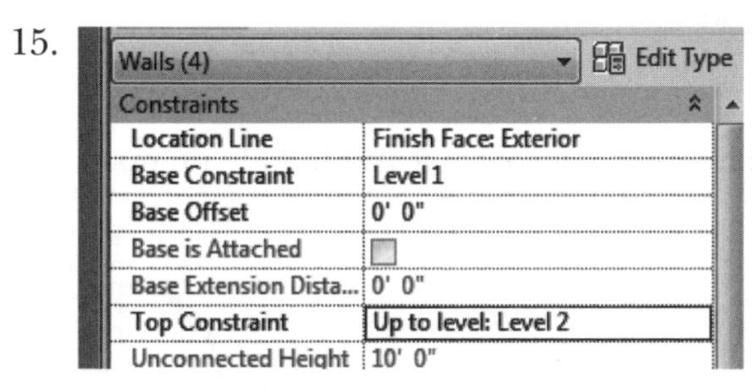

No painel Properties:

Ajuste Top Constraint para **up to Level 2**.

Clique com o botão direito e selecione Cancel para liberar a seleção ou clique na janela de exibição para liberar a seleção.

16.

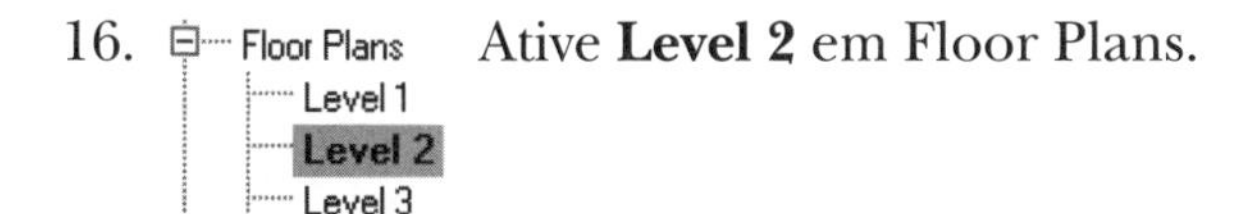

Ative **Level 2** em Floor Plans.

17.

Visibility/Graphics ...	Edit...
Visual Style	Hidden Line
Graphic Display Opt...	Edit...
Underlay	None
Underlay Orientation	Plan

No Painel Properties:

Ajuste Underlay para **None**.

Isso desativará a visibilidade de todas as entidades localizadas abaixo do nível 2.

Cada uma tem suas próprias configurações. Nós desligamos a visibilidade das massas no Nível 1, mas também precisamos desativar a visibilidade das massas na vista do Nível 2.

18. Na faixa: alterne a ferramenta **Show Mass by View Settings** para desativar a visibilidade das massas.

19. A vista deve ficar semelhante a esta, com a visibilidade de massas desativada.

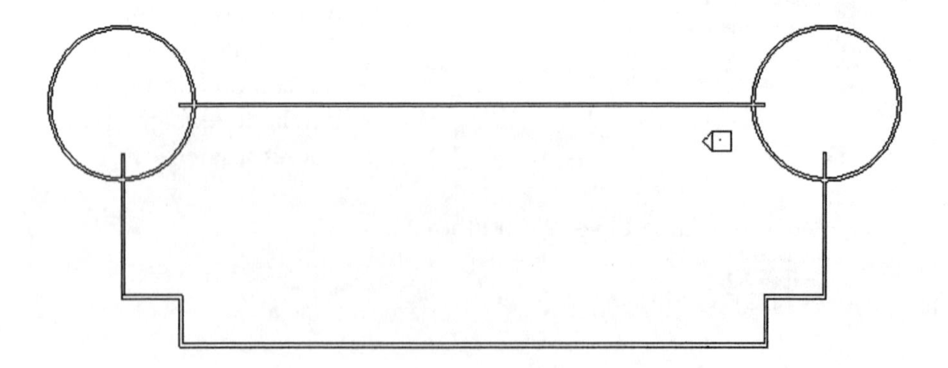

20. 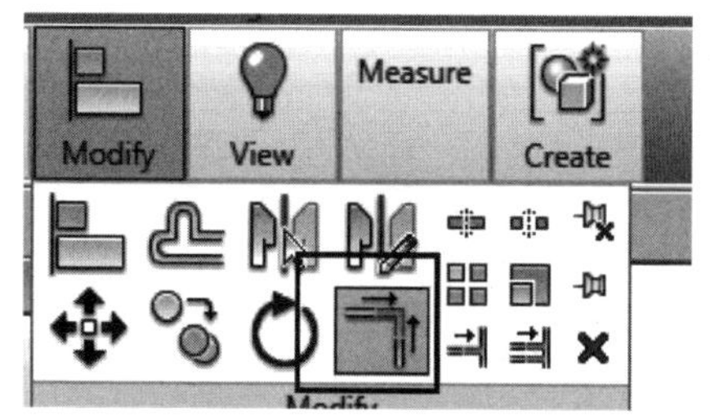

Ative a faixa Modify.

Selecione a ferramenta **Trim** (aparar) da faixa Modify para limpar a torre, no local em que elas se juntam com as paredes.

21. Quando você selecionar para aparar, certifique-se de selecionar a seção que quer manter.

22. 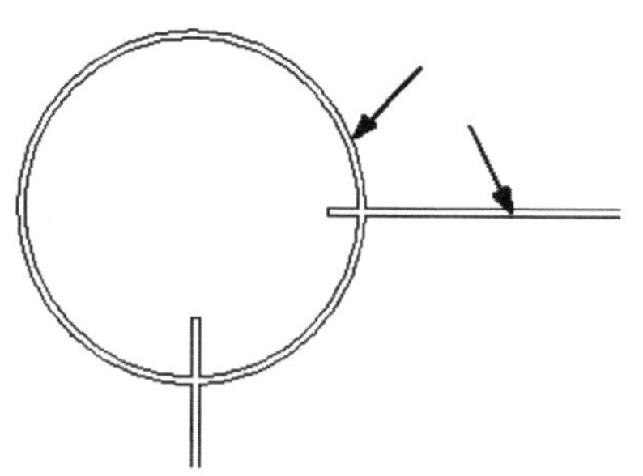

Selecione o arco e a parede indicados.

23. 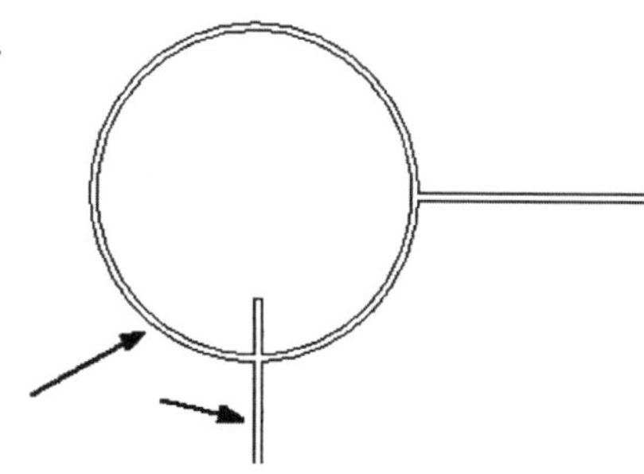

Selecione o arco e a parede indicados.

Select the first line or wall to trim/extend. (Click on the part you want to keep)

Note que você tem algumas instruções no canto inferior esquerdo da tela para ajudá-lo.

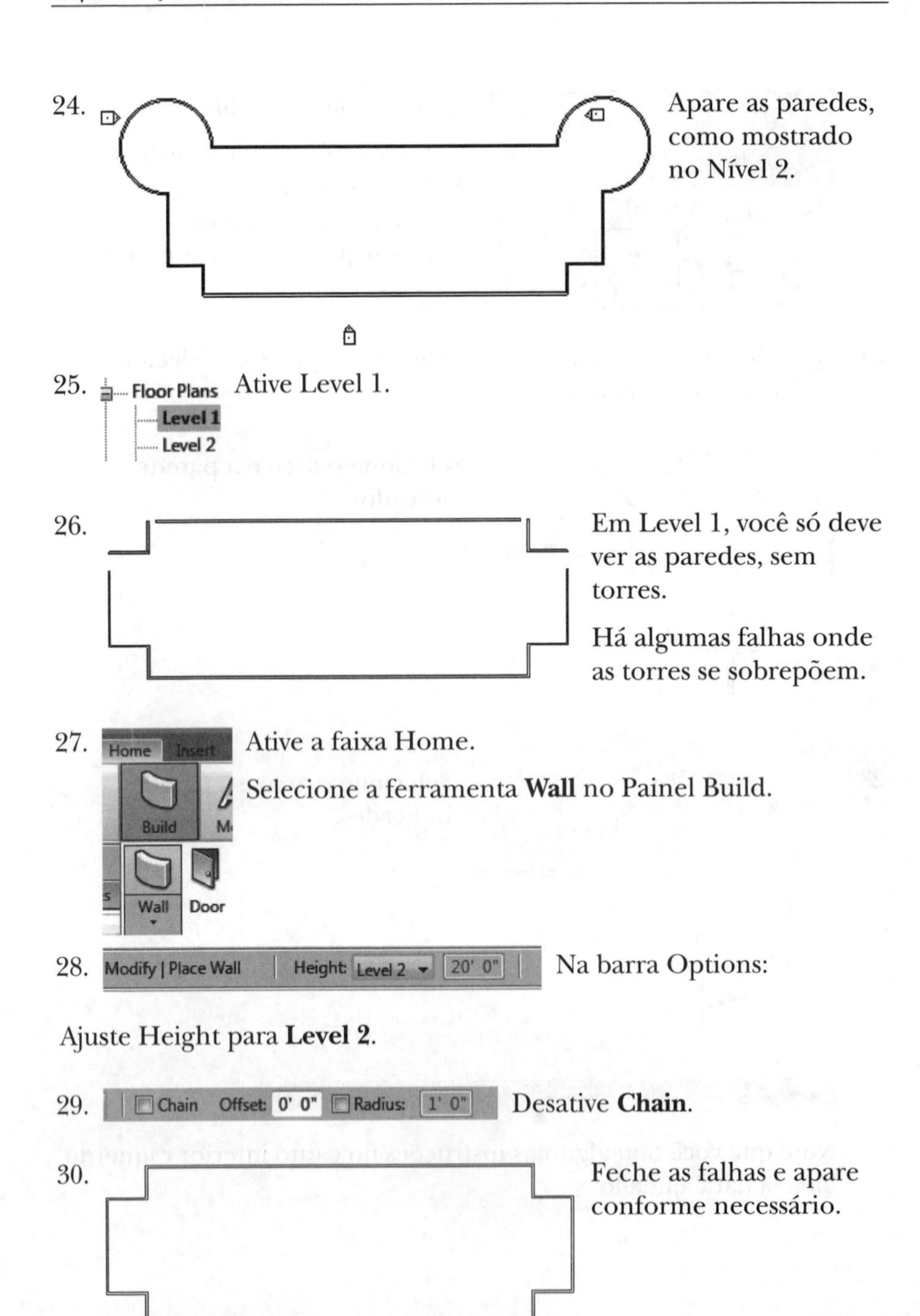

24. Apare as paredes, como mostrado no Nível 2.

25. Ative Level 1.

26. Em Level 1, você só deve ver as paredes, sem torres.

Há algumas falhas onde as torres se sobrepõem.

27. Ative a faixa Home.

Selecione a ferramenta **Wall** no Painel Build.

28. Na barra Options:

Ajuste Height para **Level 2**.

29. Desative **Chain**.

30. Feche as falhas e apare conforme necessário.

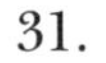

31. 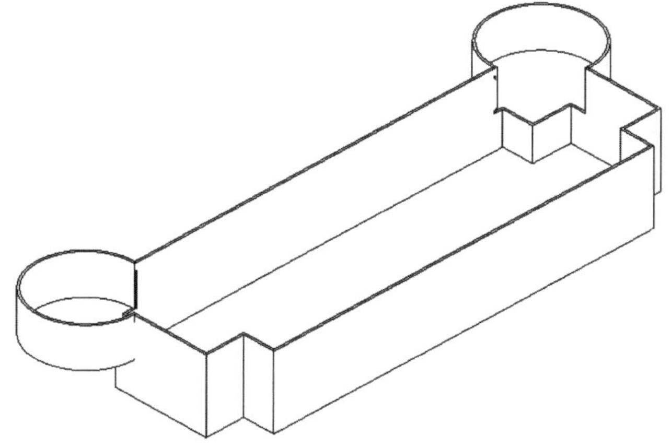

Alterne para uma vista 3D e orbite seu modelo.

Certifique-se de que as paredes e as torres estão ajustadas para os níveis corretos.

32. Salvar como *ex2-4.rvt*.

Exercício 2-5

Adição de Portas e Janelas

Nome do desenho: *ex2-4.rvt*

Tempo estimado: 30 minutos

Este exercício reforça as seguintes habilidades:

- ❑ Fundamentos
- ❑ Porta
- ❑ Carregamento a partir da biblioteca
- ❑ Janela
- ❑ Matriz
- ❑ Espelho
- ❑ Sombreamento

Você pode adicionar portas e janelas ao seu modelo conceitual para tornar mais fácil de visualizar.

1. Abra *ex2-4.rvt*.

2. Floor Plans / Level 1 / Level 2 / Level 3 / Site — Ative **Level 1** em Floor Plans.

3. 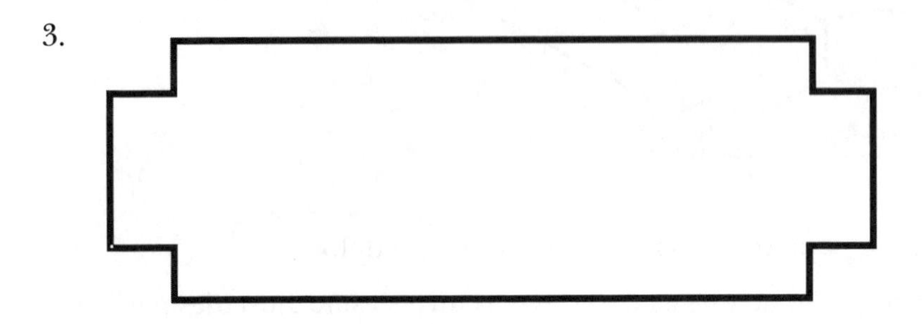

   Level 1 deve parecer como isto.

4. Home — Ative a faixa **Home**.

5. Home | Insert — Build — Wall | Door — Selecione a ferramenta **Door**, no painel Build.

6. 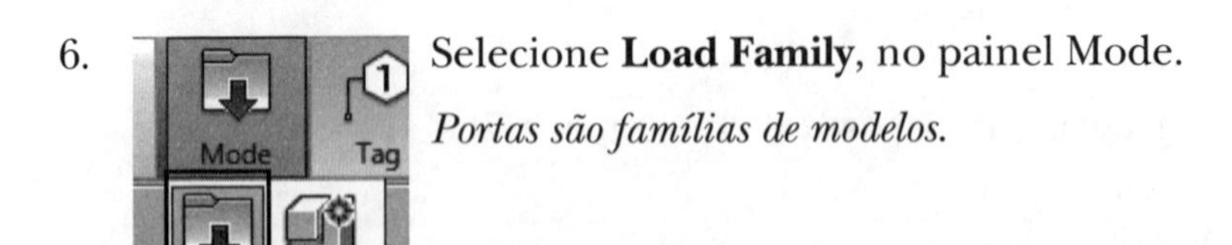

   Selecione **Load Family**, no painel Mode.

   Portas são famílias de modelos.

7.

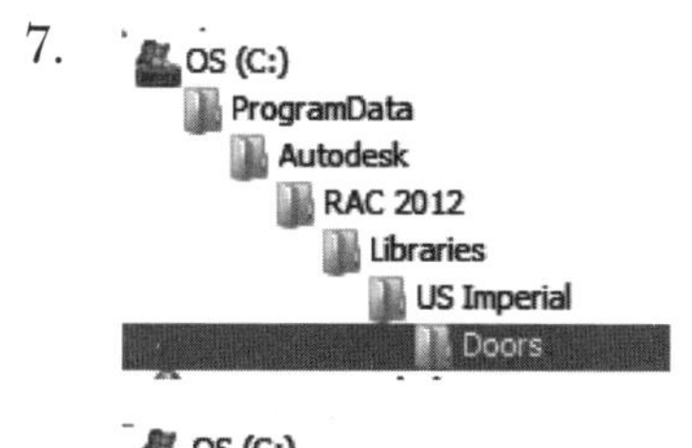

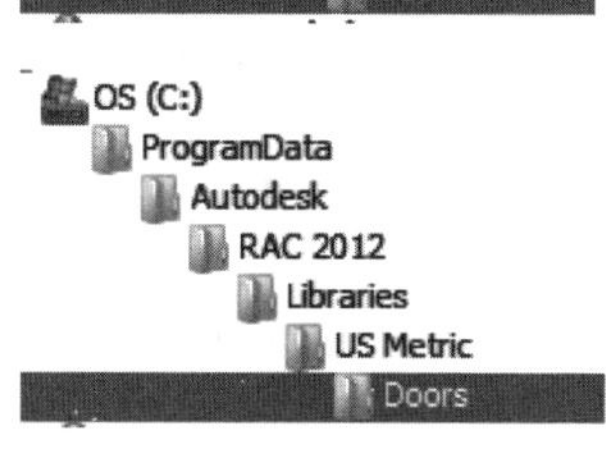

Navegue até a pasta **Doors**, na biblioteca Imperial ou Metric – use Imperial se você estiver usando unidades imperiais ou metric use se você estiver usando unidades métricas.

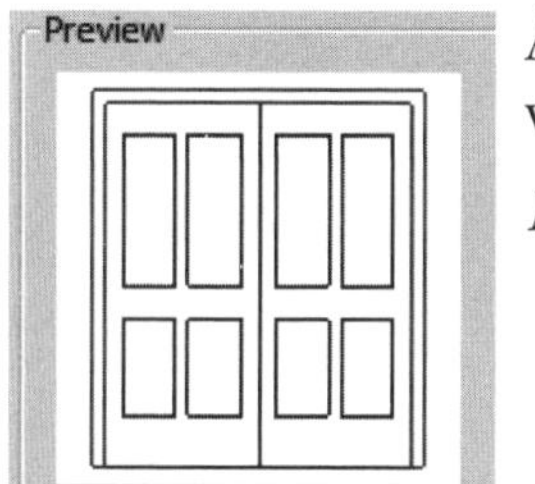

À medida que destaca cada arquivo na pasta, você pode ver um prévia da família.

Note que os arquivos estão em ordem alfabética.

8.

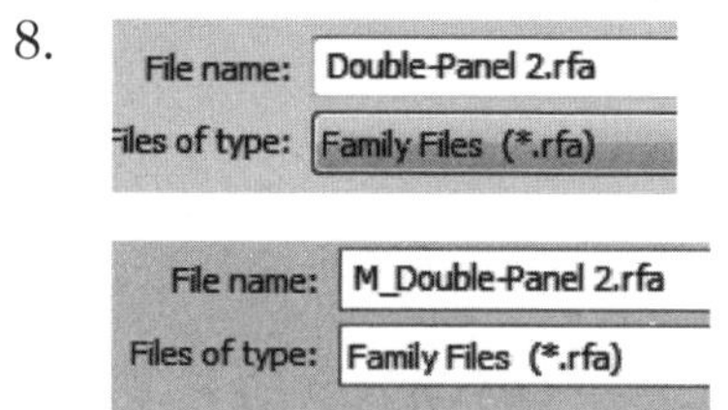

Para unidades imperiais:

Localize o arquivo *Double-Panel 2.rfa.*

Para unidades métricas:

Localize o arquivo *M_Double-Panel 2.rfa.*

Pressione **Open**.

9.

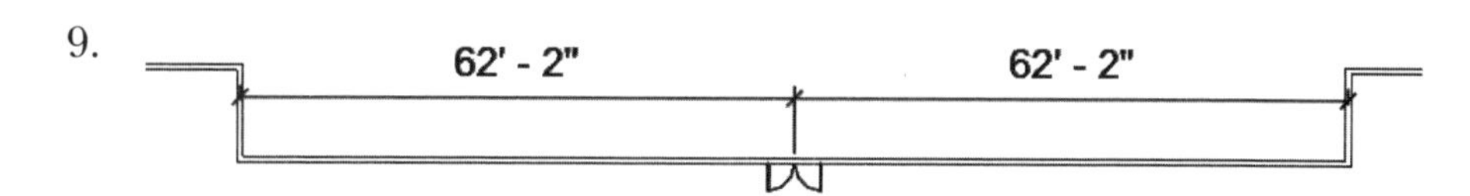

Coloque a porta de forma que ela fique centralizada na parede, como mostrado.

Portas são hospedadas na parede. Assim, você só terá um pré-visualização da porta quando colocar o cursor sobre uma parede.

10.

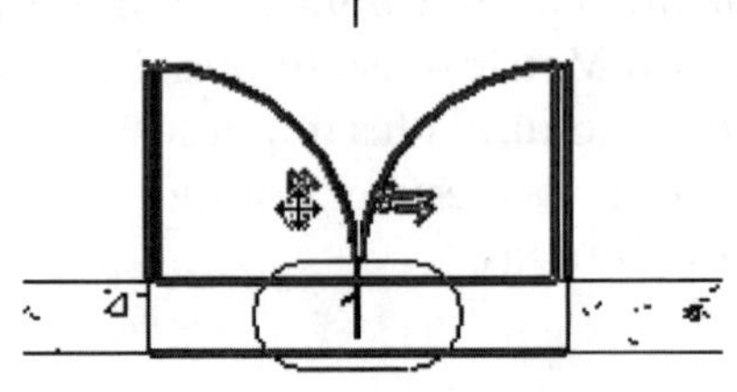

Se pressionar a barra de espaço antes de selecionar um lugar, você poderá controlar a orientação da porta.

Depois de ter colocado a porta, você poderá virá-la selecionando-a e, depois, clicando nas setas vertical ou horizontal.

11.

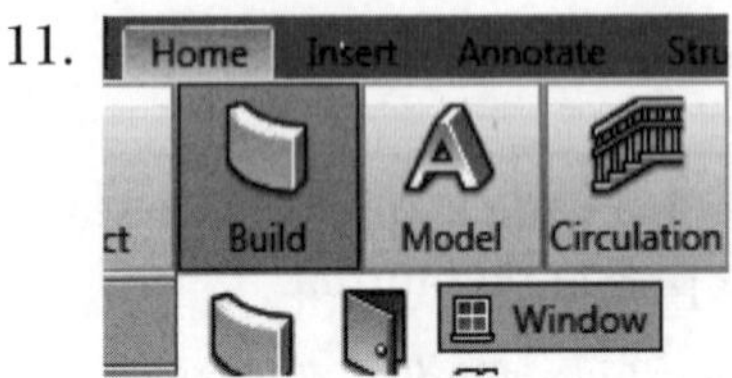

Selecione a ferramenta **Window**, no painel Build.

Janelas são famílias de modelos.

12.

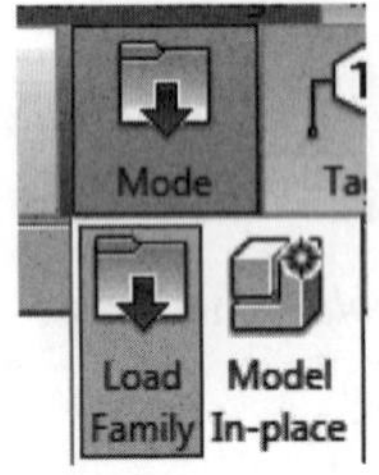

Selecione **Load Family** no painel Mode.

13.

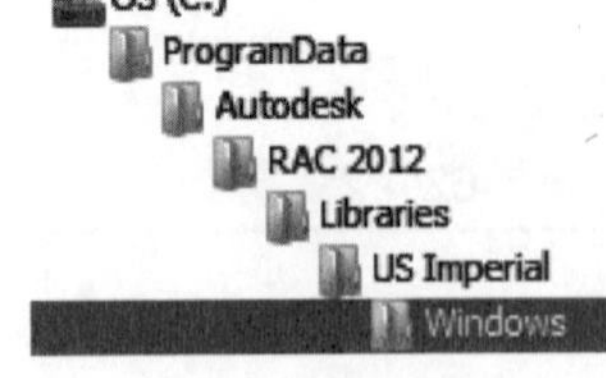

Navegue até a pasta **Windows**, na biblioteca Imperial ou Metric - use Imperial se estiver usando unidades imperiais ou metric se estiver usando unidades métricas.

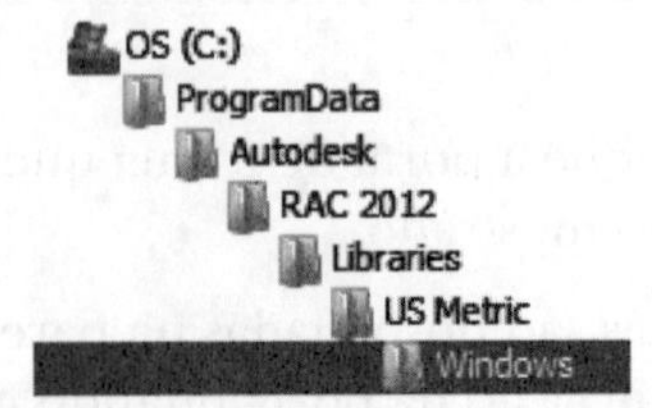

14. Para unidades imperiais:

Localize o arquivo *Casement with Trim.rfa.*

Para unidades métricas:

Localize o arquivo *M_Casement with Trim.rfa.*

Pressione **Open**.

15. 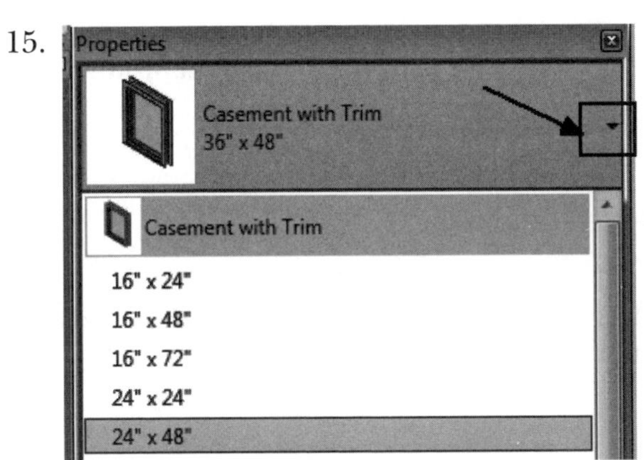

Para unidades imperiais:

Na lista drop-down, selecione o tamanho 24” x 48” para a janela Casement with Trim.

Acesse a lista de tamanhos disponíveis usando a pequena seta para baixo indicada.

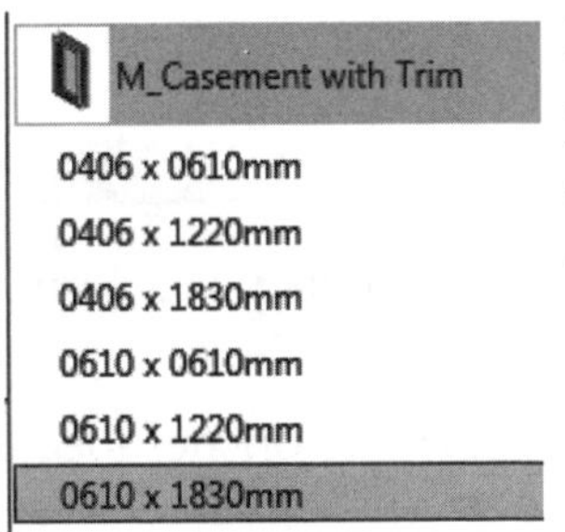

Para unidades métricas:

Na lista drop-down, selecione o tamanho 0610 x 1830 mm para a janela M_Casement with Trim.

16. 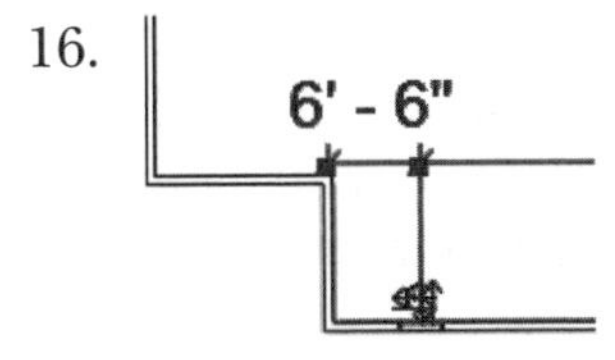

Coloque a janela a **6’ -6”** [**3000 mm**] da parede interna esquerda.

Clique com o botão direito e selecione **Cancel** para sair do comando.

17. 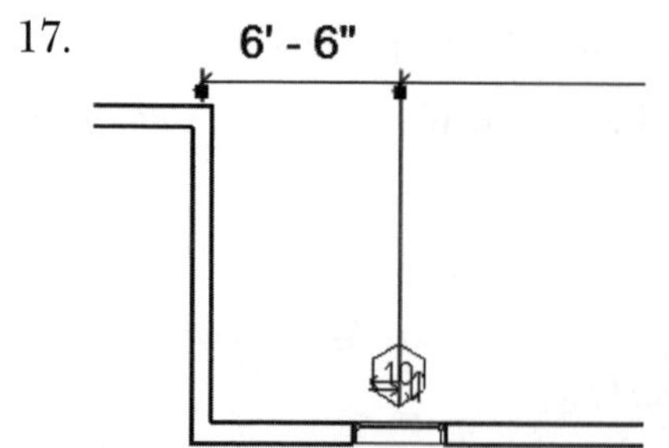

Selecione a janela para que ele fique destacada.

18. 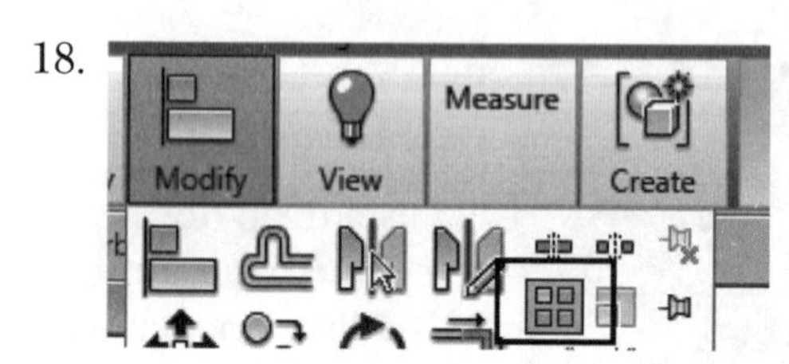

Selecione a ferramenta **Array** (matriz), no painel Modify.

19. 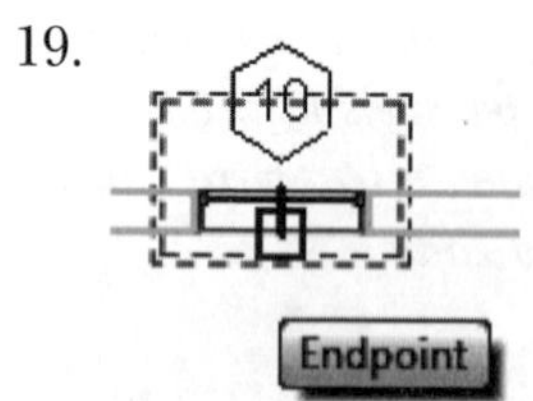

Selecione o ponto médio da janela como base para a matriz.

20. 

Habilite Group And Associate. Isso atribui a janela posta a um grupo e permite que você edite a matriz.

Ajuste a quantidade da matriz para **5** na barra de opções localizada na parte inferior da tela. Habilite **Last**.

Array tem duas opções. Uma opção permite que você coloque os elementos separados por uma distância definida. A segunda opção permite que você preencha uma distância com elementos igualmente espaçados. Vamos preencher uma distância especificada com cinco elementos igualmente espaçados.

21.

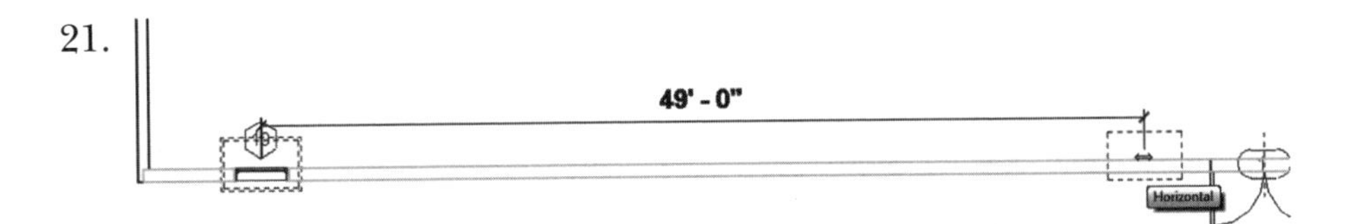

Selecione um ponto a **49'-0"** [**14,935.20**] do primeiro ponto selecionado para a direita.

22.

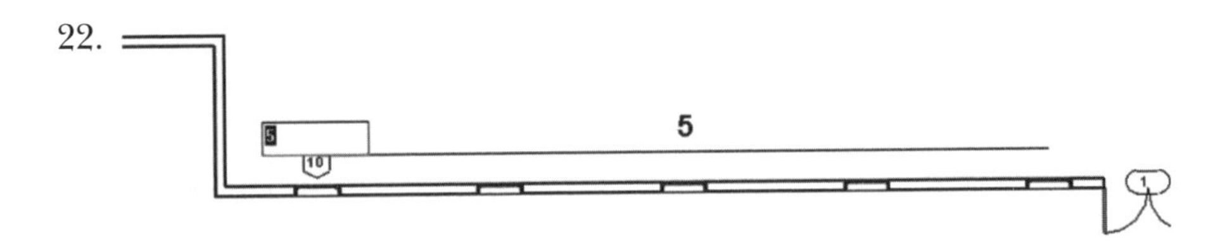

Você terá um pré-visualização de como as janelas preencherão o espaço.

Pressione **ENTER** para aceitar.

23.

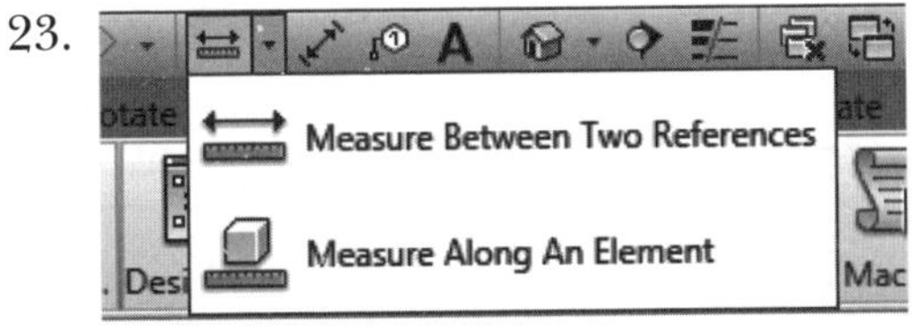

Selecione a ferramenta **Measure** na barra de ferramentas de Acesso Rápido.

24.

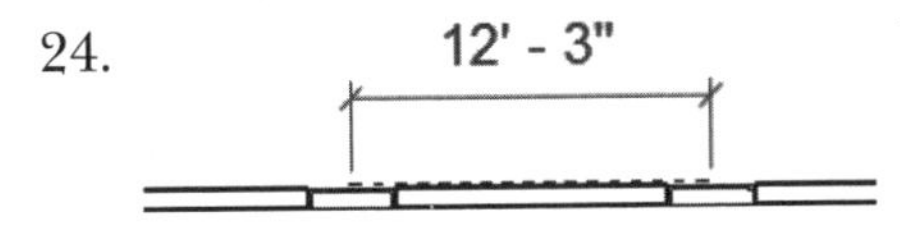

Verifique a distância entre as janelas e você verá que todas elas estão igualmente espaçados.

25.

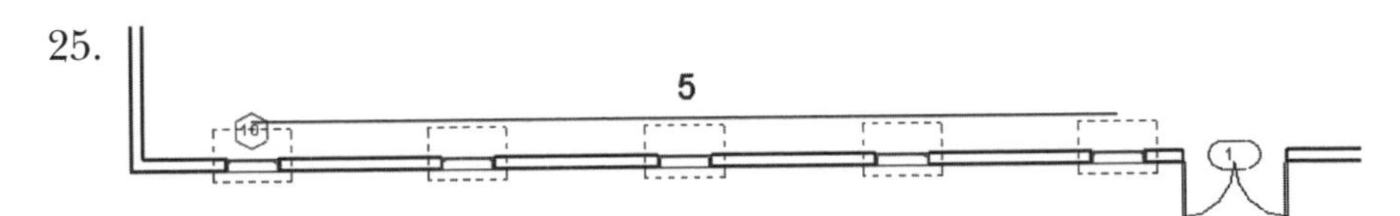

Trace um retângulo em torno de toda a matriz para selecionar todas as janelas.

A contagem da matriz será exibida.

26. Use a ferramenta **Mirror → Draw Mirror Axis** para espelhar as janelas para o outro lado da parede oposta à porta.

27. 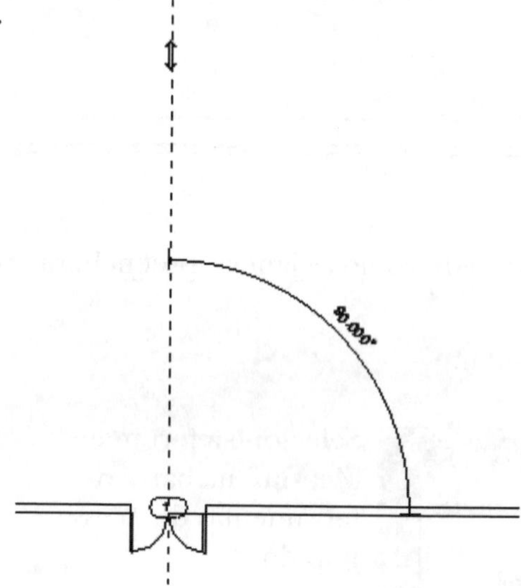

Selecione o centro da porta como ponto de partida para o eixo do espelho.

Mova o cursor para cima num ângulo de 90 graus e selecione um ponto acima da porta.

28. Clique em qualquer parte da janela de gráficos para concluir o comando.

Você receberá uma mensagem de erro e as janelas não serão corretamente arranjadas na matriz se não tiver o ângulo ajustado para 90 graus ou se suas paredes forem de comprimentos diferentes.

29. Alterne para uma vista 3D.

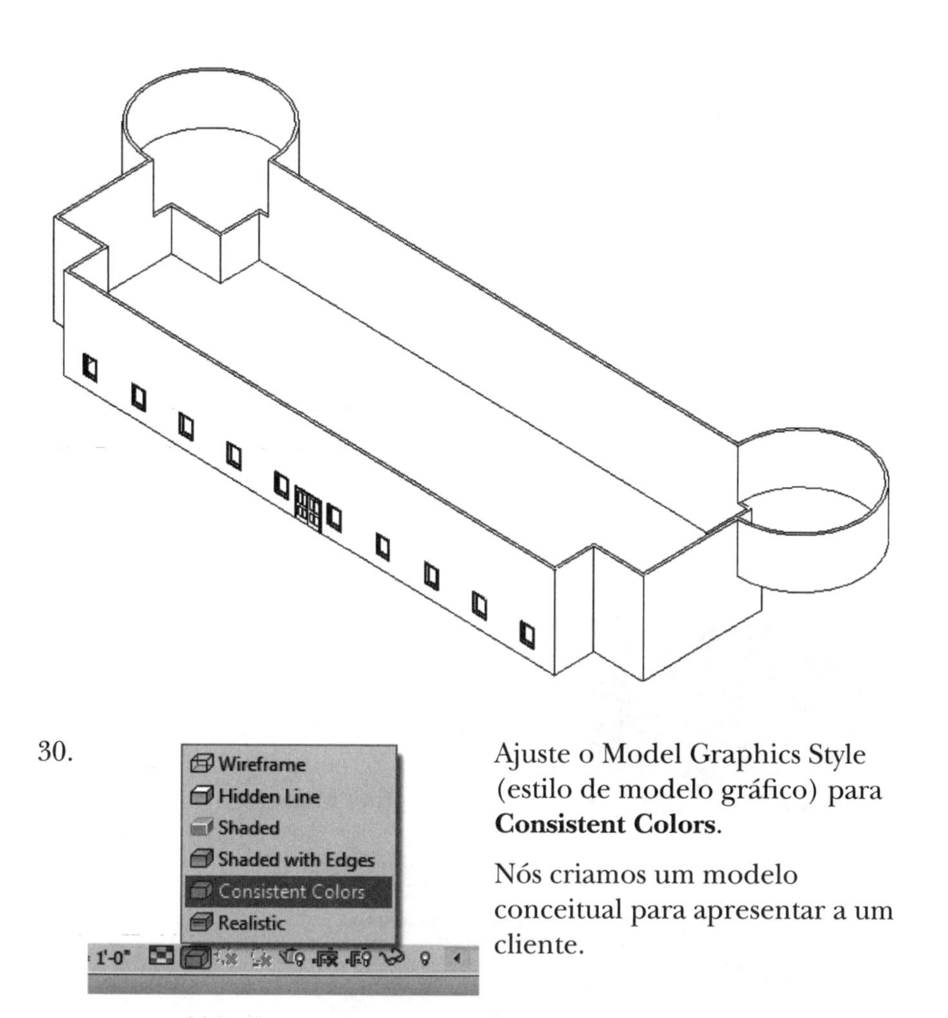

30. Ajuste o Model Graphics Style (estilo de modelo gráfico) para **Consistent Colors**.

    Nós criamos um modelo conceitual para apresentar a um cliente.

31. Salve o arquivo como *ex2-5.rvt.*

Exercício 2-6

Criando uma Massa Conceitual

Nome do desenho: New Conceptual Mass

Tempo estimado: 60 minutos

Este exercício reforça as seguintes habilidades:

- ❑ Massas
- ❑ Níveis
- ❑ Carregamento a partir da biblioteca
- ❑ Dimensão alinhada
- ❑ Orientação de virada

1. Feche todos os arquivos abertos.

2. Families

Open

New

New Conceptual Mass

Autodesk Seek

No painel Recent Files:

Selecione **New Concptual Mass.**

Se o painel Recent Files não estiver disponível, use o menu Application e vá até **New → Concptual Mass.**

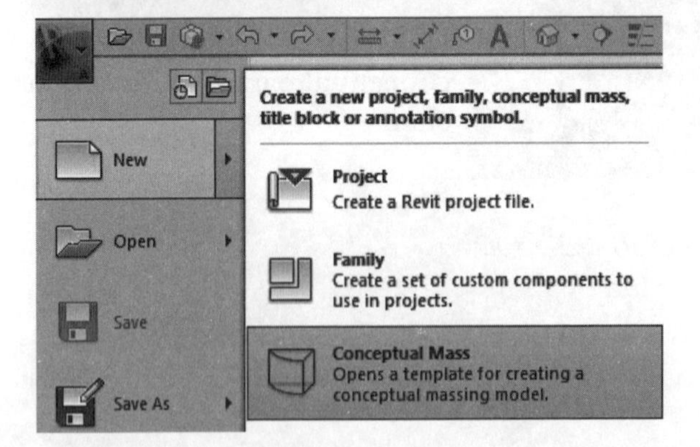

3. 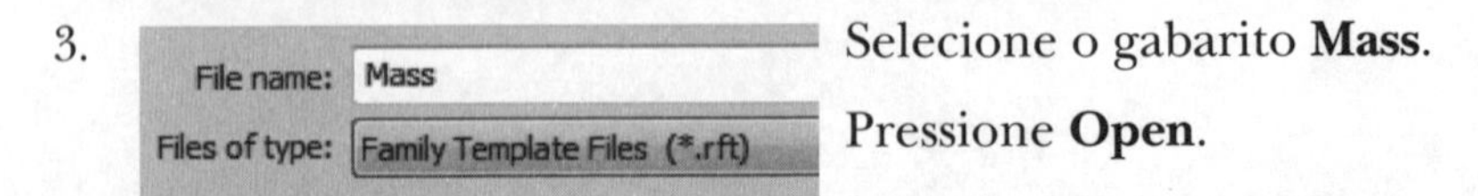

Selecione o gabarito **Mass.**

Pressione **Open.**

4. Elevations (Elevation 1)
East
North
South
West

Ative a Elevação **South**.

5. 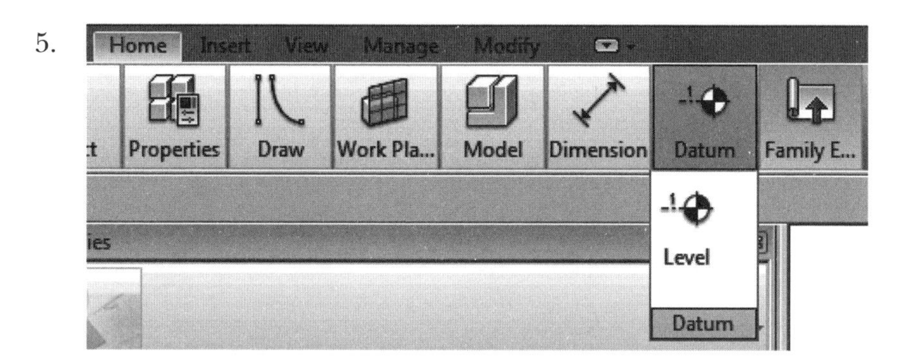

Na faixa Home, selecione a ferramenta **Level**.

6. 

Coloque um nível Level 2 a **50'- 0''**.

7. 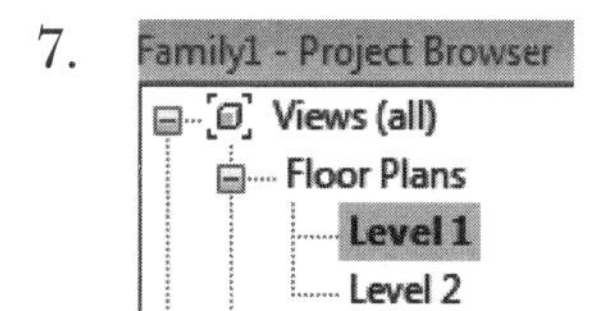

Ative a planta baixa **Level 1**.

8. Ative a faixa Home.

Selecione a ferramenta **Plane** no painel Draw.

9.

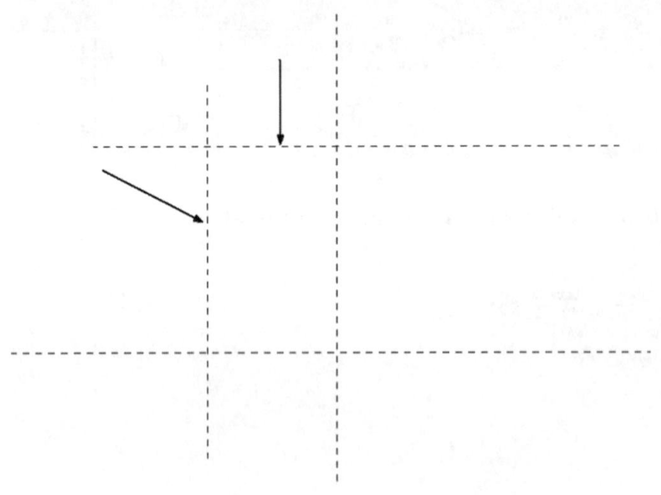

Desenhe um plano vertical e um plano horizontal para formar uma caixa.

10. Use a ferramenta **ALIGNED DIMENSION** para adicionar dimensões aos planos de referência.

Ajuste a dimensão horizontal para 100'- 0" geral.

Ajuste a dimensão vertical para 60'- 0" geral.

11.

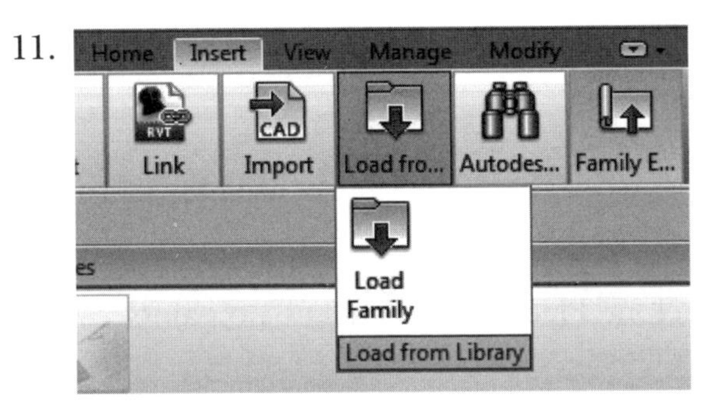

Ative a faixa Insert.

Selecione **Load from Library → Load Family**.

12.

Navegue até a pasta **Mass**.

13.

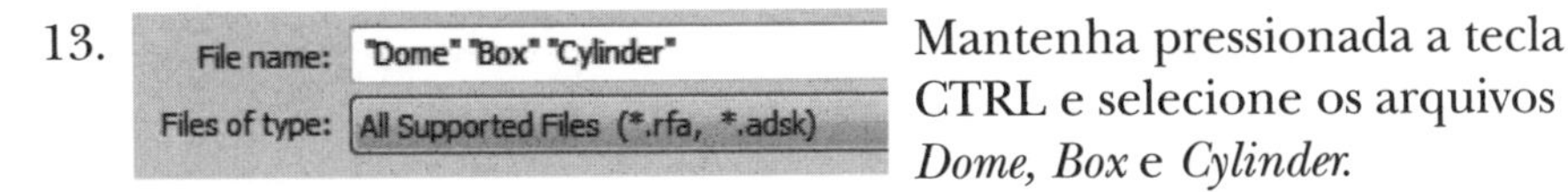

Mantenha pressionada a tecla CTRL e selecione os arquivos *Dome, Box* e *Cylinder.*

Pressione **Open**.

14.

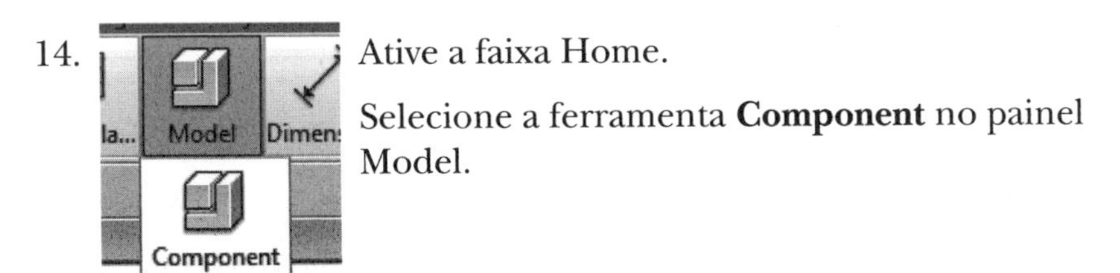

Ative a faixa Home.

Selecione a ferramenta **Component** no painel Model.

15. 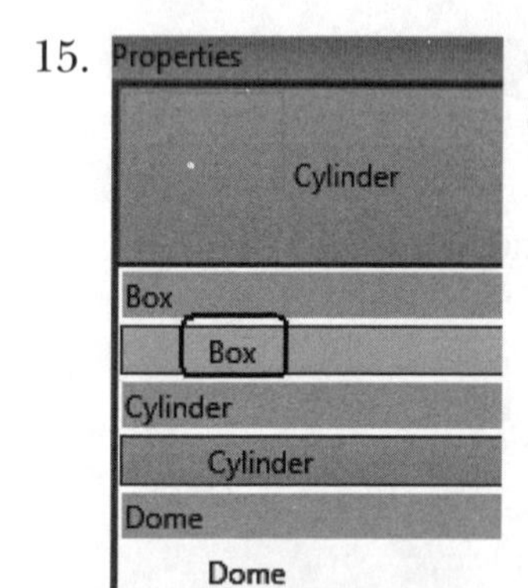

Selecione o componente **Box** usando o Seletor de Tipo.

16. 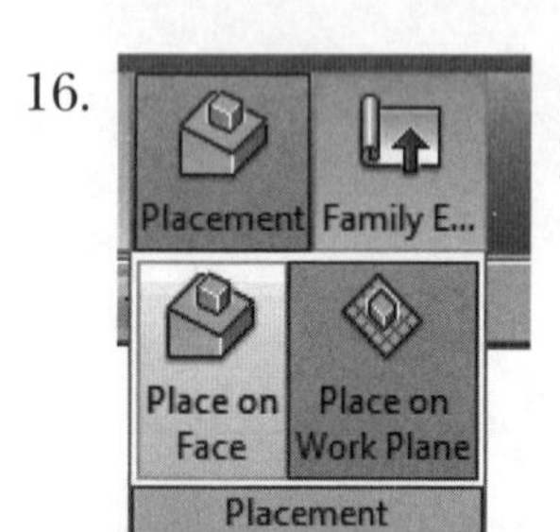

Selecione **Place on Work Plane** no painel Placement.

17. 

Ajuste Placement Plane para Level 1.

18. 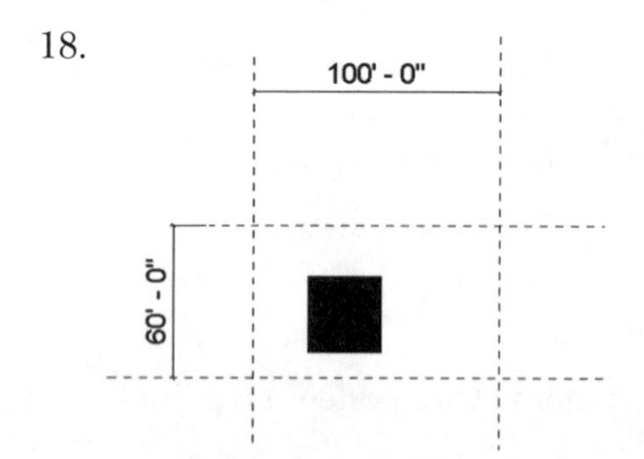

Coloque a caixa na vista.

Clique com o botão direito e selecione **Cancel** duas vezes para sair do comando.

19. 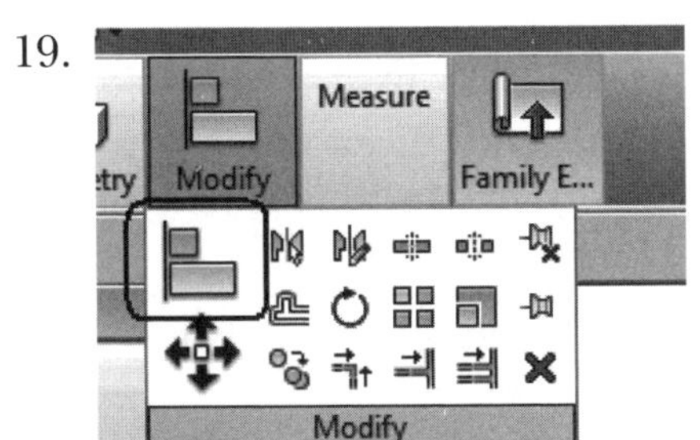

Selecione a ferramenta **ALIGN** no painel Modify.

20. 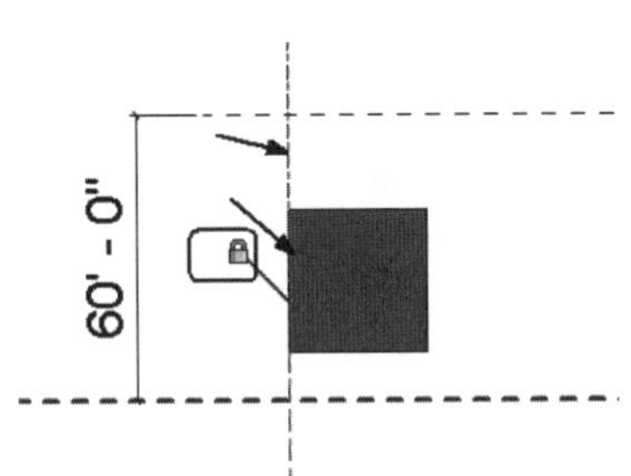

Selecione o plano de referência do lado esquerdo.

Selecione o lado esquerdo da caixa.

Clique no cadeado para fixar o alinhamento.

21. 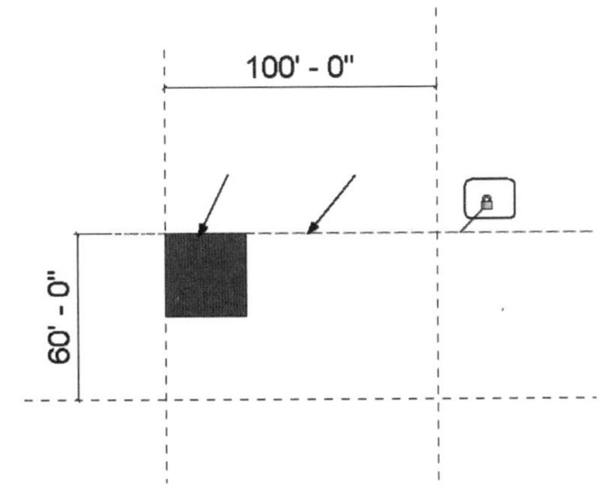

Selecione o plano de referência em cima.

Selecione o lado superior da caixa.

Clique no cadeado para fixar o alinhamento.

Clique com o botão direito e selecione **Cancel** para sair do comando ALIGN.

22. Clique na caixa para selecioná-la.

Use o pegador direito para arrastar o lado direito da caixa para a direita do plano de referência.

Clique no cadeado para fixar o alinhamento.

23. Use o pegador inferior para arrastar o lado inferior da caixa para o plano de referência certo.

Clique no cadeado para fixar o alinhamento.

Clique na janela para liberar a seleção.

24. 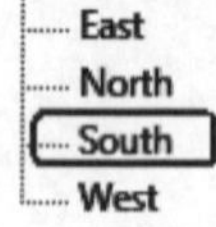

Ative a Elevação **South**.

25. 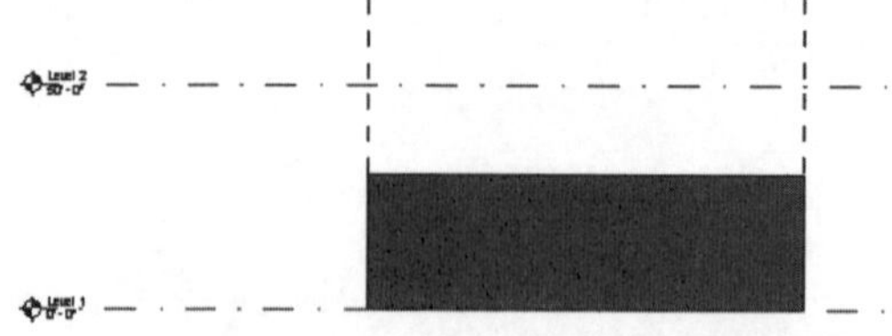
A altura da caixa não está alinhada com o nível 2.

Selecione a caixa.

26. 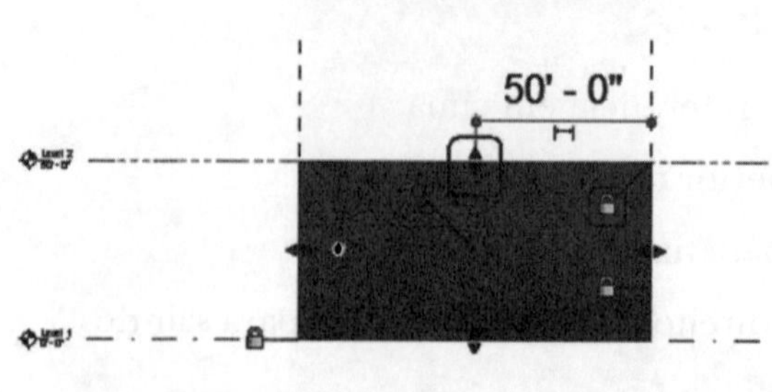

Use o pegador superior para arrastar o topo da caixa até igualar com Level 2.

Clique no cadeado para fixar o alinhamento.

Clique na janela para liberar a seleção.

27. 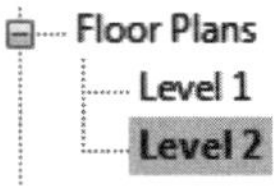 Floor Plans / Level 1 / Level 2 — Ative a planta baixa **Level 2**.

28. 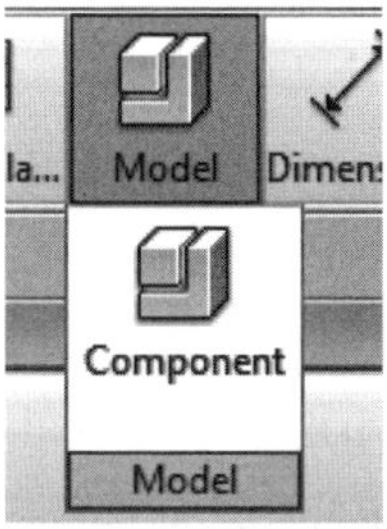 Ative a faixa Home.

    Selecione a ferramenta **Component** no painel Model.

29. 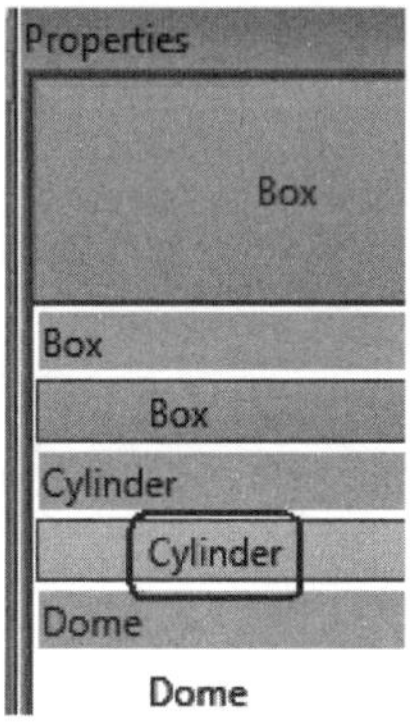 Selecione o componente **Cylinder** usando o Seletor de Tipo.

30. 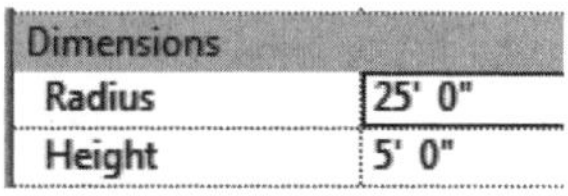 No Painel Properties:

    Ajuste Radius (raio) para **25'- 0'**.

    Ajuste Height (altura) para **5'- 0'**.

31. 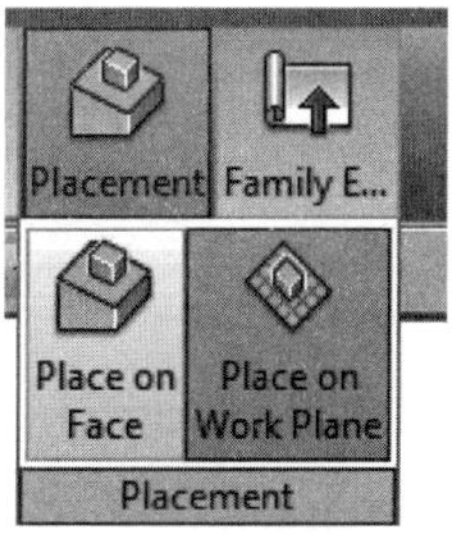 Selecione **Place on Work Plane** no painel Placement.

32. Ajuste Placement Plane para **Level 2**.

33.

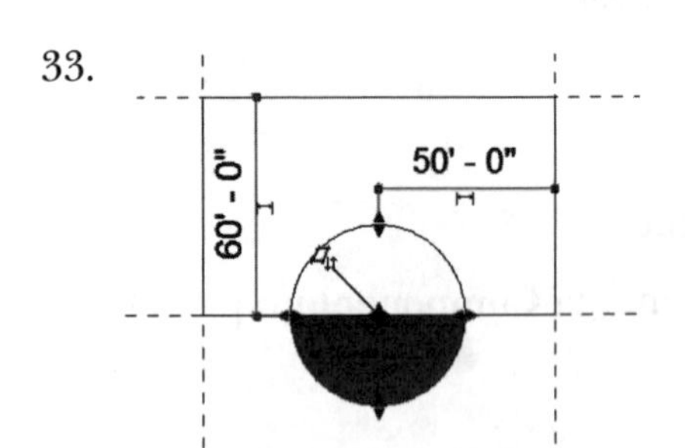

Coloque um cilindro no ponto médio da borda inferior da caixa.

Clique com o botão direito e selecione **Cancel** duas vezes para sair do comando.

34.

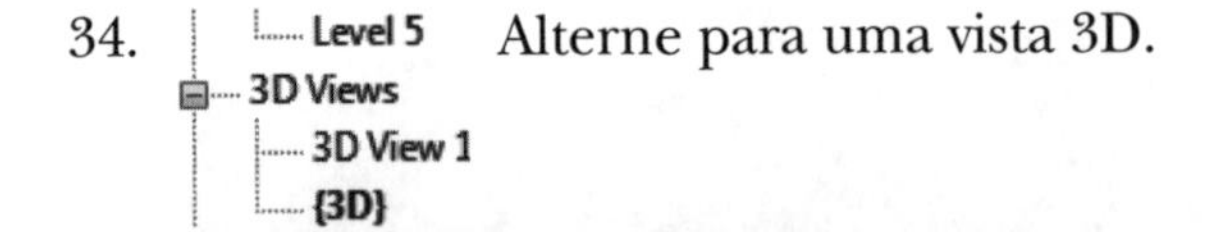

Alterne para uma vista 3D.

35.

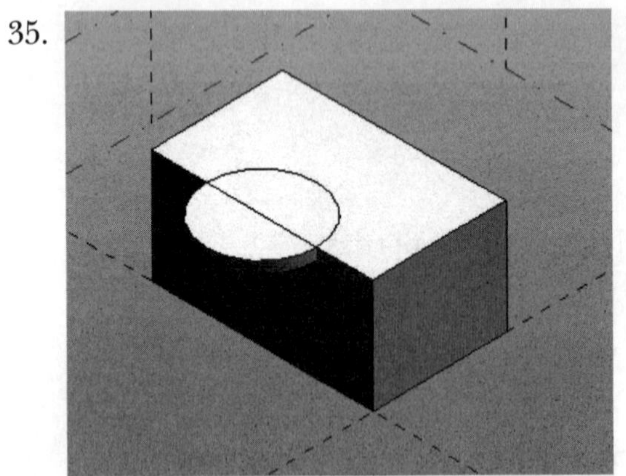

Você deve ver a caixa e o cilindro.

36.

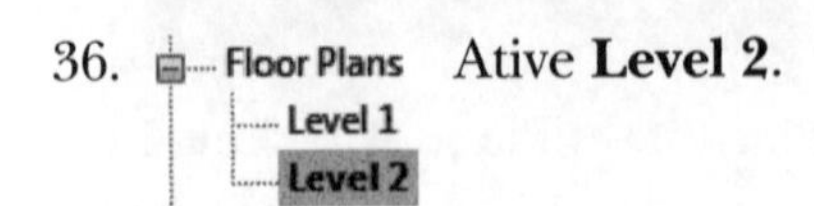

Ative **Level 2**.

37. 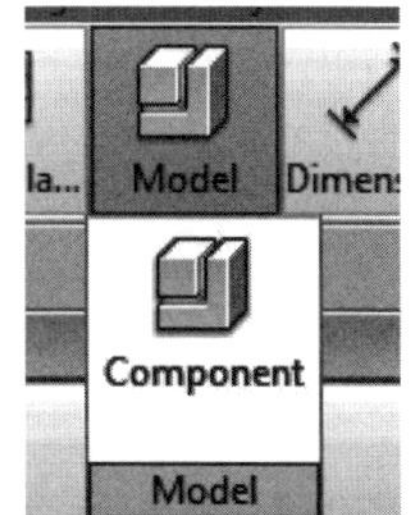

Ative a faixa Home.

Selecione a ferramenta **Component** no painel Model.

38. 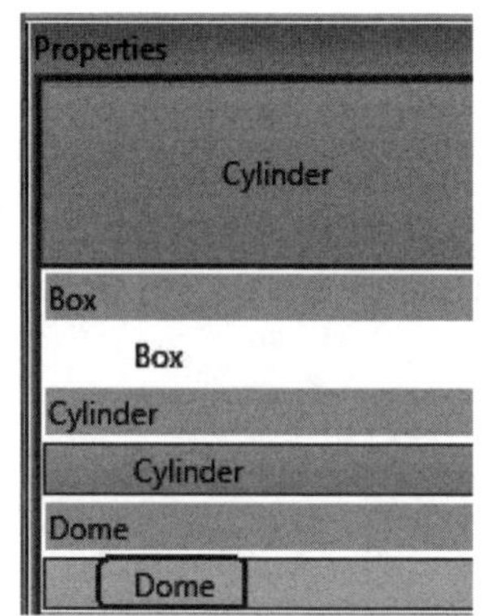

Selecione o componente **Dome** usando o Seletor de Tipo.

39. 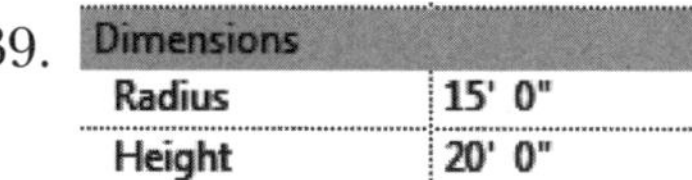

Dimensions	
Radius	15' 0"
Height	20' 0"

No Painel Properties:

Ajuste Radius (raio) para **15'- 0"**.

Ajuste Height (altura) para **20'- 0"**.

40. 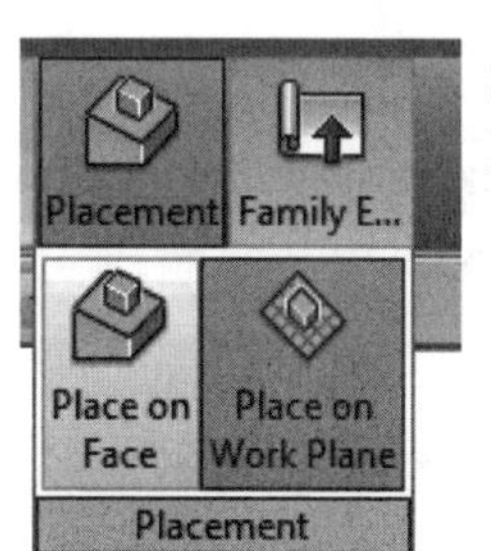

Selecione **Place on Work Plane** no painel Placement.

41. 

Ajuste o Placement Plane para **Level 2**.

42. 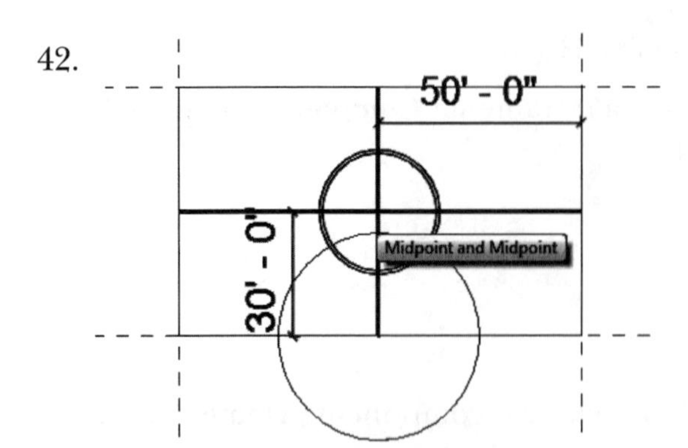

Posicione a cúpula (dome) de forma que ela fique centralizada na caixa.

Clique com o botão direito e selecione **Cancel** duas vezes para sair do comando.

43. 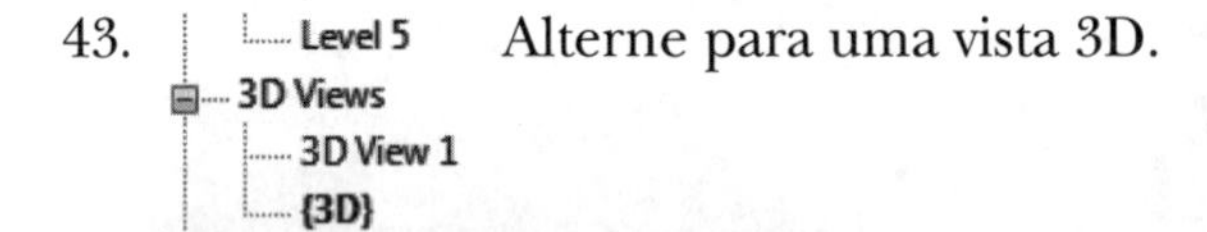

Alterne para uma vista 3D.

44. 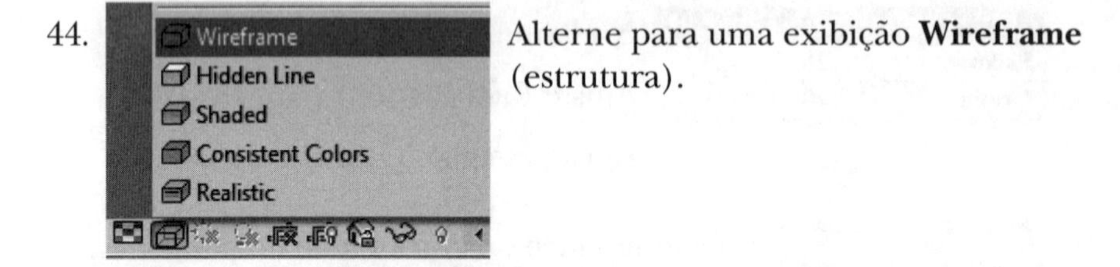

Alterne para uma exibição **Wireframe** (estrutura).

45. 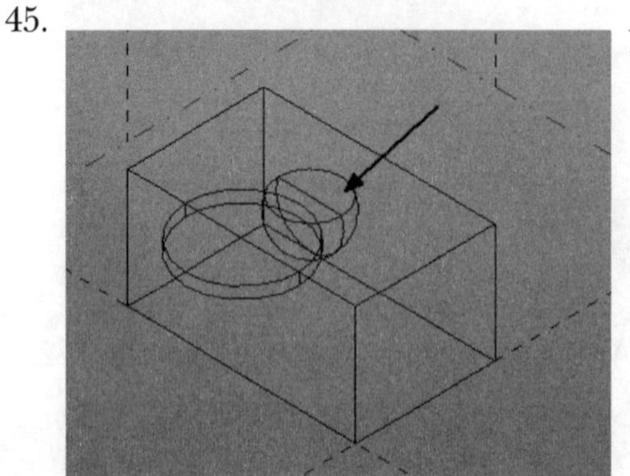

A cúpula está de cabeça para baixo. Selecione-a.

46. 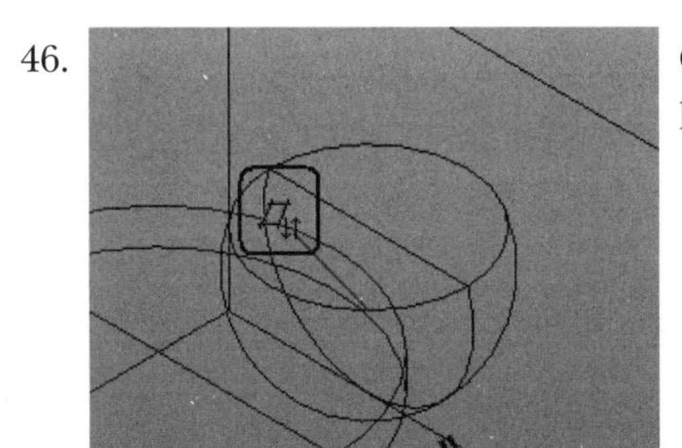

Clique nas setas de orientação para virar a cúpula.

47. No painel de propriedades:

Dimensions	
Radius	30' 0"
Height	15' 0"

Mude Radius para **30' 0"**.

Mude Height para **15' 0'**.

Pressione **Aply**.

48. 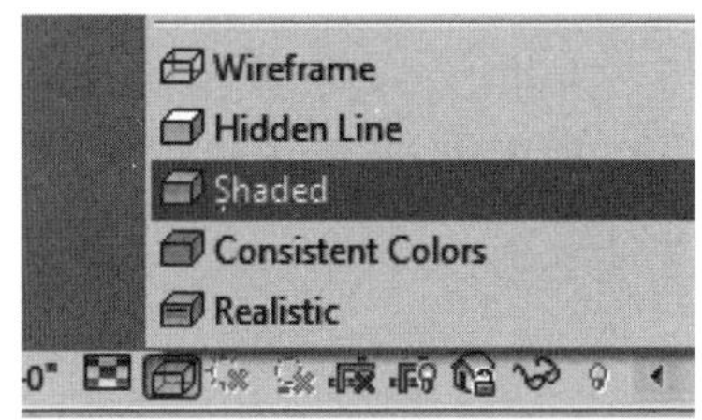

Mude a exibição de volta para **Shaded** (sombreada).

49. Salve como *ex2-6.rfa*.

Exercício 2-7

Usando uma Massa Conceitual num Projeto

Nome do desenho: Novo

Tempo estimado: 20 minutos

Este exercício reforça as seguintes habilidades:

- ❑ Massas
- ❑ Carregamento a partir da biblioteca
- ❑ Visibilidade/Gráficos

1. Feche todos os arquivos abertos.

2. No painel Recent Files:

   Selecione **New Project**.

   Se o painel de Recent Files não estiver disponível, use o menu Application e vá até **New → Project**.

3. Digite **VV** para lançar o diálogo Visibility/Graphics.

   Habilite a visibilidade de **Mass** na aba Model Categories.

   Pressione **OK**.

4. Alterne para uma elevação **South**.

5. Ajuste Level 2 para **50' 0"**.

6. Ative Level 1.

7. 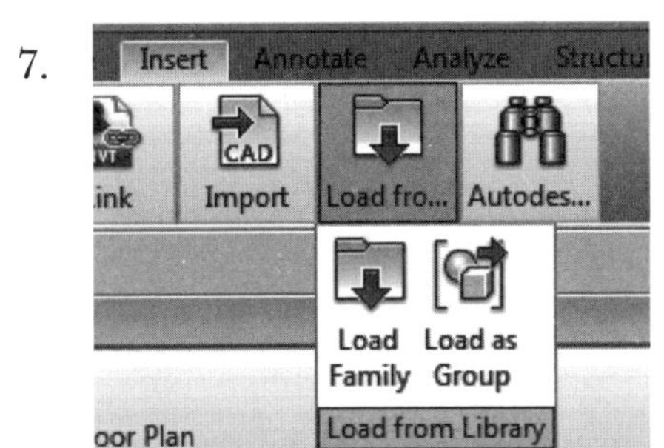

Ative a faixa **Insert**.

Selecione **Load Family** no painel Load from Library.

8. 

Localize *ex2-6.rfa*.

Pressione **Open**.

9. 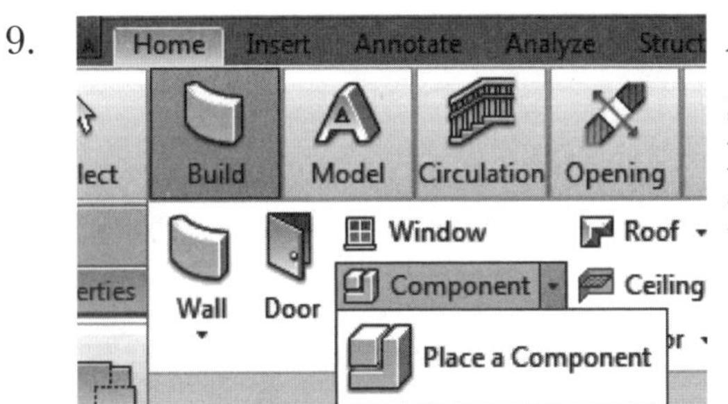

Ative a faixa Home.

Selecione **Component → Place a Component** no painel Build.

10. 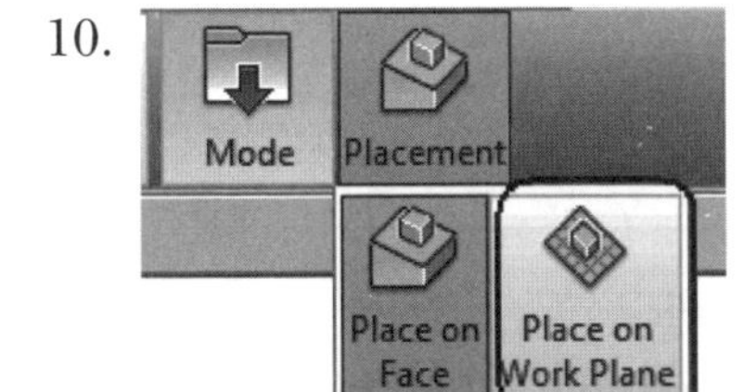

Selecione **Place on Work Plane** no painel Placement.

11. 

Ajuste Plane Placement para **Level 1**.

12.

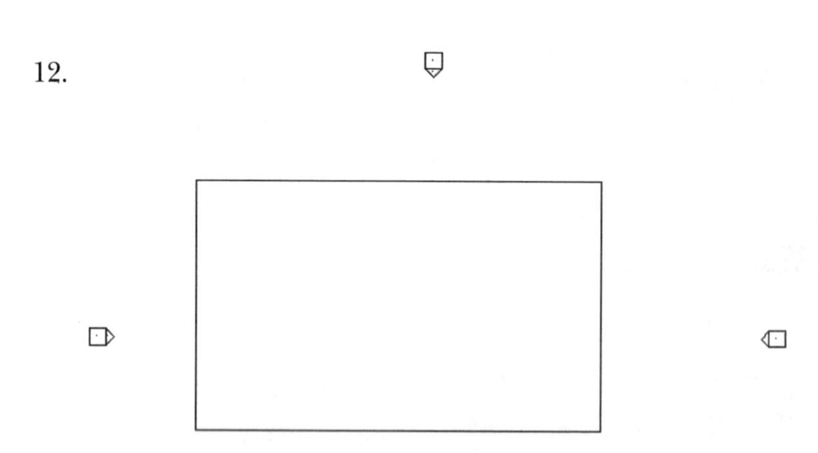

Clique para colocar a massa na vista.

Clique com o botão direito e selecione **Cancel** para sair do comando.

13. Alterne para uma vista 3D.

14.

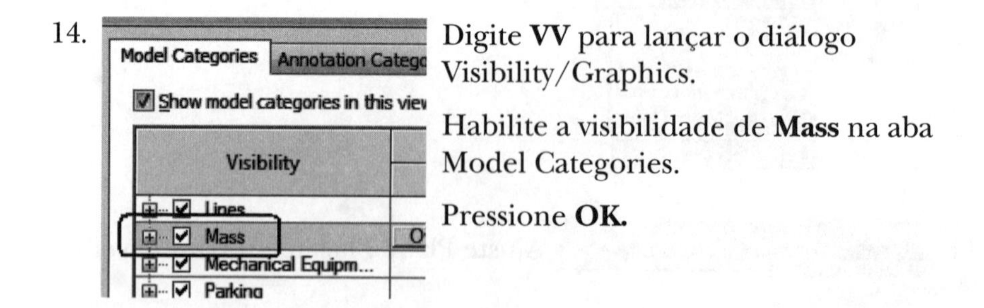

Digite **VV** para lançar o diálogo Visibility/Graphics.

Habilite a visibilidade de **Mass** na aba Model Categories.

Pressione **OK.**

15.  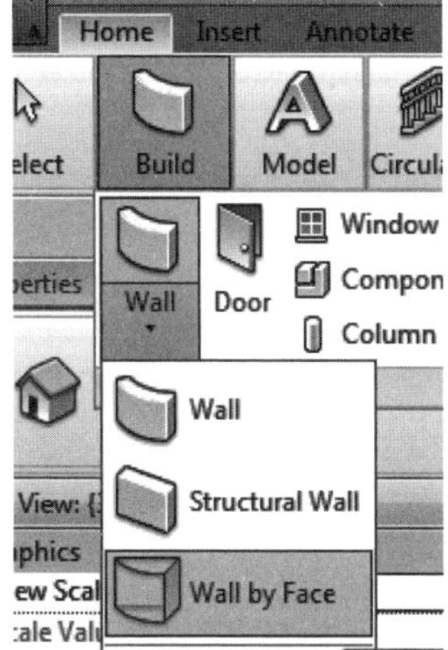

Selecione a ferramenta **Wall by Face** da faixa Home.

16. 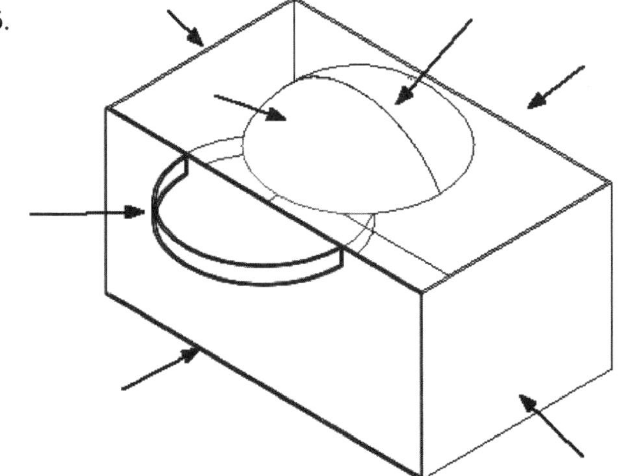

Selecione os quatro lados da caixa, o arco externo do cilindro e os dois lados da cúpula para colocar paredes.

17. 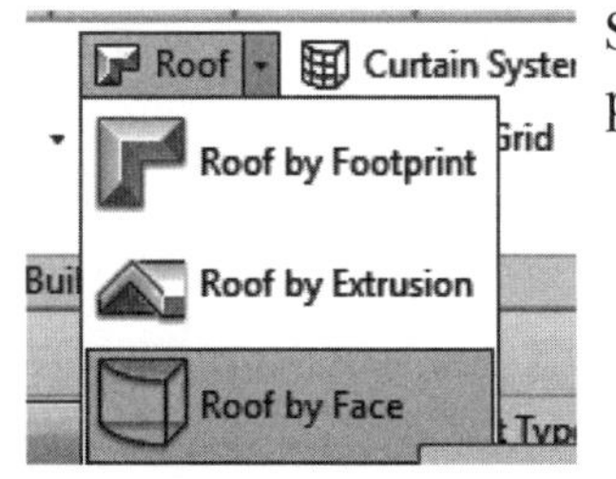

Selecione a ferramenta **Roof by Face** no painel Build.

18. 

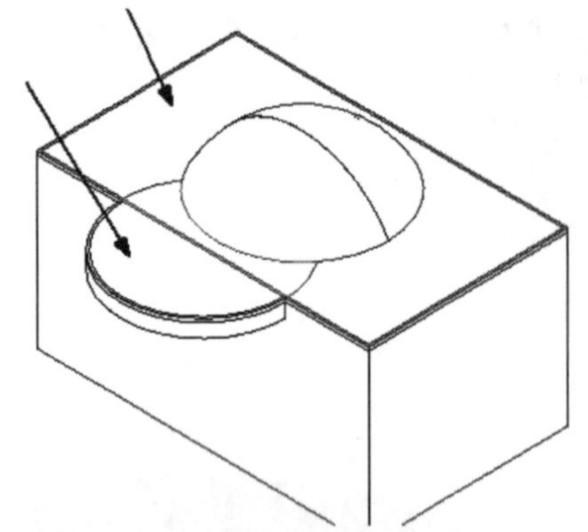

Selecione a face superior da caixa e a metade superior do cilindro.

19. 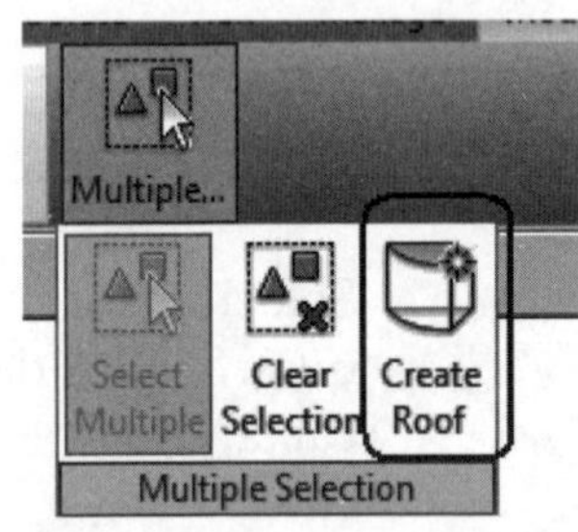

Selecione **Create Roof**.

20. O teto é colocado.

21. Salve como *ex2-7.rvt.*

Projetos Adicionais

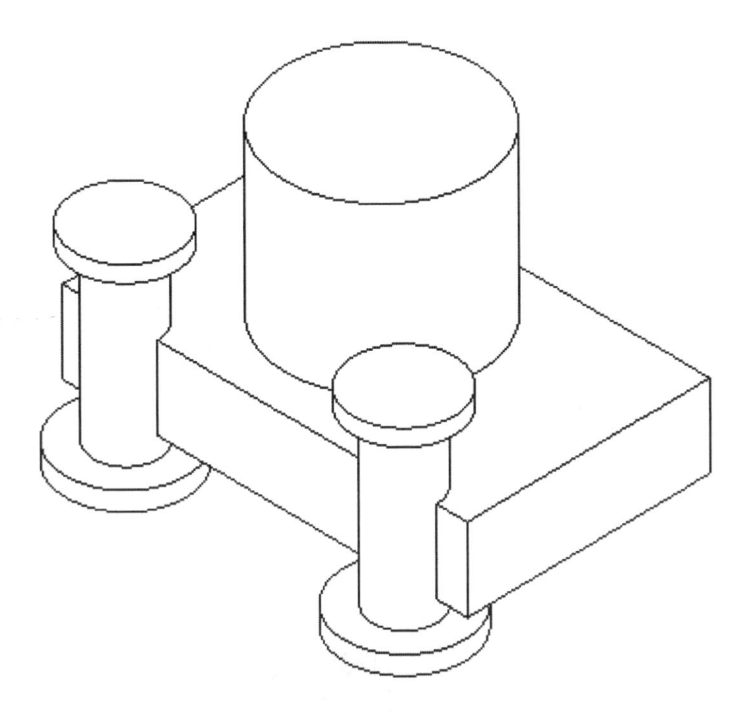

1. Crie uma família de massa conceitual como a mostrada.

2. Faça a forma mostrada usando um Blend. A base é um retângulo e a parte superior é um círculo localizado no centro do retângulo.

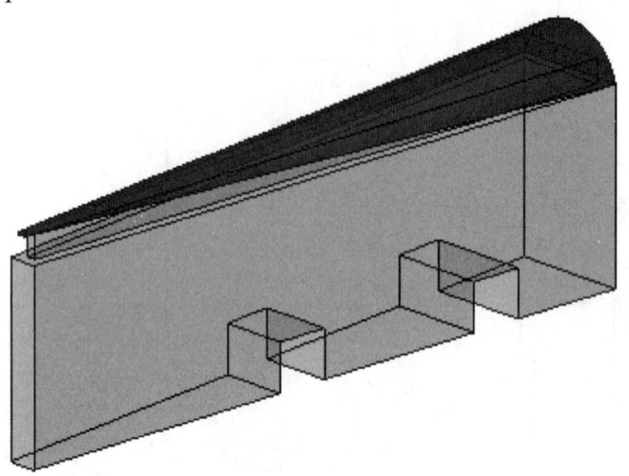

3. Faça uma família de massa conceitual como mostrado.

   Use Solid Void para criar as duas aberturas.

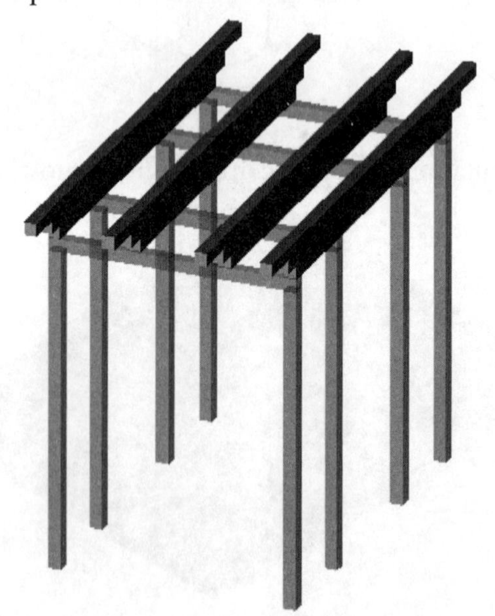

4) Criar uma pérgola com colunas e vigas de 4” x 4”.

Questionário da Lição 2

Verdadeiro ou Falso

1. Massas podem ser criadas dentro de Projetos ou como arquivo de Massa conceitual.

2. Formas são sempre criadas desenhando-se um esboço, selecionando-se o esboço e clicando-se em Create Form.

3. Para poder ver as massas, Show Mass deve estar habilitado.

4. Massas são baseadas no nível.

5. Você pode modificar as dimensões de massas conceituais.

Múltipla Escolha [Selecione a melhor resposta]

6. As faces das massas podem ser convertidas para o seguinte:

   A. Paredes

   B. Tetos

   C. Pisos

   D. Portas

   E. A, B e C, mas NÃO D

7. Você pode ajustar a distância pela qual uma massa será extraída através de:
   A. Edição da dimensão temporária que aparece antes de uma forma sólida ser criada
   B. Uso da ferramenta ALIGN.
   C. Uso a ferramenta 3D drag
   D. Usando o painel de propriedades localizado do lado esquerdo da tela.
   E. Todas as alternativas acima

8. Para inserir uma família de massa conceitual no projeto:
   A. Use a ferramenta INSERT.
   B. Use a ferramenta PLACE COMPONENT.
   C. Use a ferramenta BLOCK.
   D. Use a ferramenta MASS.

9. Massas são hospedados por:
   A. Projetos
   B. Planos de Trabalho
   C. Famílias
   D. Arquivos

10. A visibilidade das massas pode ser controlada usando-se:
    A. A ferramenta SHOW MASS.
    B. Configurações de exibição
    C. Configurações de Objetos
    D. Visualização de Propriedades

11. Cada massa é definida por ___________.

    A. Um esboço único de perfil

    B. Múltiplos esboços de perfil

    C. Propriedades

    D. Materiais

12. O Revit vem com muitas formas de massa prontas. Selecione a forma de massa que NÃO está disponível na biblioteca de massas do Revit:

    A. BOX (caixa/cubo)

    B. ARC (arco)

    C. CONE (cone)

    D. TRIANGLE (triângulo)

RESPOSTAS:

1) T; 2) T; 3) T; 4) T; 5) T; 6) E; 7) E; 8) B; 9) B; 10) A; 12) B

Lição 3
Plantas Baixas

- Ponha um ponto e vírgula entre os incrementos de atração, não uma vírgula.
- Se você editar o primeiro número de grade para 'A' antes de criar uma matriz, o Revit incrementará automaticamente em ordem alfabética para você; A, B, C, etc.
- Você precisará desagrupar (Ungroup) um elemento de uma matriz antes de poder modificar qualquer uma de suas propriedades.
- Para evitar que os elementos se movam acidentalmente, você pode selecionar o elemento e usar **Pin Objects** (fixar objetos) ou destacar a string da dimensão e bloquear as dimensões.
- Você pode limpar as famílias e componentes não usados em seu arquivo de projeto, a fim de reduzir o espaço do arquivo. Vá até **File** → **Purge Unused**.
- O Revit cria escadas a partir do centro do espaço corrido, de modo que pode ser útil colocar alguns planos de referência ou linhas de detalhes definindo a localização dos pontos de partida para os espaços corridos de qualquer escada.
- Plantas baixas devem ser orientadas de tal forma que o norte fique para cima ou para a direita.
- A direção em que você desenha suas paredes (sentido horário ou anti-horário) controla a localização inicial da face exterior da parede. Desenhar uma parede da esquerda para a direita coloca o exterior na parte superior. Desenhar uma parede da direita para a esquerda coloca o exterior na parte inferior. Quando você destaca uma parede, as setas azuis de virada de orientação estão sempre adjacente ao lado exterior da parede.

Pelo resto do texto, estaremos criando novos tipos de família.

Aqui estão os passos básicos para a criação de uma nova família.

1. Selecione o elemento que você quer definir (parede, janela, piso, escada, etc.)
2. Selecione **Edit Type** no painel Properties.
3. Selecione **Duplicate**.
4. Renomeie: Entre um novo nome para seu tipo de família.
5. Redefina: Edite a estrutura, atribua novos materiais, altere as dimensões.
6. Recarregue ou reatribua: Atribua o novo tipo ao elemento.

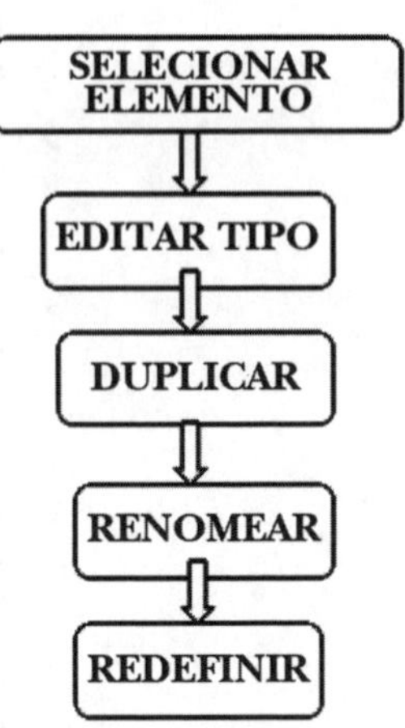

Exercício 3-1

Colocação de Uma Grade

Nome do desenho: *default.rte [DefaultMetric.rte]*

Tempo estimado: 30 minutos

Este exercício reforça as seguintes habilidades:

- ❑ Unidades
- ❑ Incrementos de atração
- ❑ Grade
- ❑ Matrizes
- ❑ Desagrupamento
- ❑ Dimensões
- ❑ Configurações de dimensões

1. Inicie um novo projeto.

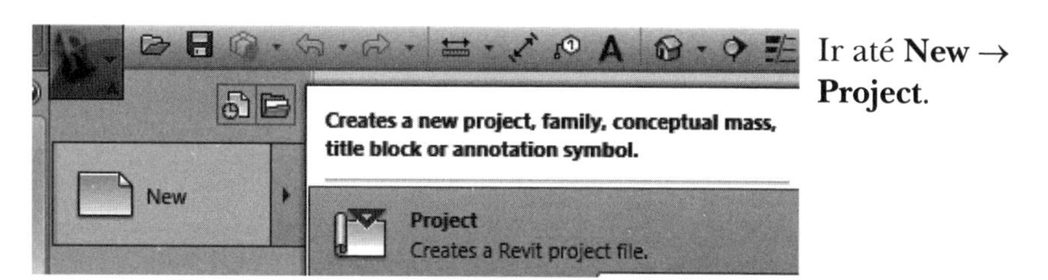

Ir até **New → Project**.

2. 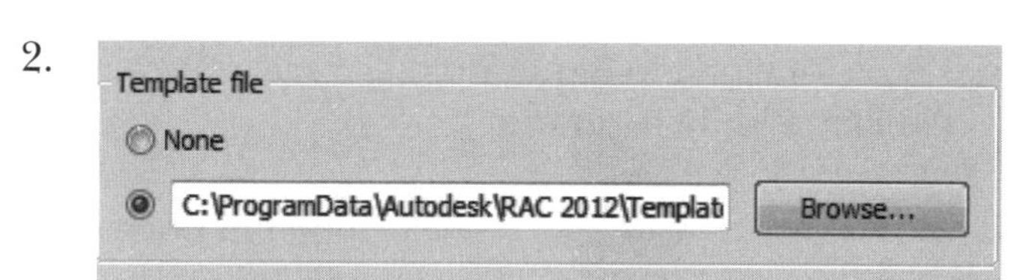

Pressione **OK** para aceitar as configurações omissivas do projeto.

3. 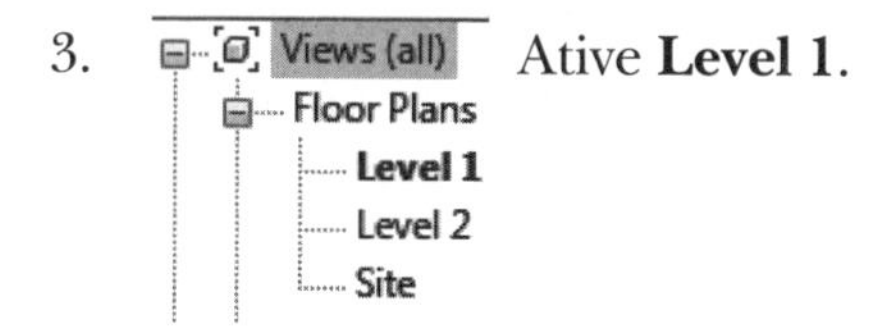

Ative **Level 1**.

4. Ative a faixa **Manage**.

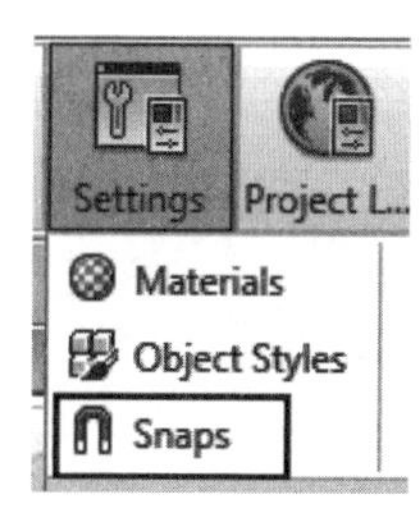

Em **Settings**, selecione **Snaps**.

5. 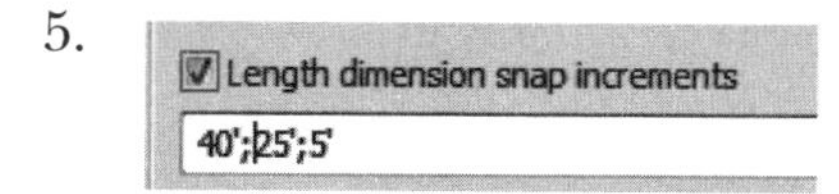

Ajuste os incrementos de atração de comprimento (length) para **40'; 25'; 5' [1500;7620; 1220]**.

Use um ponto e vírgula entre os valores de distância.

Pressione **OK.**

6. Ative a faixa **Home.**

7. Selecione **Grid** no painel Datum.

8. Selecione o lado esquerdo da janela gráfica para iniciar a linha de grade.

9. 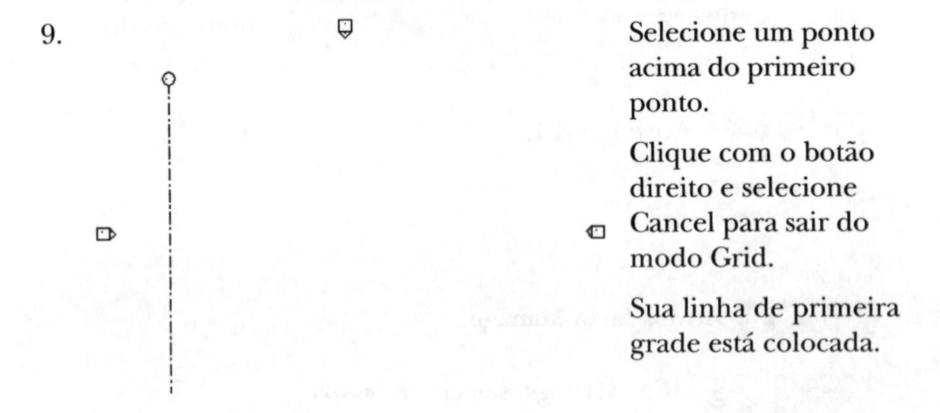

Selecione um ponto acima do primeiro ponto.

Clique com o botão direito e selecione Cancel para sair do modo Grid.

Sua linha de primeira grade está colocada.

10. Selecione o texto da grade para editá-lo.

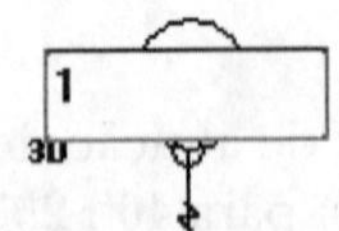

11. Mude o texto para **A**.

Se você editar a primeira letra da grade antes da matriz, o Revit incrementará automaticamente os elementos da grade em matriz.

12. 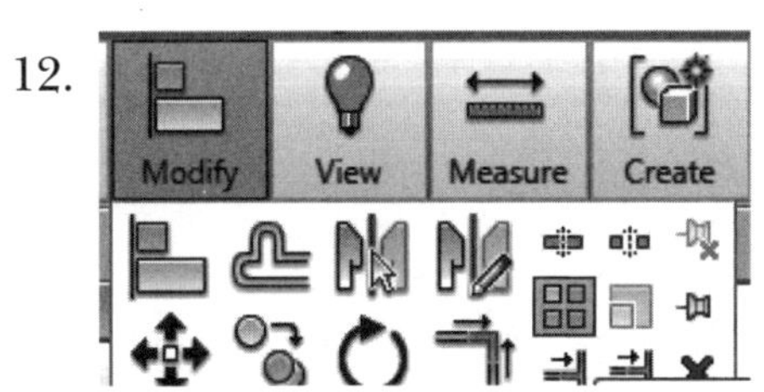

Selecione a linha da grade de forma que ela fique destacada.

Selecione a ferramenta **Array** no painel Modify.

13. Modify | Grids | Group And Associate Number: 8 Move To: 2nd Last | Constrain | Activate Dimensions

Desabilite **Group And Associate**. Isso faz com que cada grade seja um elemento independente.

Ajuste Number para **8**.

Habilite Move To: **2**nd.

14. 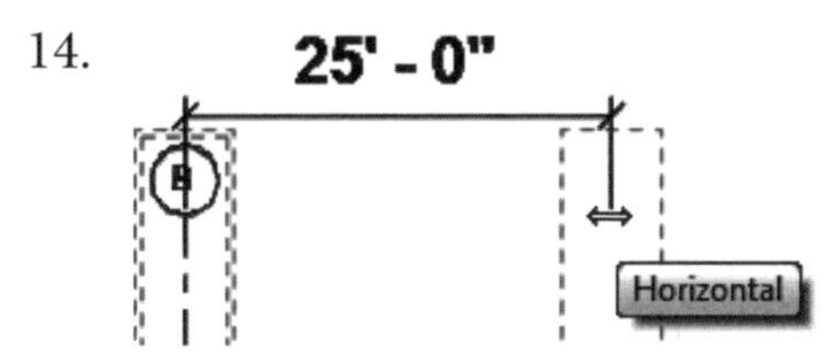

Selecione o primeiro ponto logo abaixo do balão da grade.

Ajuste a distância para **25’ [7620mm]** entre as linhas de grade.

15. 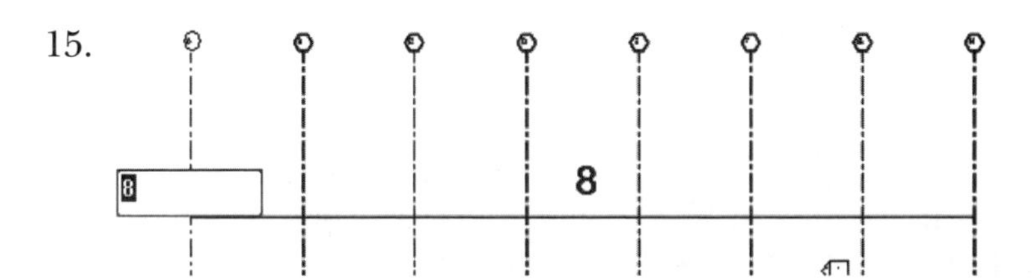

Você terá uma pré-visualização da matriz.

Verifique se o número de grades está ajustado para **8**.

Clique para finalizar ou pressione **ENTER**.

16. 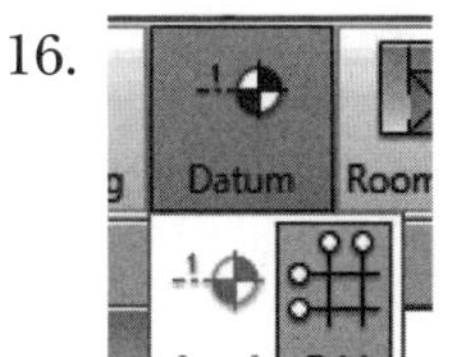

Ative a faixa **Home**.

Selecione a ferramenta **Grid** no painel Datum.

17. 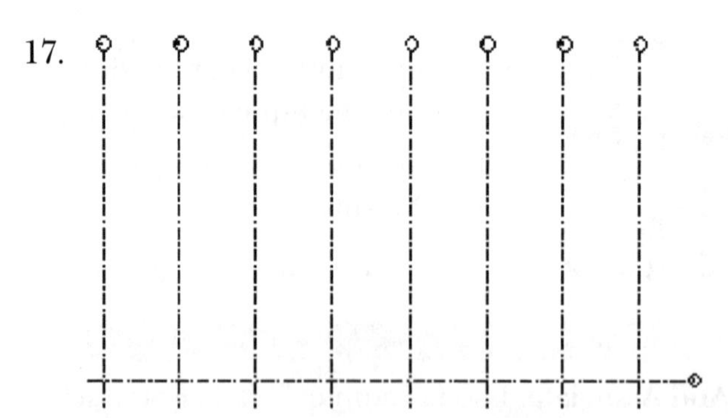

Desenhe uma linha horizontal próximo à parte inferior da grade.

Clique com o botão direito e selecione Cancel para sair do comando.

18. 1

Edite o texto do balão horizontal.

Mude-o para **1**.

19. 3D

Os quadrados que aparecem no final das linhas de grade controlam a aparência dos balões de grade. Coloque um tique em ambas as extremidades da linha de grade horizontal.

20. 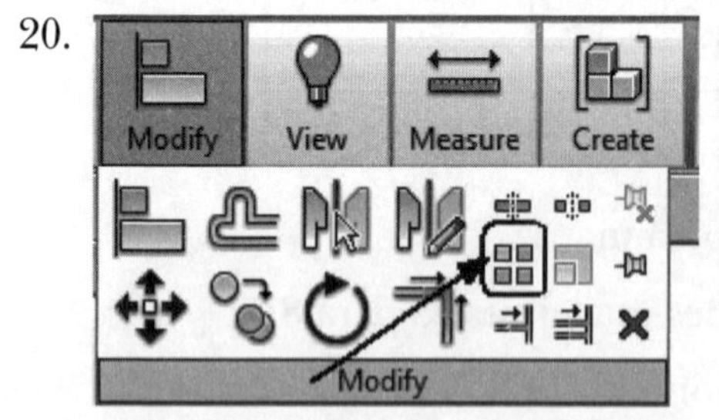

Selecione a linha de grade horizontal para que ela fique destacada.

Selecione a ferramenta **Array** no painel Modify.

21. Group And Associate Number: 3 Move To: 2nd Last Constrain

Desabilite **Group And Associate**.

Ajuste Number para **3**.

Habilite Move To: **2nd**.

22. 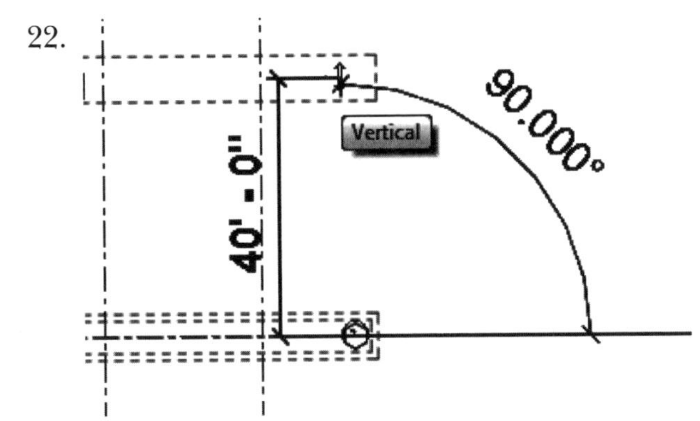

Selecione o primeiro ponto logo abaixo do balão da grade.

Ajuste uma distância de **40' [12200]** entre as linhas de grade.

23. 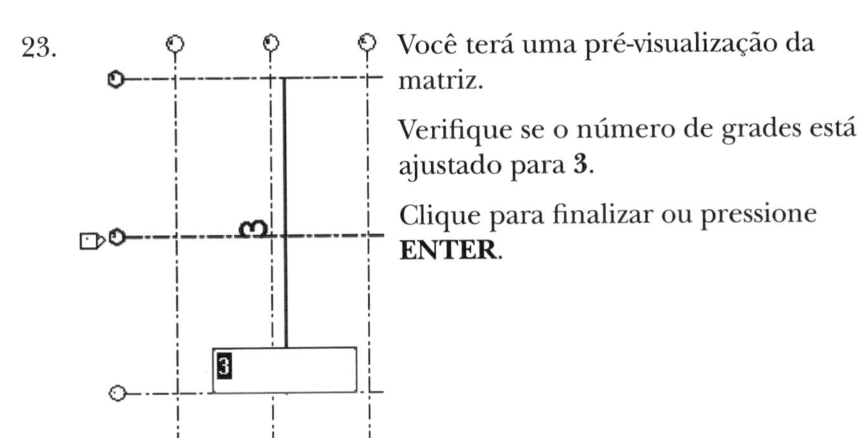

Você terá uma pré-visualização da matriz.

Verifique se o número de grades está ajustado para **3**.

Clique para finalizar ou pressione **ENTER**.

24. Trace um retângulo em torno das linhas de grade para que todas fiquem selecionadas.

Use a ferramenta FILTER, se necessário, para selecionar apenas as linhas de grade.

25. 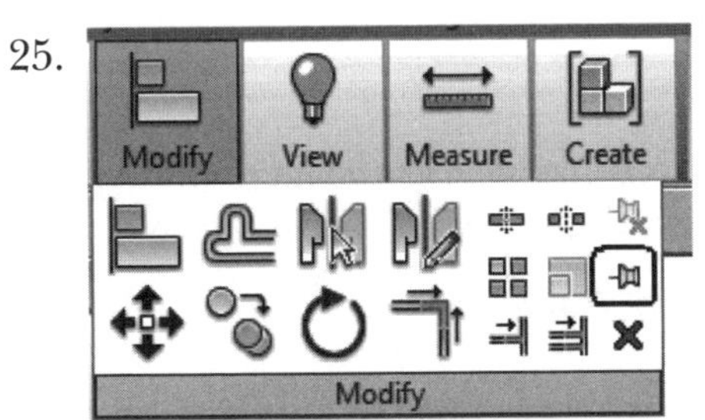

Selecione a ferramenta **PIN** no painel Modify. Isto fixará as linhas de grade, para que elas não possam ser acidentalmente movidas ou excluídas.

26. Salve o arquivo como *ex3-1.rvt.*

Exercício 3-2

Colocando Paredes

Nome do desenho: *ex3-1.rvt*

Tempo estimado: 20 minutos

Este exercício reforça as seguintes habilidades:

- ❑ Paredes
- ❑ Espelhamento
- ❑ Filtragem
- ❑ Movimentação

1. Abra ou continue a trabalhar no *ex3-1.rvt.*

2. Home Ative a faixa Home.

3. Digite **VG** para lançar o diálogo Visibility/Graphics.

   Selecione a aba **Anotations Categories**.

4. 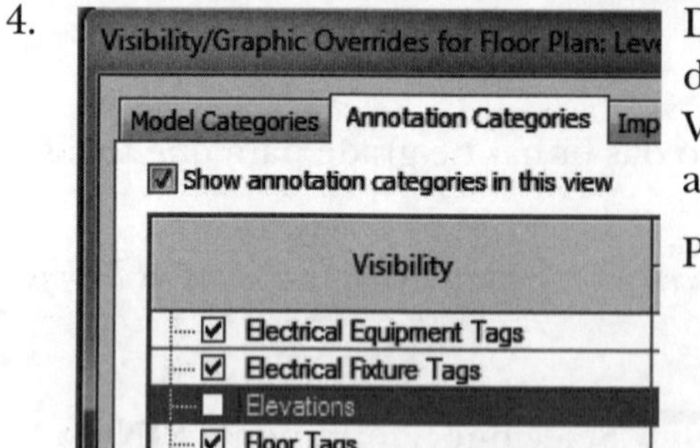

   Desative a visibilidade (Visibility) de elevações (Elevations) no Visibility/Graphics, desmarcando a caixa.

   Pressione **OK**.

Isso desativa a visibilidade das marcas de elevação na janela de exibição. Isso não exclui as marcas de elevação nem as elevações. Muitos usuários acham que as marcas distraem.

5. Selecione a ferramenta **Wall** no painel Build da faixa Home.

6. Habilite **Chain**.

   Isso elimina a necessidade de selecionar um ponto inicial e final.

7. Coloque as paredes como mostrado.

   Para habilitar os balões de grade na parte inferior, selecione a grade e coloque um tique no quadradinho.

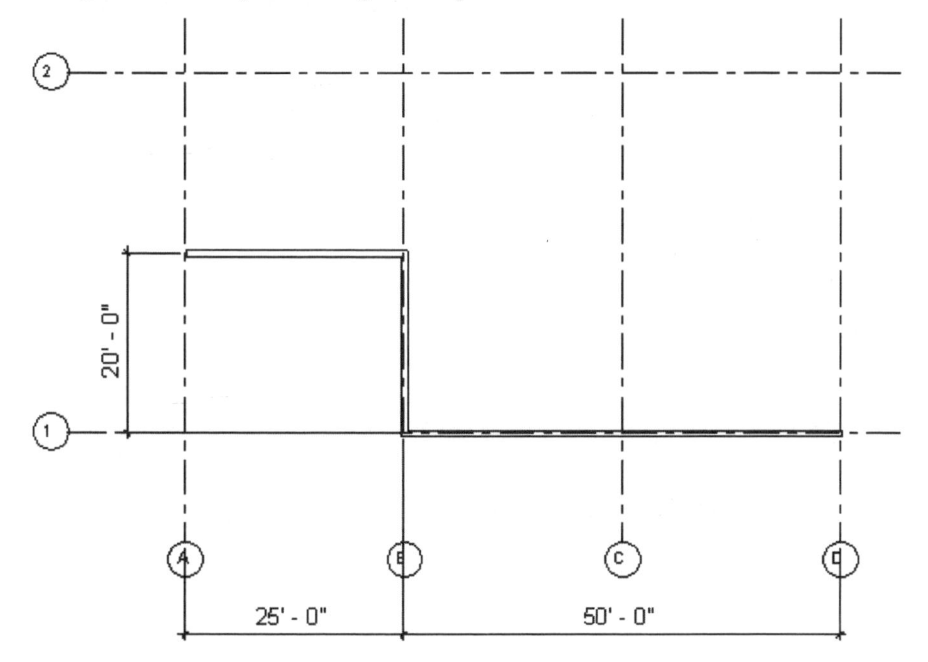

As dimensões são apenas para referência. Não coloque dimensões.

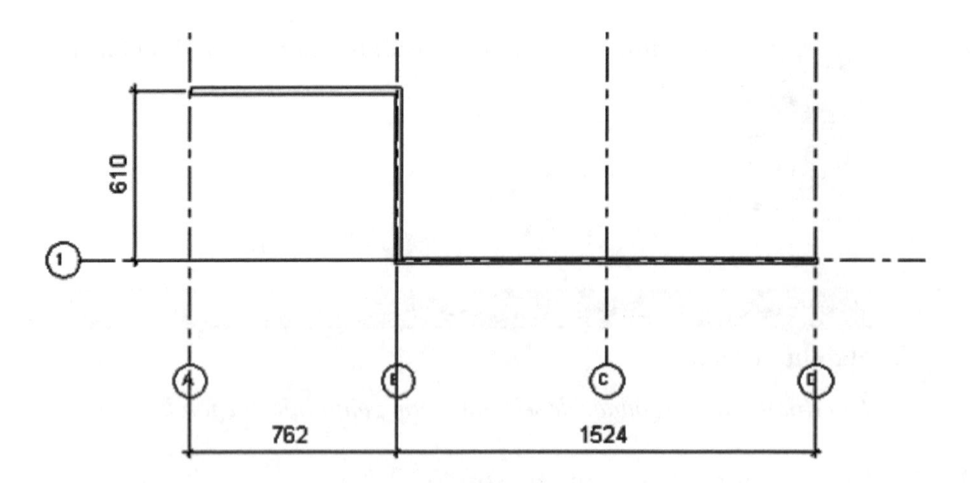

Esse arranjo mostra unidades em centímetros.

8. Trace um retângulo em torno das paredes que você acabou de colocar.

9. Selecione a ferramenta **Filter** localizada no canto inferior direito da tela.

10. Você deve ver apenas Walls listado.

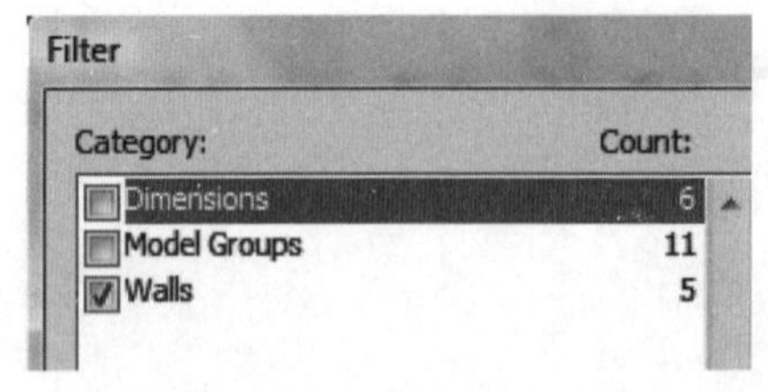

Se você vir outros elementos listados, desmarque-os, e isso selecionará apenas as paredes.

Pressione **OK**.

Muitos de meus alunos usam um cruzamento, em vez de uma janela, ou têm dificuldade em selecionar apenas as paredes, por isso use a ferramenta Filter para controlar suas seleções e isso poderá poupar um monte de tempo.

11. 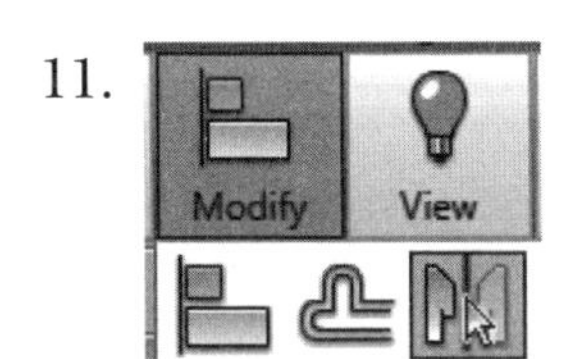

Selecione a ferramenta **Mirror → Pick Axis** no painel Modify.

A faixa Modify Walls só estará disponível se paredes estiverem selecionadas.

12. Modify | Walls ☑ Copy

Verifique se **Copy** está habilitado na barra de opções.

13. 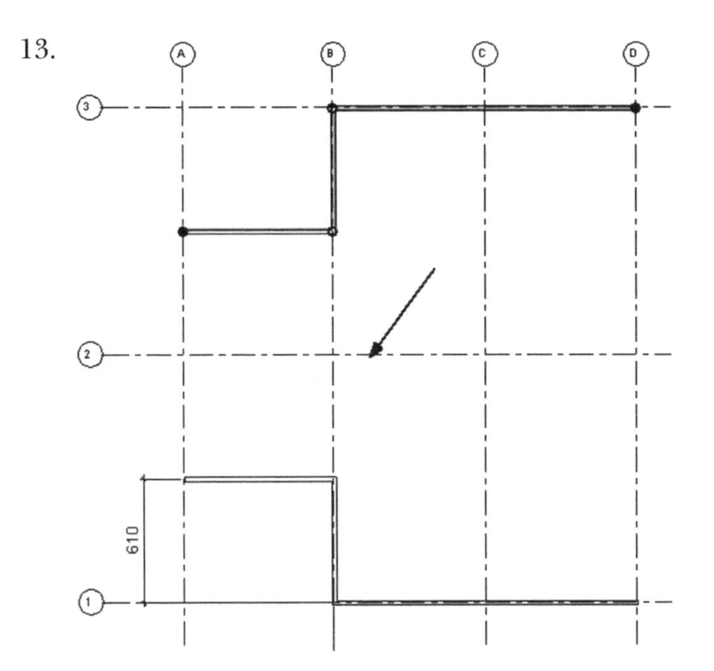

Selecione a linha de grade com o rótulo 2 como eixo do espelho.

As paredes deverão ser espelhadas.

14. 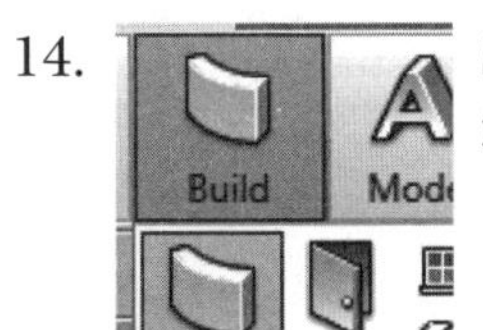

Selecione a ferramenta **Wall** do painel Build, na faixa Home.

15.

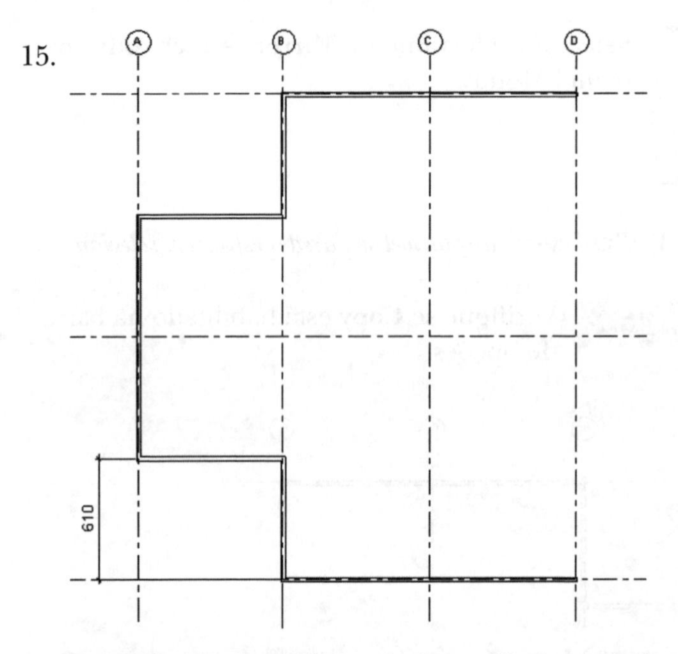

Desenhe uma parede vertical para fechar o lado oeste do prédio.

16. Desenhe mais duas paredes.

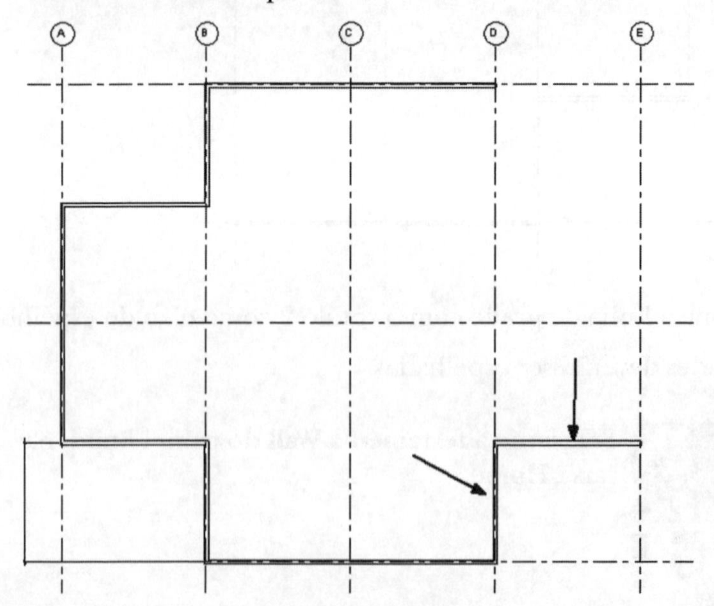

Desenhe uma pequena parede vertical.

Coloque uma parede horizontal entre D e E no centro do pavilhão.

17.

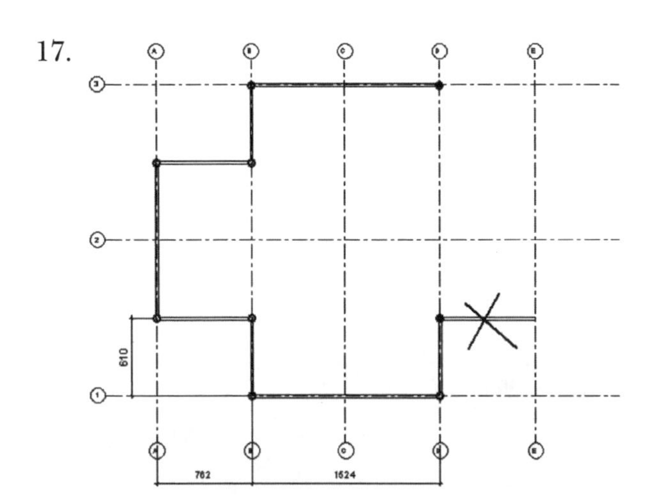

Selecione todas as paredes, exceto a horizontal localizada entre as grades D e E.

18.

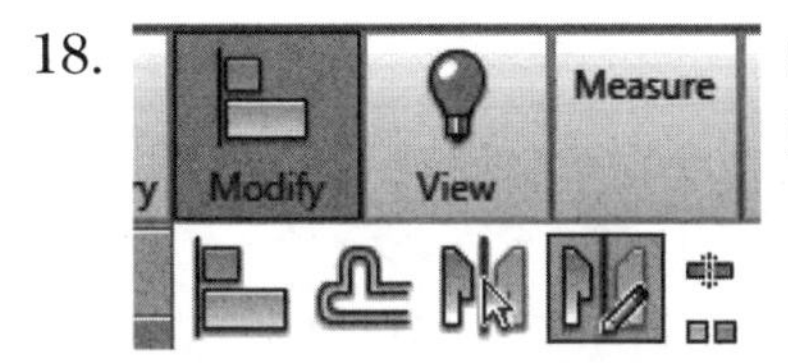

Selecione **Mirror → Draw Axis** no painel Modify.

19.

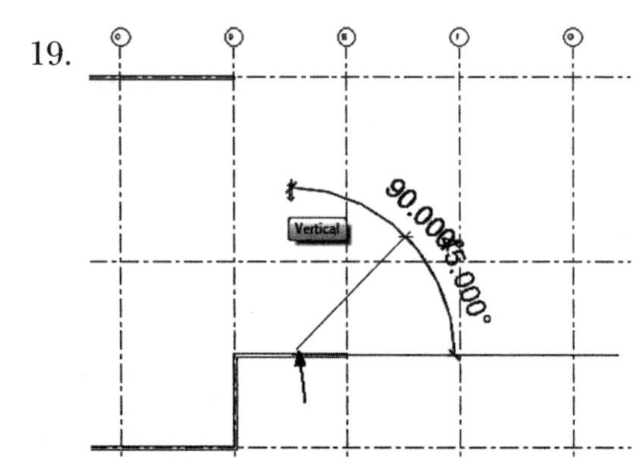

Selecione o ponto médio da pequena parede horizontal como ponto de partida para o eixo do espelho.

Certifique-se de manter esse eixo a 90 graus.

Clique para completar o desenho do eixo.

20.

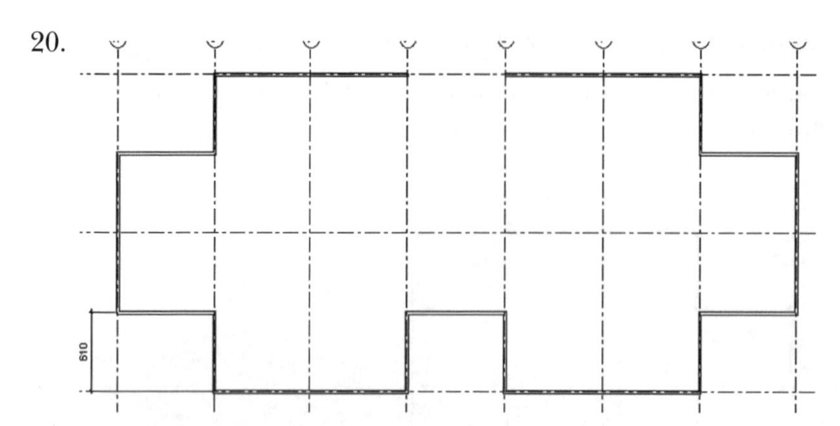

Seu prédio deverá se parecer com isso.

21.

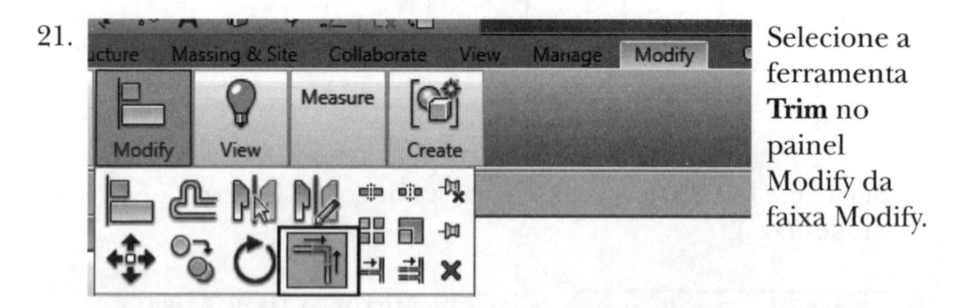

Selecione a ferramenta **Trim** no painel Modify da faixa Modify.

22.

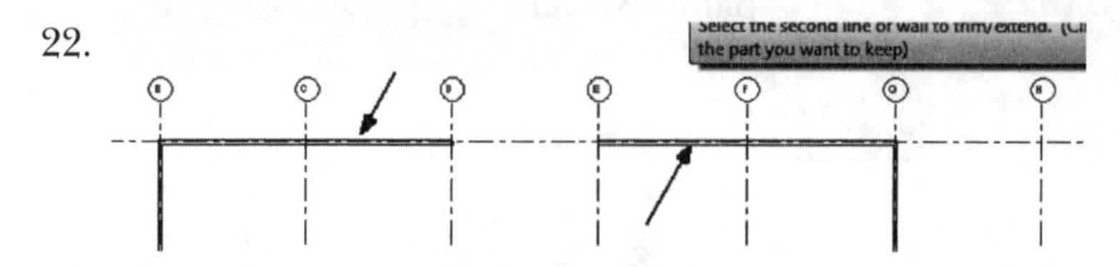

Selecione as duas paredes horizontais superiores. A ferramenta Trim as juntará.

23.

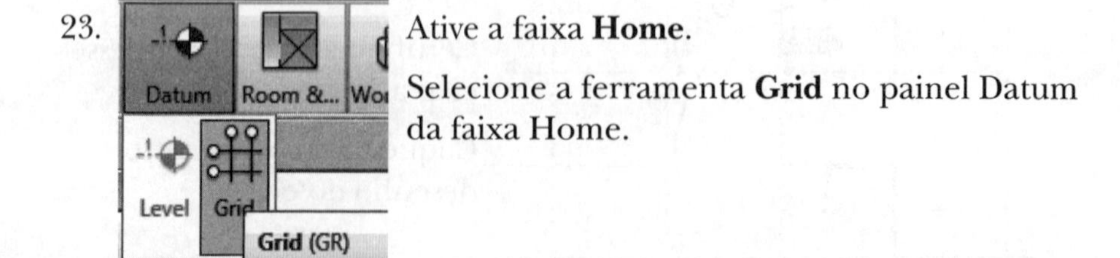

Ative a faixa **Home**.

Selecione a ferramenta **Grid** no painel Datum da faixa Home.

24. 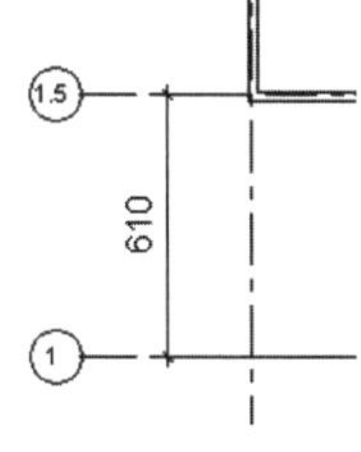

Adicione uma linha de grade ao longo da linha central das paredes entre as grades 1 e 2.

Rotule a grade **1.5**.

25. Adicione uma linha de grade ao longo da linha central das paredes entre as grades 2 e 3.

Rotule a grade **2.5**.

26. 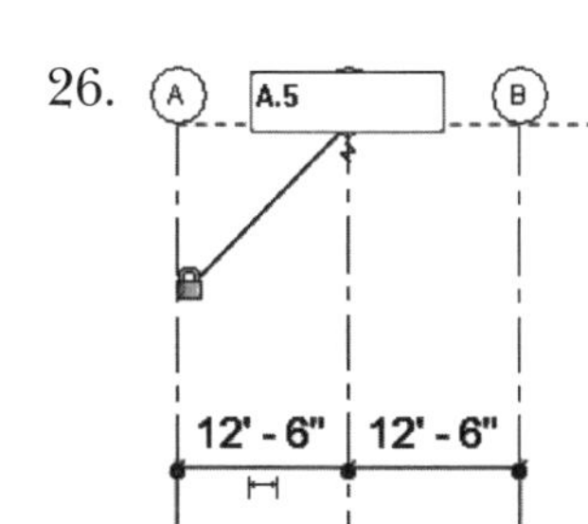

Adicione uma linha de grade vertical centralizada entre as grades A e B.

Você pode entrar uma distância de escuta de 12' 6" [3810] para fixar.

Rotule a grade **A.5**.

27. 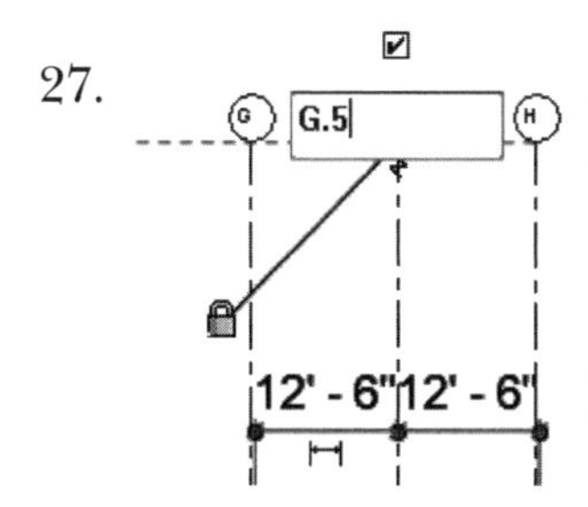

Adicione uma linha de grade vertical centrada entre as grades G e H.

Você pode entrar uma distância de escuta de 12' 6" [3810] para fixar.

Rotule a grade **G.5**.

28. 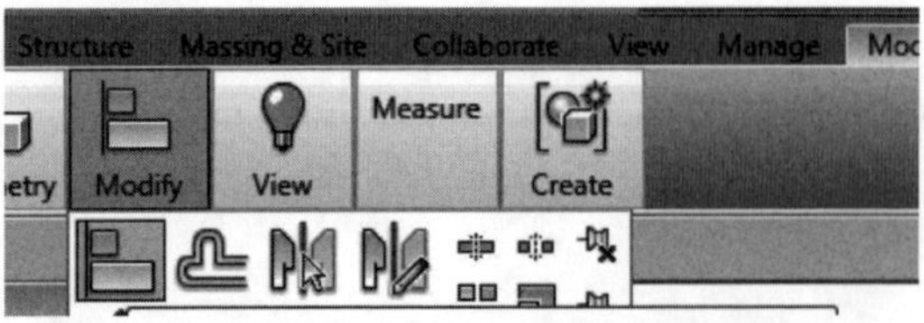 Ativar a faixa Modify.

Selecione a ferramenta **Align** no painel Modify.

29.  Habilite **Multiple Alignment**.

Ajuste **Wall centerline** como preferência (Prefer) na barra de opções.

30. 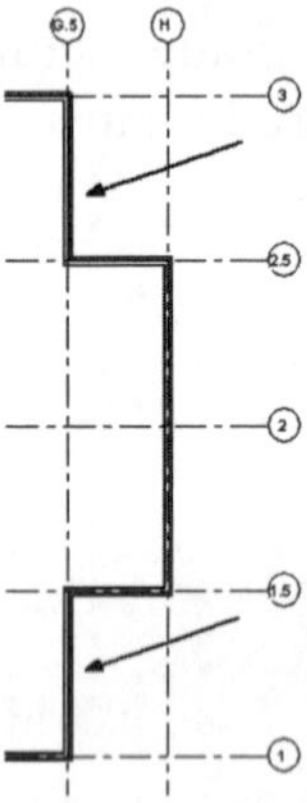 *Desloque as paredes localizadas entre as grades G e G.5 usando ALIGN.*

Selecione primeiro a grade G.5, depois, selecione as paredes.

Clique com o botão direito e selecione CANCEL.

31. 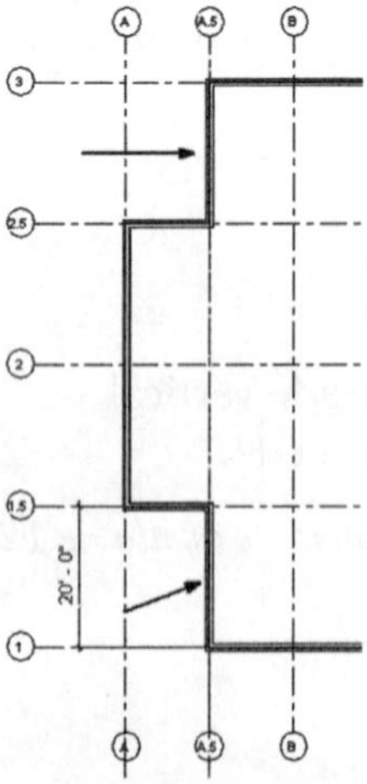 *Desloque as paredes localizadas entre a grade B e a grade B.5 usando ALIGN.*

Selecione primeiro a grade A.5, depois, selecione as paredes.

Clique com o botão direito e selecione Cancel duas vezes para sair do comando.

32. Salvar como *ex3-2.rvt.*

Ao desenhar paredes, é importante entender a ***linha de localização*** (***Location Line***). Esta é a camada a partir da qual a parede é desenhada e controlada. A linha de localização controla a posição da parede para virada. Ele também define a posição da parede quando a espessura da parede é modificada. Se você mudar o tipo de parede, digamos, de tijolos para madeira, o local de fixação será mantido. Você sempre poderá escolher as paredes e usar "Element Properties" para alterar a linha de localização. O usuário novato deve experimentar esta função para entendê-la por completo.

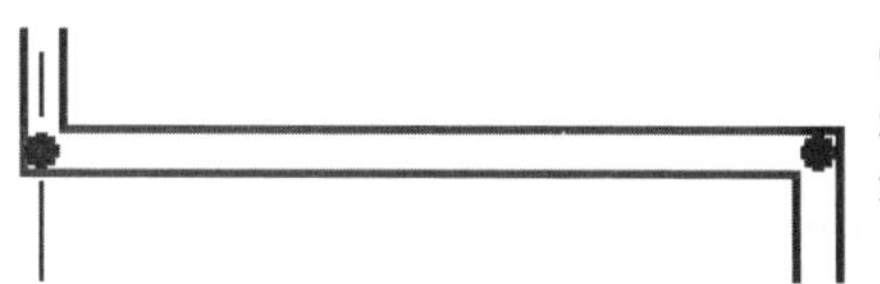

Os pegadores indicam a linha de localização. A linha de localização é ajustada no diálogo Properties.

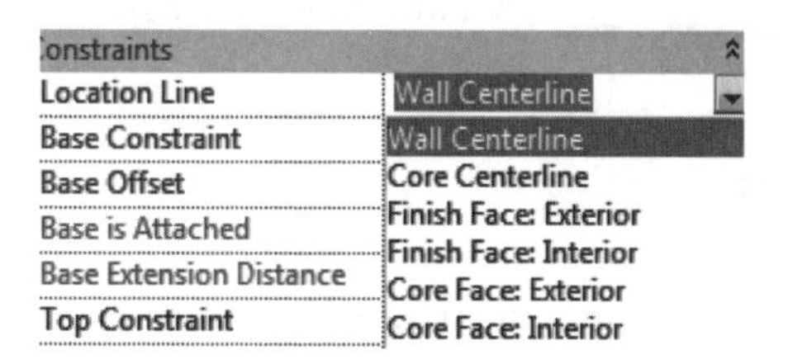

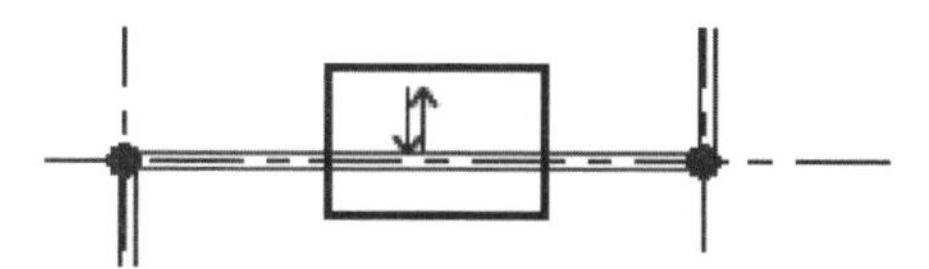

As paredes têm um lado exterior e um lado interior. Quando uma parede é selecionada, as setas de orientação/virada aparecem no lado exterior da parede.

Quando você desenha paredes no sentido horário, o lado exterior da parede fica orientado para o exterior. Quando você desenha paredes no sentido anti-horário, o lado exterior da parede fica orientado para o interior.

Exercício 3-3

Convertendo uma Planta Baixa do AutoCAD

Nome do desenho: *autocad_floorplan.dwg*

Tempo estimado: 30 minutos

Este exercício reforça as seguintes habilidades:

- ❑ Importação de CAD
- ❑ Duplicação de tipo de parede
- ❑ Propriedades de paredes
- ❑ Apara
- ❑ Orbitação

Unidades e denominações métricas são indicadas entre colchetes [].

1.

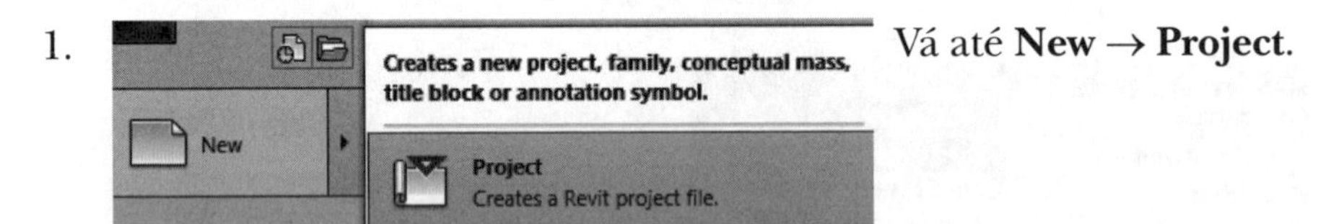

Vá até **New** → **Project**.

2.

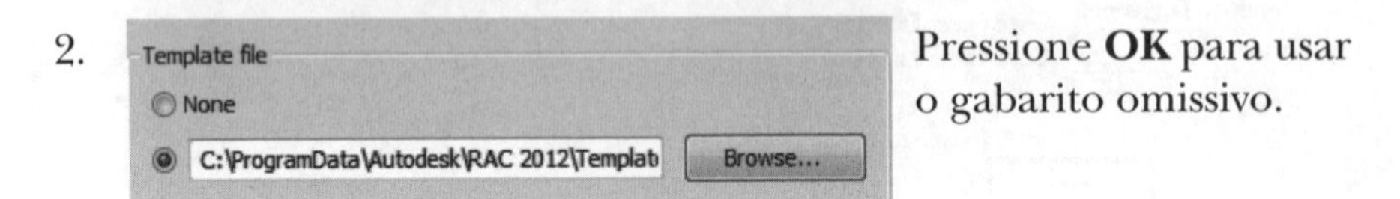

Pressione **OK** para usar o gabarito omissivo.

3. Ative a faixa **Insert**.

4.

Selecione a ferramenta **Import CAD** no Painel Import.

5. File name: autocad_floor_plan.dwg Localize o *autocad_floor_plan.dwg*.

Este arquivo está localizado no CD de arquivos complementares.

6.

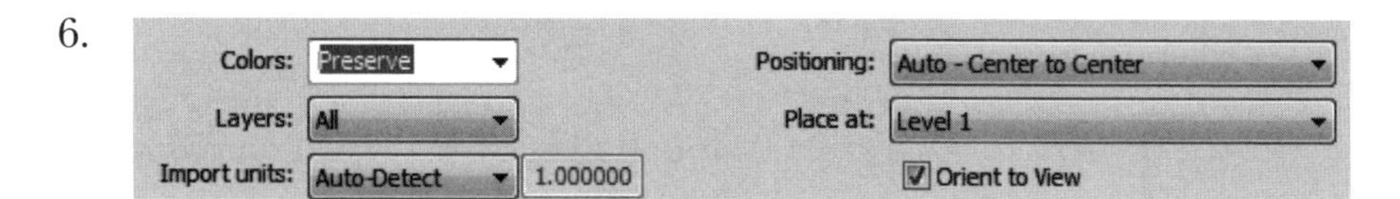

Ajuste Colors para **Preserve**.

Ajuste Layers para **All**.

Ajuste Import Units para **Auto-Detect**.

Ajuste Positioning para: **Auto- Center to Center**.

Pressione **Open**.

7.

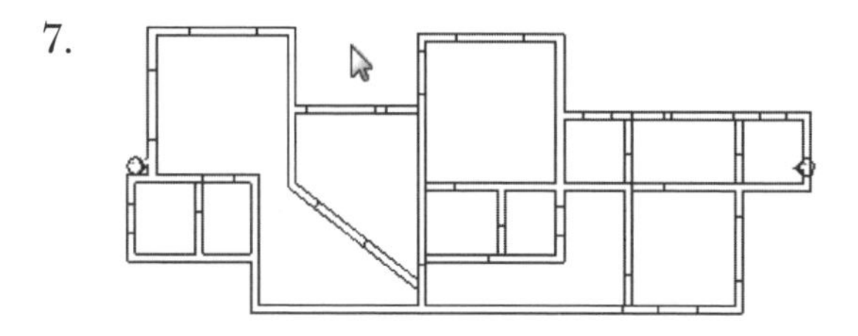

Selecione os dados do CAD importado para que fiquem destacados.

8.

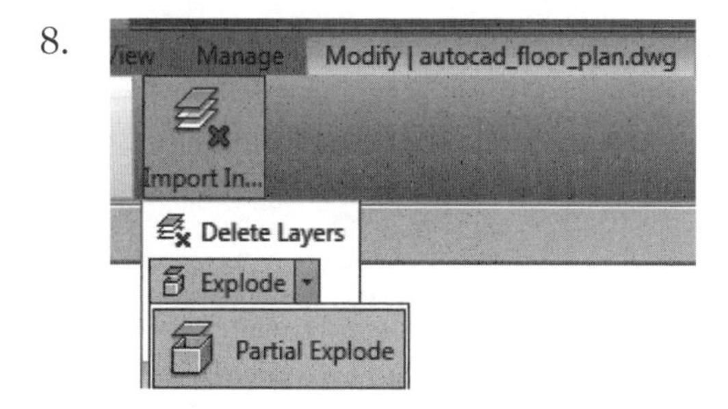

Selecione a ferramenta **Partial Explode** no painel Import Instance.

9.

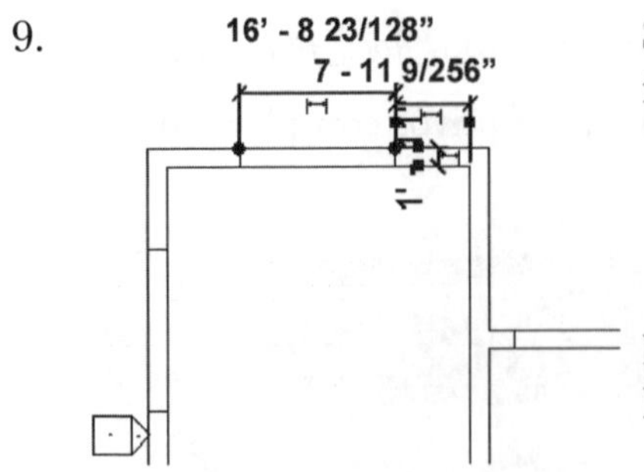

Selecione uma linha para que ela fique destacada.

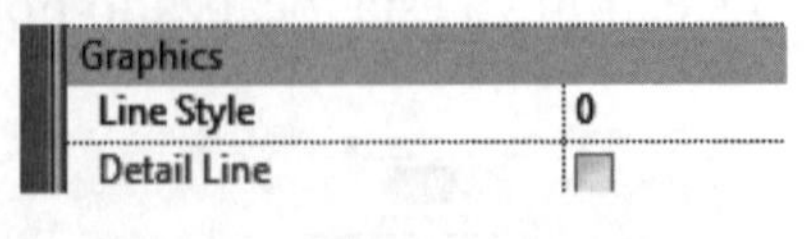

Graphics	
Line Style	0
Detail Line	☐

Note o Line Style listado no painel Properties.

10.

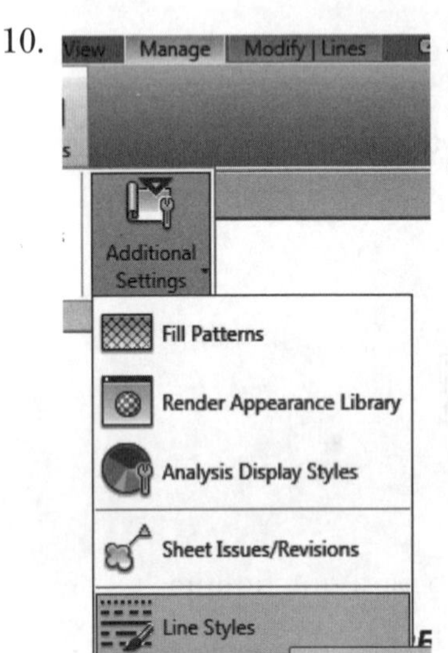

Ative a faixa **Manage**.

Em Settings → Additional Settings:

Selecione **Line Styles**.

11.

	Projection		
Lines	1	RGB 000-166-000	Solid
0	1	Black	Solid
0wall	1	Black	Solid
0wallthick	4	Black	Solid
<Area Boundary>	6	RGB 128-000-255	Solid

Localize os estilos de linha chamado **0**, **0wall** e **0wallthick**.

12.

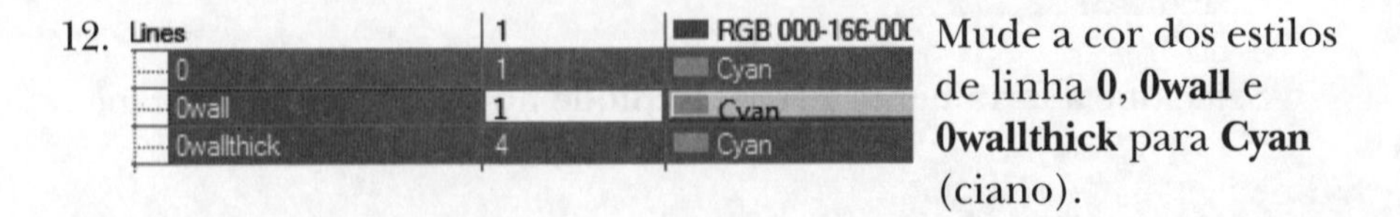

Lines	1	RGB 000-166-00(
0	1	Cyan
0wall	1	Cyan
0wallthick	4	Cyan

Mude a cor dos estilos de linha **0**, **0wall** e **0wallthick** para **Cyan** (ciano).

Pressione **OK**.

13. 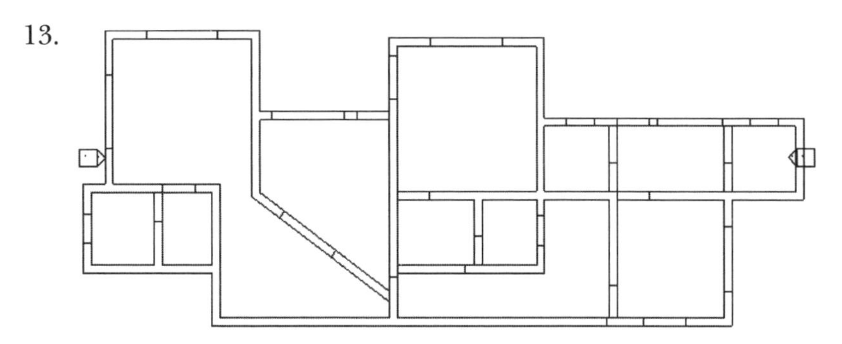

As linhas importadas mudarão de cor para ciano.

14. Selecione a ferramenta **Measure** na barra de ferramentas de Acesso Rápido.

15. 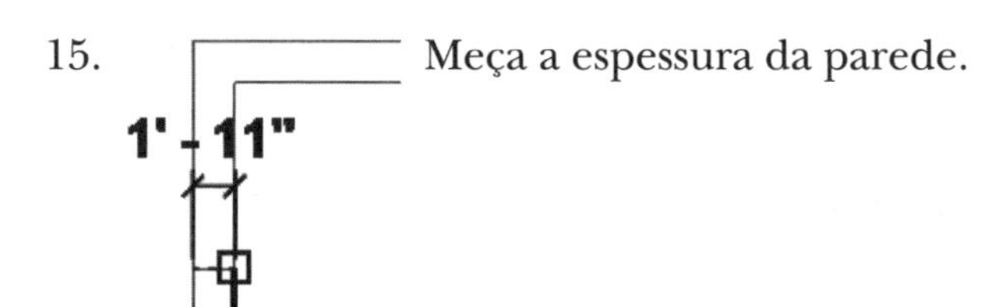

Meça a espessura da parede.

16. Ative a faixa **Home**.

17. Selecione a ferramenta **Wall** no painel Build.

18. Selecione **Edit Type**, no painel Properties.

19. Selecione **Duplicate**.

20. Mude name para **Generic - 1' 11"** [**Generic – 584.2mm**].

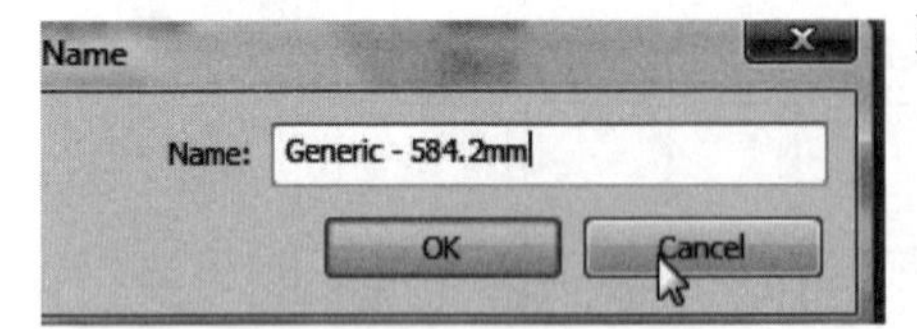

Pressione **OK**.

21. Selecione **Edit** ao lado de Structure.

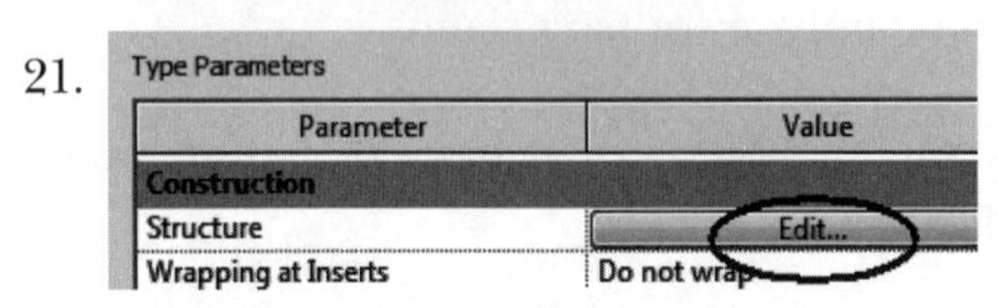
Type Parameters

Parameter	Value
Construction	
Structure	Edit...
Wrapping at Inserts	Do not wrap

22.

Layers

EXTERIOR SIDE

	Function	Material	Thickness
1	Core Boundary	Layers Above W	0' 0"
2	Structure [1]	<By Category	1' 11"
3	Core Boundary	Layers Below W	0' 0"

Mude a espessura (Thickness) para **1' 11"** [**584.2**].

Pressione **OK**.

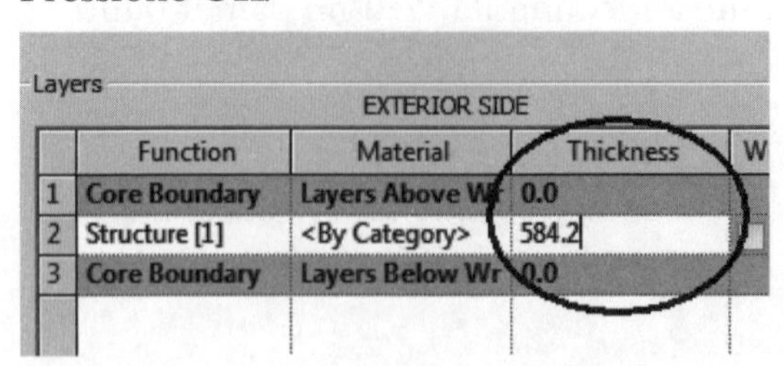
Layers

EXTERIOR SIDE

	Function	Material	Thickness	W
1	Core Boundary	Layers Above W	0.0	
2	Structure [1]	<By Category>	584.2	
3	Core Boundary	Layers Below Wr	0.0	

23. Pressione **OK** para sair do diálogo Properties.

24. 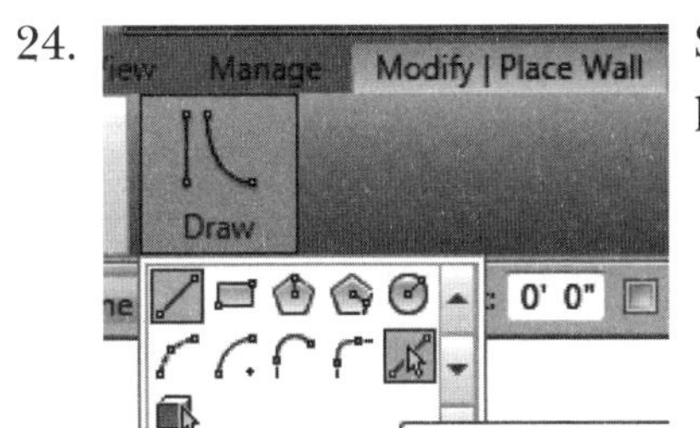

Selecione a ferramenta **Pick Lines** no painel Draw.

25. 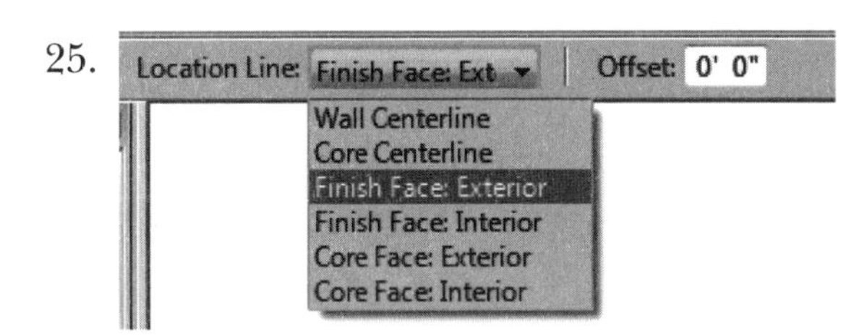

Na barra Options, selecione **Finish Face: Exterior** para a Location Line.

Isto significa que você deve selecionar no lado exterior da parede para colocar corretamente a parede.

26. 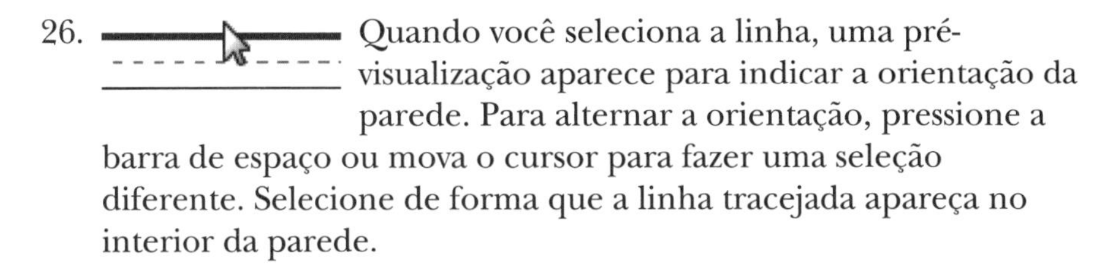

Quando você seleciona a linha, uma pré-visualização aparece para indicar a orientação da parede. Para alternar a orientação, pressione a barra de espaço ou mova o cursor para fazer uma seleção diferente. Selecione de forma que a linha tracejada apareça no interior da parede.

27. Mova em torno do modelo e selecione uma seção de cada parede. Não tente selecionar toda a seção da parede, ou você obterá uma mensagem de erro relacionado com sobreposição de paredes.

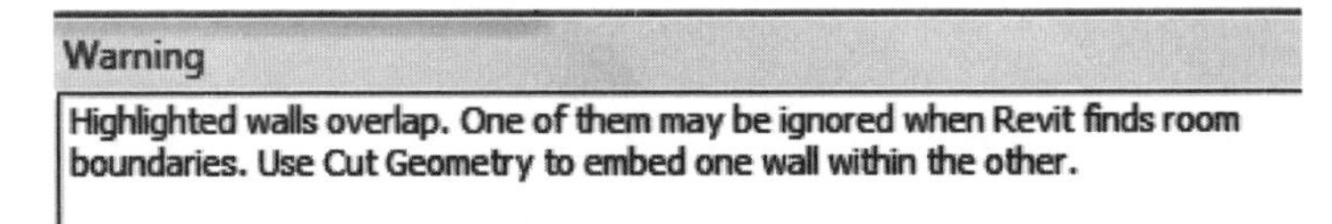

Exclua quaisquer paredes sobrepostas.

28.

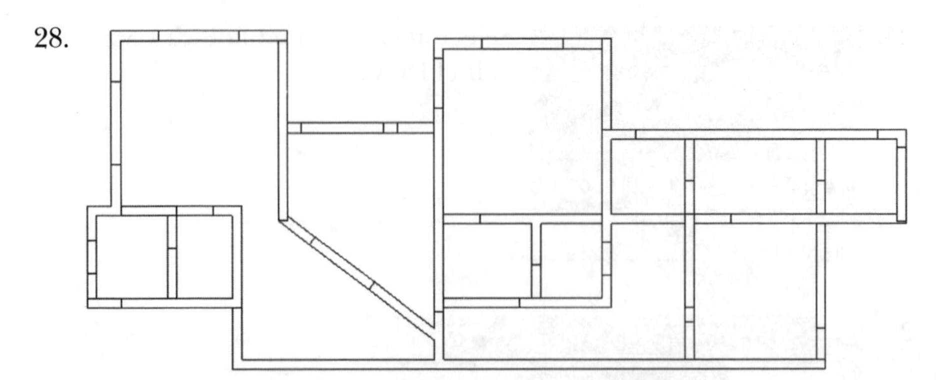

O seu modelo deverá se parecer com este. Note que somente paredes parciais foram colocadas em muitas das seções.

29.

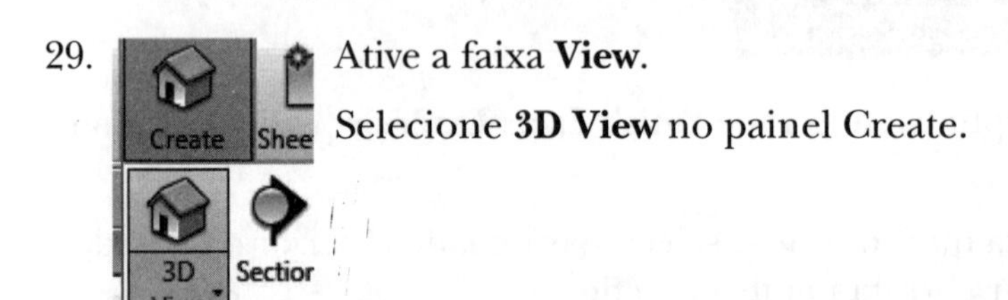

Ative a faixa **View**.

Selecione **3D View** no painel Create.

30. O modelo exibe as paredes colocadas.

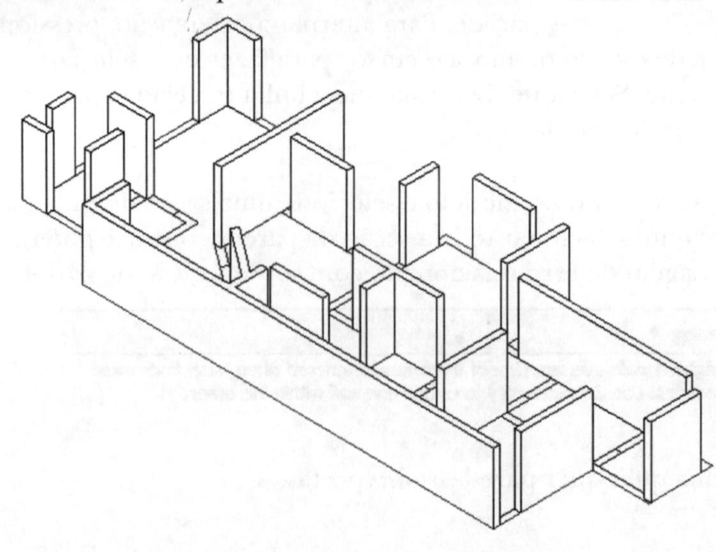

31. 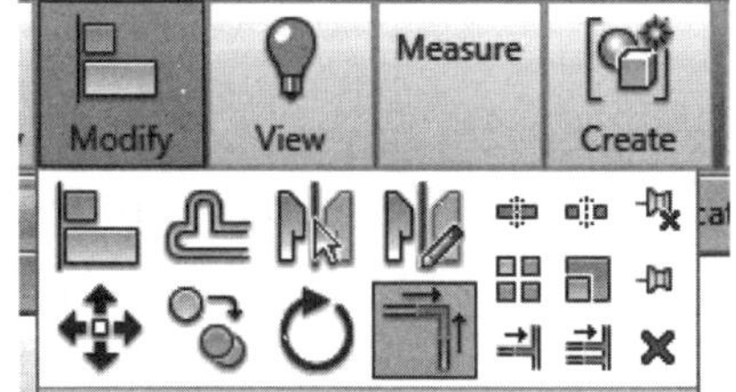

Use a ferramenta Trim para estender e aparar as paredes para criar o modelo do piso.

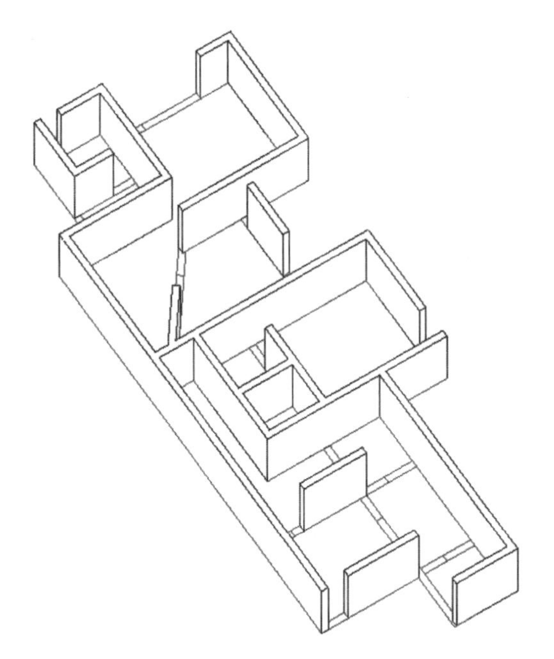

Nem todas as paredes podem ser conectados usando-se TRIM.

Algumas exigirão o uso da ferramenta EXTEND.

32. 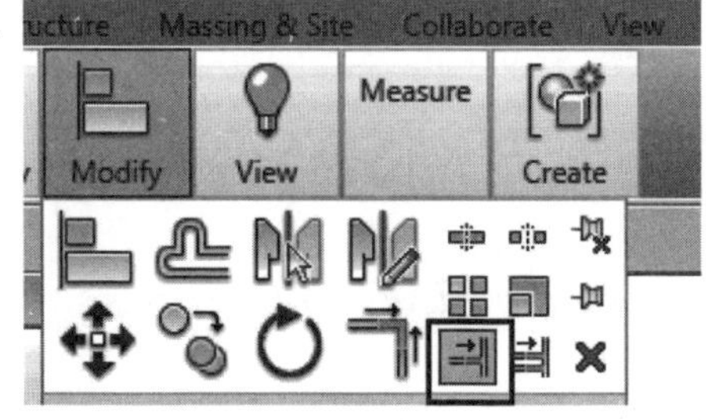

Selecione a ferramenta **Extend Single Element** no painel Modify.

Para usar essa ferramenta, selecione primeiro a face da parede para a qual você deseja estender, e depois, a parede que você quer estender.

33.

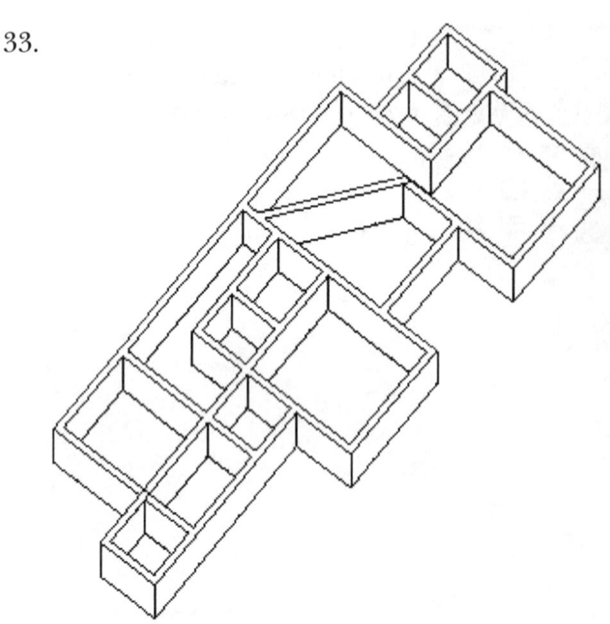

Orbite o modelo para que você possa ver onde aparar e estender paredes.

Você ainda verá as linhas coloridas do arquivo AutoCAD original. Elas estão lá para ajudar você a verificar se colocou as paredes corretamente.

34. Salvar como *ex3-3.rvt.*

Exercício 3-4

Propriedades de Paredes

Nome do desenho: *ex3-2.rvt*

Tempo estimado: 40 minutos

Este exercício reforça as seguintes habilidades:

- ❑ Paredes
- ❑ Filtros
- ❑ Propriedades de paredes
- ❑ Virada de orientação
- ❑ Junção

Colchetes [] são usados para indicar unidades ou designações métricas.

1. Abra ou continue trabalhando no *ex3-2.rvt.*

2. Selecione as paredes exteriores usando **Filter**.

   Use cruzamento para selecionar a planta baixa.

3. Selecione a ferramenta **Filter**.

4. 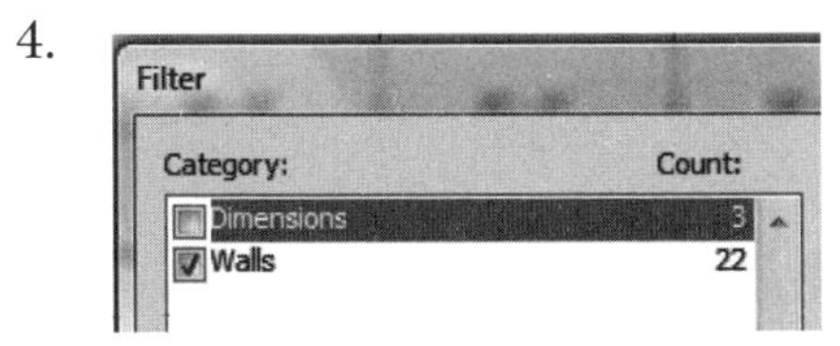

   Desmarque todos os objetos, exceto Walls (paredes).

   Pressione **OK**.

   Desta forma, apenas paredes serão selecionadas.

5. Selecione **Edit Type** no painel Properties.

6. 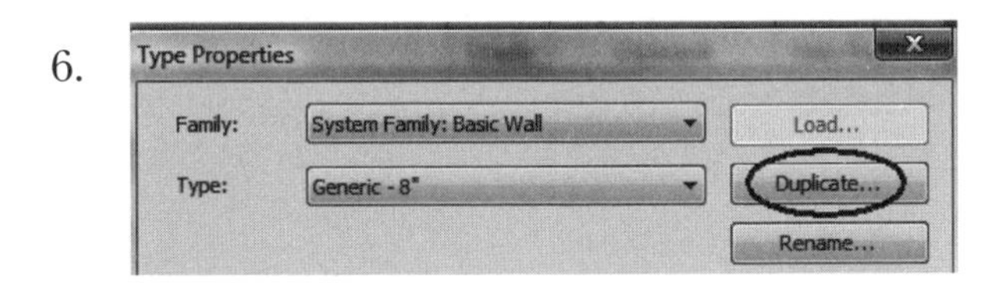

   Selecione **Generic - 8”** [**Generic - 200 mm**] em Type.

   Selecione **Duplicate**.

7. Para o Name, entre:

   Exterior - 3-5/8” Brick – 5/8” Gypsum

   [**Exterior - 92mm Brick – 16mm Gypsum**].

   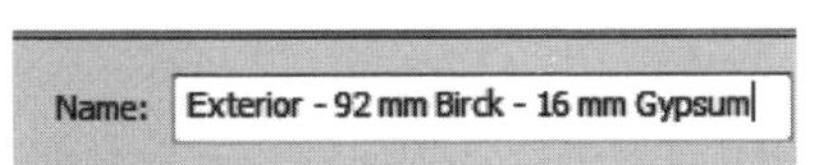

   Pressione **OK**.

8. Selecione **Edit** para Structure.

9. Habilite o botão **Preview** para expandir o diálogo, para que você possa ver a pré-visualização da estrutura da parede.

10. Selecione o botão **Insert**.

DICA: No diálogo, note que a parte inferior da lista indica para o lado interior e o topo da lista indica para o lado exterior da parede.

11. Selecione a segunda linha da coluna Function.

    Selecione **Finish 1 [4]** na lista drop-down.

12. Pressione o botão **Insert** até que você tenha um total de sete camadas.

    Arranje as camadas como mostrado.

    Atribua as funções como mostrado:

    Camada 1: Finish 1 [4]
    Camada 2: Thermal/Air Layer
    Camada 3: Substrate [2]
    Camada 4: Core Boundary
    Camada 5: Structure [1]
    Camada 6: Core Boundary
    Camada 7: Finish 2 [5]

13. 13 Selecione a coluna **Material** para a camada 1.

Layers

EXTERIOR SIDE

	Function	Material	
1	Finish 1 [4]	<By Category>	0
2	Thermal/Air Lay	<By Category>	0'
3	Substrate [2]	<By Category>	0'

14. 

Na caixa de pesquisa Materials, digite **bri**.

15. 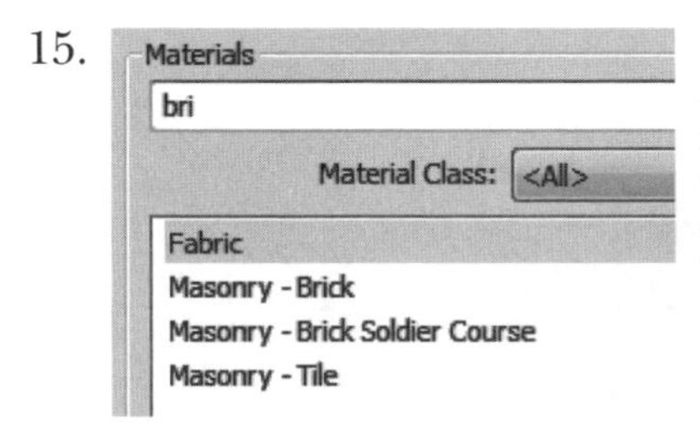

Quaisquer materiais com 'bri' como parte do nome ou descrição serão listados.

Destaque **Masonry-Brick** na lista de nomes.

16. 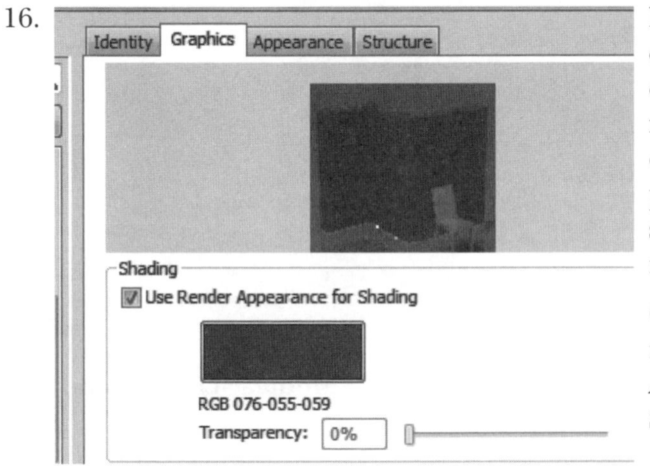

Note que podemos definir como queremos que este material apareça quando produzirmos e sombrearmos nosso modelo.

Coloque um tique no **Use Render Appearence for Shading**.

17. 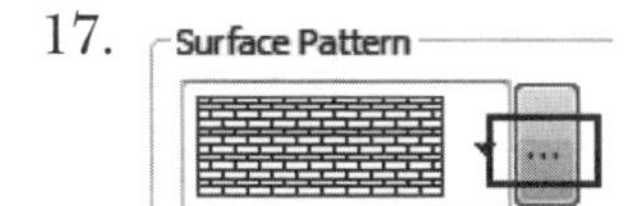

Selecione o botão de navegação, ao lado do campo Surface Pattern.

18.

600 x 600mm
75mm Horizontal
75mm vertical
Block 225x225
Block 225x450
Brick 75x225
Brick Soldier Course
Pattern Type
Drafting
Model

Note que você pode definir como o padrão de superfície aparecerá no modo de rascunho ou de modelo.

Pressione **OK**.

19.

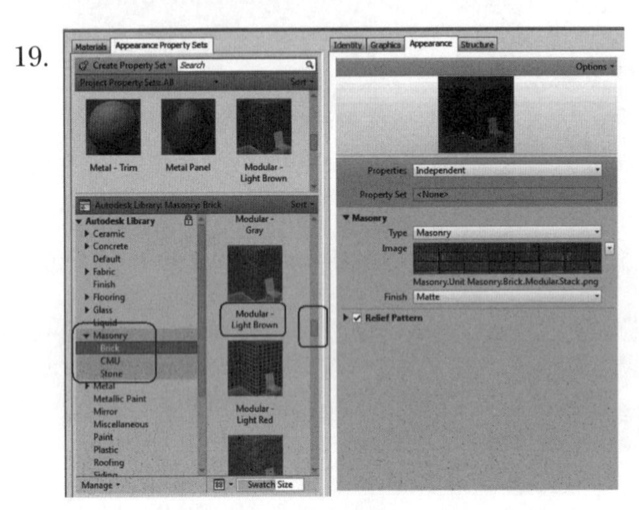

Selecione a aba Appearence.

Localize Brick na categoria Masonry.

Role para baixo para selecionar o tijolo **Modular-Light Brown**.

Pressione **OK**.

20.

Layers

EXTERIOR SIDE

	Function	Material	Thickness
1	Finish 1 [4]	Masonry - Brick	0' 3 5/8"
2	Thermal/Air Lay	<By Category>	0' 0"
3	Substrate [2]	<By Category>	0' 0"

Mude a espessura (Thickness) para **3 5/8”** [**92mm**].

21.

	Function	Material
1	Finish 1 [4]	Masonry - Brick
2	Thermal/Air Lay	<By Category>
3	Substrate [2]	<By Category>

Localize a Layer 2 e verifique se ela está ajustada para Thermal/Air Layer.

Selecione a coluna **Material**.

22.

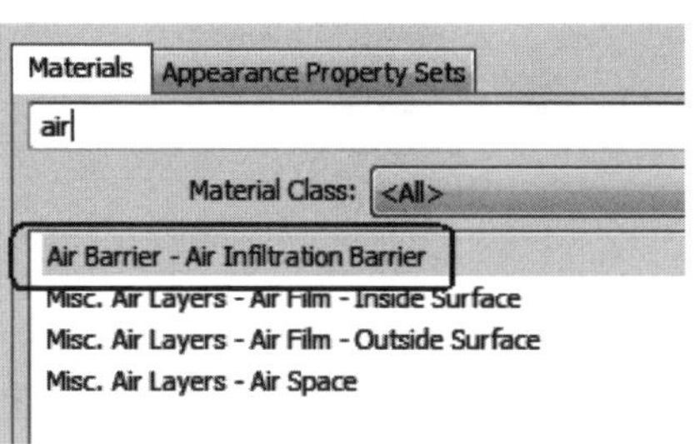

Na aba Materials:

Digite **air** no campo de busca.

Selecione **Air Barrier – Air Infiltration Barrier**.

Pressione **OK**.

23.

Layers

EXTERIOR SIDE

	Function	Material	Thickness
1	Finish 1 [4]	Masonry - Brick	0' 3 5/8"
2	Thermal/Air Lay	Air Barrier - Air I	0' 1"
3	Substrate [2]	<By Category>	0' 0"

Ajuste a espessura de **Layer 2** para **1"** [**25.4**].

Layers

EXTERIOR SIDE

	Function	Material	Thickness
1	Finish 1 [4]	Masonry - Brick	92.0
2	Thermal/Air Layer [3]	Air Barrier - Air Infiltration	25.4
3	Core Boundary	Layers Above Wrap	0.0
4	Structure [1]	<By Category>	200.0
5	Core Boundary	Layers Below Wrap	0.0

24.

Layers

EXTERIOR SIDE

	Function	Material	Thickne
1	Finish 1 [4]	Masonry - Brick	3' 0 5/8"
2	Thermal/Air La	Air Barrier - Air Infiltration Barr	0' 1"
3	Substrate [2]	Wood - Sheathing - plywood	0' 0 1/2"
4	Core Boundary	Layers Above Wrap	0' 0"
5	Structure [1]	Metal - Stud Layer	0' 6"
6	Core Boundary	Layers Below Wrap	0' 0"

Ajuste Layer 3 para **Substrate [2]**, Material para **Wood-Sheathing-Plywood**, Thickness para **1/2"** [**17.2**].

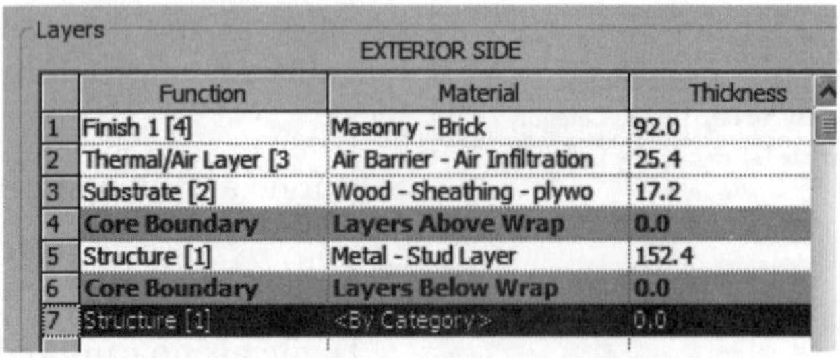

Layers

EXTERIOR SIDE

	Function	Material	Thickness
1	Finish 1 [4]	Masonry - Brick	92.0
2	Thermal/Air Layer [3	Air Barrier - Air Infiltration	25.4
3	Substrate [2]	Wood - Sheathing - plywo	17.2
4	Core Boundary	Layers Above Wrap	0.0
5	Structure [1]	Metal - Stud Layer	152.4
6	Core Boundary	Layers Below Wrap	0.0
7	Structure [1]	<By Category>	0.0

25.

Metal - Sheet / Flashing
Metal - Steel
Metal - Stud Layer
Metal - Trim

Definir o material de Structure [1] para **Metal – Stud Layer**.

Pressione **OK**.

26.

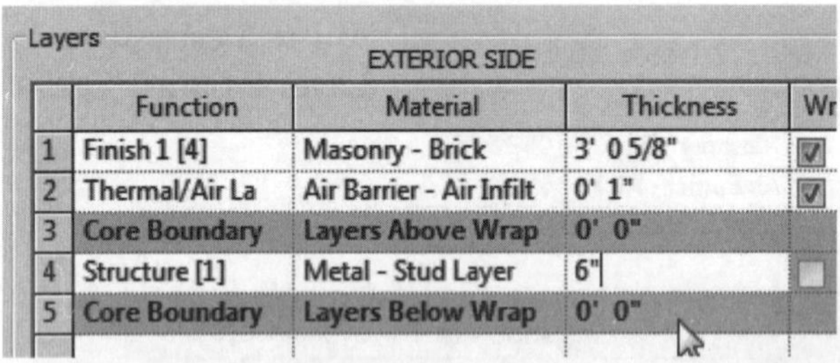

Layers

EXTERIOR SIDE

	Function	Material	Thickness	Wr
1	Finish 1 [4]	Masonry - Brick	3' 0 5/8"	☑
2	Thermal/Air La	Air Barrier - Air Infilt	0' 1"	☑
3	Core Boundary	Layers Above Wrap	0' 0"	
4	Structure [1]	Metal - Stud Layer	6"	☐
5	Core Boundary	Layers Below Wrap	0' 0"	

Ajuste Thickness da Layer 4 Structure [1] para **6”** [**152.4**].

As camadas Core Boundary não podem ser modificadas ou excluídas.

Estas camadas controlar a localização do acabamento quando as paredes se cruzam.

27.

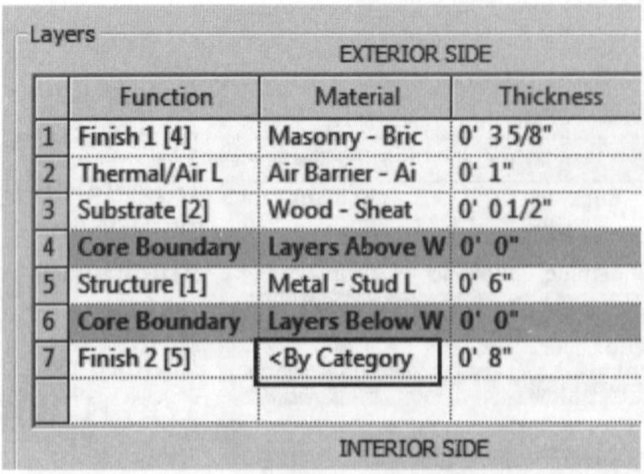

Layers

EXTERIOR SIDE

	Function	Material	Thickness
1	Finish 1 [4]	Masonry - Bric	0' 3 5/8"
2	Thermal/Air L	Air Barrier - Ai	0' 1"
3	Substrate [2]	Wood - Sheat	0' 0 1/2"
4	Core Boundary	Layers Above W	0' 0"
5	Structure [1]	Metal - Stud L	0' 6"
6	Core Boundary	Layers Below W	0' 0"
7	Finish 2 [5]	<By Category	0' 8"

INTERIOR SIDE

Selecione a coluna Material para Layer 7: Finish 2 [5].

28.

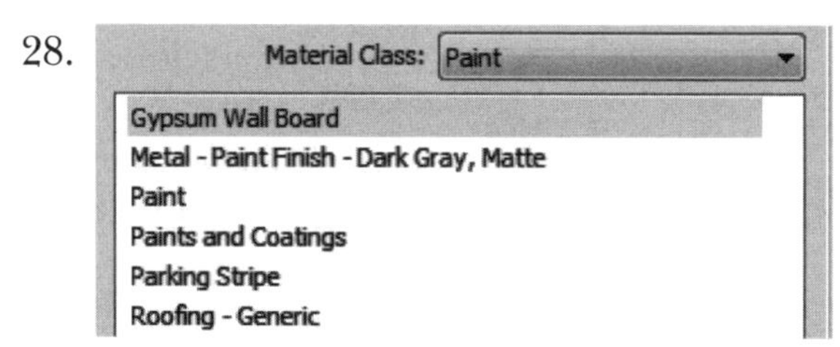

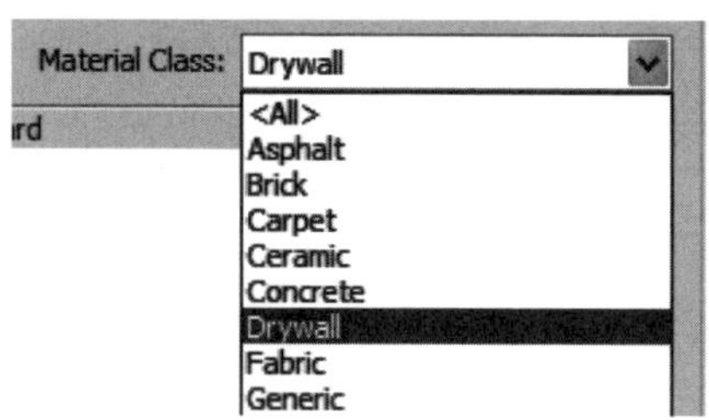

Selecione **Paint** **[Drywall]** em Material Class.

29.

Gypsum Wall Board
Metal - Paint Finish - Dark Gray, Matte
Paint

Plasterboard

Selecione **Gypsum Wall Board** [**Plasterboard**].

Pressione **OK**.

30.

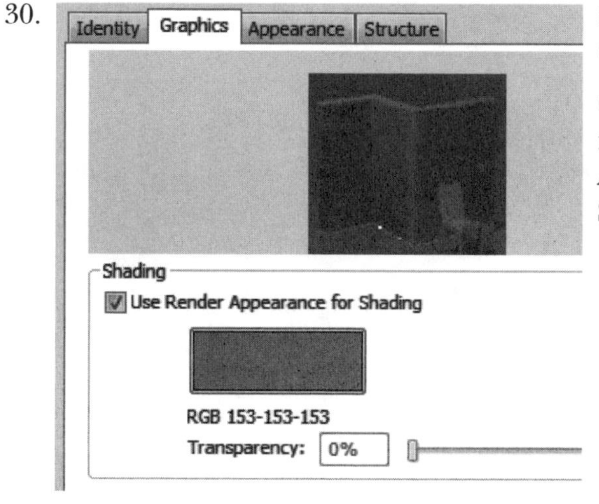

Selecione a aba **Graphics**.

Coloque um tique no **Use Render Appearence for Shading**.

31\.

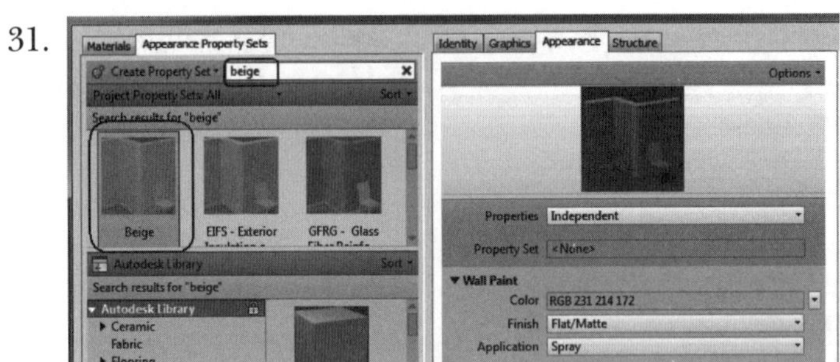

Selecione a aba **Appearence Property Sets**.

Selecione a aba Appearence.

32\.

Localize **Beige**.

Se preferir uma cor diferente, fique à vontade!

Pressione **OK**.

33\.

Wall Paint
Color RGB 231 214 172
Finish Flat/Matte
Application Spray
Roller
Brush
Spray

Note que você pode especificar como a tinta é aplicada, bem como o acabamento.

Pressione **OK**.

34\.

Layers

EXTERIOR SIDE

	Function	Material	Thickness
1	Finish 1 [4]	Masonry - Bric	0' 3 5/8"
2	Thermal/Air L	Air Barrier - Ai	0' 1"
3	Substrate [2]	Wood - Sheat	0' 0 1/2"
4	Core Boundary	Layers Above W	0' 0"
5	Structure [1]	Metal - Stud L	0' 6"
6	Core Boundary	Layers Below W	0' 0"
7	Finish 2 [5]	Gypsum Wall	0' 5/8"

INTERIOR SIDE

Ajuste a camada 7 para **Finish 2 [5]**, Material para **Gypsum Wall Board** [**Material - Plasterboard**], Thickness para **5/8"** [**16mm**].

35.

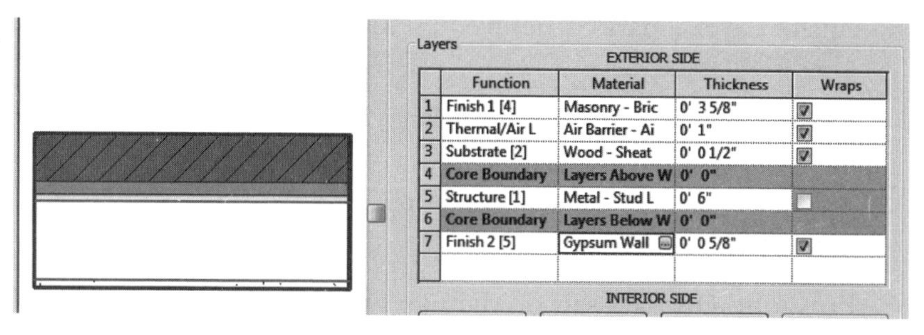

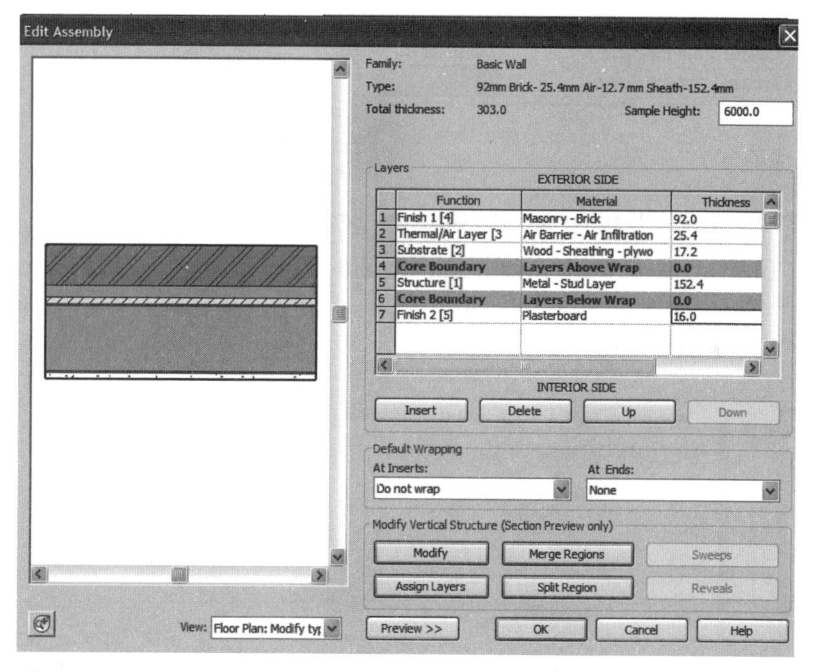

Ajuste Layer 1 para Finish 1 [4], Masonry – Brick, Thickness: **3-5/8" [92].**

Ajuste Layer 2 para Thermal/Air Layer, Air Barrier, Thickness: **1" [25.4]**.

Ajuste Layer 3 para Substrate [2], Wood-Sheathing-plywood, Thickness para **1⁄2"** [**17.2**].

Ajuste Layer 4 para Core Boundary, Layers Above Wrap, Thickness para **0"**.

Ajuste Layer 5 para Structure [1], Metal- Stud Layer, Thickness para **6" [152.4]**.

Ajuste Layer 6 para Core Boundary, Layers Below Wrap, Thickness para **0"**.

Ajuste Layer 7 para Finish 2 [5], Plasterboard, Thickness para **5/8" [16]**.

Pressione **OK** para sair do diálogo Edit Assembly.

36. 

Ajuste o Coarse Scale Fill Pattern para **Diagonal up**.

Ajuste Coarse Scale Fill Color para **Blue**.

37. Pressione **OK** para sair do diálogo Properties.

Como suas paredes foram selecionados quando você começou a definir o novo estilo de parede, elas agora aparecerão com o novo estilo de parede.

38. Se você fizer um zoom, verá que o padrão de preenchimento grosseiro é Diagonal para cima e tem cor azul.

39. 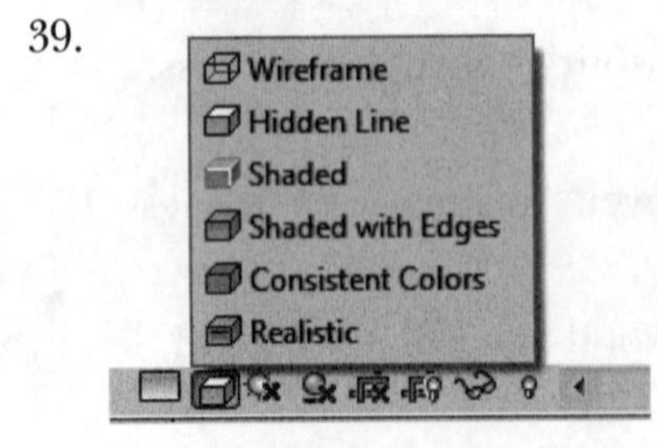

Ajuste o Model Graphics Style para **Wireframe** usando a ferramenta rápida no canto inferior esquerdo da tela.

40.

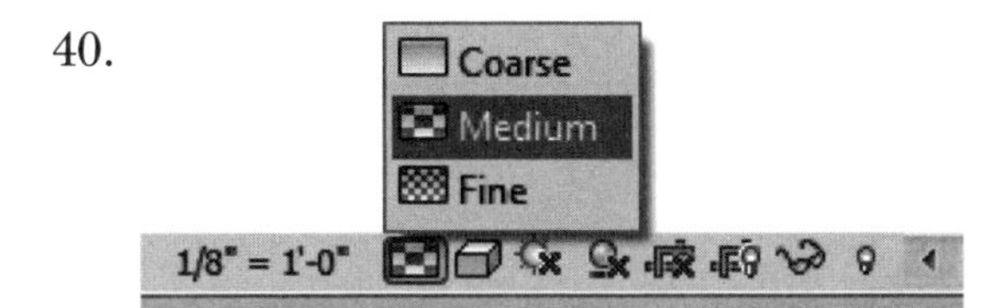

Ajuste o Detail Level (nível de detalhe) para **Medium**.

Você não verá a hachura ou qualquer mudança na largura de linha, a menos que o nível de detalhe seja ajustado para Medium ou Fine.

41.

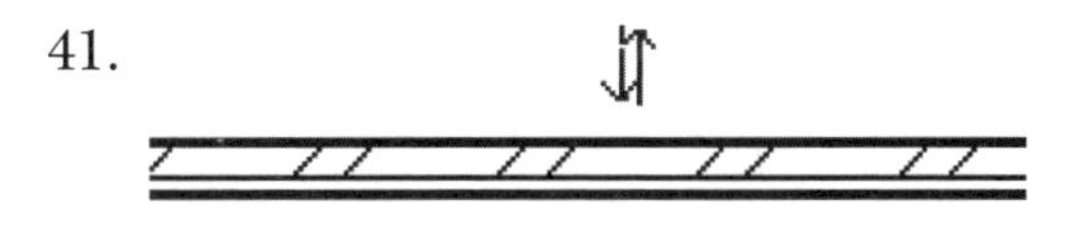

Agora vemos os detalhes da parede, mas o lado dos tijolos está virado para o interior e as placas de gesso para o exterior. Em outras palavras, as paredes precisam ser invertidas ou viradas.

Como sabemos que as paredes precisam ser viradas?

42. Quando selecionamos as paredes, as setas de orientação ficam adjacentes ao lado exterior da parede.

    As setas de orientação são as setas azuis que são ativadas quando um objeto é selecionado.

43.

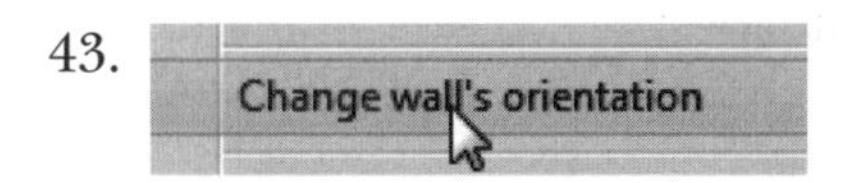

Selecione a parede, clique com o botão direito e selecione **Change wall's orientation** ou simplesmente clique nas setas azuis.

44. Dê a volta no edifício e vire a orientação das paredes de modo que os tijolos fiquem do lado de fora.

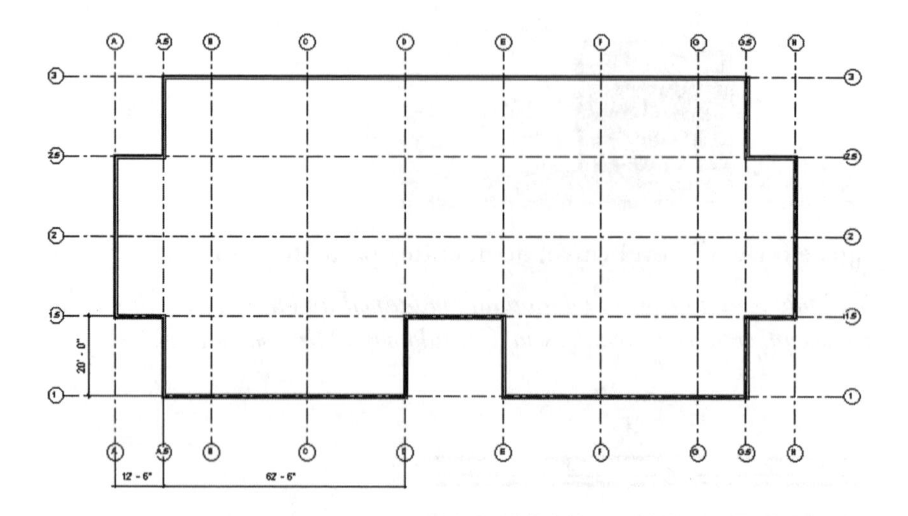

Se você tiver problemas selecionando uma parede em vez de uma linha de grade, use a tecla TAB para circular pela seleção.

45. Salve o arquivo como *ex3-4.rvt.*

Exercício 3-5

Adicionando as Paredes do Interior do Nível 1

Nome do desenho: *ex3-4.rvt*

Tempo estimado: 10 minutos

Este exercício reforça as seguintes habilidades:

- ❑ Paredes
- ❑ Vistas 3D
- ❑ Visibilidade
- ❑ Propriedades de paredes

1. Abrir ou continuar trabalhando no *ex3-4.rvt.*

2. 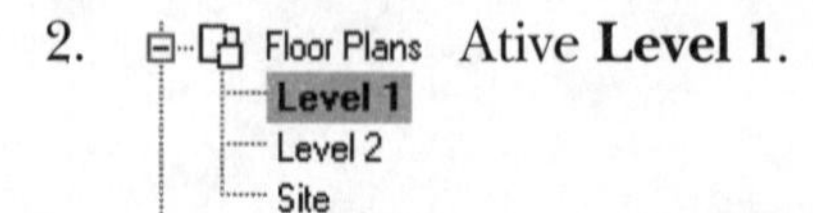

Ative **Level 1**.

3. 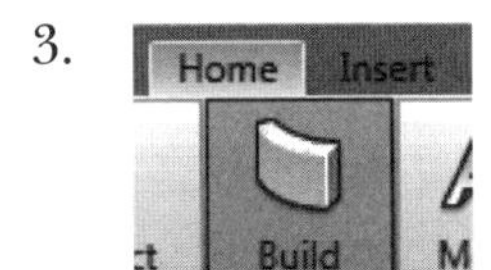

Selecione a ferramenta **Wall** no painel Build, na faixa Home.

4. No painel Properties, selecione

   Interior: 3 1/8" Partition (1-hr)

   [**Basic Wall : Interior - 138mm Partition (1-h)**].

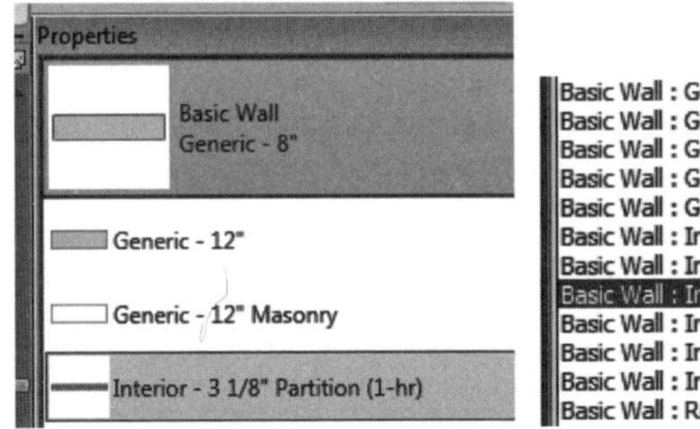

5. Coloque as paredes do interior como mostrado.

   Unidades imperiais

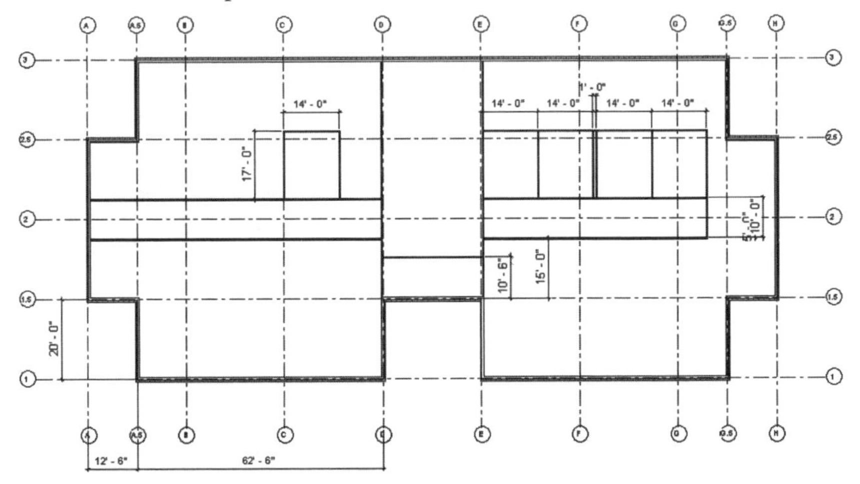

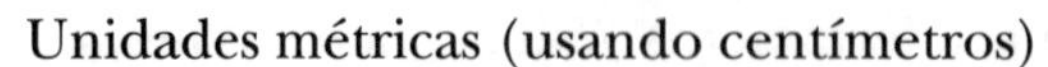

Unidades métricas (usando centímetros)

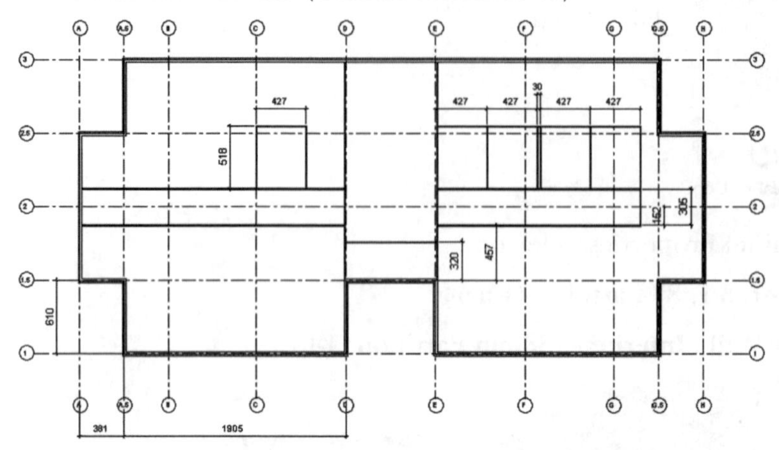

6. Ative a faixa View.

Selecione a ferramenta **3D View**.

Vemos as paredes interiores de nosso primeiro piso.

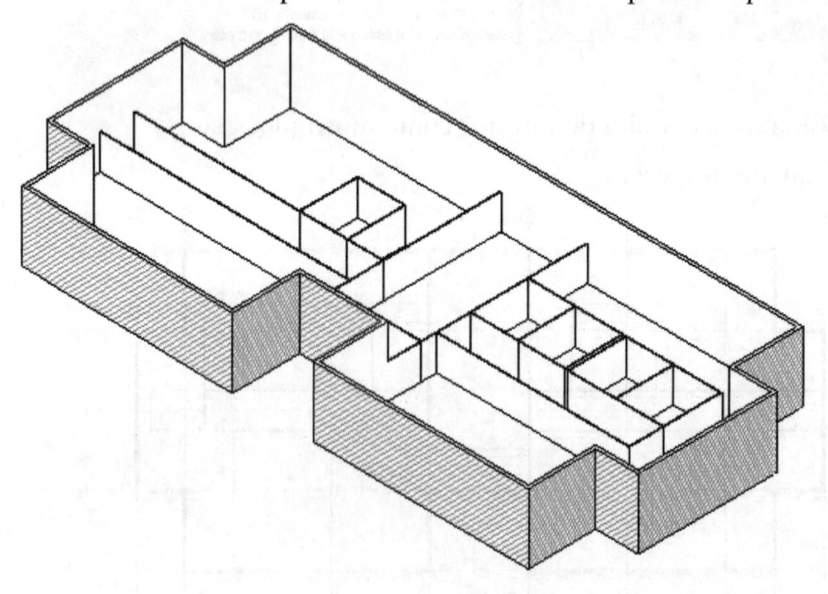

7. Salve o arquivo como *ex3-5.rvt.*

Exercício 3-6

Adicionando as Paredes do Interior do Nível 2

Nome do desenho: *ex3-5.rvt*

Tempo estimado: 20 minutos

Este exercício reforça as seguintes habilidades:

- ❑ Propriedades da vista
- ❑ Paredes
- ❑ Propriedades de paredes
- ❑ Vistas 3D

1. 1 Abra o *ex3-5.rvt.*

2. Ative **3D View**.

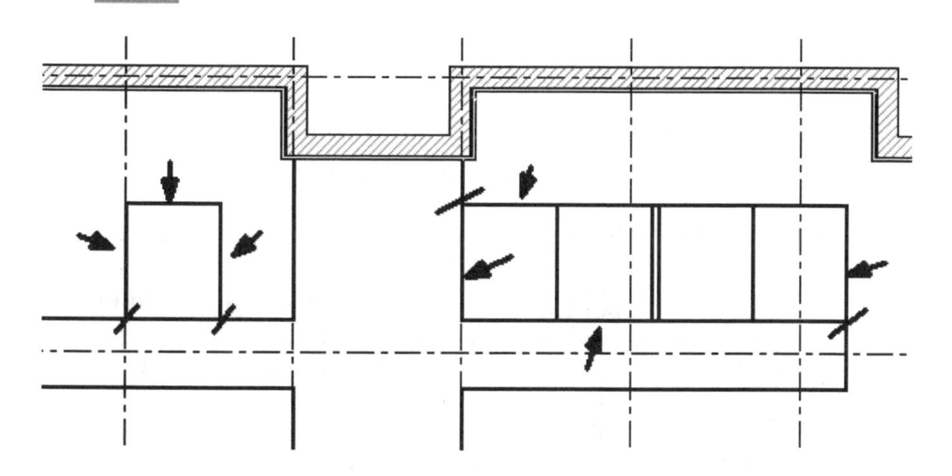

Algumas de nossas paredes interiores serão continuidades de Level 1 para Level 2.

As paredes que serão estendidas são indicadas por setas. Uma linha diagonal indica onde as paredes precisam ser divididas, uma vez que uma porção da parede será contínua e outra será um vão único.

3. Level 2
Elevations (Building Elevation)
East
North
South
West

Alterne a vista para uma vista de elevação **South**.

Duplo-clique na janela do navegador, na vista de elevação South.

4.

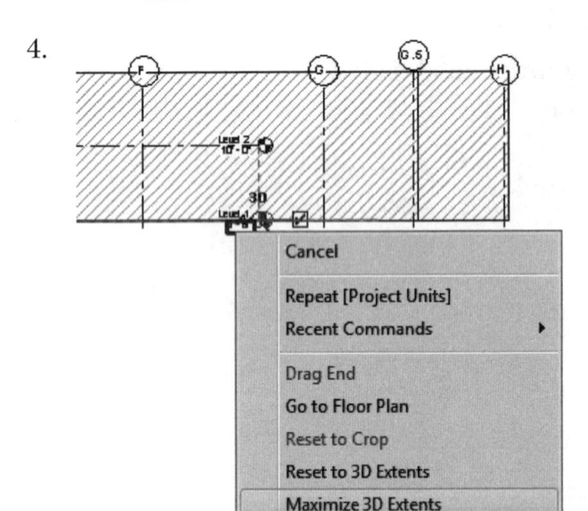

Selecione a linha de nível.

Clique com o botão direito e selecione **Maximize 3D Extents**.

Isso esticará o nível para cobrir todo o prédio.

Repita para o outro nível.

5.

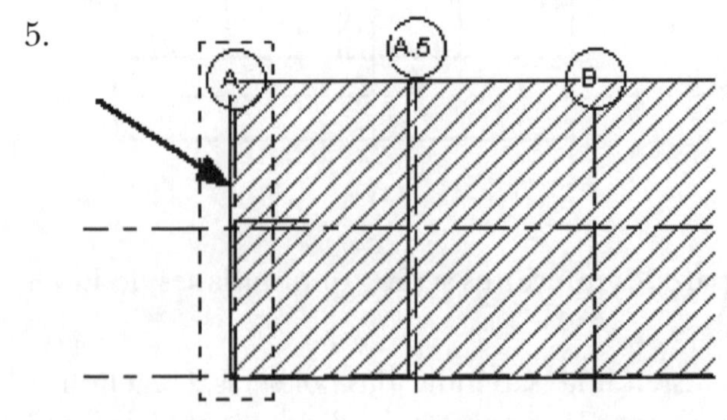

Selecione a primeira linha de grade, rotulada com **A**.

6.

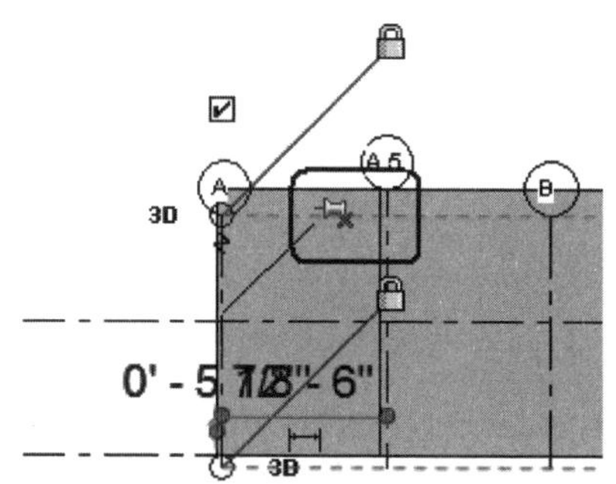

Clique no alfinete para desafixar a linha de grade.

Você tem de desafixar o elemento antes dele poder ser modificado.

7.

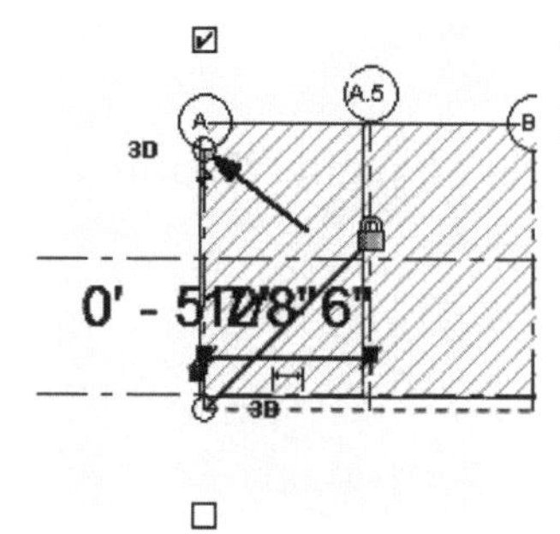

Use o pegador indicado para arrastar a linha de grade acima do prédio.

8. Todas as linhas de grade que foram criadas como parte da matriz se ajustarão.

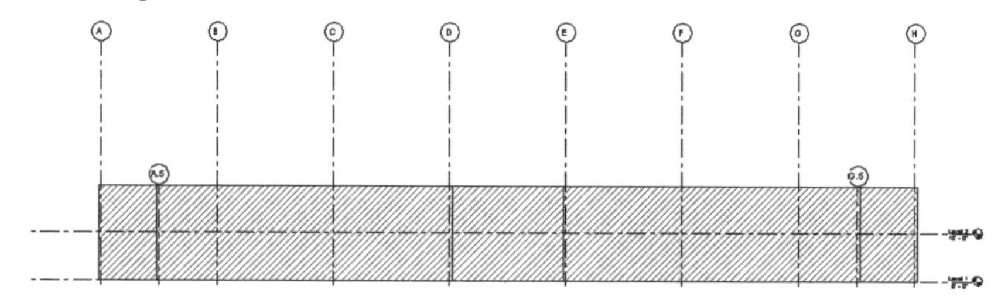

9.

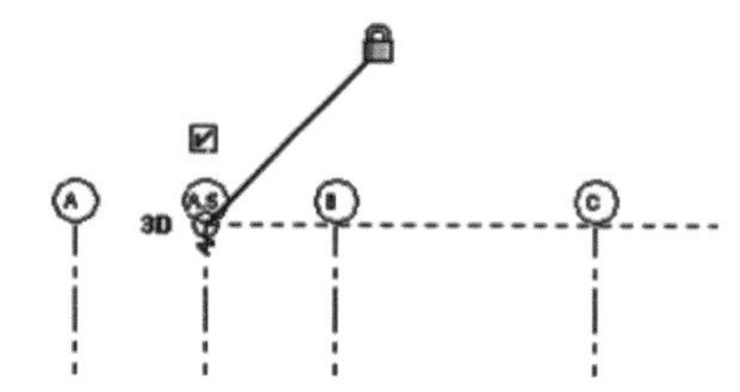

Use o pegador para ajustar a localização das demais linhas de grade.

10. 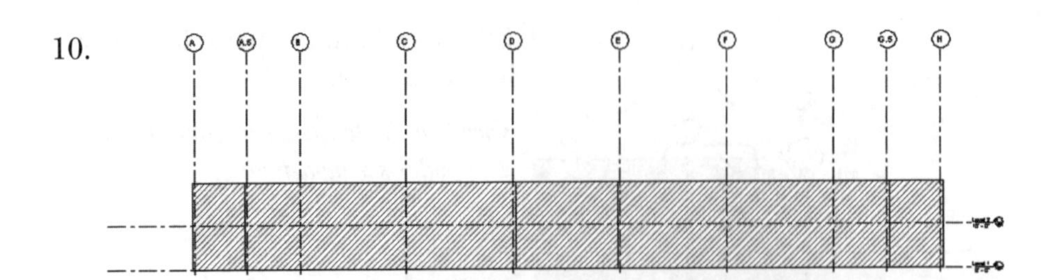

O atual modelo tem linhas de nível para o térreo e primeiro andar, mas não para o teto. Nós adicionaremos uma linha de nível para o teto para restringir o segundo nível do prédio e estabelecer uma linha de telhado.

11. Selecione a ferramenta **Level** no painel Datum da faixa Home.

12. Desenhe uma linha de nível **10'** [**4000 mm**] acima de Level 2.

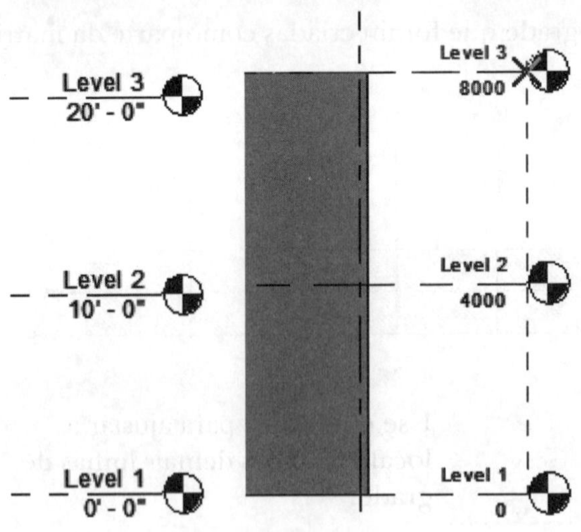

13. 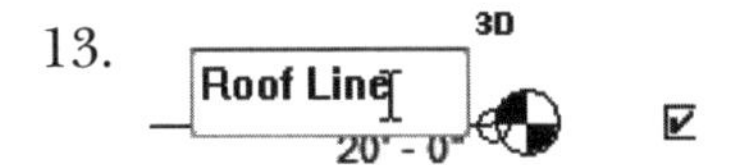

Renomeie Level 3 com um duplo clique no nome do nível.

Renomeie para **Roof Line**.

14. 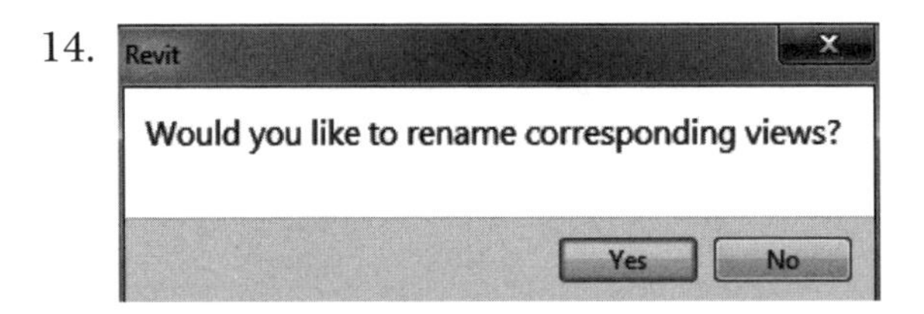

Pressione **Yes**.

Isso renomeia as vistas no Navegador de Projetos para Roof Line.

15. Alterne de volta para a vista da planta baixa de Level 1.

16. 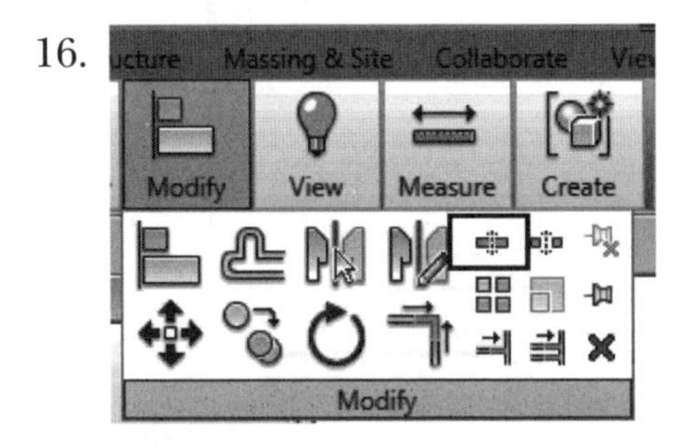

Ative a faixa **Modify**.

Selecione a ferramenta **Split**.

17. 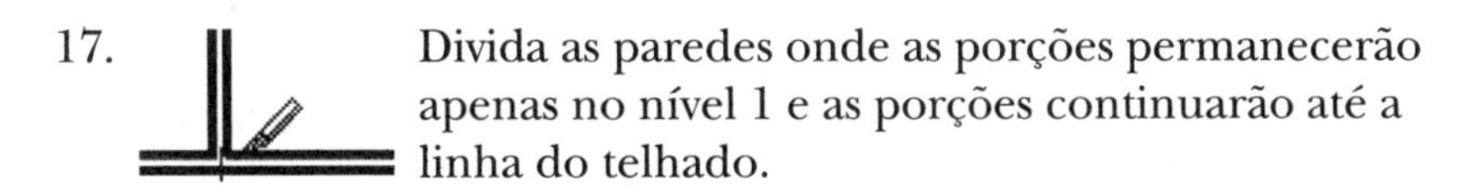
Divida as paredes onde as porções permanecerão apenas no nível 1 e as porções continuarão até a linha do telhado.

18. Divida as paredes nas interseções indicadas.

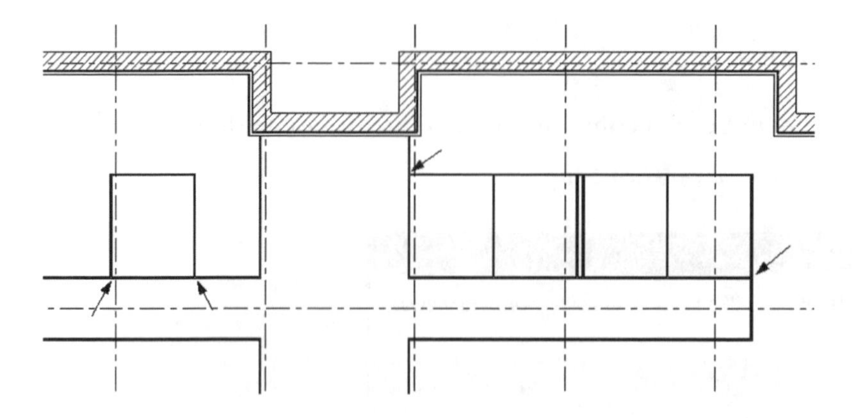

19. Mantendo pressionada a tecla Control, selecione as paredes indicadas.

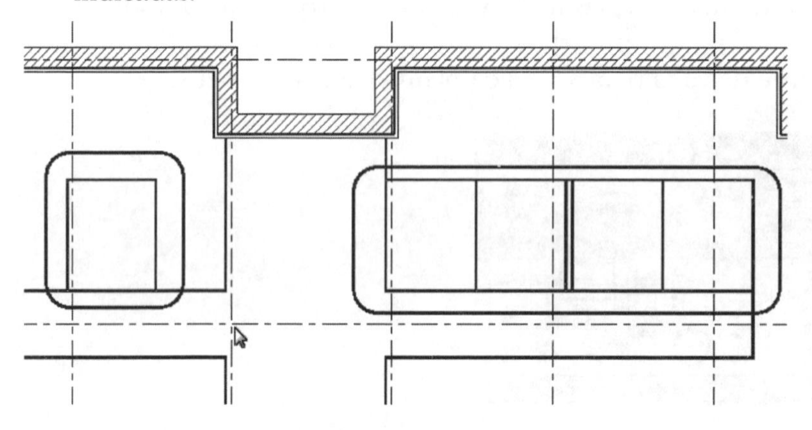

20.

Walls (12)	Edit Type
Constraints	
Location Line	Wall Centerline
Base Constraint	Level 1
Base Offset	0' 0"
Base is Attached	☐
Base Extension Distance	0' 0"
Top Constraint	Up to level: Roof Line
Unconnected Height	Unconnected
Top Offset	Up to level: Level 1
Top is Attached	Up to level: Level 2
Top Extension Distance	Up to level: Roof Line
Room Bounding	☑

No painel Properties:

Ajuste a Top Constraint (restrição superior) para **Up to Level: Roof Line**.

Pressione **OK**.

Ao restringir as paredes aos níveis, será mais fácil controlar suas alturas. Simplesmente mude a dimensão do nível e todas as paredes restringidas a esse nível serão atualizadas automaticamente.

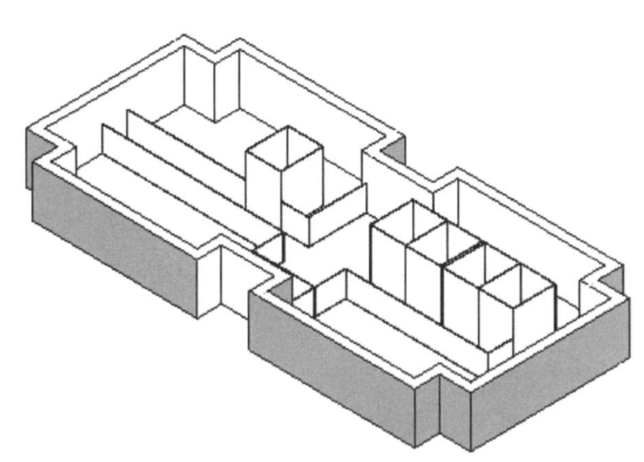

Paredes que se estendem por múltiplos níveis devem ser criadas a partir de apenas uma parede, e não paredes empilhadas umas sobre as outras. Isso melhora o desempenho do modelo e minimiza erros de piso a piso.

Para uma escada, crie a parede no primeiro piso e ajuste sua restrição superior para o nível mais alto.

21.

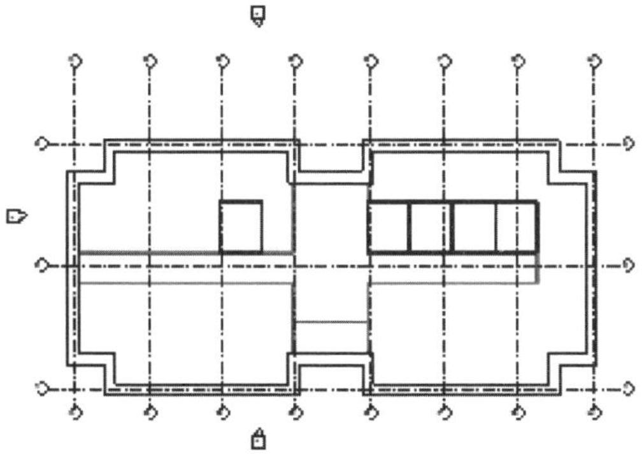

Ative a vista **Level 2**.

Pode ser desconcertante tentar criar elementos no segundo nível (Level 2) quando você pode ver as paredes interiores no primeiro nível (Level 1).

22.

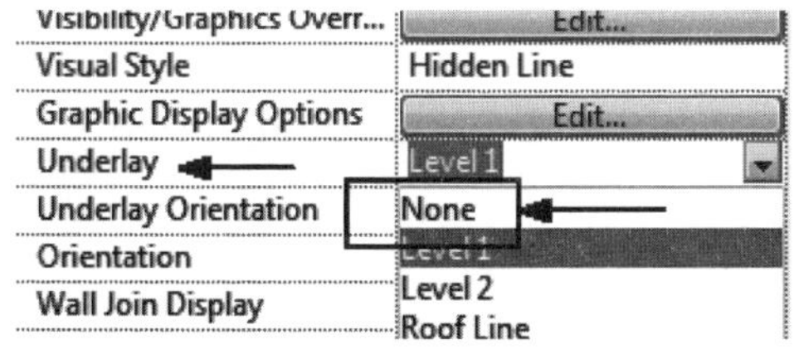

No Painel Properties:

Localize o parâmetro Underlay e selecione **None**.

Isso significa que o usuário só verá o que está visível no Nível 2.

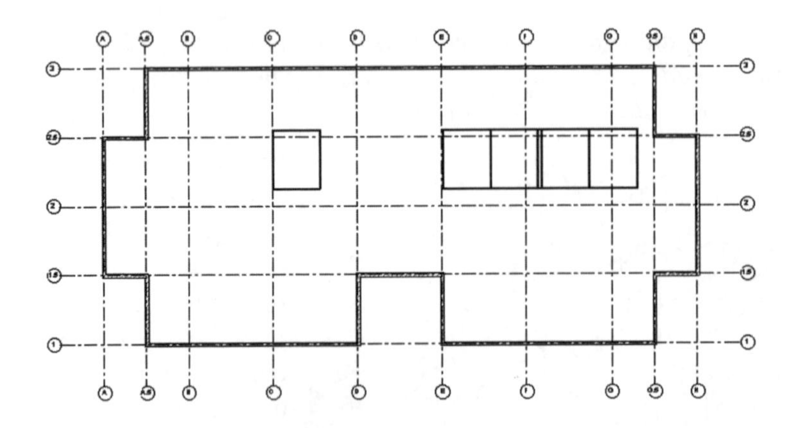

23. Salve o arquivo como *ex3-6.rvt.*

Exercício 3-7

Adicionando Portas

Nome do desenho: *ex3-6.rvt*

Tempo estimado: 10 minutos

Este exercício reforça as seguintes habilidades:

- ❑ Portas
- ❑ Carregamento a partir da biblioteca

1. Abra ou continue a trabalhar no *ex3-6.rvt.*

2. Ative a vista **Level 1**.

3. Home Ative a faixa **Home**.

4. 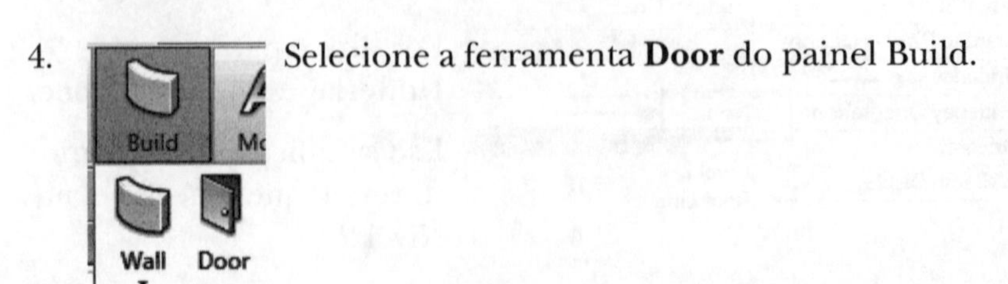

Selecione a ferramenta **Door** do painel Build.

5. Selecione **Single-Flush 36" x 84"** [**M_Sgl Flush: 0915 x 2134mm**] no drop-down.

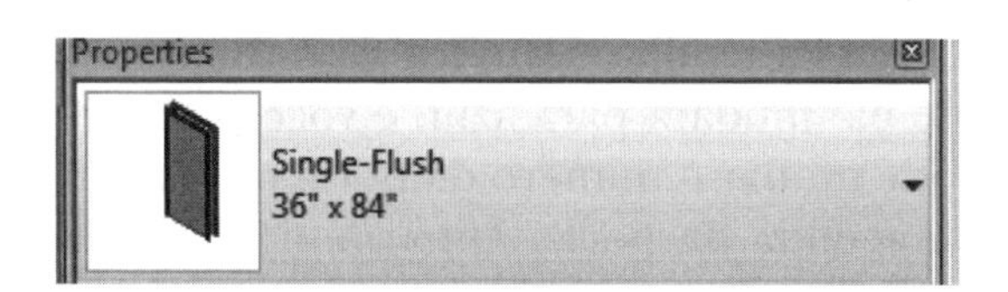

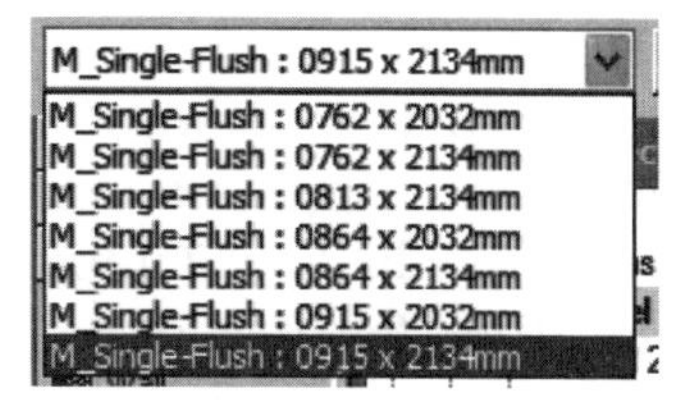

6. Coloque as portas como mostrado.

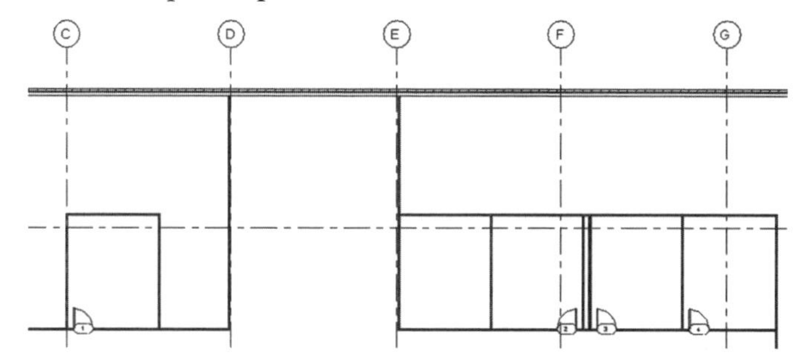

Use as setas nas portas para virar sua orientação.

Coloque as portas a 2'-6" da parede mais próxima.

Para posicionar uma porta, clique nela para ativar suas dimensões. Então, selecione a dimensão e entre o valor desejado.

7. 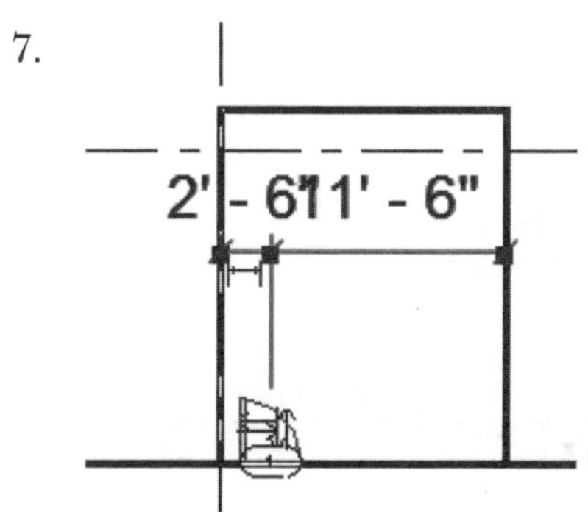

Quando você clica numa porta, ela é destacada. Você vê um conjunto de setas verticais e outro de setas horizontais. Para virar uma porta em torno do eixo Y, selecione as setas verticais. Para virar a orientação de uma porta em torno do eixo X, selecione as setas horizontais. Para modificar a colocação de uma porta, selecione uma dimensão temporária e a edite. A segunda dimensão se ajustará automaticamente, em conformidade.

DICA: Os números de portas são muitas vezes chaveados com os números dos cômodos - 101A, etc. Para editar a marca da porta, simplesmente clique no número e ele mudará para azul, e você poderá renumerá-lo. Você também pode mudar o número da porta no diálogo Properties da porta ou da agenda da porta. Uma mudança em qualquer uma dessas localizações será automaticamente atualizada em todas as outras vistas.

8. 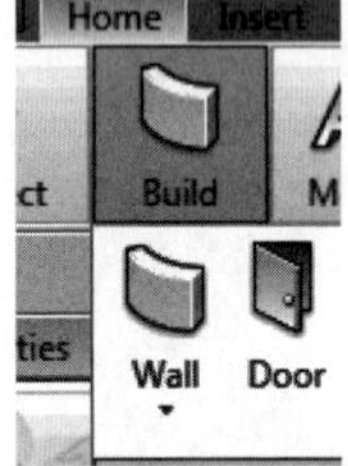

Selecione a ferramenta **Door**.

9. 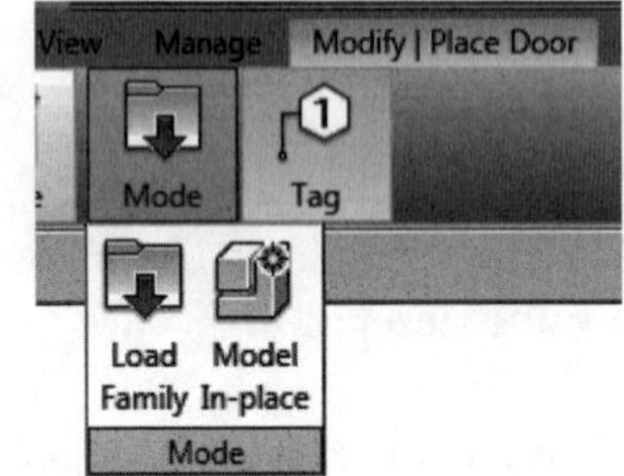

Selecione **Load Family** no painel Mode.

10. Navegue até a pasta *Doors*.

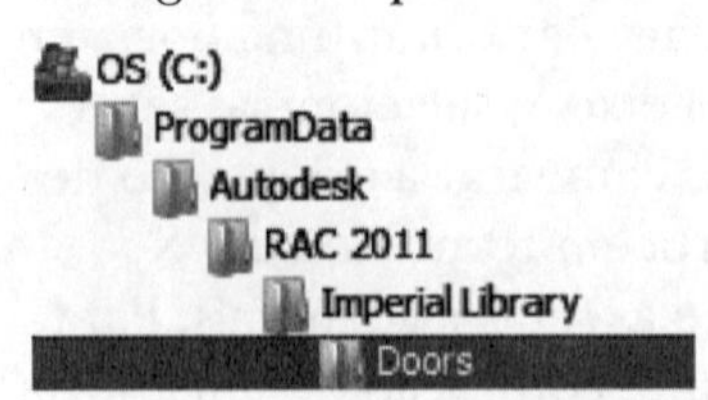

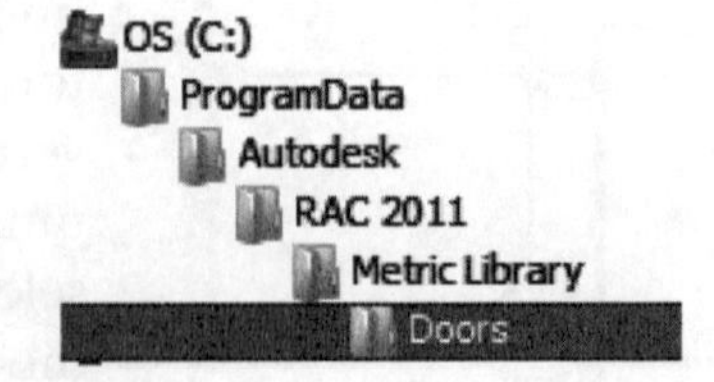

11. File name: Double-Glass 2.rfa
File name: M_Double-Glass 2.rfa
Localize o arquivo *Double-Glass 2. Rfa* [*M_Double-Glass 2.rfa*] na pasta *Doors* e clique **Open**.

12. 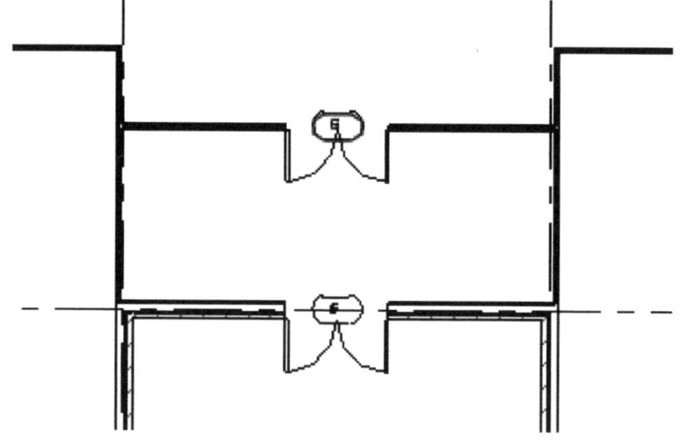

Coloque duas portas de vidro duplas de entrada na posição do meio das paredes de entrada.

As portas duplas devem se abrir para fora, no caminho de saída, para precisão. As portas do interior normalmente se abrem para o espaço do cômodo, não do saguão.

13. Ativar **Level 2**.

14. Home Ative a faixa **Home**.

15. 

Selecione a ferramenta **Door** do painel Build.

16. Selecione **Single-Flush 36" x 84"** [**M_Sgl Flush: 0915 x 2134mm**] no drop-down.

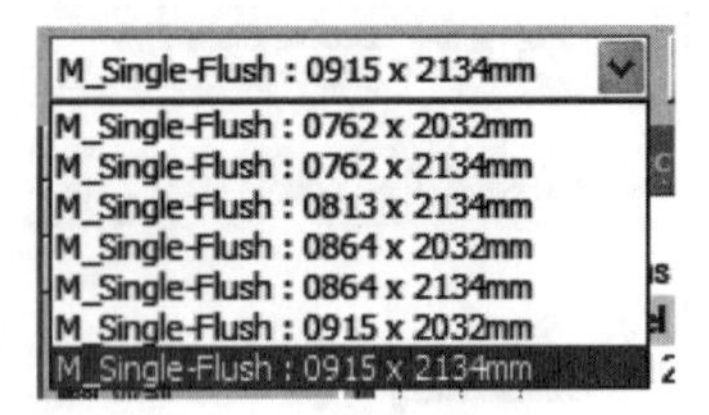

17. Coloque as portas como mostrado.

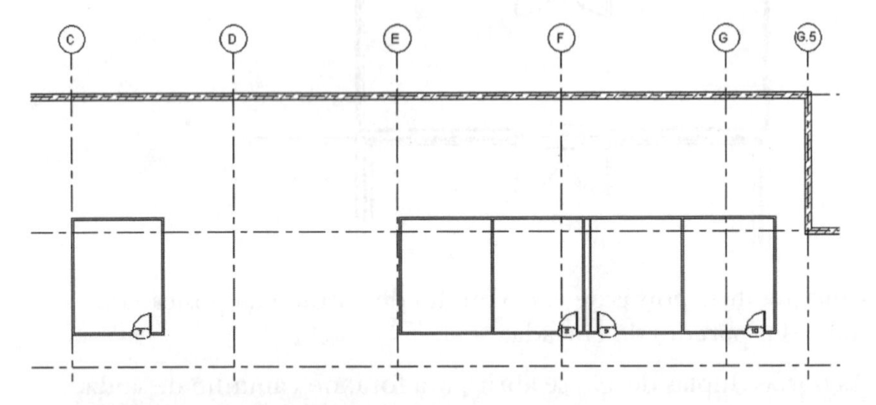

18. Salve o arquivo como *ex3-7.rvt.*

Exercício 3-8

Adicionando Escadas

Nome do desenho: *ex3-7.rvt*

Tempo estimado: 40 minutos

Este exercício reforça as seguintes habilidades:

- ❑ Escadas
- ❑ Edição do esboço
- ❑ Ativação de dimensões
- ❑ Propriedades de escadas

Um pequeno vídeo deste exercício está disponível no meu website para ajudar os usuários com este exercício.

Acesse em *www.mossdesigns.com/documents/ex3-7-revit.zip*. Este é um arquivo compactado ou zipado. Você vai precisar para extraí-lo/descompactá-lo antes de ser capaz de visualizá-lo.

1. Abra o *ex3-7.rvt*.

2. 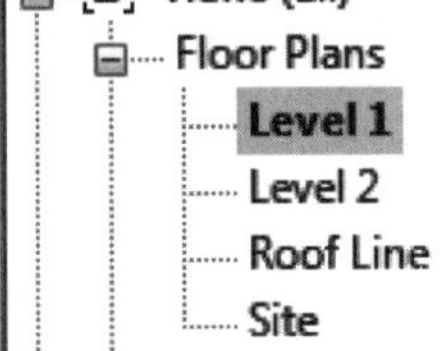

Ative a planta baixa **Level 1**.

3. 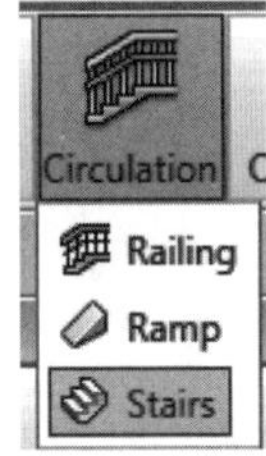

Selecione a ferramenta **Stairs** no painel Circulation da faixa Home.

Quando estiver criando uma escada, você precisará definir duas linhas de limite ou arcos curvados e o número correto de degraus. O Revit calculará automaticamente o número de degraus para você.

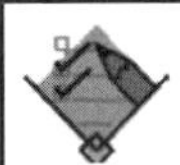

DICA: Você também pode selecionar o corrimão da escada e selecionar 'Editar sketch'. Depois, adicionar uma linha; isso criará um corrimão contínuo, sem a adição de uma segunda peça.

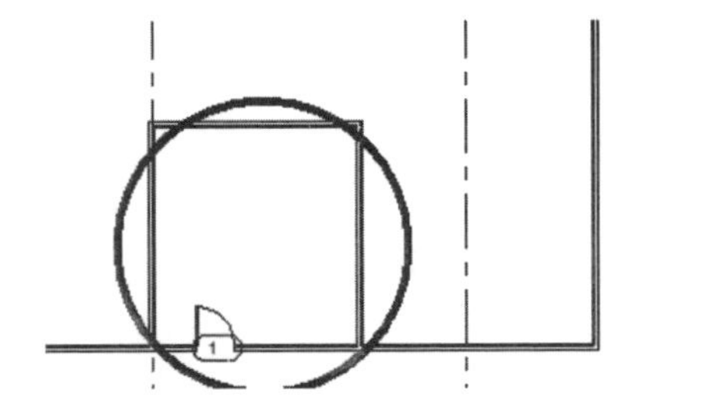

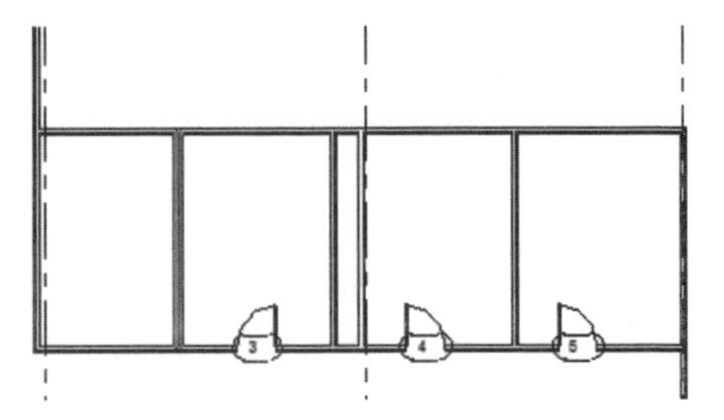

Nosso primeiro conjunto de escadas estará localizado na sala indicada pelo círculo.

4. Selecione a ferramenta **Boundary**.

Esta ferramenta permite que você esboce os lados esquerdo e direito de uma escada.

5. 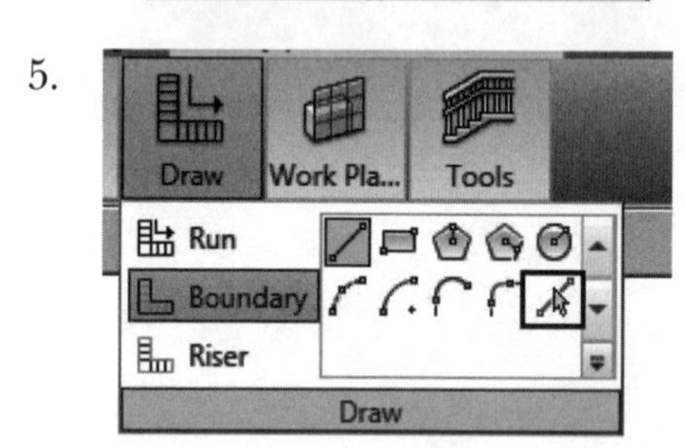

Selecione a ferramenta **Pick Lines**.

6. 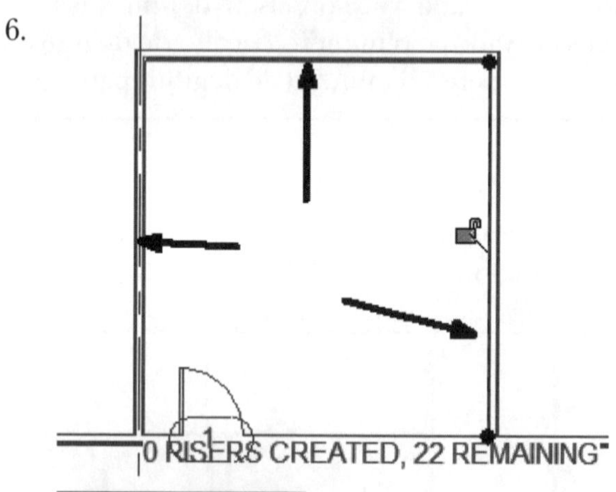

Selecione as três paredes interiores.

7. Ajuste o Offset para **3'** [**1060mm**].

8. 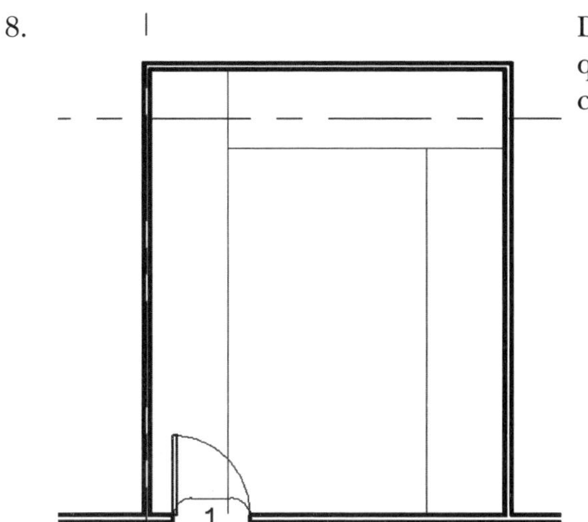

Desloque as três linhas que você acabou de colocar.

9. 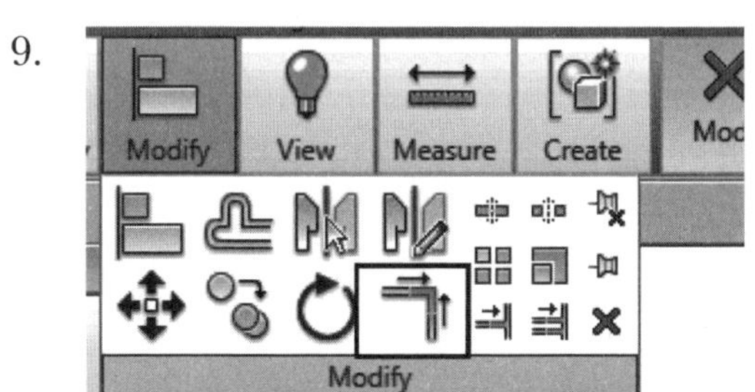

Selecione a ferramenta **Trim**.

10. 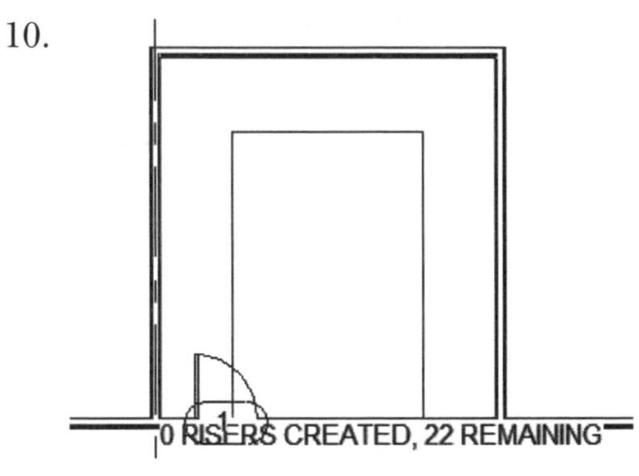

Apare as linhas internas, como mostrado.

Selecione as seções da linha que você quer manter ao usar a ferramenta Trim.

11. 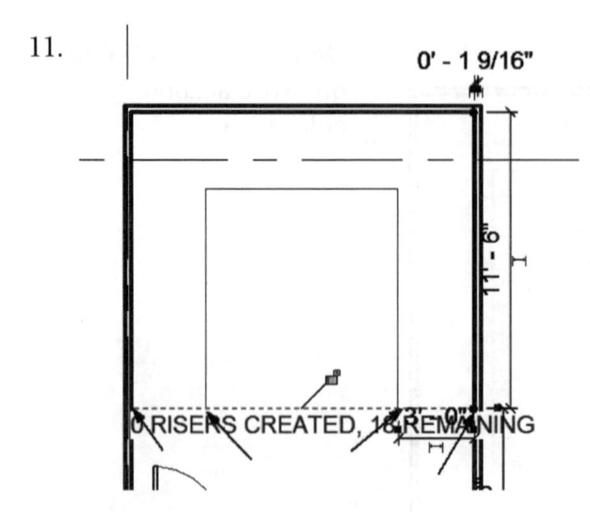

Selecione cada linha vertical para ativar os pegadores.

Ajuste o ponta de cada linha vertical para trazê-las para o cômodo.

Alguns alunos não veem o texto indicando quantos batentes são necessários. Isso acontece quando as linhas verticais não estão alinhadas, ou se você tem linhas duplicadas/sobrepostas. Verifique se você tem apenas quatro linhas verticais e se suas pontas estão todas alinhadas.

12. 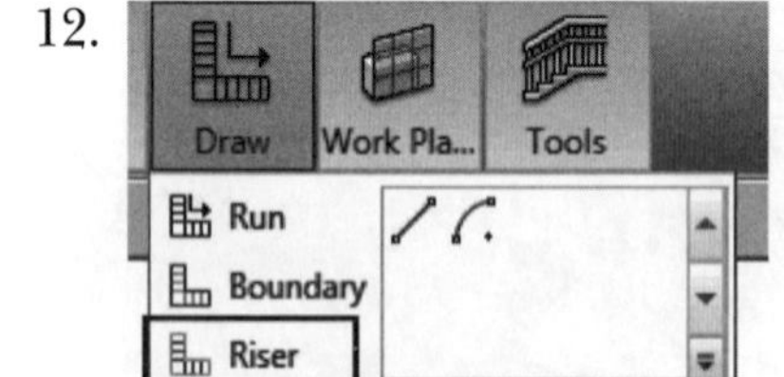

Selecione a ferramenta **Riser**.

13. 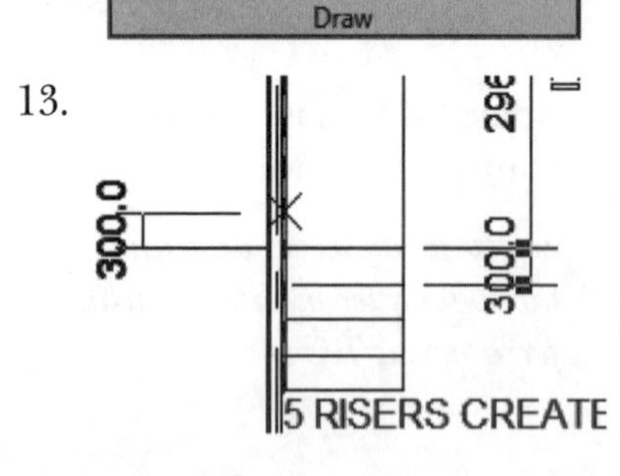

Desenhe linhas horizontais entre as linhas de limite.

Ajuste a distância entre as linhas para **11" [300mm]**.

Degraus não pode ser postos em matriz. Cada degrau deve ser colocado independentemente.

Note que à medida que você adiciona os degraus, o Revit atualiza a contagem de degraus necessários. Se você não vir a contagem de degraus, verifique onde as pontas dos limites estão localizadas. O texto da contagem de degraus fica coincidente com as pontas limites.

14. 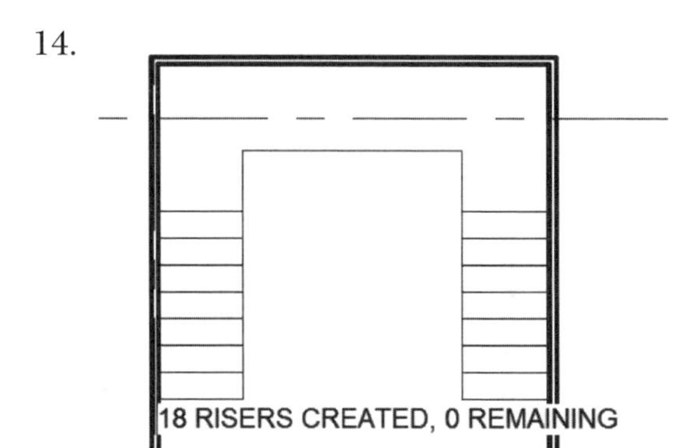

Continue colocando os degraus até que não faltem mais.

15. 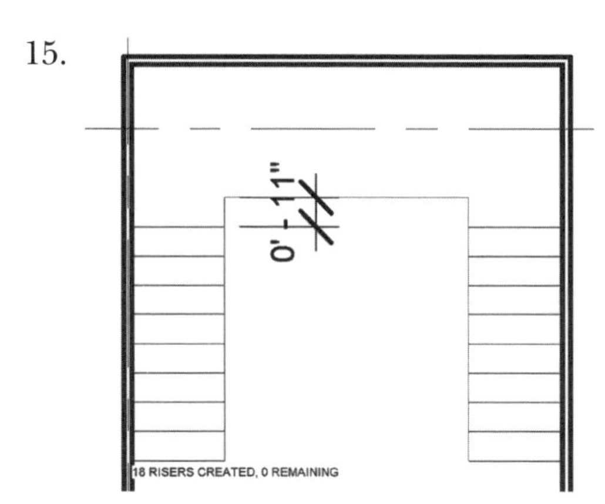

Ajuste a linha de limite horizontal interna de modo que ela fique 11" acima dos degraus superiores.

16. 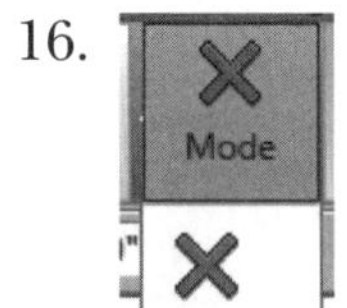

Em Mode:

Selecione a marca verde para finalizar as escadas.

17. Um diálogo de erro poderá aparecer.

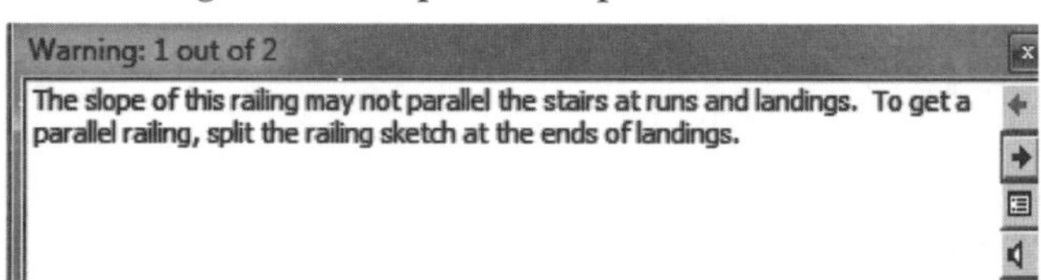

Isso é porque o limite externo precisa ser dividido para permitir que a escada se incline corretamente.

18. As escadas estão concluídas.

19. Ative a **3D View**.

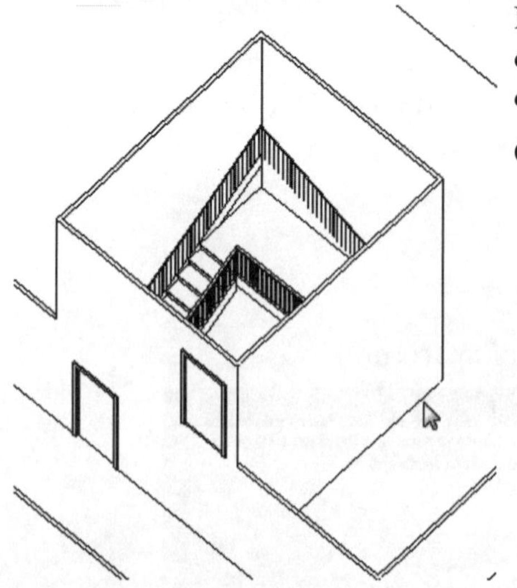

Na Vista 3D, vemos que a escada não se alinha corretamente com a saída.

Corrigiremos isso.

20. 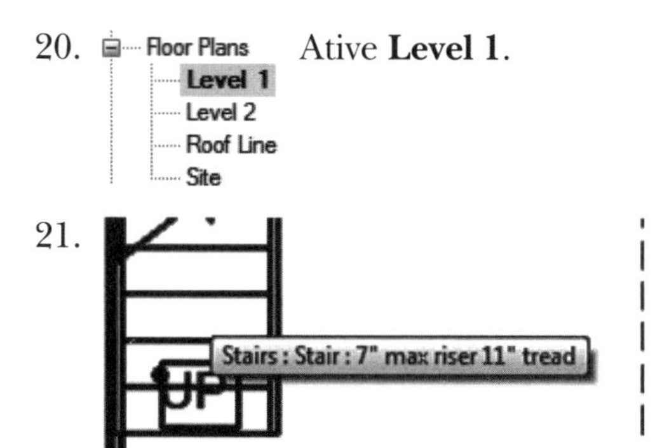

Ative **Level 1**.

21. Passe o mouse sobre a escada. Você deverá ver uma dica indicando a escada.

Clique para selecionar a escada.

22. 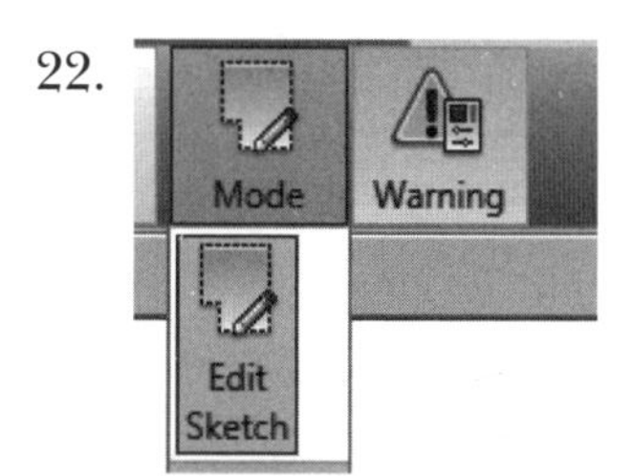

Uma pequena ferramenta de advertência será exibida na faixa.

Selecione a ferramenta **Edit Sketch** em Mode.

23. 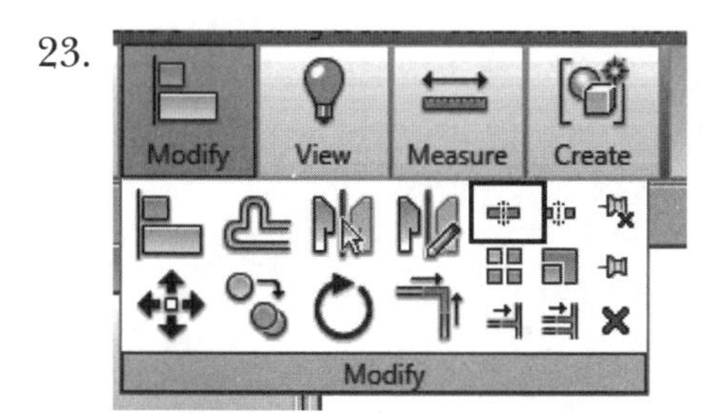

Selecione a ferramenta **Split** no painel Modify.

24. 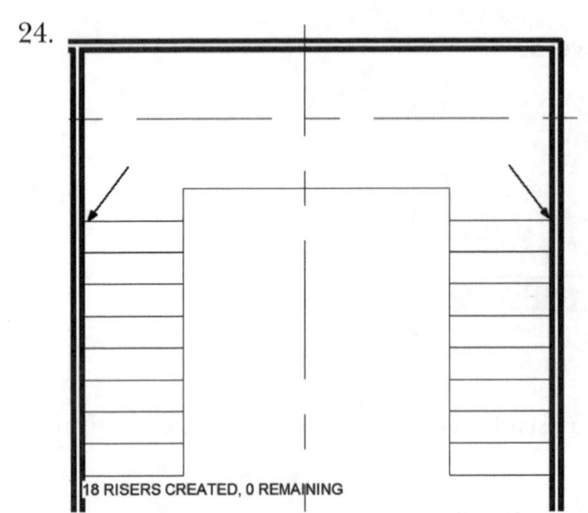

Coloque uma divisão nas duas localizações indicadas.

25. 

Em Mode:

Selecione a marca verde para finalizar as escadas.

26. Ative **3D View**.

27. 

Pressione F8 para acessar a ferramenta de órbita.

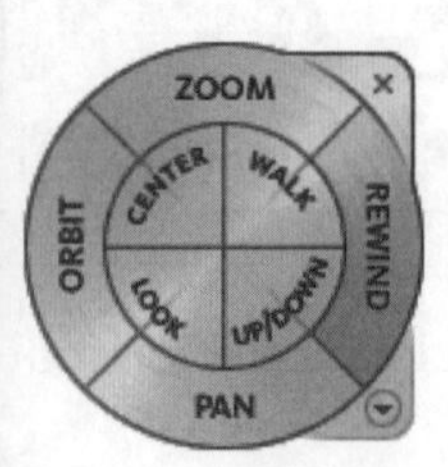

28. Salvar como *ex3-8.rvt.*

Exercício 3-9

Criando um Corrimão numa Parede

Nome do desenho: *ex3-8.rvt*

Tempo estimado: 20 minutos

Este exercício reforça as seguintes habilidades:

- ❑ Trilhos
- ❑ Tipos de trilhos

1. Abra *ex3-8.rvt.*

2. Ative **Level 1**.

3. 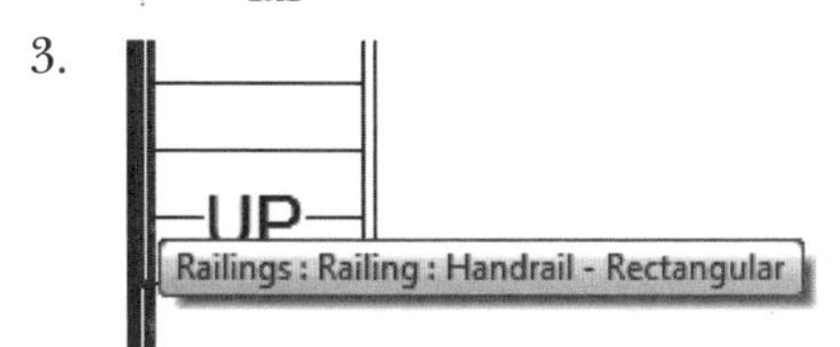

Passe o mouse sobre o trilho do lado esquerdo da escada.

Clique para selecionar o trilho.

Se você tiver dificuldade em selecionar o trilho, use a tecla TAB para circular pela seleção ou use a ferramenta FILTER.

4. 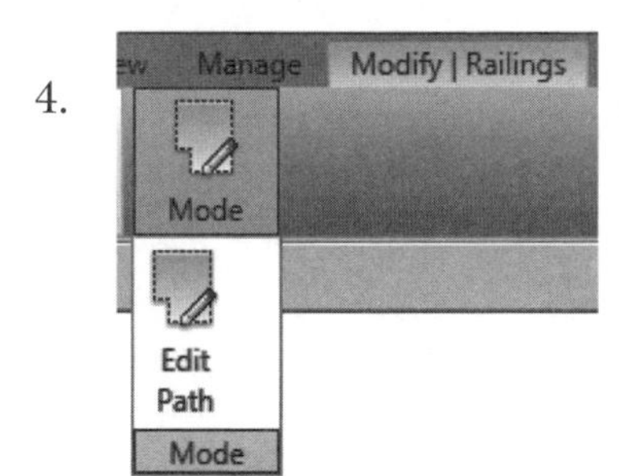

Selecione **Edit Path** no painel Mode.

5. 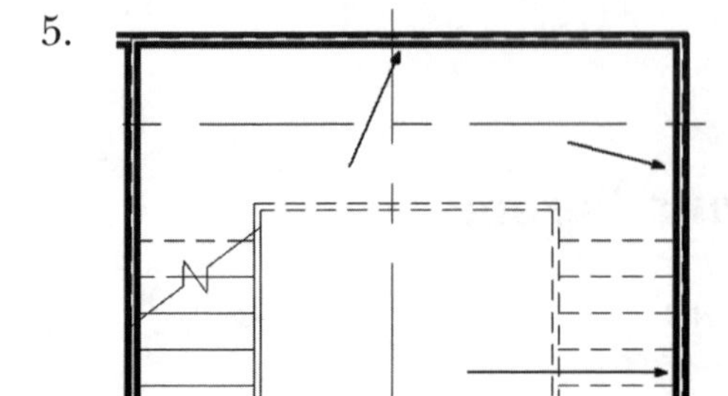

Excluir as linh3as indicadas.

6. 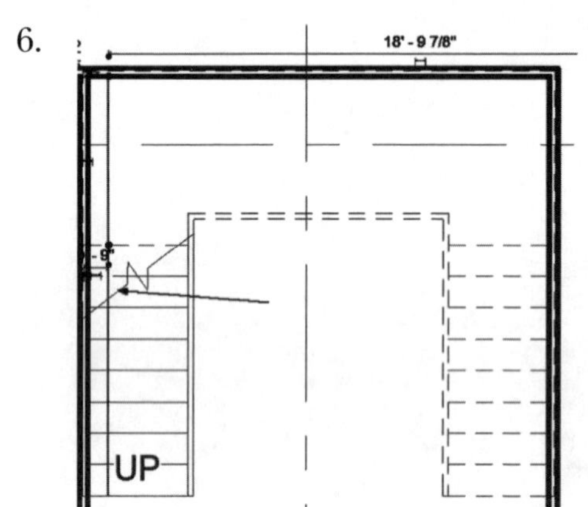

Mova as duas linhas restantes para longe da parede.

7. 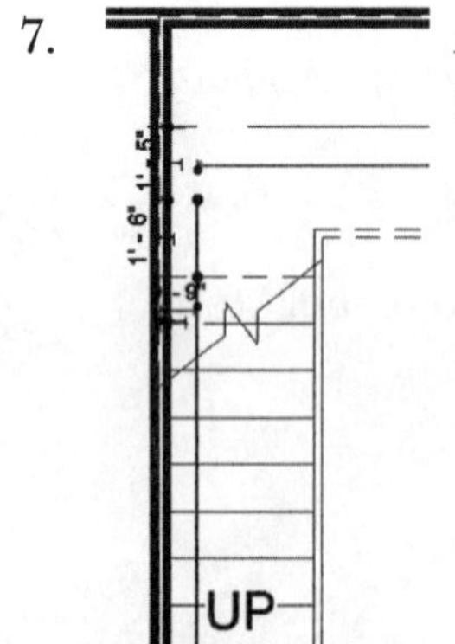

Ajuste a linha vertical superior, de modo que ela fique 1' 6" acima do degrau superior.

8. Selecione a ferramenta **LINE** no painel Draw.

9. Adicionar uma pequena linha horizontal na parte superior do trilho. Esta é a barra do corrimão que se prende à parede.

10. 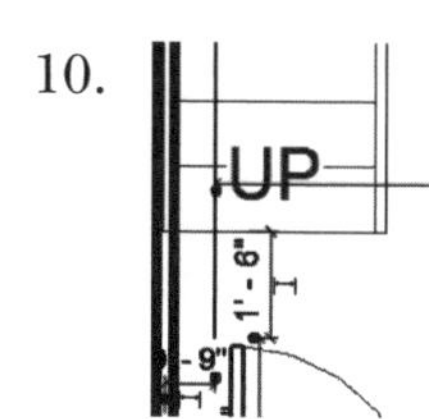

Adicione uma linha vertical que fique a uma distância de 1' 6" abaixo do batente inferior.

11. 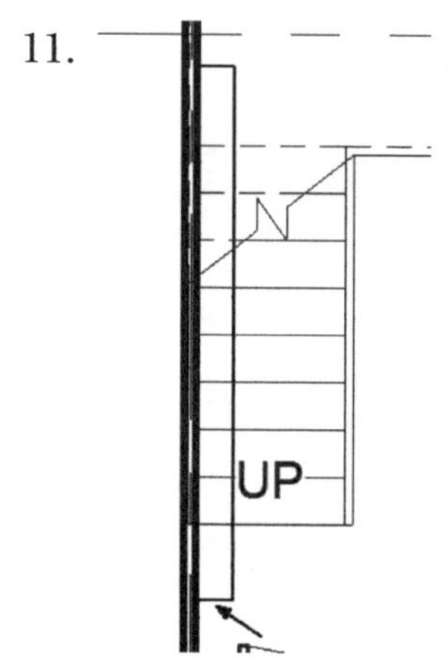

Adicione outra linha horizontal que se prenda à parede na parte inferior do trilho.

12. 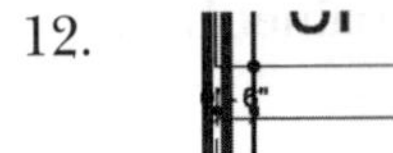

Selecione uma das linhas verticais e modifique a dimensão temporária.

Ajustar a distância do trilho à parede para 6”.

13. 

Selecione **Edit Type** no painel Properties.

14. 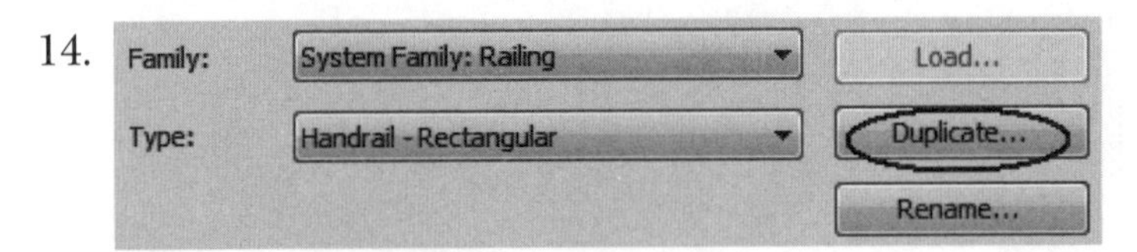

Selecione **Duplicate**.

15. 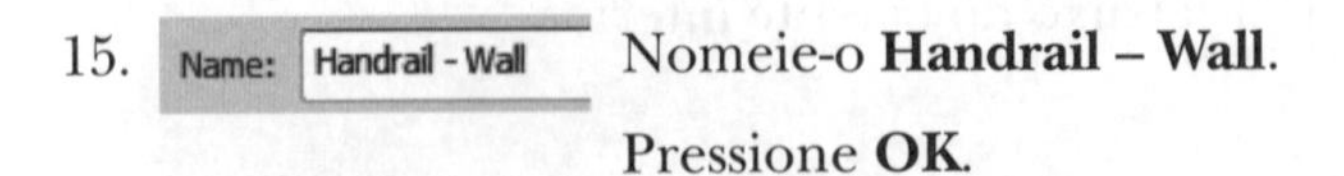

Nomeie-o **Handrail – Wall**.

Pressione **OK**.

16. 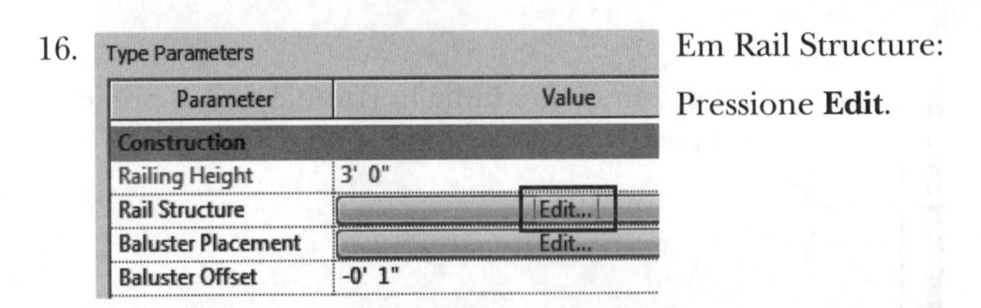

Em Rail Structure:

Pressione **Edit**.

17. Clique na coluna **Material**.

Rails

	Name	Height	Offset	Profile	Material
1	Rail 1	3' 0"	-0' 1"	Rectangular Handrail : 2"	<By Category>

18.

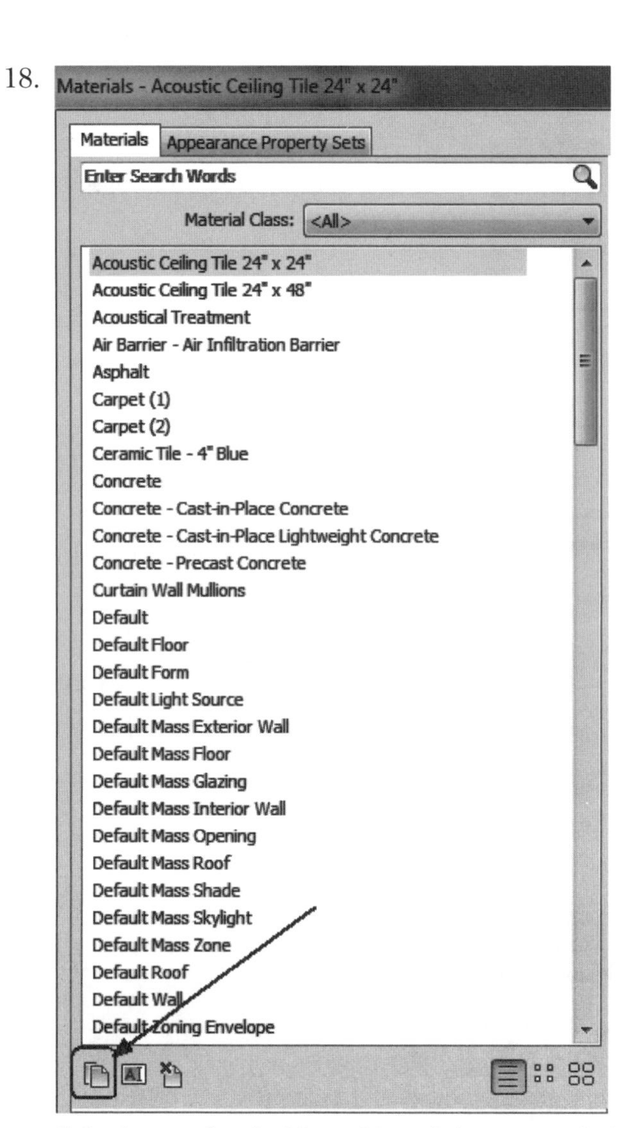

Selecione o botão **Novo Material** na parte inferior esquerda do diálogo.

19.

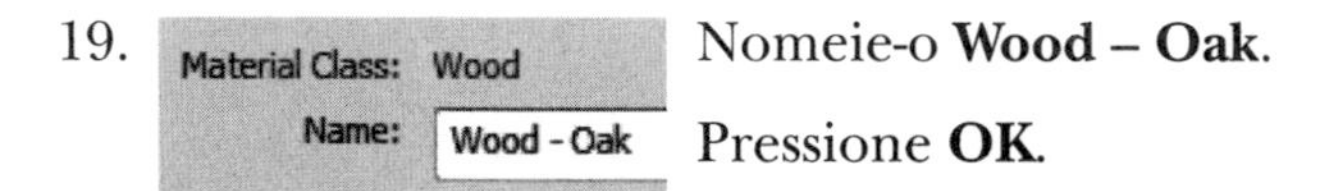

Nomeie-o **Wood – Oak**.

Pressione **OK**.

20. 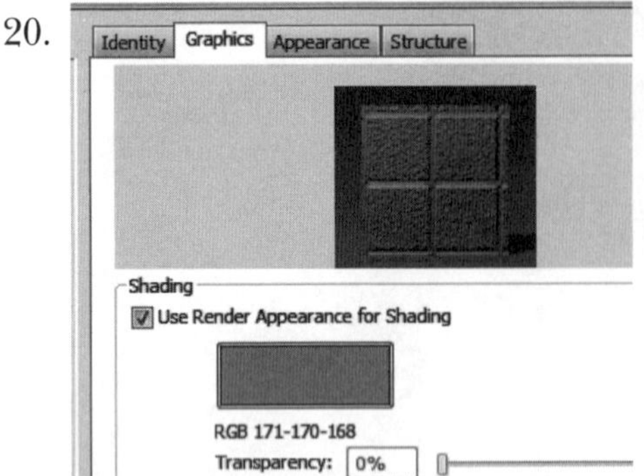

Ative a aba Graphics.

Habilite **Use Render Appearence for Shading**.

21. 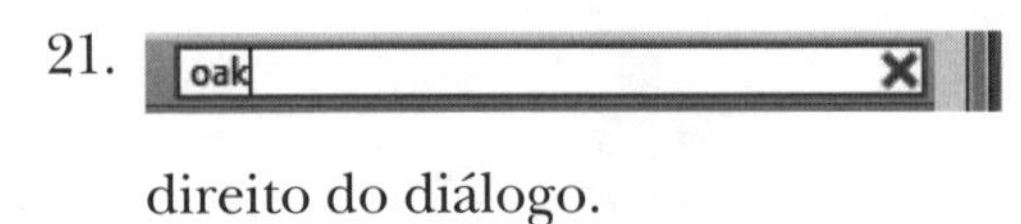

Digite **oak** no campo de pesquisa, no canto superior direito do diálogo.

22. 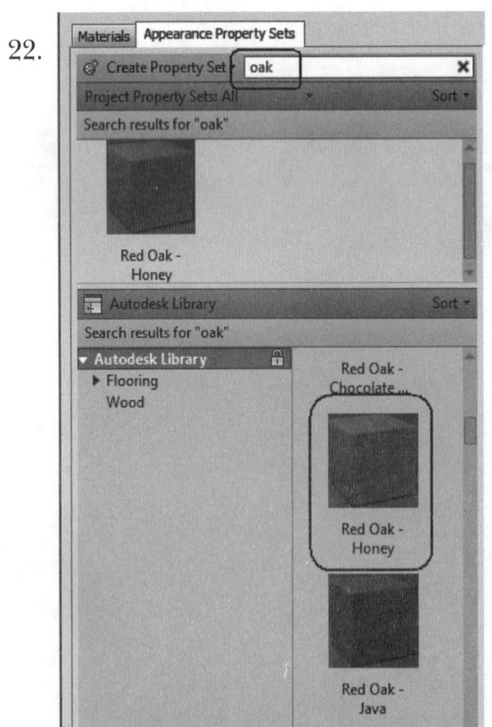

Selecione **Red Oak – Honey**.

Se preferir usar um material diferente, selecione-o.

Pressione **OK**.

23.

Rails

	Height	Offset	Profile	Material
1	3' 0"	-0' 1"	Rectangular Handrail : 2" x	Wood - Oak

Verifique se o material está correto.

Pressione **OK**.

24.

Rail Structure	Edit...
Baluster Placement	Edit...
Baluster Offset	-0' 1"

Pressione **Edit** ao lado de Baluster Placement.

25.

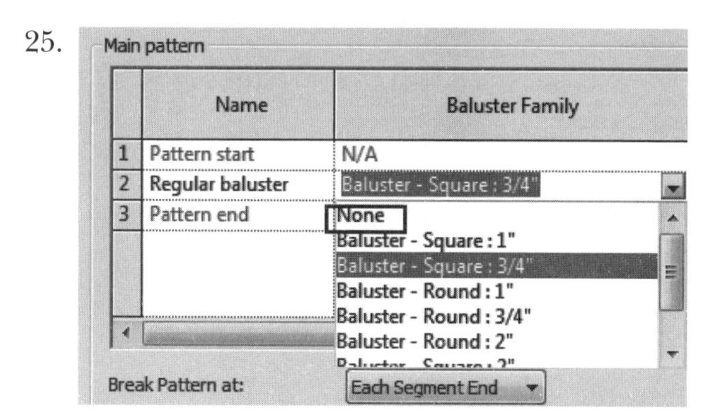

Na linha 2 da tabela **Main Pattern**, ajuste Regular baluster para **None**.

26.

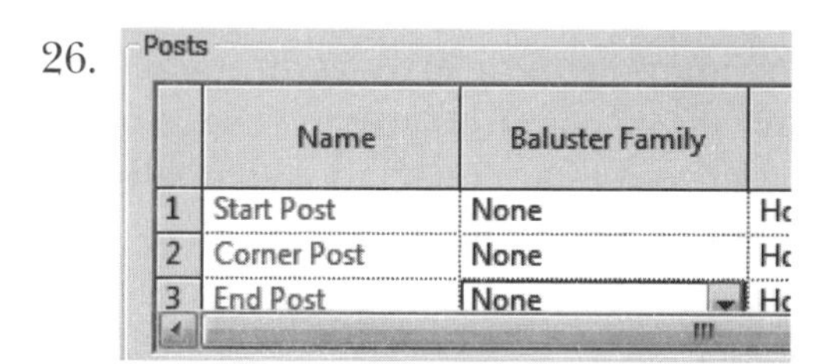

Na tabela **Posts**, ajuste todos os postes para **None**.

27.

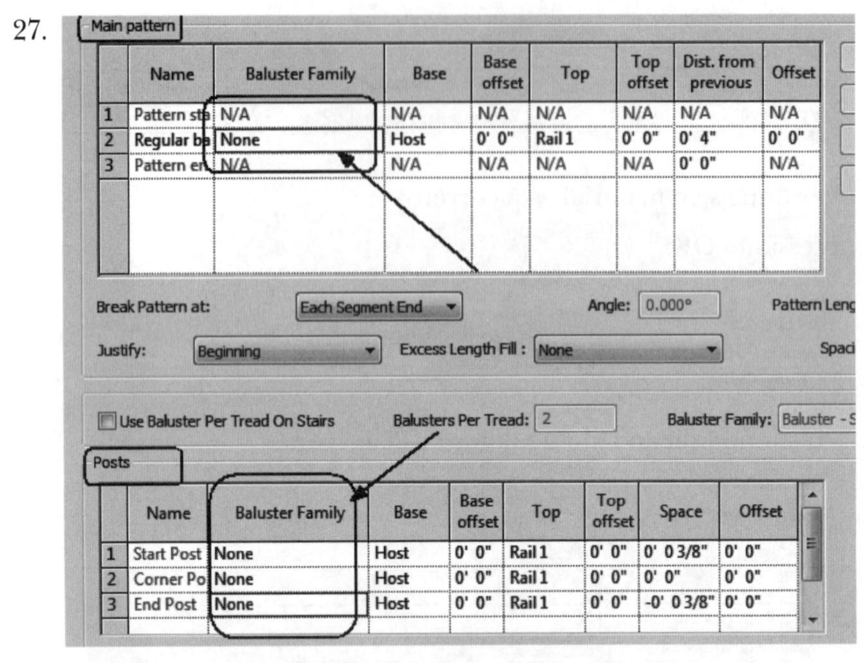

Verifique se você ajustou os balaústres para **None** em ambas as áreas.

Muitos dos meus alunos configuram para None numa área e não na outra.

Pressione **OK** duas vezes para sair de todos os diálogos.

28. Selecione a marca verde em Mode para sair do Modo Edit.

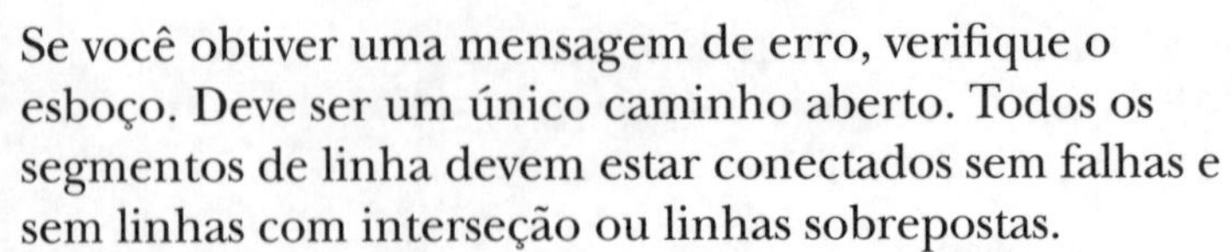

Se você obtiver uma mensagem de erro, verifique o esboço. Deve ser um único caminho aberto. Todos os segmentos de linha devem estar conectados sem falhas e sem linhas com interseção ou linhas sobrepostas.

29. Alterne para uma vista 3D.

30. 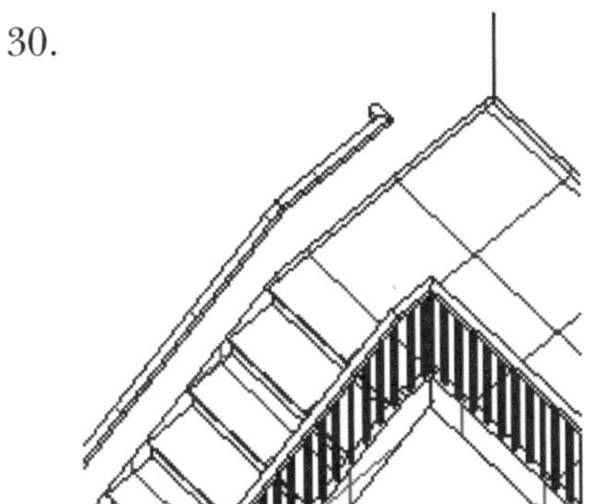

Inspecione o trilho.

31. 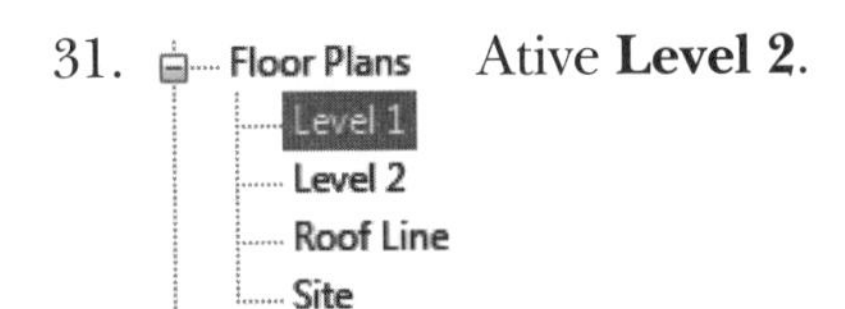

Ative **Level 2**.

32. Ative a faixa **Home**.

Selecione **Railing** no painel Circulation.

33. 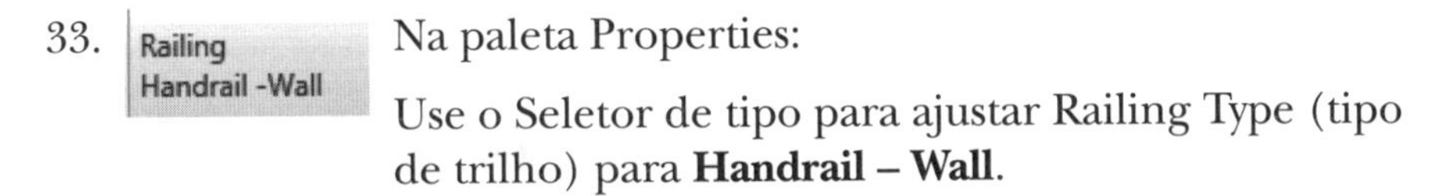

Na paleta Properties:

Use o Seletor de tipo para ajustar Railing Type (tipo de trilho) para **Handrail – Wall**.

34. 

Selecione **Line** no painel Draw.

35. 

Habilite **Chain** na barra Options.

36.

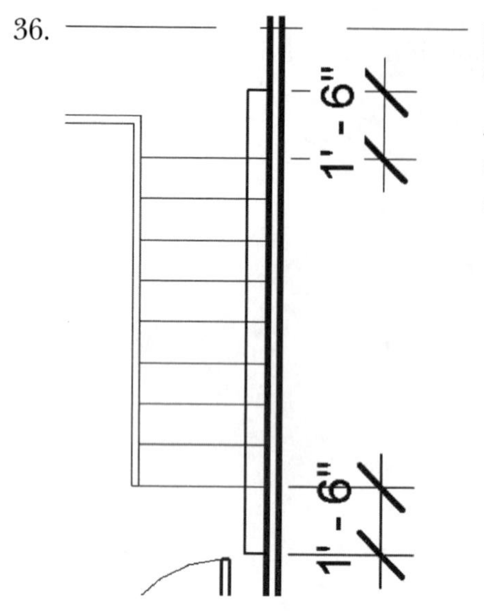

Desenhe o caminho do trilho em cinco segmentos.

Pela criação de segmentos separados, você permite que o trilho fique paralelo ao piso, aos saguões e às escadas.

37.

Selecione **Pick New Host** em Tools.

Depois, selecione as escadas.

Pela atribuição de um hospedeiro, você instrui o corrimão a se inclinar paralelo à escada.

38.

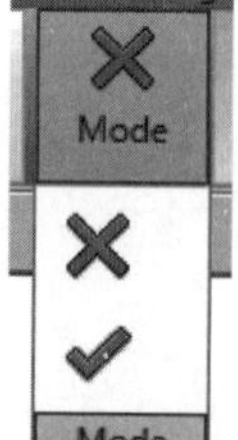

Selecione a marca verde em Mode.

O trilho desaparecerá, mas isso é porque ele está hospedado no Nível 2 e você está no Nível 1.

39. Alterne para uma vista 3D.

40. 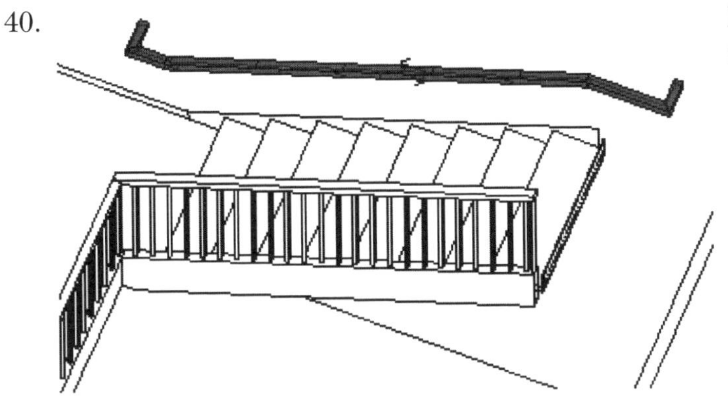

Inspecione o trilho.

41. Salve como *ex3-9.rvt*.

Exercício 3-10

Criando um Tipo de Escada

Nome do desenho: *ex3-8.rvt*

Tempo estimado: 20 minutos

Este exercício reforça as seguintes habilidades:

- ❑ Pavimentos
- ❑ Propriedades de pavimentos

1. Abra *ex3-9.rvt*.

2. 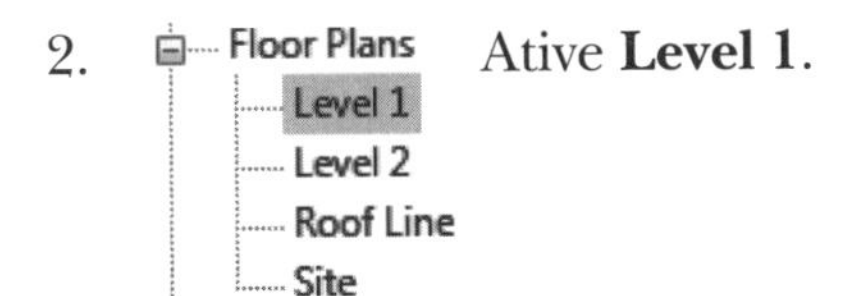

Ative **Level 1**.

3. 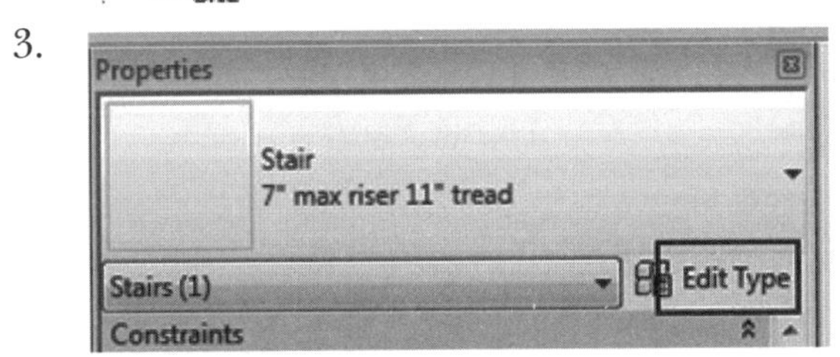

Selecione a escada.

Selecione **Edit Type** no painel Properties.

4. Selecione **Duplicate**.

5. Digite **Stairs - Oak Tread with Painted Riser**.

   Pressione **OK**.

6. Role para baixo até a categoria Materials and Finishes (materiais e acabamentos).

   Selecione a linha **Tread Material** (material do piso).

7. Selecione o material **Wood – Oak**.

   Pressione **OK**.

8. Selecione a linha **Riser Material**.

9. Digite Paint na caixa de texto de pesquisa.

   Destaque **Paint**.

10. Selecione a ferramenta **New Material**.

11. 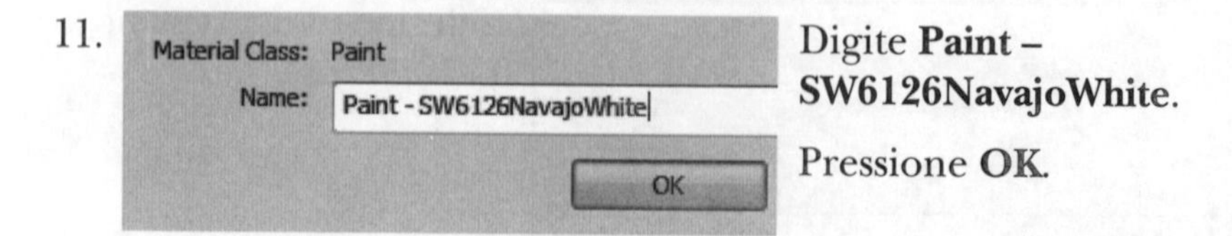

   Digite **Paint – SW6126NavajoWhite**.

   Pressione **OK**.

12.

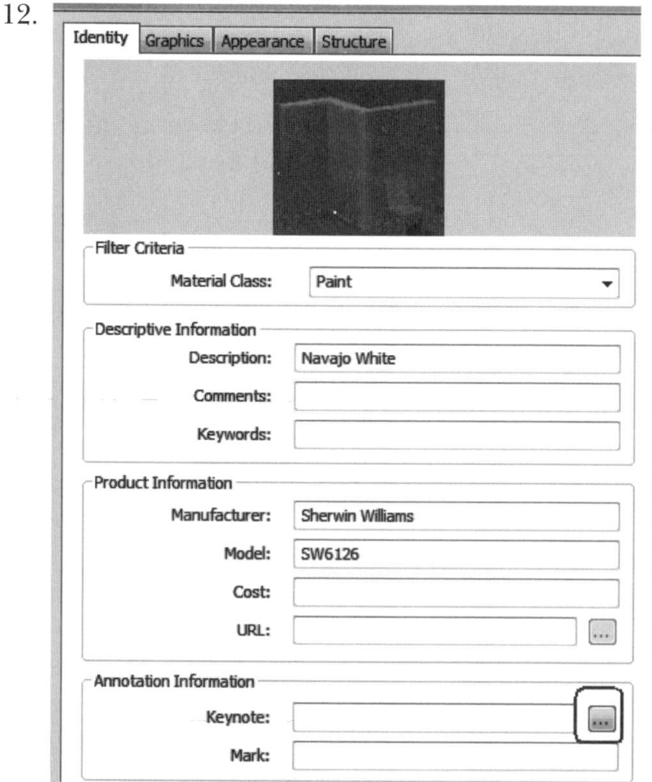

Ative a aba **Identity**.

Entre **Navajo White** em Description.

Em Product Information:

Entre o Manufacturer digitando **Sherwin Williams**. Entre o Model digitando **SW6126**.

Pressione o botão de navegação (...) ao lado de Keynote.

13.

Division 09	Finishes
09 22 00	Supports for Plaster and Gypsum Board
09 23 00	Gypsum Plastering
09 24 00	Portland Cement Plastering
09 29 00	Gypsum Board
09 30 00	Tiling
09 51 00	Acoustical Ceilings
09 64 00	Wood Flooring
09 65 00	Resilient Flooring
09 68 00	Carpeting
09 72 00	Wall Coverings
09 73 00	Wall Carpeting
09 81 00	Acoustic Insulation
09 84 00	Acoustic Room Components
09 91 00	Painting
09 91 00.A1	Paint Finish
09 91 00.A2	Semi-Gloss Paint Finish
09 93 00	Staining and Transparent Finishing

Keynote Text:

Localize a Keynote **09 91 00 A2** sob a **Division 09**.

Pressione **OK**.

14. Annotation Information
Keynote: 09 91 00.A2
Mark:

O número da keynote que foi selecionado é exibido.

15. 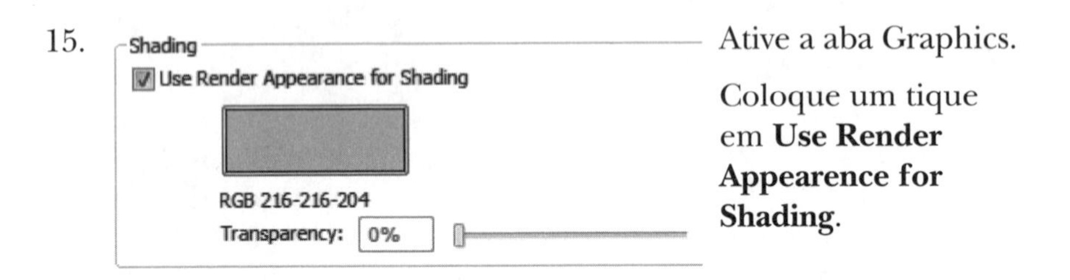

Ative a aba Graphics.

Coloque um tique em **Use Render Appearence for Shading**.

16. 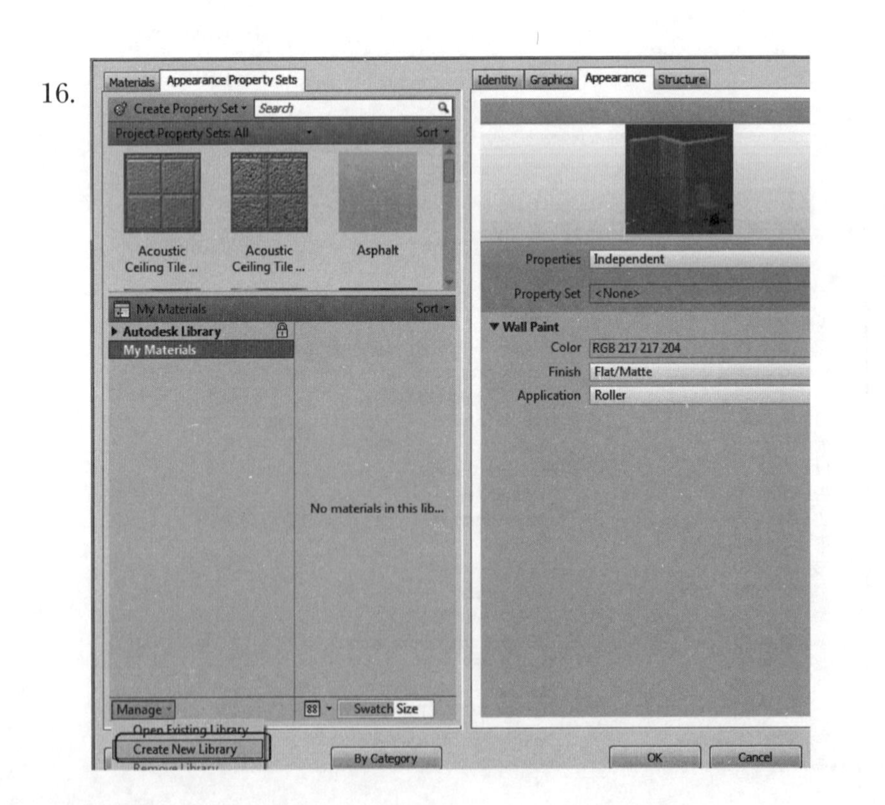

Selecione a aba **Appearence**.

Na parte inferior do diálogo:

Selecione **Create New Library**.

17. 

Navegue até o local em que você está armazenando seu trabalho.

Dê um nome a seu arquivo de materiais.

Pressione **Save**.

18. 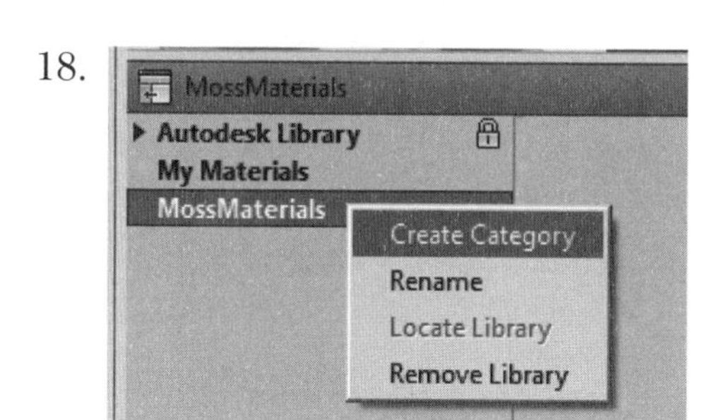

Destaque sua biblioteca de materiais.

Clique com o botão direito e selecione **Create Category**.

19. 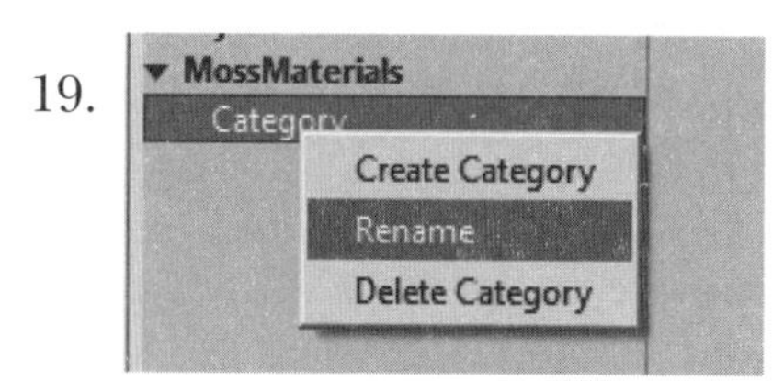

Destaque **Category**.

Clique com o botão direito e selecione **Rename**.

20. 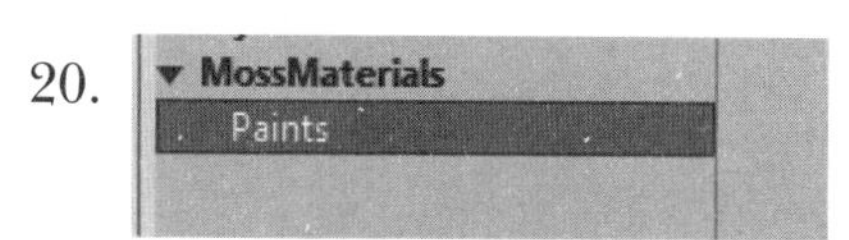

Renomeie a categoria **Paints**.

21.

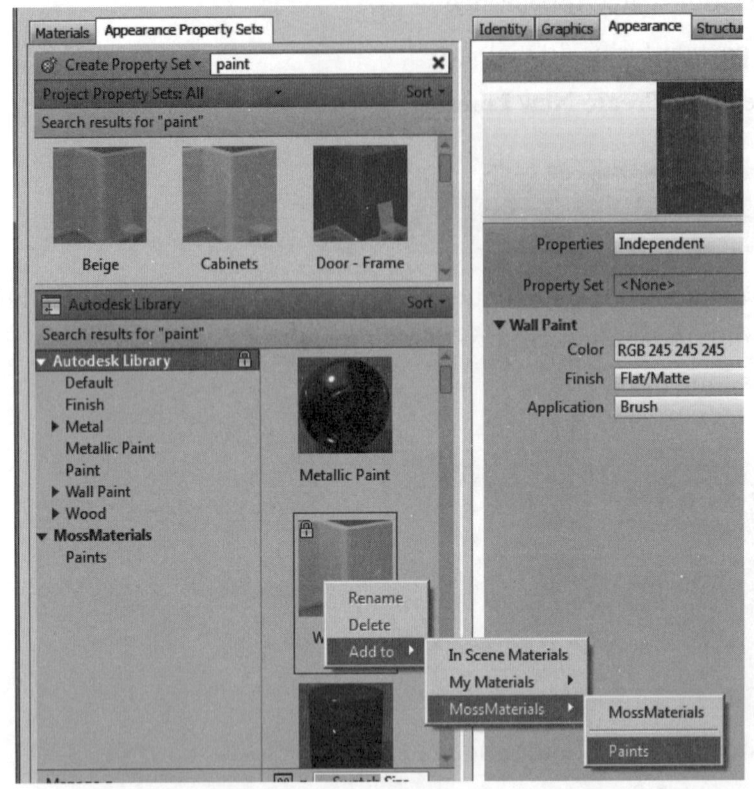

Destaque a Autodesk Library (biblioteca do Autodesk).

Esta biblioteca é bloqueada e não pode ser editada.

Digite **paint** no campo de pesquisa.

Localize o material **Wall Paint** (pintura de parede). Clique com o botao direito na imagem.

Selecione **Add to → MossMaterials → Paints**.

22.

Clique com o botão direito no material e selecione **Rename**.

23. 

Mude o nome para **SW6126 Navajo White**.

24. 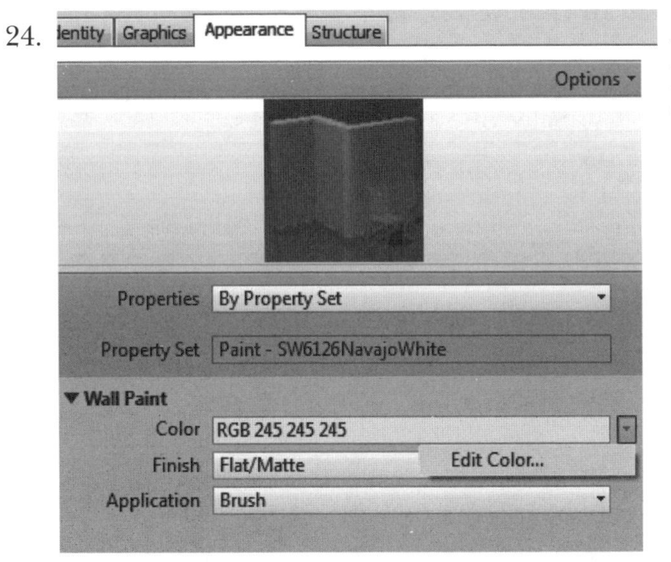

Ajuste Properties para **By Property Set**.

25. Você pode ajustar a cor usando RGB.

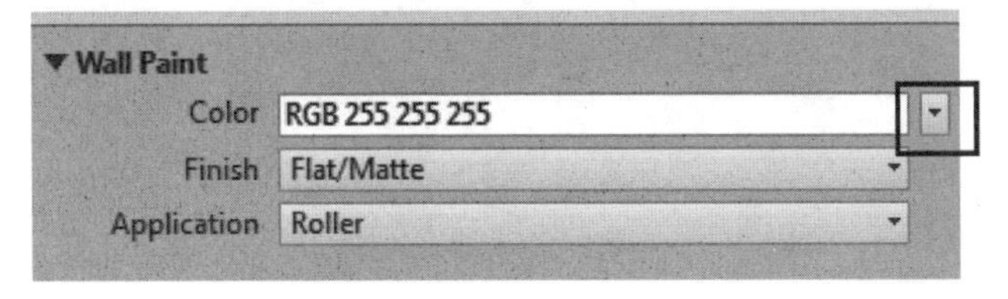

Eu uso o ColorSchemer (www.colorschemer.com) para determinar o código RGB de cores personalizadas.

Selecione a seta para baixo para ver o botão **Edit Color**.

Selecione **Edit Color**.

26. No campo Red (vermelho), entre **234**.

No campo Green (verde), entre **223**.

No campo Blue (azul), entre **203**.

Pressione **Add**.

Isso corresponde ao SW6126 Navajo White (branco navajo) da Sherwin William.

27. Selecione a paleta de cores.

Pressione **OK**.

28.

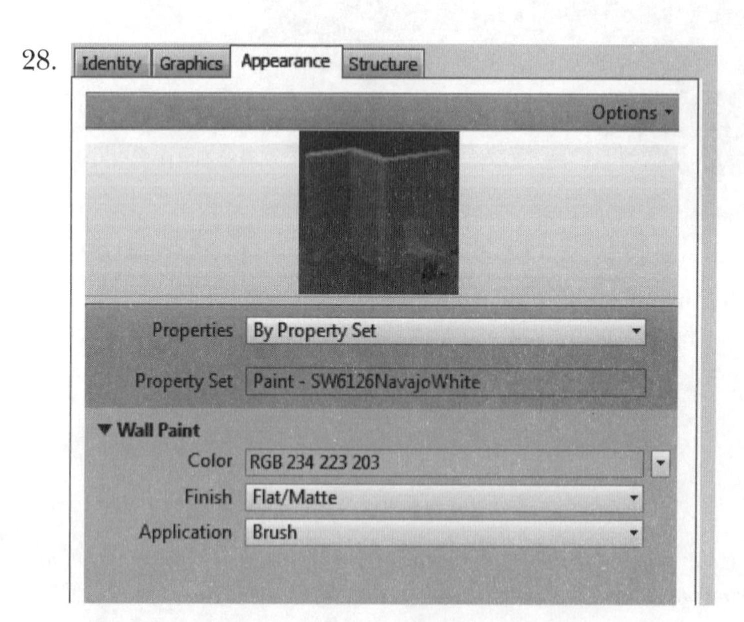

A pré-visualização será atualizada.

Pressione **OK**.

29. Selecione a linha **Stringer Material**.

Materials and Finishes	
Tread Material	Wood - Oak
Riser Material	Paint - SW6126NavajoWhite
Stringer Material	<By Category>
Monolithic Material	<By Category>

30. Selecione o material **Wood – Oak**.

    Pressione **OK**.

31. Pressione **OK** para fechar o diálogo.

32. Alterne para uma vista 3D.

33. Mude a exibição para **Realistic**.

    Orbite em torno do modelo para inspecionar a escada.

34. 

    Observe como os materiais atribuídos afetam a aparência da escada.

    Alguns usuários podem não ver o padrão de madeira nos degraus. Este é um problema da placa gráfica. Eu uso uma placa gráfica de ponta.

35. Se você quiser as placas fiquem orientadas horizontalmente, em vez de verticalmente, nos degraus:

36. 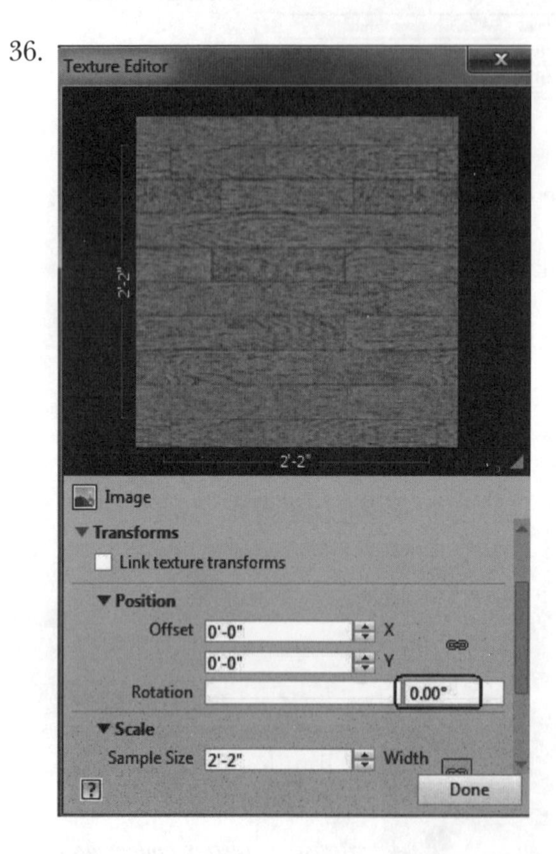

Selecione a escada.

Edite o tipo.

Selecione o material do piso (Tread Material).

Selecione a aba Appearence.

Ao lado da imagem, selecione Editar Image, na lista drop down.

Expanda a área **Transforms**.

Ajuste **Rotation** para 90 graus.

Pressione **Done**.

37. Salve como *ex3-10.rvt.*

Alguns alunos expressaram preocupação com relação às junções de trilhos nos cantos. Isto se deve à mudança de elevação naquelas junções. Se você ajustar a posição do batente, poderá limpar essas áreas.

Com a posição do batente ajustada...

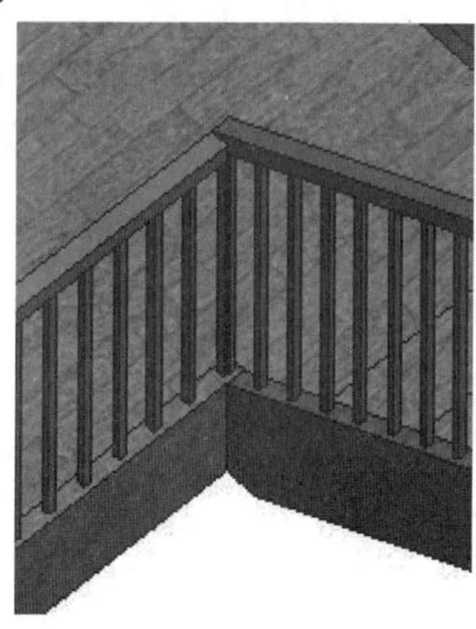

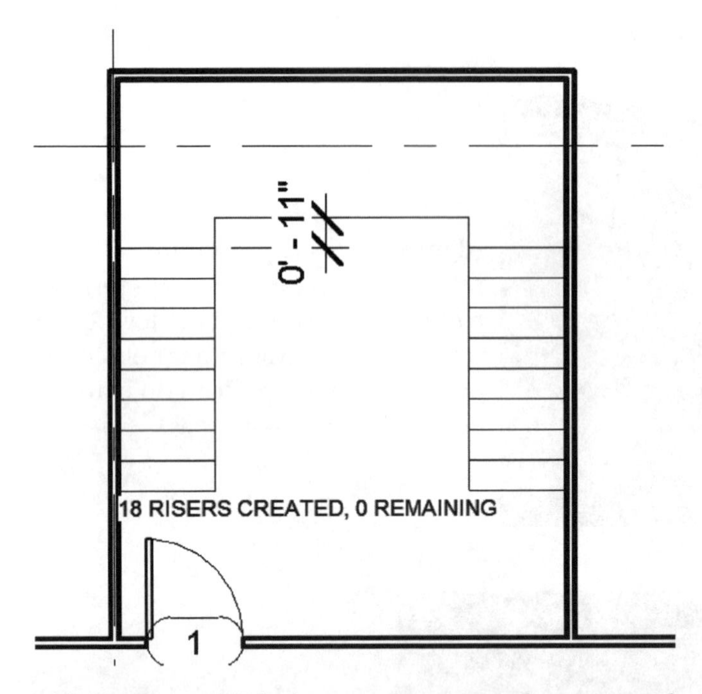

Verifique se você deslocou o batente pelo menos a largura de um batente para permitir o ajuste dos trilhos.

Exercício 3-11

Modificando a Planta Baixa - Revisão de Conhecimentos

Nome do desenho: *ex3-10.rvt*

Tempo estimado: 30 minutos

Este exercício reforça as seguintes habilidades:

- ❑ Vistas 3D
- ❑ Cópia
- ❑ Alinhamento
- ❑ Pisos
- ❑ Trilhos

1. Abra *ex3-10.rvt.*

2. 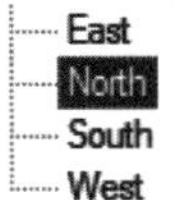

Ative a elevação do **North**.

3. 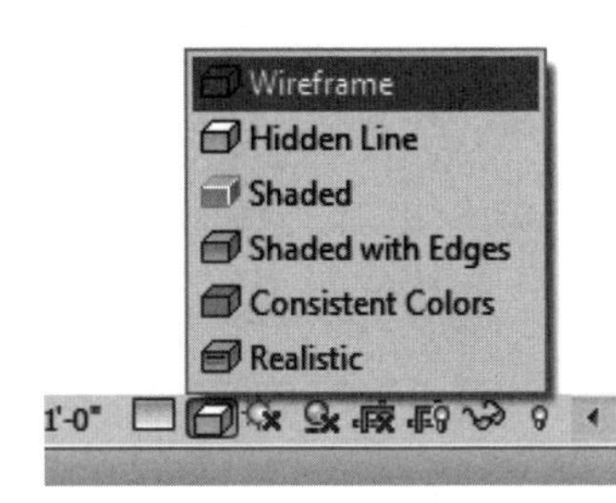

Ajuste as View Properties (propriedades da vista) para **Wireframe**.

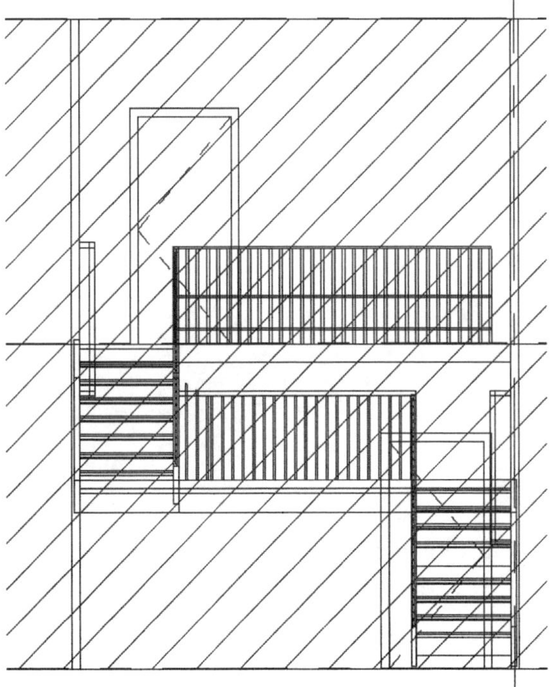

Vemos que nossa escada na elevação parece muito boa.

4. Ative **Level 2**.

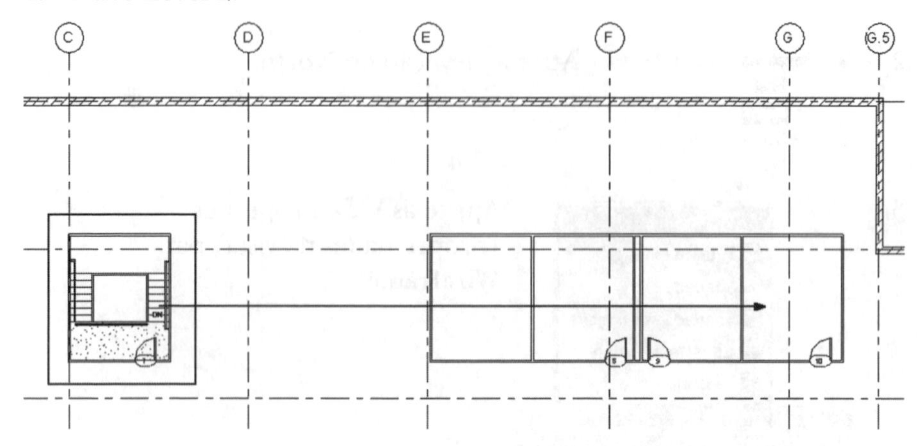

Queremos copiar a escada, os corrimãos e vãos para o espaço indicado.

5. Trace um retângulo em torno das paredes, da escada e das grades.

6. 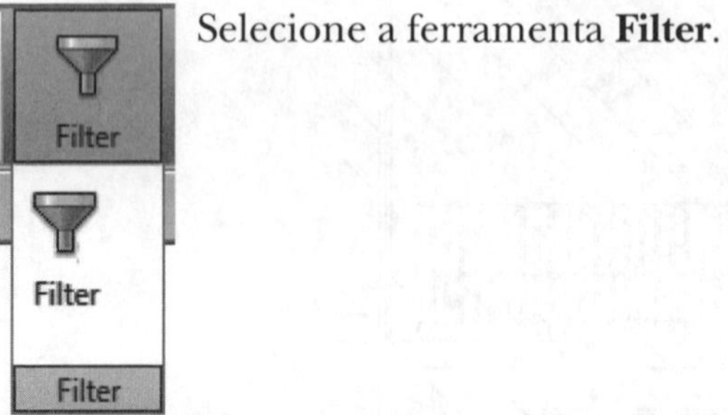

Selecione a ferramenta **Filter**.

7. 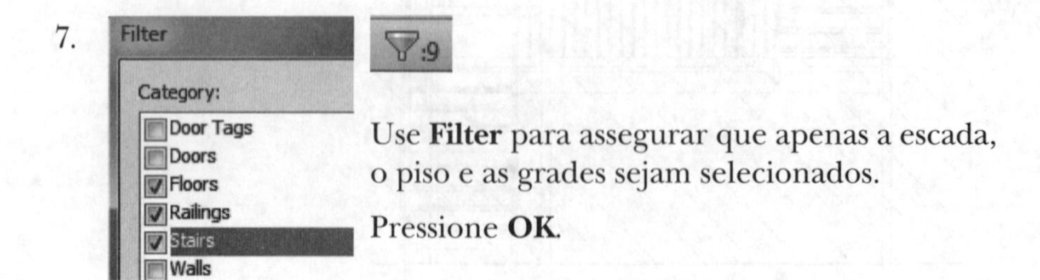

Use **Filter** para assegurar que apenas a escada, o piso e as grades sejam selecionados.

Pressione **OK**.

8.

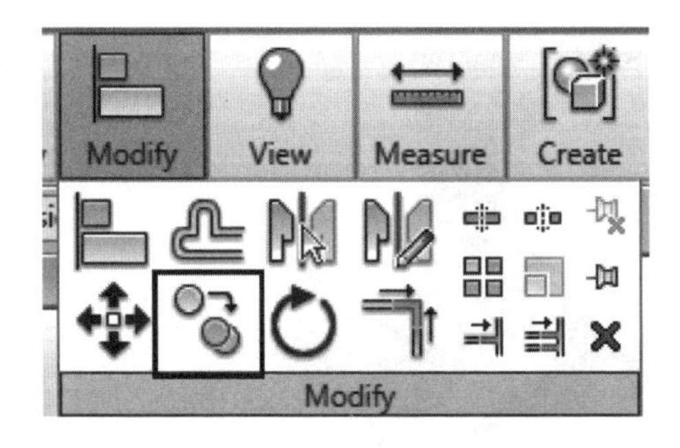

Selecione **Copy** no painel Modify.

A opção Modify → Copy só pode ser usada para copiar no mesmo plano/ nível de trabalho.

9.

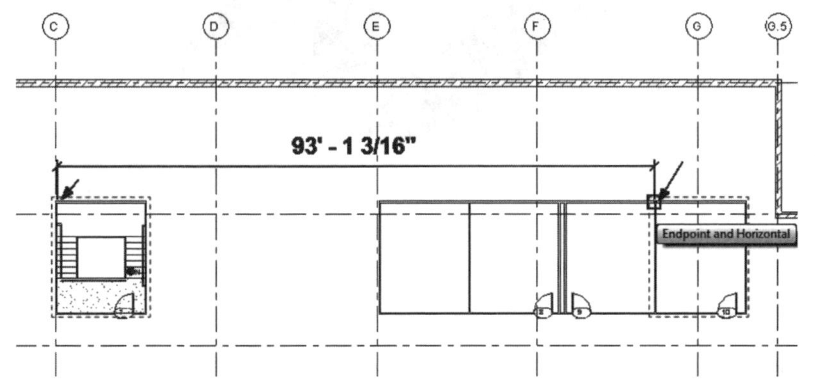

Selecione o canto superior esquerdo da escada existente como base.

Selecione o canto superior esquerdo do espaço da escada de destino como local de destino.

(Em vez de copiar a escada, você também pode repetir o processo que usamos antes para criar uma escada a partir do zero.)

10. 3D Views
{3D}

Ativar a vista **3D**.

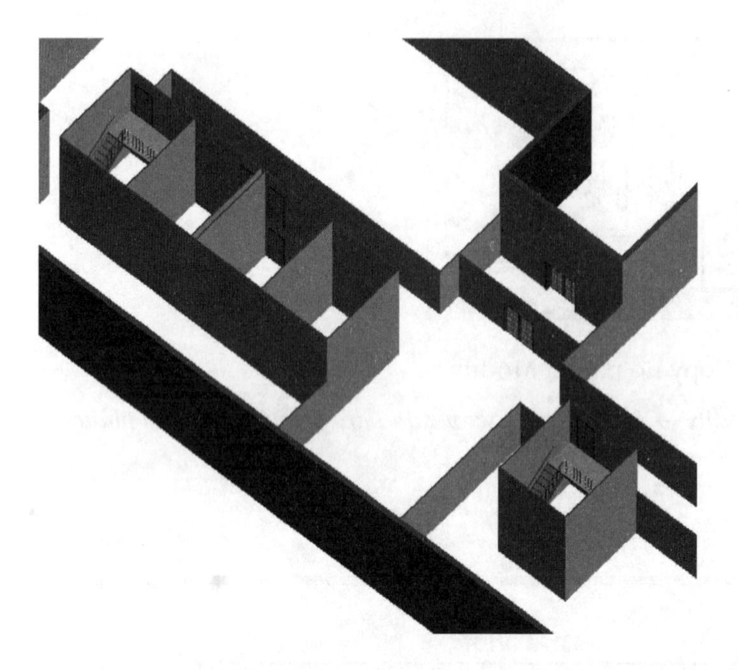

Você deverá ver uma escada completa com sacada e corrimão em ambos os vãos de escada.

11. Salve como *ex3-11.rvt.*

Exercício 3-12

Definindo uma Parede 2h

Nome do desenho: ex3-12.rvt

Tempo estimado: 10 minutos

Este exercício reforça as seguintes habilidades:

- ❑ Divisão
- ❑ Propriedades de paredes

Paredes de escadas são geralmente de 2h. As paredes, tal como atualmente definidas, são de 1h.

1. Abra *ex3-12.rvt.*

2. Floor Plans
Level 1
Level 2
Roof Line
Site

Ativar a Planta Baixa **Level 2**.

3. 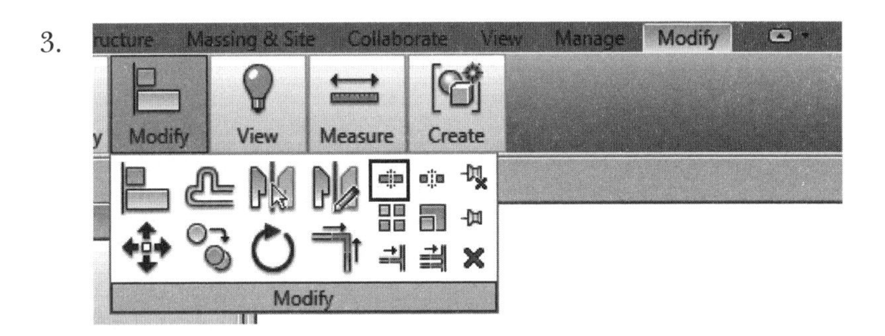

Selecione a ferramenta **Split** do painel Modify, na faixa Modify.

4. Divida as paredes nas interseções indicadas.

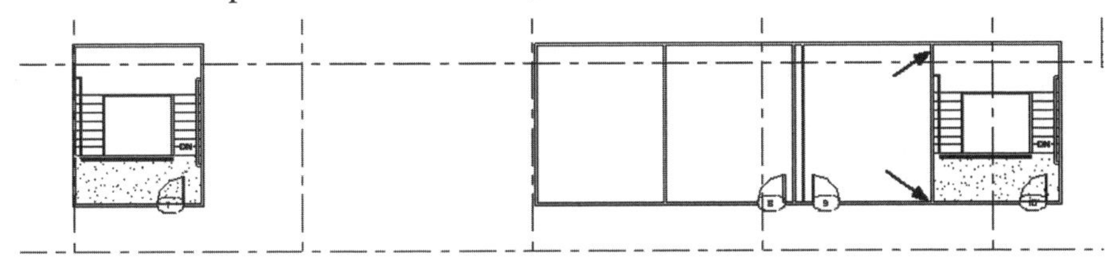

5. Selecione as paredes indicadas.

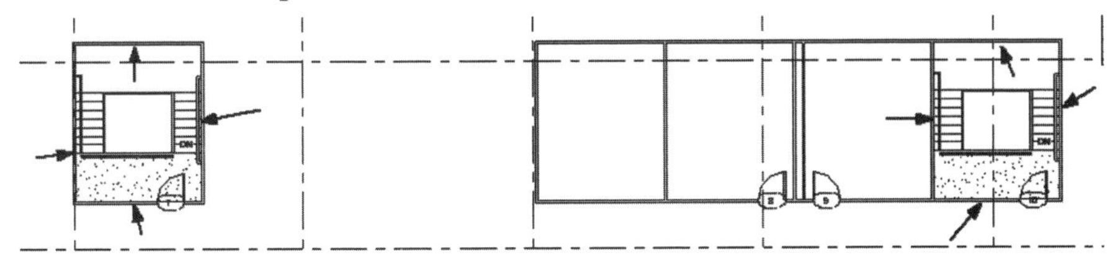

Estas paredes serão definidas como paredes de 2h.

6. Você pode traçar um retângulo em torno de ambas as áreas, enquanto mantém pressionada a tecla CTRL.

   Depois, selecione a ferramenta **Filter** na faixa.

7. 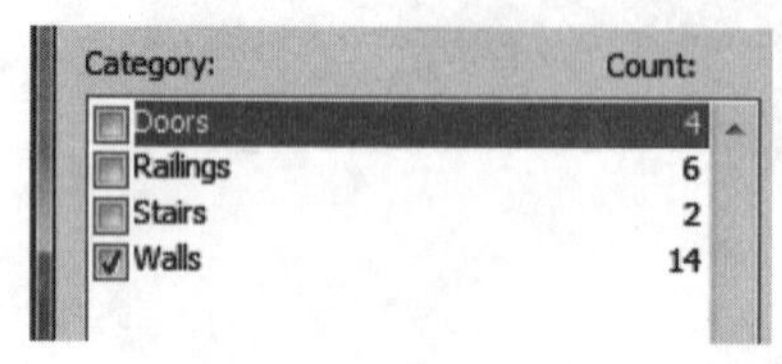

   Desmarque todos os elementos, EXCETO Walls (paredes).

   Pressione **OK**.

8. No painel Properties, selecione o **Interior - 5" Partition (2-hr)** [**Basic Wall: Interior - 135 mm Partition (2-hr)**] na lista drop-down Type Selector.

   Clique na janela para limpar a seleção.

9. Salve o arquivo como *ex3-12.rvt.*

Exercício 3-13

Adicionando um Elevador

Nome do desenho: *ex3-12.rvt*

Tempo estimado: 40 minutos

Este exercício reforça as seguintes habilidades:

- ❑ Vistas 3D
- ❑ Deleção
- ❑ Propriedades de paredes
- ❑ Famílias

1. Abra *ex3-12.rvt.*

2. Floor Plans
   Level 1
   Level 2
   Roof Line
   Site

   Ative Planta Baixa **Level 1**.

3. 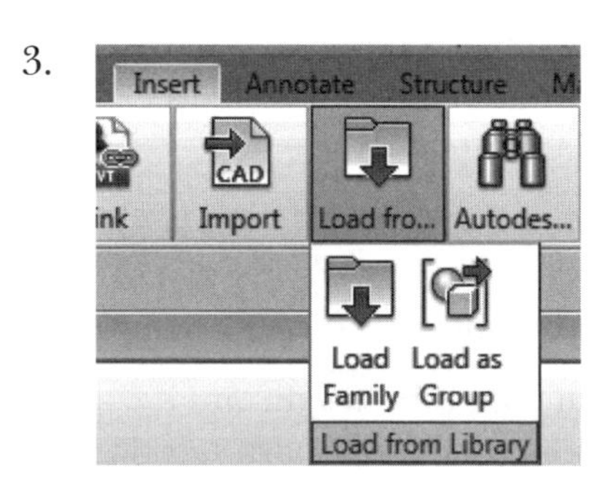

   Ative a faixa Insert.

   Selecione **Load Family** no painel Load from Library.

4. 

   Localize o *Elevator* e o *Door-Elevator*, no CD incluído com o texto.

   Pressione **Open**.

5. O elevador está agora disponível no navegador para seu projeto atual.

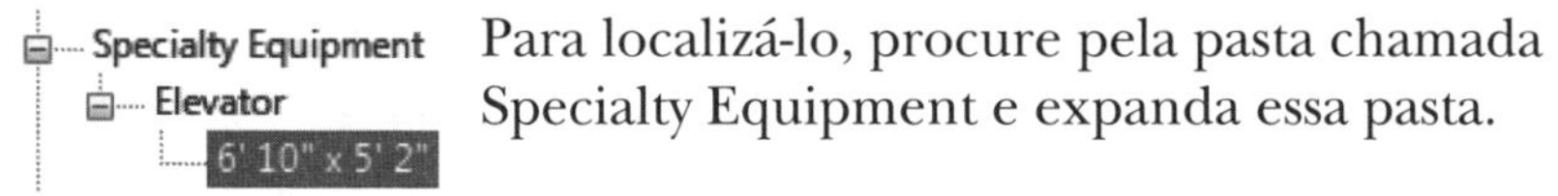

   Para localizá-lo, procure pela pasta chamada Specialty Equipment e expanda essa pasta.

6. Selecione a família *6 '10 "x 5' 2"*.

   Mantenha pressionado o botão esquerdo do mouse e arraste-a para a janela de exibição.

7. O elevador aparecerá no cursor quando você passar o mouse sobre uma parede.

O elevador é hospedado na parede, de forma que ele precisa de uma parede para ser colocado.

Pressione a barra de espaço para girar o elevador para orientá-lo adequadamente.

Clique para fixar.

8. 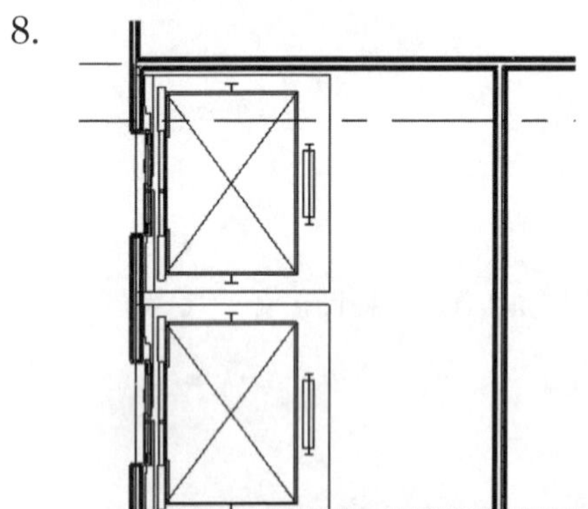

Coloque dois elevadores.

Clique com o botão direito e selecione CANCEL para sair do comando.

9. 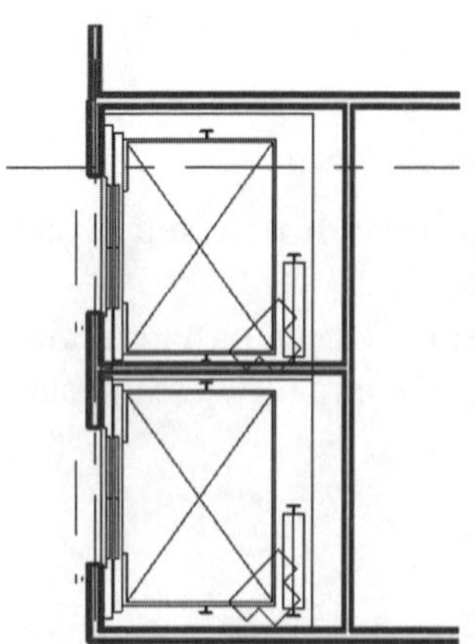

Adicione uma parede por trás e à direita dos dois elevadores, como mostrado.

Adicione uma parede entre os dois poços de elevador. **Use o ponto médio da parede por trás dos elevadores para localizar a parede horizontal**.

Restrinja ambas as paredes ao nível Roof Line (linha do telhado).

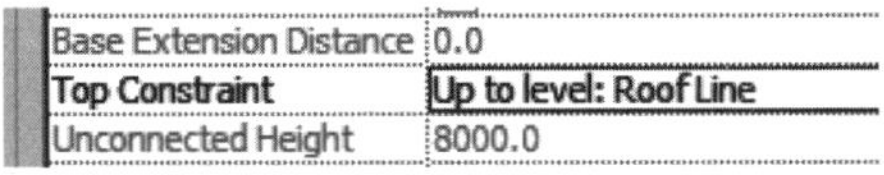

Base Extension Distance	0.0
Top Constraint	**Up to level: Roof Line**
Unconnected Height	8000.0

10.  Manage Ative a faixa Manage.

11. 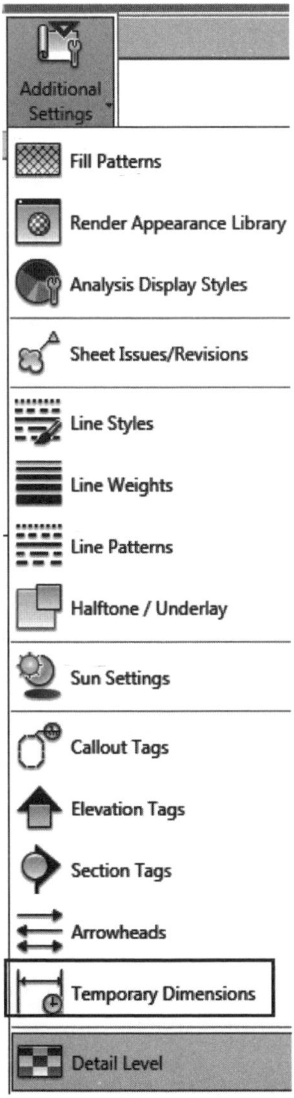 Vá até **Settings → Additional Settings → Temporary Dimensions**.

Additional Settings

- Fill Patterns
- Render Appearance Library
- Analysis Display Styles
- Sheet Issues/Revisions
- Line Styles
- Line Weights
- Line Patterns
- Halftone / Underlay
- Sun Settings
- Callout Tags
- Elevation Tags
- Section Tags
- Arrowheads
- Temporary Dimensions
- Detail Level

12. 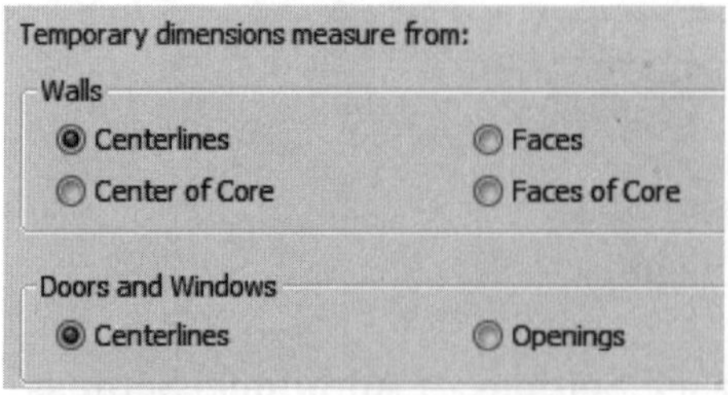 Habilite **Centerlines** para Walls (paredes).

    Habilite **Centerlines** para Doors and Windows (portas e janelas).

    Pressione **OK**.

13. 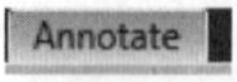 Ative a faixa **Annotate**.

14. 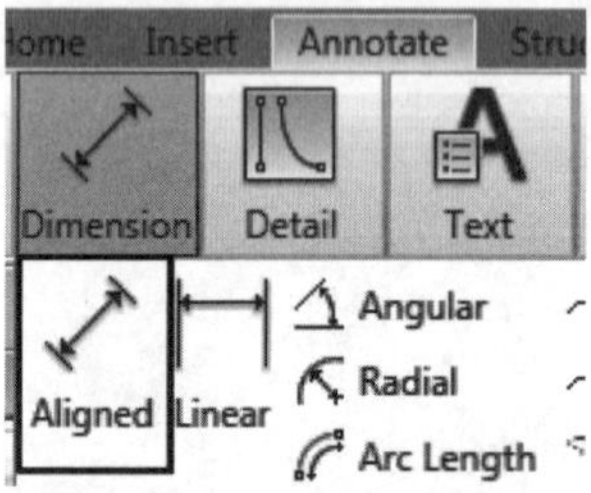 Selecione a ferramenta **Aligned** em Dimension.

    Certifique-se de que a visibilidade de dimensões está ativada no diálogo Visibility/Graphics.

15. 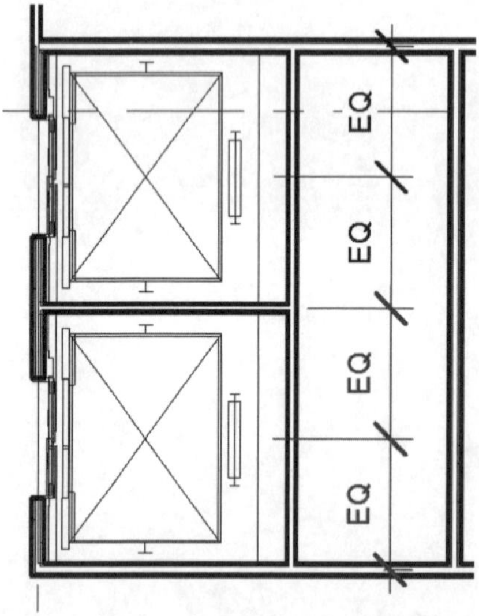 Selecione o centro da parede.

    Selecione a linha central do elevador.

    Selecione a linha central da parede.

    Clique para colocar a dimensão contínua.

    Repita para o outro elevador.

16. Clique no símbolo EQ para ajustar as dimensões para iguais e posicionar o elevador centralizado no espaço.

17.

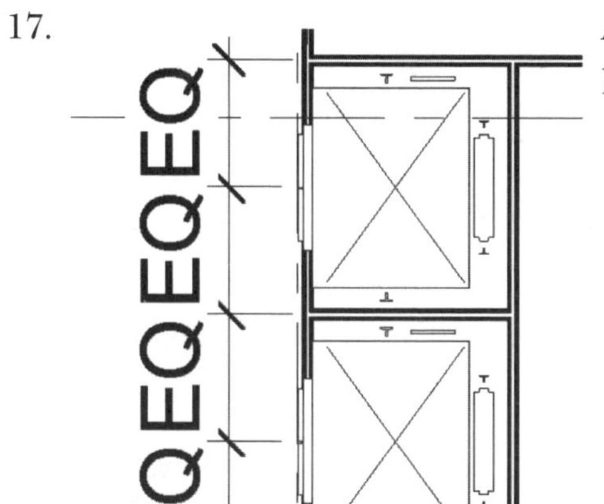

A exibição de dimensão muda para mostrar símbolos EQ.

18.

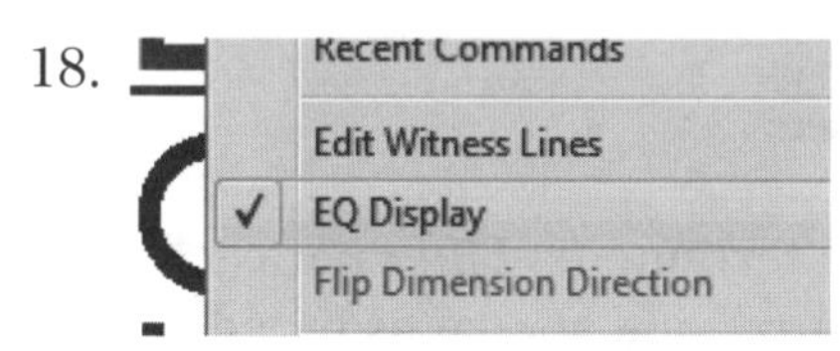

Para exibir dimensões:

Selecione a linha de extensão da dimensão.

19.

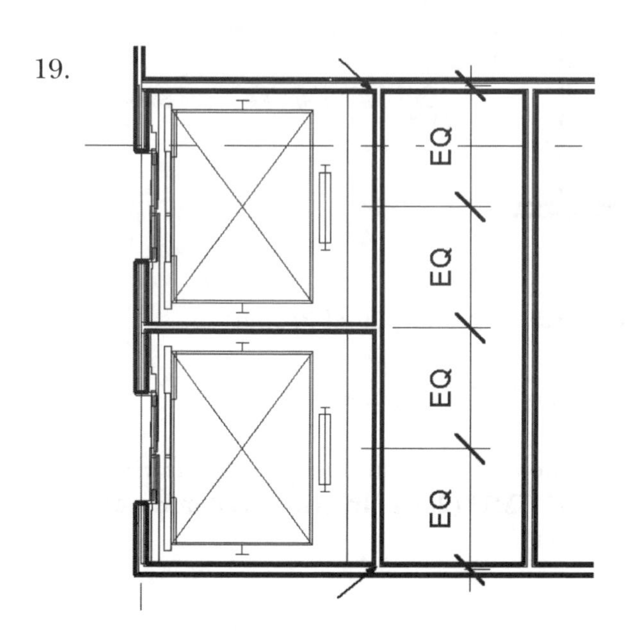

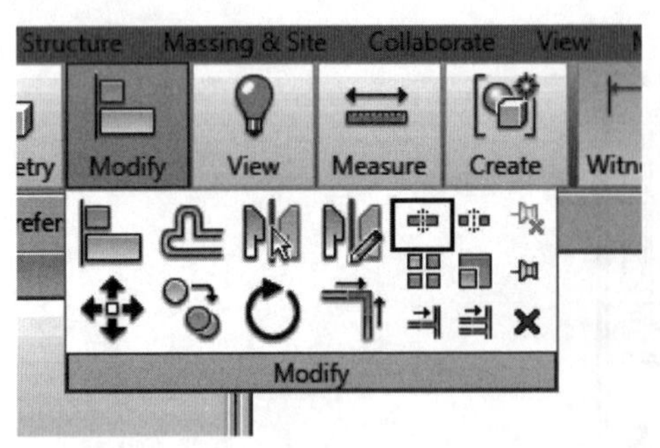

Desmarque a opção **EQ Display** para mostrar as dimensões.

Ative a faixa **Modify.**

Use a ferramenta **SPLIT** e divida as paredes nas interseções mostradas.

20.

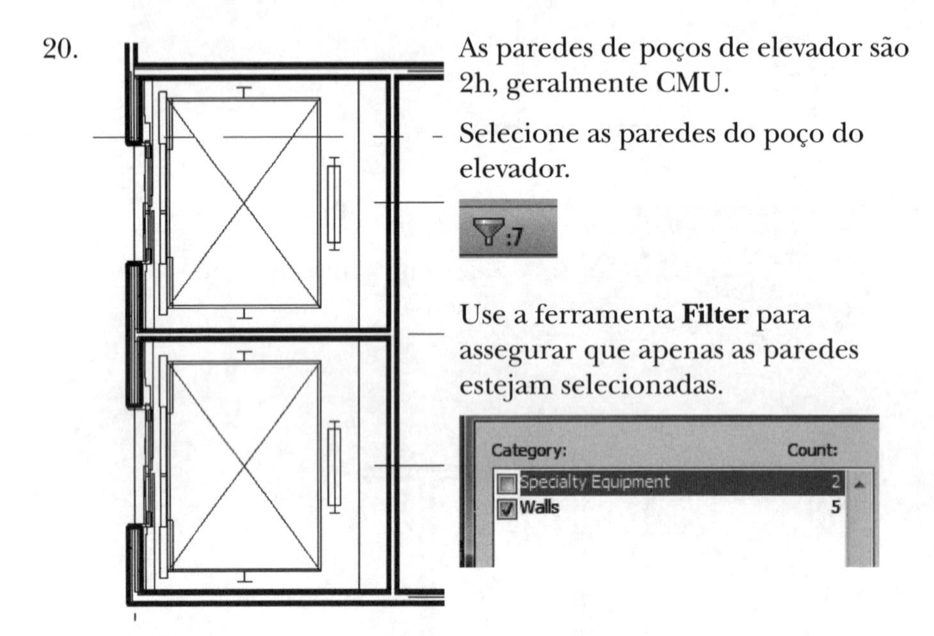

As paredes de poços de elevador são 2h, geralmente CMU.

Selecione as paredes do poço do elevador.

Use a ferramenta **Filter** para assegurar que apenas as paredes estejam selecionadas.

21. Edit Type — Selecione **Edit Type** no painel Properties.

22. Duplicate... — Selecione o botão **Duplicate**.

23. Interior - 4 3/8" CMU (2-hr) — Nomeie o novo estilo de parede **Interior - 4 3/8" CMU (2-hr)** [**Interior - 100 mm CMU (2-hr)**].

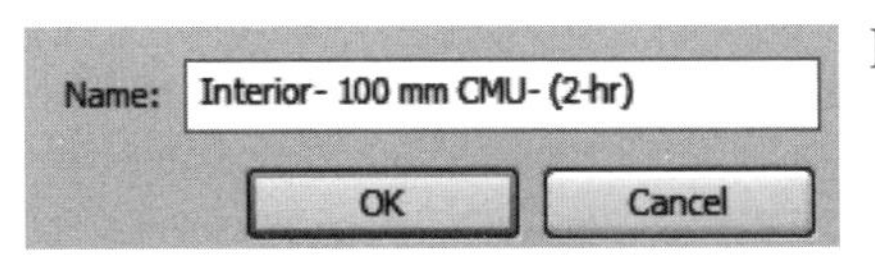

Pressione **OK**.

24.

Parameter	Value
Construction	
Structure	Edit...
Wrapping at Inserts	Do not wrap
Wrapping at Ends	None

Selecione **Edit** ao lado de Structure.

25.

Layers

EXTERIOR SIDE

	Function	Material	Thickness
1	Finish 2 [5]	Gypsum Wall Board	0' 0 5/8"
2	Core Boundary	Layers Above Wrap	0' 0"
3	Structure [1]	Masonry - Concrete	0' 3 1/8"
4	Core Boundary	Layers Below Wrap	0' 0"
5	Finish 2 [5]	Gypsum Wall Board	0' 0 5/8"

Layers

EXTERIOR SIDE

	Function	Material	Thickness
1	Finish 2 [5]	Plasterboard	16.0
2	Core Boundary	Layers Above Wrap	0.0
3	Structure [1]	Masonry - Concrete Block	70.0
4	Core Boundary	Layers Below Wrap	0.0
5	Finish 2 [5]	Plasterboard	16.0

Ajuste a camada 1 para **Finish 2 [5]**, **Gypsum Wall Board [Plasterboard]**, **5/8" [16 mm]**.

Ajuste a camada 2 para **Core Boundary**.

Ajuste a camada 3 para **Structure [1]**, **Masonry-Concrete Masonry Units [Masonry Concrete Block]**, **3 1/8" [70 mm]**.

Ajuste a camada 4 para **Core Boundary**.

Ajuste a camada 5 para **Finish 2 [5]**, **Gypsum Wall Board [Plasterboard]**, **5/8" [16 mm]**.

Pressione **OK**.

26. Ajuste o Coarse Scale Fill Pattern para **Gypsum-Plaster**.

Pressione **OK**.

27. Ajuste as propriedades das paredes do poço do elevador para o novo estilo: **Interior - 4 3/8" CMU [Interior-100 mm CMU]**.

Use **Modify → ALIGN** para ajustar as paredes.

28. Ajuste a barra de opções para **Prefer Wall faces.**

29. Use a ferramenta ALIGN para ajustar as paredes de forma que as faces fiquem acertadas.

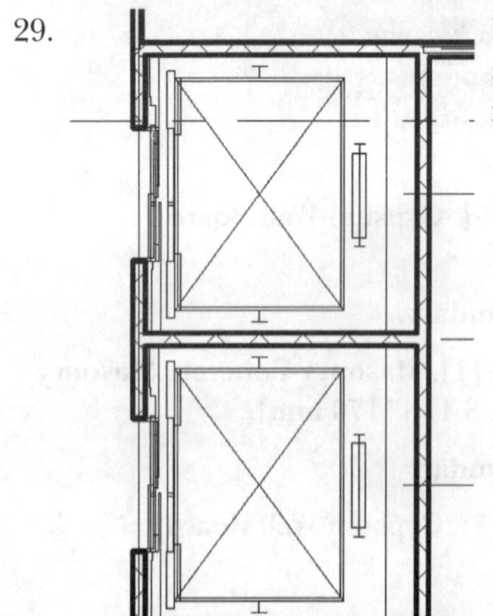

30. 3D Views {3D} Mude para uma vista 3D.

Verifique se todas as paredes aparecem corretamente, com as paredes do segundo andar restringidas conforme necessário.

Em seguida, nós adicionamos as portas dos elevadores para o segundo andar.

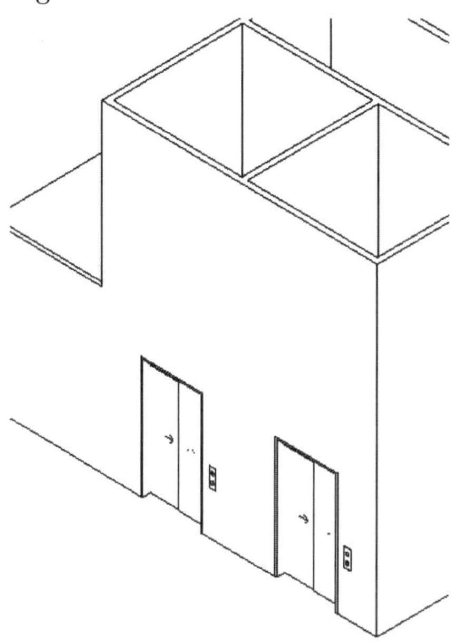

31. Floor Plans Level 1 Level 2 Roof Line Site Ative **Level 2**.

32. 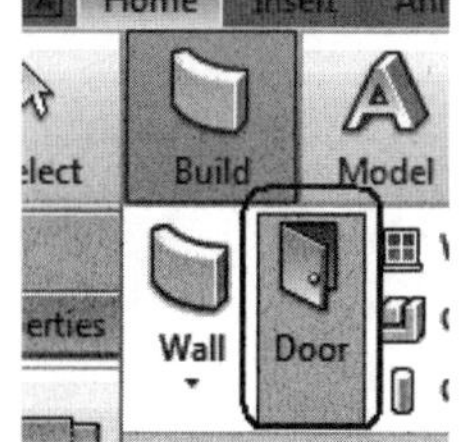

Ative a faixa **Home**.

Selecione a ferramenta **Door**.

33.

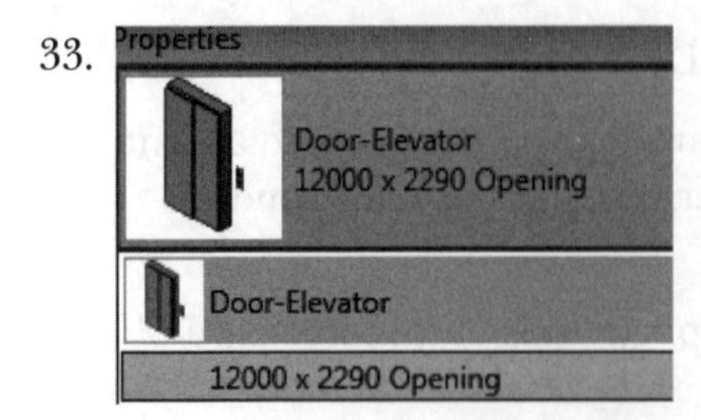

Verifique se Door-Elevator está selecionada na paleta Properties.

34.

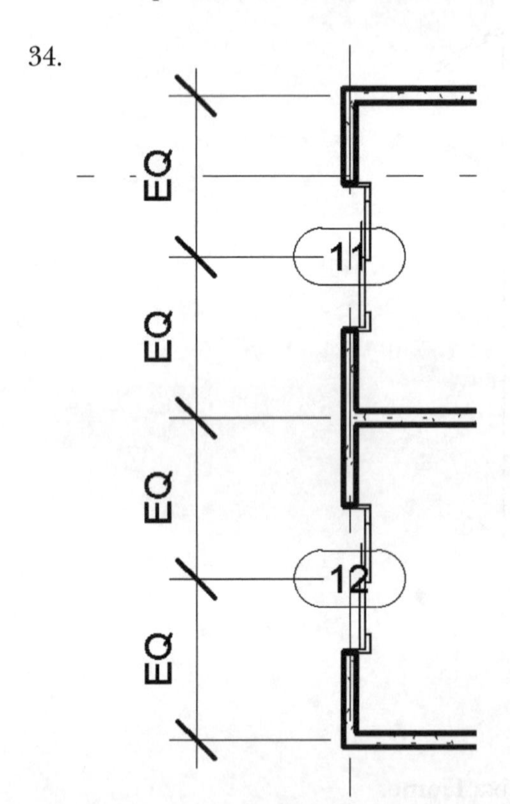

Coloque as portas de modo que fiquem centralizadas em cada poço.

35.

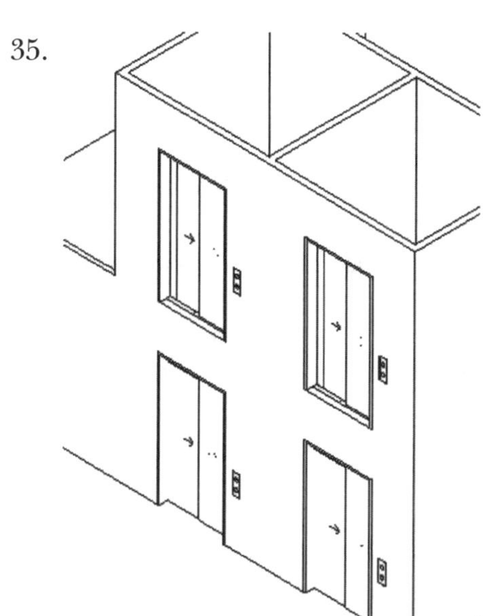

Alterne para uma vista 3D para verificar o posicionamento das portas dos elevadores.

Se as portas não parecerem bem colocadas, volte à vista Level 2.

36.

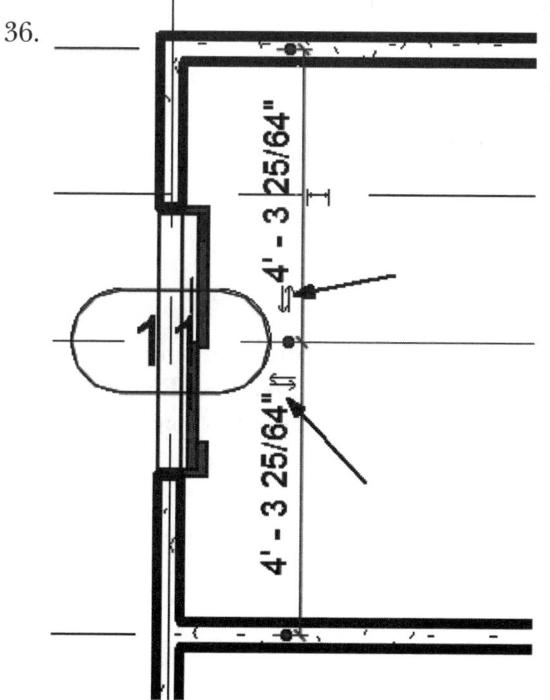

Você pode usar as setas de orientação/virada para reorientar as portas.

Salve o arquivo como *ex3-13.rvt*.

- Você deve ter acesso à Internet para poder baixar arquivos do Autodesk Seek (seek.autodesk.com)
- Os Snap Settings que você usa são baseados em seu fator de Zoom. Para usar as menores distâncias de incremento de atração, aproxime o zoom. Para usar distâncias maiores de incremento de atração, afaste o zoom.
- Ao colocar um componente, use a barra de espaço para girá-lo antes de fixá-lo.
- Você pode eliminar de seu projeto quaisquer famílias não utilizadas, usando **Manage → Settings → Purge Unused**.

Exercício 3-14

Carregamento de Famílias

Nome do desenho: *ex3-13.rvt*

Tempo estimado: 15 minutos

Este exercício reforça as seguintes habilidades:

- ❑ Carregamento de famílias
- ❑ Planejamento de espaço

Todo o conteúdo exigido está no CD que vem com o texto

1. Abra ou continue trabalhando no *ex3-13.rvt.*

2. Ative **Level 1**.

3. 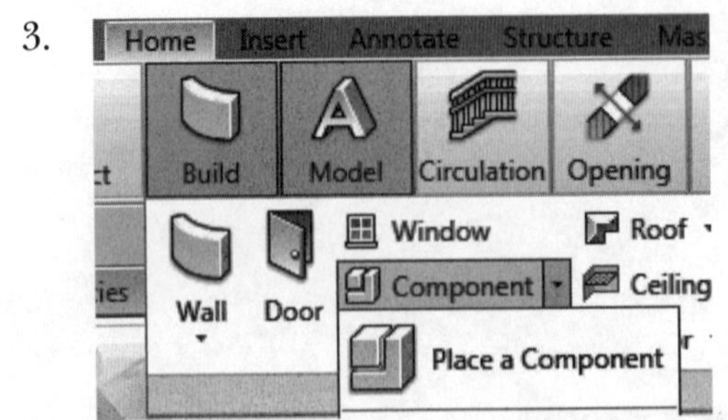

Selecione a ferramenta **Componente → Place a Component** no painel Build da faixa Home.

4. 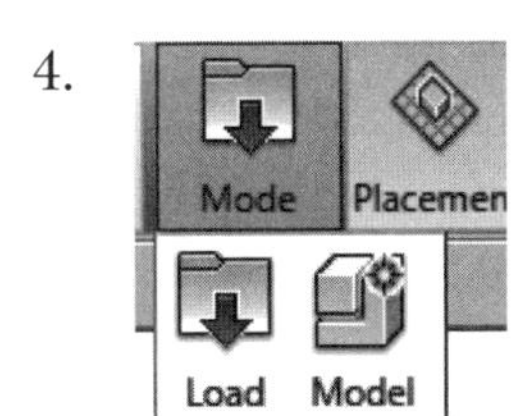

Selecione **Load Family** no painel Mode.

5. 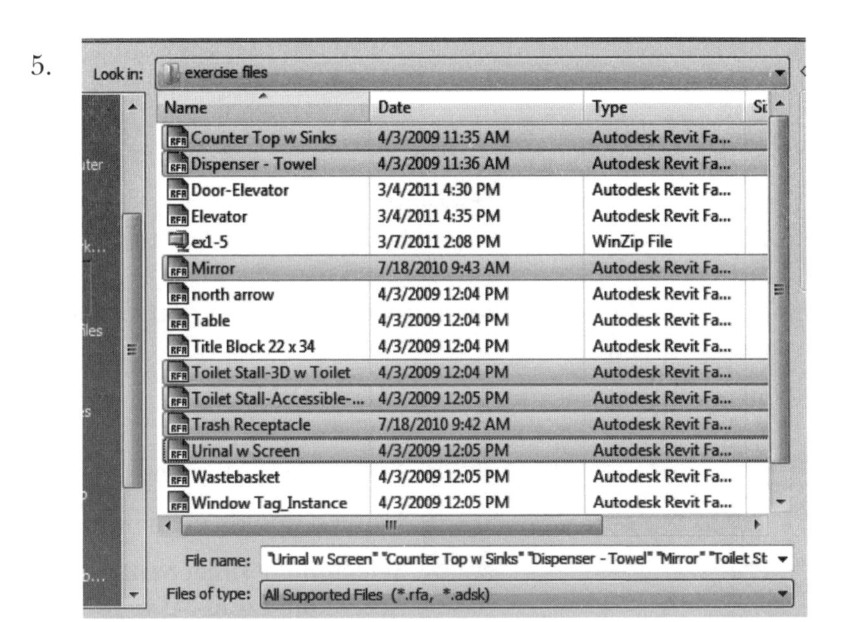

Localize os seguintes arquivos no CD fornecido com o texto.

- Urinal w Screen
- Counter Top w Sinks
- Dispenser – Paper Towel
- Toilet Stall – 3D w Toilet
- Toilet Stall – Accessible - Front – 3D w Toilet
- Mirror
- Trash Receptacle

Você pode selecionar mais de um arquivo mantendo pressionada a tecla CTRL.

Pressione **Open**.

6. 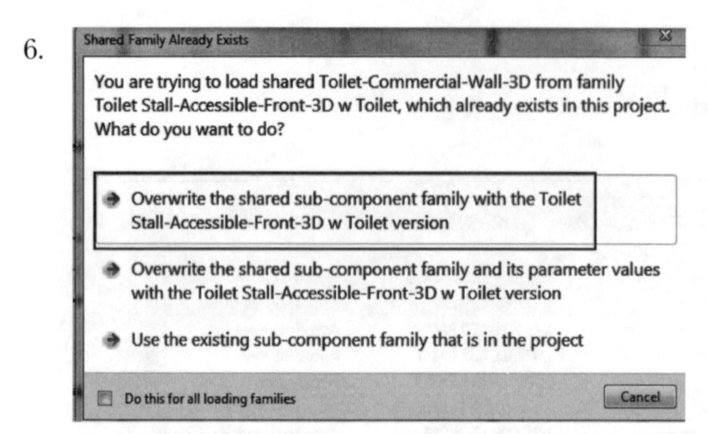

As famílias de banheiros partilham sub-componentes, então, você verá esta mensagem.

Selecione a primeira opção.

7. 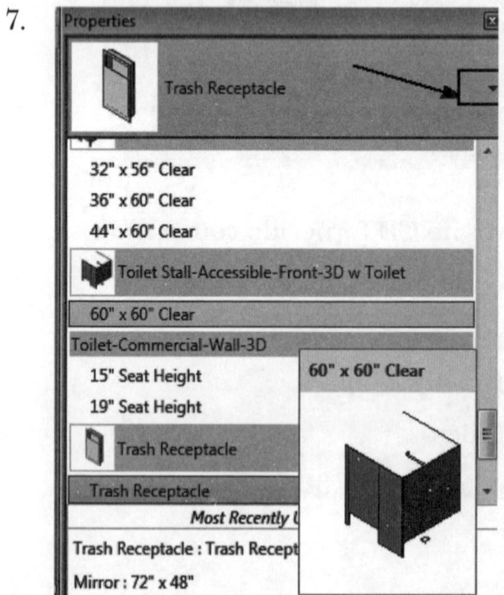

No Painel Properties:

Mude o tipo de elemento:

Selecione o **Toilet Stall-Accessible-Front-3D w Toilet**.

Você precisa selecionar a família 60”x60” Clear.

8. 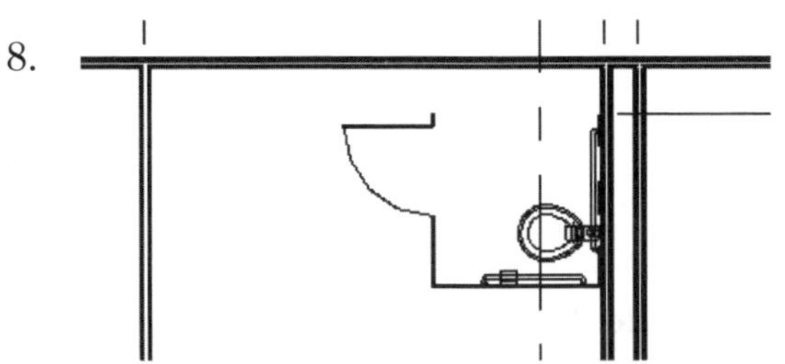

O toalete será visível quando o cursor estiver sobre uma parede.

Clique para fixar. Não tente colocá-lo com exatidão.

Simplesmente coloque-o na parede.

Use a barra de espaço para orientar a família.

9. 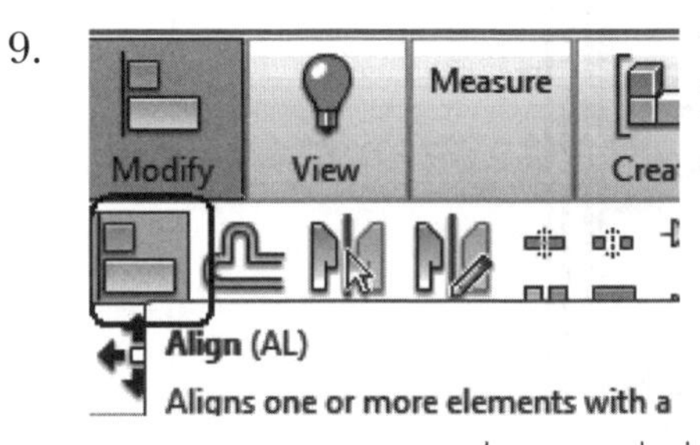

Use a ferramenta **ALIGN** da faixa **Modify** para alinhar o cubículo com a parede.

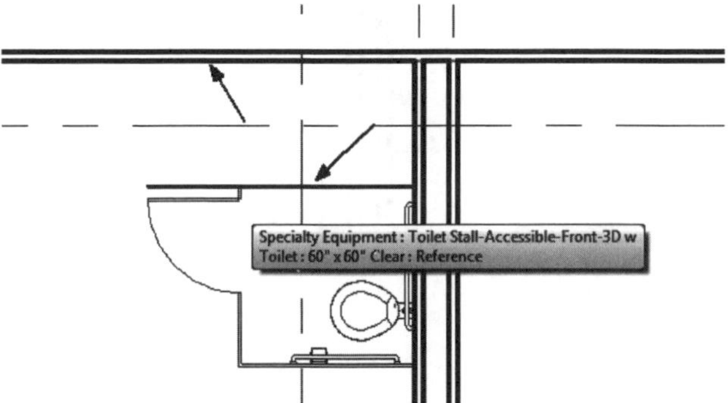

10. 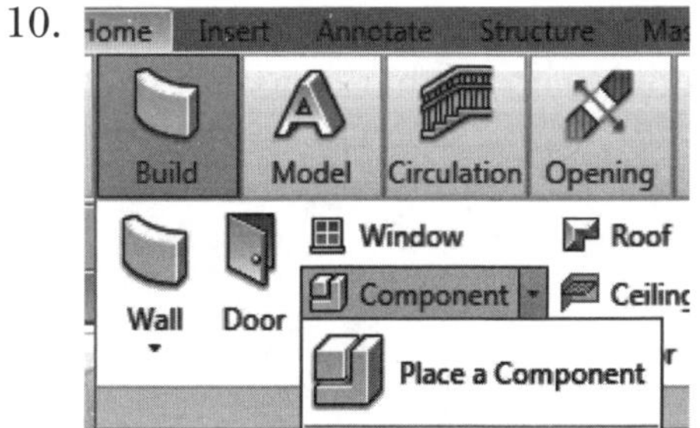

Selecione a ferramenta **Component → Place a Component** no painel Build da faixa Home.

11. 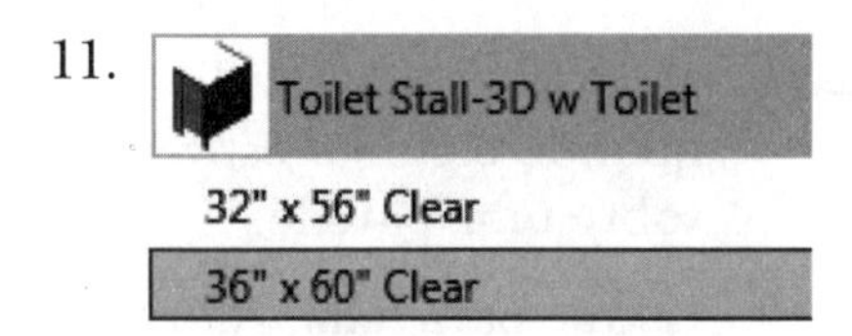

Selecione **Toilet Stall - 3D w Toilet 36" x 60" Clear** na lista drop down Type, no painel Properties.

12. 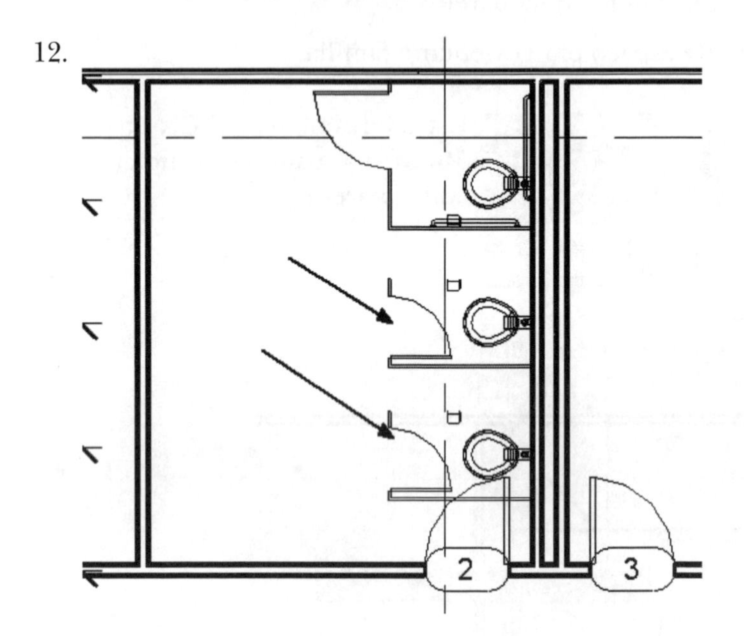

Coloque dois toaletes.

Use a barra de espaço para orientar a família.

13. 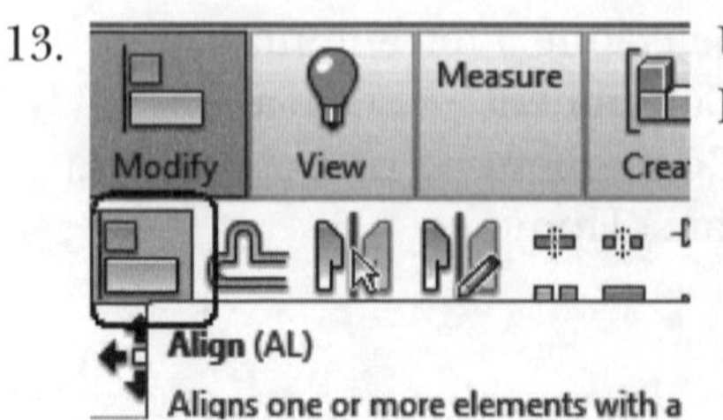

Use a ferramenta ALIGN da faixa Modify para alinhar os toaletes.

14.

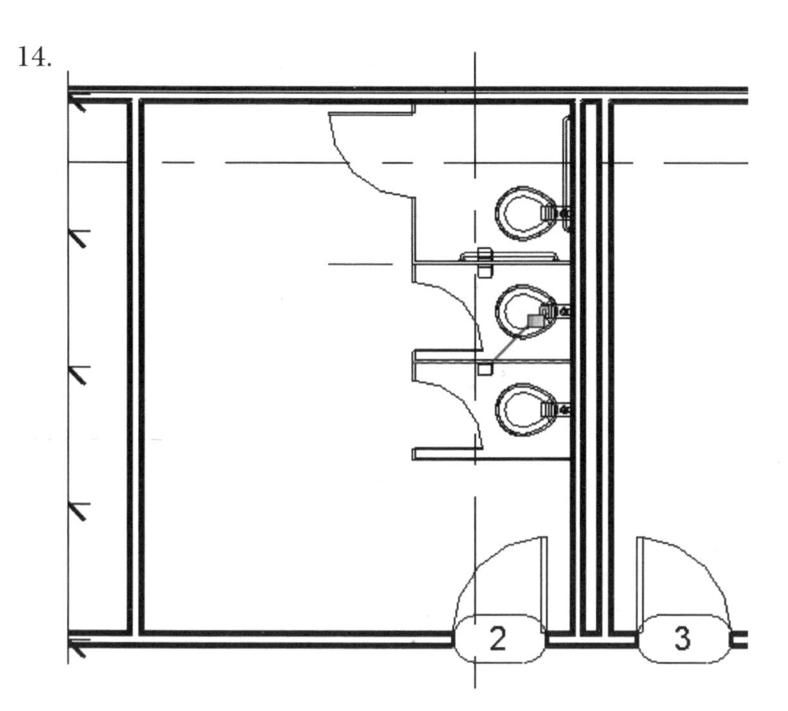

Todos os toaletes deverão ficar alinhados e encaixados.

15.

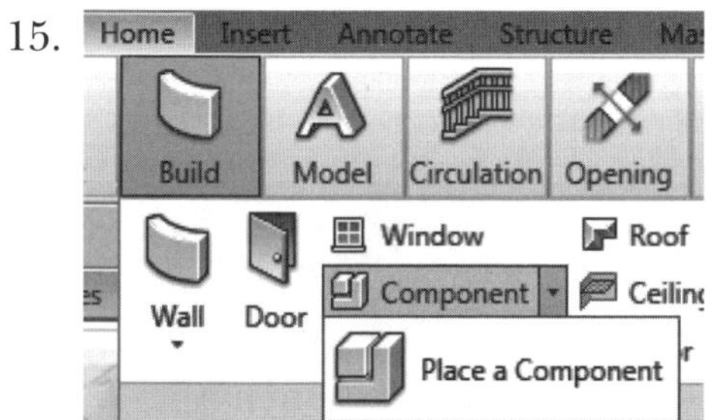

Selecione a ferramenta **Component → Place a Component** do painel Build da faixa Home.

16.

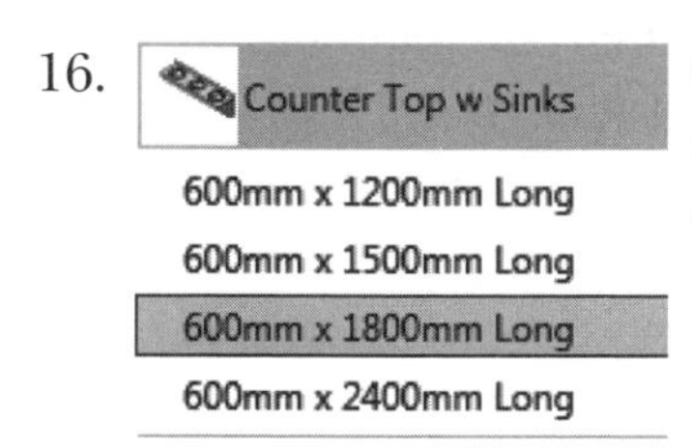

Selecione a opção **Counter Top w Sinks 600 mm x 1800 mm Long** na lista drop-down Type, no painel Properties.

17.

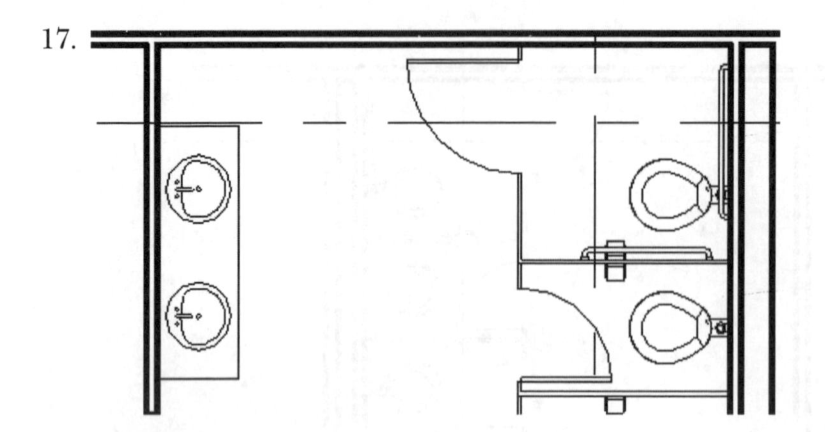

Coloque o **Counter Top w Sinks 600 mm x 1800 mm Long** no lavatório.

18.

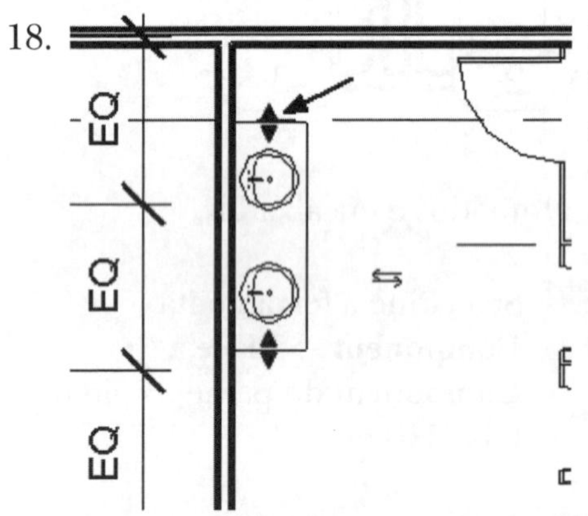

Note que se puxar os pegadores desta família você poderá acrescentar pias adicionais.

19.

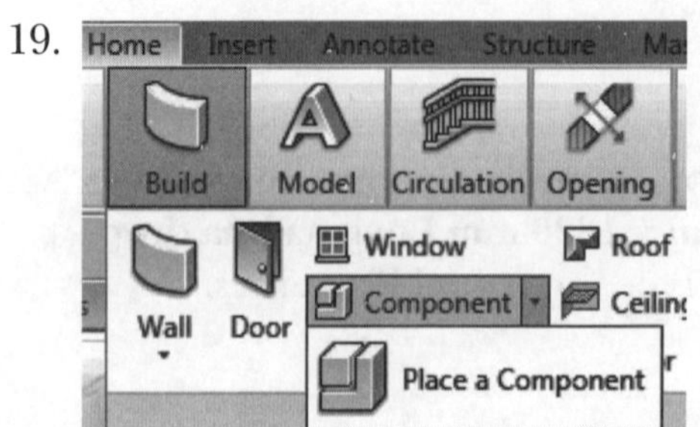

Selecione a ferramenta **Component → Place a Component** do painel Build da faixa Home.

20. 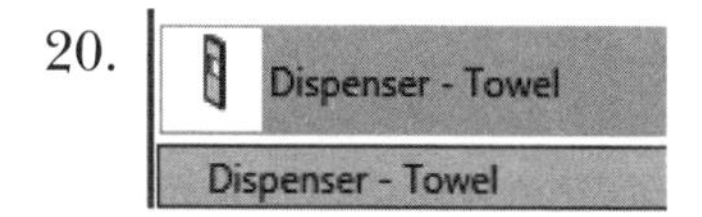

Selecione **Dispenser - Towel** (toalheira) na lista drop-down Type do painel Properties.

21. 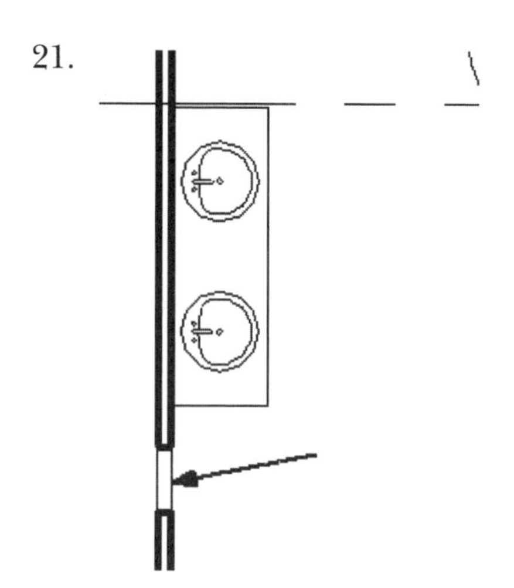

Coloque o **Dispenser - Towel** ao lado da pia.

22. 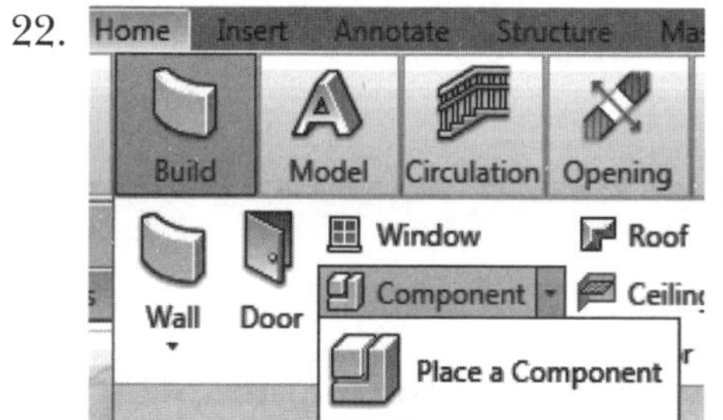

Selecione a ferramenta **Component → Place a Component** do painel Build da faixa Home.

23. 

Selecione a **Trash Receptacle** (lixeira) na lista drop-down Type do painel Properties.

24. 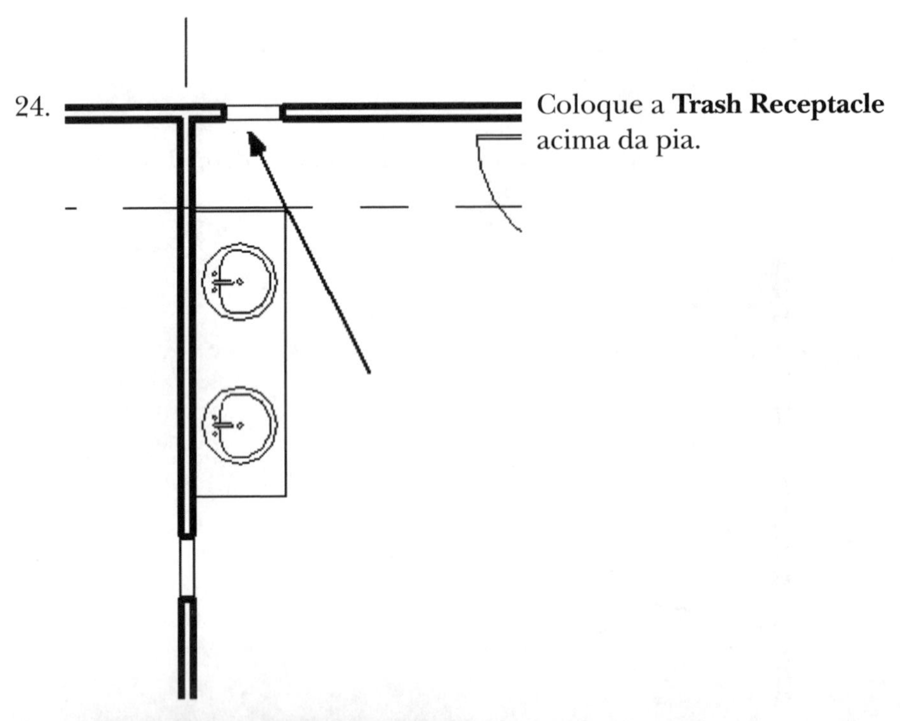

Coloque a **Trash Receptacle** acima da pia.

25. 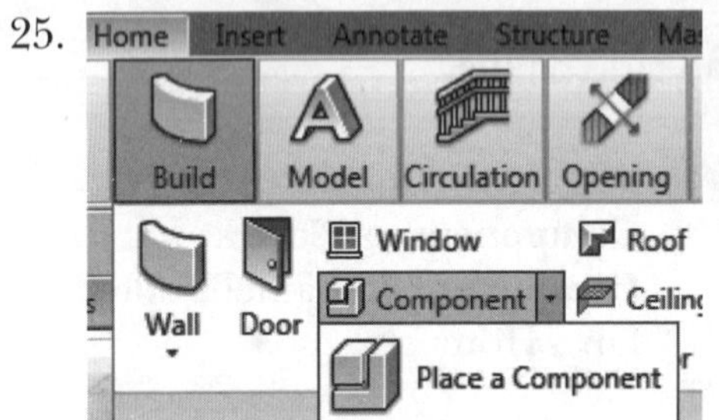

Selecione a ferramenta **Component → Place a Component** do painel Build da faixa Home.

26. 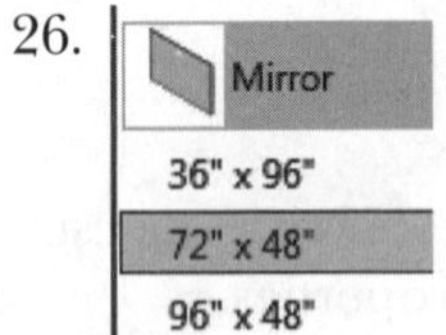

Selecione **Mirror: 72" x 48"** (espelho) na lista drop-down Type do painel Properties.

27. Coloque o espelho sobre a pia.

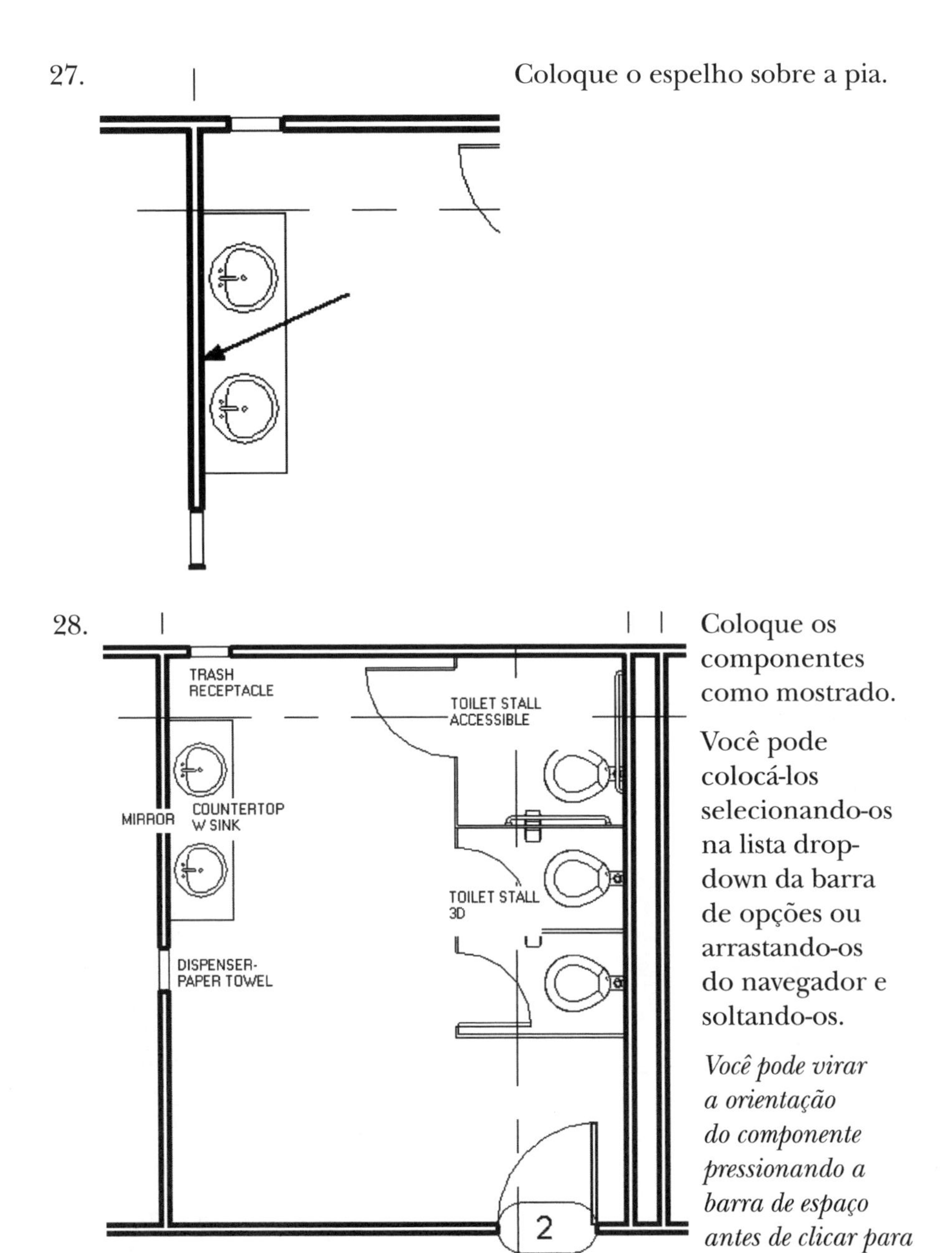

28. Coloque os componentes como mostrado.

Você pode colocá-los selecionando-os na lista drop-down da barra de opções ou arrastando-os do navegador e soltando-os.

Você pode virar a orientação do componente pressionando a barra de espaço antes de clicar para fixá-lo.

29. Salve o arquivo como *ex3-14.rvt.*

Exercício 3-15

Componentes Espelhos

Nome do desenho: *ex3-14.rvt*

Tempo estimado: 15 minutos

Este exercício reforça as seguintes habilidades:

- ❑ Espelhos
- ❑ Alinhamento
- ❑ Filtragem
- ❑ Propriedades de paredes

Para que o espelho funcione corretamente, os cômodos devem ter tamanhos idênticos.

Este é um exercício desafiador para muitos estudantes. É preciso prática para desenhar o eixo de um espelho a seis polegadas da ponta da parede. Se você tiver dificuldade, desenhe uma linha de detalhe de seis polegadas entre a abertura de 1' usada para encanamento e use o método Pick Axis para Mirror.

1. Abrir ou continuar a trabalhar no *ex3-14.rvt.*

2. Ative **Level 1**.

3. 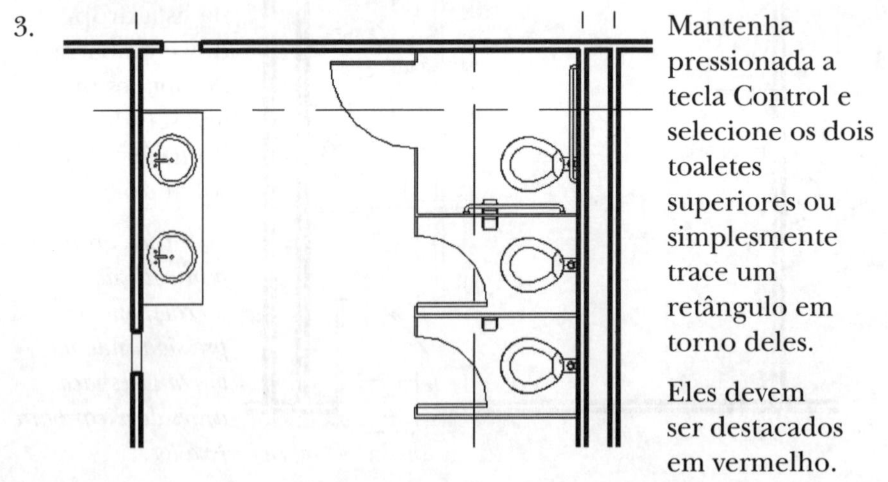

Mantenha pressionada a tecla Control e selecione os dois toaletes superiores ou simplesmente trace um retângulo em torno deles.

Eles devem ser destacados em vermelho.

Selecione o balcão com as pias, a lixeira, o espelho e a toalheira.

Tudo estará selecionado, EXCETO um toalete.

4. 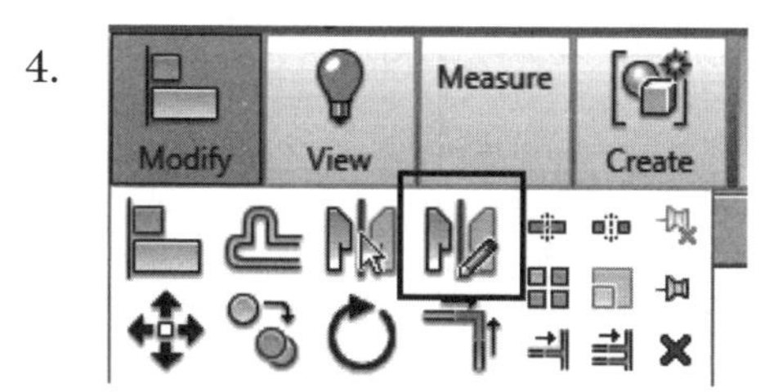

Selecione a ferramenta **Mirror → Draw Mirror Axis** sob o painel Modify.

5. 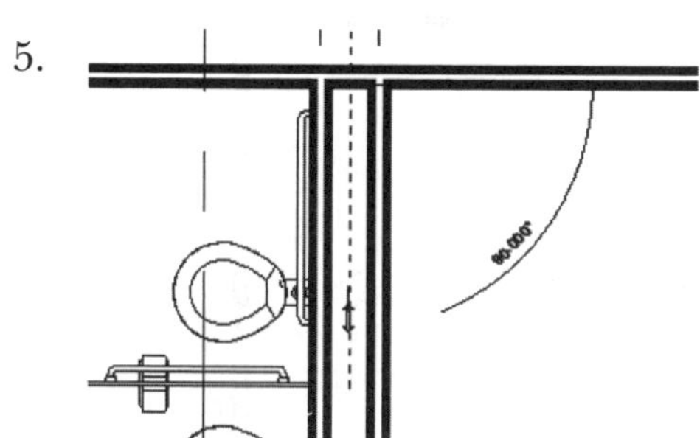

Inicie uma linha no ponto médio do espaço da parede.

Depois, clique num ponto diretamente abaixo do primeiro ponto selecionado.

6. Os toaletes serão espelhados.

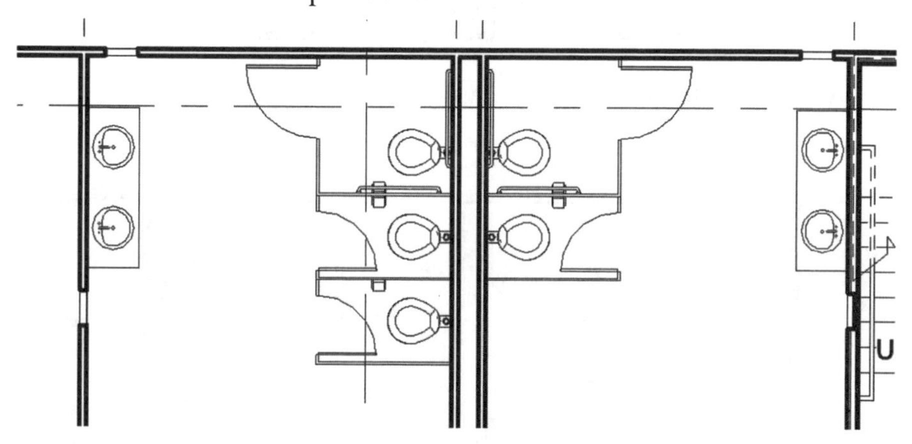

7. Plumbing Fixtures
   - Sink - Vanity - Round
   - Toilet-Commercial-Wall-3D
   - Urinal (1)
   - Urinal w Screen
     - Urinal w Screen

Você deverá ter carregado o *Urinal w Screen* em seu navegador de projetos a partir da pasta *plumbing fixtures.*

8. 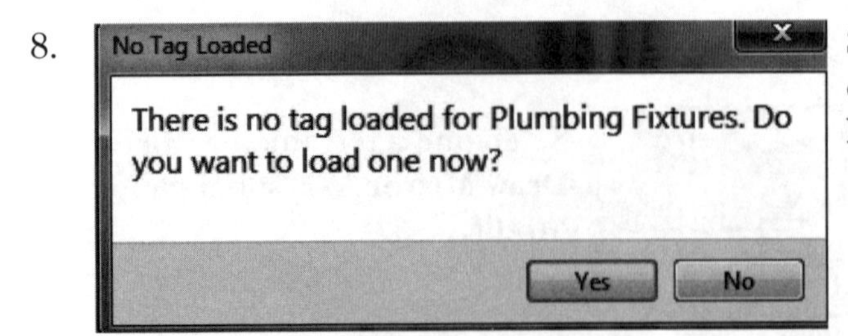

Se você vir este diálogo, pressione **No.**

9. 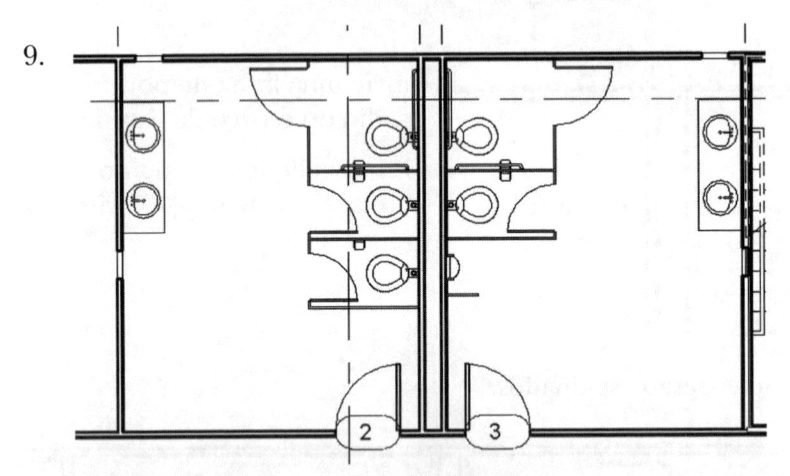

Arraste e solte no lavatório masculino.

Você pode usar as setas para virar a orientação da privada.

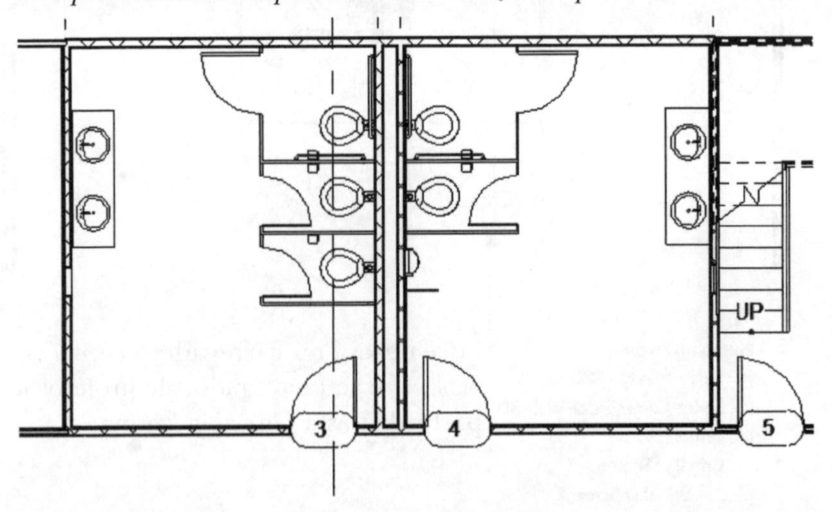

As paredes que cercam ambos os banheiros devem ser ajustadas para o tipo correto de parede – **Interior - 5" Partition (2-hr)** [**Interior – 135mm Partition (2-hr)**].

10. 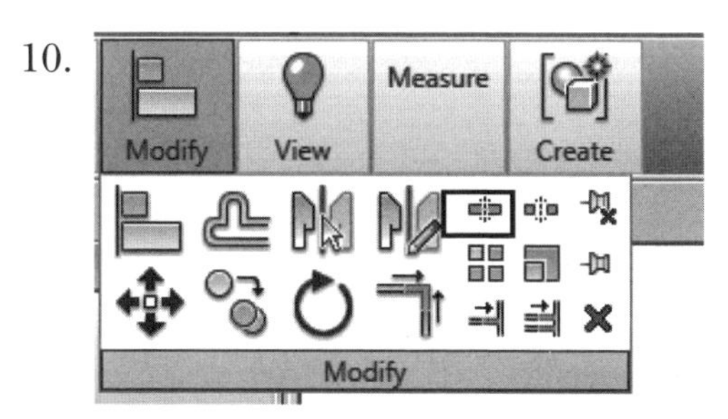

Selecione a ferramenta **Split** no painel Modify da faixa Modify.

11. Divida as paredes nos pontos indicados.

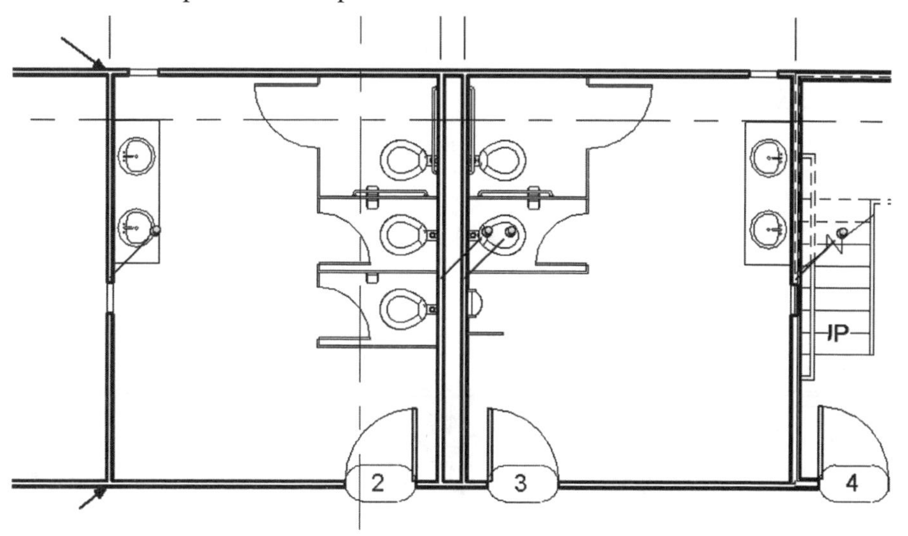

Selecione as paredes dos lavatórios.

12. Use **FILTER** para selecionar apenas as paredes.

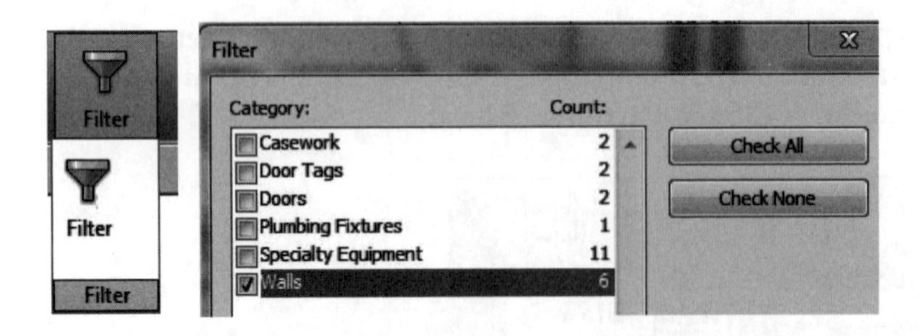

13. Interior - 5" Partition (2-hr) Ajuste as paredes para o tipo correto:

Interior - 5" Partition (2-hr) [**Interior – 135mm Partition (2-hr)**] usando o seletor de tipo do painel Properties.

14. 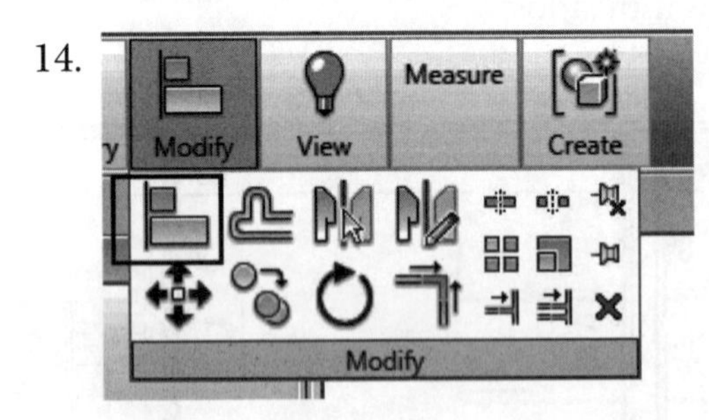

Use **ALIGN** no painel Modify da faixa Modify para alinhar as paredes dos lavatórios.

15.

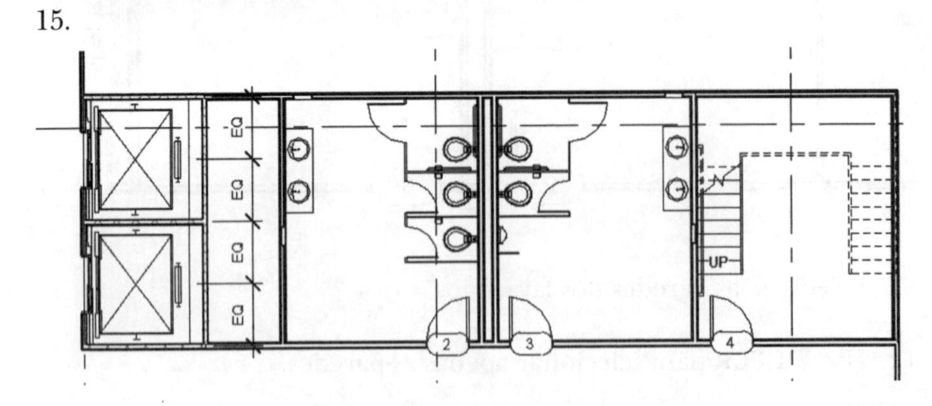

16. Salve o arquivo como *ex3-15.rvt.*

DICA: Para selecionar novamente o conjunto de seleções anterior, pressione a tecla de seta para a esquerda.

Exercício 3-16

Criar uma Vista 3D

Nome do desenho: *ex3-15.rvt*

Tempo estimado: 10 minutos

Este exercício reforça as seguintes habilidades:

- ❑ Vistas 3D
- ❑ Caixa de Seção
- ❑ Propriedades

1. Abra o *ex3-15.rvt.*

2. 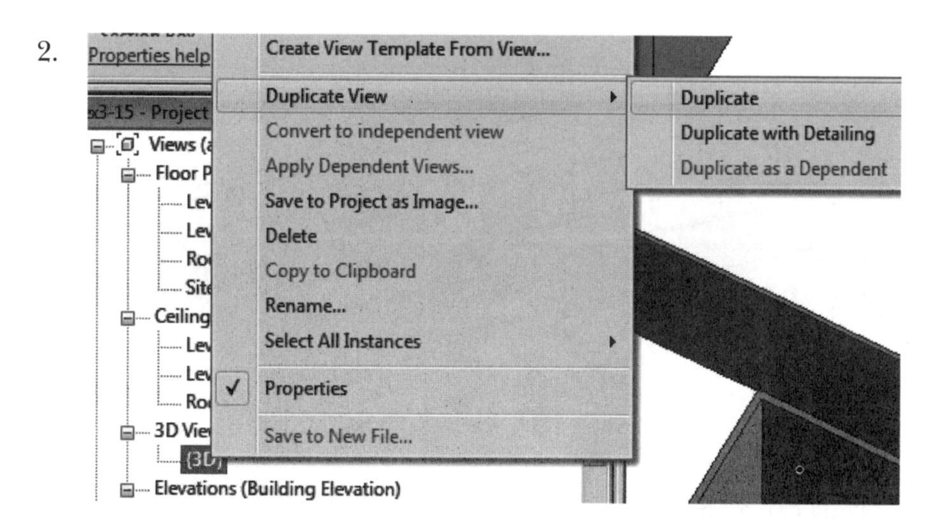

Destaque a vista 3D no Navegador de Projetos.

Clique com o botão direito e selecione **Duplicate View → Duplicate**.

3.

Roof Line
Site
Ceiling Plans
Level 1
Level 2
Roof Line
3D Views
Copy of {3D}
{3D}

Copy to Clipboard
Rename...
Select All Instances
Properties
Save to New File...

Clique com o botão direito na nova vista 3D e selecione **Rename**.

4.

Name: 3D-Lavatory
OK

Digite **3D – Lavatory**.

Pressione **OK**.

5.

Extents	
Crop View	☒
Crop Region Visible	☒
Annotation Crop	☒
Far Clip Active	☐
Section Box	☑

Role para baixo no painel Properties.

Habilite **Section Box**.

Pressione **OK**.

6.

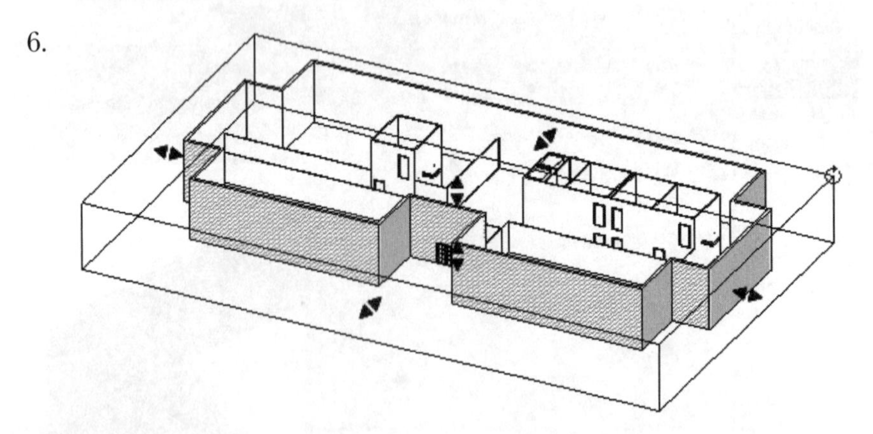

Uma caixa limpa aparece em torno do modelo.

Clique para selecionar a caixa.

Há pegadores indicados por setas na caixa.

7. 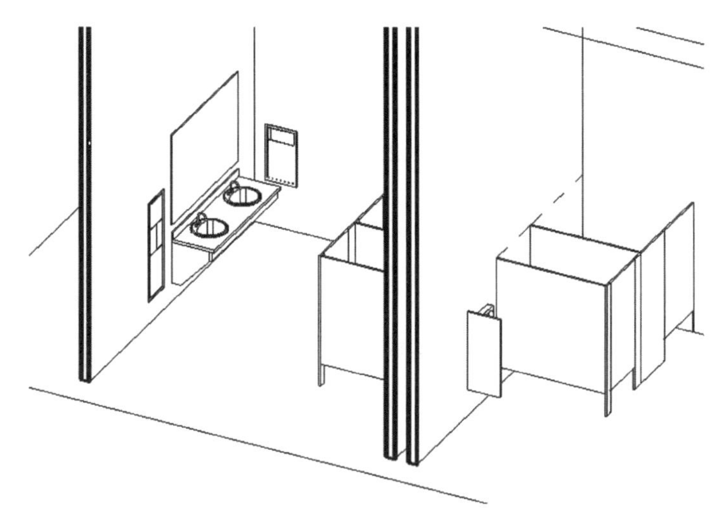

Selecione os pegadores e reduza o tamanho da caixa, de forma que apenas os banheiros sejam mostrados.

Use a ferramenta **SPIN** para girar sua vista, para que você possa inspecionar os banheiros.

Se mantiver pressionados a tecla SHIFT e o botão do meio do mouse ao mesmo tempo, você poderá orbitar pelo modelo.

8. 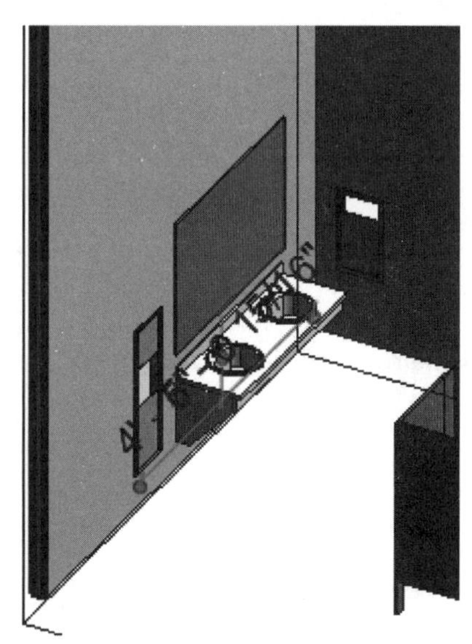

Se você precisar ajustar a altura/ elevação do espelho:

Selecione o espelho.

9.

Specialty Equipment (1)	Edit Type
Constraints	
Level	Level 1
Elevation	4' 0"
Electrical - Loads	
Panel	
Circuit Number	

No painel Properties:

Ajuste a elevação (Elevation) para 4' 0".

Pressione **Apply**.

10. Salve como *ex3-16.rvt*.

Exercício 3-17

Copiando os Arranjos dos Banheiros

Nome do desenho: *ex3-16.rvt*

Tempo estimado: 10 minutos

Este exercício reforça as seguintes habilidades:

- ❑ Filtragem
- ❑ Agrupamento
- ❑ Cópia Alinhada

1. Abra *ex3-16.rvt*.

2. Ative **Level 1**.

3. Selecione os componentes usados no arranjo do banheiro.

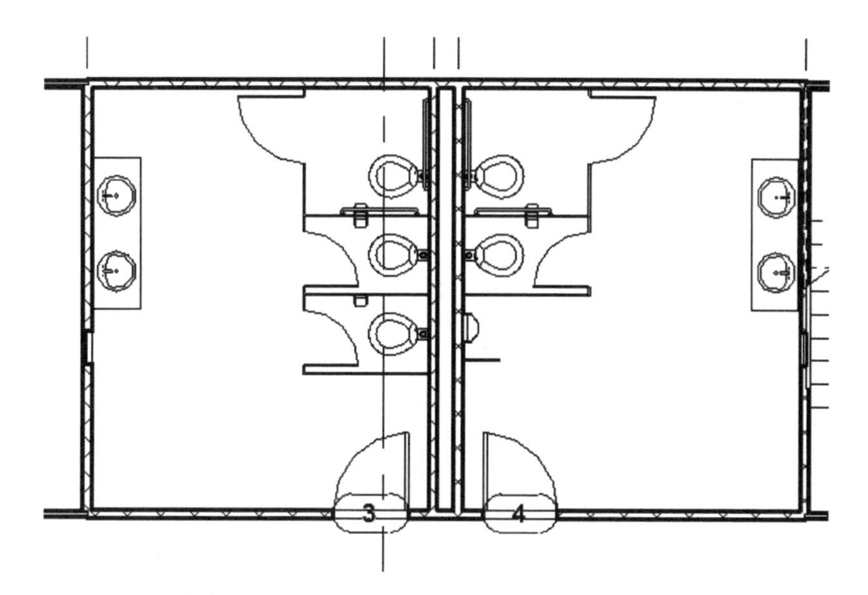

4. 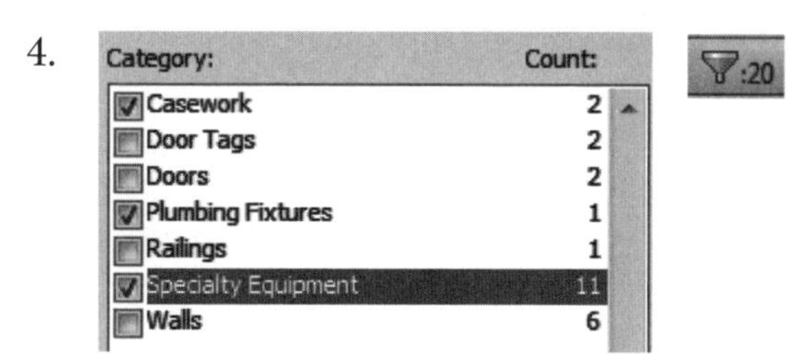

Dica: Use a ferramenta Filter para selecionar apenas o cômodo (Casework), as torneiras (Plumbing Fixtures) e os equipamentos especiais (Specialty Equipment).

5. 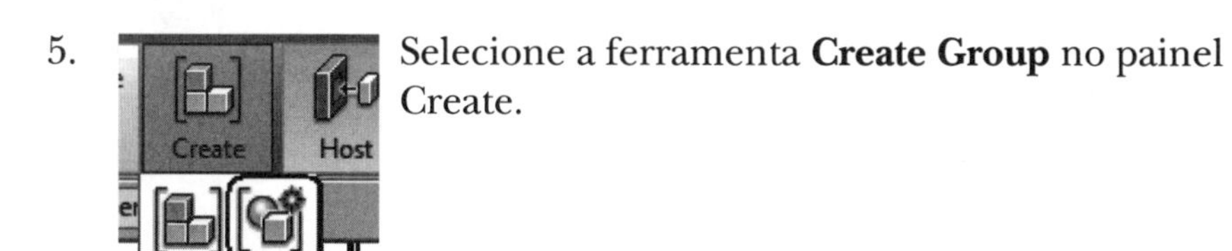

Selecione a ferramenta **Create Group** no painel Create.

6. No campo Name, digite **Lavatory**.

   Pressione **OK**.

7. Selecione **Copy to Clipboard** (copiar para a área de transferência) no painel Clipboard.

8. 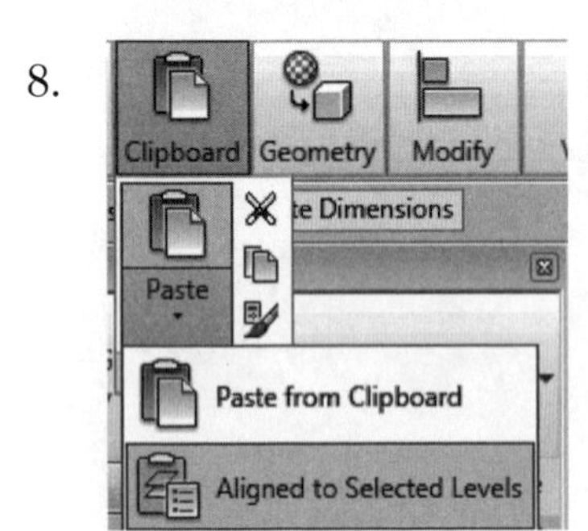

   Selecione **Paste → Aligned to Selected Levels** no painel Clipboard.

9. 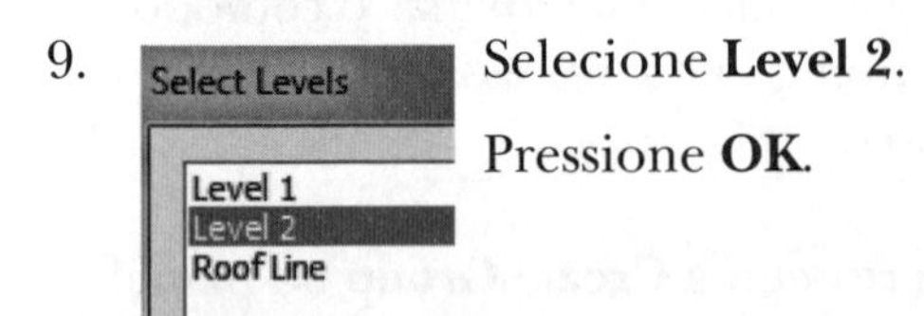

   Selecione **Level 2**.

   Pressione **OK**.

10. Alterne para **Level 2**.

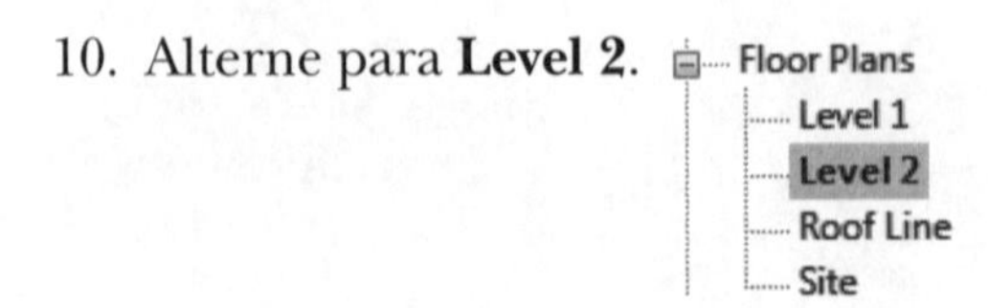

O banheiro deve ser colocado.

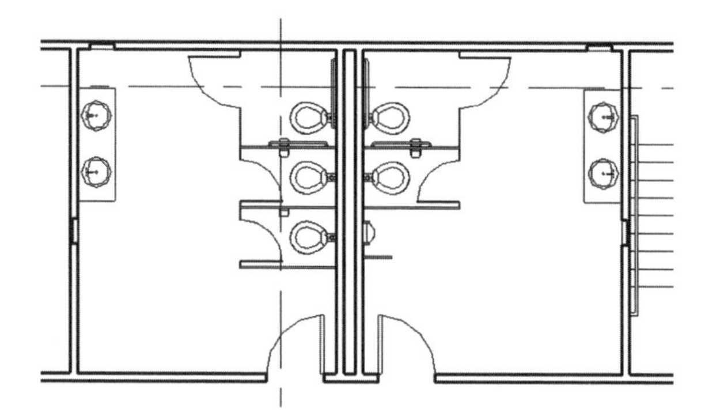

11. Salve o arquivo como *ex3-17.rvt.*

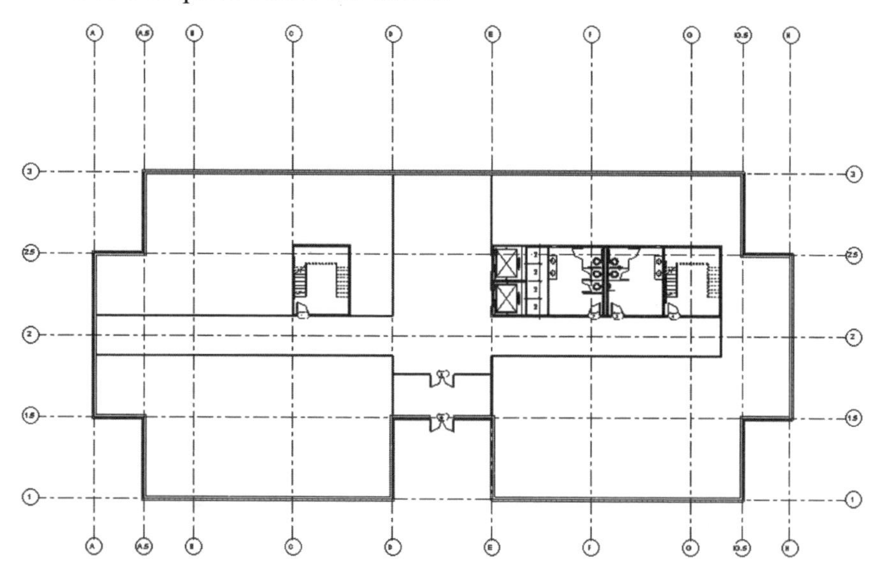

Level 1 (nível 1)

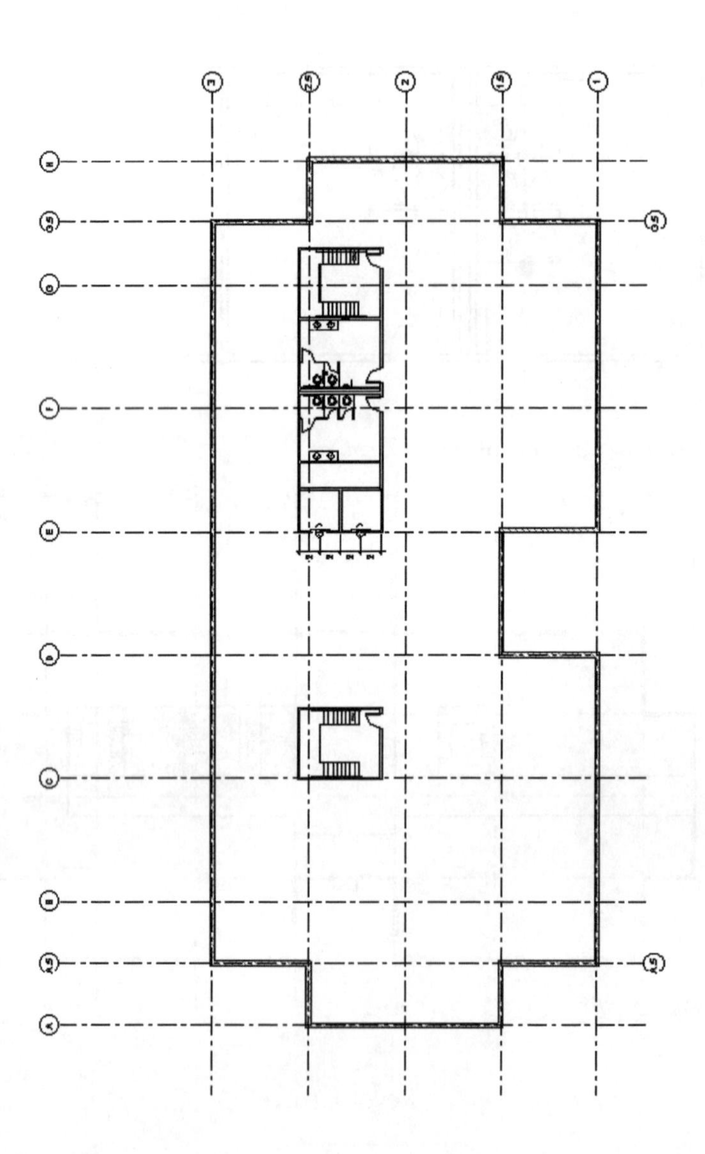

Level 2 (nível 2)

Exercício 3-18

Adicionando uma Porta a uma Parede de Cortina

Nome do desenho: *ex3-17.rvt*

Tempo estimado: 30 minutos

Este exercício reforça as seguintes habilidades:

- ❑ Parede de cortina
- ❑ Modificação de parede de cortina
- ❑ Elevações
- ❑ Linhas de grade
- ❑ Carregamento de famílias
- ❑ Propriedades
- ❑ Seletor de tipo

1. Abra *ex3-17.rvt.*

2. Views (all) / Floor Plans / Level 1 — Ative a planta baixa **Level 1**.

3. 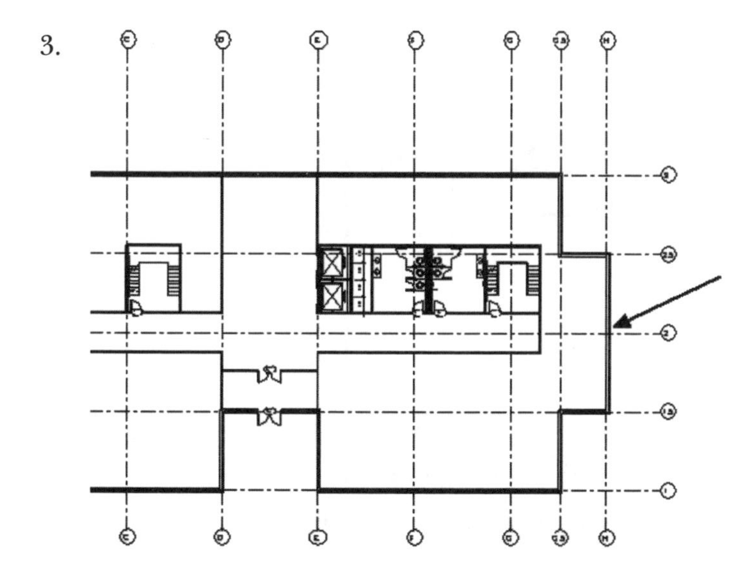

Selecione a parede leste.

4. 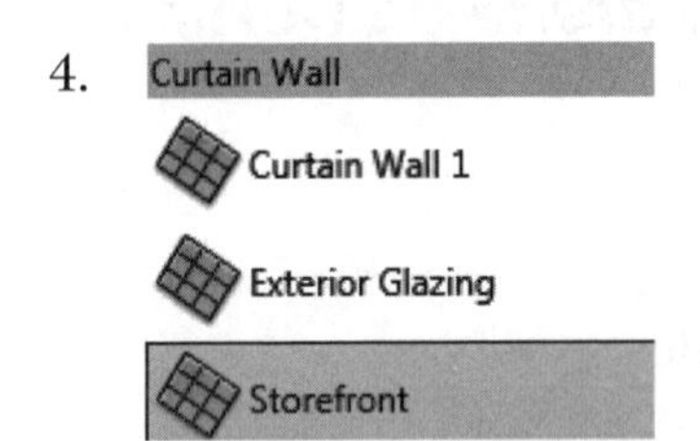

Selecione a Curtain Wall (parede de cortina) **Storefront** usando o Seletor de tipos no painel Properties.

5. 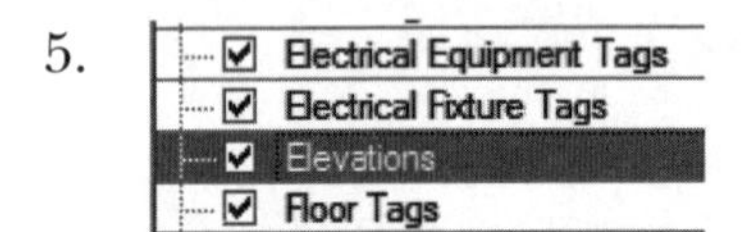

Digite **VV** para abrir o diálogo Visibility/Graphics.

Habilite **Elevations**.

Pressione **OK**.

6. 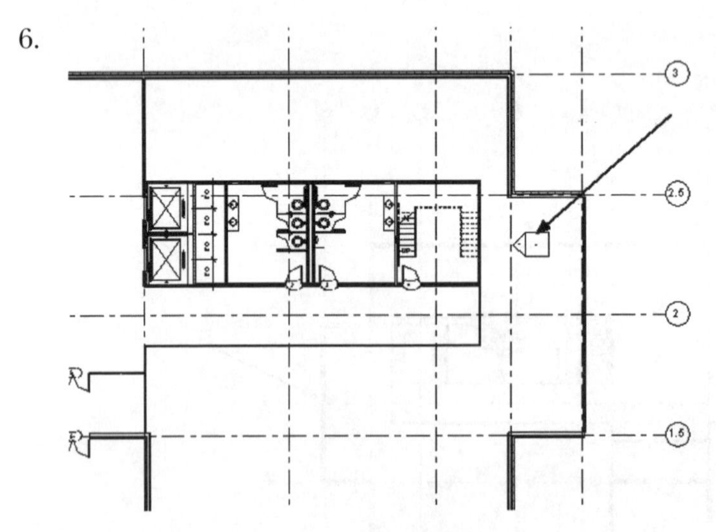

Localize seu marcador de Elevation Leste.

Neste caso, o marcador está dentro do prédio.

7.

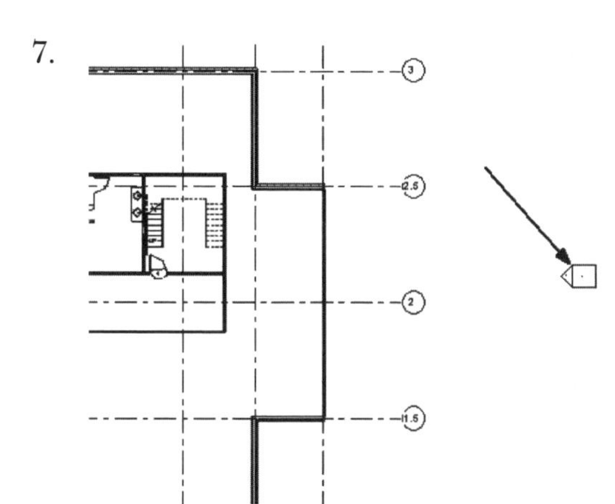

Coloque o cursor sobre a parte quadrada do marcador de elevação. Mantenha pressionado o botão esquerdo do mouse. Arraste o marcador de forma que ele fique fora do prédio.

8.

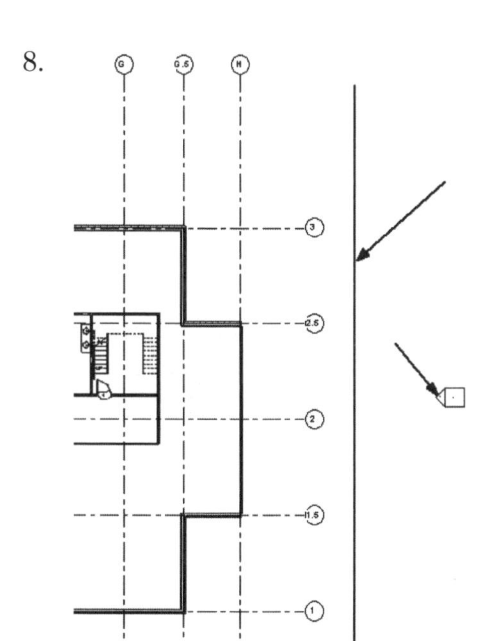

Clique na parte triangular do marcador de elevação. Uma linha azul aparecerá para indicar a profundidade da vista de elevação.

Mova a linha azul para que ela fique fora do prédio.

Duplo-clique no triângulo para abrir a vista de elevação Leste.

9. Esta é a vista de elevação leste, quando o marcador e a linha de profundidade estão fora do edifício.

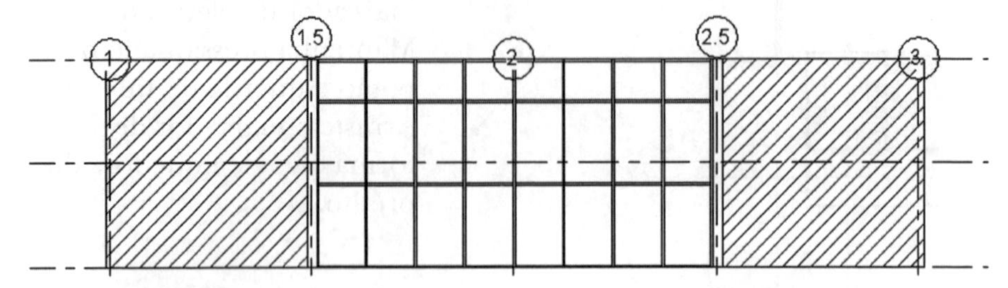

10. 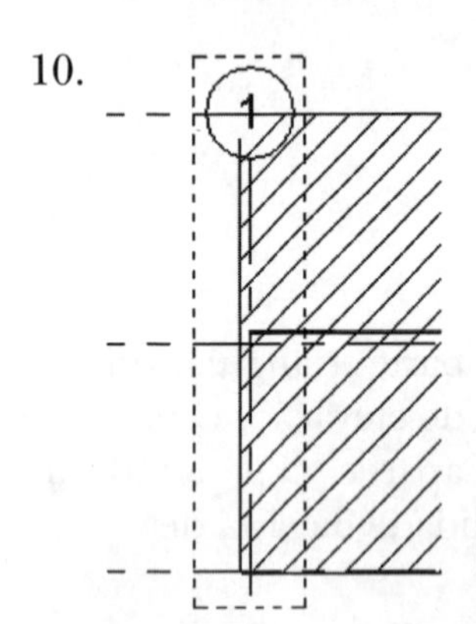

Para ajustar as linhas de grade, selecione a primeira delas.

11. 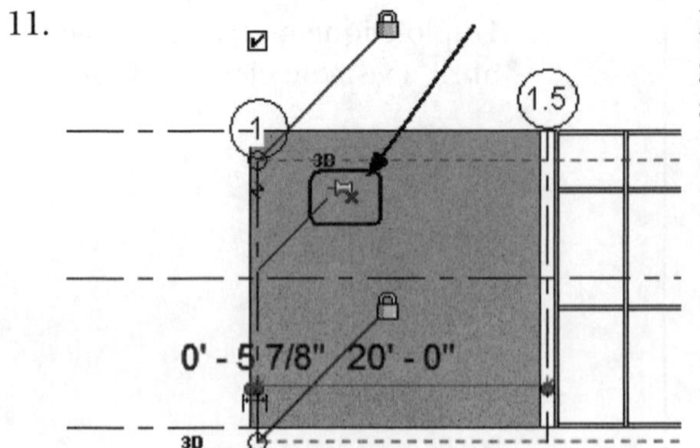

Desprenda a linha de grade, se houver um alfinete sobre ela.

12. Selecione novamente a linha da grade.

Arraste o balão usando o pequeno círculo acima do modelo do prédio.

13. Clique para reativar o alfinete.

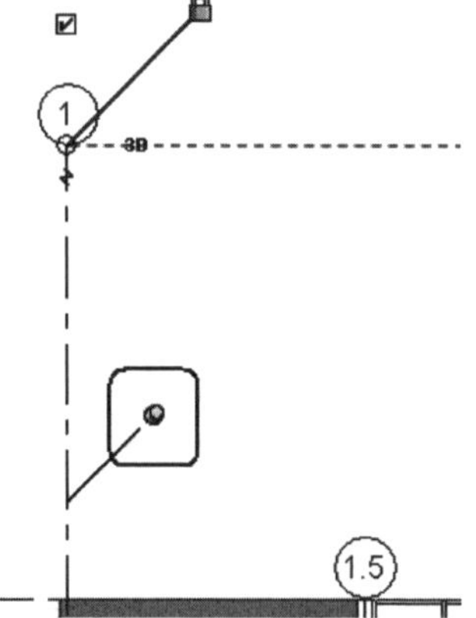

14.

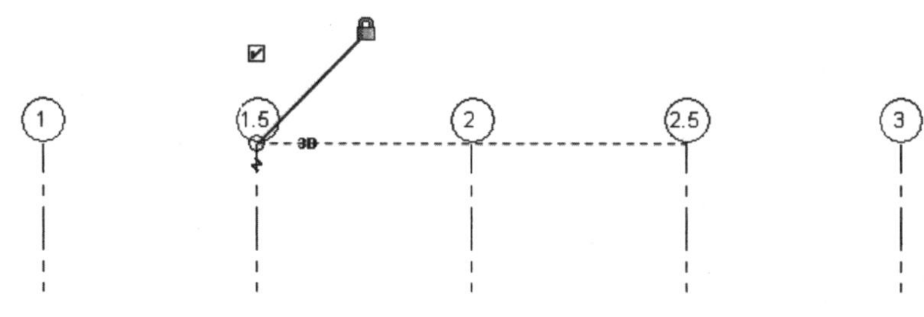

O grupo se ajustará.

Arraste as demais linhas de grade para que os balões fiquem alinhados com o grupo de linhas de grade.

15. Digite **VV** para lançar o diálogo Visibility/Graphics.

Desligue a visibilidade de grades.

Pressione **OK**.

16. Selecione a esquadria central.

Use a tecla TAB para circular pela seleção.

Desprenda a seleção.

Clique com o botão direito e selecione **Delete** ou pressione a tecla Delete no teclado para excluir.

17. Selecione a linha de grade.

18. 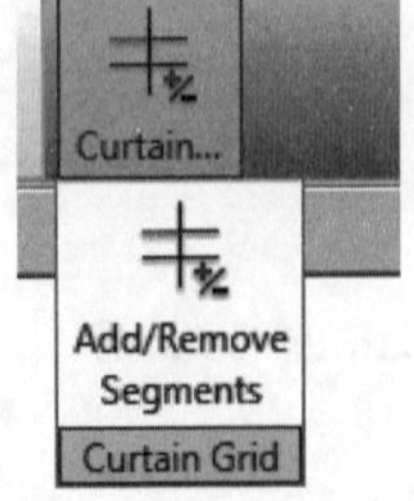

Selecione a ferramenta **Add/Remove Segments** na faixa.

19. 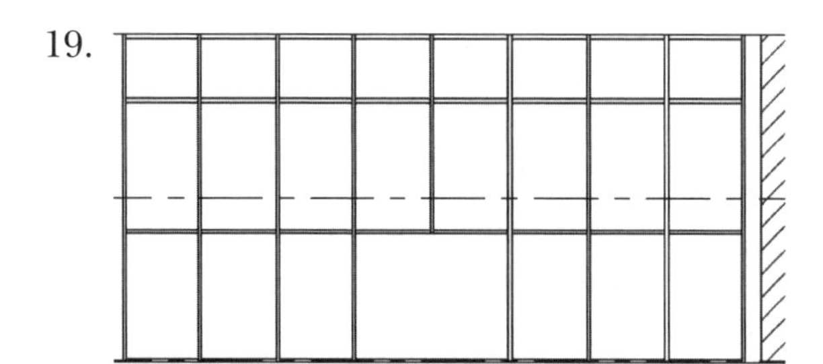

Selecione a linha de grade a ser removida.

Clique abaixo o prédio para aceitar.

Haverá agora um painel largo para ser usado para criação de uma porta.

20. Selecione a ferramenta **Load Family** no painel Load from Library da faixa Insert.

21. 

Localize a família **Curtain Wall Dbl Glass** na pasta *Doors.*

Pressione **Open**.

22. 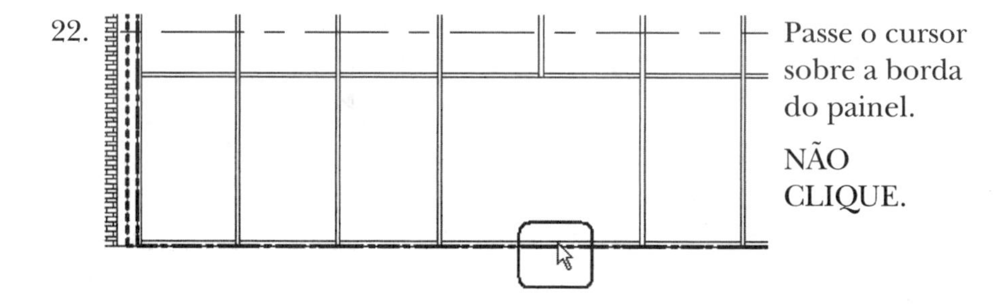

Passe o cursor sobre a borda do painel.

NÃO CLIQUE.

23. 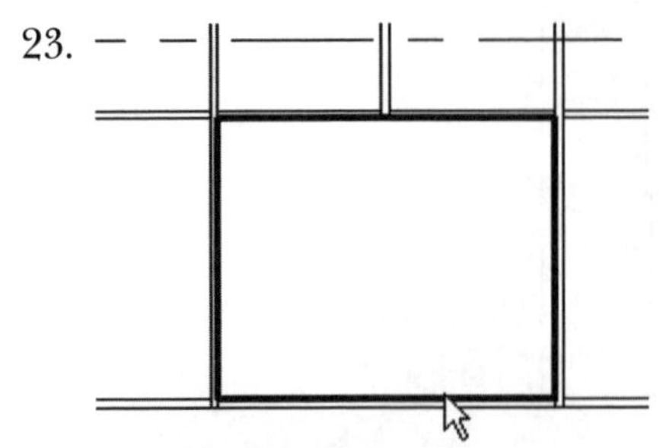

Pressione a tecla TAB.

Repita até que apenas o painel de vidro esteja destacado.

Clique para selecionar o painel de vidro.

24. 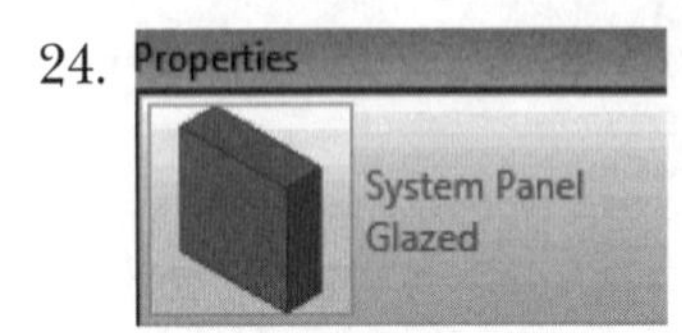

Você deverá ver **System Panel Glazed** no painel Properties.

Ele está acinzentado porque está preso, o que impede a edição.

25. 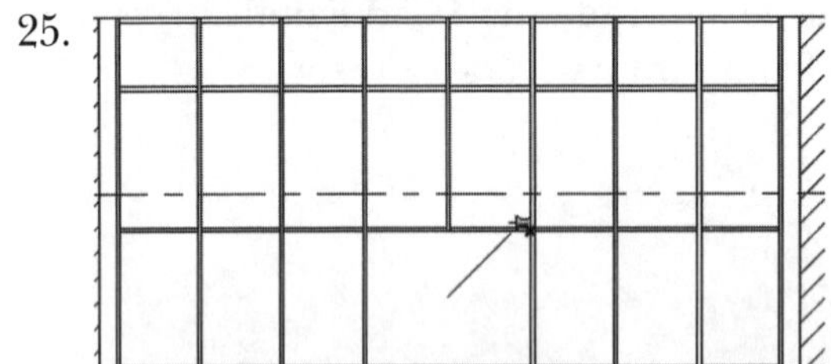

Desprenda o vidro.

26. 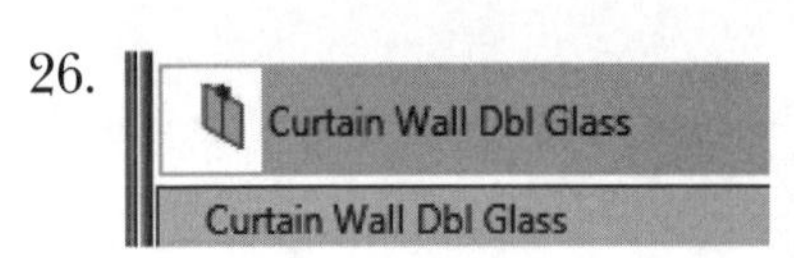

No painel Properties:

Atribuir a porta Curtain Wall Dbl Glass ao elemento selecionado.

Clique para completar o comando.

27. Você verá, agora, uma porta em sua parede de cortina.

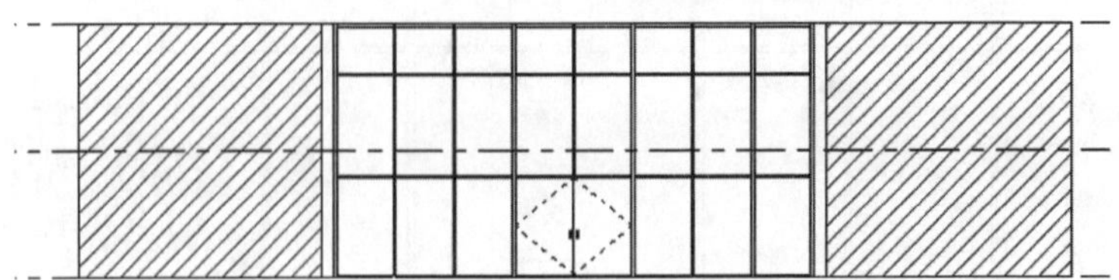

28. Salve como *ex3-18.rvt.*

Exercício 3-19

Modificando uma Parede de Cortina

Nome do desenho: *ex3-18.rvt*

Tempo estimado: 30 minutos

Este exercício reforça as seguintes habilidades:

- ❑ Paredes de cortina
- ❑ Grades de paredes de cortina
- ❑ Portas de paredes de cortina

Vários alunos se queixaram de que a porta era muito grande e perguntaram como torná-la menor.

1. Abra *ex3-18.rvt.*

2. 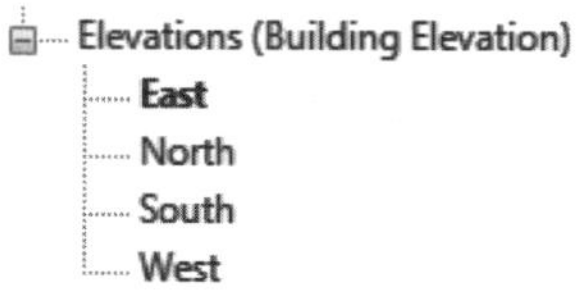 Alterne para a vista de elevação **East**.

3. 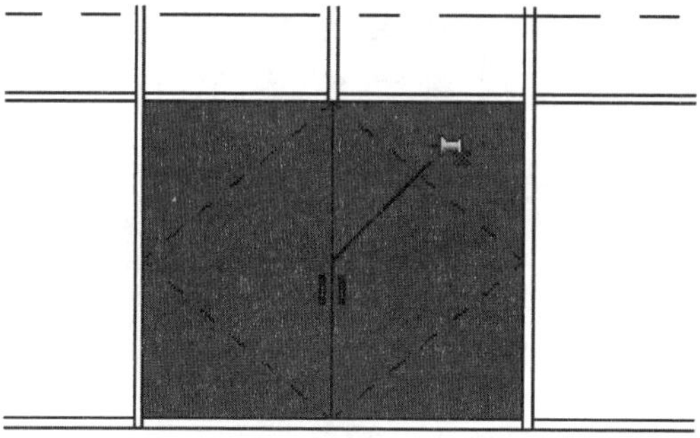 Selecione a porta da parede de cortina.

4. 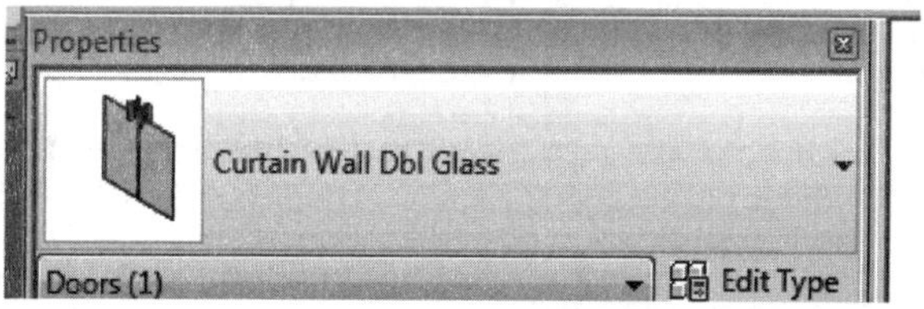 Você deverá ver Curtain Wall Dbl Glass no painel Properties.

5. Usando o Seletor de tipo, mude a porta para um **System Panel – Glazed**.

Clique abaixo da janela para concluir o comando.

6. 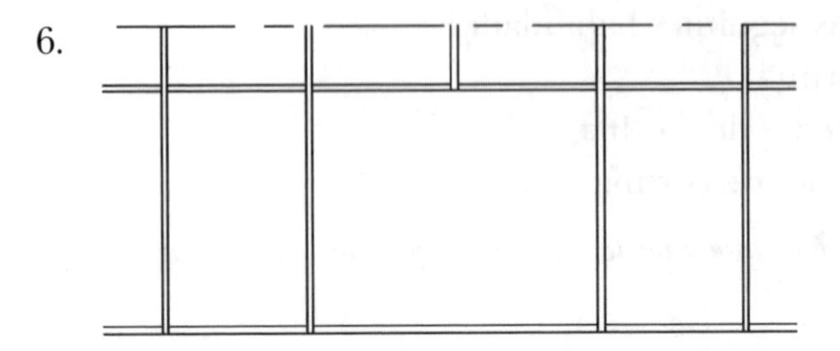

A parede de cortina agora tem um painel de vidro em vez de uma porta.

7. 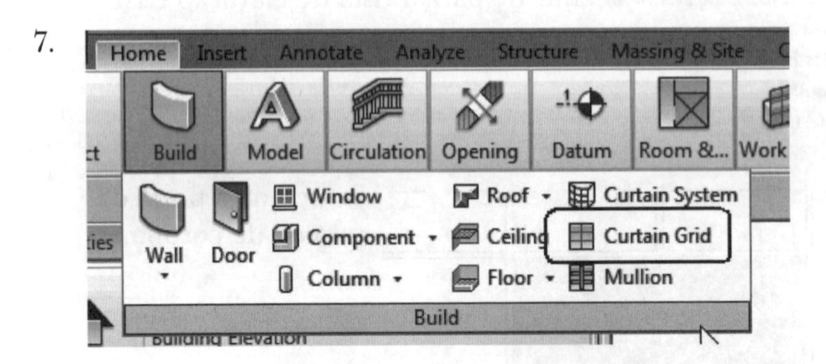

Ativar a faixa Home.

Selecione a ferramenta **Curtain Grid**.

8. 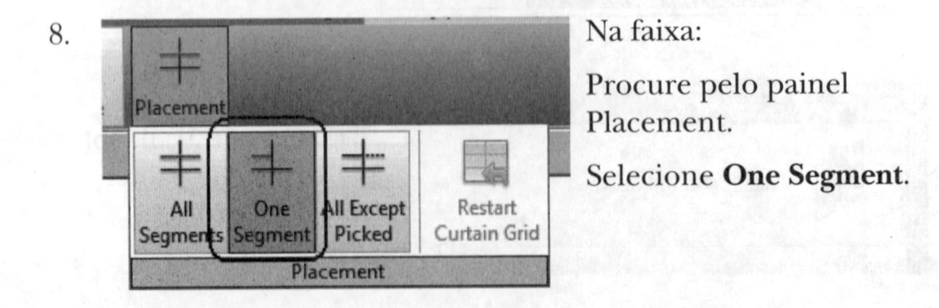

Na faixa:

Procure pelo painel Placement.

Selecione **One Segment**.

9.

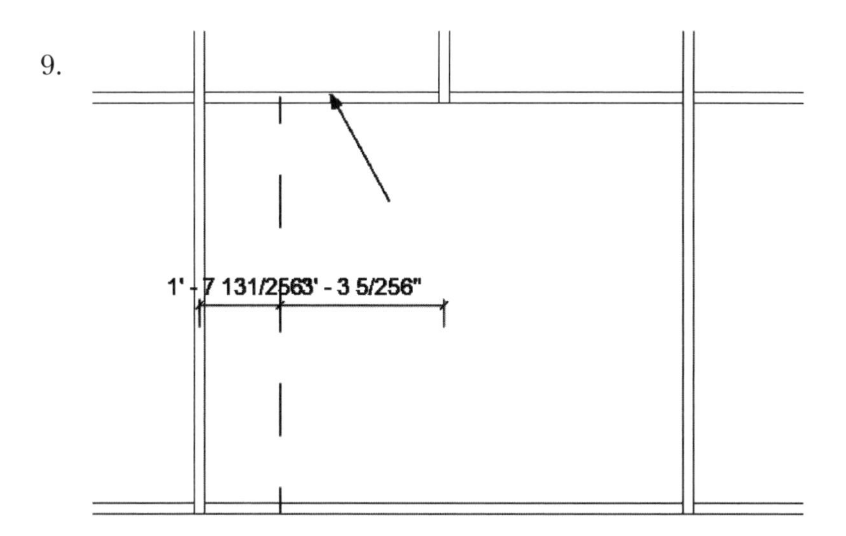

Passe o mouse sobre a esquadria horizontal do lado esquerdo do painel para visualizar a colocação da grade de cortina.

Note que você usa a esquadria horizontal para colocar uma grade vertical e uma esquadria vertical para colocar uma grade horizontal.

10.

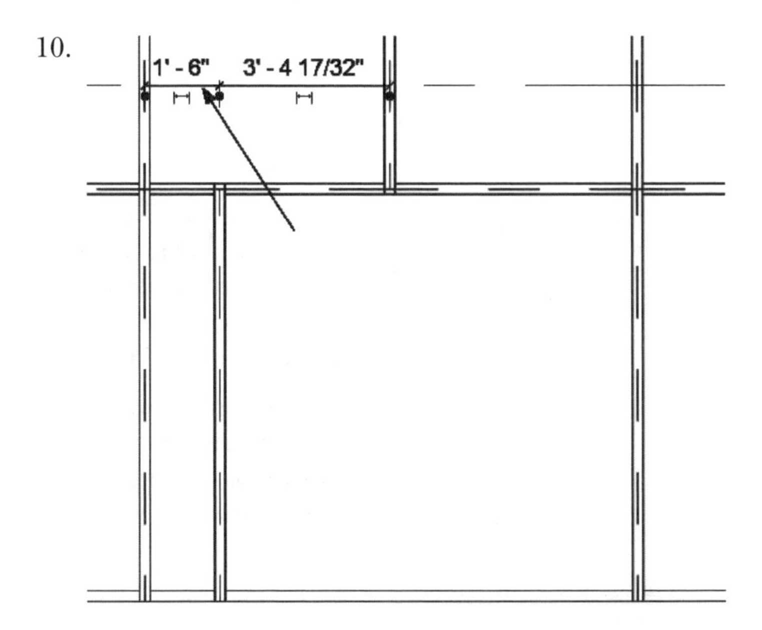

Clique para fixar.

Clique na dimensão temporária para ajustar o posicionamento da esquadria. Ajuste a distância para **1' 6"**.

11.

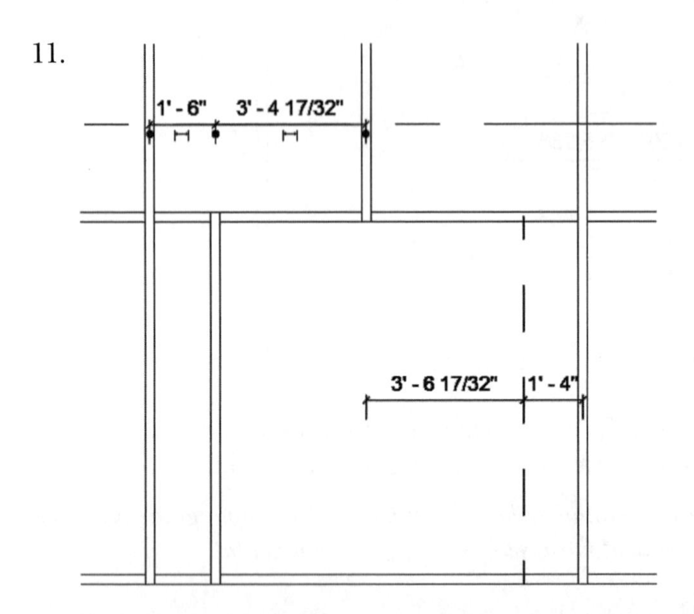

Passe o mouse sobre a esquadria horizontal para visualizar a colocação da grade de cortina no lado direito.

12.

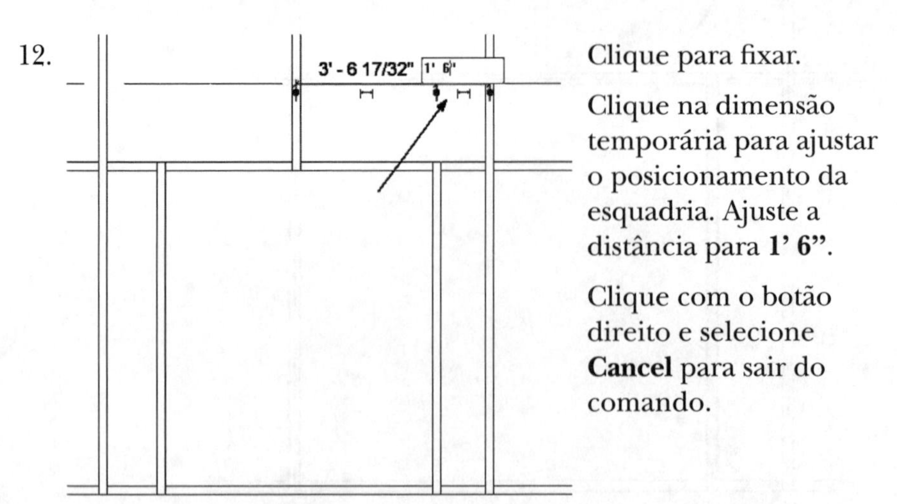

Clique para fixar.

Clique na dimensão temporária para ajustar o posicionamento da esquadria. Ajuste a distância para **1' 6"**.

Clique com o botão direito e selecione **Cancel** para sair do comando.

13.

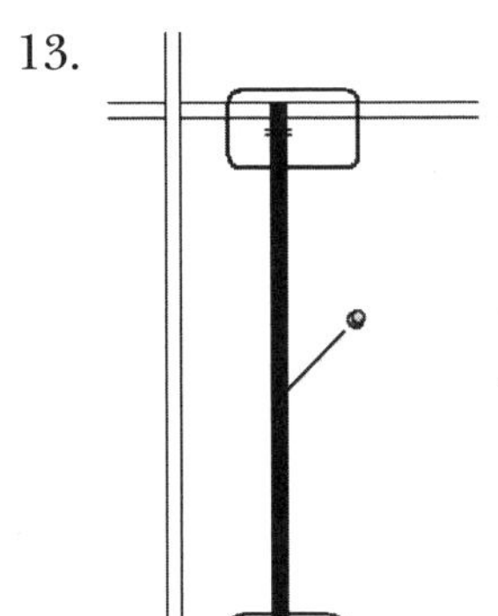

Clique na esquadria vertical esquerda.

Note que nas partes superior e inferior há um ícone de cruz.

Este é usado para editar a forma como a esquadria se junta/intercepta as esquadrias horizontais.

Clique na cruz superior.

14.

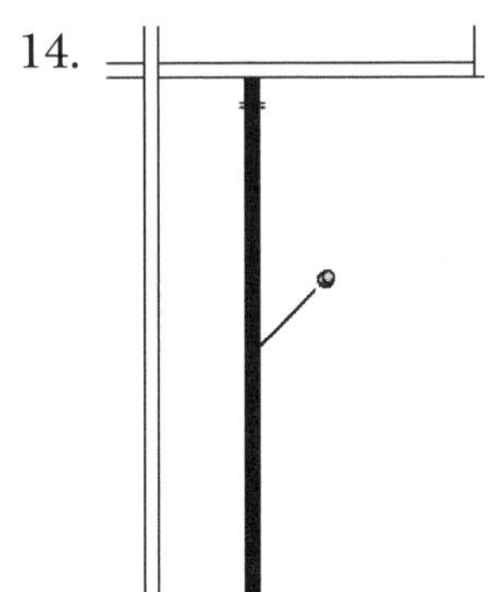

Note como a esquadria desloca sua posição.

Clique na cruz inferior.

15.

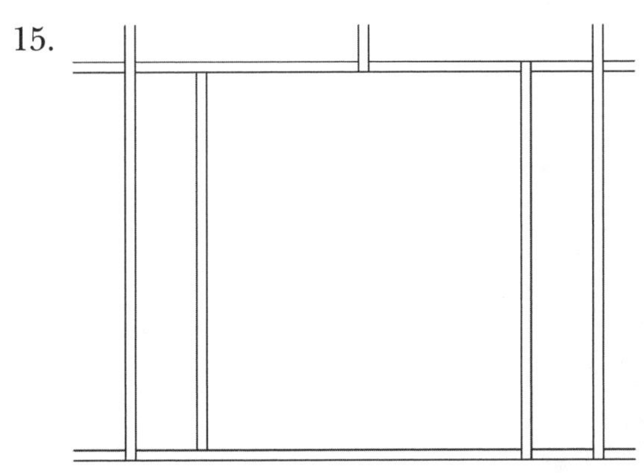

Note como a esquadria do lado esquerdo foi ajustada.

Repita com a esquadria direita usando os ícones de cruz.

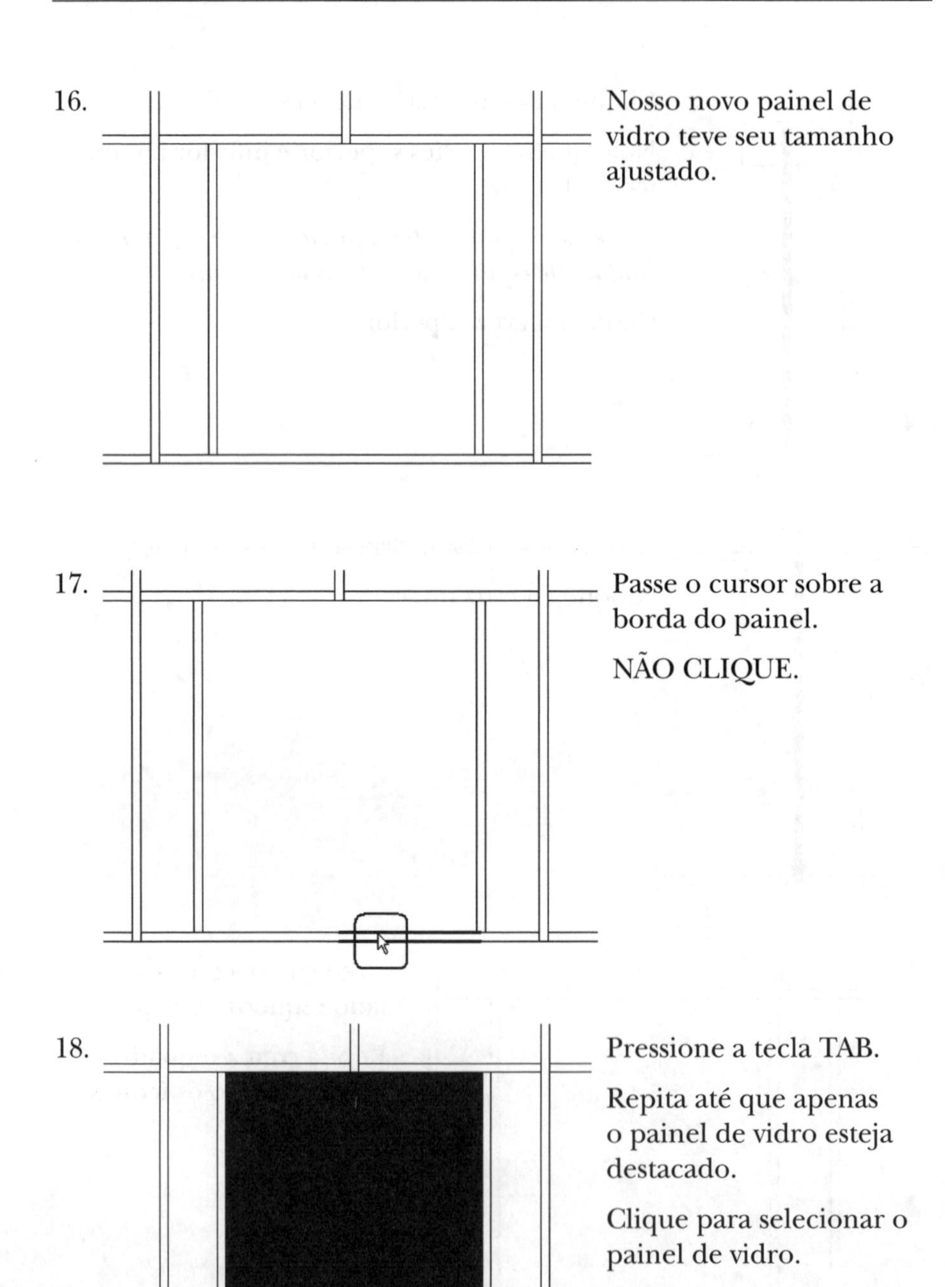

16. Nosso novo painel de vidro teve seu tamanho ajustado.

17. Passe o cursor sobre a borda do painel.

    NÃO CLIQUE.

18. Pressione a tecla TAB.

    Repita até que apenas o painel de vidro esteja destacado.

    Clique para selecionar o painel de vidro.

19. 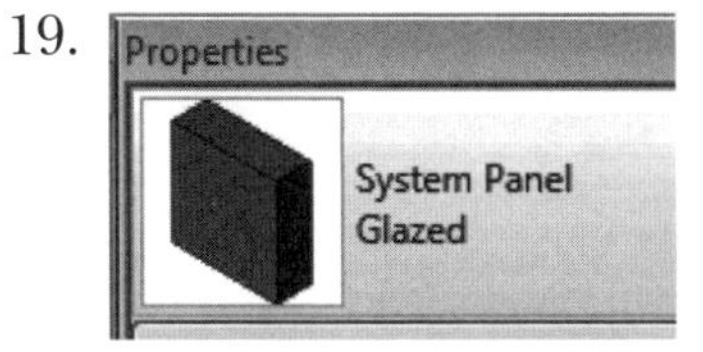

Você deverá ver **System Panel Glazed** no painel Properties.

20. No painel Properties:

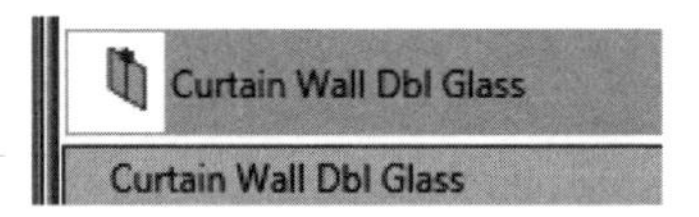

Atribua a porta Curtain Wall Dbl Glass ao elemento selecionado usando o Seletor de tipo.

Clique para completar o comando.

21. Agora, você verá uma porta em sua parede de cortina.

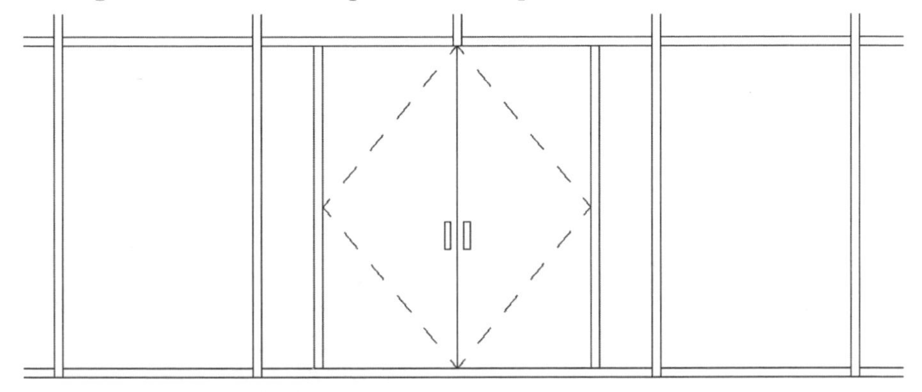

22. Salve como *ex3-19.rvt*.

Exercício 3-20

Adicionando Janelas

Nome do desenho: *ex3-19.rvt*

Tempo estimado: 60 minutos

Este exercício reforça as seguintes habilidades:

- ❑ Janelas
- ❑ Propriedades de janelas
- ❑ Matrizes
- ❑ Espelhamento
- ❑ Copiar-Mover

1. Abra *ex3-19.rvt.*

2. Elevations (Building Elevation)
   - East
   - North
   - South
   - West

   Mudar para uma vista de elevação sul (**South**).

3. 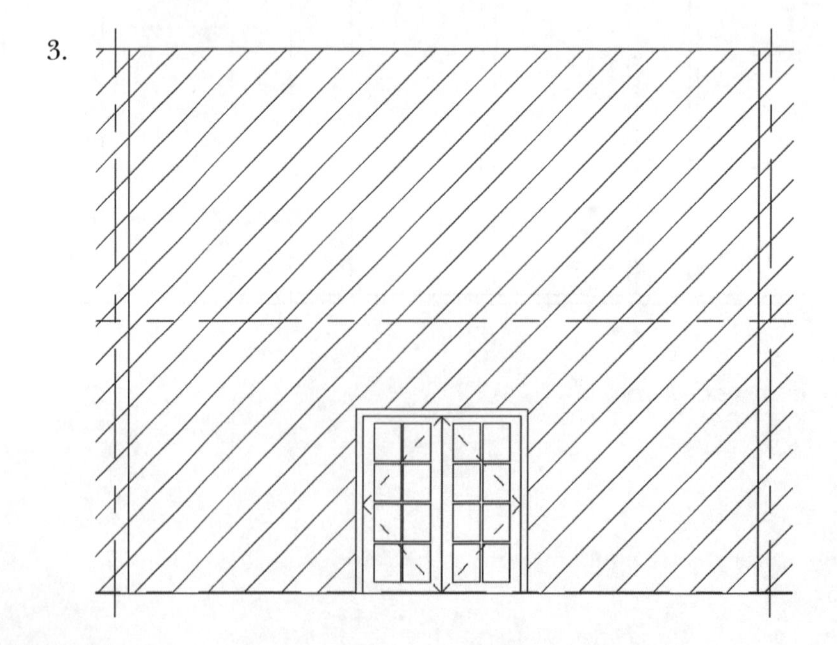

Amplie (zoom) a área de entrada do prédio.

A exibição está ajustada para Coarse, Hidden Line.

4. 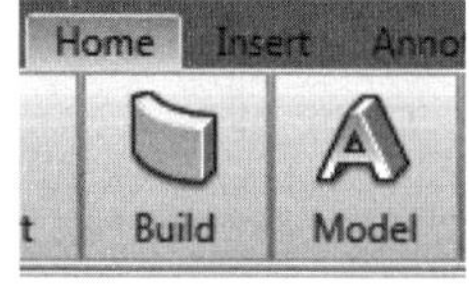

Selecione a faixa **Home**.

5. Selecione a ferramenta **Window** no painel Build.

6. 

Ajuste o Window Type (tipo de janela) para **Fixed: 36" x 48"** [**Fixed: 0915 x 1220mm**].

7. Coloque duas janelas a **5' 2"** [**1927 mm**] do ponto médio da porta.

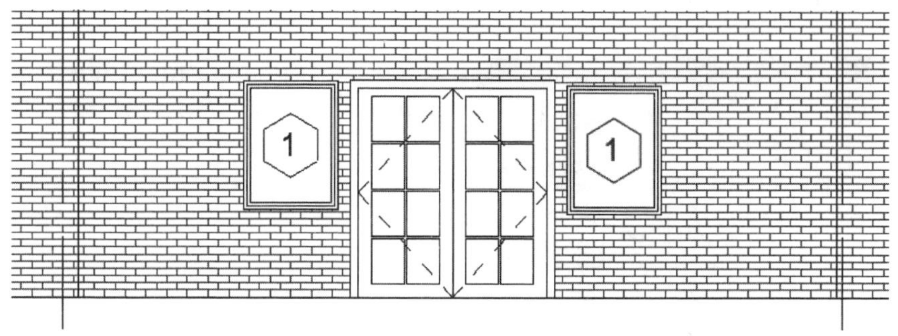

8. Em vista de planta baixa, as janelas estarão localizadas como mostrado.

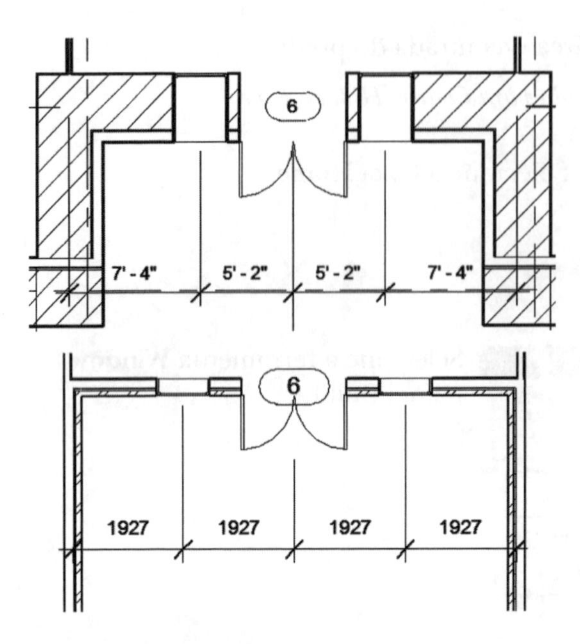

9. Ative a elevação sul (**South**).

10. Amplie a área de entrada.

11. Use a ferramenta **ALIGN** para alinhar a parte superior das janelas com a parte superior da porta.

12. Selecione a ferramenta **Align** no painel Modify da faixa Modify.

13. 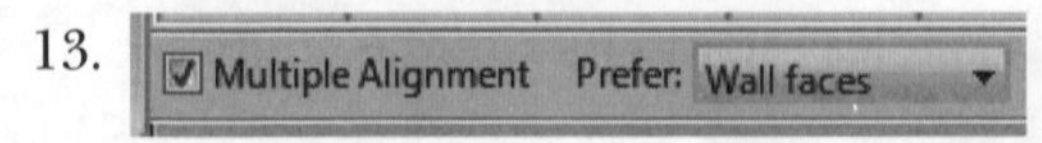

Habilite **Multiple Alignment** na barra Options.

14. Selecione a parte superior da porta, depois a parte superior da janela esquerda. Em seguida, selecione a parte superior da segunda janela.

    Clique com o botão direito e selecione **Cancel** duas vezes para sair do comando.

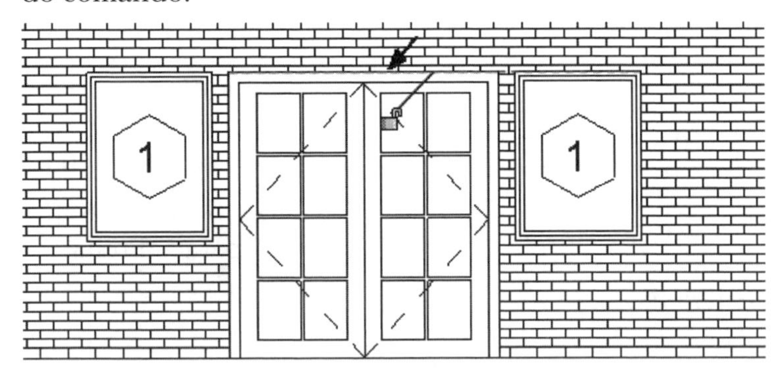

15. 15 Ponha uma janela **Fixed: 36" x 48"** [**Fixed: 0915 x 1220mm**] na parede de Level 2.

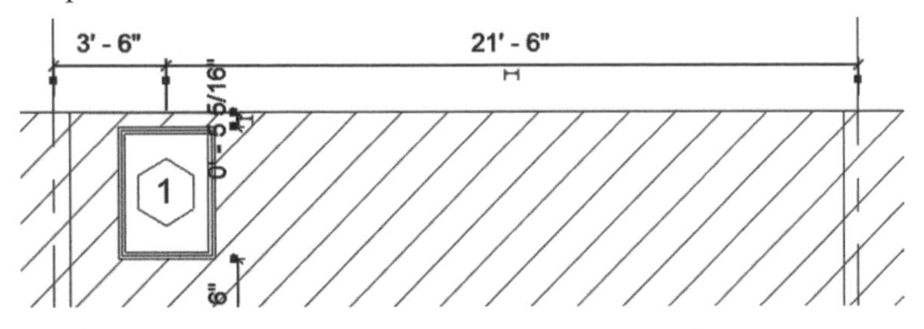

    Localize a janela a 3' 6" [106 cm] à direita da grade D.

16. 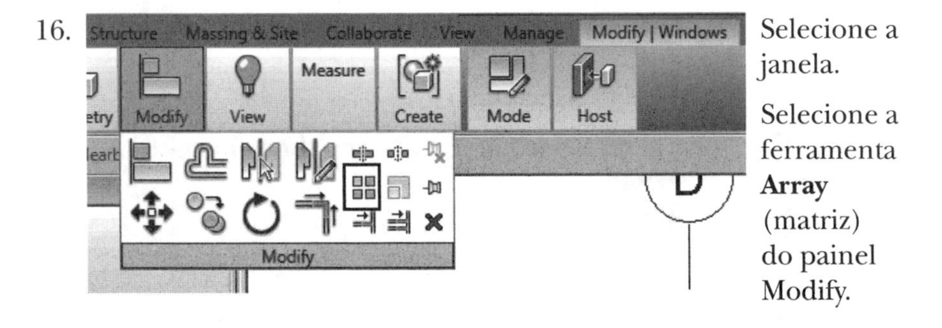

    Selecione a janela.

    Selecione a ferramenta **Array** (matriz) do painel Modify.

17. Habilite **Group And Associate**.

Ajuste Number para **4**.

Habilite Move to: **Last**.

18.

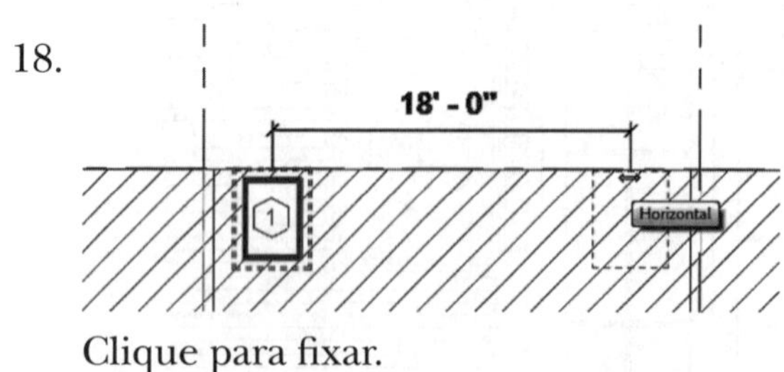

Selecione o ponto médio da parte superior da janela como ponto base.

Mova o cursor 18' [584.64 cm] para a direita.

Clique para fixar.

19. Pressione ENTER para aceitar a pré-visualização.

Clique em qualquer lugar da janela de exibição para sair do comando.

20.

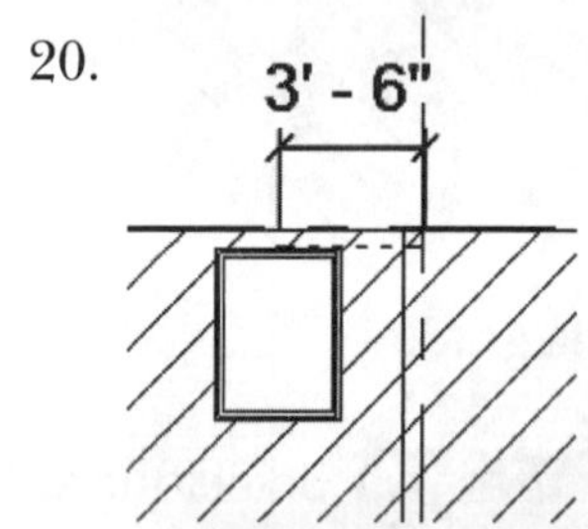

Use a ferramenta **Measure** da barra de ferramentas de acesso rápido para verificar se a última janela está a 3' 6" [106 cm] da grade E.

Verifique se as quatro janelas estão igualmente espaçadas usando a ferramenta Measure.

21.

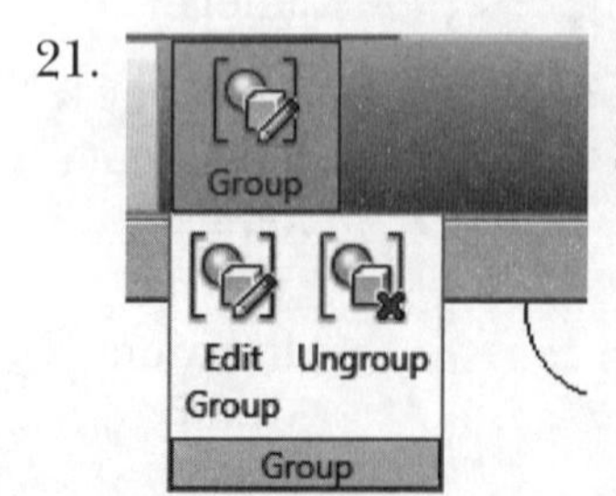

Selecione o grupo de janelas.

Selecione **Edit Group** do painel Group.

22. 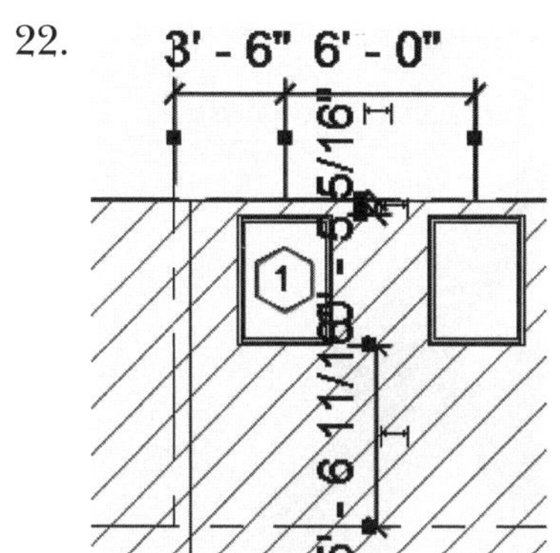

Selecione a primeira janela.

23. 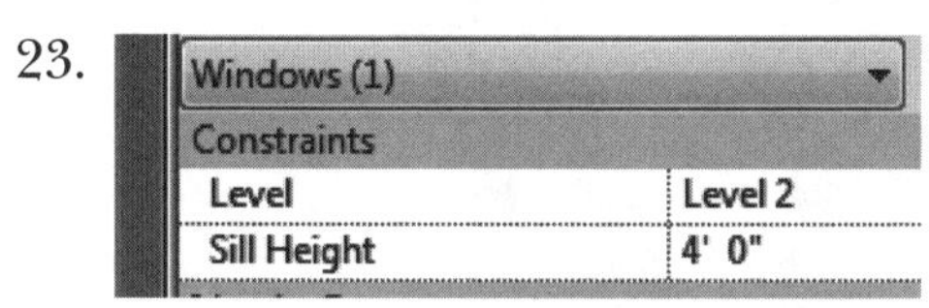

No painel Properties:

Ajuste Sill Height (altura da soleira) para 4' 0" [1219.2 mm].

24. 

Selecione **Finish** na barra de ferramentas Edit Group.

25. 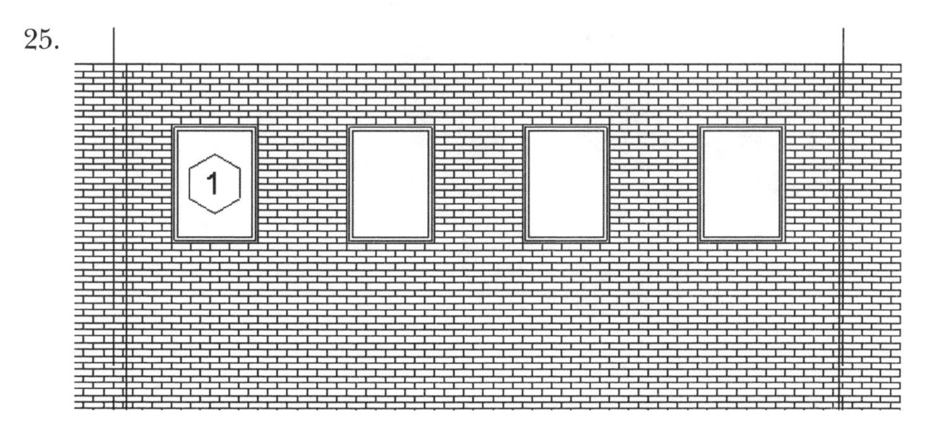

Todo o grupo de janelas se ajustará.

26. Acrescente janelas adicionais para completar o projeto.

    Use as ferramentas MIRROR e ARRAY para colocar janelas.

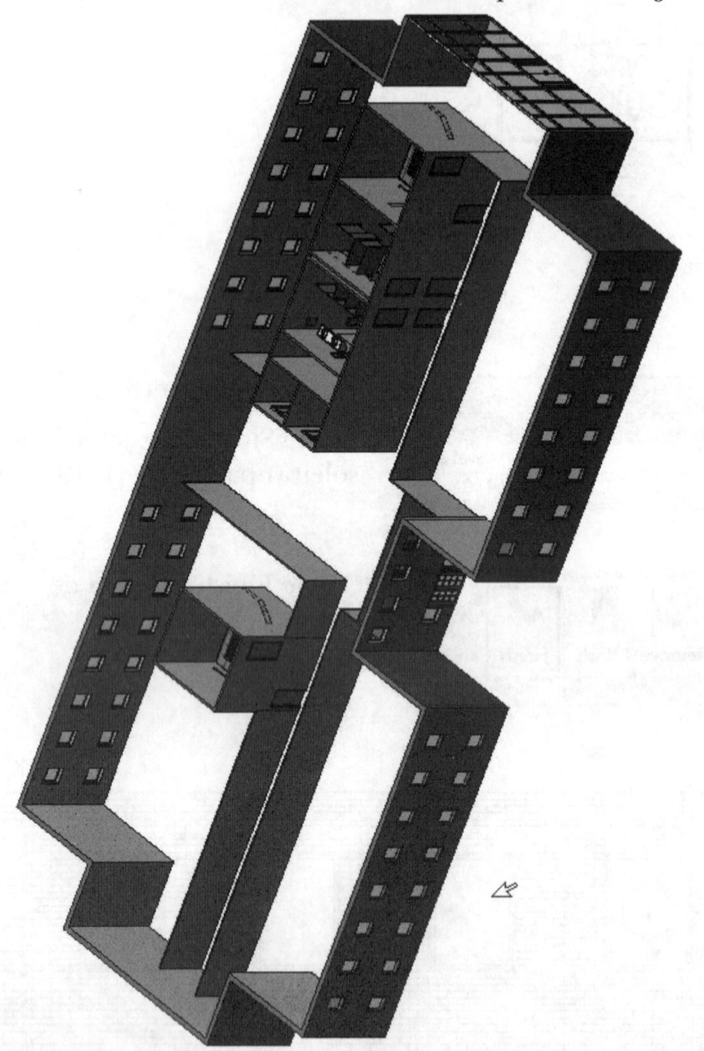

Elementos só podem ser dispostos em matriz no mesmo espaço de trabalho.

27. Salve o arquivo como *ex3-20.rvt.*

Exercício 3-21:

Arranjo da Planta Baixa

Nome do desenho: *ex3-20.rvt*

Tempo estimado: 20 minutos

Este exercício reforça as seguintes habilidades:

- ❑ Carregando um bloco de título
- ❑ Adicionar uma nova folha
- ❑ Adicionando uma vista a uma folha
- ❑ Ajustando linhas de grade e etiquetas
- ❑ Ocultando a Viewport

1. Abra ou continue trabalhando no *ex3-20.rvt.*

2. 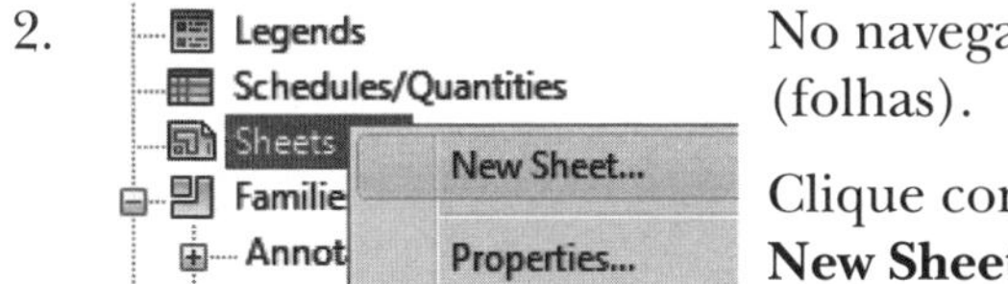

No navegador, destaque **Sheets** (folhas).

Clique com o botão direito e selecione **New Sheet.**

3. Load... Selecione **Load.**

4. 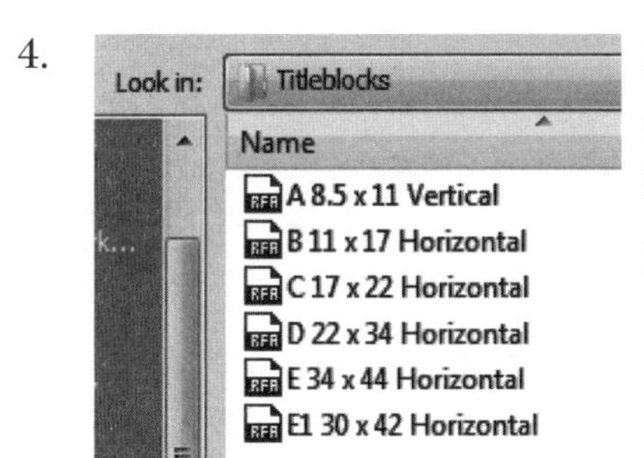

Navegue até a pasta *Titleblocks.*

Selecione o bloco de título **D 22 x 34 Horizontal.**

Pressione **Open.**

5. 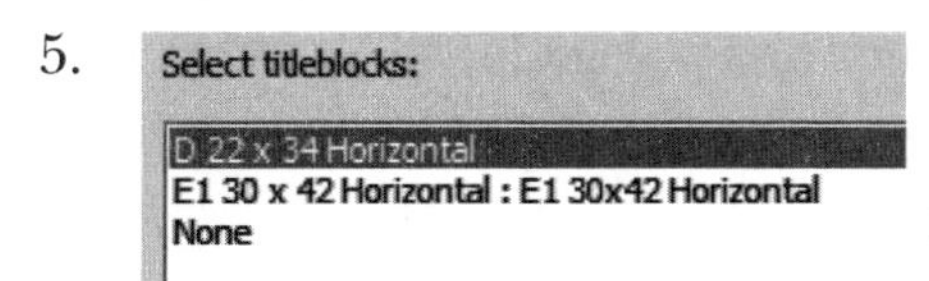

Destaque o bloco de título **D 22 x 34 Horizontal.**

Pressione **OK.**

6. Destaque **A101-Unnamed** no navegador.

   Clique com o botão direito e selecione **Rename**.

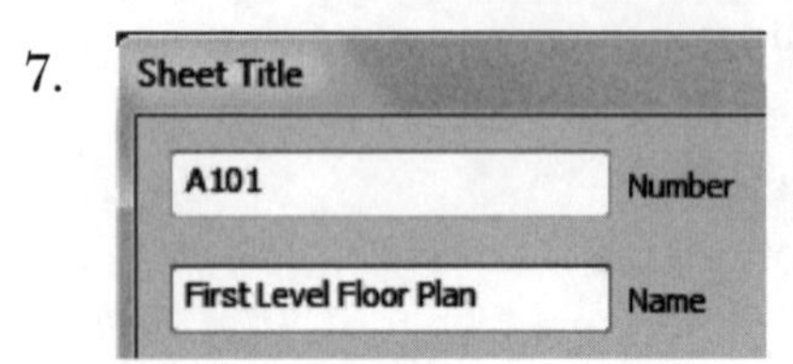

7. Mude o nome da folha para **First Level Floor Plan** e depois pressione **OK**.

8. Arraste e solte a planta baixa Level 1 do navegador para a folha.

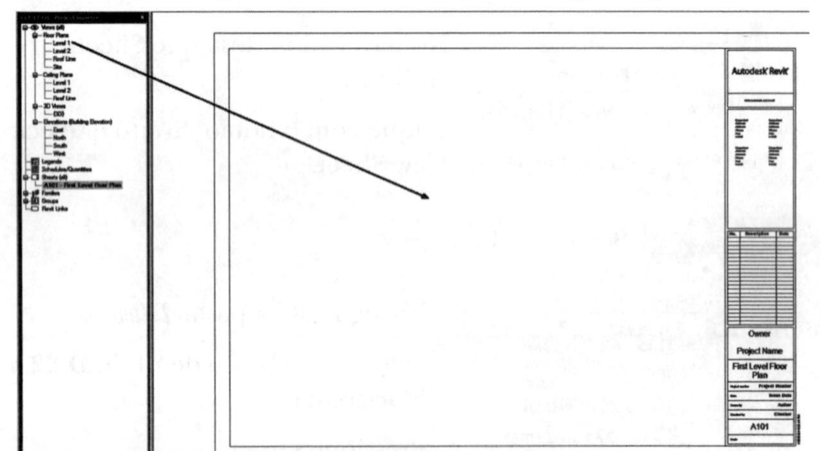

9. Se você ampliar (zoom) a etiqueta da vista, verá a escala é definida como *1/8" = 1'-0"*.

Você pode ajustar a posição da etiqueta, clicando nela para ativar o pegador azul. Em seguida, mantenha o pegador seguro com o botão esquerdo do mouse e arraste-o para o local desejado.

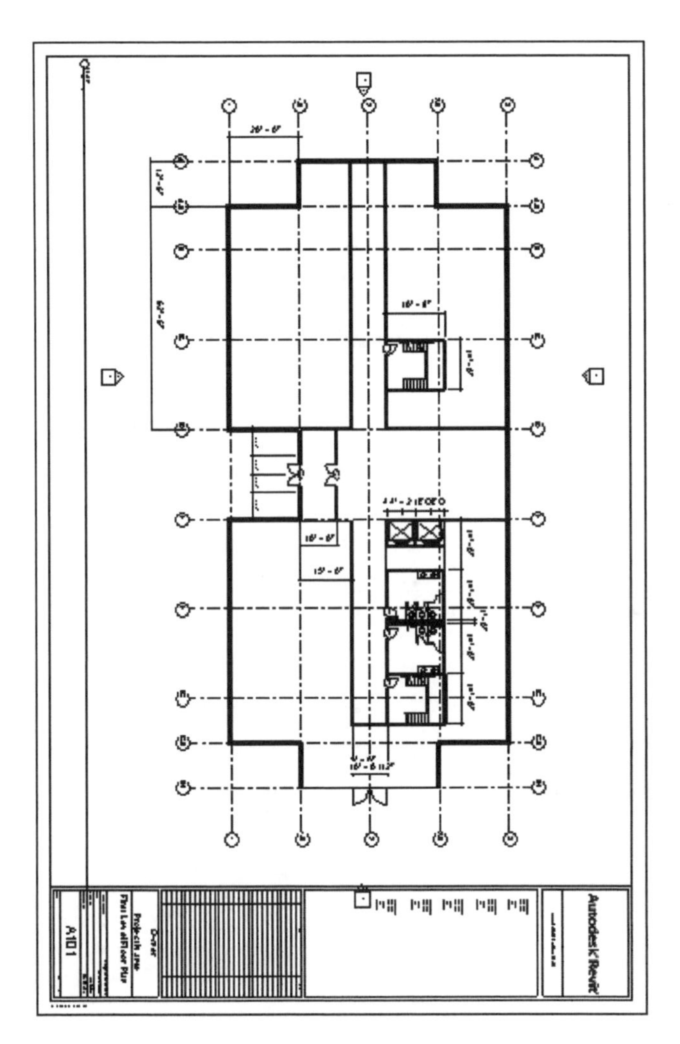

Marcadores de elevação serão impressos.

10. 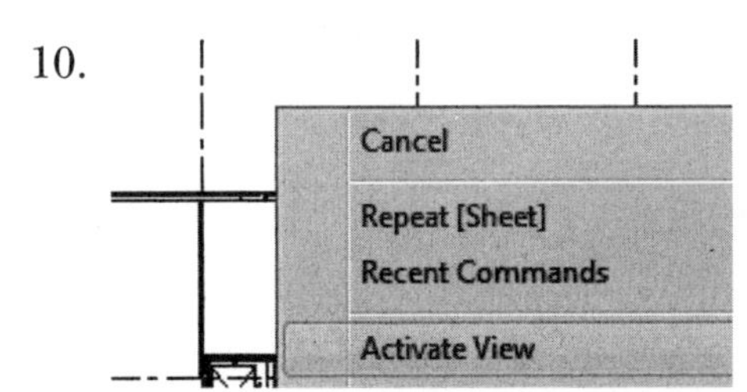

Para desativar os marcadores de elevação:

Passe o cursor sobre a vista.

Clique com o botão direito e selecione **Activate View**.

Isto é similar à ativação do espaço do modelo no AutoCAD.

11. 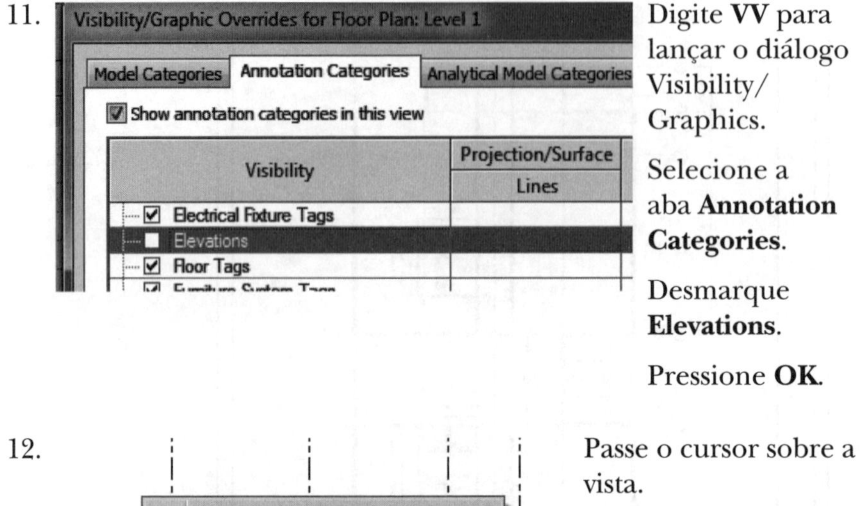

Digite **VV** para lançar o diálogo Visibility/ Graphics.

Selecione a aba **Annotation Categories**.

Desmarque **Elevations**.

Pressione **OK**.

12. 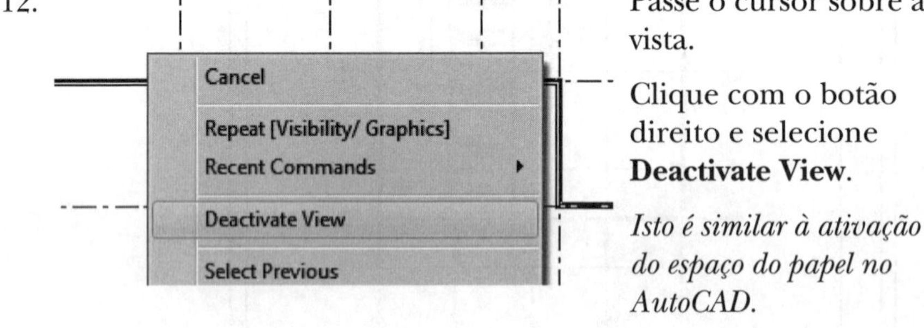

Passe o cursor sobre a vista.

Clique com o botão direito e selecione **Deactivate View**.

Isto é similar à ativação do espaço do papel no AutoCAD.

13. Salve como *ex3-21.rvt.*

Projetos Adicionais

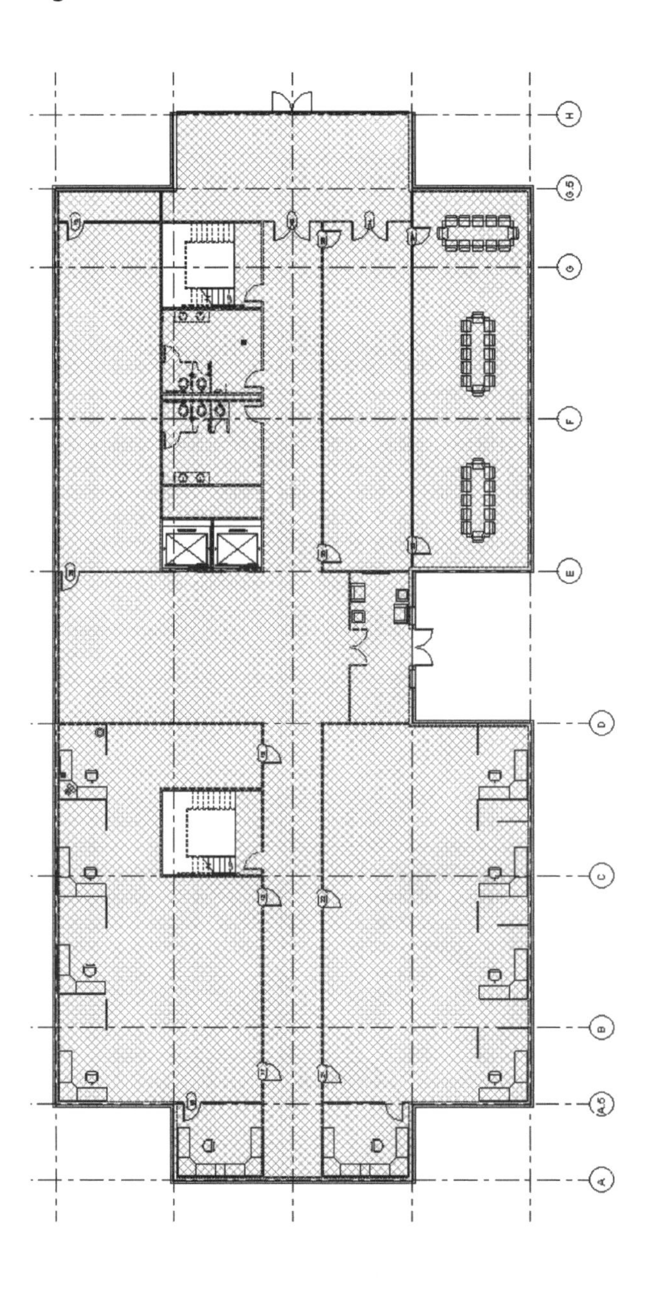

1. Copie a planta baixa Level 1 e crie o arranjo de escritório mostrado.

   Os Cubículos são estações de trabalho (Work Station Cubicle 96" x 96".

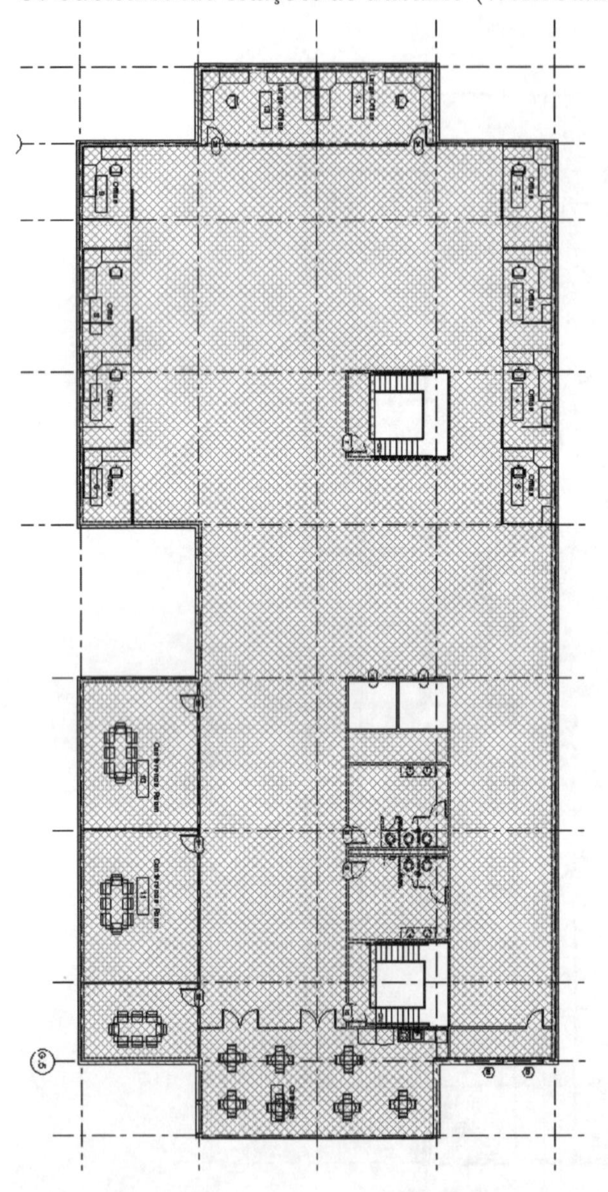

2. Copie a planta baixa Level 2 e crie o arranjo de escritório mostrado.

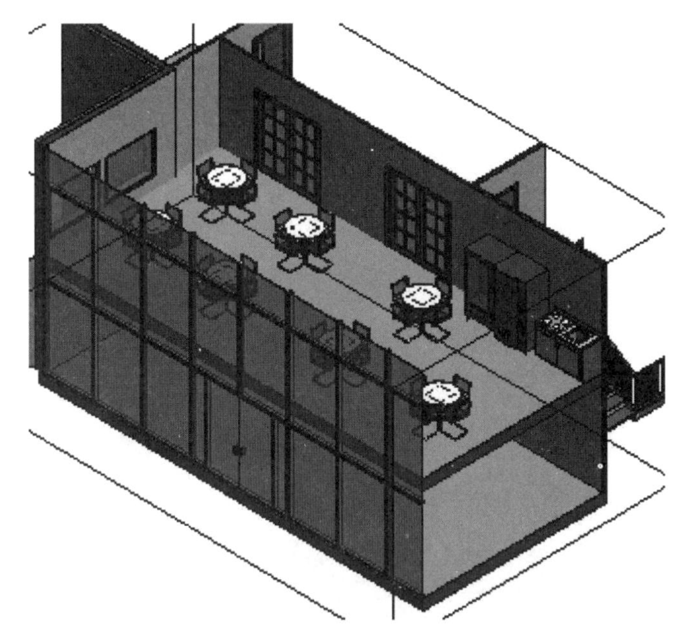

3. Em Level 2, na área da cantina, adicione grupos de mobília usando uma mesa e quatro cadeiras. Adicionar máquinas de vender. (As famílias podem ser localizadas no CD que acompanha o texto.)

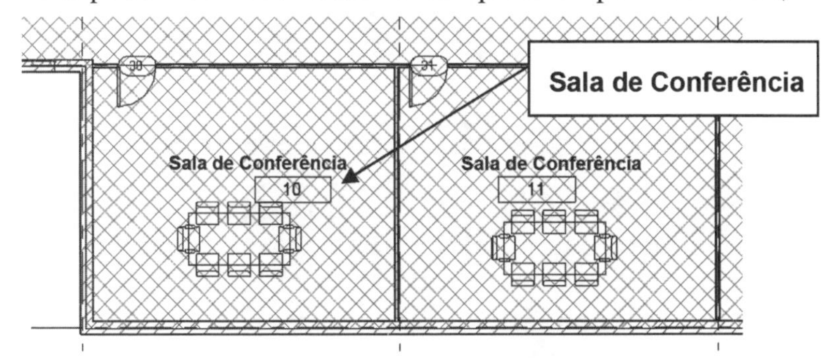

4. Mobilie as duas salas de conferências de Level 2.

   Adicione mesas e cadeiras às áreas das duas salas de conferências.

   Use Group para criar combinações de mobília que você possa facilmente copiar e mover.

Há famílias de grupos de mesas de conferência disponíveis no CD que acompanha o texto.

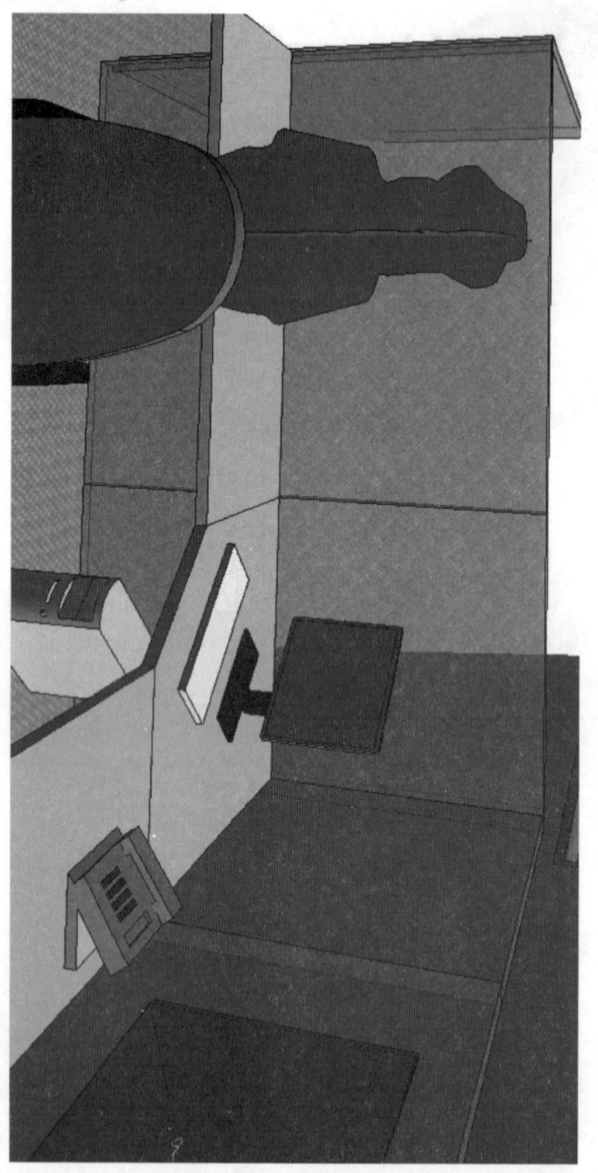

5. Mobilie os cubículos dos escritórios. As famílias podem ser encontradas no CD que acompanha o texto.

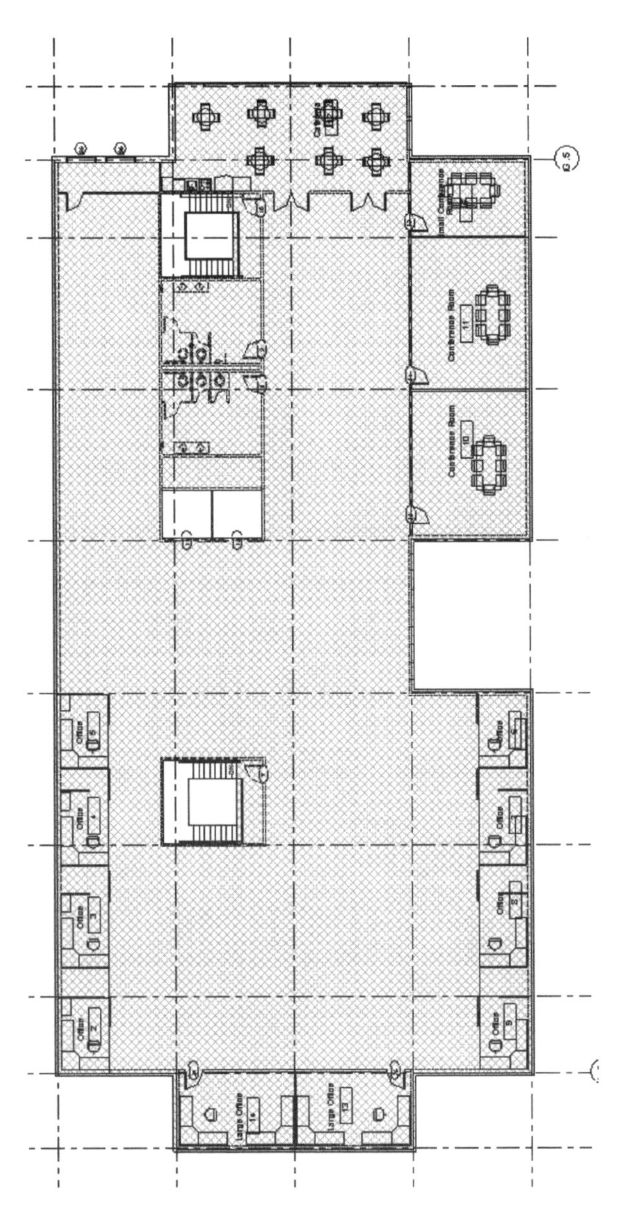

6. Adicione marcas de sala aos cômodos em Level 2.

   Crie uma agenda de quarto

Room Schedule		
Number	Name	Area
1	Lobby	244 SF
2	Office	97 SF
3	Office	176 SF
4	Office	130 SF
5	Office	101 SF
6	Office	98 SF
7	Office	130 SF
8	Office	175 SF
9	Office	99 SF
10	Conference Room	462 SF
11	Conference Room	483 SF
12	Cafeteria	706 SF
13	Large Office	237 SF
14	Large Office	237 SF
15	Small Conference Room	237 SF

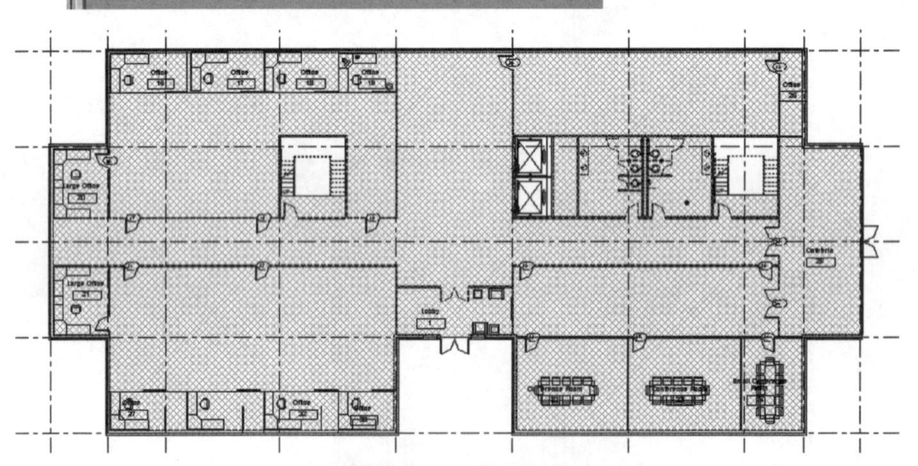

7. Use as ferramentas Room Separator e Room Tag do menu Drafting para adicionar marcas de sala a Level 1.

Questionário da Lição 3

Verdadeiro ou Falso

1. Mudanças nas configurações de uma vista não afetam outras vistas.

Múltipla Escolha

2. Quando da colocação de portas, qual tecla deve ser pressionada para virar a orientação?
   Escolha uma resposta.
   A. Ctl + S
   B. H
   C. Barra de espaço
   D. F
   E. L ou R

3. Qual dos seguintes NÃO é um exemplo de associação bidirecional?
   Escolha uma resposta.
   A. Desenhar uma parede na planta e ela aparecerá em todos as outras vistas
   B. Adicionar uma anotação numa vista
   C. Alterar um tipo de porta numa agenda e todas as vistas serão atualizadas
   D. Virar uma linha de seção e todas as vistas serão atualizadas

4. Grades de cortina pode ser definida usando-se todas as seguintes, exceto:
   Escolha uma resposta.
   A. Linha vertical
   B. Linha oblíqua
   C. Linha horizontal
   D. Linha parcial

5. Quais das seguintes são partes do esboço quando você cria escadas personalizadas?
   Escolha duas respostas.
   A. Run (espaço)
   B. Railing (corrimão)
   C. Riser (espaço vertical do batente)
   D. Boundary (limite)
   E. Tread width (largura do batente)

6. Que comando é usado para colocação de um elemento livre, como móveis?
   Escolha uma resposta.
   A. Detail Component (componente de detalhe)
   B. Load Family (carregar família)
   C. Repeating Detail (detalhe repetitivo)
   D. Model In Place (modelo posto)
   E. Place a Component (colocar um componente)

7. Selecione as DUAS que são propriedades de Tipo de uma parede:
   Escolher pelo menos duas respostas.
   A. FUNCTION (função)
   B. COARSE FILL PATTERN (padrão de preenchimento grosseiro)
   C. BASE CONSTRAINT (restrição de base)
   D. TOP CONSTRAINT (restrição superior)
   E. LOCATION LINE (linha de localização)

8. O que NÃO é verdade a respeito da colocação de janelas?
   Escolha uma resposta.
   A. Janelas exigem uma parede como hospedeira
   B. Janelas cortam uma abertura na parede quando colocadas
   C. A localização do lado exterior da janela pode ser selecionada
   D. A altura do peitoril é ajustável na vista plana

RESPOSTAS:

1) T; 2) C; 3) B; 4) B; 5) C & D; 6) E; 7) A & B; 8) D

Lição 4

Pisos e Tetos

Plantas de teto são usadas para permitir que o contratante saiba a aparência que o teto deverá ter.

Quando do esboço de uma planta de teto refletido, imagine que você está olhando para baixo, sobre o piso, o qual está agindo como um espelho que mostra um reflexo do teto. Você quer localizar a iluminação, a ventilação, os aspersores e a beira.

Começamos pela colocação dos pisos que vão refletir os tetos. (Plantas de teto refletido olham para baixo, não para cima. Elas são a imagem espelhada do que você veria olhando para cima, como se o teto estivesse refletido no piso.)

Começamos por colocar os pisos em que nos basearemos para olhar para os tetos.

Exercício 4-1

Criando Pisos

Nome do desenho: *ex3-21.rvt*

Tempo estimado: 35 minutos

Este exercício reforça as seguintes habilidades:

- ❑ Pisos
- ❑ Propriedades de pisos
- ❑ Materiais

1. Abra o *ex3-21.rvt.*

2. 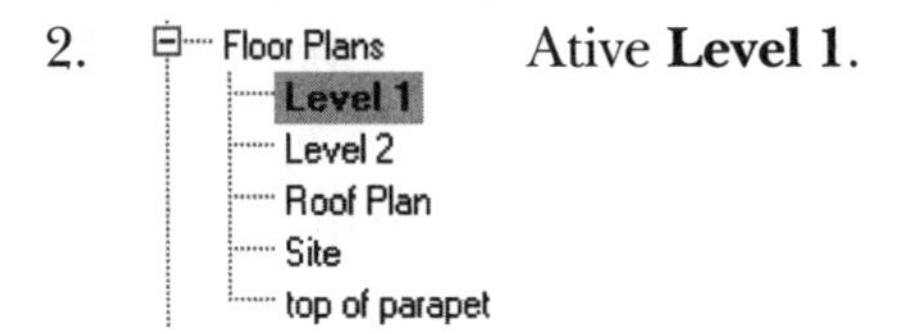

Ative **Level 1**.

3. No navegador, localize a parede exterior que é usada no projeto.

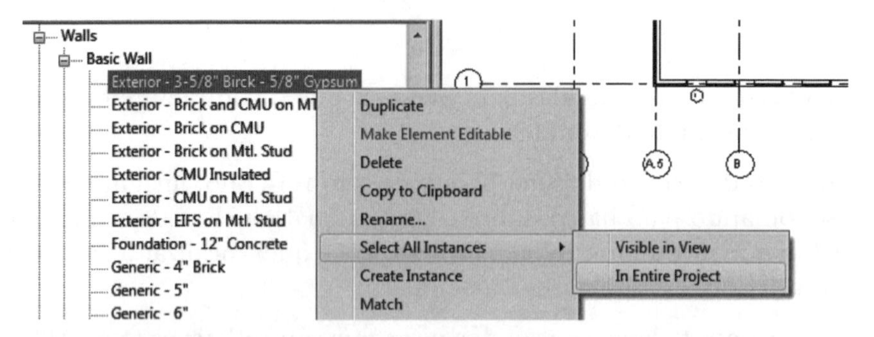

Clique com o botão direito e selecione **Select All Instances → In Entire Project**.

4. 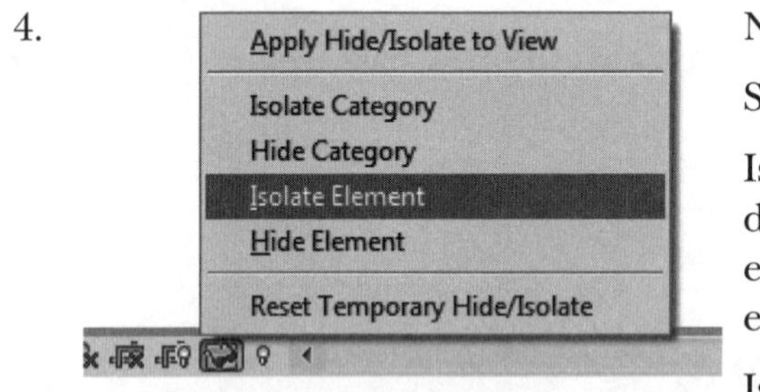

Na barra de status:

Selecione **Isolate Element**.

Isso desativará a visibilidade de todos os elementos, exceto a das paredes exteriores.

Isso tornará mais fácil a seleção das paredes.

5. 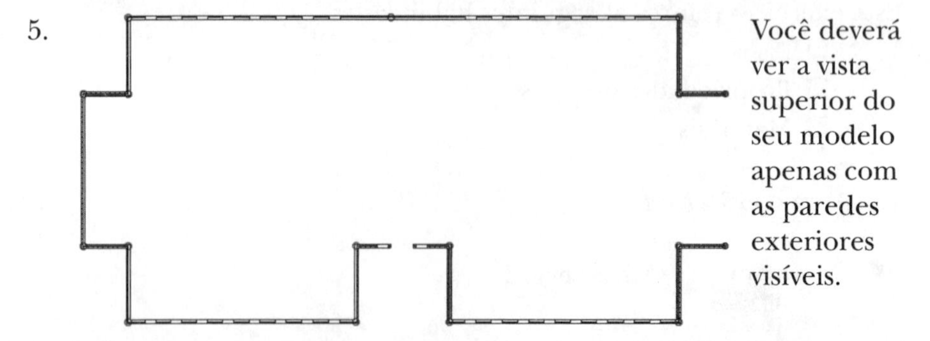

Você deverá ver a vista superior do seu modelo apenas com as paredes exteriores visíveis.

Há falhas em que há portas, janelas, e a parede de cortina.

6. Home Ative a faixa **Home**.

7. Ative a ferramenta **Floor** no painel Build.

8. Selecione todas as paredes exteriores.

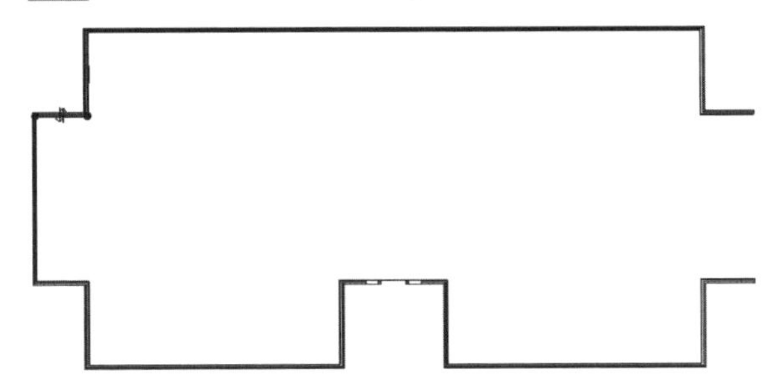

A parede de cortina não pode ser selecionada.

Para fechar o esboço, você precisa desenhar uma linha.

9. 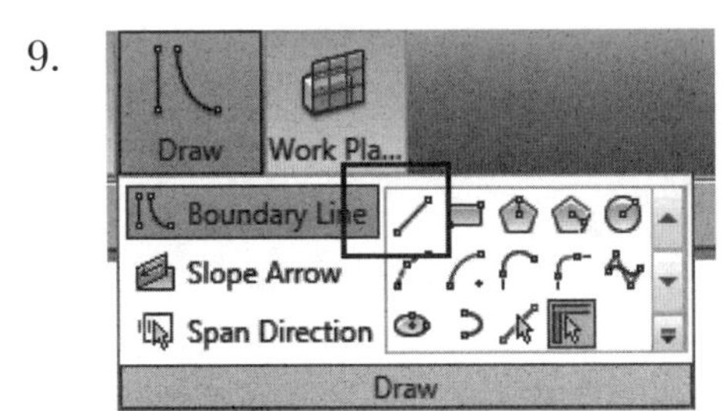

Selecione a ferramenta **Line** no painel Draw.

Desenhe uma linha para fechar o esboço do limite do piso.

10. Verifique se o limite de seu piso não tem falhas ou linhas de interseção.

22. 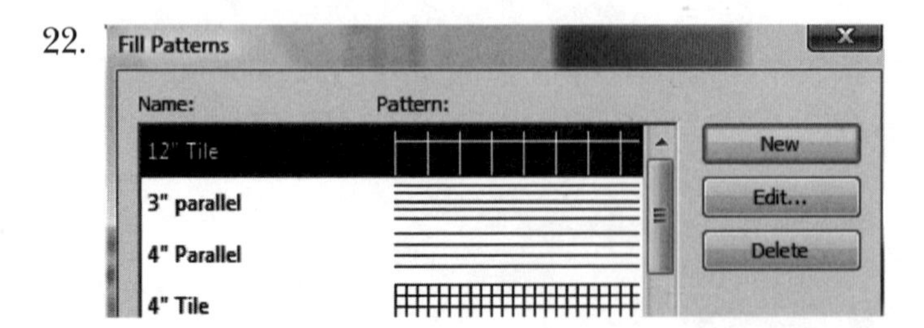

Selecione o botão **New**.

23. 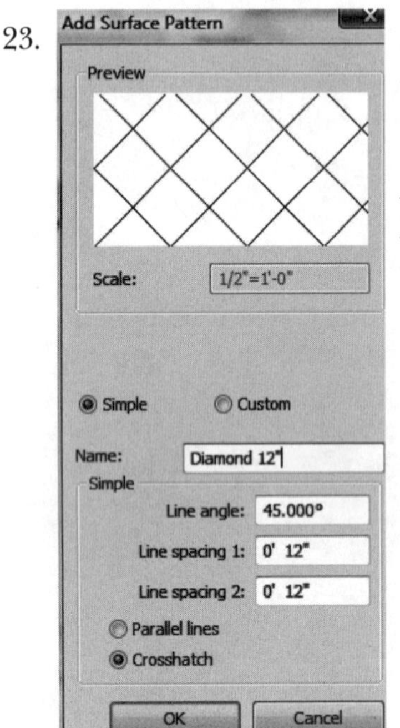

Habilite **Simple**.

No campo Name, entre **Diamond 12"** [**Diamond 300**].

Ajuste Line Spacing 1: para **12"** [**300**].
Ajuste Line Spacing 2: para **12"** [**300**].
Habilite **Crosshatch** (hachura cruzada).

Pressione **OK**.

24. 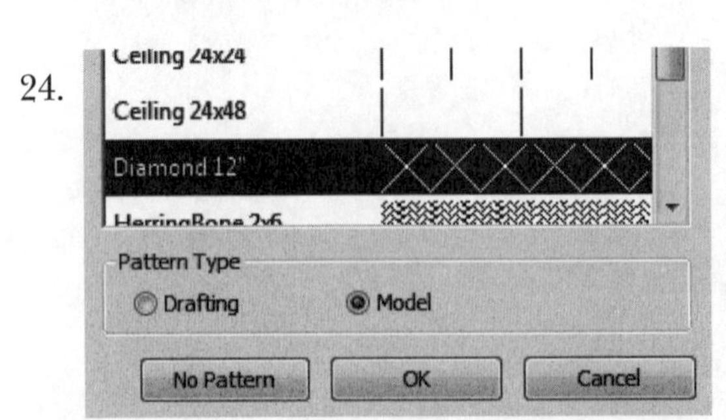

O novo padrão de hachura é listado.

Destaque-o para selecioná-lo e pressione **OK**.

25. O novo padrão de hachura é exibido na aba Graphics.

26. Selecione a aba **Appearance**.

27. 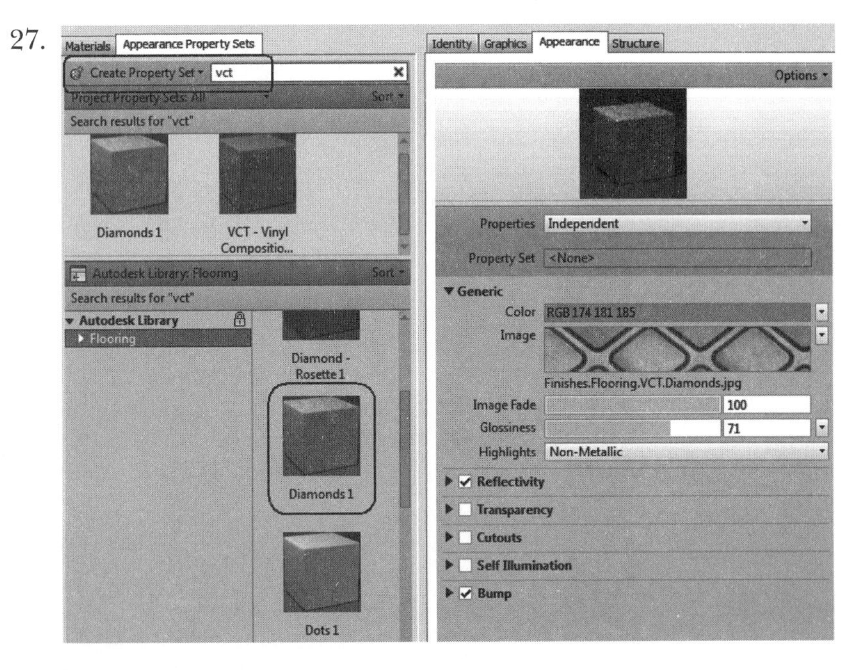

Localize o conjunto de propriedades **Diamonds1**.

Pressione **Apply**.

28. Pressione **OK** duas vezes.

29. 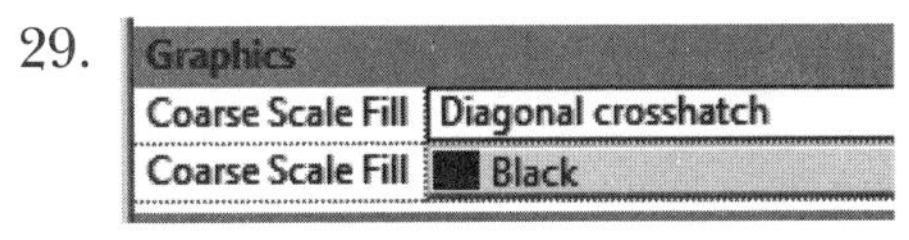

Ajuste o padrão Coarse Scale Fill para **Diagonal crosshatch**.

Pressione **OK** para fechar o diálogo.

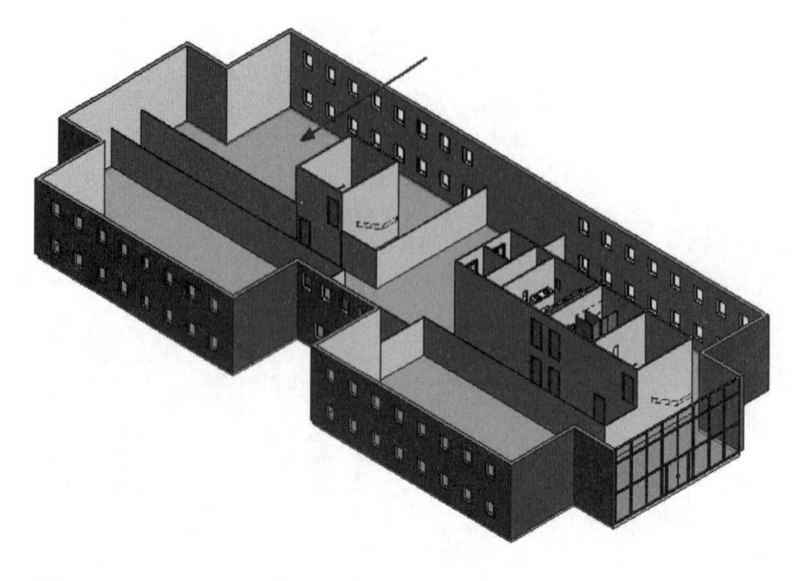

Clique para selecionar o piso.

3. 

Selecione **Copy** no painel Clipboard.

4. 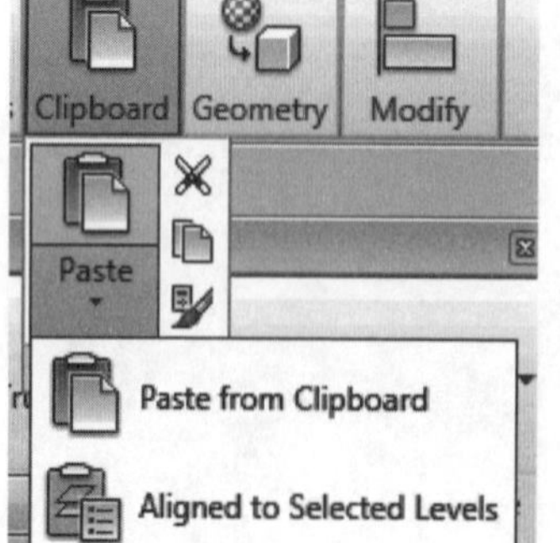

Selecione **Paste → Aligned to Selected Levels**.

5. Select Levels
Level 1
Level 2
Roof Line

Selecione **Level 2**.

Pressione **OK**.

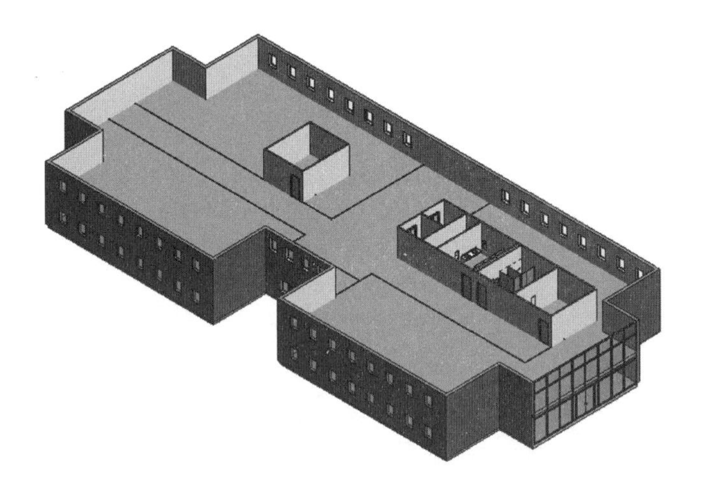

6. Clique na janela para liberar a seleção.

7. Salve como *ex4-2.rvt*.

Exercício 4-3

Criando uma Abertura com Eixo

Nome do desenho: *ex4-2.rvt*

Tempo estimado: 20 minutos

Este exercício reforça as seguintes habilidades:

- ❑ Aberturas
- ❑ Abertura com eixo
- ❑ Propriedades de aberturas
- ❑ Linhas simbólicas

1. Abra *ex4-2.rvt*

9. Amplie a área dos elevadores.

Desenhe dois retângulos para os poços dos elevadores.

Alinhar os retângulos com a face de acabamento das paredes internas e por trás das portas dos elevadores.

O vão será cortar através de qualquer geometria, portanto tome cuidado para não sobrepor nenhum elemento que você queira manter.

10. 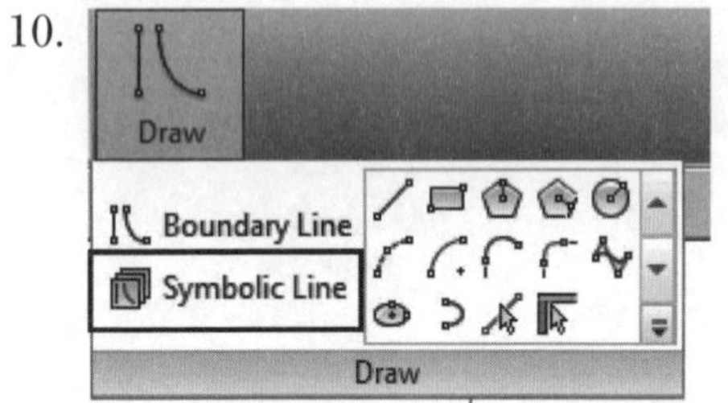

Selecione a ferramenta **Symbolic Line**.

11. 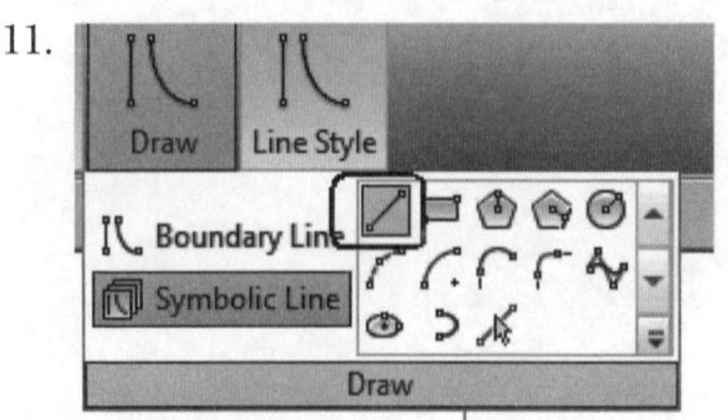

Selecione a ferramenta **Line**.

12. Coloque um X em cada vão de elevador usando os cantos do esboço de retângulo.

As linhas simbólicas aparecerão na planta baixa para designar uma abertura.

13. 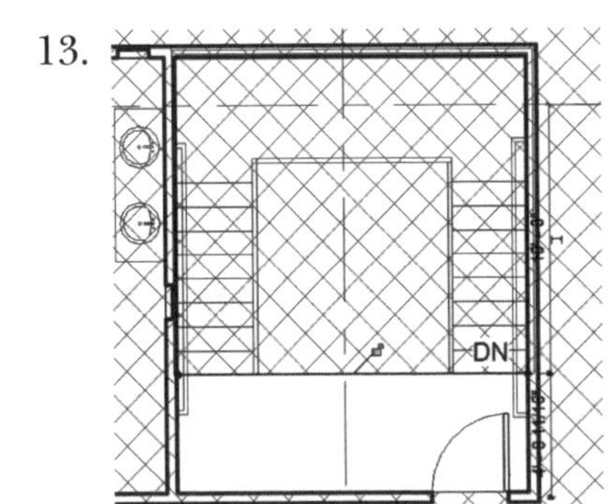

Amplie (zoom) o segundo vão de escada.

Desenhe um retângulo.

Use a ferramenta ALIGN para alinhar o retângulo com as três paredes e batente superior.

Isso deixará uma área de plataforma no topo da escada.

14. 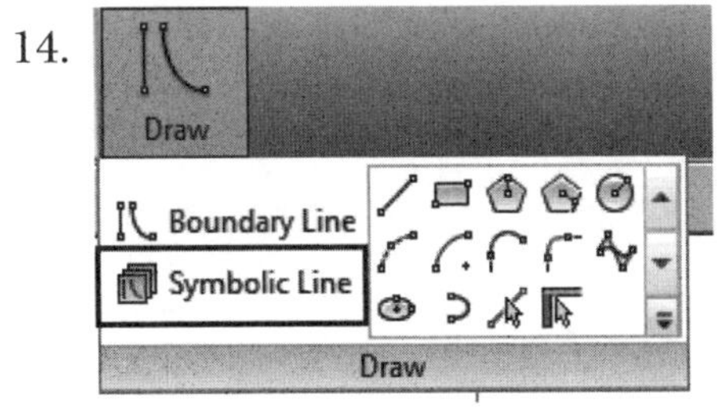

Selecione a ferramenta **Symbolic Line**.

Exercício 4-4

Criando Partes

Nome do desenho: *ex4-3.rvt*

Tempo estimado: 30 minutos

Este exercício reforça as seguintes habilidades:

- ❑ Partes
- ❑ Dividindo um elemento
- ❑ Atribuindo materiais a partes
- ❑ Modificando materiais

1. Abra *ex4-3.rvt.*

2. Ative a faixa **Manage**.

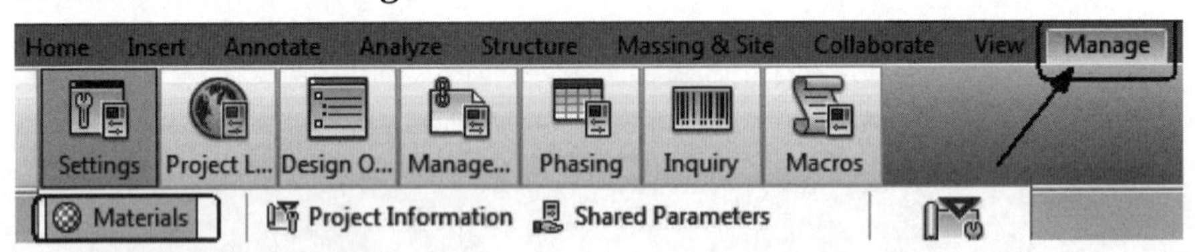

Selecione **Settings → Materials**.

3. Role para baixo.

Localize o material **Laminate - Ivory, Matte**.

4. Habilite **Use Render Appearance for Shading**.

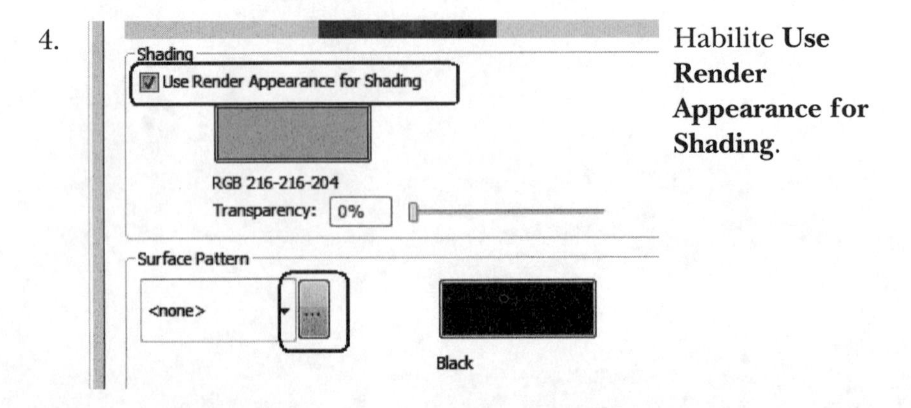

Selecione o botão de navegação, abaixo de Surface Pattern para atribuir um padrão de hachura.

5. 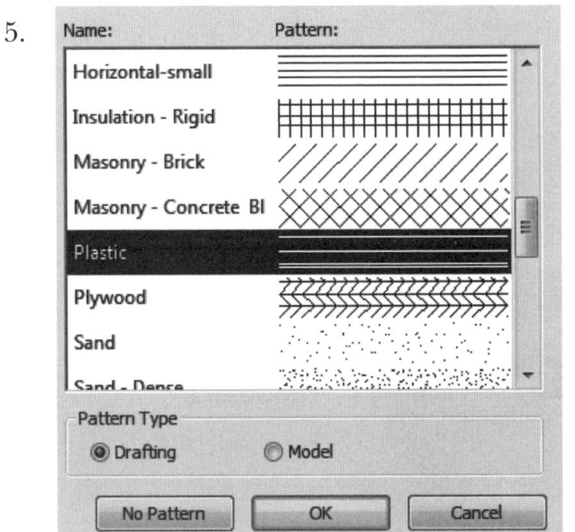

Role para baixo e selecione o padrão de preenchimento **Plastic**.

Pressione **OK**.

6. 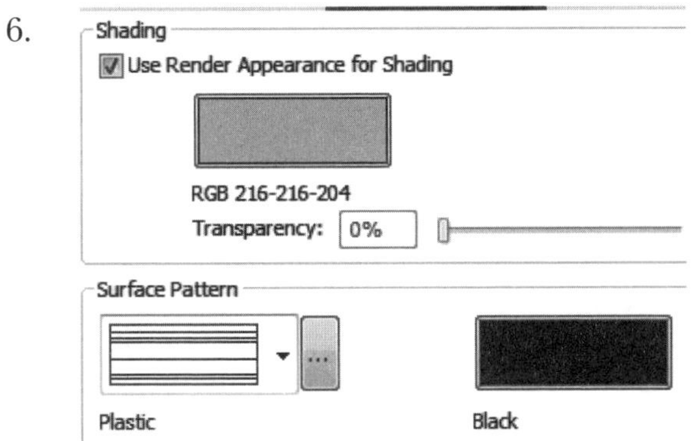

O padrão de preenchimento é exibido.

Pressione **Apply**.

7. Role para baixo.

Localize o material **Tile**.

8. 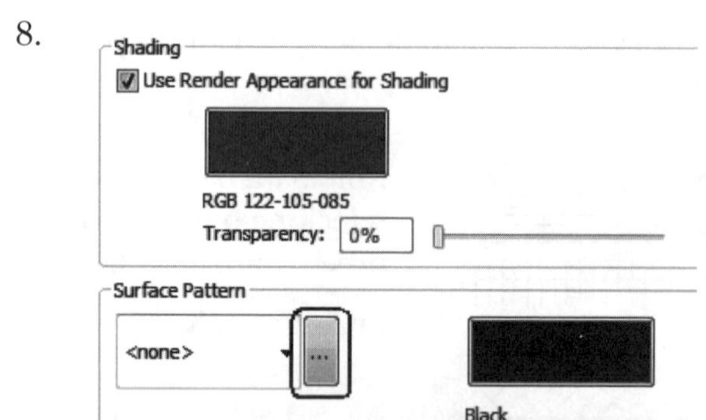

Habilite **Use Render Appearance for Shading**.

Selecione o botão de navegação em Surface Pattern para atribuir um padrão de hachura.

9. 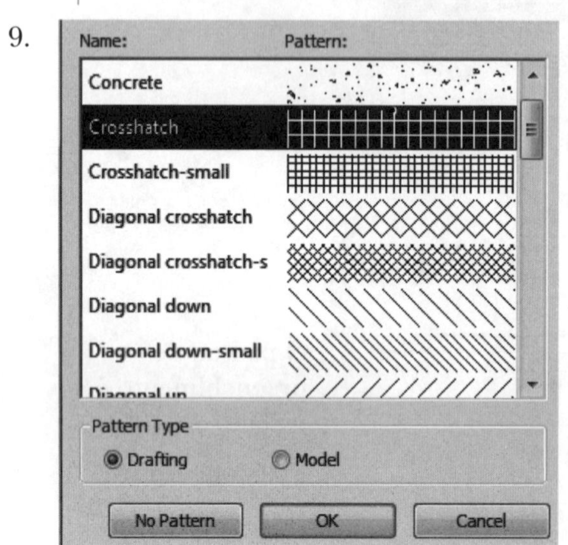

Role para baixo e selecione o padrão de preenchimento **Crosshatch**.

Pressione **OK**.

10. 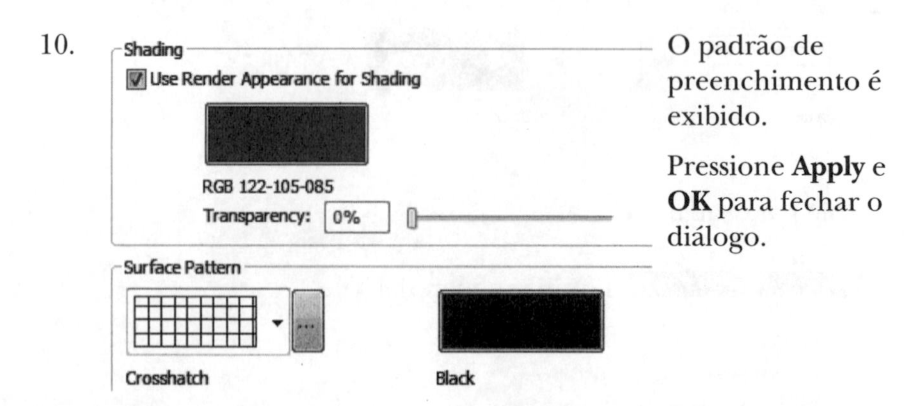

O padrão de preenchimento é exibido.

Pressione **Apply** e **OK** para fechar o diálogo.

11. Alterne para uma vista 3D.

12. 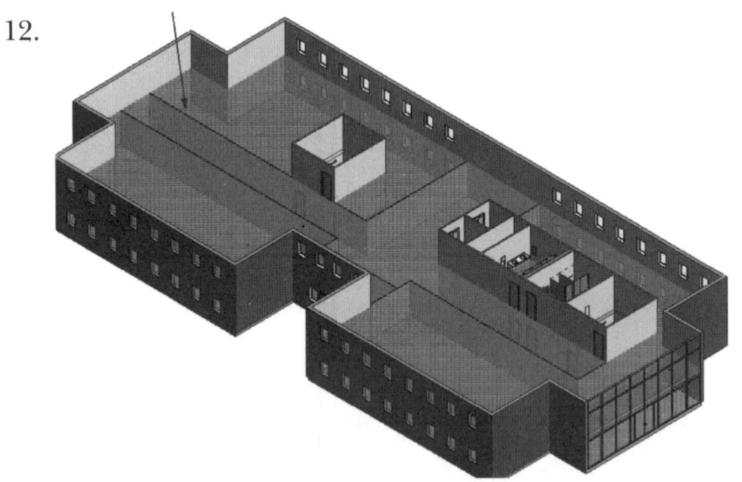

Selecione o piso no segundo nível.

13. 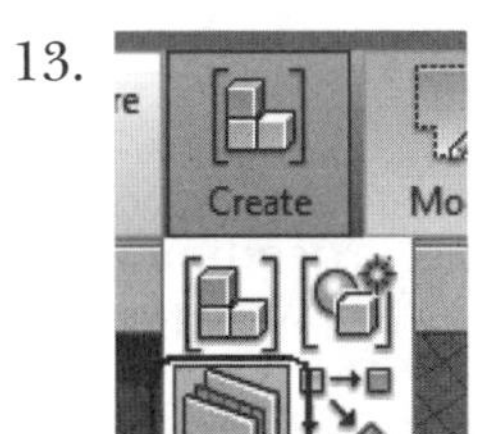

Selecione a ferramenta **Create Parts** no painel Create.

14. 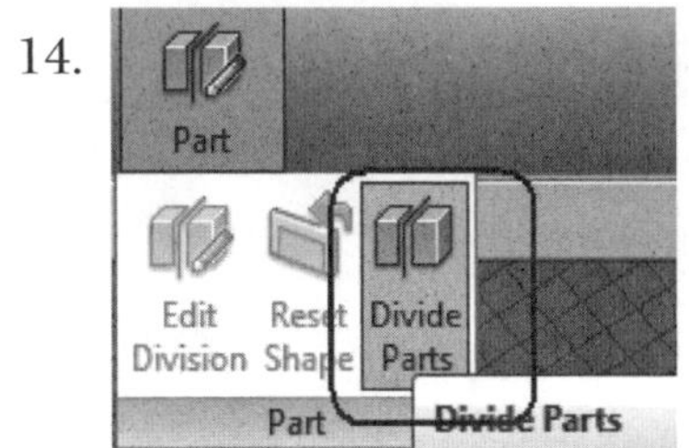

Selecione **Divide Parts** no painel Part.

15. 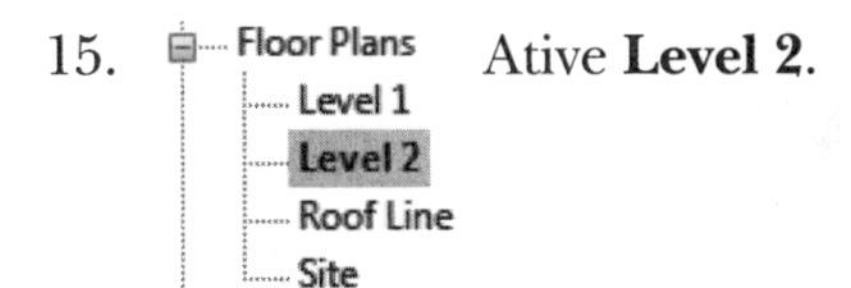

Ative **Level 2**.

16. 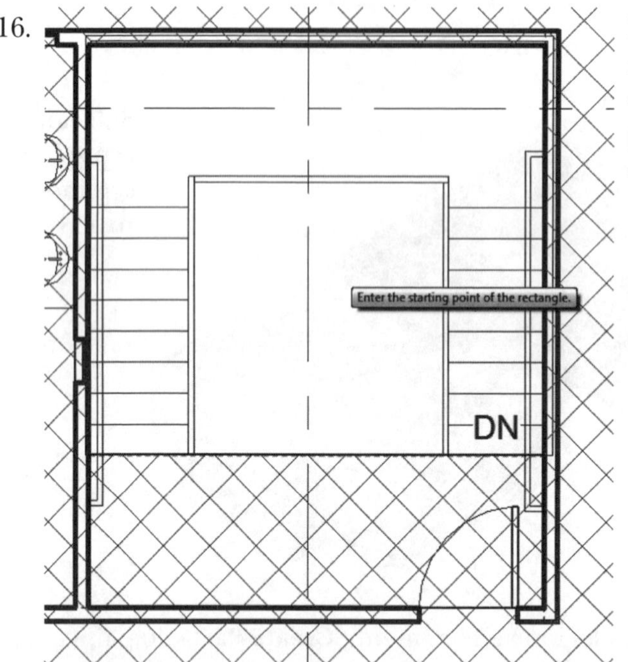

Desenhe um retângulo para definir a plataforma para a escada.

17. 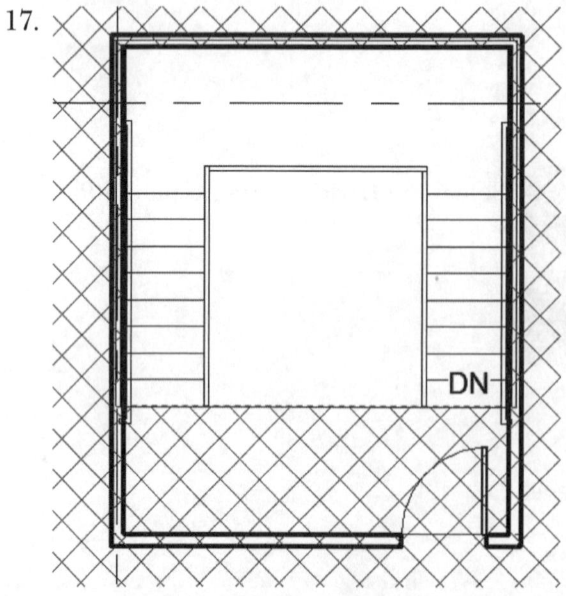

Repita o procedimento para a outra escada.

18. 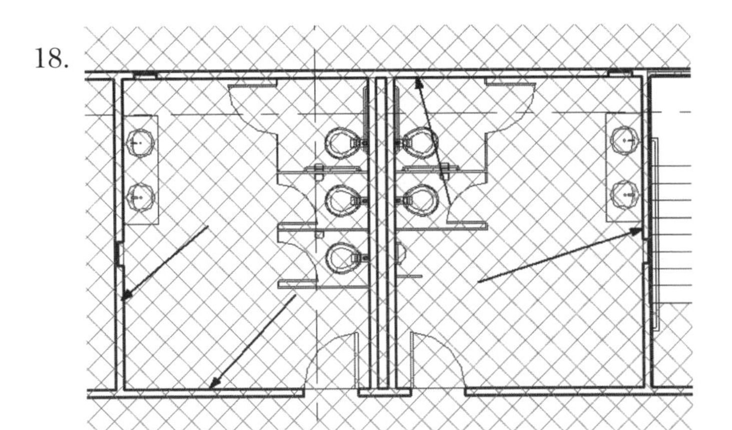

Desenhe um retângulo usando as faces de acabamento das paredes nos banheiros.

19. 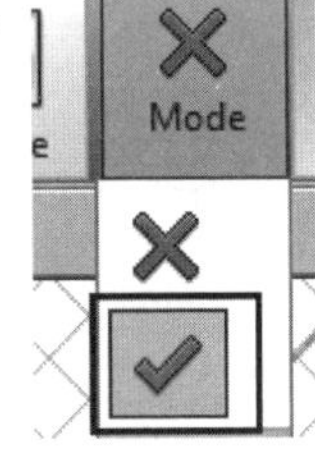

Selecione a **marca verde** em Mode.

20. Alterne para uma vista 3D.

21. 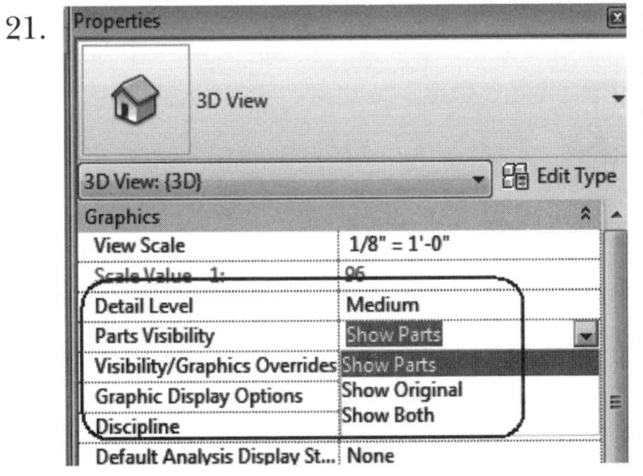

No painel Properties para a vista:

Em Parts Visibility: habilite **Show Parts**.

Para ver as partes numa vista, você precisa habilitar a visibilidade de partes.

22. 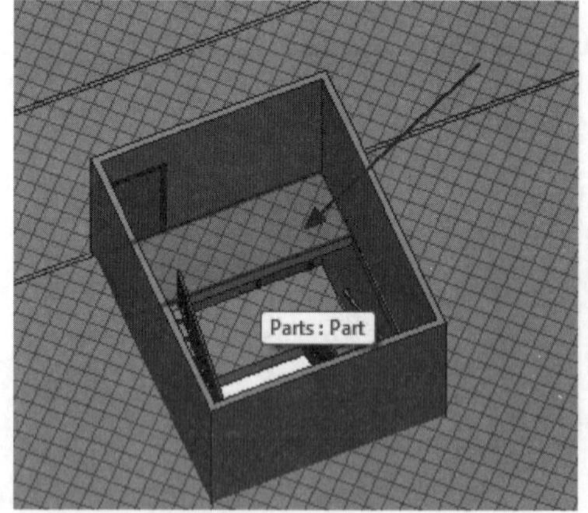

Selecione a plataforma da primeira escada.

Você verá que ela é identificada como uma parte.

23. No painel Properties:

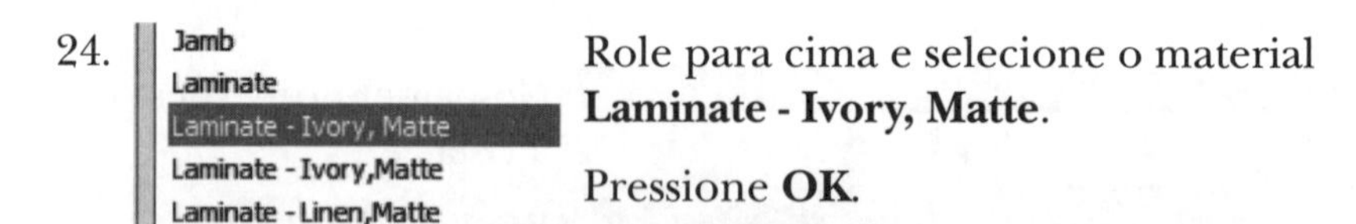

Original Type	Wood Truss Joist 12" - Vinyl
Material By Original	☐
Material	VCT - Vinyl Composition Tile Diamond Patte
Construction	Finish

Desmarque **Material by Original**.

Clique no campo **Material**.

24. Jamb
Laminate
Laminate - Ivory, Matte
Laminate - Ivory,Matte
Laminate - Linen,Matte

Role para cima e selecione o material **Laminate - Ivory, Matte**.

Pressione **OK**.

25.

Original Type	Wood Truss Joist 12" - Vinyl
Material By Original	☐
Material	Laminate - Ivory, Matte
Construction	Finish
Phasing	

O novo material é agora listado no painel Properties.

Clique na janela para liberar a seleção.

26.

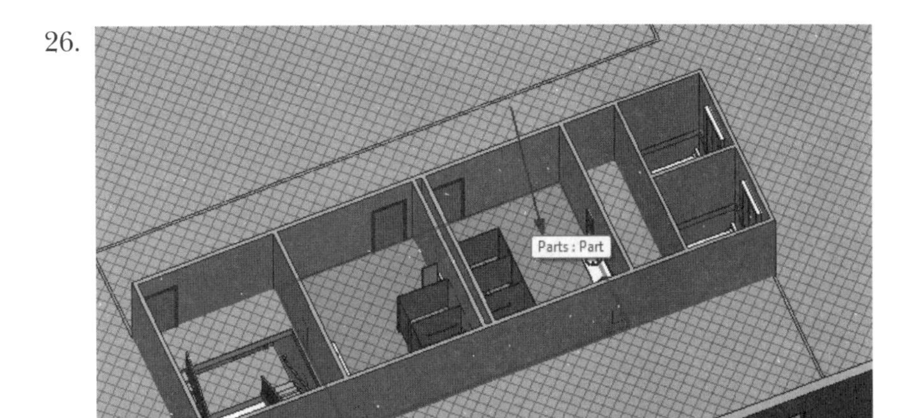

Desloque-se até a área de banheiros.

Selecione o piso do banheiro.

Note que agora ele é identificado como uma parte.

27.

Original Type	Wood Truss Joist 12" - Vinyl
Material By Original	☐
Material	VCT - Vinyl Composition Tile Diamond Pattern
Construction	Finish

Desmarque **Material by Original**.

Clique no campo **Material**.

28.

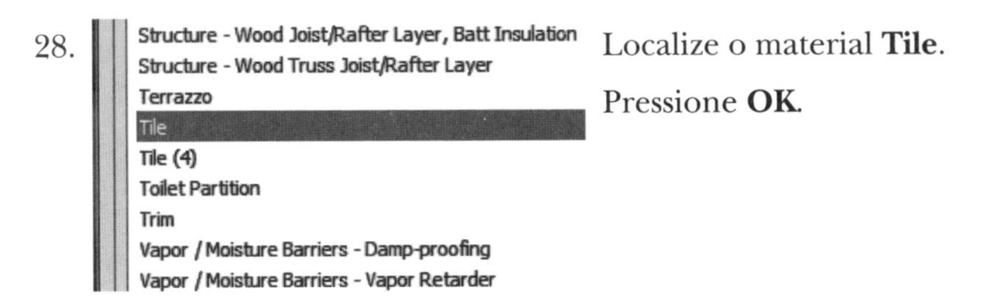

Localize o material **Tile**.

Pressione **OK**.

29.

Original Type	Wood Tru
Material By Original	☐
Material	Tile
Construction	Finish

A parte do banheiro agora está ajustada para o material Tile.

Clique na janela para liberar a seleção.

30.

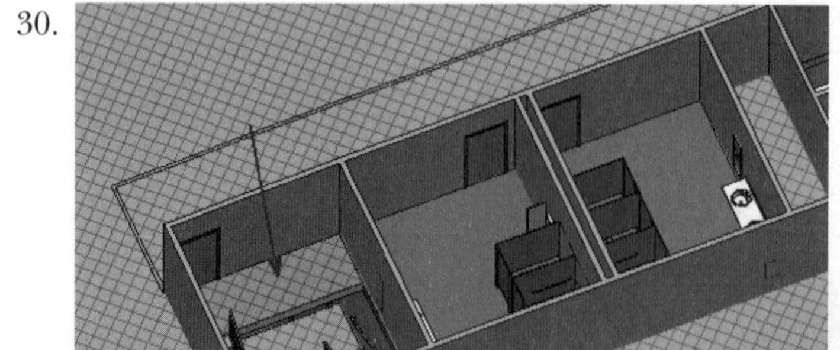

Desloque-se até a segunda escada.

Selecione a plataforma.

Note que agora ela é identificada como uma parte.

31.

Original Type	Wood Truss Joist 12" - Vinyl
Material By Original	☐
Material	VCT - Vinyl Composition Tile Diamond Pattern
Construction	Finish
Phasing	

Desmarque **Material by Original**.

Clique no campo **Material**.

32.

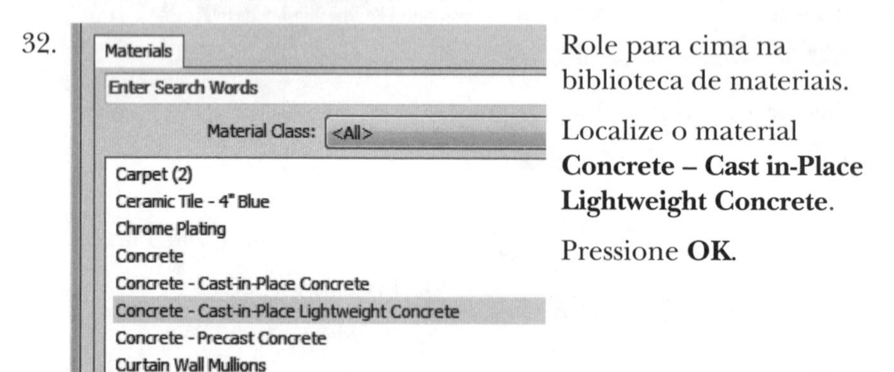

Role para cima na biblioteca de materiais.

Localize o material **Concrete – Cast in-Place Lightweight Concrete**.

Pressione **OK**.

33.

Original Type	Wood Truss Joist 12" - Vinyl
Material By Original	☐
Material	Concrete - Cast-in-Place Lightweight Concrete
Construction	Finish
Phasing	

Ajuste o material para **Concrete - Cast in-Place Lightweight Concrete**.

34. 

Clique na janela para liberar a seleção.

Os diferentes materiais são exibidos na vista.

35. Salve como *ex4-4.rvt*.

Exercício 4-5

Visualizando Partes Numa Vista de Planta Baixa

Nome do desenho: *ex4-4.rvt*

Tempo estimado: 10 minutos

Este exercício reforça as seguintes habilidades:

- ❑ Faixa de vista
- ❑ Partes

Partes só podem ser exibidas numa vista, se estiverem dentro de 4'-0" [1219.2 mm].

1. Abra *ex4-4.rvt*.

2. Views (all)
   Floor Plans
   Level 1
   Level 2
   Roof Line
   Site

   Ative a vista **Level 2**.

3. 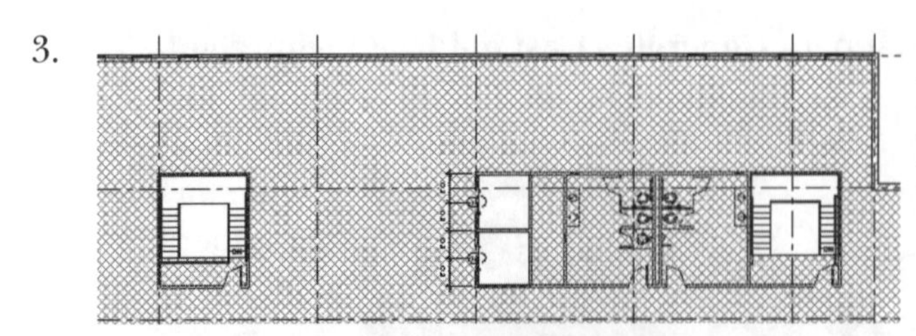

Os padrões de hachura para as partes não estão visíveis.

4. 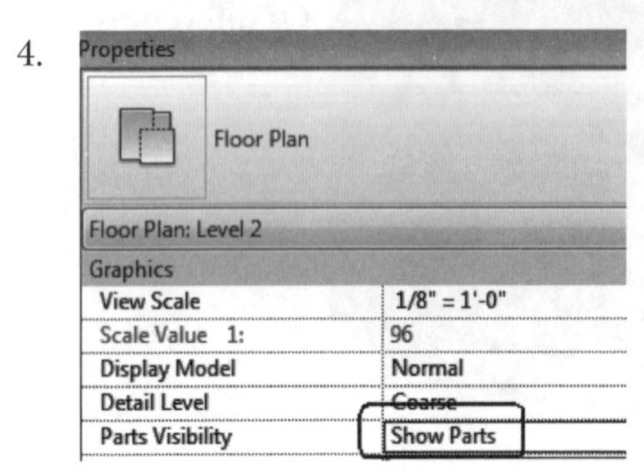

No painel Properties:

Ajuste Parts Visibility para **Show Parts**.

A exibição da vista não muda.

5. 

Ajuste o Display View para Coarse with Hidden Lines.

A exibição da vista não muda.

6. 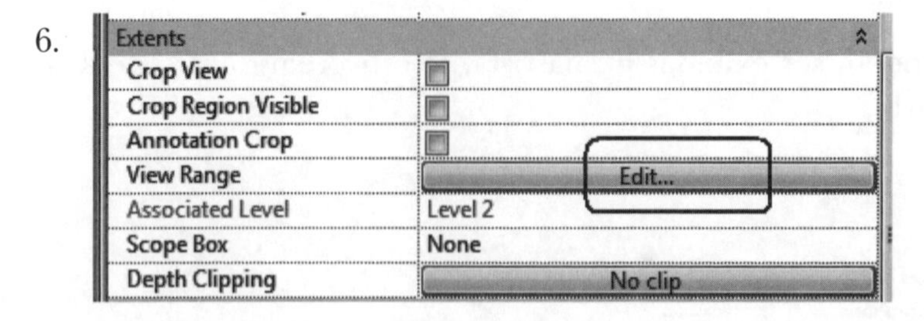

Role para baixo o painel Properties.

Pressione **Edit** ao lado do campo View Range.

7. 

Ajuste o Top Offset para **7' 6"** [**2286 mm**].
Ajuste o Cut plane Offset para **4' 0"** [**1219.2 mm**].
Ajuste o Bottom Offset para **4' 0"** [**1219.2 mm**].
Em View Depth:
Ajuste Level para **Level 1**.
Ajuste Offset para **0' 0"** [**0.0 mm**].
Pressione **Apply**.

8. 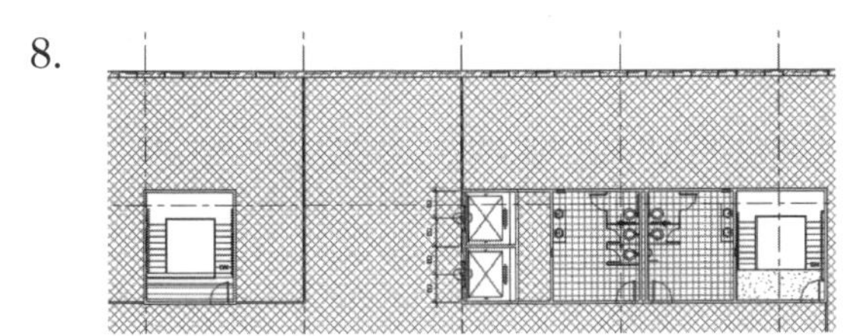

As partes agora são exibidas corretamente.

Salve como *ex4-5.rvt*.

Exercício 4-6

Adicionando um Corrimão

Nome do desenho: *ex4-5.rvt*

Tempo estimado: 15 minutos

Este exercício reforça as seguintes habilidades:

- ❑ Corrimão
- ❑ Propriedades de corrimãos
- ❑ Re-hospedagem

1. Abra *ex4-5.rvt*.

2. 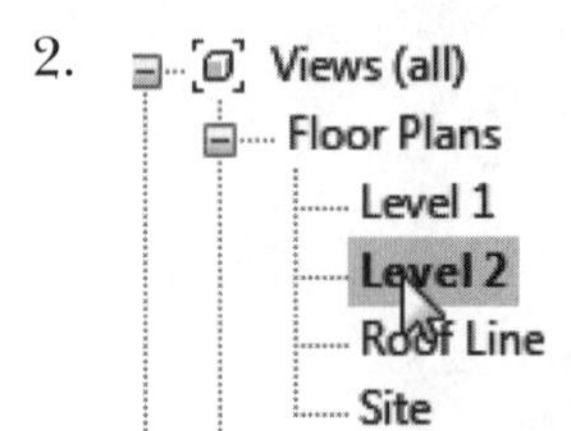

   Ativar a vista **Level 2**.

3. 

   Selecione a ferramenta **Railing** no painel Circulation da faixa Home.

4. 

   Desenhe o corrimão usando a ferramenta **Line** do painel Draw.

   Use as pontas dos corrimãos existentes para localizá-lo.

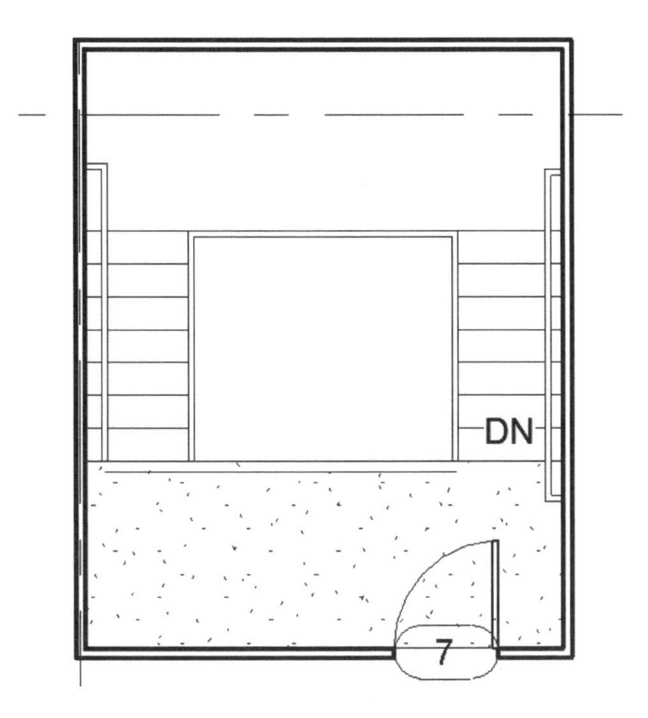

5. Edit Type Selecione **Edit Type** no painel Properties.

6. Duplicate... Selecione **Duplicate**.

7. 

Nomeie o novo estilo de corrimão – **Guardrail-Landing**.

Pressione **OK**.

8. 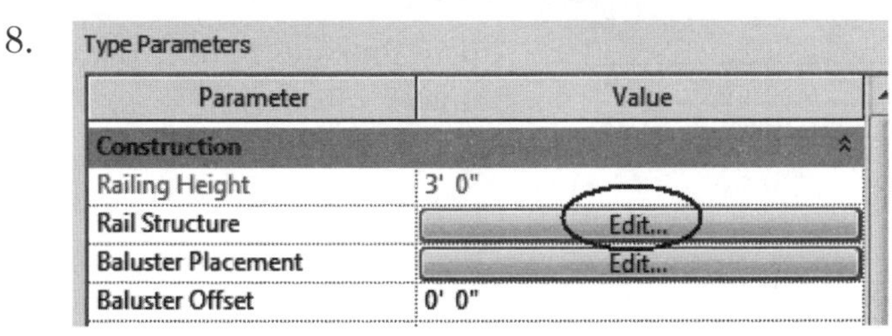

Selecione o botão **Edit** ao lado de Rail Structure.

9. Insert — Pressione o botão **Insert** duas vezes para adicionar dois corrimãos.

10. Rails

	Name
1	Top Rail
2	Middle Rail
3	Bottom Rail

Nomeie os três corrimãos.
Ajuste o corrimão 1 para **Top Rail**.
Ajuste o corrimão 2 para **Middle Rail**.
Ajuste o corrimão 3 para **Bottom Rail**.

11. Rails

	Name	Height	Offset	Profile	Material
1	Top Rail	3' 0"	-0' 1"	Circular Handrail : 1"	Metal - Aluminum
2	Middle Rail	1' 6"	0' 0"	Circular Handrail : 1"	Metal - Aluminum
3	Bottom Rail	0' 6"	0' 0"	Circular Handrail : 1"	Metal - Aluminum

Ajuste as alturas dos corrimãos para **3’** [**1100**], **1’ -6”** [**600**], e **6”** [**150 mm**].
Ajuste os perfis para **Circular Handrail: 1”** [**M_Circular Handrail: 30 mm**].
Ajuste o material para **Metal – Aluminum**.
Pressione **OK**.

12.

Parameter	Value
Construction	
Railing Height	3' 0"
Rail Structure	Edit...
Baluster Placement	Edit...
Baluster Offset	0' 0"

Selecione **Edit** ao lado de Baluster Placement (colocação de balaústres).

13. 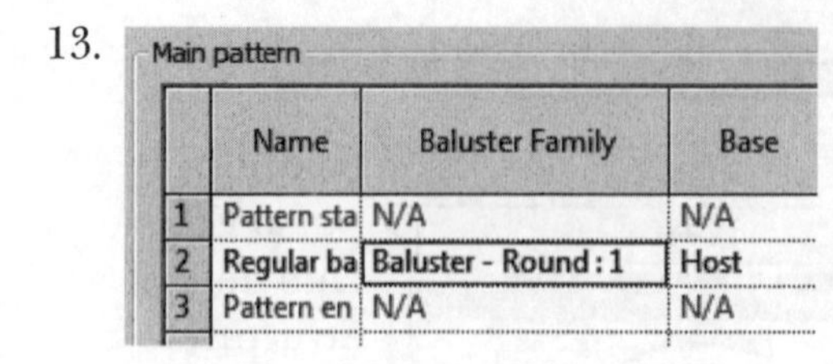
Main pattern

	Name	Baluster Family	Base
1	Pattern sta	N/A	N/A
2	Regular ba	Baluster - Round : 1	Host
3	Pattern en	N/A	N/A

Em Main Pattern (padrão principal):

Ajuste Baluster Family para **Baluster - Round 1”**.

14.

Posts

	Name	Baluster Family	Base
1	Start Post	Baluster - Round : 1"	Host
2	Corner Po	Baluster - Round : 1"	Host
3	End Post	Baluster - Round : 1"	Host

Em Posts:

Ajuste Baluster Family para **Baluster - Round 1”**.

15.

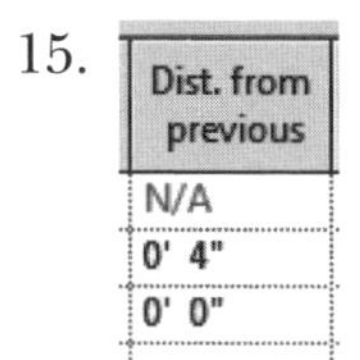

Na coluna Dist. from previous, ajuste a distância para **4”** [**150**]. Pressione **OK**.

Feche o diálogo.

16.

Tools
Pick New Host
Edit Rail Joins
Tools

Selecione **Pick New Host** no painel Tools.

Selecione o piso da plataforma como o hospedeiro.

17.

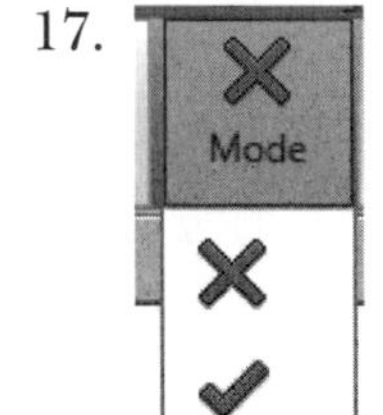

Selecione o **marca verde** em Mode para finalizar o corrimão.

18. 

    Alterne para uma vista 3D para inspecionar o corrimão.

    Repita o exercício para colocar um corrimão na outra plataforma da escada.

19. Salve o arquivo como *ex4-6.rvt*.

Exercício 4-7

Criando Tetos

Nome do desenho: *ex4-6.rvt*

Tempo estimado: 10 minutos

Este exercício reforça as seguintes habilidades:

- ❑ Tetos
- ❑ Visibilidade dos elementos de anotação

1. Abra *ex4-6.rvt*.

2. Ceiling Plans
   Level 1
   Level 2
   Roof Line

   Ative **Level 1**, em Ceiling Plans (plantas de teto).

3. Digite **VG**.

4. ☑ Electrical Fixture Tags
☐ Elevations
☑ Scope Boxes
☐ Sections
☑ Generic Model Tags
☐ Grids

Selecione a aba **Annotations Categories**.

Desative a visibilidade para Grids, Elevations e Sections.

Pressione **OK**.

5. A exibição da vista deverá ser atualizada.

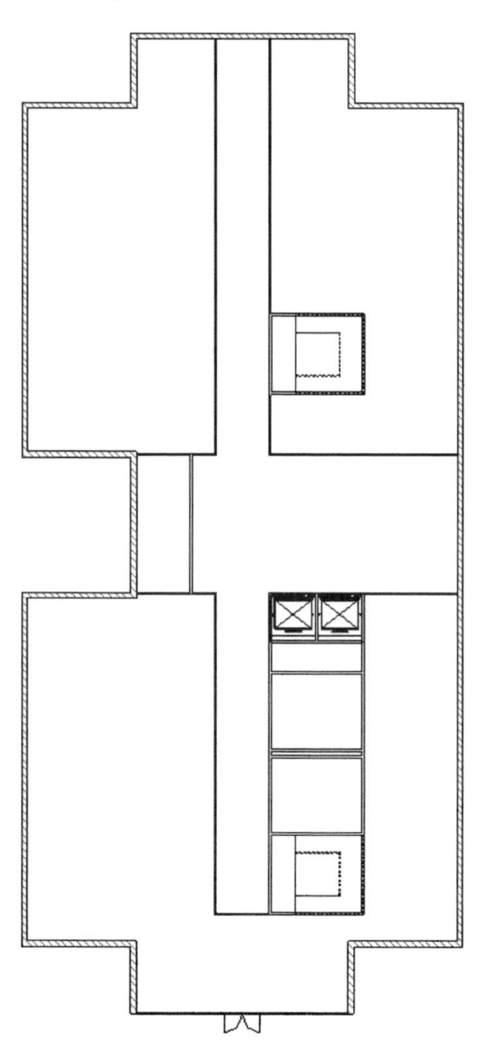

6. 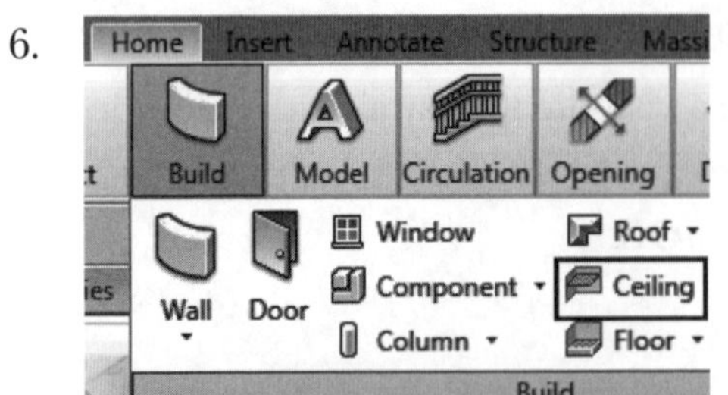

Selecione a ferramenta **Ceiling** no painel Buile da faixa Home.

7. 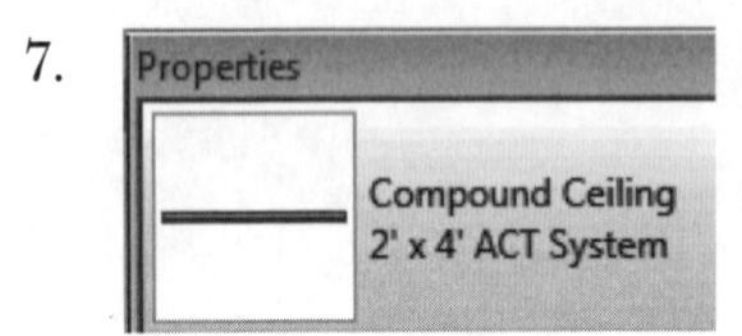

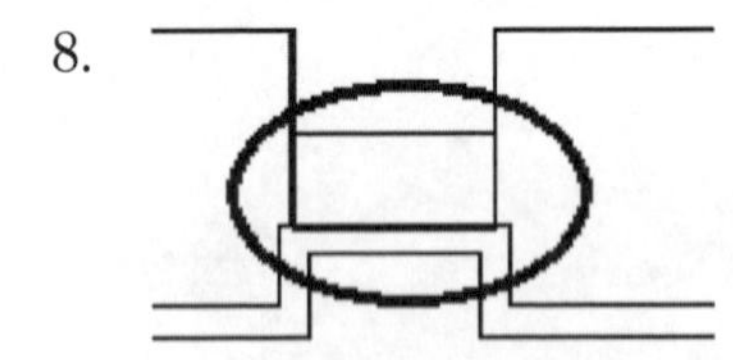

Selecione **Ceiling: 2' x 4' ACT System** [**Compound Ceiling: 600 x 1200 mm Grid**] no painel Properties.

8. Clique na entrada do prédio para colocar um teto.

O teto é colocado.

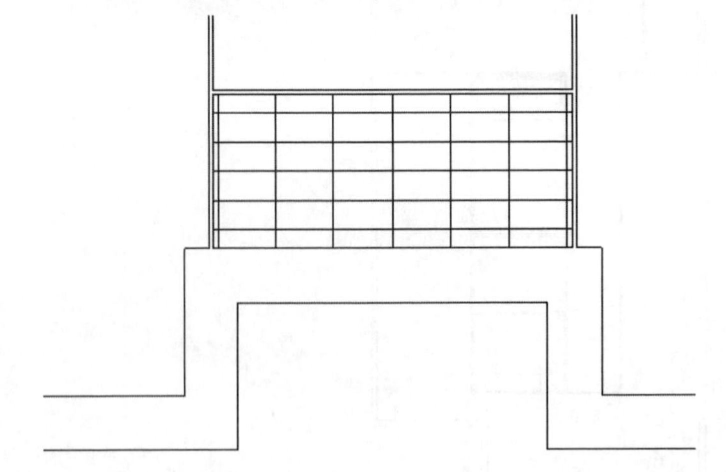

9. Salve como *ex4-7.rvt.*

Exercício 4-8

Adicionando Pontos de Iluminação

Nome do desenho: *ex4-7.rvt*

Tempo estimado: 10 minutos

Este exercício reforça as seguintes habilidades:

- ❑ Adicionar componentes
- ❑ Carregamento a partir da biblioteca

1. Abra ou continue trabalhando no *ex4-7.rvt.*

2. Ative **Level 1** em Ceiling Plan (planta de teto).

3. Ative a faixa **Home**.

4.

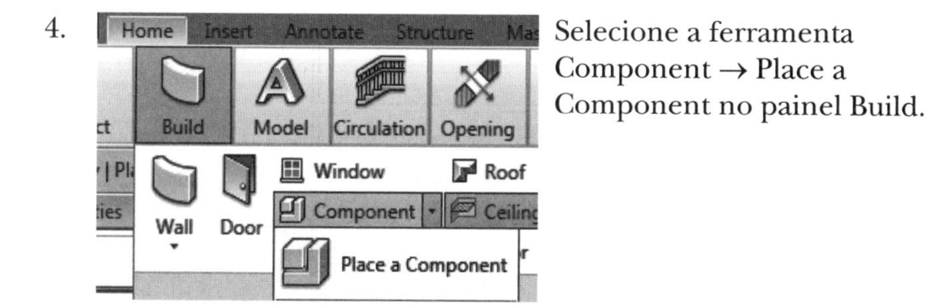

Selecione a ferramenta Component → Place a Component no painel Build.

5.

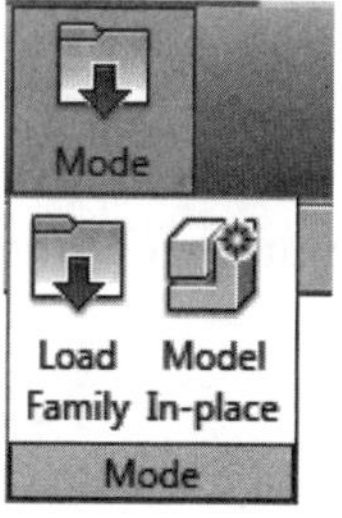

Selecione **Load Family** no painel Mode.

6. Navegue até a pasta *Lighting Fixtures* (pontos de iluminação).

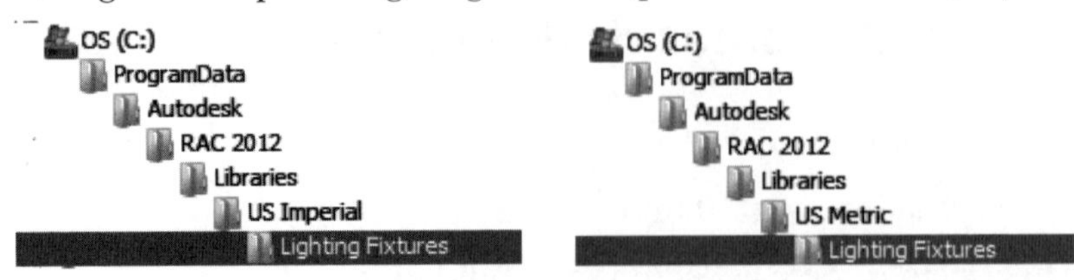

7. File name: Ceiling Light - Linear Box.rfa

File name: M_Ceiling Light - Linear Box.rfa

Localize o *Ceiling-Linear Box.rfa* [*M_ Ceiling-Linear Box.rfa*].

Pressione **Open**.

8. Ceiling Light - Linear Box 2'x4'(2 Lamp) - 120V

M_Ceiling Light - Linear Box 0600x1200mm(2 Lamp) - 277V

Selecione o **2' x 4' (lamp)** [**0600 x 1200 mm (2 Lamp) - 277V**] para tipo de elemento.

9. 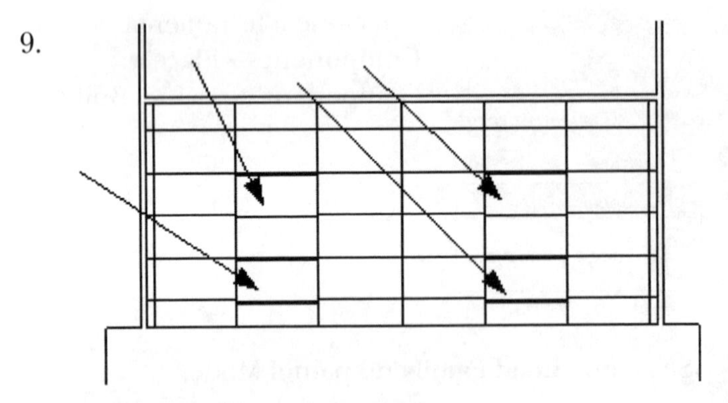

Coloque as luminárias na grade.

Use a ferramenta ALIGN para posicionar as luminárias na grade do teto.

10. Salve o arquivo como *ex4-8.rvt*.

Exercício 4-9

Definindo Cores de Tinta e Papel de Parede

Nome do desenho: *ex4-8.rvt*

Tempo estimado: 60 minutos

Este exercício reforça as seguintes habilidades:

- ❑ Materiais
- ❑ Biblioteca de produção de aparência

1. Abra ou continue trabalhando no *ex4-8.rvt.*

2. Vá até **Manage → Settings → Materials.**

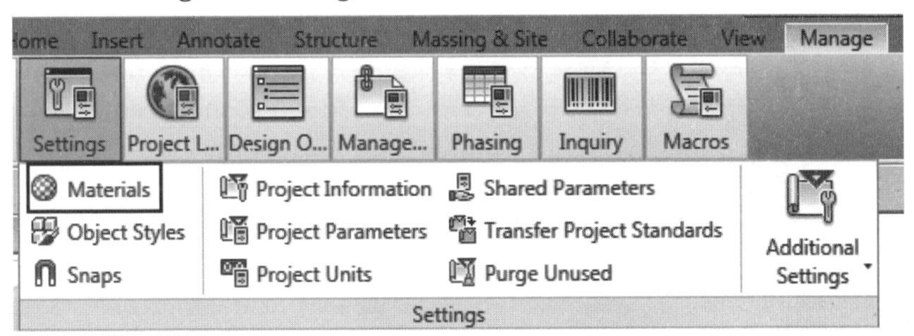

3. 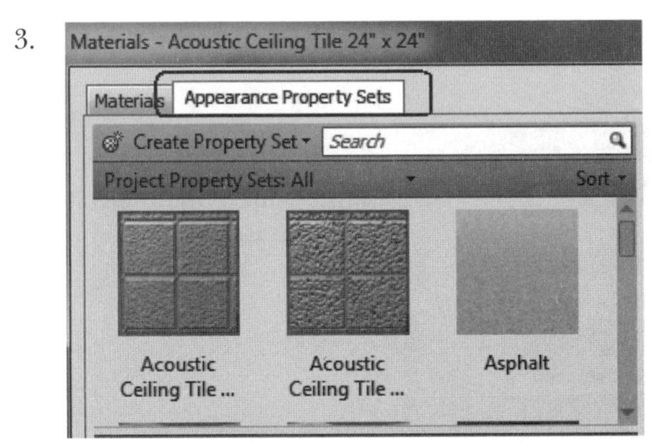

Ative a aba **Appearance Property Sets.**

4. Localize a Biblioteca **MossMaterials**.

5. Clique com o botão direito e selecione **Create Category**.

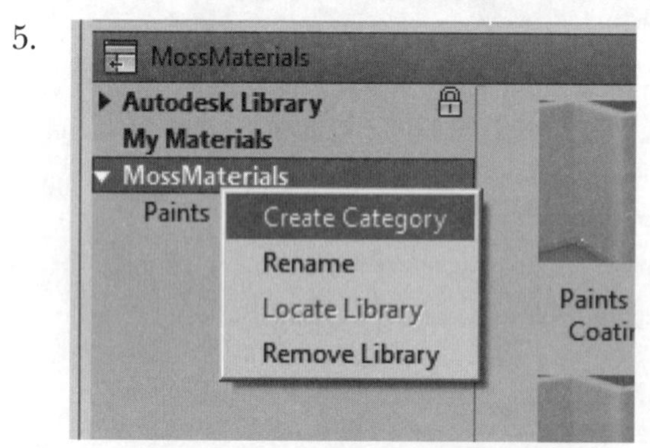

6. Destaque a categoria.

Clique com o botão direito e selecione **Rename**.

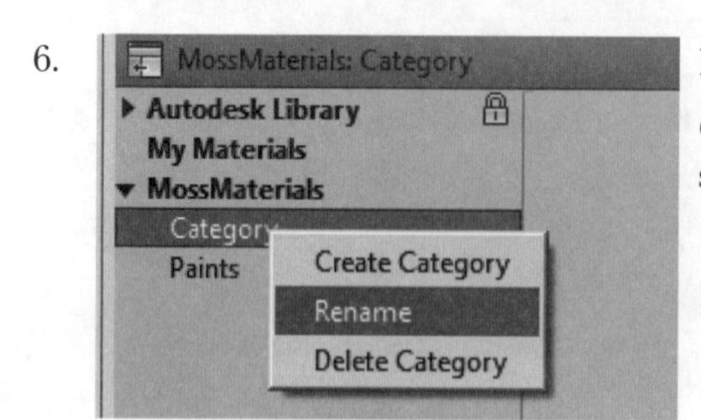

7. 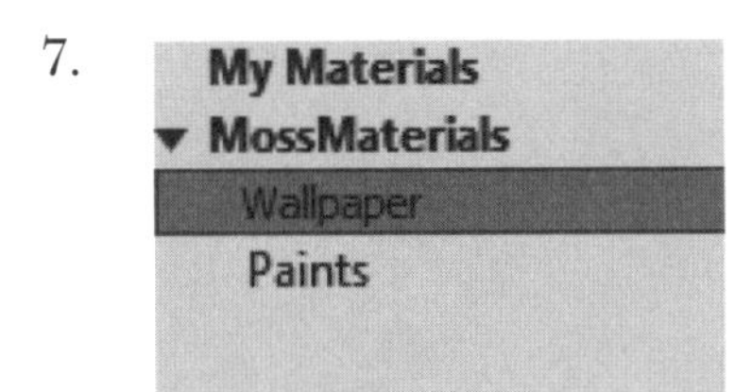

Digite **Wallpaper**.

Se você pressionar ENTER quando terminar de digitar o diálogo será fechado. Clique para completar.

8. 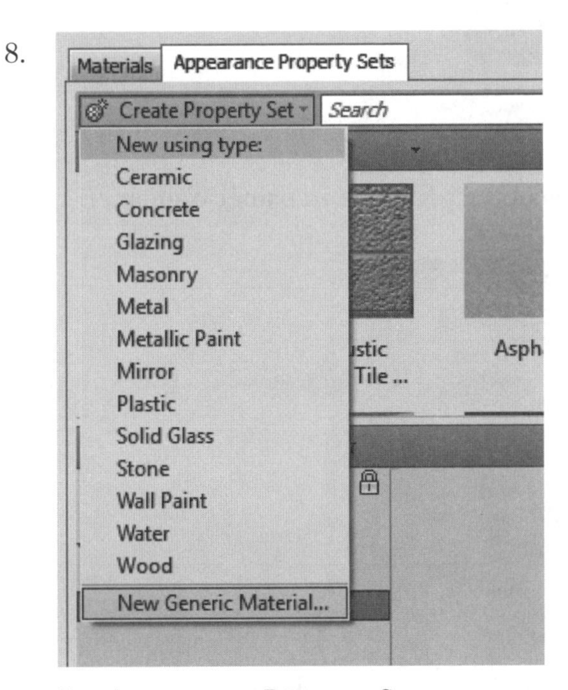

Em Appearance Property Sets:

Selecione Create Property Set usando **New Generic Material**.

9.

Arraste e solte o novo material genérico no painel Wallpaper.

10. 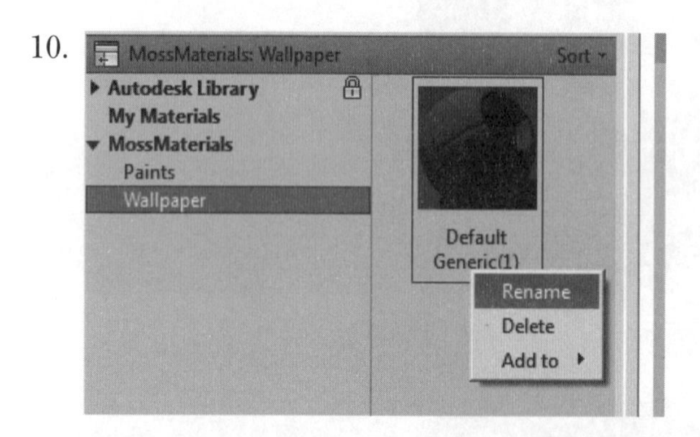

Destaque o material genérico.

Clique com o botão direito e selecione **Rename**.

11. Digite **Wallpaper-Striped**.

12. 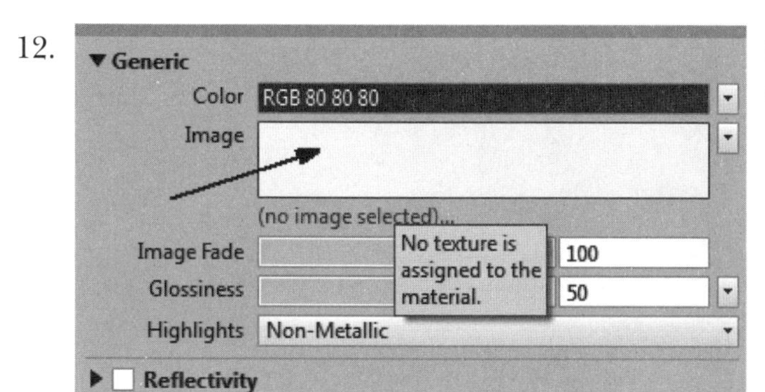

Clique na caixa de imagem.

13. 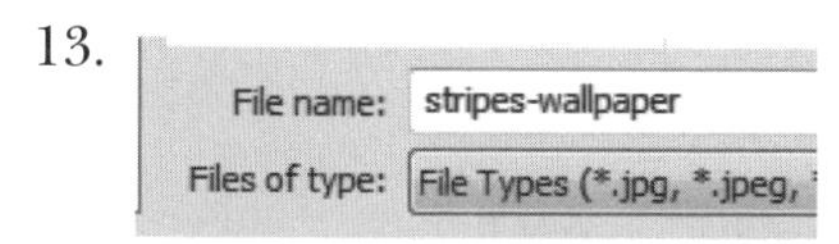

Selecione o arquivo *stripes-wallpaper* localizado no CD que acompanha o livro.

Pressione **Open**.

14. 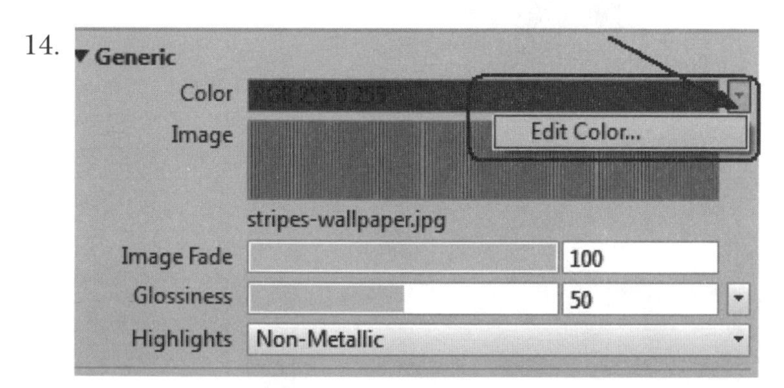

Selecione a seta para baixo ao lado de Color.

Selecione **Edit Color**.

15. 

Ajuste a cor para **Magenta**.

Pressione **OK**.

16. 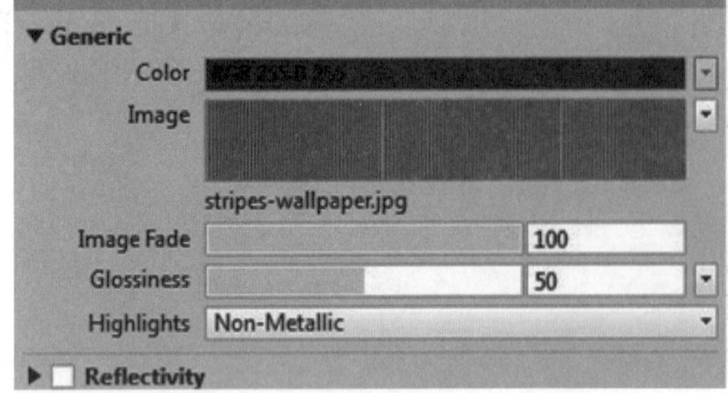

Você deverá ver a imagem e a nova cor atribuída.

17. 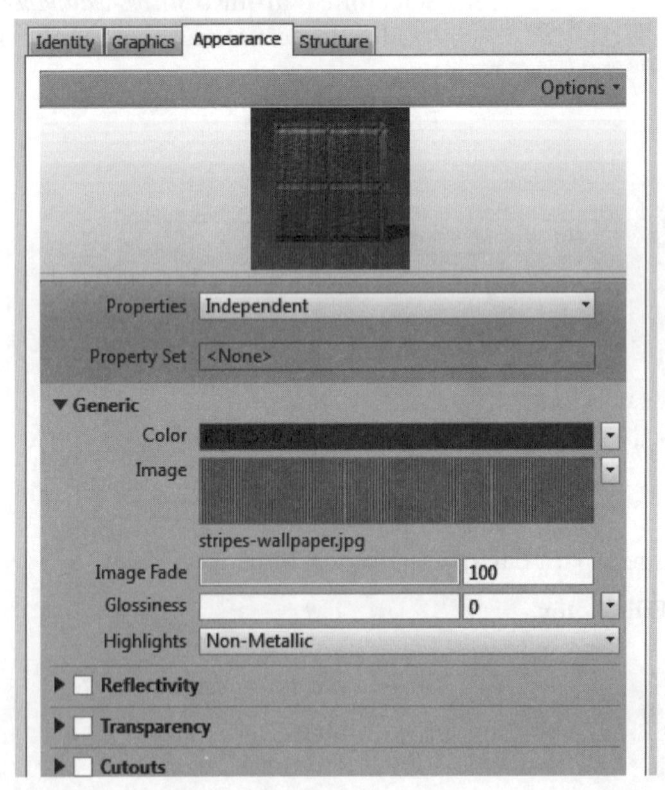

Pressione **Apply**.

18.

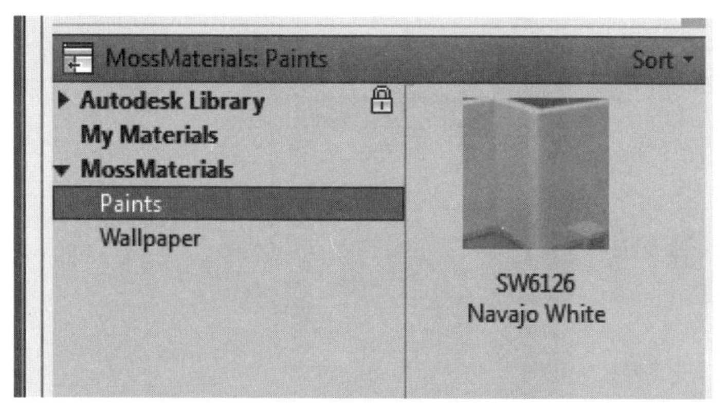

Destaque **Paints** em MossMaterials.

19.

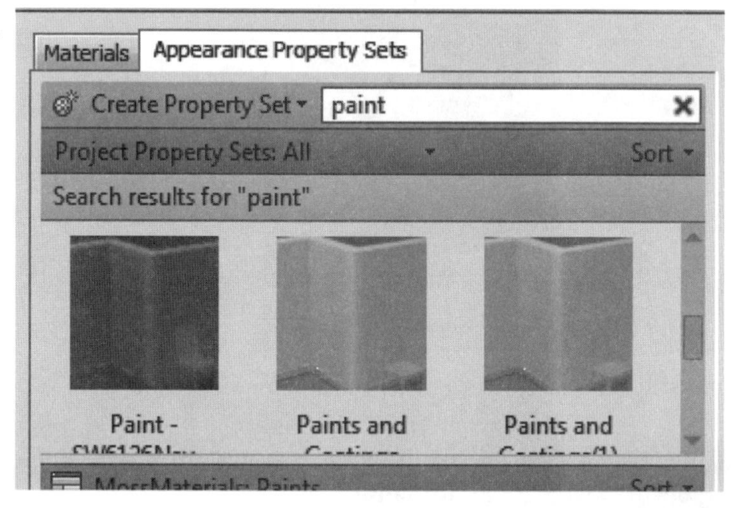

Localize **Paints and Coatings** (tintas e vernizes) na lista Property Sets.

20. 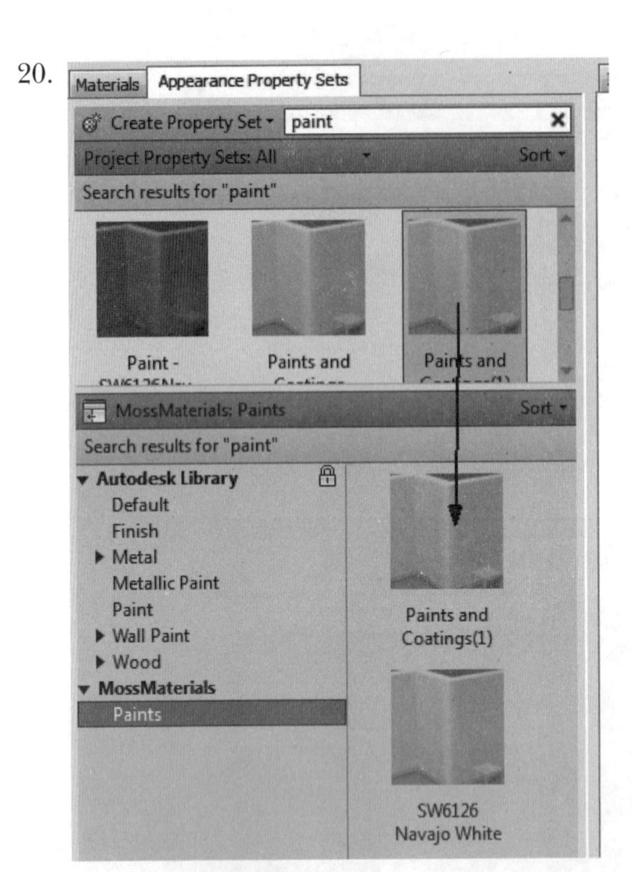

Arraste e solte na categoria Paints para MossMaterials.

21. 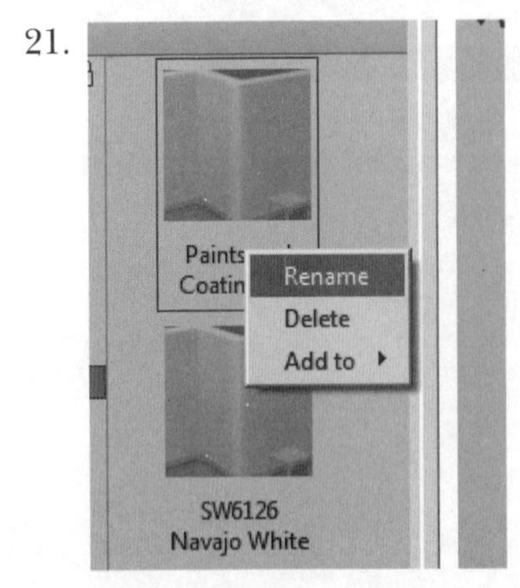

Clique com o botão direito e selecione **Rename**.

22. 

Digite **SW0068 Heron Blue**.

23. Selecione a seta para baixo ao lado de Color para editar a cor.

24. Selecione **Define Custom Colors** (definir cores personalizadas).

25. Ajuste Red (vermelho) para **173**.
Ajuste Green (verde) para **216**.
Ajuste Blue (azul) para **228**.

26. 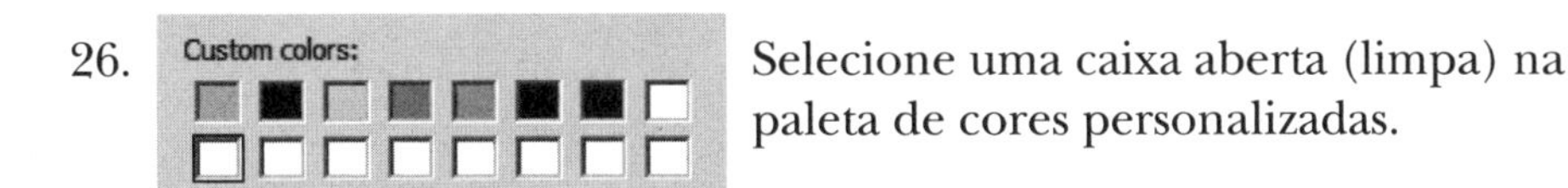

Selecione uma caixa aberta (limpa) na paleta de cores personalizadas.

27. Selecione **Add to Custom Colors** para adicionar a amostra.

28. Selecione a cor personalizada.

Pressione **OK**.

29\.

▼ Wall Paint
Color RGB 173 216 228
Finish Semi-gloss
Application Spray

Ajuste Finish para **Semi-gloss**.
Ajuste Application para **Spray**.

Pressione **Apply**.

30\.

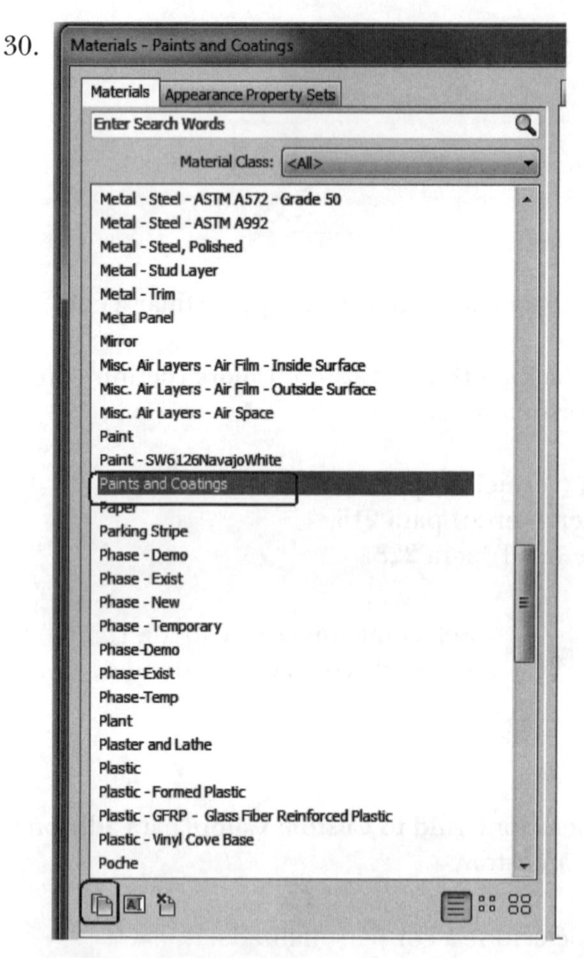

Ative a aba Materials.

Destaque **Paints and Coatings**.

Selecione **Duplicate**.

31. 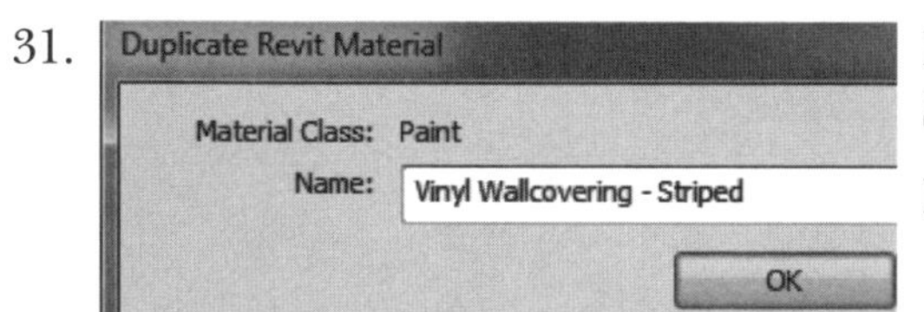

Digite **Vinyl Wallcovering – Striped**

Pressione **OK**.

32. 

Ative a aba Appearance.
Em Properties:
Selecione **By Property Set**.

33. 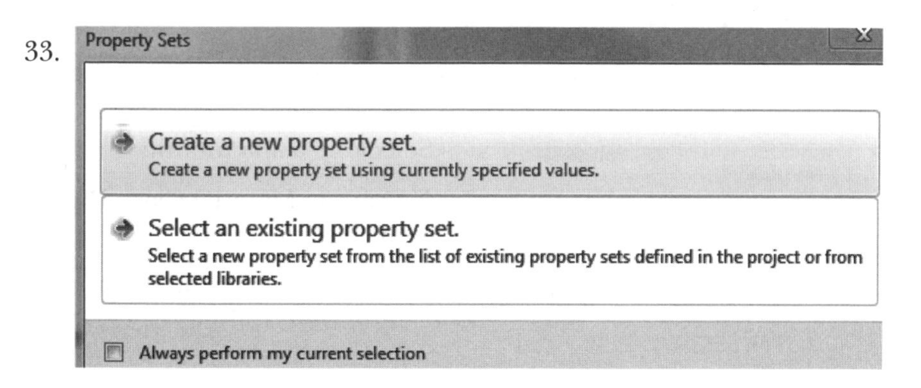

Clique em **Select an existing property set**.

34. 

Selecione o **Wallpaper - Striped** no painel Property Sets.

35.

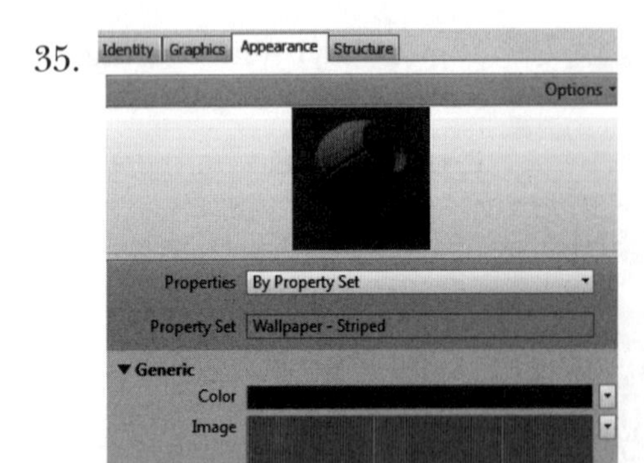

Verifique se as configurações estão corretas.

36. Selecione a aba Identity.

No campo Material Class: Digite **Vinyl Wallcovering**.

Digite **Interior Wallpaper** no campo Description.

37. Selecione o botão de navegação ao lado de Keynote.

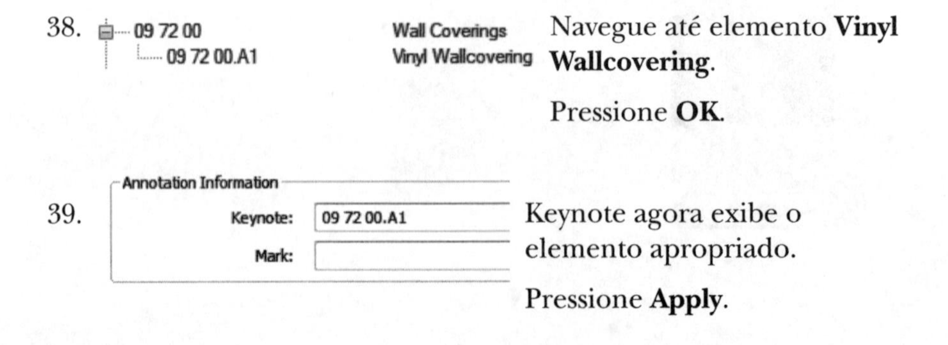

38. Navegue até elemento **Vinyl Wallcovering**.

Pressione **OK**.

39. Keynote agora exibe o elemento apropriado.

Pressione **Apply**.

40. 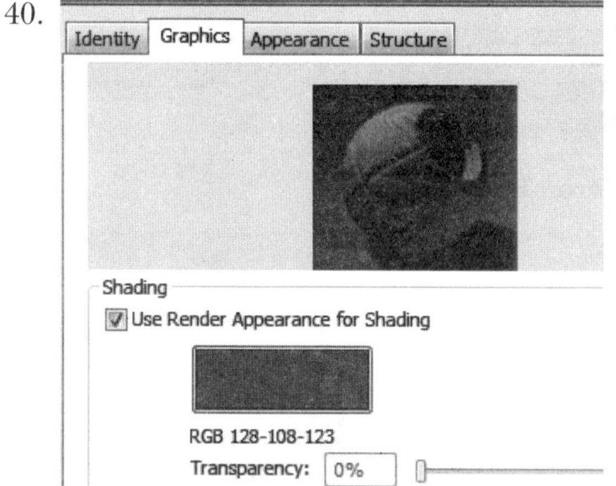

Ative a aba **Graphics**.

Habilite **Use Render Appearance for Shading**.

Pressione **Apply**.

41. 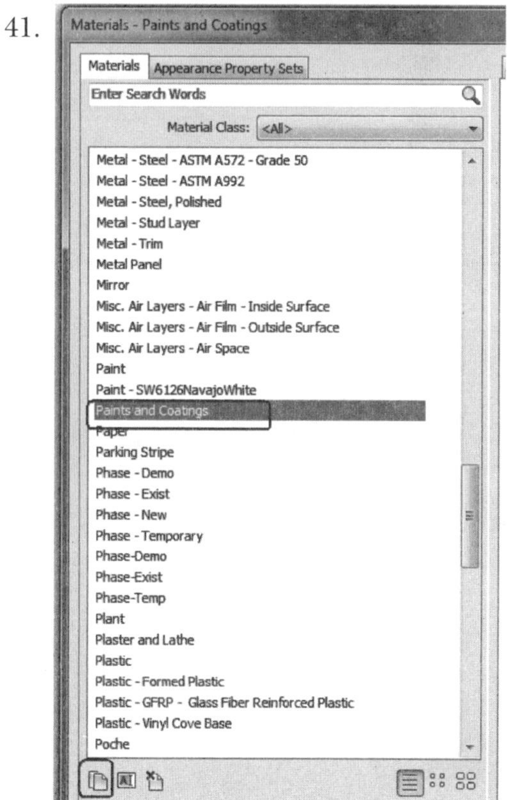

Ative a aba **Materials**.

Destaque **Paints and Coatings**.

Selecione **Duplicate**.

42. 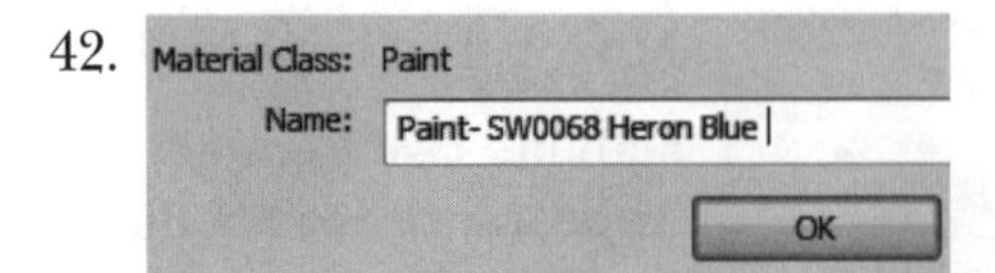

Digite **Paint-SW0068 Heron Blue**.

Pressione **OK**.

43. 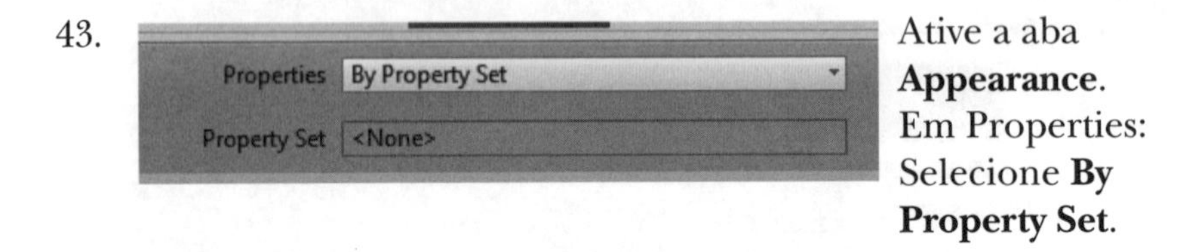

Ative a aba **Appearance**. Em Properties: Selecione **By Property Set**.

44. Clique em **Select an existing property set**.

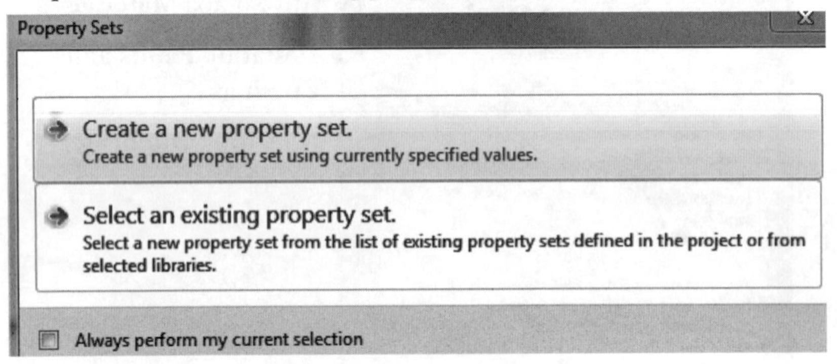

45. 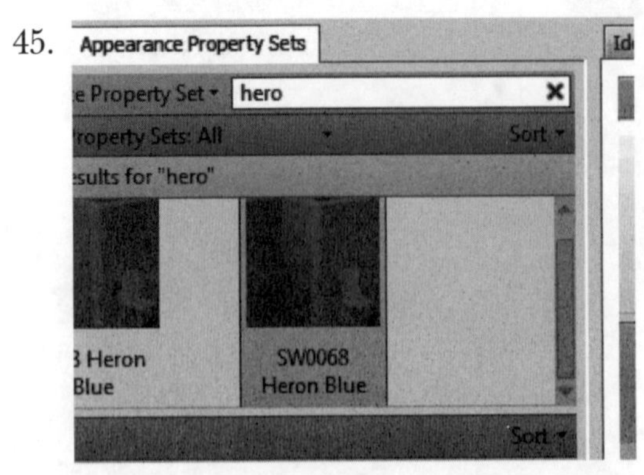

Selecione o conjunto de propriedades **SW0068 Heron Blue** definido na lista Property Sets.

46. 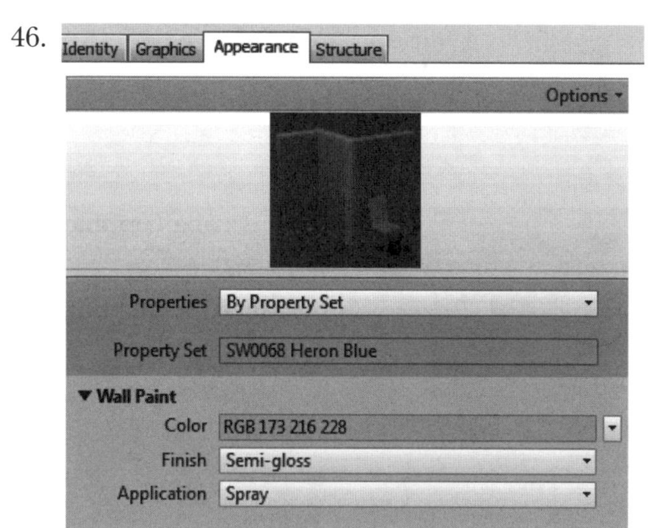

Verifique se a cor, o acabamento e a aplicação estão corretos.

47. Filter Criteria
Material Class: Paint
Descriptive Information
Description: Interior Paint

Selecione a aba **Identity**.
Ajuste Material Class para **Paint**.
Ajuste Description para **Interior Paint**.

48. Annotation Information
Keynote: ...
Mark:

Selecione o botão de navegação ao lado de Keynote.

49.

09 91 00	Painting
09 91 00.A1	Paint Finish
09 91 00.A2	Semi-Gloss Paint Finish

Navegue até a definição de Keynote para **Semi-Gloss Paint Finish**.

Pressione **OK**.

50. Annotation Information
Keynote: 09 91 00.A2
Mark:

A informação de Keynote é atualizada.

51. 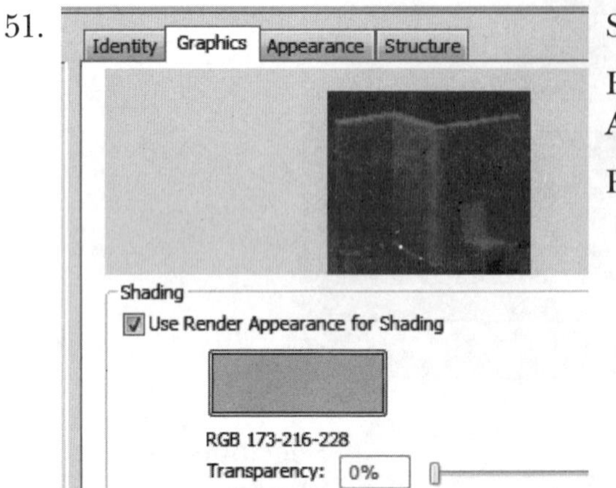

Selecione a aba **Graphics**.

Habilite **Use Render Appearance for Shading**.

Pressione **Apply**.

52. Pressione **OK** para fechar o diálogo Materials.

53. Salve como *ex4-9.rvt*.

Exercício 4-10

Aplicando Tinta e Papel de Parede a Paredes

Nome do desenho: *ex4-9.rvt*

Tempo estimado: 30 minutos

Este exercício reforça as seguintes habilidades:

- ❑ Vistas
- ❑ Caixa de seção
- ❑ Propriedades de vistas
- ❑ Materiais
- ❑ Carregamento a partir da biblioteca
- ❑ Biblioteca de produção de aparência

1. Abra ou continue trabalhando no *ex4-9.rvt*.

2. Destaque a vista {3D} no Navegador de Projetos.

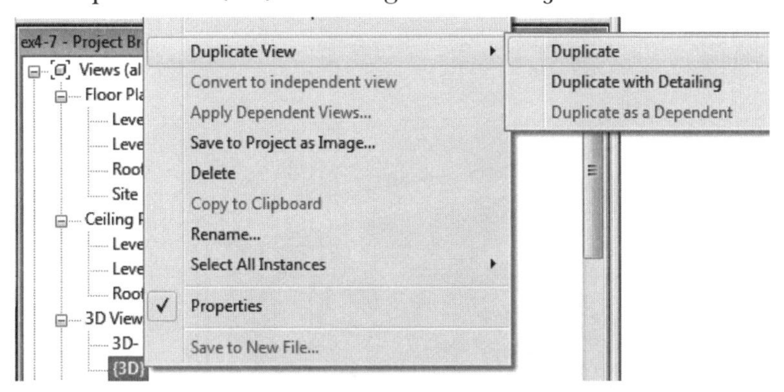

Clique com o botão direito e selecione **Duplicate View → Duplicate**.

3. 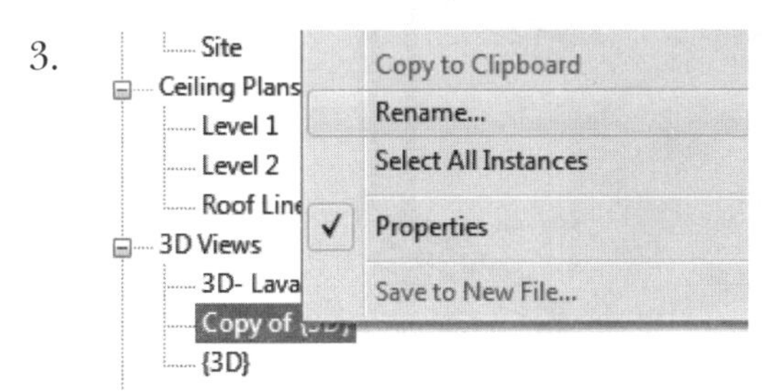

Clique com o botão direito na nova vista.

Selecione **Rename**.

4. 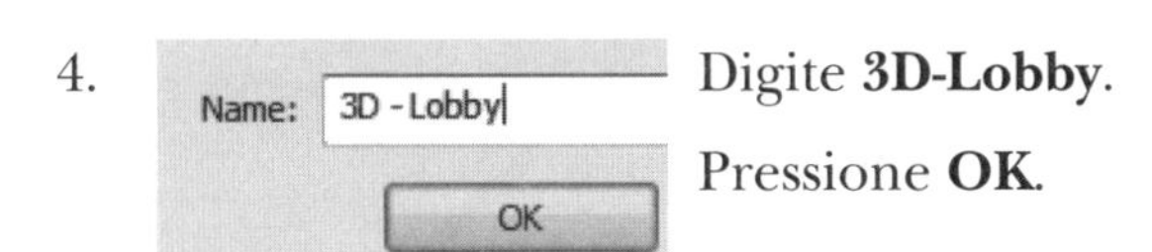

Digite **3D-Lobby**.

Pressione **OK**.

5. 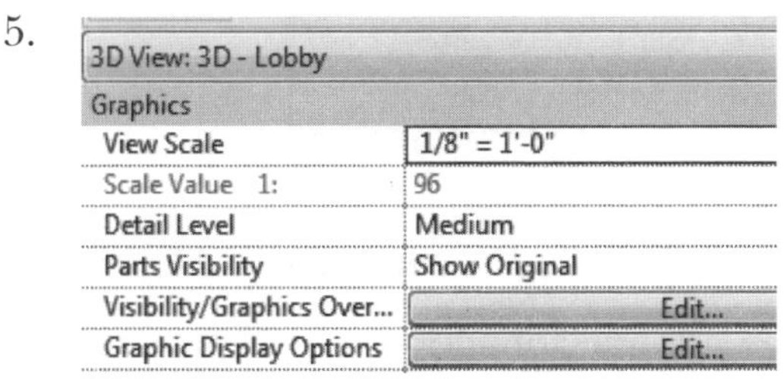

Ajuste Parts Visibility para **Show Original**.

6.

Extents	
Crop View	☐
Crop Region Visible	☐
Annotation Crop	☐
Far Clip Active	☐
Section Box	☑

Habilite **Section Box** no painel Properties.

7.

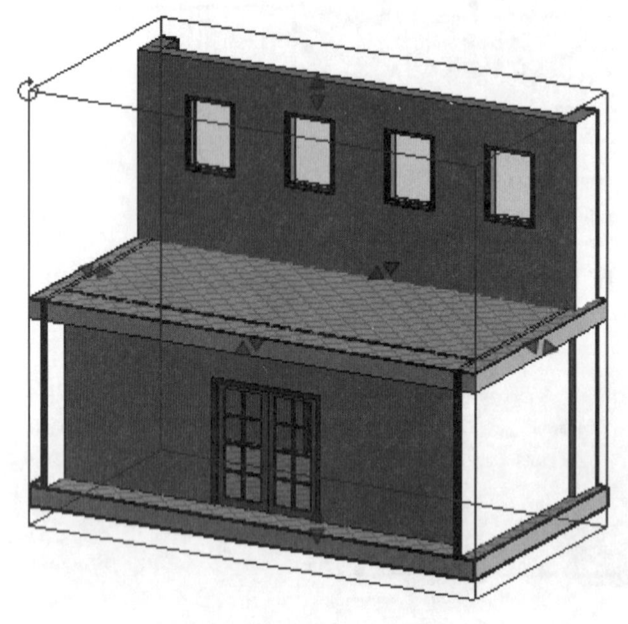

Usando os pegadores da caixa de seção, reduza a vista para apenas a área do saguão.

8.

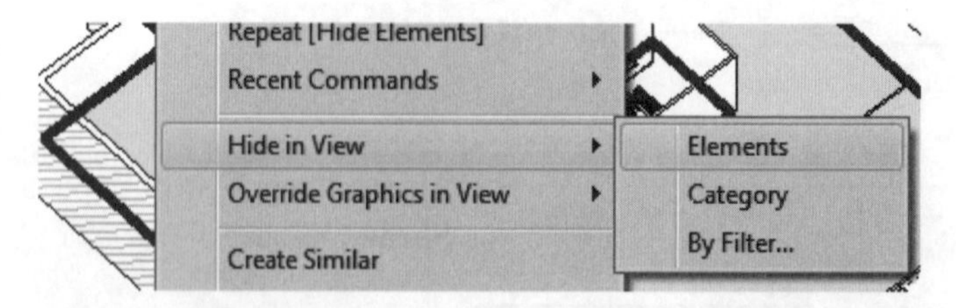

Selecione o piso do Nível 2.
Clique com o botão direito e selecione **Hide in View → Elements.**

Isto ocultará apenas o elemento selecionado.

9. Selecione o teto.

   Clique com o botão direito e selecione **Hide in View → Elements**.

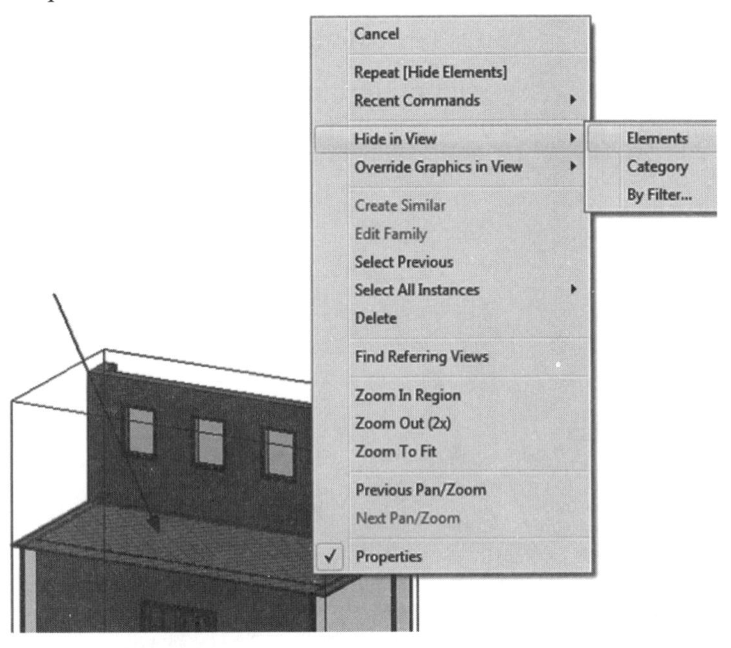

   Isto ocultará apenas o elemento selecionado.

10. 

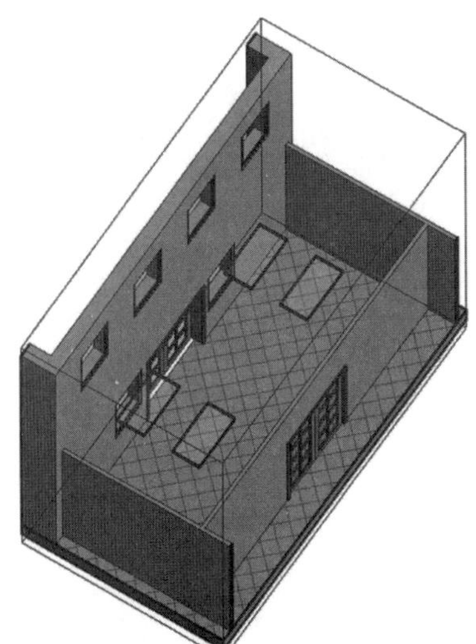

Os pontos de luz no teto ainda estão visíveis, mas podem ser ignorados.

11. 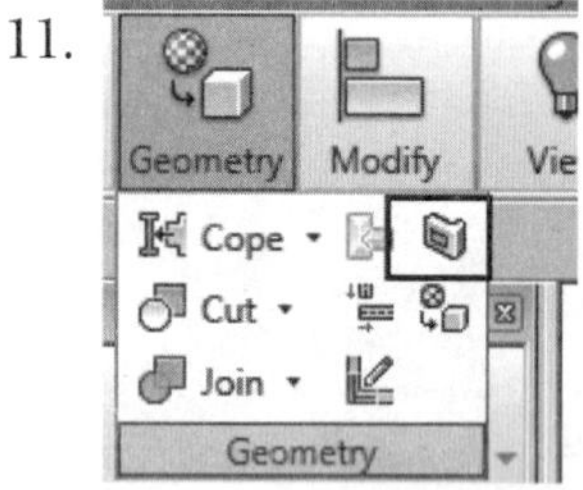

Ative a faixa **Modify**.

Selecione a ferramenta **Split Face** no painel Geometry.

12. 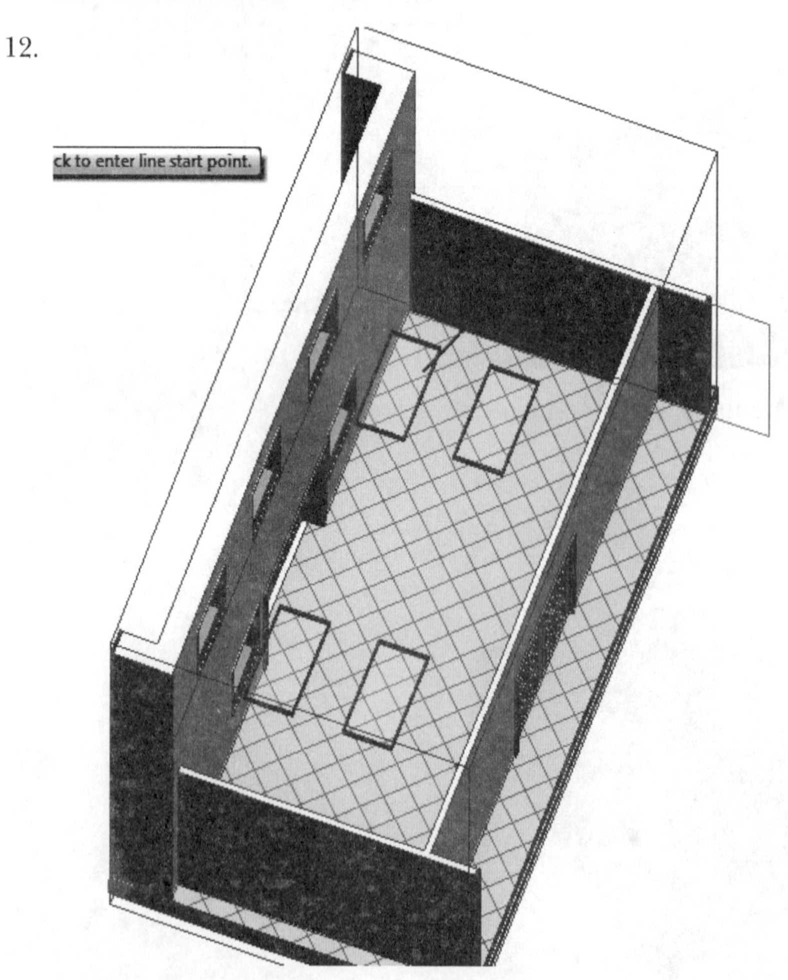

Selecione a parede indicada.

13. 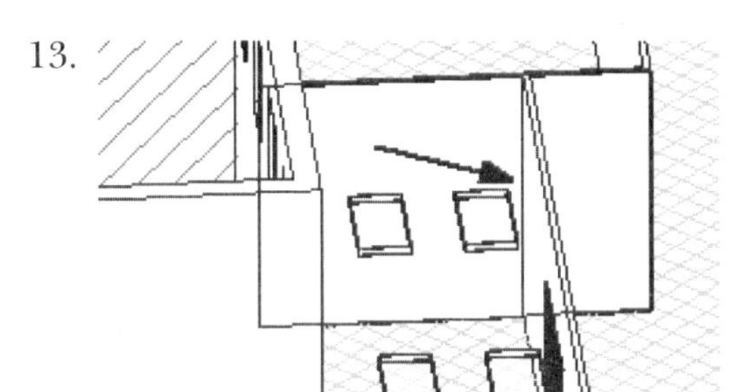

Desenhe uma linha para indicar onde a parede deve ser dividida.

14. 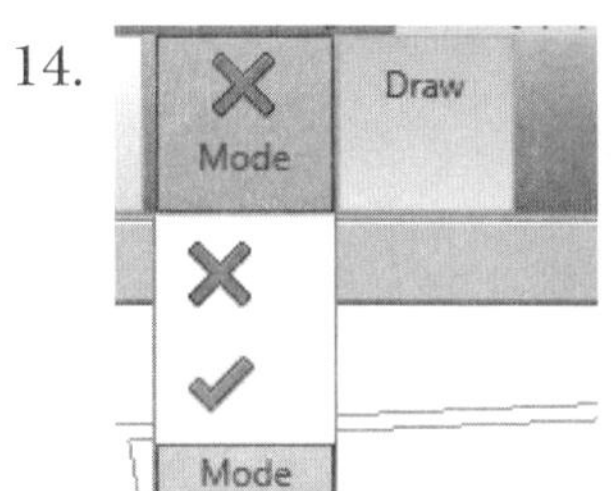

Selecione a **marca verde** no painel Mode.

Você receberá uma mensagem de erro se a linha não for coincidente com as partes superior e inferior da parede selecionada.

15. 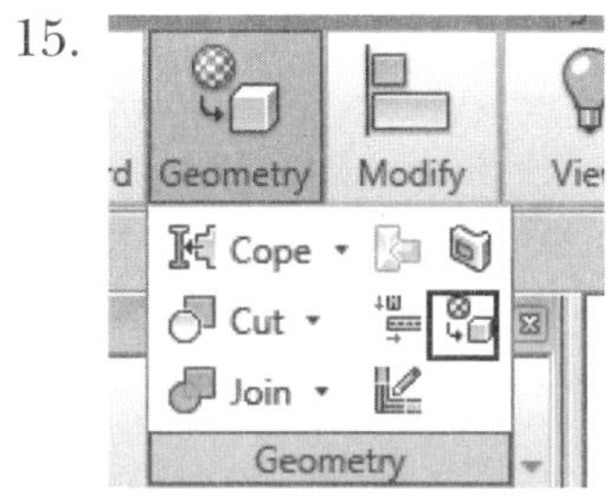

Selecione a ferramenta **Paint** no painel Geometry.

16. 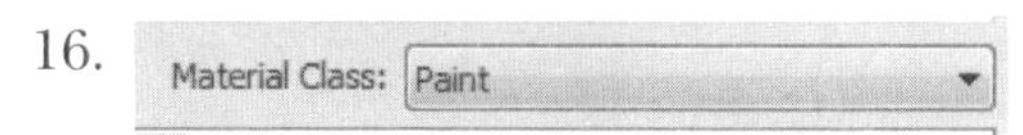

Ajuste Material Class para **Paint**.

17. 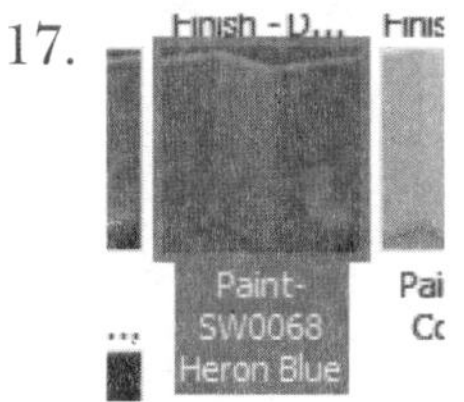

Localize **Finish - Paint - SW0068 Heron Blue** na lista de materiais.

18.

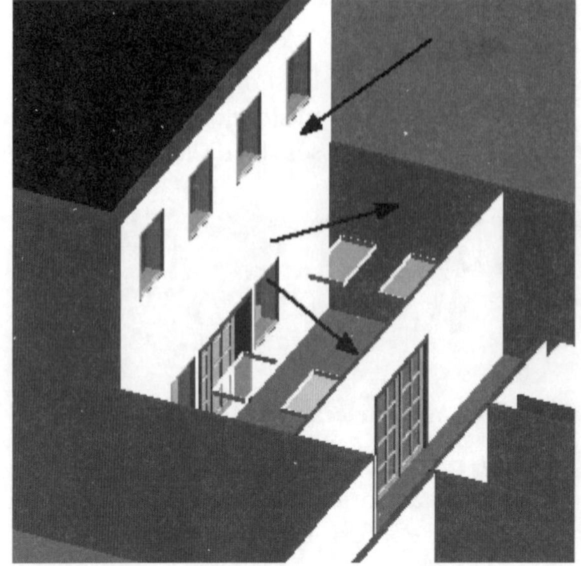

Selecione as paredes indicadas.

19. Pressione **Done**.

20. 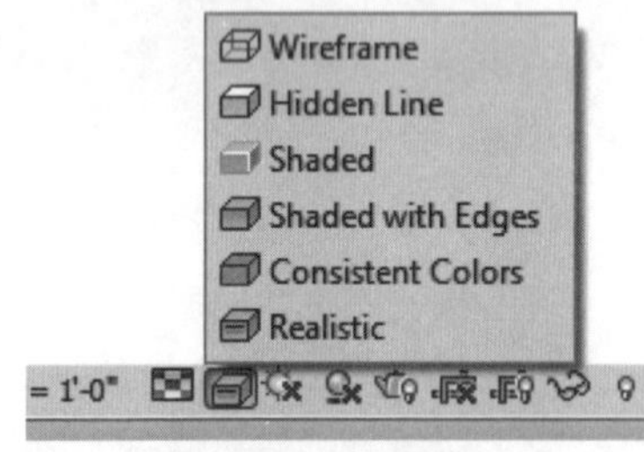

Mude a exibição para **Realistic** que você possa ver a cor da tinta aplicada.

21. 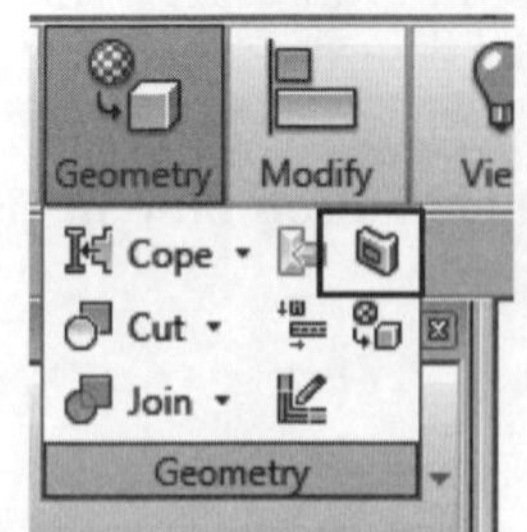

Ative a faixa **Modify**.

Selecione a ferramenta **Split Face** no painel Geometry.

22.

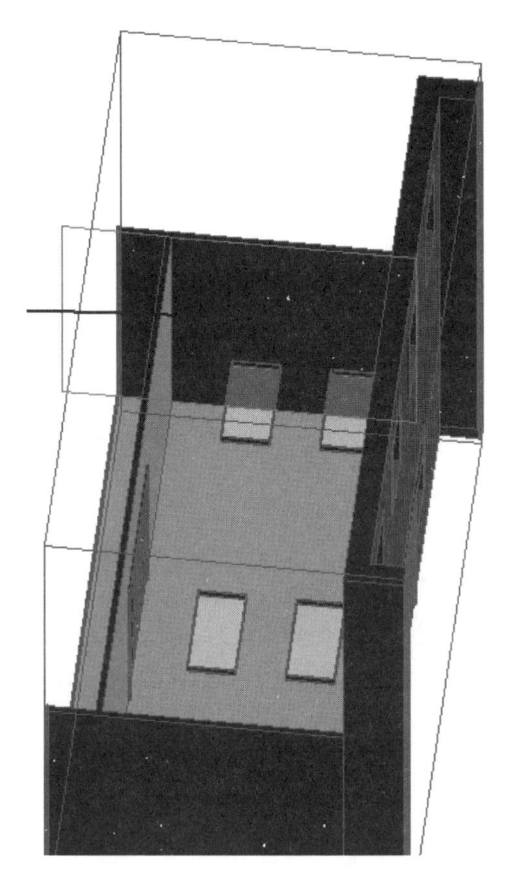

Selecione a parede indicada.

23.

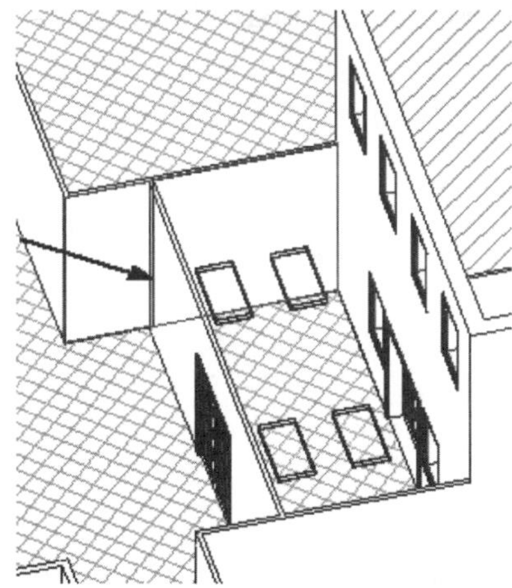

Desenhe uma linha para indicar onde a parede deve ser dividida.

Mude para exibição Hidden Line (linha invisível) se isso facilitar o desenho da linha.

24. 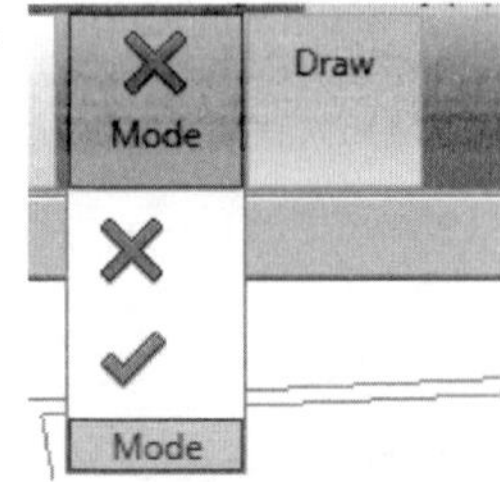

Selecione a **marca verde** no painel Mode.

25. 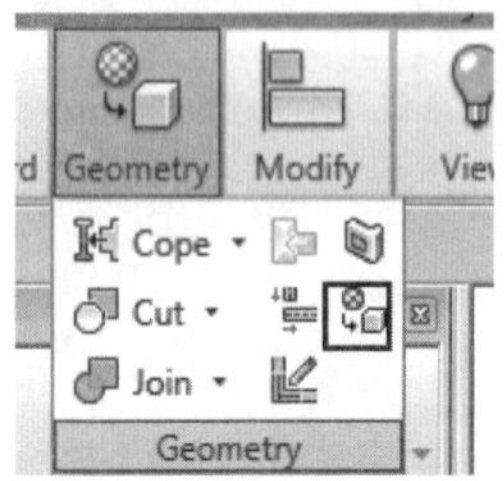

Selecione a ferramenta **Paint** no painel Geometry.

26. 

Ajuste Material Class para **Vinyl Wallcovering**.

Selecione **Vinyl Wallcovering - Striped** na lista de materiais.

27. 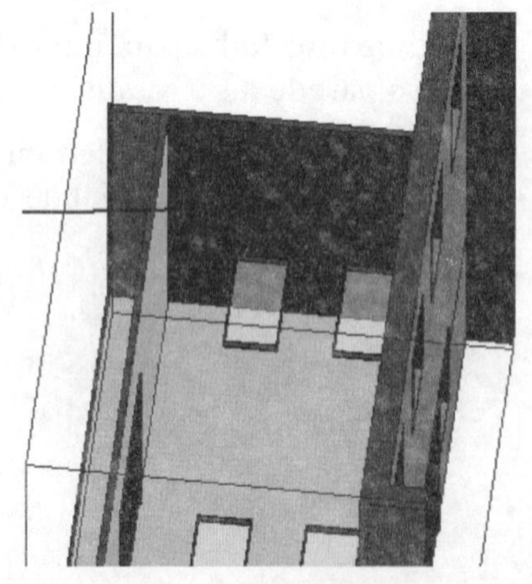
Selecione a parede indicada.

28.  Pressione **Done**.

29.  Selecione a ferramenta **Unhide**.
Selecione o piso e o teto que estavam ocultos.
Clique com o botão direito e selecione **Unhide in View → Elements**.

30. Salve como *ex4-10.rvt*.

Projetos Adicionais

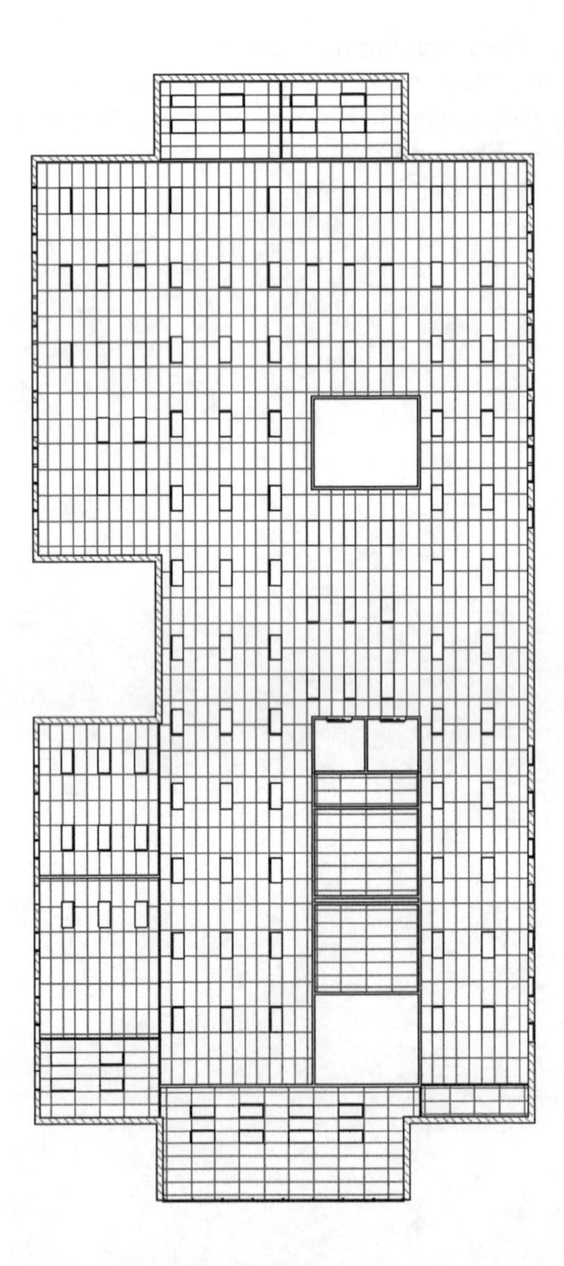

1. Adicione luminárias e registros quadrados à planta de teto do segundo nível. Crie uma folha/arranjo de planta de teto.

2. Carregue a Lighting Fixture Tag - Boxed usando File → Load Family.
A Lighting Fixture Tag está localizada em Annotations/Electrical.
Use Tag All Not Tagged para marcar todas as luminárias.
Crie uma agenda de pontos de luz.
Adicione-a a sua folha de planta de teto refletido.

3.

Lighting Fixture Schedule			
Type	Wattage	Level	Count
2'x4'(2 Lamp) - 120V	80 W	Level 1	4
120V	100 W	Level 1	3
2'x4'(2 Lamp) - 120V	80 W	Level 2	120
120V	100 W	Level 2	1

Ordene por nível (Level) e, depois, por tipo (Type) para conseguir uma agenda como esta.

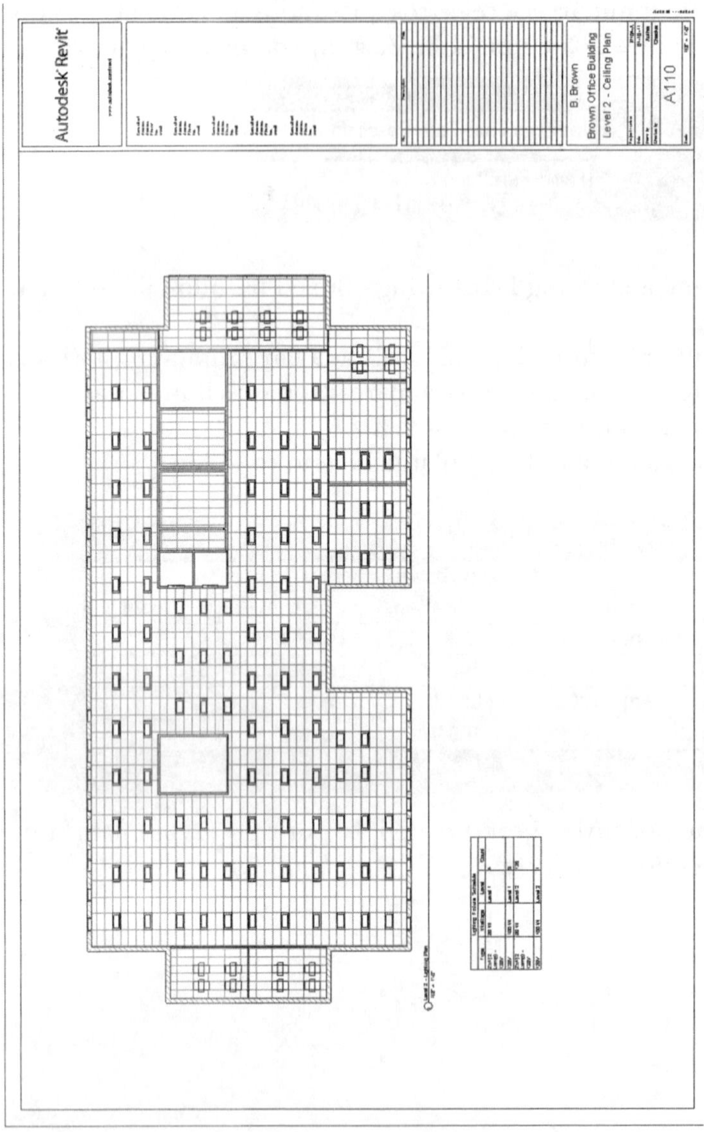

Autodesk Revit

B. Brown

Brown Office Building

Level 2 - Ceiling Plan

A110

Questionário da Lição 4

Verdadeiro ou Falso

1. Tetos não são visíveis na vista de planta baixa.
2. Tetos são visíveis na vista de planta de teto.
3. Para colocar um ponto de luz no teto, o modelo deve ter um teto.
4. Para criar uma abertura num piso, use EDIT BOUNDARY.
5. Pisos e tetos são baseados em níveis.
6. Pisos e tetos pode ser deslocados de um nível.
7. Os limites para um piso ou teto devem ser laços fechados sem interseção.

Múltipla Escolha

8. Quando um piso é colocado:
   - A. A parte superior do piso é alinhada com o nível em que ele é colocado, com a espessura se projetando para baixo.
   - B. A parte inferior do piso é alinhada com o nível em que ele é colocado, com a espessura se projetando para cima.
   - C. A direção da espessura pode ser virada para cima ou para baixo.
   - D. O deslocamento do piso pode ficar acima ou abaixo do nível.

9. A estrutura de um piso é determinada por:
   A. O tipo de sua família
   B. Sua colocação
   C. Sua instância
   D. Sua geometria

10. Pisos podem ser criados por estes dois métodos: Escolha duas respostas.
   A. Desenhando-se um polígono fechado
   B. Selecionando-se paredes
   C. Place a Component (colocar um componente)
   D. Desenhando-se linhas de contorno

11. Tetos são:
   Escolha uma resposta.
   A. Baseados no nível
   B. Baseados no piso
   C. Flutuantes
   D. Não hospedados

12. A pintura pode ser aplicada usando-se a ferramenta Paint que está localizado nesta faixa:
   A. Home
   B. Modify
   C. Rendering
   D. View

13. Novos materiais são criados usando-se:
    A. Manage->Settings->Materials.
    B. View->Materials
    C. Home->Create->Materials
    D. Home->Render->Materials

14. Este ícone:
    A. Ajusta o brilho de uma vista.
    B. Isola temporariamente os elementos ou categorias selecionados
    C. Desliga a visibilidade de elementos
    D. Amplia (zoom) um elemento

15. Para colocar uma abertura com eixo, ative a faixa ____________________.
    A. Modify
    B. View
    C. Manage
    D. Home

16. Para que as partes fiquem visíveis numa vista:
    A. Parts deve ser habilitado na faixa Materials
    B. Parts deve ser habilitado no diálogo Visibility/Graphics
    C. Show Parts deve ser habilitado no painel Properties para a vista
    D. A exibição da vista deve ser ajustada para Shaded

RESPOSTAS:

1) T; 2) T; 3) T; 4) T; 5) T; 6) T; 7) T; 8) A; 9) A; 10) A & B, 11) A; 12) B; 13) A; 14) B 15) D; 16) C

Lição 5

Agendas

O Revit prova seu poder na forma como ele gerencia agendas. As agendas são automaticamente atualizadas sempre que o modelo muda. Nesta lição, os usuários aprendem a adicionar parâmetros personalizados aos elementos a serem usados em agendas, a criar e aplicar elementos, e a colocar agendas em folhas.

Exercício 5-1

Criando Parâmetros Compartilhados

Nome do desenho: *ex4-10.rvt*

Tempo estimado: 30 minutos

Este exercício reforça as seguintes habilidades:

- ❑ Parâmetros compartilhados
- ❑ Agendas
- ❑ Propriedades de famílias

Door Schedule													
		SIZE			DETAILS								
DOOR NO.	DOOR TYPE	W	H	THK	HEAD DETAIL	JAMB DETAIL	THRESHOLD DETAIL	ASSEMBLY RATING	GLAZING TYPE	HARDWARE GROUP	NAMEPLATE	REMARKS
001	A	PR 1'-9"	5'-0"	1 3/4"	--	—	—	—	--	—	--	—
DD2	A	PR 1'-9"	8'-0"	1 3/4"	--	—	—	—	--	—	--	—
DD3	A	PR 1'-6"	8'-0"	1 3/4"	--	—	—	—	--	—	--	—
OD4	A	PR 1'-9"	8'-0"	1 3/4"	--	—	—	—	--	—	--	—

Muitos escritórios de arquitetura têm um formato específico para as agendas. Os parâmetros para essas agendas não podem ser incluídos na instância nem nos parâmetros de tipo pré-definidos do Revit.

Door Schedule						
Mark	Type	Width	Height	Thickness	Head Height	Assembly Co
1	36" x 84"	3' - 0"	7' - 0"	0' - 2"	7' - 0"	C1020
2	36" x 84"	3' - 0"	7' - 0"	0' - 2"	7' - 0"	C1020
3	36" x 84"	3' - 0"	7' - 0"	0' - 2"	7' - 0"	C1020
4	36" x 84"	3' - 0"	7' - 0"	0' - 2"	7' - 0"	C1020
5	36" x 84"	3' - 0"	7' - 0"	0' - 2"	7' - 0"	C1020
7	72" x 78"	6' - 0"	6' - 6"	0' - 2"	6' - 6"	C1020
8	72" x 78"	6' - 0"	6' - 6"	0' - 2"	6' - 6"	C1020
9	36" x 84"	3' - 0"	7' - 0"	0' - 2"	7' - 0"	C1020
11	36" x 84"	3' - 0"	7' - 0"	0' - 2"	7' - 0"	C1020
12	36" x 84"	3' - 0"	7' - 0"	0' - 2"	7' - 0"	C1020
13	36" x 84"	3' - 0"	7' - 0"	0' - 2"	7' - 0"	C1020
14	36" x 84"	3' - 0"	7' - 0"	0' - 2"	7' - 0"	C1020

A Door Schedule (agenda de porta) do Revit não tem detalhes, Grupo de Material, Placa de identificação, ou Observações como parâmetros disponíveis.

1. Ative a faixa **Manage**.

2. 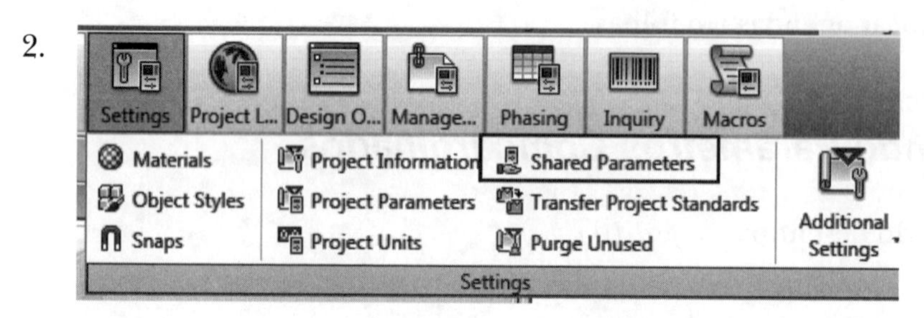

   Selecione a ferramenta **Shared Parameters** no painel Settings.

3. 

   Pressione **Create** para criar um arquivo onde você armazenará seus parâmetros.

4. Localize a pasta onde você quer guardar seu arquivo.

   Ajuste o nome do arquivo para *custom parameters.txt.*

   Pressione "**Save**".

   Note que este é um arquivo texto.

5. Em Groups, selecione **New**.

6. 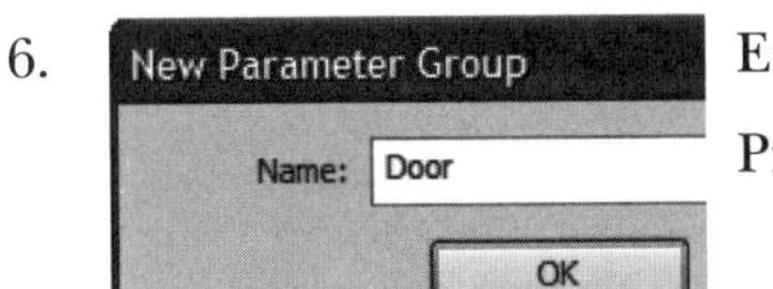

Entre **Door**.

Pressione **OK**.

7. Em Parameters, selecione **New**.

8. 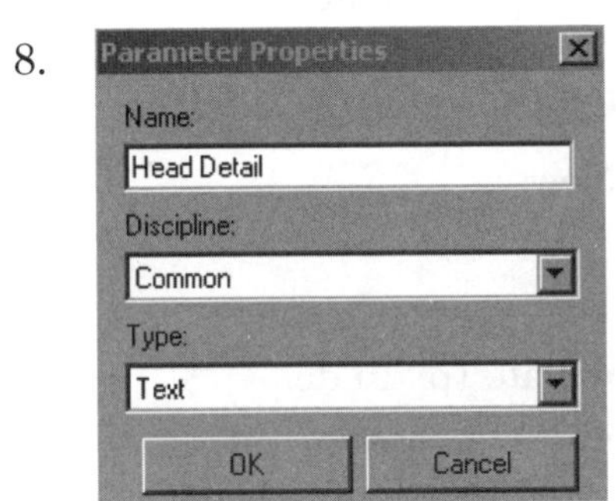

Entre **Head Detail** para Name.

No campo Type, temos uma lista drop-down. Selecione "**Text**".

Pressione **OK**.

9. 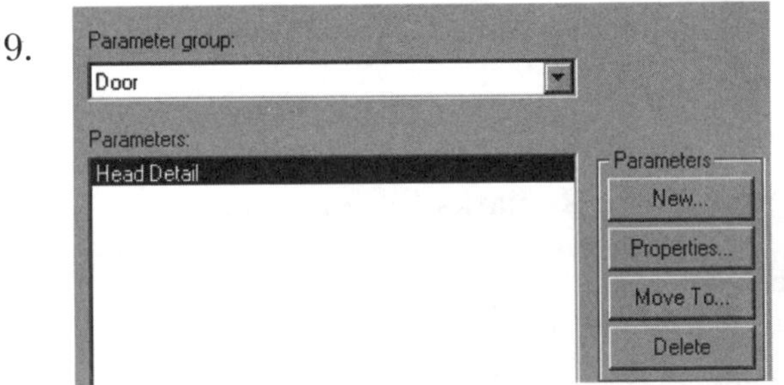

Note que agora temos um grupo de parâmetros chamado **Door**.

Há um parâmetro listado.

Selecione **New**.

10. 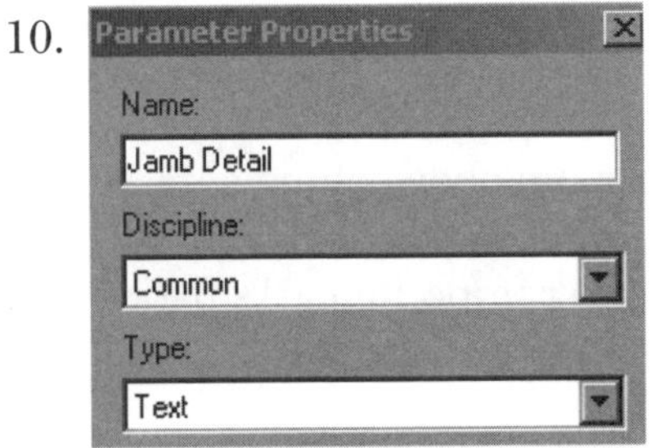

Entre **Jamb Detail** (detalhe do batente) para Name.
No campo Type, selecione **Text**.
Pressione **OK**.

Selecione **New**.

11. Entre **Threshold Detail** (detalhe do limite) para Name.
No campo Type, selecione **Text**.
Pressione **OK**.
Selecione **New**.

12. 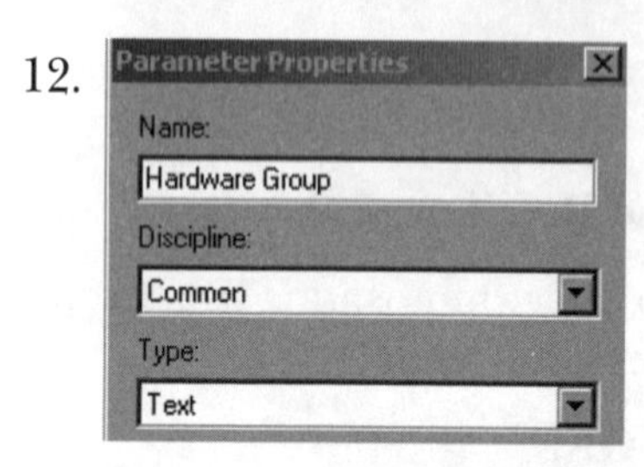

Entre **Hardware Group** (grupo de equipamento) para Name.
No campo Type, selecione **Text**.
Pressione **OK**.
Selecione **New**.

13. Entre **Nameplate** (placa de identificação) para Name.
No campo Type, selecione **Text**.
Pressione **OK**.
Selecione **New**.

14. 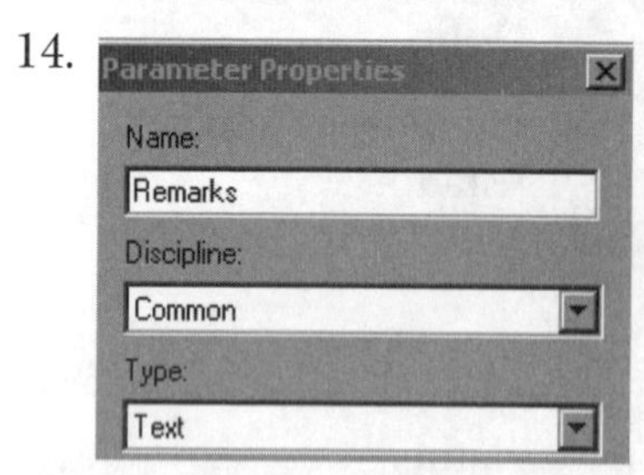

Entre **Remarks** (observações) para Name.

No campo Type, selecione **Text**.

Pressione **OK**.

15. O campo Remarks (observações) seria uma boa coluna geral para ser usada em qualquer agenda. Vamos criar um grupo de parâmetro chamado General e mover o campo Remarks para o grupo de parâmetros.

16. 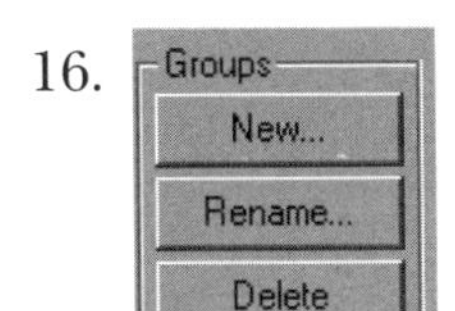

Selecione **New** em Groups.

17. 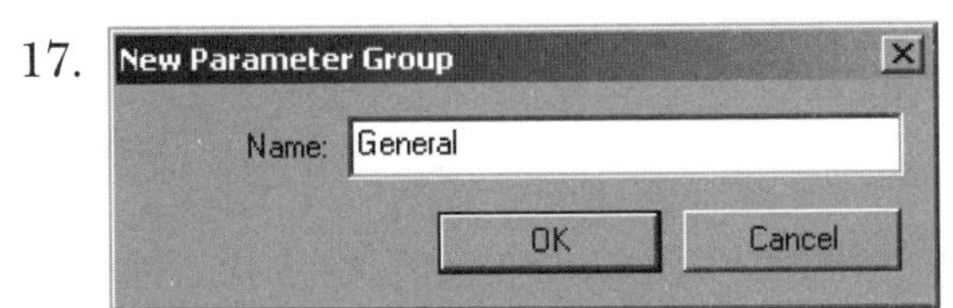

Nomeie o novo grupo **General**.

Pressione **OK**.

18. 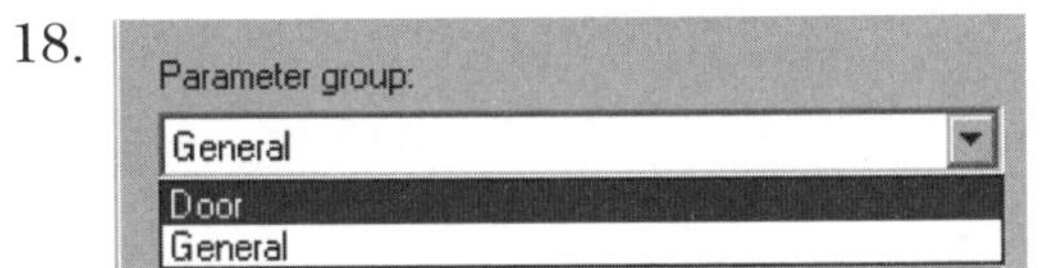

Temos agora dois grupos listados abaixo de Parameter group.

Selecione **Door**.

19. 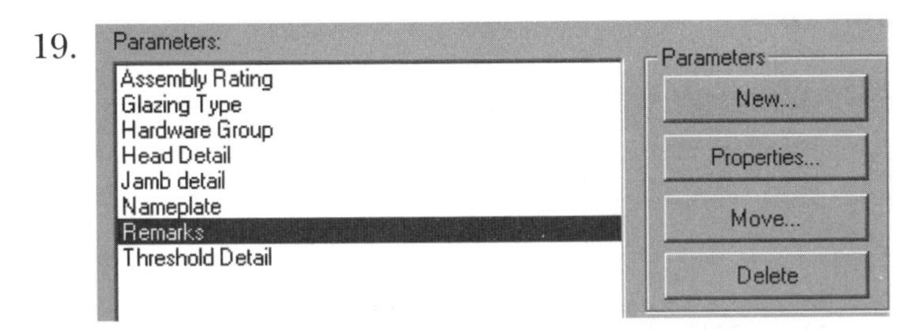

Destaque o campo **Remarks**.

Selecione **Move**.

20. 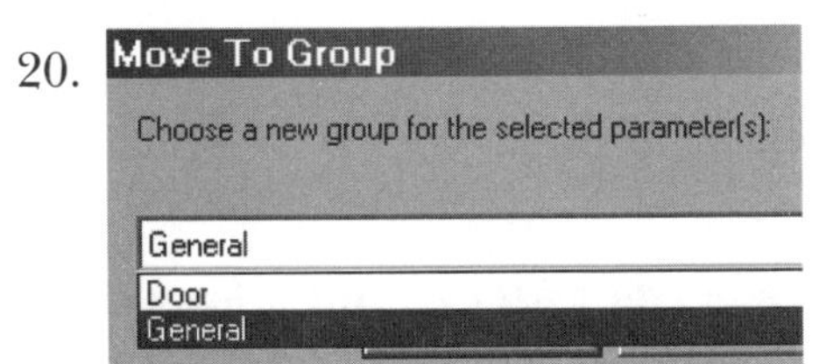

Selecione **General** na lista drop-down.

Pressione **OK**.

21\. **Remarks** não mais está listado no grupo de parâmetros Door.

Selecione **General** na lista Parameter group.

22\.

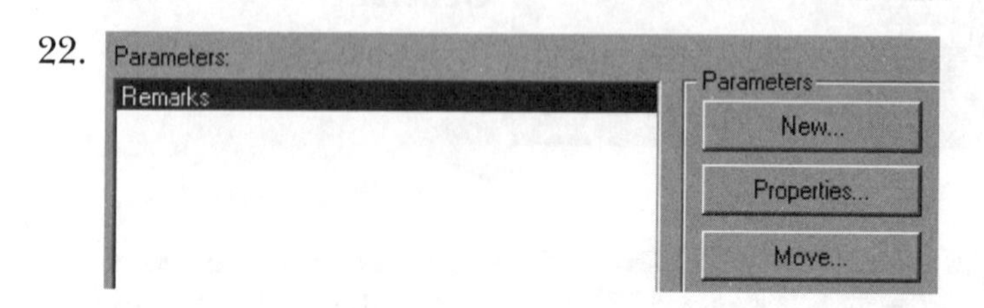

Vemos **Remarks** listado.

Destaque **Remarks**.

Selecione **Properties**.

23\.

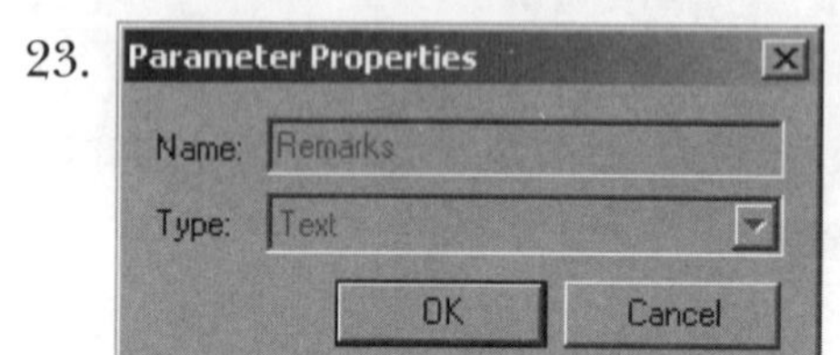

Vemos como **Remarks** está definido.

Pressione **OK**.

24\. Localize o arquivo *custom parameters.txt* usando o Windows Explorer.

25\. Clique com o botão direito e selecione **Open**.

Isto deve abrir o arquivo usando o Bloco de notas e pressupõe que você associou arquivos txt com o bloco de notas.

```
custom parameters - Notepad
File  Edit  Format  View  Help
# This is a Revit shared parameter file.
# Do not edit manually.
*META   VERSION MINVERSION
META    2       1
*GROUP  ID      NAME
GROUP   1       Door
GROUP   2       General
*PARAM  GUID    NAME    DATATYPE        DATACATEGORY    GROUP   VISIBLE
PARAM   ba4de919-821f-4c33-8f44-67623661efa6    Remarks TEXT            2       1
PARAM   51ecf526-e443-46c2-8001-1fa052d76a44    Hardware Group  TEXT            1       1
PARAM   a9383065-bebf-48fe-93df-8d28d6e28259    Nameplate       TEXT            1       1
PARAM   410c958f-119e-4e89-9534-94895646f284    Jamb Detail     TEXT            1       1
PARAM   fa914595-8e1f-46dd-b798-8d751b647c9c    Head Detail     TEXT            1       1
PARAM   754e5efa-ace8-43c2-862b-65d70af54abc    Threshold Detail        TEXT            1       1
```

Vemos o formato do arquivo de parâmetros.

Note que somos aconselhados a não editá-lo manualmente.

No entanto, atualmente este é o único lugar em que você pode modificar o tipo de parâmetro de texto para inteiro, etc

26.

```
DATACATEGORY      GROUP
4ced3     Threshold Detail          TEXT            1
905f9     Mullion MATERIAL                  2
3cabd     Assembly Rating  TEXT             1
72277     Head Detail      TEXT             1
c83ae     Glazing Type     TEXT             1
bf22c     Hardware Group   TEXT             1
a5e67     Remarks TEXT              2
093dd     Jamb Detail      TEXT             1
fdb65     Nameplate        INTEGER          1
```

Alterar o tipo de dado de Nameplate para **INTEGER**.

Não exclua nenhum dos espaços!

27. Salve e feche o arquivo de texto.

28. Shared Parameters Selecione a ferramenta **Shared Parameters**.

Se você receber uma mensagem de erro quando tentar abrir o arquivo, isso significa que você cometeu um erro quando o editou. Reabra-o e verifique.

29. 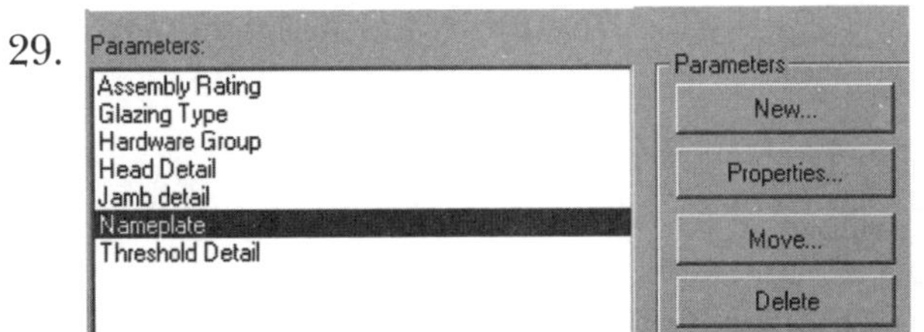

Destaque **Nameplate**.

Selecione **Properties**.

30. Note que Nameplate está agora definido como Integer (inteiro).

Pressione **OK** duas vezes para sair do diálogo Shared Parameters.

31. Salve como *ex5-1.rvt.*

Exercício 5-2

Adicionando Parâmetros Compartilhados a Famílias

Nome do desenho: *ex5-1.rvt*

Tempo estimado: 45 minutos

Este exercício reforça as seguintes habilidades:

- ❑ Parâmetros compartilhados
- ❑ Arquivos rfa
- ❑ Propriedades de famílias
- ❑ Eliminação de não usados

1. Abra *ex5-1.rvt.*

2. 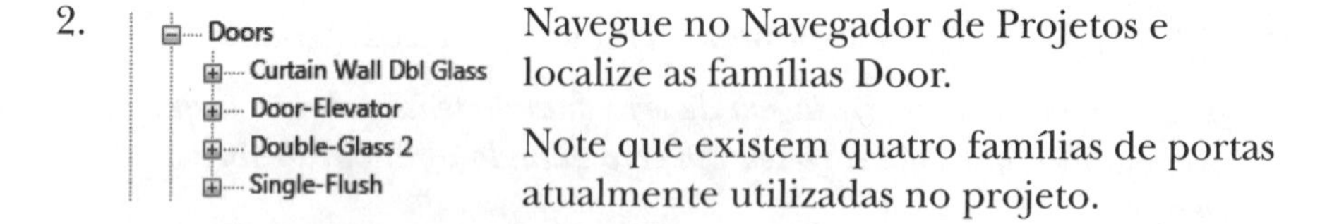

Navegue no Navegador de Projetos e localize as famílias Door.

Note que existem quatro famílias de portas atualmente utilizadas no projeto.

3. 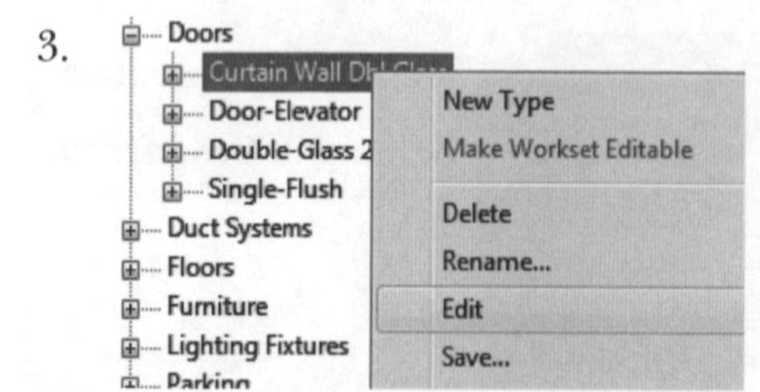

Destaque a porta **Curtain Wall Dbl Glass** no Navegador de Projetos.

Clique com o botão direito e selecione **Edit**.

4. 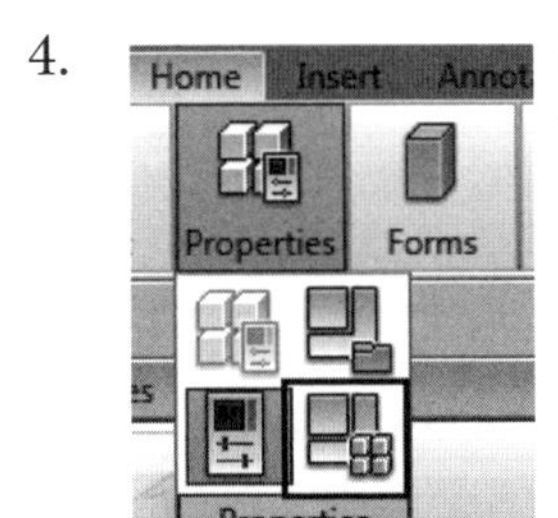

Selecione **Family Types** bo painel Properties da faixa Home.

5. Parameters
Add...
Modify...
Remove

Selecione **Add** em Parameters.

6. Shared parameter
(Can be shared by multiple projects and families, exported to ODBC, and appear in schedules and tags)
Select...
Export...

Habilite **Shared parameter**.

Pressione **Select**.

7. Parameter group:
Door
Parameters:
Hardware Group
Head Detail
Jamb Detail
Nameplate
Threshold Detail

Destaque **Hardware Group**.

Pressione **OK**.

8. 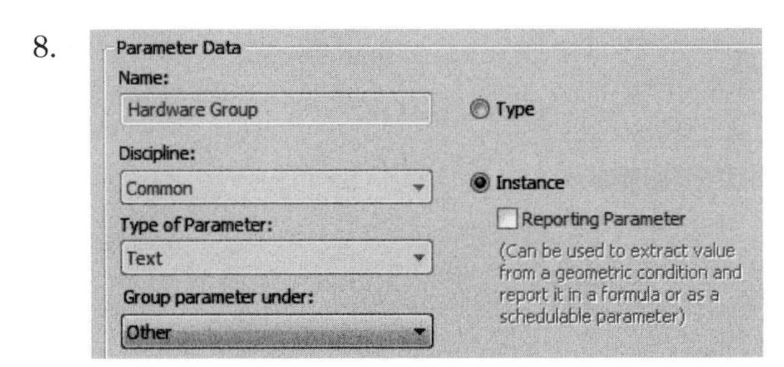

Selecione **Other** na lista drop-down.

Habilite **Instance**.

Pressione **OK**.

9. 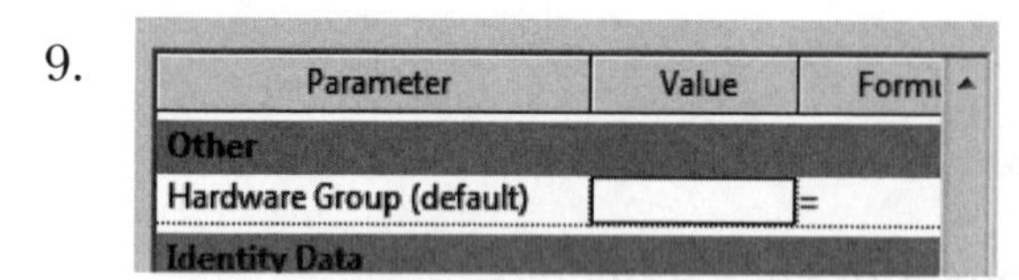

Vemos o Hardware Group listado em Other.

Como este é um parâmetro de instância, nós podemos entrar um valor omissivo para que os usuários não tenham de digitar um valor para cada porta.

10. Selecione **Add** em Parameters.

11. 

Habilite **Shared parameter**.

Pressione **Select**.

12. 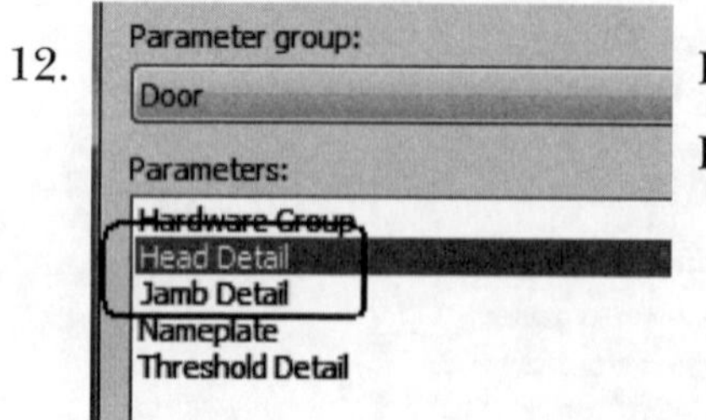

Destaque **Head Detail**.

Pressione **OK**.

13. 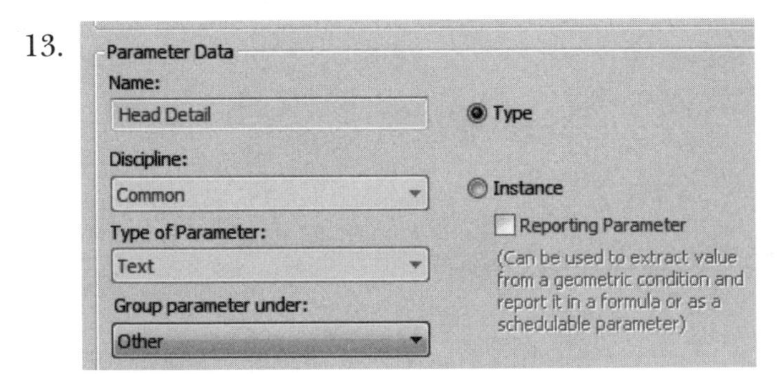

Selecione **Other** na lista drop-down.

Habilite **Type**.

Pressione **OK**.

14. Selecione **Add** em Parameters.

15. 

Habilite **Shared parameter**.

Pressione **Select**.

16. 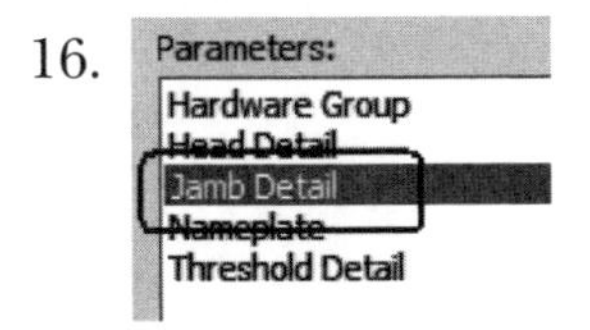

Destaque **Jamb Detail**.

Pressione **OK**.

17.

Parameter Data
Name:
Jamb Detail
Type
Discipline:
Common
Instance
Type of Parameter:
Reporting Parameter
Text
(Can be used to extract value from a geometric condition and report it in a formula or as a schedulable parameter)
Group parameter under:
Other

Selecione Other na lista drop-down.

Habilite **Type**.

Pressione **OK**.

18.

Parameters
Add...
Modify...
Remove

Selecione **Add** em Parameters.

19.

Habilite **Shared parameter**.

Pressione **Select**.

20.

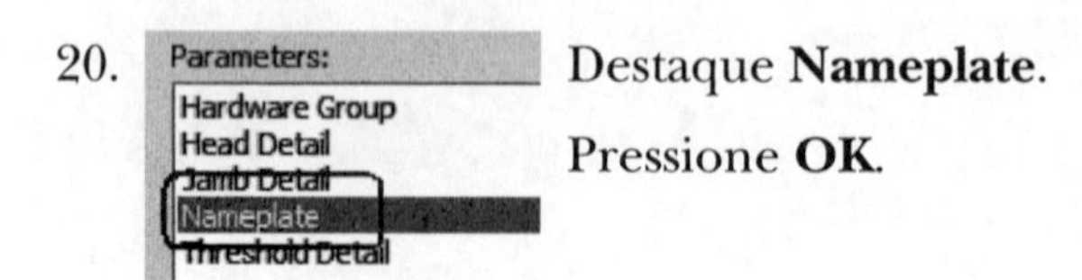

Destaque **Nameplate**.

Pressione **OK**.

21. 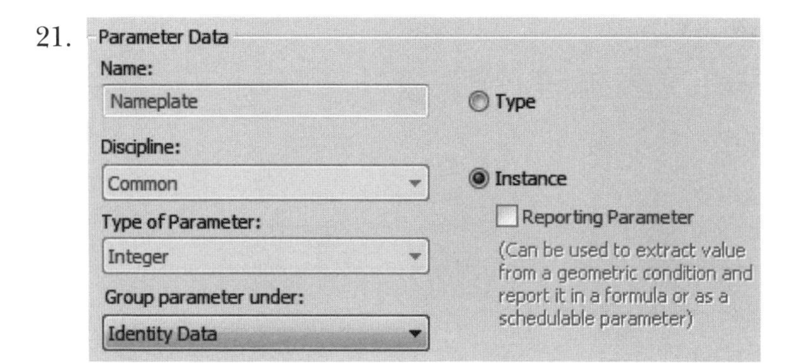

Selecione **Identity Data** na lista drop-down.
Habilite **Instance**.

Pressione **OK**.

22. 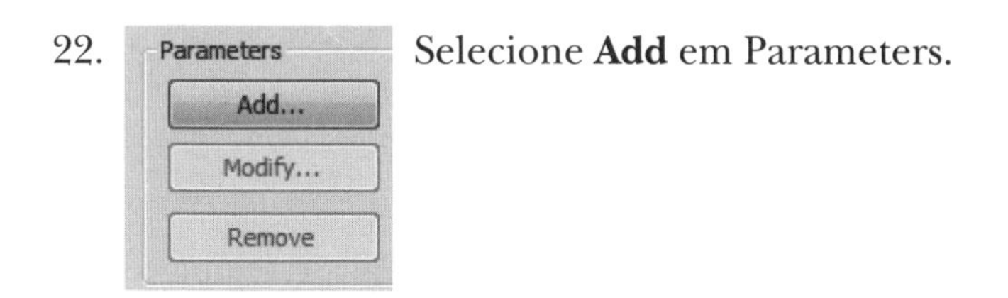

Selecione **Add** em Parameters.

23. 

Habilite **Shared parameter**.

Pressione **Select**.

24. 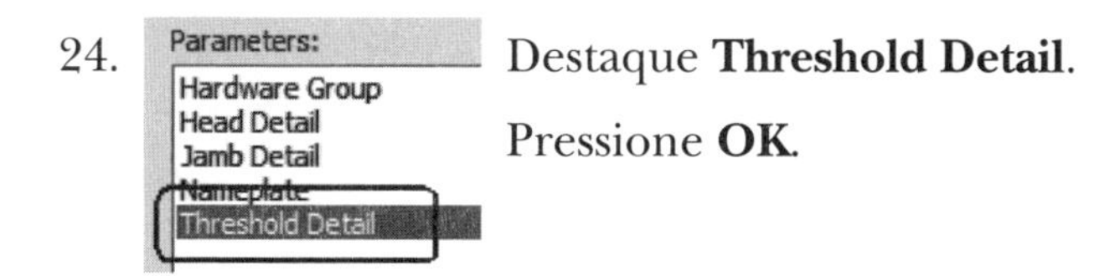

Destaque **Threshold Detail**.

Pressione **OK**.

25.

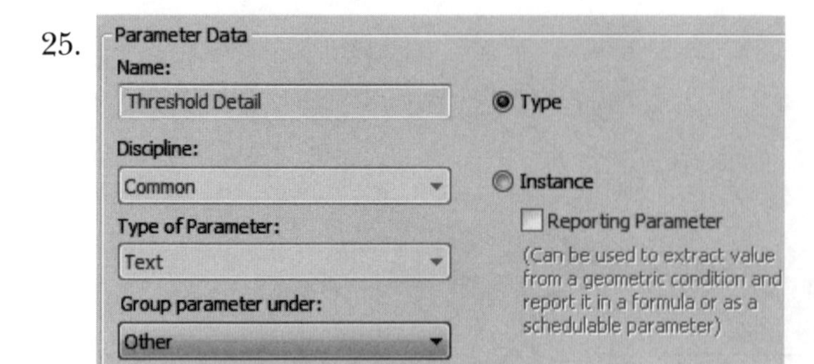

Selecione **Other** na lista drop-down.
Habilitar **Type**.

Pressione **OK**.

26.

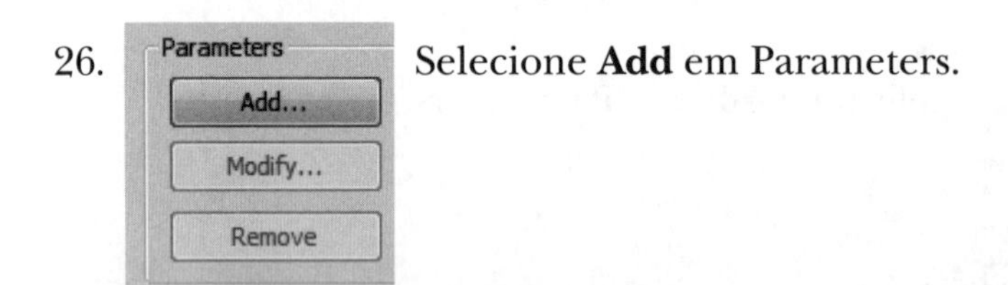

Selecione **Add** em Parameters.

27.

Habilite **Shared parameter**.

Pressione **Select**.

28.

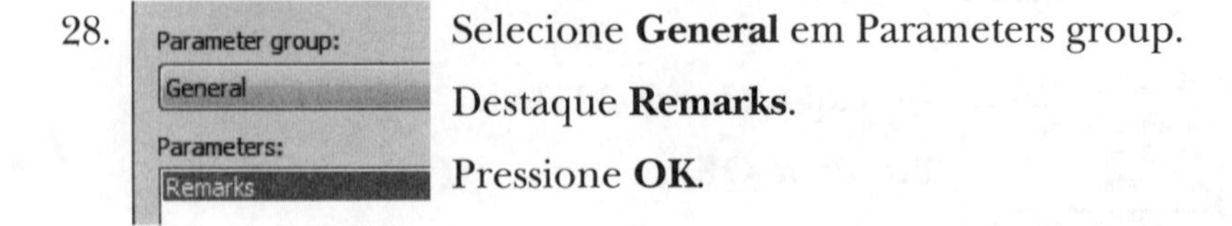

Selecione **General** em Parameters group.

Destaque **Remarks**.

Pressione **OK**.

29. 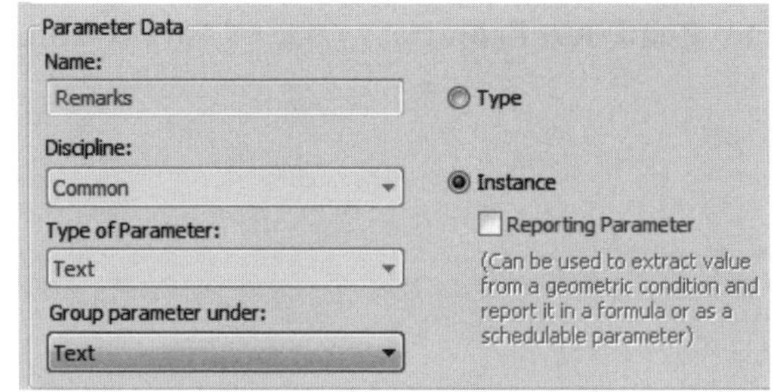

Selecione **Text** na lista drop-down.
Habilite **Instance**.
Selecione **Text** em Group parameter under.

Pressione **OK**.

30. Parameters
Add...
Modify...
Remove

Você pode redefinir um parâmetro de Instance para Type destacando-o na lista de parâmetros e selecionando **Modify**.

Quando você tiver adicionado todos os parâmetros compartilhados, pressione **OK**.

31.

Other	
Threshold Detail	--
Jamb Detail	--
Head Detail	--
Hardware Group (default)	--

Nos campos de parâmetros compartilhados, entre "–" para cada tipo de família.

Pressione **OK**.

32. 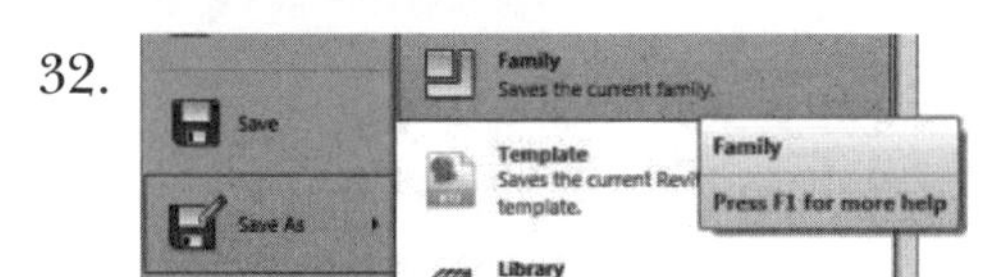

Vá para o menu do aplicativo File.

Selecione **Save As → Family** (salvar como família).

33. File name: Curtain Wall Dbl Glass Custom.rfa
Files of type: Family Files (*.rfa)

Navegue até sua pasta de trabalho.

Renomeie a família para **Curtain Wall Dbl Glass Custom.rfa**

Pressione **Save**.

34. Selecione **Load into Projects** no painel Family Editor.

35. 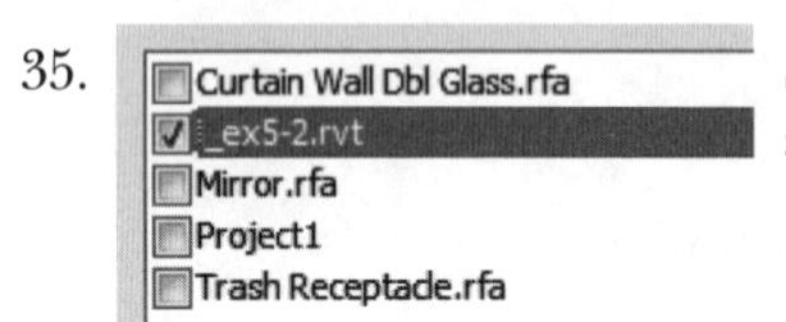

Selecione o projeto para carregar o arquivo da família. Pressione **OK**.

36. Vá até a categoria Doors na pasta Families do navegador.

Você deverá ver listada a família personalizada que acabou de editar.

37. 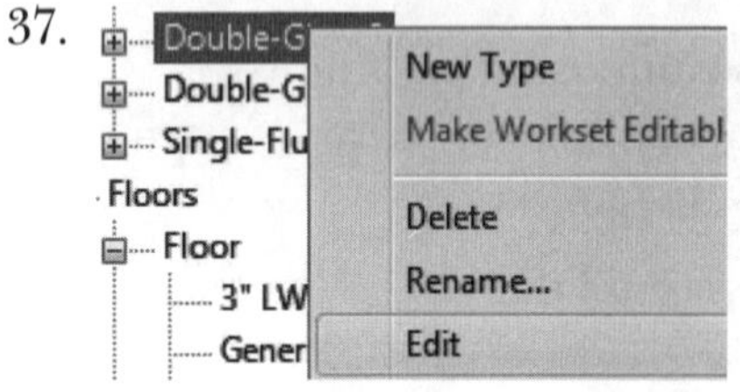

Repita os passos para adicionar os parâmetros compartilhados à Elevator-Door, à porta Double-Glass 2 e à portas Single-Flush.

Verifique se você carregou a versão personalizada de cada porta.

As versões personalizadas devem ter os parâmetros compartilhados adicionados.

38. Ative a planta baixa **Level 1**.

39. 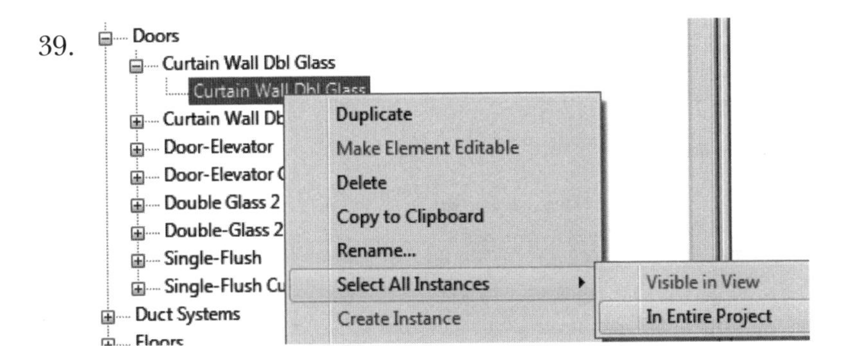

Destaque a porta **Curtain Wall Dbl Glass** (esta é a porta que está atualmente em uso no projeto).

Clique com o botão direito e selecione **Select All Instances → In Entire Project**.

40. 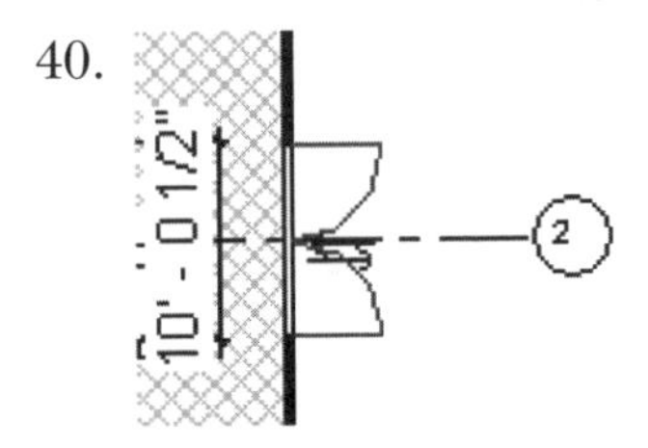

A porta será destacada na janela de exibição.

41. 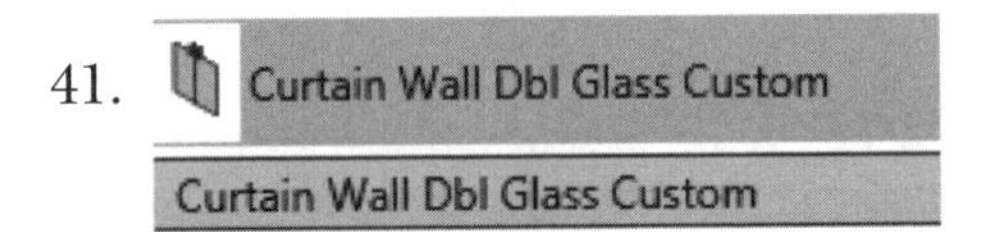

Mude o tipo de elemento para a porta **Curtain Wall Dbl Glass Custom**.

42. Destaque a porta **Door-Elevator** (esta é a porta que está atualmente em uso no projeto).

Clique com o botão direito e selecione **Select All Instances-> In Entire Project**.

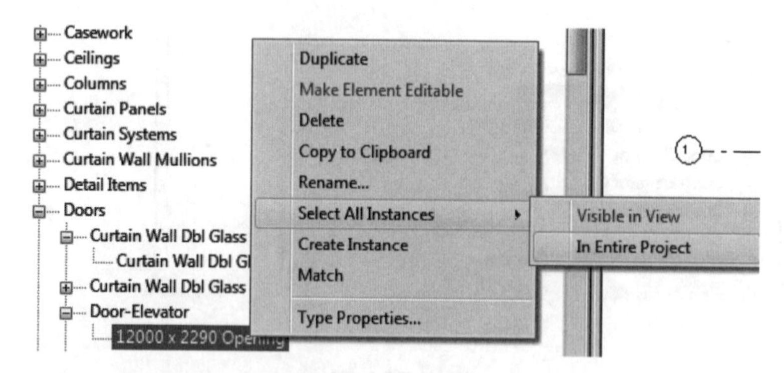

As portas serão destacadas na janela de exibição.

43. Use o Seletor de tipo no painel Properties para mudar para a porta **Door-Elevator Custom**.

Clique na janela para liberar a seleção.

44.

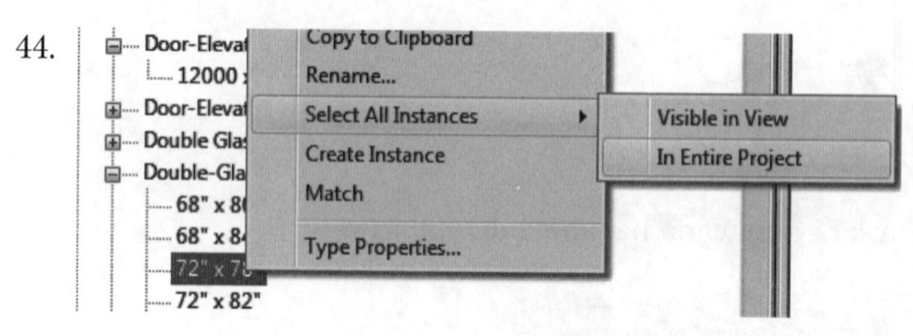

Destaque a porta **Double-Glass 2 72" x 78"** (esta é a porta que está atualmente em uso no projeto).

Clique com o botão direito e selecione **Select All Instances → In Entire Project**.

45. As portas serão destacadas na janela de exibição.

46. Double Glass 2 Custom
68" x 80"
68" x 84"
72" x 78"
72" x 82"
72" x 84"

Mude o tipo de elemento para a porta **Double-Glass 2 Custom**, que é do mesmo tamanho.

Clique na janela para liberar a seleção.

47.

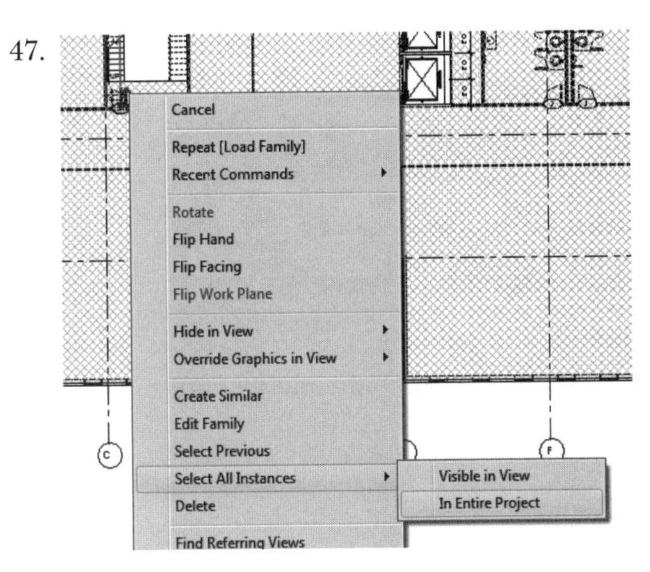

Selecione a porta **Single-Flush** localizado na primeira escadaria.

Clique com o botão direito e selecione **Select All Instances → In Entire Project**.

48. As portas serão destacadas na janela de exibição.

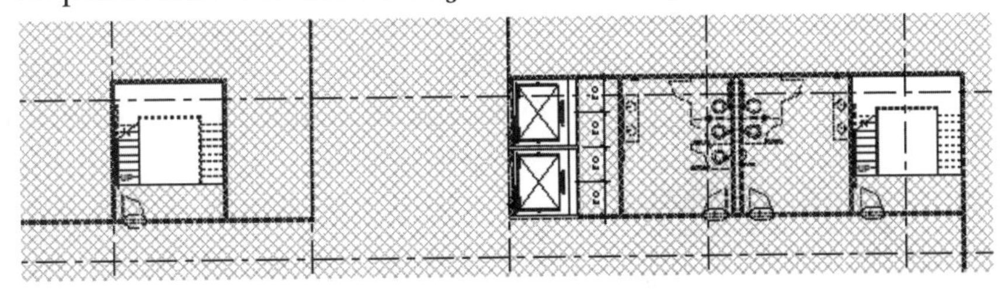

49. 36" x 84"
Single-Flush Custom
30" x 80"
30" x 84"
32" x 84"
34" x 80"
34" x 84"
36" x 80"
36" x 84"

Mude o tipo de elemento para a porta **Single-Flush Custom** que é do mesmo tamanho: **36" x 84"**.

50.

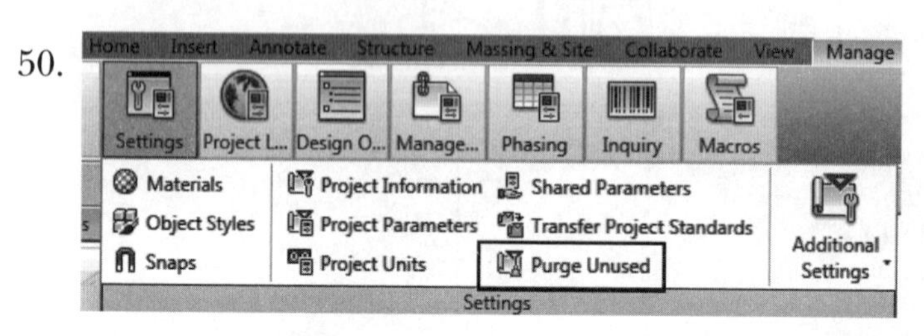

Ative a faixa **Manage**.

Selecione **Settings → Purge Unused** (eliminar não utilizados) na faixa Manage.

51. Check None

Pressione **Check None** (sem verificação).

52. Doors
Curtain Wall Dbl Glass
Door-Elevator
Double Glass 2 Custom
Double-Glass 2
Single-Flush
Single-Flush Custom

Expanda a categoria **Doors**.

Coloque um tique nas quatro famílias de portas que não são mais usadas.

Note que apenas as famílias que não estão em uso serão listadas.

Pressione **OK**.

53. Doors
Curtain Wall Dbl Glass Custom
Door-Elevator Custom
Double Glass 2 Custom
Single-Flush Custom

O navegador agora só lista as portas que são usadas.

54. Salve como *ex5-2.rvt*.

Exercício 5-3

Criando uma Agenda de Porta Personalizada

Nome do desenho: *ex5-2.rvt*

Tempo estimado: 30 minutos

Este exercício reforça as seguintes habilidades:

- ❑ Parâmetros compartilhados
- ❑ Agenda/Quantidades

1. Abra *ex5-2.rvt.*

2. View Ativar a faixa **View**.

3. 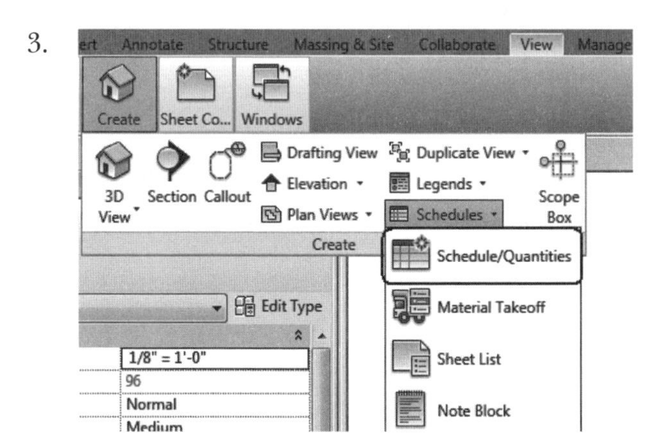

   Selecione **Create → Schedule/Quantities**.

4. 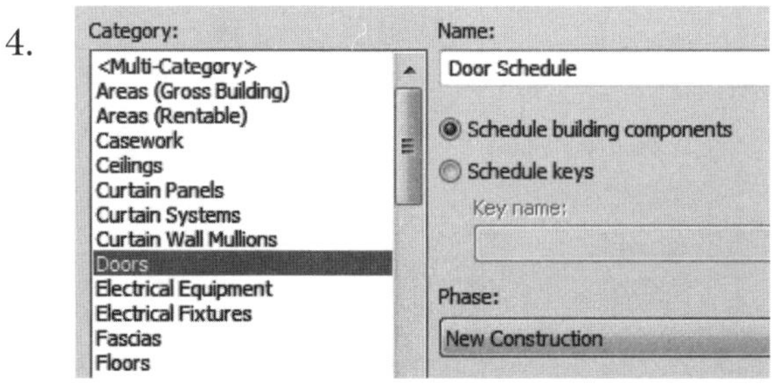

   Destaque **Doors**.

   Entre **Door Schedule** para nome da agenda.

   Pressione **OK**.

   Note que você pode criar uma agenda para cada fase da construção.

5. 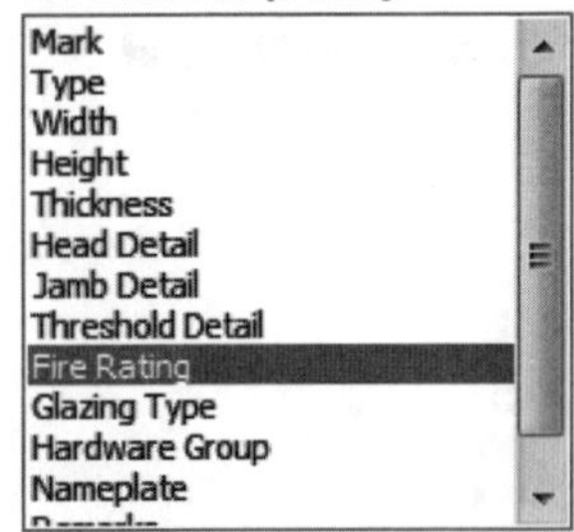

Adicionar **Mark**, **Type**, **Width**, **Height**, **Thickness**, **Head Detail**, **Jamb Detail**, **Fire Rating**, **Glazing Type**, **Hardware Group**, **Nameplate**, e **Remarks**.

A ordem dos campos é importante. O primeiro campo é a primeira coluna, etc. Você pode usar os botões Move Up e Move Down para ordenar as colunas.

6. 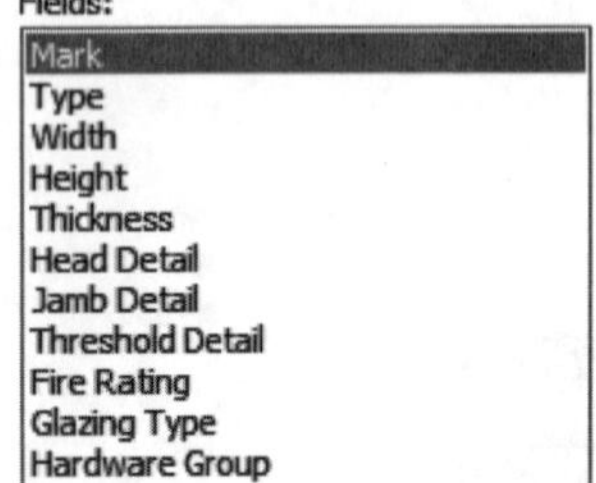

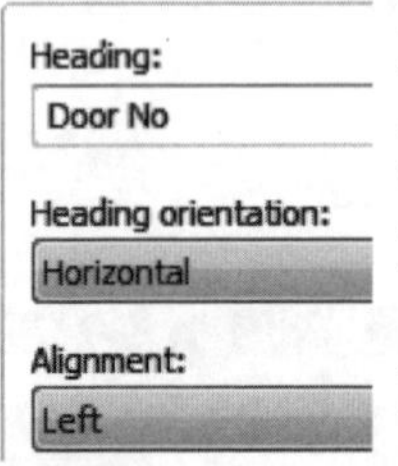

Selecione a aba **Formatting**.

Destaque **Mark**.

Mude o cabeçalho (Heading) para **Door No**.

7. 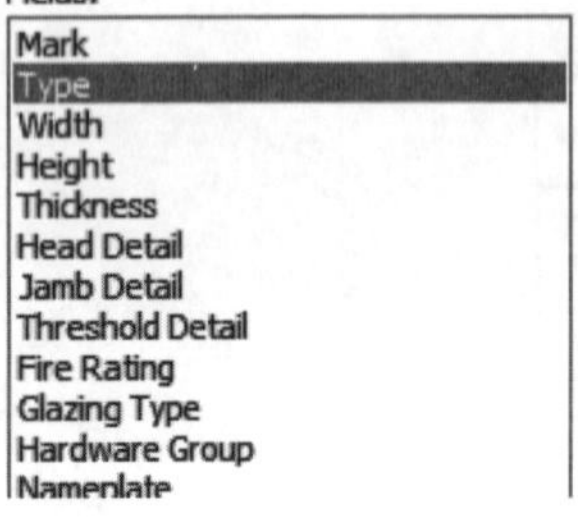

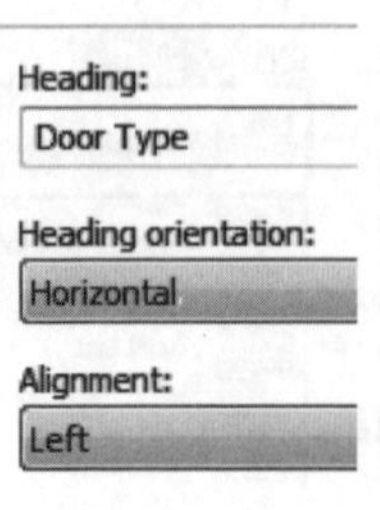

Mude o cabeçalho de Type para **Door Type**.

8. 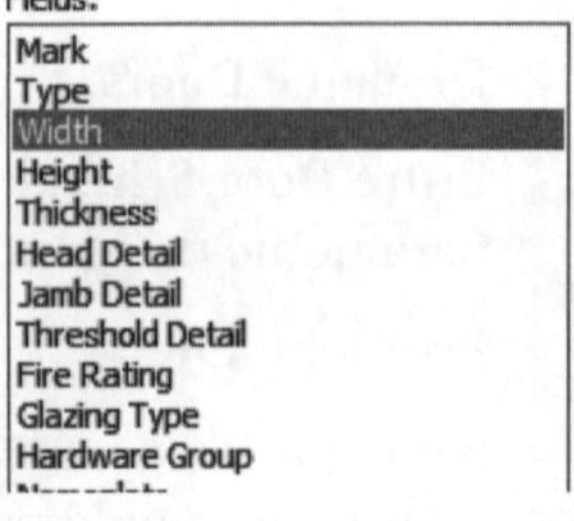

Mude o cabeçalho de Width para **W**.

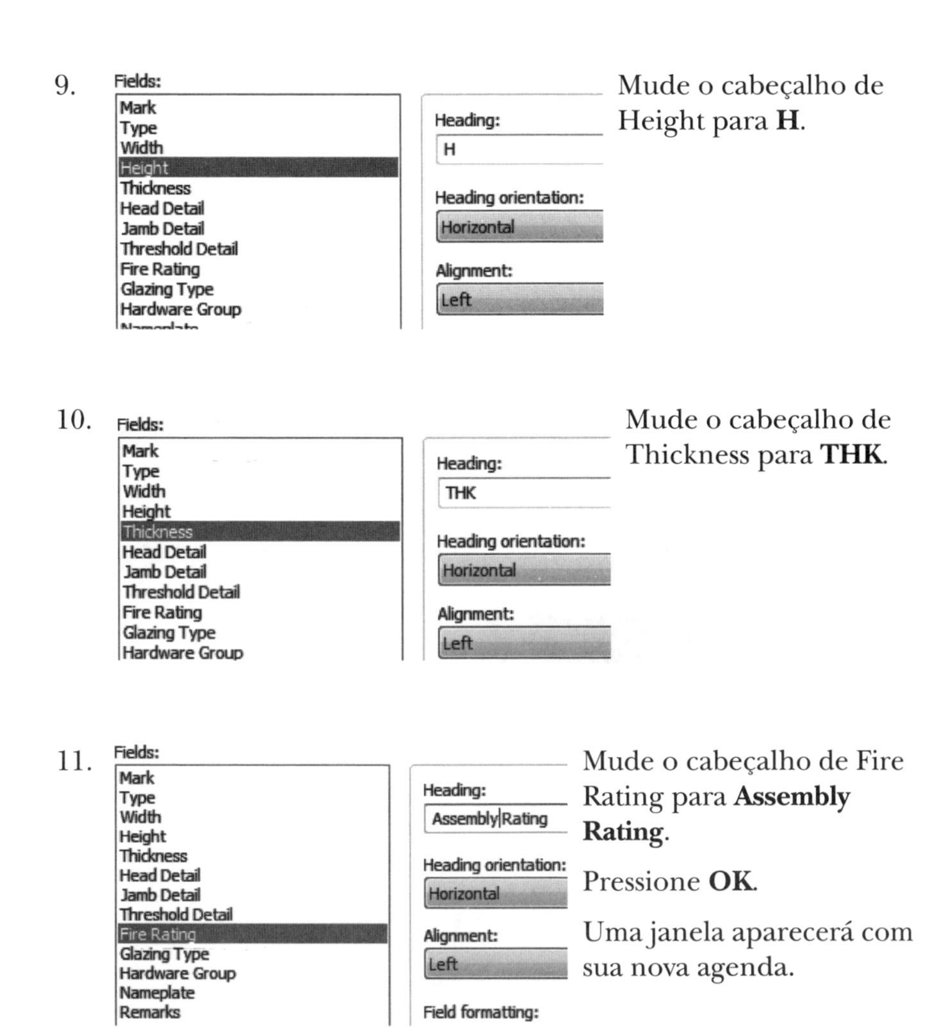

9. Mude o cabeçalho de Height para **H**.

10. Mude o cabeçalho de Thickness para **THK**.

11. Mude o cabeçalho de Fire Rating para **Assembly Rating**.

    Pressione **OK**.

    Uma janela aparecerá com sua nova agenda.

12. 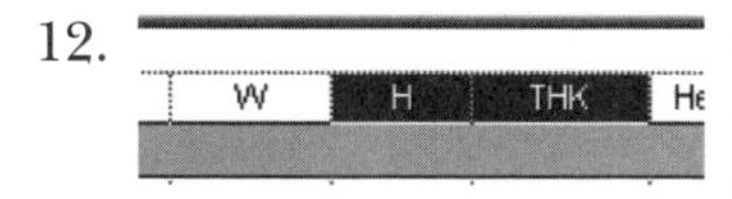

    Selecione a coluna W, depois arraste o mouse para a direita para destacar as colunas H e THK.

13. 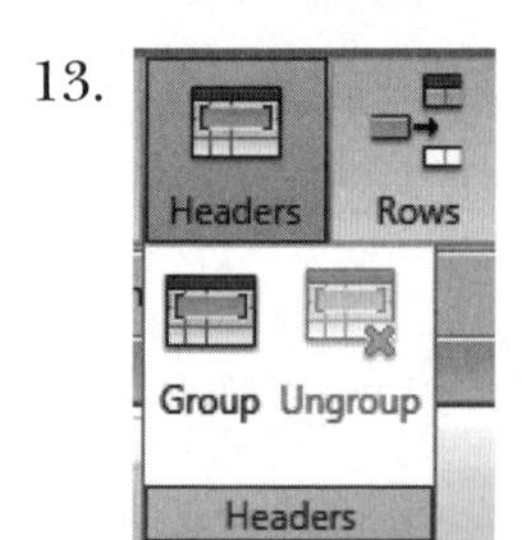

    Selecione **Headers → Group**.

14. 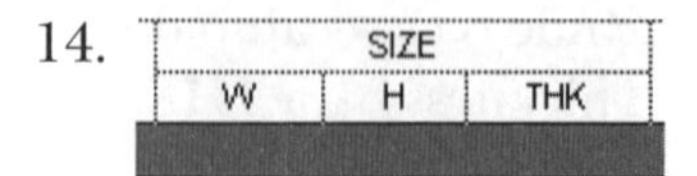

    Digite **SIZE** (tamanho) como cabeçalho para as três colunas.

15. 

    Selecione a coluna Head Detail, depois arraste o mouse para a direita para destacar as colunas Jamb Detail e Threshold Detail.

16. 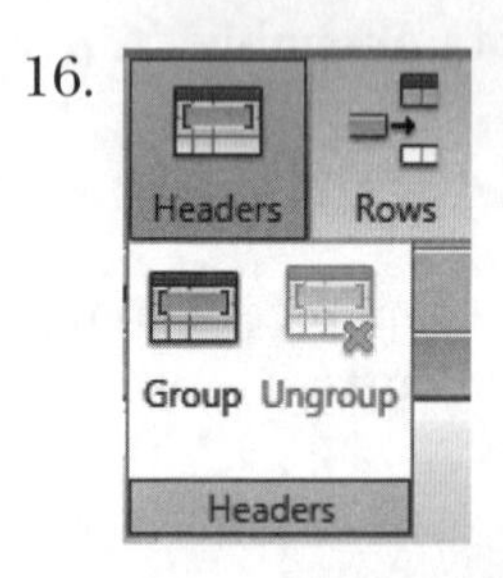

    Selecione **Headers-> Group**.

17. 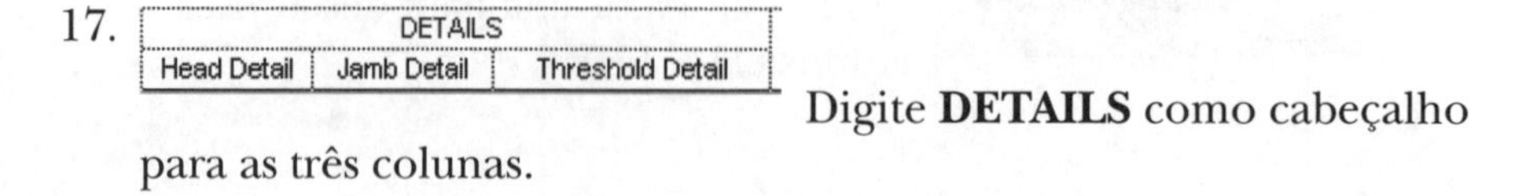

    Digite **DETAILS** como cabeçalho para as três colunas.

18. Nossa agenda agora aparece no formato desejado.

Door Schedule												
		SIZE			DETAILS							
Door No	Door Type	W	H	THK	Head Detail	Jamb Detail	Threshold Detail	Assembly Rating	Glazing Type	Hardware Group	Nameplate	Remarks
1	36" x 84"	3' - 0"	7' - 0"	0' - 2"							0	
2	36" x 84"	3' - 0"	7' - 0"	0' - 2"							0	
3	36" x 84"	3' - 0"	7' - 0"	0' - 2"							0	
4	36" x 84"	3' - 0"	7' - 0"	0' - 2"							0	
5	72" x 78"	6' - 0"	6' - 6"	0' - 2"							0	
6	72" x 78"	6' - 0"	6' - 6"	0' - 2"							0	
7	36" x 84"	3' - 0"	7' - 0"	0' - 2"							0	
8	36" x 84"	3' - 0"	7' - 0"	0' - 2"							0	
9	36" x 84"	3' - 0"	7' - 0"	0' - 2"							0	
10	36" x 84"	3' - 0"	7' - 0"	0' - 2"							0	
11	12000 x 2290 Opening	2' - 11 7/16"	7' - 6 5/32"	0' - 1 3/16"								
12	12000 x 2290 Opening	2' - 11 7/16"	7' - 6 5/32"	0' - 1 3/16"								
	Curtain Wall Dbl Glass Custom	6' - 6 9/16"	7' - 8 1/4"		–							

19. Salve como *ex5-3.rvt.*

Exercício 5-4

Criando uma Agenda de Janela Personalizada

Nome do desenho: *ex5-3.rvt*

Tempo estimado: 25 minutos

Este exercício reforça as seguintes habilidades:

- ❑ Parâmetros compartilhados
- ❑ Agenda/Quantidades

Glazing Schedule							
WINDOW NO	FRAME TYPE	SIZE		SILL	DETAILS		REMARKS
		W	H		HEAD	JAMB	
1	36"	3' - 0"	4' - 0"	2' - 9"			
1	36"	3' - 0"	4' - 0"	2' - 9"			
1	36"	3' - 0"	4' - 0"	4' - 0"			
1	36"	3' - 0"	4' - 0"	4' - 0"			

Queremos que nossa agenda de janela se pareça com a que é mostrada aqui.

1. Abra *ex5-3.rvt.*

2. 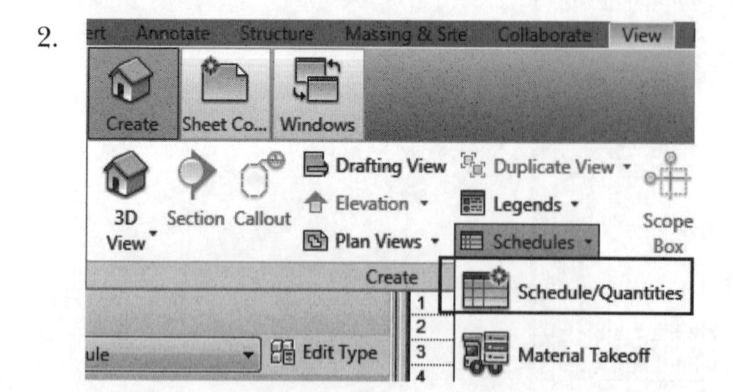

   Ative a faixa **View**.

   Selecione **Create → Schedule/Quantities**.

3.

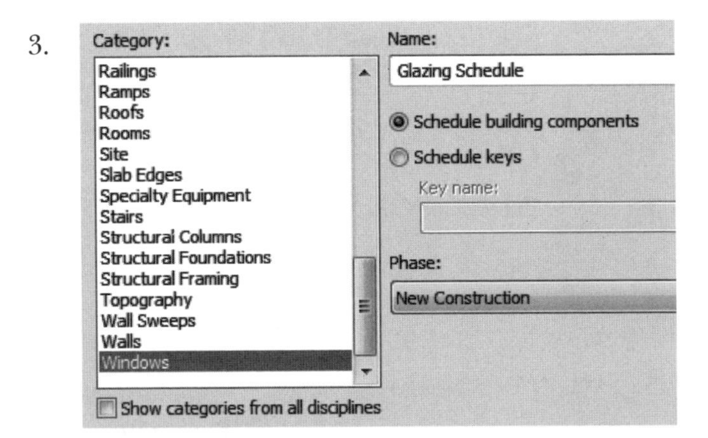

Destaque **Windows**.

Mude o nome da agenda para **Glazing Schedule**.

Pressione **OK**.

4.

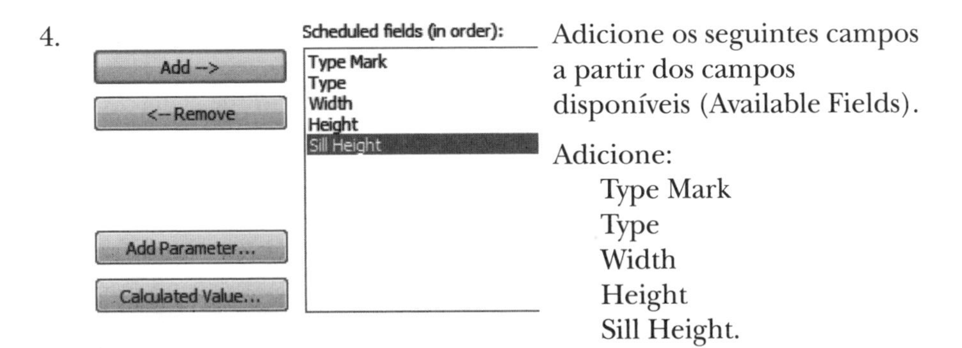

Adicione os seguintes campos a partir dos campos disponíveis (Available Fields).

Adicione:

Type Mark
Type
Width
Height
Sill Height.

Selecione **Add Parameter**.

5.

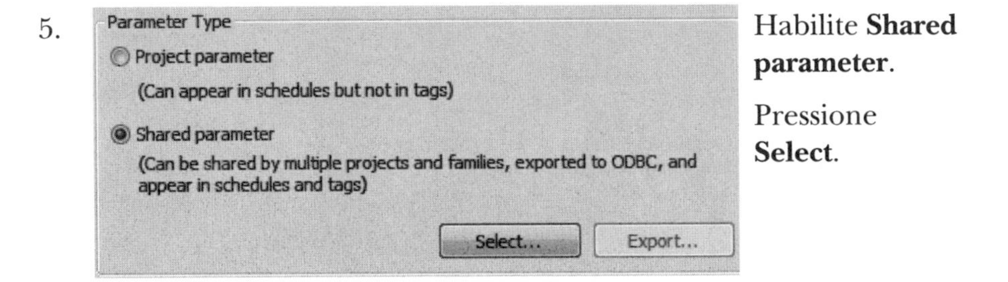

Habilite **Shared parameter**.

Pressione **Select**.

6. Selecione **Head Detail** do grupo de parâmetros Door.

Ajuste Group parameter under: para **Other**.

Pressione **OK**.

7. 

Selecione **Add Parameter**.

Habilite **Shared parameter**.

Pressione **Select**.

8. 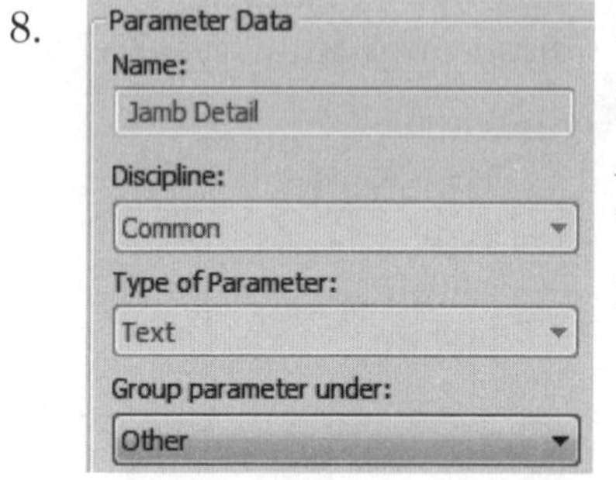

Selecione **Jamb Detail** do grupo de parâmetros Door.

Ajuste Group parameter under: para **Other**.

Pressione **OK**.

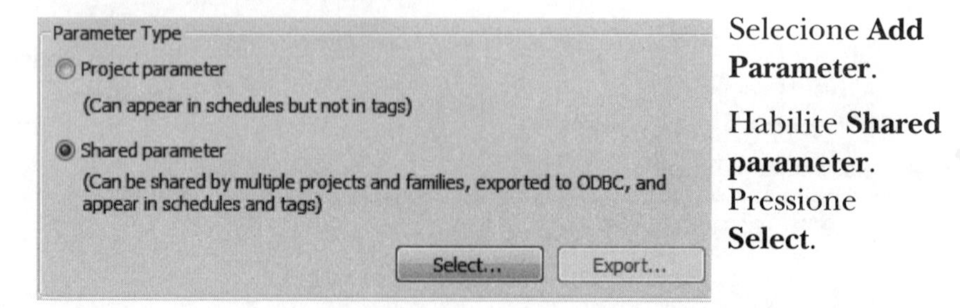

Selecione **Add Parameter**.

Habilite **Shared parameter**.
Pressione **Select**.

9. 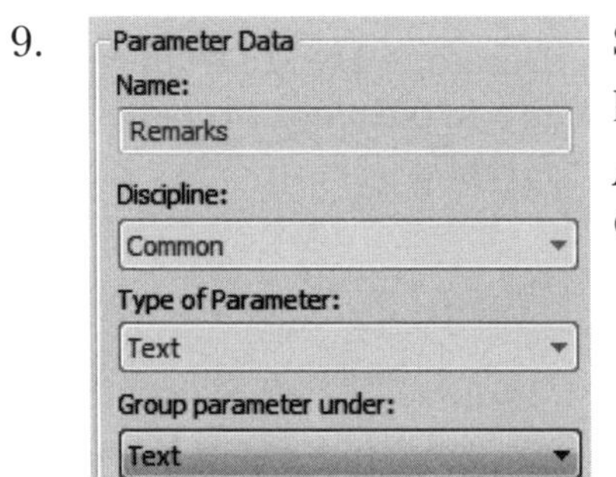

Selecione **Remarks** do grupo de parâmetros General.

Ajuste Group parameter under: para **Other**.

10. Scheduled fields (in order):
Type Mark
Type
Width
Height
Sill Height
Head Detail
Jamb Detail
Remarks

Use os botões Move Up e Move Down para reordenar os campos como mostrado.

11. Fields:
Type Mark
Type
Width
Height

Heading:
WINDOW NO

Selecione a aba **Formatting**.

Destaque Type Mark e mude o cabeçalho (Heading) para **WINDOW NO**.

12. Fields:
Type Mark
Type
Width
Height

Heading:
FRAME TYPE

Destaque Type e mude o cabeçalho para **FRAME TYPE**.

13. Fields:
Type Mark
Type
Width
Height

Heading:
W

Destaque Width e alterar o cabeçalho para **W**.

14. Fields:
Type Mark
Type
Width
Height

Heading:
H

Destaque Height e alterar o cabeçalho para **H**.

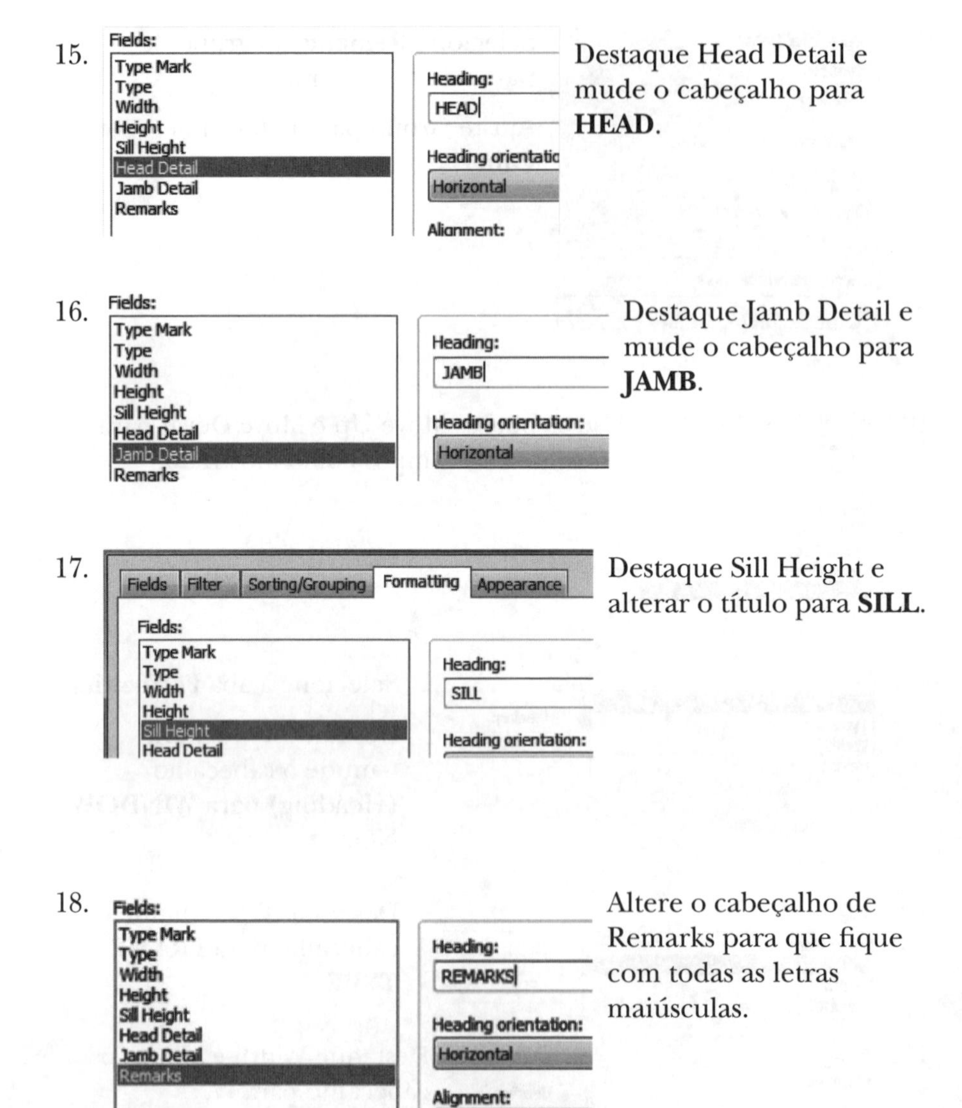

15. Destaque Head Detail e mude o cabeçalho para **HEAD**.

16. Destaque Jamb Detail e mude o cabeçalho para **JAMB**.

17. Destaque Sill Height e alterar o título para **SILL**.

18. Altere o cabeçalho de Remarks para que fique com todas as letras maiúsculas.

19. Pressione **OK** para criar a agenda.

20. W H Selecione as colunas W e H para agrupar.

21. 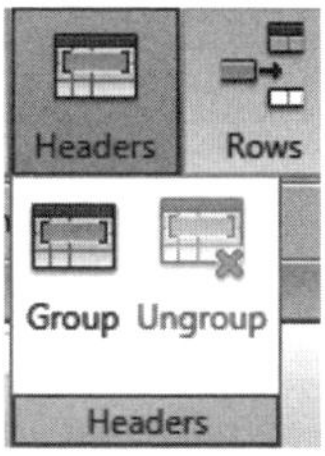 Selecione **Headers → Group**.

22. 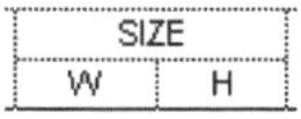 Adicione um cabeçalho intitulado **SIZE** acima das colunas W e H.

23. 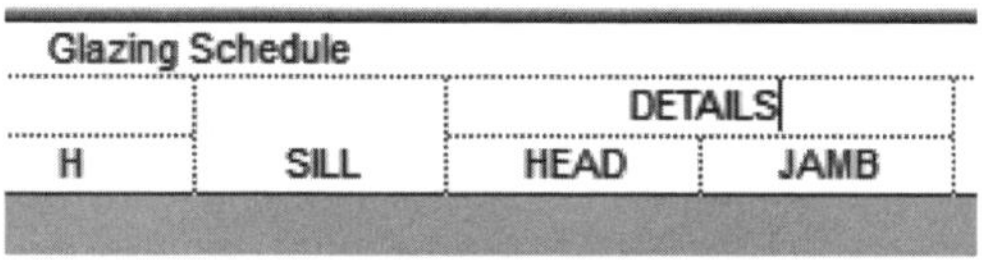 Agrupe as colunas HEAD e JAMB.

24. 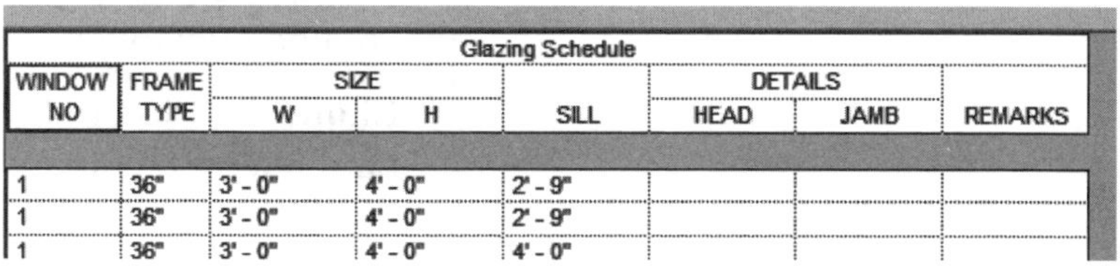 Adicione o cabeçalho DETAILS sobre o grupo head/jamb.

25. Salve como *ex5-4.rvt.*

Exercício 5-5

Adicionando Chaves de Agenda

Nome do desenho: *ex5-4.rvt*

Tempo estimado: 15 minutos

Este exercício reforça as seguintes habilidades:

- ❑ Chaves de agenda
- ❑ Agenda/Quantidades
- ❑ Cômodos
- ❑ Materiais

1. Abra *ex5-4.rvt*.

2. Ative a planta baixa **Level 1**.

3. Ative a faixa **Home**.

   Selecione **Build → Room & Area → Room → Room**.

4. 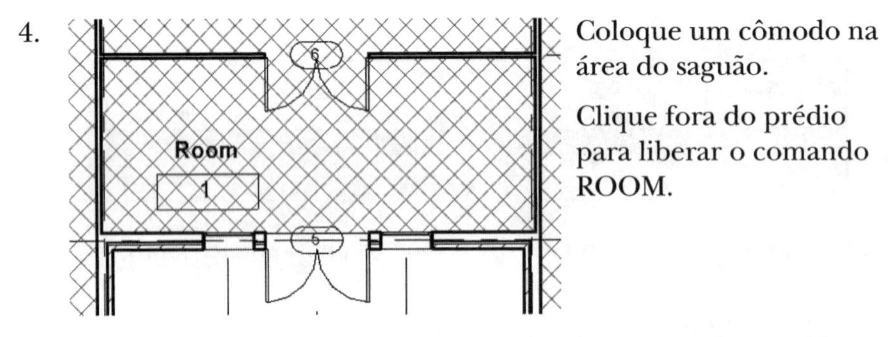

   Coloque um cômodo na área do saguão.

   Clique fora do prédio para liberar o comando ROOM.

Materiais foram aplicados na Lição 4. Se você pulou aqueles exercícios, deverá fazer a Lição 4 antes deste exercício ou usar o arquivo de exercício disponível no CD.

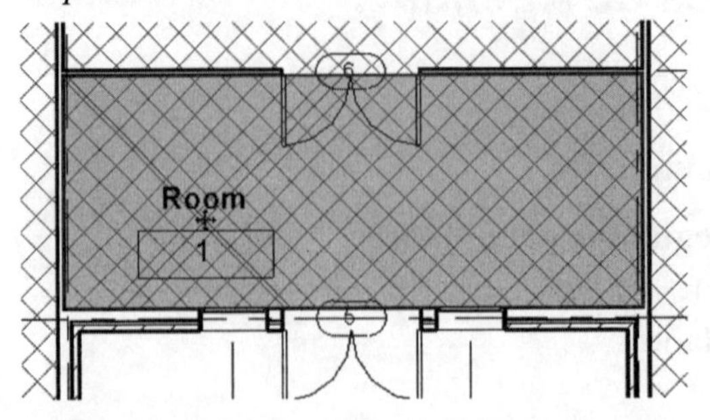

5. Selecione o cômodo usando a ferramenta FILTER ou a seleção por TAB.

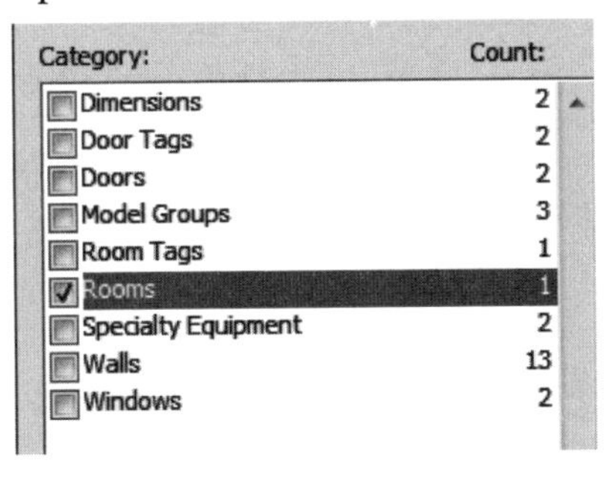

6. Mude o nome do cômodo para **Lobby** (saguão).

Note que existem parâmetros para acabamento (Finish) na lista de propriedades.

Identity Data	
Number	1
Name	Lobby
Comments	
Occupancy	
Department	
Base Finish	
Ceiling Finish	
Wall Finish	
Floor Finish	
Occupant	
Phasing	
Phase	New Construction

7.

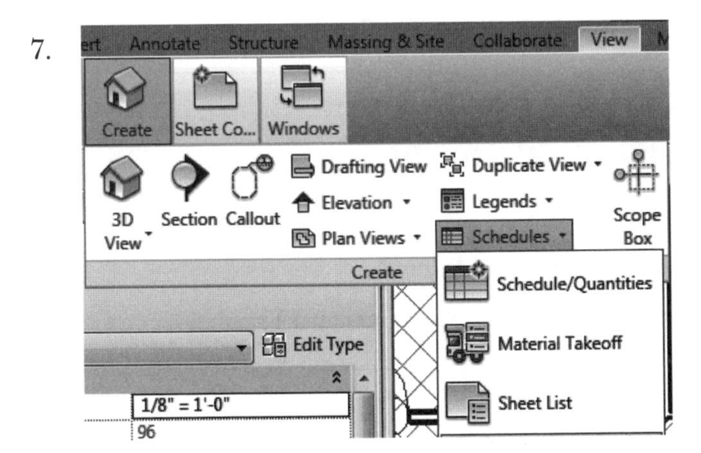

Ative a faixa **View**.

Selecione **Create-> Schedule/Quantities**.

8. Name: Room Style Schedule / Schedule building components / Schedule keys / Key name: Lobby

   Destaque **Rooms** no painel esquerdo.

   Habilite **Schedule Keys**.

   Ajuste Key name: para **Lobby**.

   Pressione **OK**.

9. Scheduled fields (in order): Key Name / Name / Floor Finish / Ceiling Finish / Base Finish

   Adicione os seguintes parâmetros de Room (cômodo):

   - Key Name (nome da chave)
   - Name (nome)
   - Base Finish (acabamento da base)
   - Ceiling Finish (acabamento do teto)
   - Floor Finish (acabamento do piso)

10. Add Parameter... Selecione **Add Parameter**.

11. 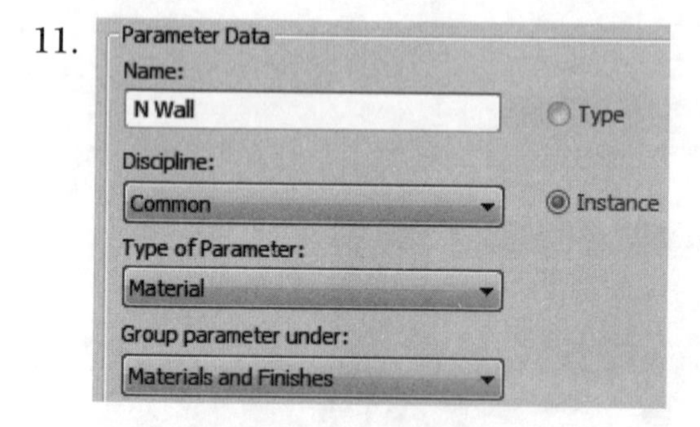

   Digite **N Wall** para Name.

   Ajuste Type of Parameter para **Material**.

   Ajuste Group parameter under: **Materials and Finishes**.

   Pressione **OK**.

12. Add Parameter... Selecione **Add Parameter**.

13. 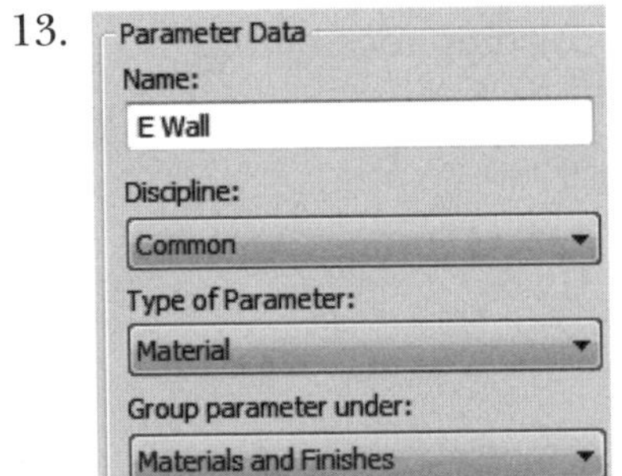

Digite **E Wall** para Name.

Ajuste Type of Parameter para **Material**.

Ajuste Group parameter under: para **Materials and Finishes**.

Pressione **OK**.

14. Add Parameter... Selecione **Add Parameter**.

15. 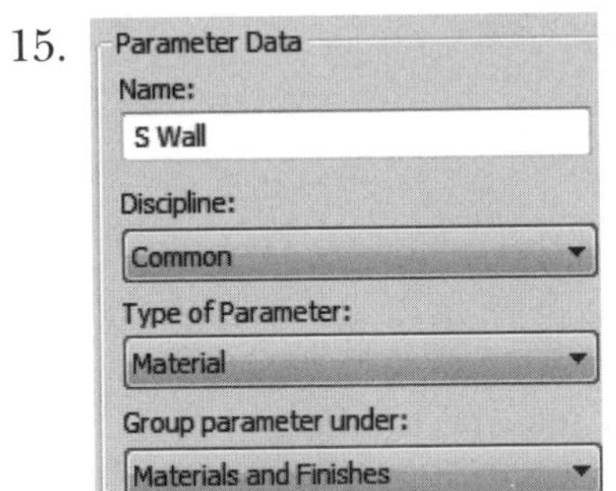

Digite **S Wall** para Name.

Ajuste Type of parameter para **Material**.

Ajuste Group parameter under: para **Materials e Finishes**.

Pressione **OK**.

16. Add Parameter... Selecione **Add Parameter**.

17. 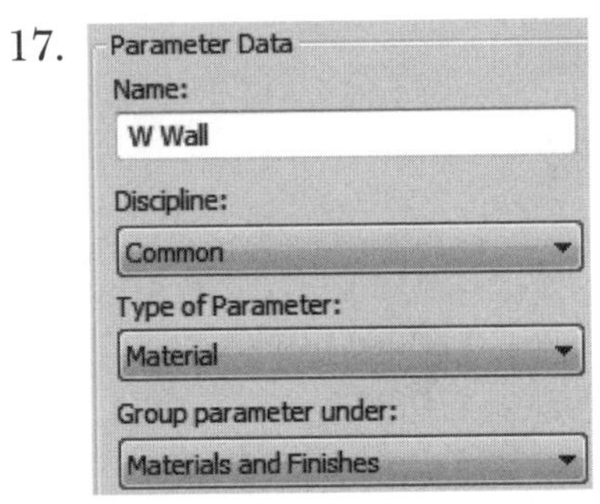

Digite **W Wall** para Name.

Ajuste Type of Parameter para **Material**.

Ajuste Group parameter under: para **Materials e Finishes**.

Pressione **OK**.

18.

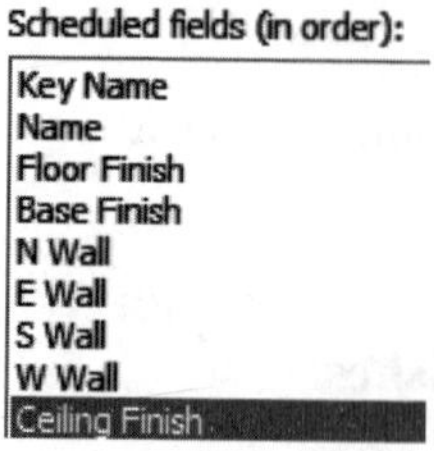

Reordene os campos como mostrado.

19.

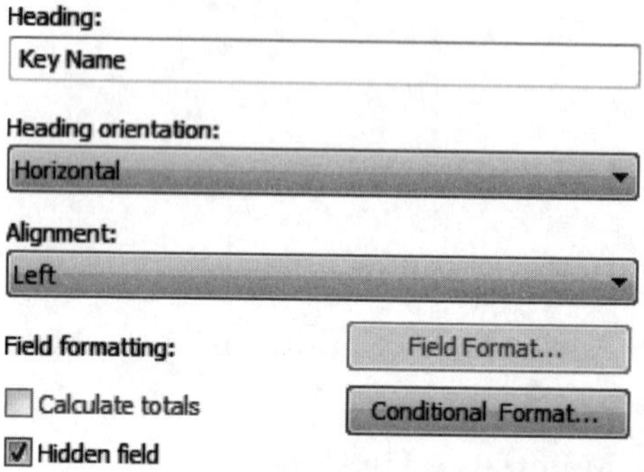

Selecione a aba Formatting.

Ajuste Key Name como **Hidden Field** (campo oculto).

20.

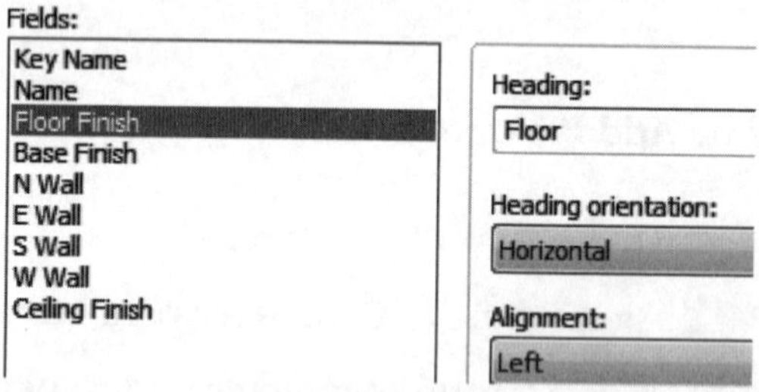

Mude Heading (cabeçalho) de Floor Finish para **Floor**.

21.

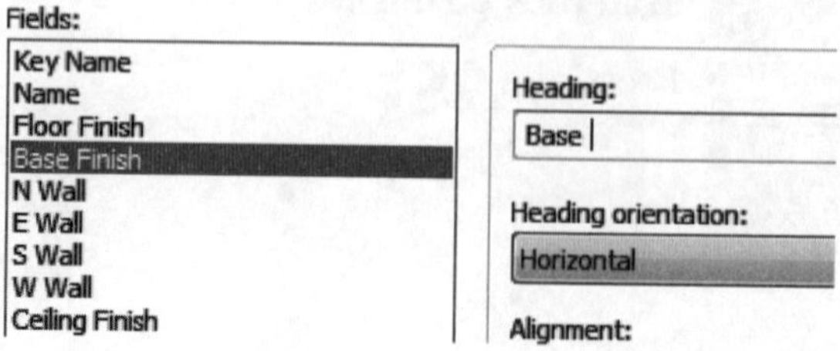

Mude o cabeçalho de Base Finish para **Base**.

22. 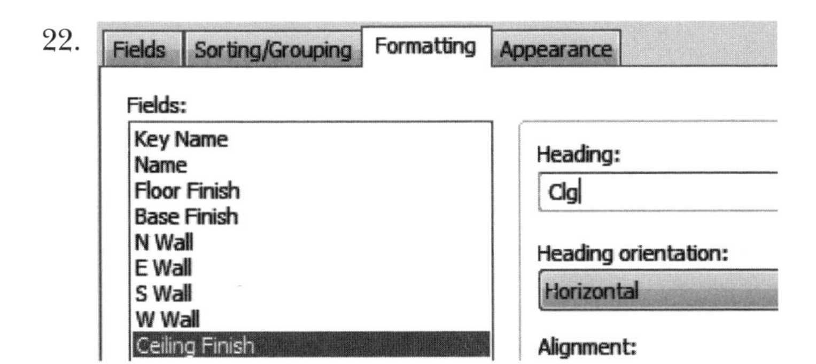

Mude o cabeçalho de Ceiling Finish para **Clg**.

23. 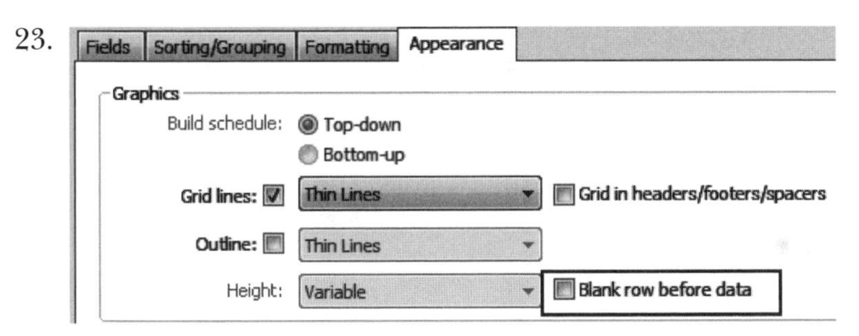

Ative a aba Appearance.

Desative **Blank row before data** (linha em branco antes dos dados).

Pressione **OK**.

24. A agenda é exibida.

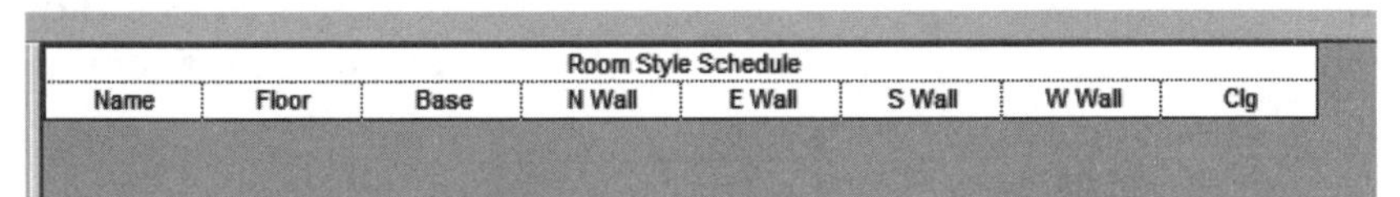

25. 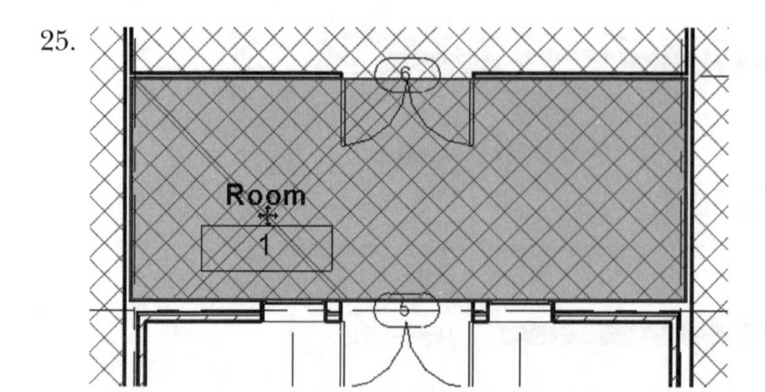

Ative **Level 1**.

Selecione o cômodo usando a ferramenta FILTER ou a seleção por TAB.

26. 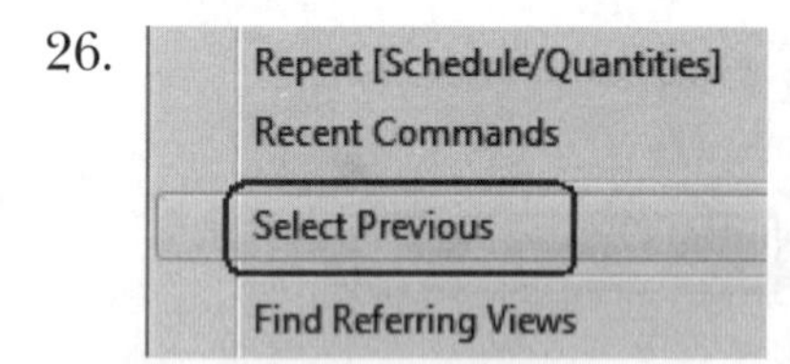

Clique com o botao direito na janela e clique em **Select Previous** no menu de atalho.

27.

Rooms (1)	
Area	244.43 SF

O cômodo deve reaparecer no painel de propriedades, como selecionado.

28. 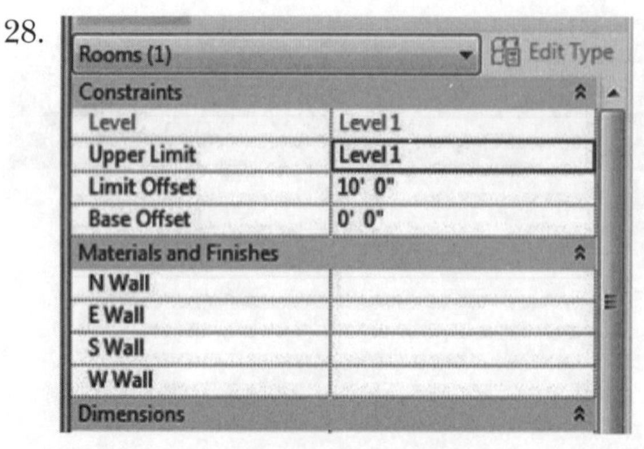

Rooms (1)	
Constraints	
Level	Level 1
Upper Limit	Level 1
Limit Offset	10' 0"
Base Offset	0' 0"
Materials and Finishes	
N Wall	
E Wall	
S Wall	
W Wall	
Dimensions	

Note que os parâmetros adicionados agora aparecem no painel Properties.

29.

Materials and Finishes	
N Wall	Paint- SW0068 Heron Blue
E Wall	Vinyl Wallcovering - Striped
S Wall	Paint- SW0068 Heron Blue
W Wall	Paint- SW0068 Heron Blue

Selecione na coluna de material e atribua o material apropriado para cada parede.

30.

Identity Data	
Number	1
Name	Lobby
Lobby	(none)
Comments	
Occupancy	
Department	
Base Finish	A
Ceiling Finish	B
Wall Finish	C
Floor Finish	D
Occupant	

Em Identity Data:

Atribua letras a cada um dos elementos de acabamento (Finish) restantes.

31. 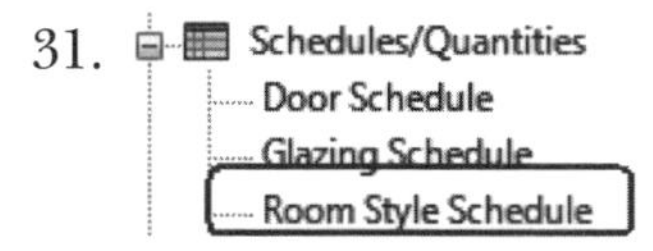

No Navegador do Projeto, selecione a **Room Style Schedule**.

32.

Identity Data	
View Name	FINISH SCHEDULE
Dependency	Independent
Default View Template	None
Other	
Parameter Name	Lobby
Fields	Edit...
Sorting/Grouping	Edit...
Formatting	Edit...
Appearance	Edit...

Mude o View Name para **FINISH SCHEDULE**.

O título da agenda será atualizado.

FINISH SCHEDULE							
Name	Floor	Base	N Wall	E Wall	S Wall	W Wall	Clg
Lobby	D	A	Paint- SW0068 Heron Blue	Vinyl Wallcovering - Striped	Paint- SW0068 Heron Blue	Paint- SW0068 Heron Blue	B

33. Salve como *ex5-5.rvt.*

Exercício 5-6

Adicionando Agendas e Tabelas a Folhas

Nome do desenho: *ex5-5.rvt*

Tempo estimado: 15 minutos

Este exercício reforça as seguintes habilidades:

- ❑ Parâmetros compartilhados
- ❑ Agenda/Quantidades
- ❑ Folhas

1. Abra *ex5-5.rvt.*

2. 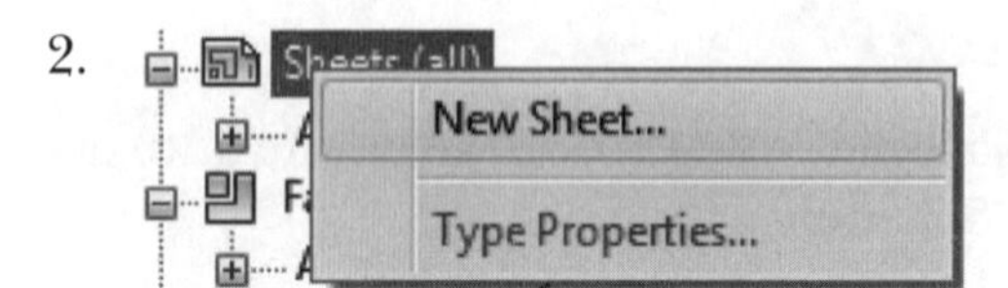

   Clique com o botão direito em Sheets e selecione **New Sheet**.

3. 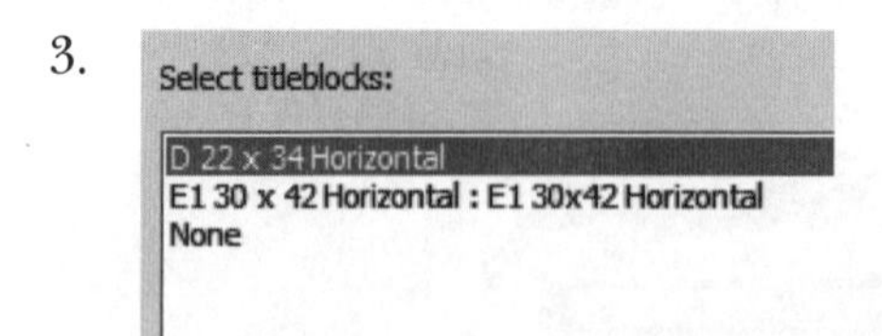

   Destaque o bloco de título (titleblock) D 22 x 34 Horizontal.

   Pressione **OK**.

4. Arraste e solte a agenda de porta do navegador para a folha.

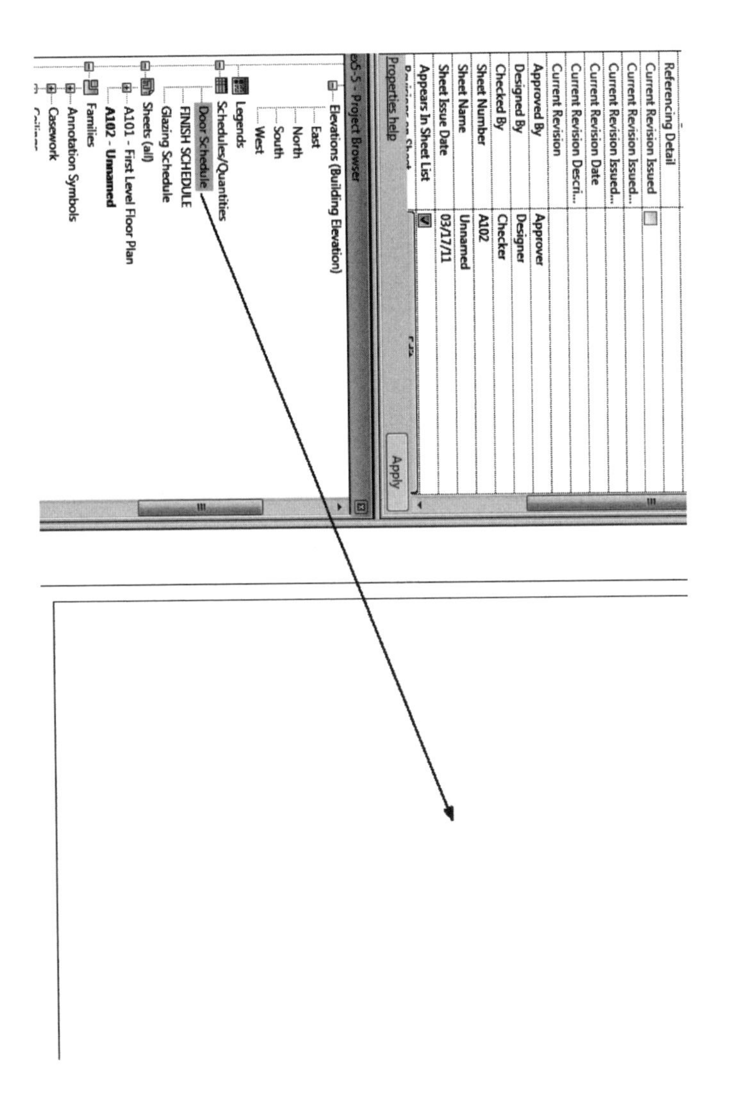

5.

Current Revision	
Approved By	Approver
Designed By	Designer
Checked By	Checker
Sheet Number	A102
Sheet Name	DOOR SCHEDULE
Sheet Issue Date	03/17/11
Appears In Sheet List	☑
Revisions on Sheet	Edit...

No painel Properties:

Mude Sheet Name (nome da folha) para **Door Schedule**.

6.  Ative a faixa **View**.

7. 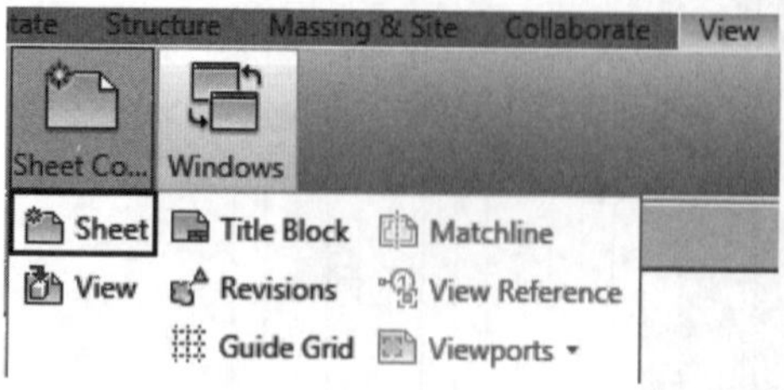 Selecione a ferramenta **New Sheet** no painel Sheet Composition.

Destaque o bloco de título D 22 x 34 Horizontal.

Pressione **OK**.

8. 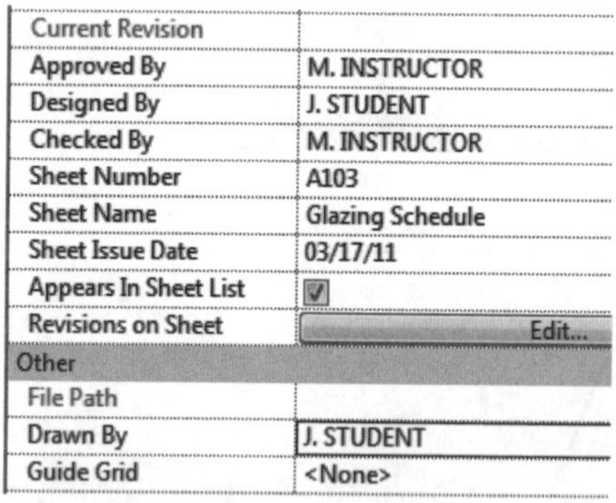 No painel Properties:

Mude o nome da folha (Sheet Name) para **Glazing Schedule**.

Mude o Drawn By (desenhado por) para o seu nome.

Mude o Checked By (verificado por) para o nome de seu instrutor.

Pressione **Apply** para aceitar as alterações.

9. 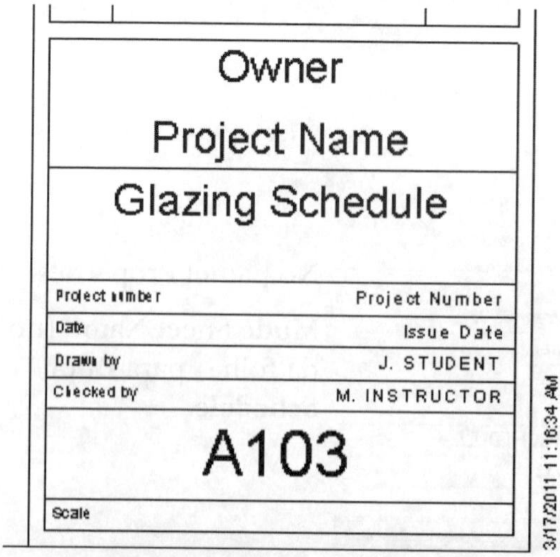 Amplie (zoom) o bloco de título e você verá que alguns dos campos foram atualizados.

10. Manage Ative a faixa **Manage**.

11. 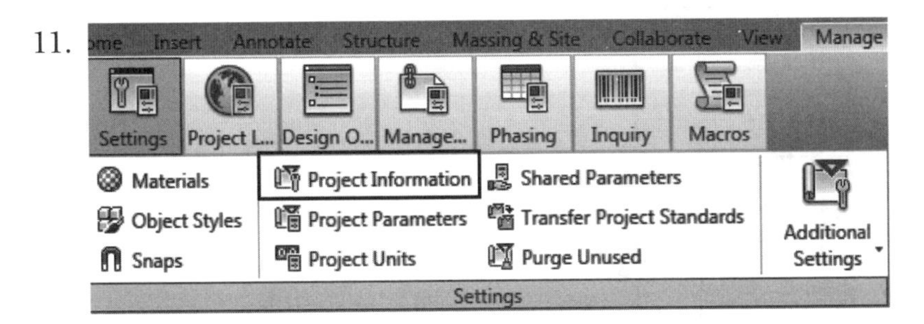

Selecione **Project Information** no painel Settings.

12.

Other	
Project Issue Date	01-10-11
Project Status	In Design
Client Name	B. Brown
Project Address	Edit...
Project Name	Brown Office Building
Project Number	P104-A

Preencha os dados do projeto.

Pressione **OK**.

13. 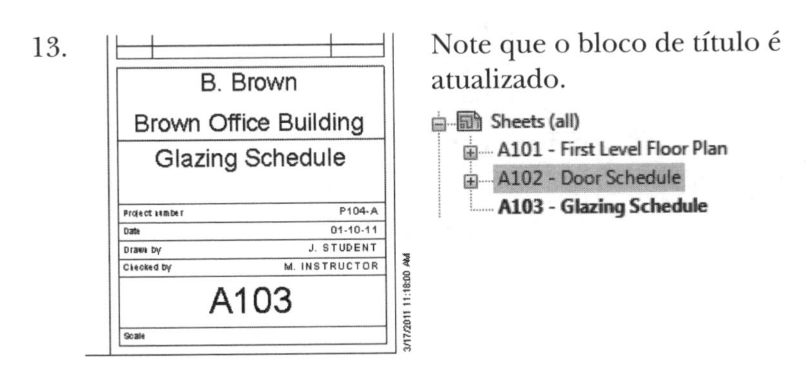

Note que o bloco de título é atualizado.

Ative as outras folhas e note que as informações do projeto foram atualizadas em todas as folhas do projeto.

14.

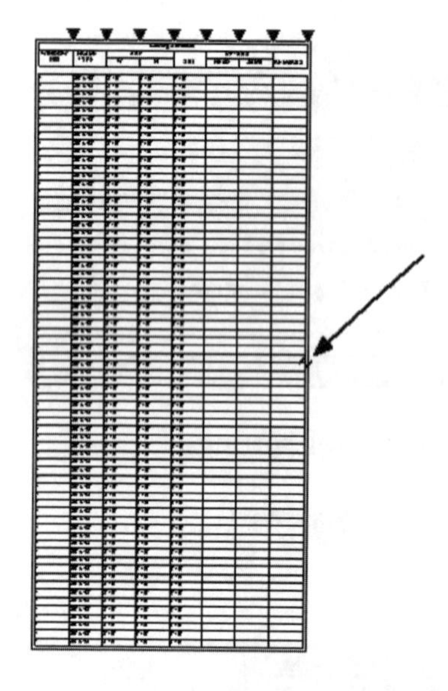

Arraste e solte o **Glazing Schedule** na folha A103.

Quebre a agenda em duas partes, usando o controle de quebra.

15.

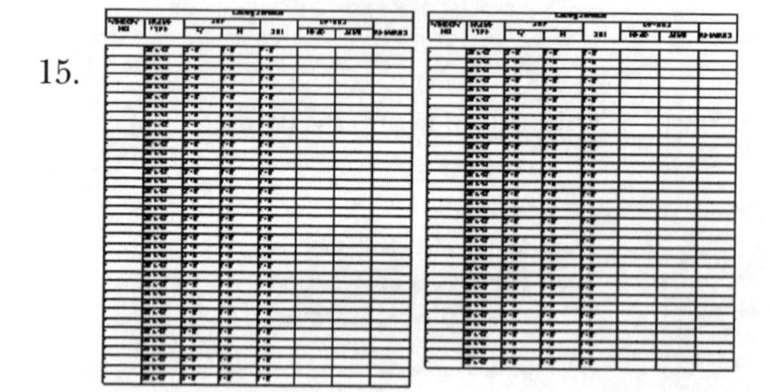

A agenda deve ser dividida em duas seções.

16. Salve o arquivo como *ex5-6.rvt*.

Exercício 5-7

Usando Notas Chaves

Nome do desenho: *ex5-6.rvt*

Tempo estimado: 30 minutos

Este exercício reforça as seguintes habilidades:

- ❑ Notas chaves
- ❑ Duplicar vistas
- ❑ Cortar uma vista

1. Abra *ex5 6.rvt.*

2. View Ative a faixa **View**.

3. 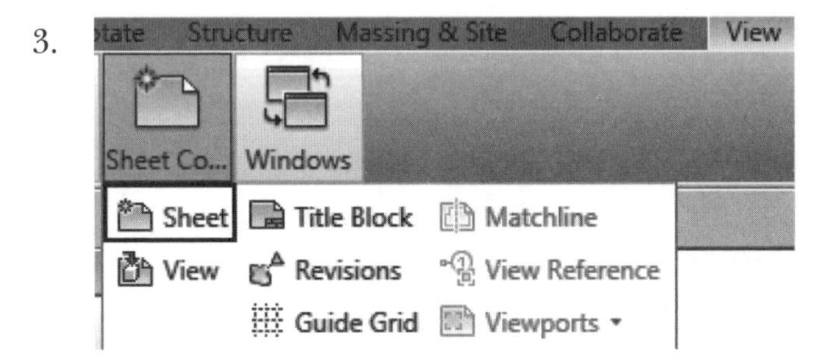

   Selecione a ferramenta **New Sheet** no painel Sheet Composition.

   Pressione **OK** para aceitar o bloco de título omissivo.

4. Select titleblocks:
   D 22 x 34 Horizontal
   E1 30 x 42 Horizontal : E1 30x42 Horizontal
   None

   Destacar o bloco de título D 22 x 34 Horizontal.

   Pressione **OK**.

5.

Current Revision	
Approved By	M. INSTRUCTOR
Designed By	J. STUDENT
Checked By	M. INSTRUCTOR
Sheet Number	A104
Sheet Name	LOBBY KEYNOTES
Sheet Issue Date	03/17/11
Appears In Sheet List	☑
Revisions on Sheet	Edit...
Other	
File Path	
Drawn By	J. STUDENT
Guide Grid	<None>

No painel Properties:

Alterar o nome da folha (Sheet Name) para **LOBBY KEYNOTES**.

Mude o Drawn by (desenhado por) para seu nome.

Mude o Checked by (verificado por) para o nome de seu instrutor.

6.

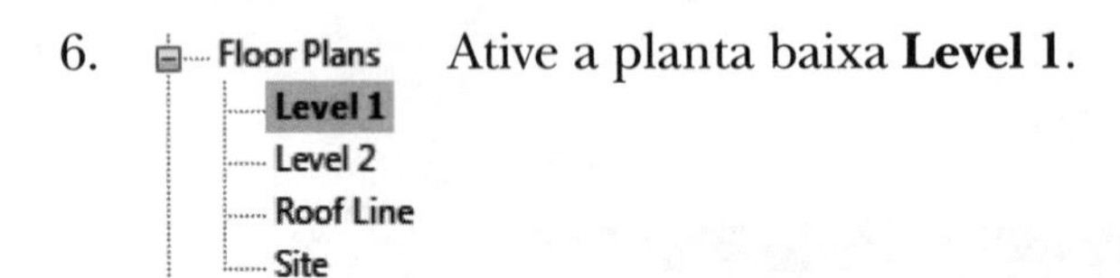

Ative a planta baixa **Level 1**.

7.

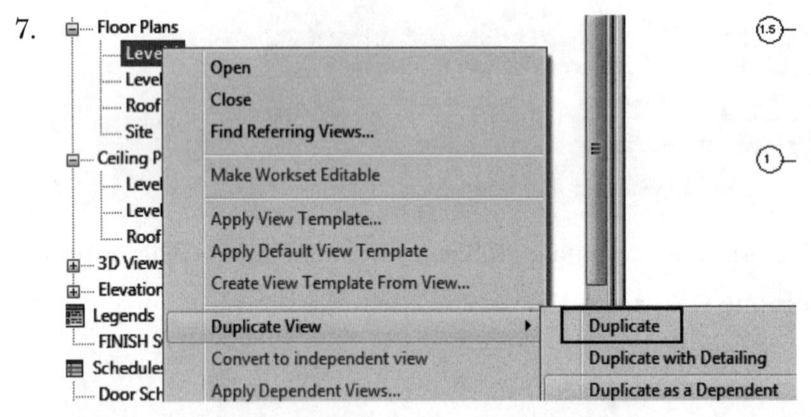

Destaque **Level 1**.

Clique com o botão direito e selecione: **Duplicate View → Duplicate**.

8.

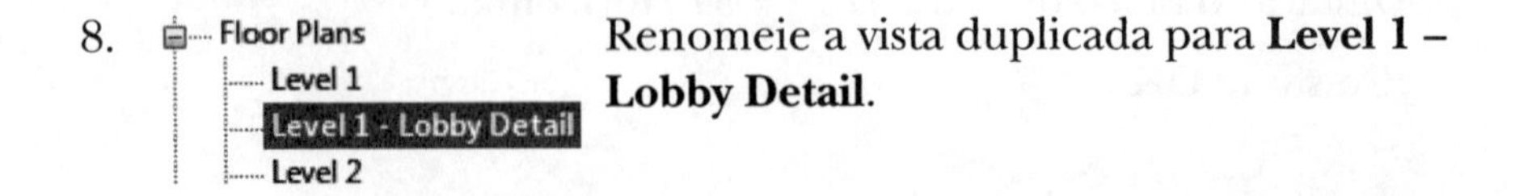

Renomeie a vista duplicada para **Level 1 – Lobby Detail**.

9. No painel Properties:

Habilite **Crop View** (aparar vista).

Habilite **Crop Region Visible** (região de apara visível).

10.

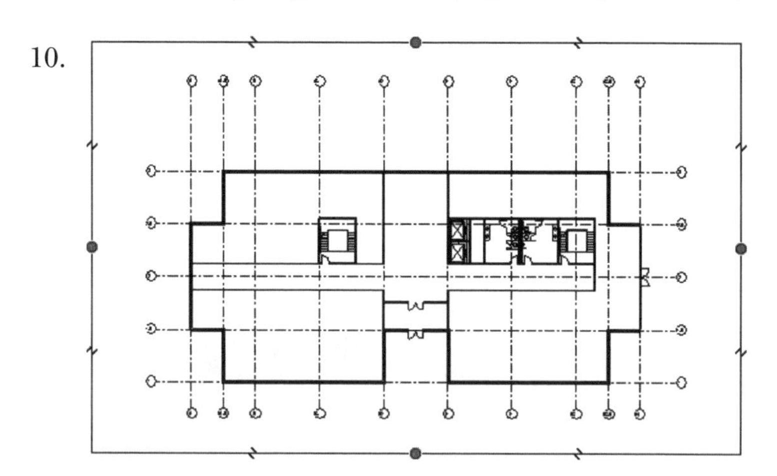

Selecione o retângulo azul que envolve a vista. Esta é a região de apara.

11. Use os pegadores redondos azuis para aparar a vista de forma que apenas a área do saguão seja exibida.

12.

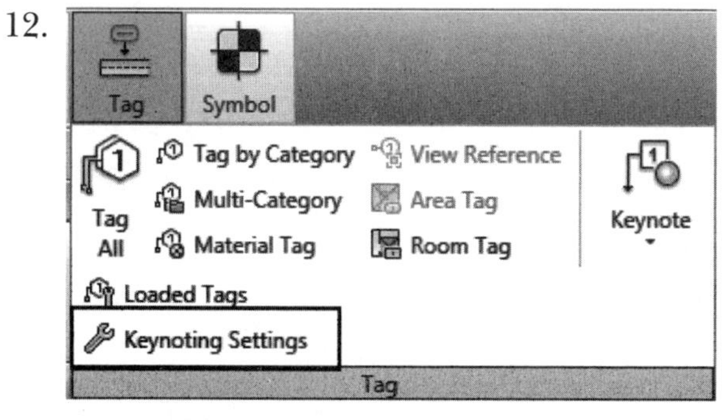

Ative a faixa **Annotation**.

Selecione **Tag → keynoting Settings**.

13.

Keynote Table:
Full Path:
Imperial Library\RevitKeynotes_Imperial_2004.txt
Browse...
Saved Path:
RevitKeynotes_Imperial_2004.txt
View...
Path Type:
Absolute
Relative
At Library Locations
Numbering Method:
By keynote
By sheet

Isso mostra o caminho para a base de dados de notas.

Esta é um arquivo txt que pode ser editado usando-se o Bloco de Notas.

O arquivo pode ser colocado num servidor, em ambientes de equipe.

Pressione **OK**.

14.

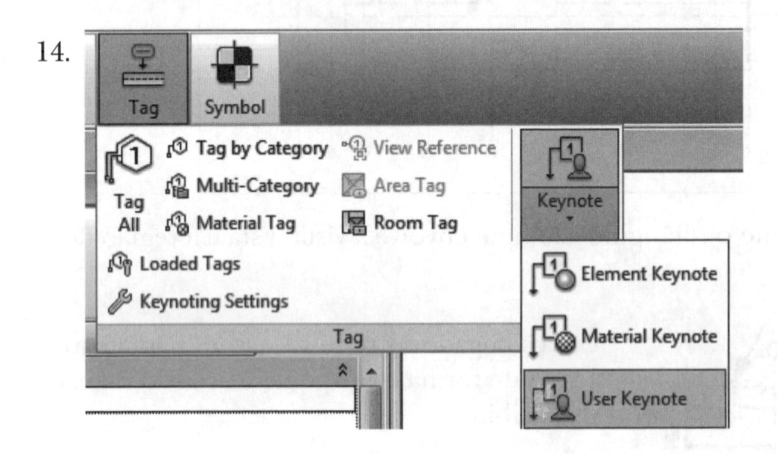

Selecione **Tag-> Keynote-> User Keynote**.

15.

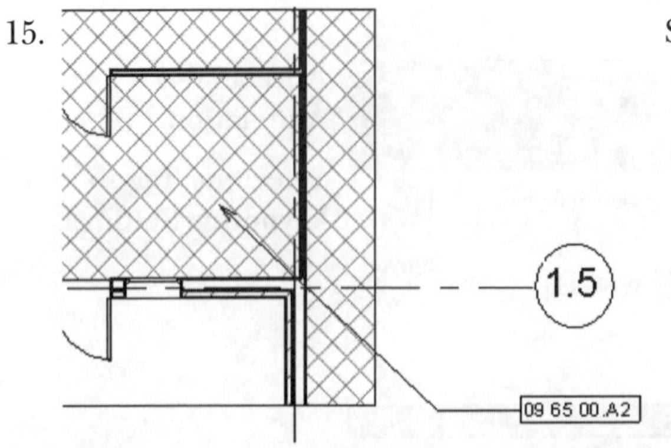

Selecione o piso.

16.

Key Value	Keynote Text
09 24 00	Portland Cement Plastering
09 29 00	Gypsum Board
09 30 00	Tiling
09 51 00	Acoustical Ceilings
09 64 00	Wood Flooring
09 65 00	Resilient Flooring
09 65 00.A1	Resilient Flooring
09 65 00.A2	Vinyl Composition Tile
09 65 00.A3	Rubber Flooring
09 65 00.B1	2 1/2" Resilient Flat Base

Navegue até a nota para VCT: 09 65 00.A2.

Destaque e pressione **OK**.

17.

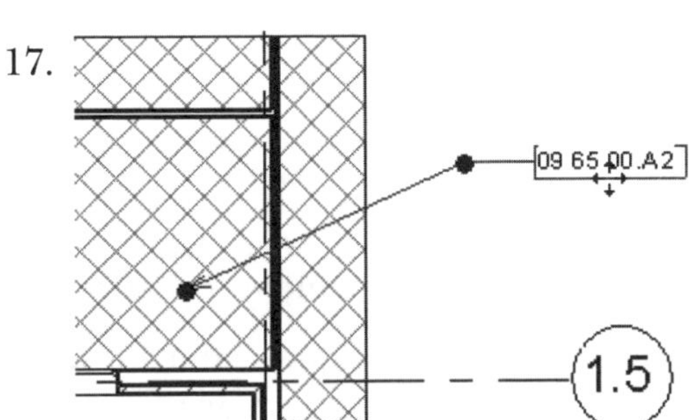

Posicione a marca da nota.

Clique com o botão direito e selecione **Cancel** para sair do comando de marcar.

18. Selecione a marca.

Identity Data	
Key Source	Material
Keynote Text	Vinyl Composition Tile
Key Value	09 65 00.A2

No painel Properties:

Verifique se o material exibido é Vinyl Composition Tile.

19.

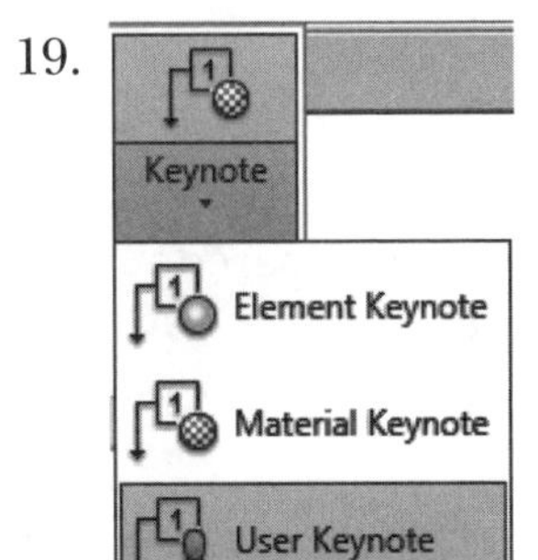

Selecione **Tag** → **Keynote** → **User Keynote**.

20. Selecione a parede leste.

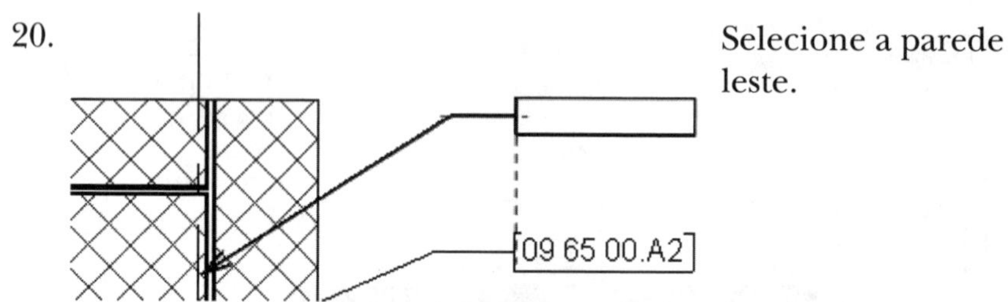

21. Selecione **Vinyl Wallcovering** na lista.

Pressione **OK**.

22. Selecione o marca.

No painel Properties:

Identity Data	
Key Source	User
Keynote Text	Vinyl Wallcovering
Key Value	09 72 00.A1

Verifique se o material exibido é **Vinyl Wallcovering**.

23. Selecione **Tag → Keynote-> User Keynote**.

Keynote
Element Keynote
Material Keynote
User Keynote

24. Selecione a parede norte.

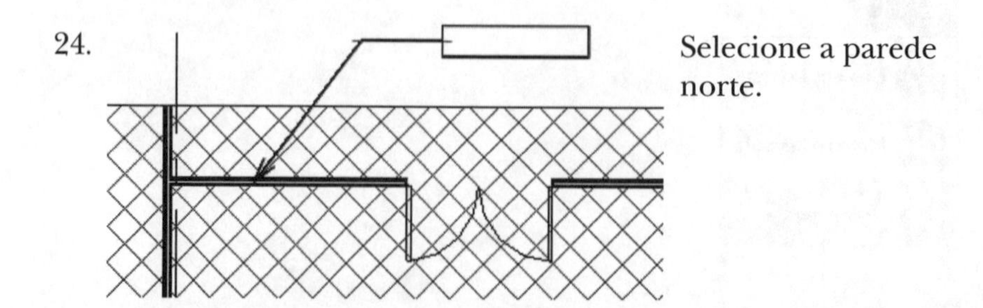

25.

09 91 00	Painting
09 91 00.A1	Paint Finish
09 91 00.A2	Semi-Gloss Paint Finish
09 93 00	Staining and Transparent Finishing
Division 10	Specialties

Selecione **Semi-Gloss Paint Finish** na lista.

Pressione **OK**.

26. Selecione **Tag → Keynote → User Keynote**.

Keynote
Element Keynote
Material Keynote
User Keynote

27. Selecione a parede oeste.

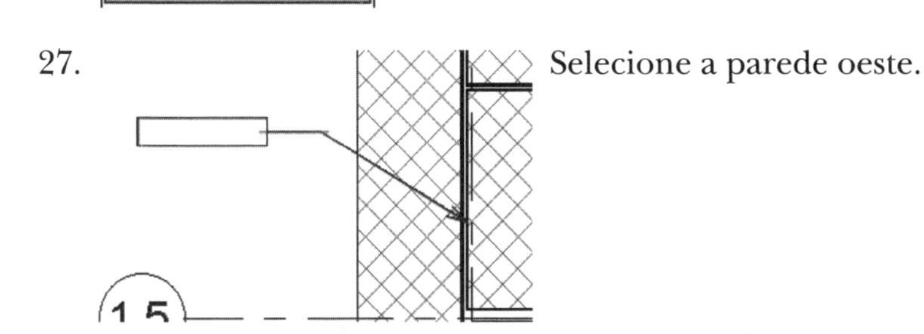

28.

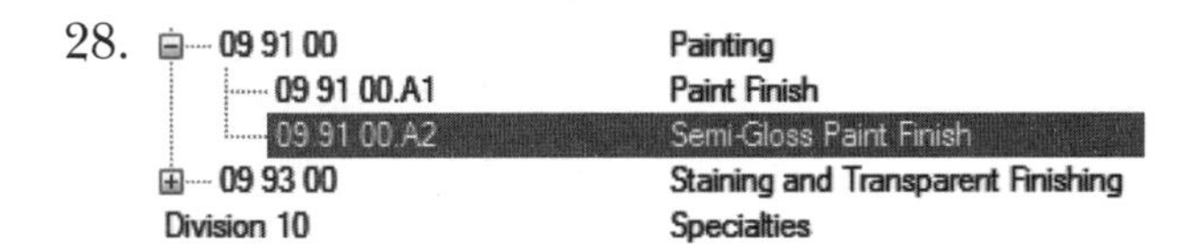

Selecione **Semi-Gloss Paint Finish** na lista.

Pressione **OK**.

29. 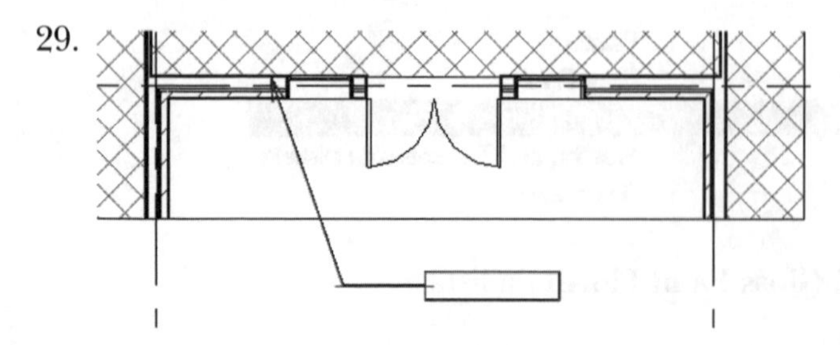

Selecione a parede sul para adicionar uma marca.

30. 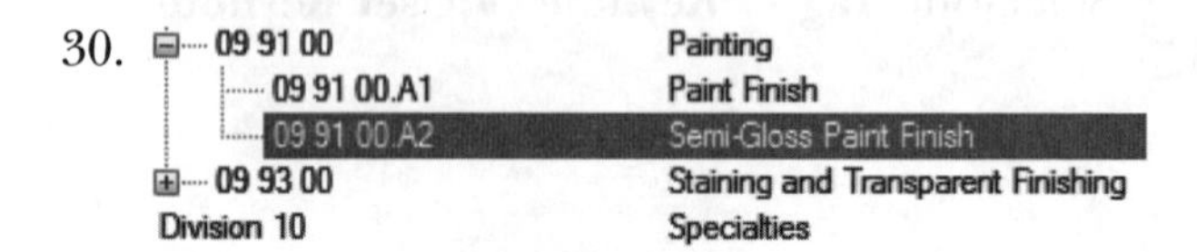

Selecione **Semi-Gloss Paint Finish** na lista.

Pressione **OK**.

31. A vista deve aparecer como mostrado.

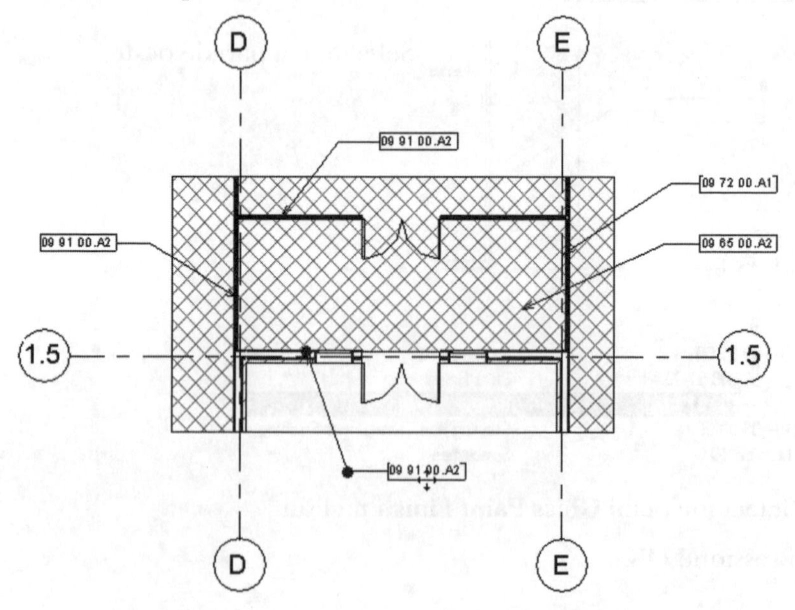

32. Salve como *ex5-7.rvt.*

Exercício 5-8

Criar uma Elevação de Construção

Nome do desenho: *ex5-7.rvt*

Tempo estimado: 30 minutos

Este exercício reforça as seguintes habilidades:

- ❑ Vista elevada
- ❑ Aparando uma vista
- ❑ Marcas de notas chaves

1. Abra *ex5-7.rvt.*

2. 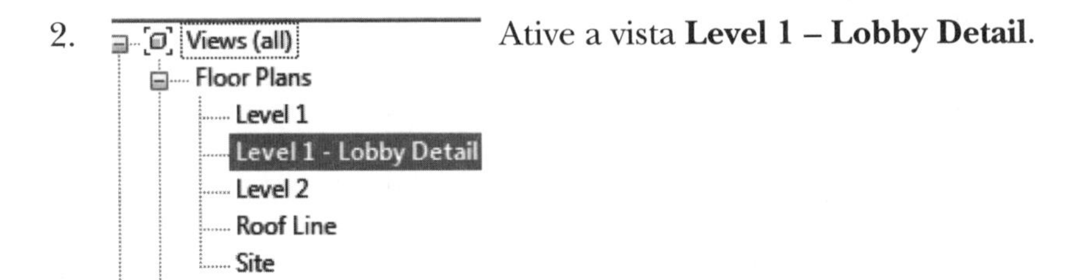

   Ative a vista **Level 1 – Lobby Detail**.

3. Digite **VV** para trazer o diálogo Visibility/Graphics.

   Ative a aba **Annotation Categories**.

   Habilite a visibilidade de **Elevations**.

4. 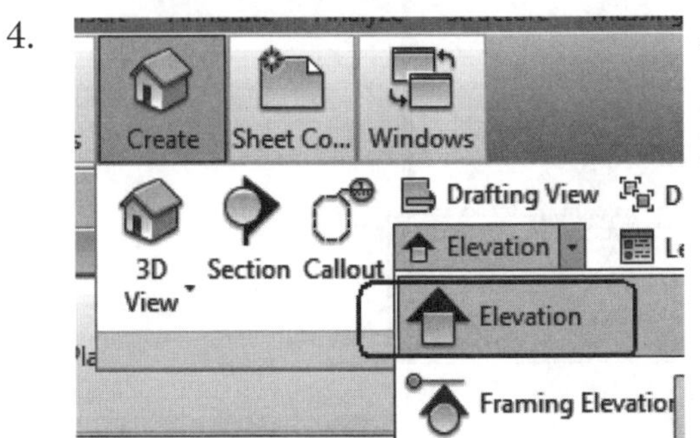

   Ative a faixa **View**.

   Selecione **Create → Elevation → Elevation**.

5. Properties

Elevation
Building Elevation

Verifique o painel Properties.

Você deve ver que você está colocando uma elevação de construção.

6.

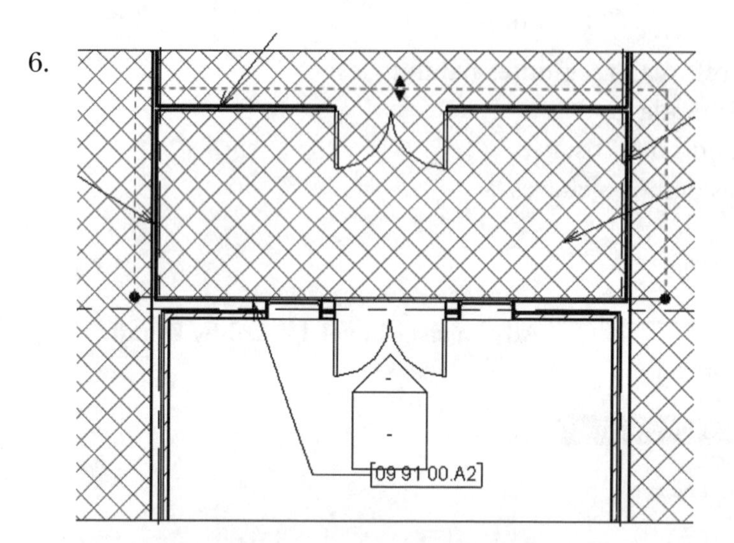

Coloque um marcador de elevação, como mostrado.

7.

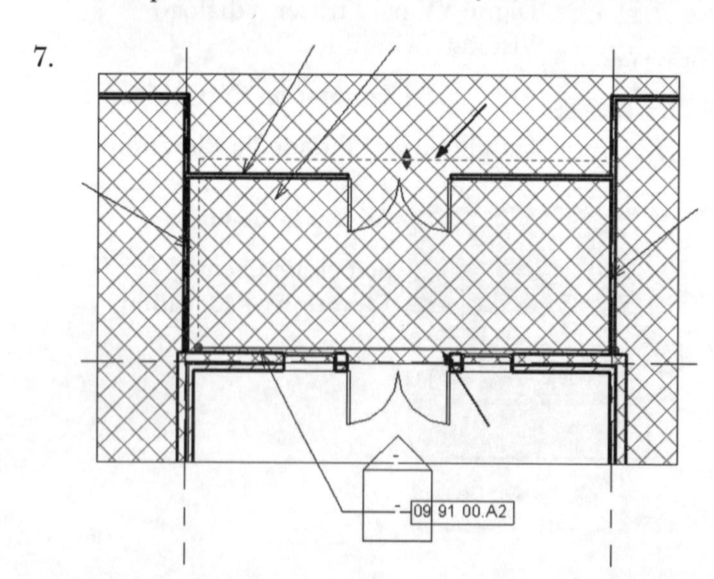

Clique na parte triangular do marcador de elevação para ajustar a profundidade da vista de elevação.

Ajuste os limites da vista de elevação para conter o saguão.

8. 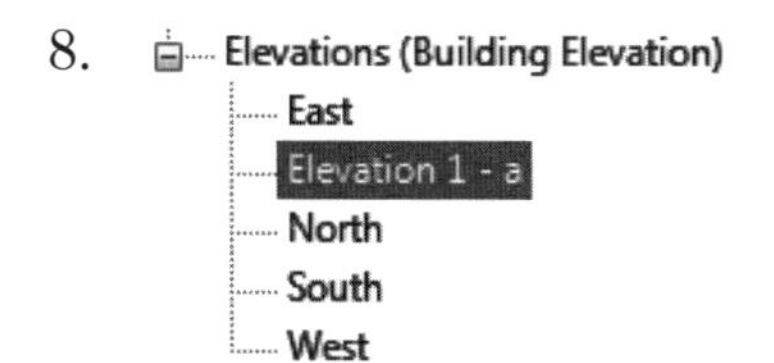

Localize a elevação no Navegador de Projetos.

Renomeie para **South – Lobby**.

9. 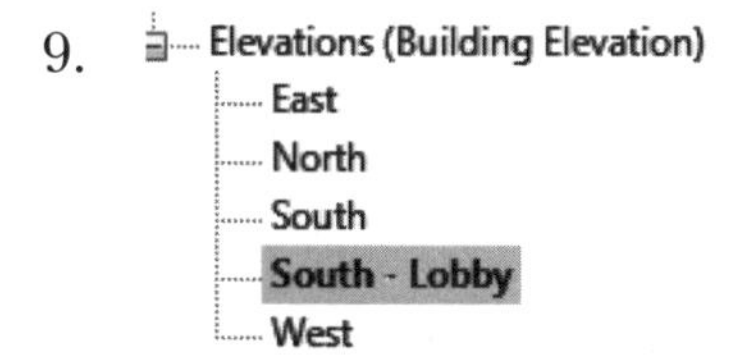

Ative a vista **South – Lobby**.

10. Ajuste a região de recorte para mostrar todo o saguão, incluindo piso e teto.

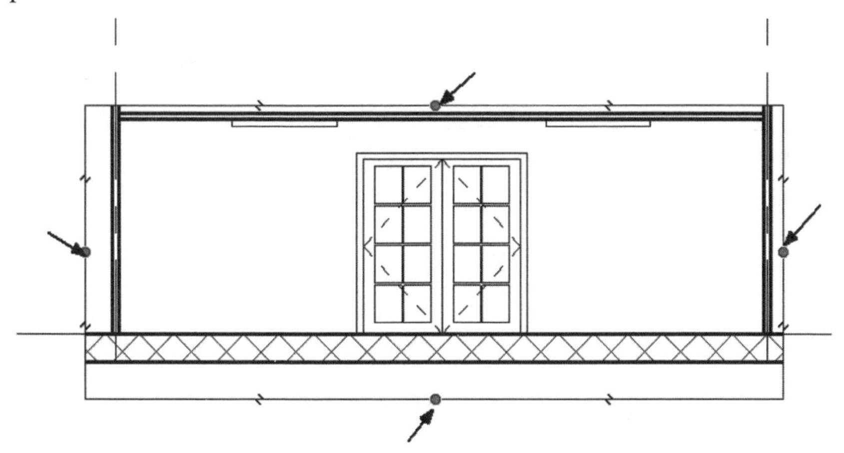

11.

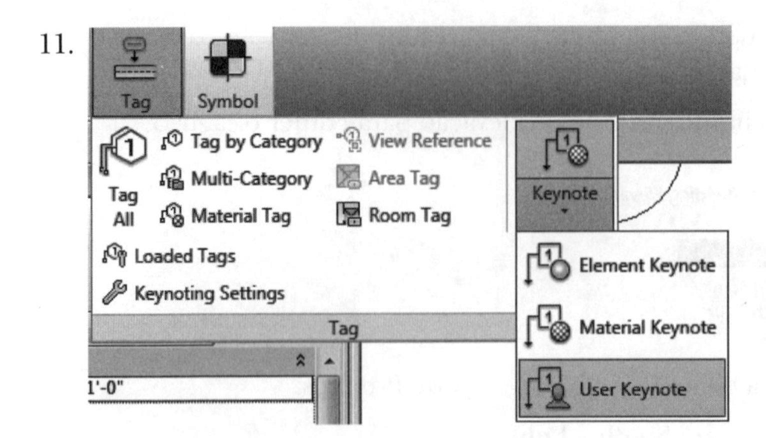

Ative a faixa **Annotation**.

Selecione **Tag → Keynote → User Keynote**.

12. Keynote Tag | Keynote Number

No painel Properties:

Ajuste a Keynote Tag para **Keynote Number**.

13.

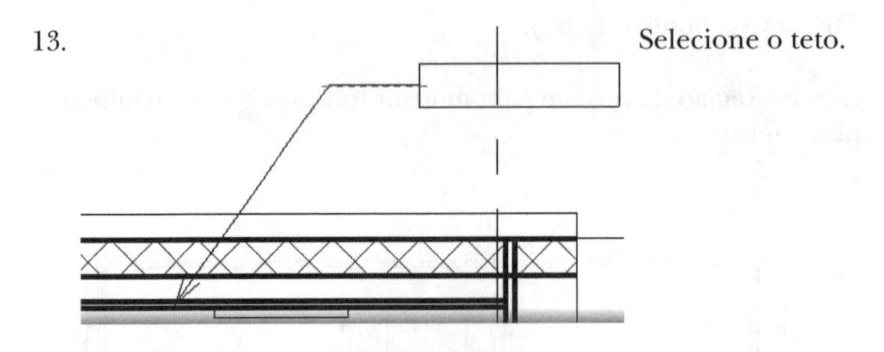

Selecione o teto.

14.

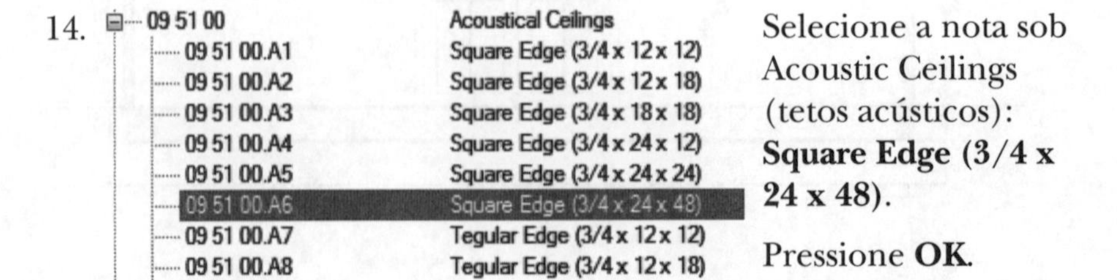

Selecione a nota sob Acoustic Ceilings (tetos acústicos): **Square Edge (3/4 x 24 x 48)**.

Pressione **OK**.

15. Selecione a luminária (Lighting Fixture).

16.

Division 26	Electrical
26 05 00	Common Work Results for Electrical
26 09 00	Instrumentation and Control for Electrical Systems
26 27 00	Low-Voltage Distribution Equipment
26 30 00	Facility Electrical Power Generating and Storing Equipment
26 51 00	Interior Lighting
26 51 00.A1	12" Recessed Fluorescent Light Fixture
26 51 00.A2	Wall Mounted Fluorescent Fixture
26 51 00.A3	1' X 4' Surface Mounted Modular Fluorescent Fixture
26 51 00.A4	2' X 2' Surface Mounted Modular Fluorescent Fixture
26 51 00.A5	2' X 4' Surface Mounted Modular Fluorescent Fixture
26 51 00.A6	Surface Mounted Compact Fluorescent Fixture
26 51 00.A7	Wall Mounted Decorative Fluorescent Fixture

Localize o **2' x 4' Surface Mounted Modular Fluorescent Fixture**.

Pressione **OK**.

17. 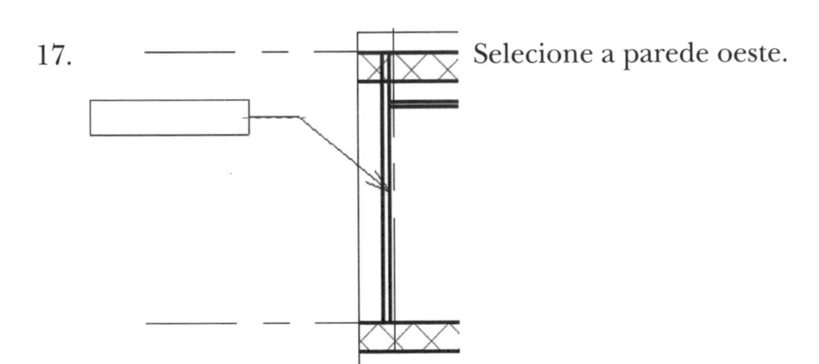

Selecione a parede oeste.

18. 

Localize o acabamento **Semi-Gloss Paint Finish**.

Pressione **OK**.

19. 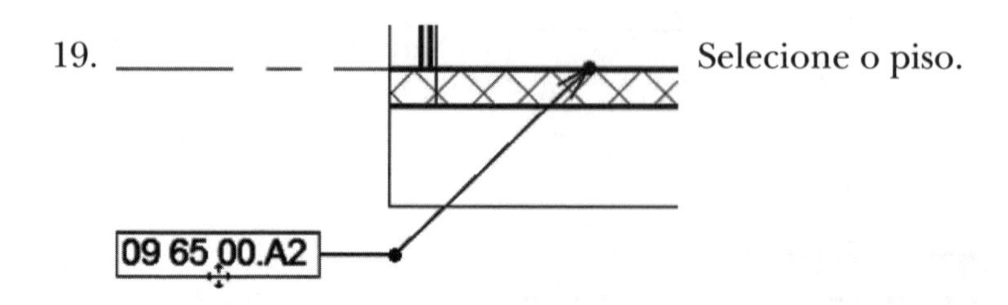

Selecione o piso.

20. 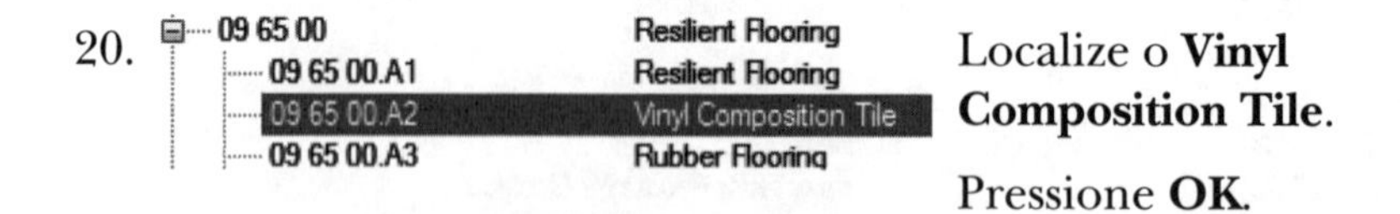

Localize o **Vinyl Composition Tile**.

Pressione **OK**.

21. 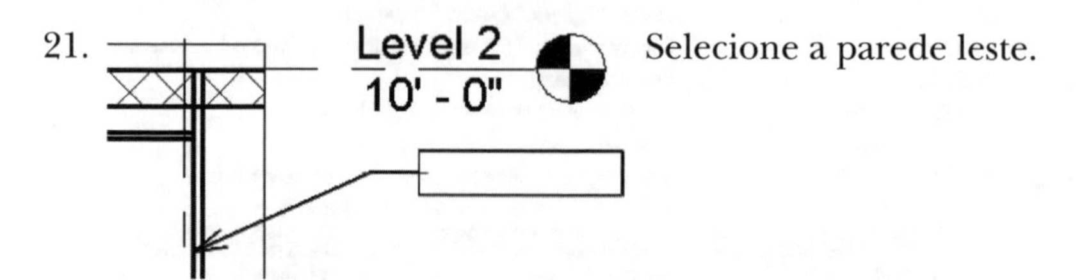

Selecione a parede leste.

22. 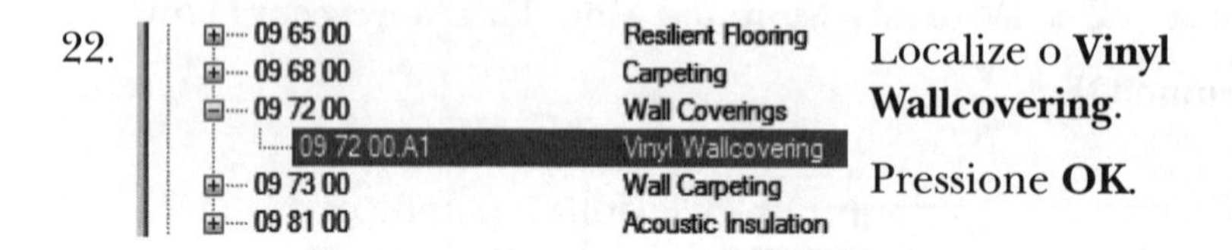

Localize o **Vinyl Wallcovering**.

Pressione **OK**.

23. 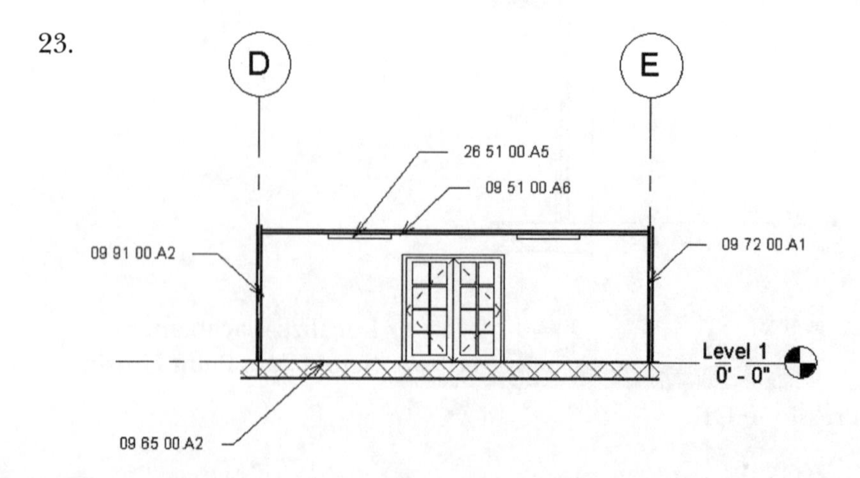

Extents
Crop View
Crop Region Visible
Annotation Crop

Desabilite **Crop Region Visible** no painel Properties.

Sua vista deve ficar semelhante à que é mostrada.

24. Ative a folha **A104 – LOBBY KEYNOTES**.

25.

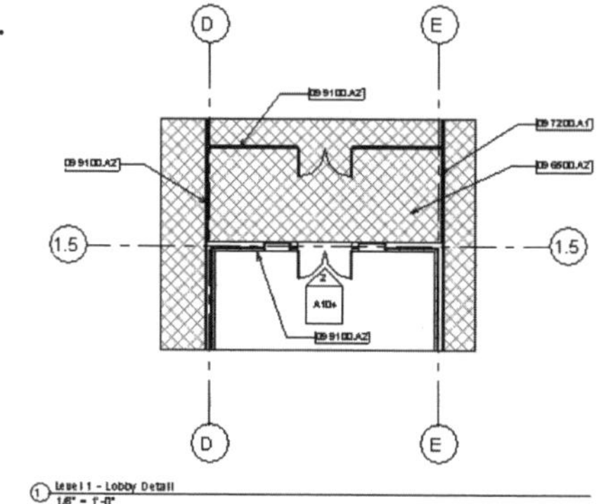

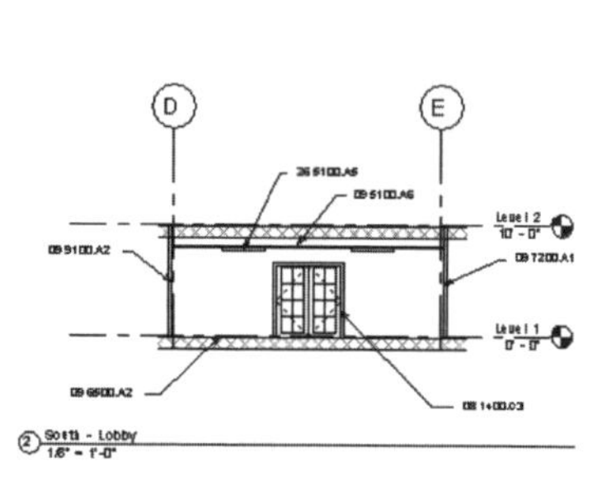

Adicione o **Level 1 - Lobby Detail** à folha.

Adicione a vista de **South Lobby Elevation** à folha.

26. Adicione a **Finish Schedule** (agenda de acabamento) à folha.

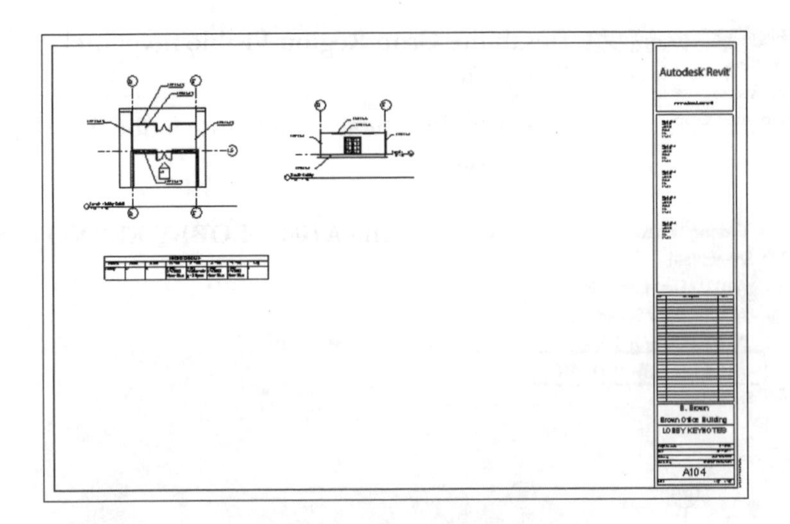

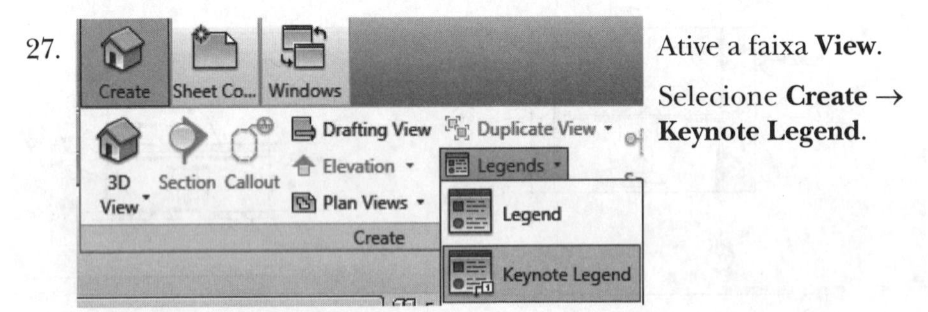

27. Ative a faixa **View**.

Selecione **Create** → **Keynote Legend**.

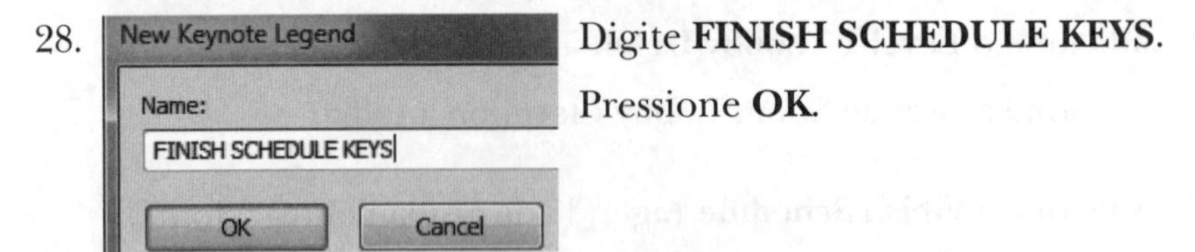

28. Digite **FINISH SCHEDULE KEYS**.

Pressione **OK**.

29. Pressione **OK** para aceitar a legenda omissiva criada.

30. A lenda aparece no Navegador de Projetos.

Legends
FINISH SCHEDULE KEYS

31. Arraste e solte a FINISH SCHEDULE KEYS sobre a folha.

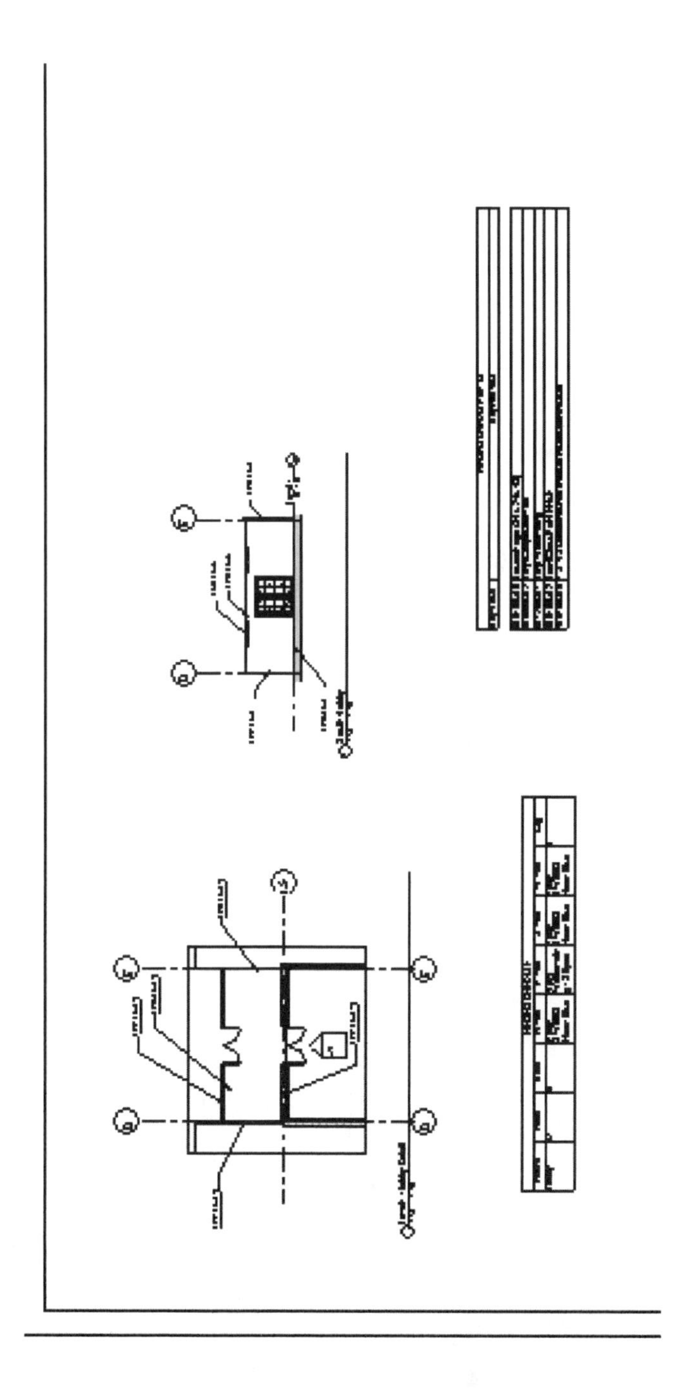

32. 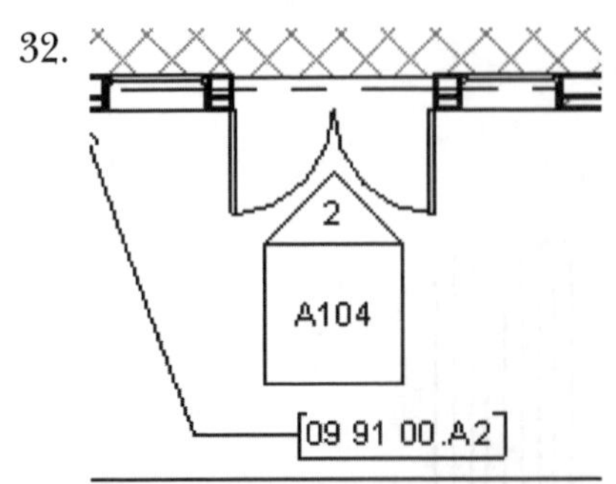

Amplie (zoom) e você verá que o marcador de elevação agora indica o número da folha e o número da vista.

(2) South - Lobby
1/8" = 1'-0"

33. Salve como *ex5-8.rvt.*

Exercício 5-9

Localizar e Substituir Famílias

Nome do desenho: *ex5-8.rvt*

Tempo estimado: 5 minutos

Este exercício reforça as seguintes habilidades:

- ❑ Famílias
- ❑ Navegador de Projetos

1. Abra *ex5-8.rvt.*

2. 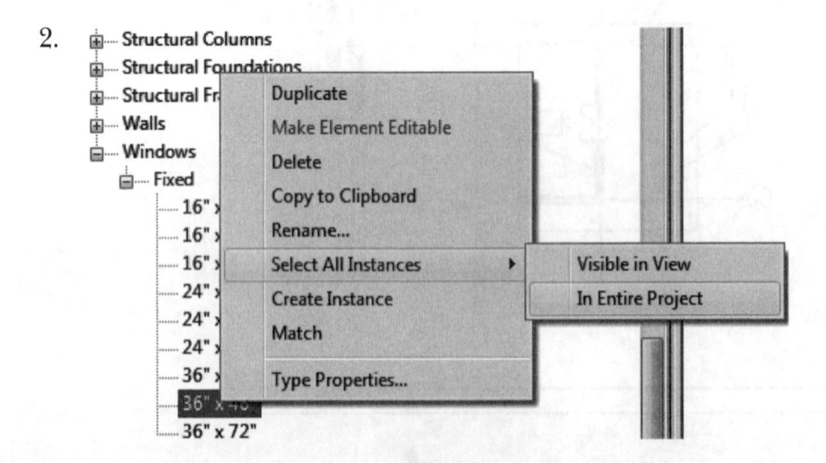

No Navegador do projeto, localize a categoria *Windows* em Families.

Destaque **36" x 48"** [**0915 x 1220mm**].

Clique com o botão direito e selecione **Select All Instances → In Entire Project**.

3. 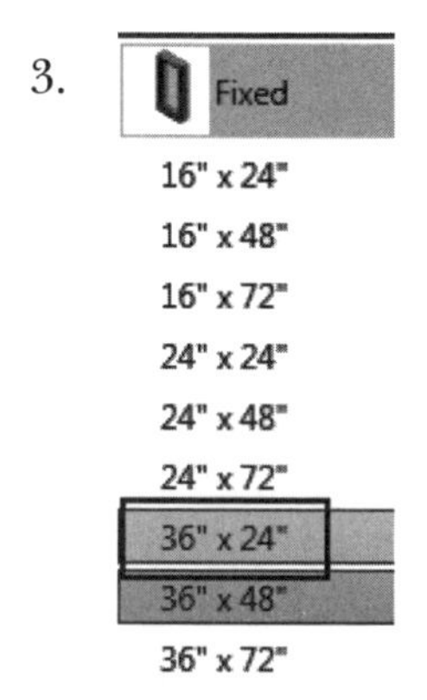

Selecione **Fixed: 36" x 24"** [**M_Fixed: 0.915 x 0.610mm**] no seletor de tipos do painel Properties.

4. Todas as janelas selecionadas foram substituídos pelo novo tipo.

5.

8	36" x 24"	3' - 0"
8	36" x 24"	3' - 0"
8	36" x 24"	3' - 0"
8	36" x 24"	3' - 0"
8	36" x 24"	3' - 0"

Ative a folha Glazing Schedule.

Amplie (zoom) a agenda da janela e você verá que ela foi automaticamente atualizada.

6. Salve como *ex5-9.rvt.*

Exercício 5-10

Modificando Tipos de Famílias numa Agenda

Nome do desenho: *ex5-9.rvt*

Tempo estimado: 10 minutos

Este exercício reforça as seguintes habilidades:

- ❑ Famílias
- ❑ Agendas

1. Abra *ex5-9.rvt.*

2. 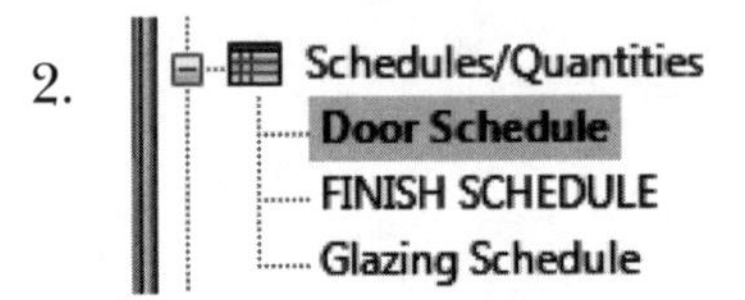

   Ative a **Door Schedule** no Navegador de Projetos.

3.

Door No	Door Type	W
1	34" x 84"	2' - 10"
2	30" x 80"	3' - 0"
3	30" x 84"	3' - 0"
4	32" x 84"	3' - 0"
5	34" x 80"	6' - 0"
6	34" x 84"	6' - 0"
7	36" x 80"	3' - 0"
	36" x 84"	
8	36" x 84"	3' - 0"
9	36" x 84"	3' - 0"
10	36" x 84"	3' - 0"
11	12000 x 2290	2' - 11 7/16"
12	12000 x 2290	2' - 11 7/16"
	Curtain Wall D	6' - 6 9/16"

   Clique na célula Door Type da linha 1.

   Na lista drop-down selecione o tipo de porta **34" x 84"**.

4.

Door No	Door Type	W	
1	34" x 84"	2' - 10"	7'
2	34" x 84"	2' - 10"	7'
3	34" x 84"	2' - 10"	7'
4	34" x 84"	2' - 10"	7'
5	72" x 78"	6' - 0"	6'
6	72" x 78"	6' - 0"	6'
7	36" x 84"	3' - 0"	7'
8	36" x 84"	3' - 0"	7'
9	36" x 84"	3' - 0"	7'
10	36" x 84"	3' - 0"	7'
11	12000 x 2290	2' - 11 7/16"	7'
12	12000 x 2290	2' - 11 7/16"	7'
	Curtain Wall	6' - 6 9/16"	7'

Ajuste as quatro primeiras portas para o tipo de porta **34" x 84"**.

5.

- Floor Plans
  - Level 1
  - Level 1 - Lobby Detail
  - Level 2
  - Roof Line
  - Site

Ative **Level 1**.

6.

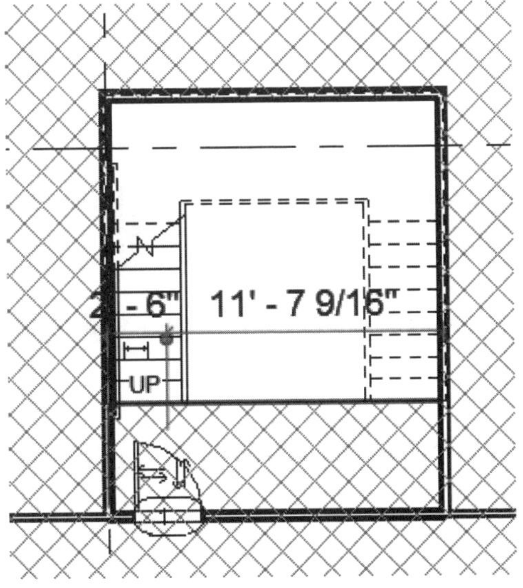

Localize a porta com a marca de porta rotulada com 1.

Selecione a porta.

7. No painel Properties:

Note que a porta agora é de 34" x 84".

8.

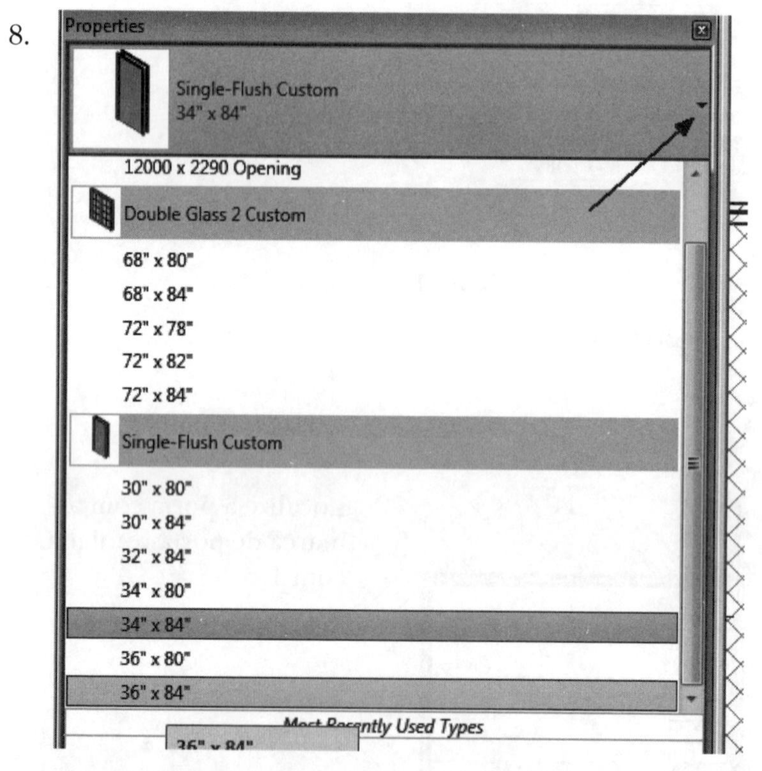

Use o seletor de tipo para mudar a porta de volta para **36" x 84"**.

Clique na janela para liberar a seleção.

9.

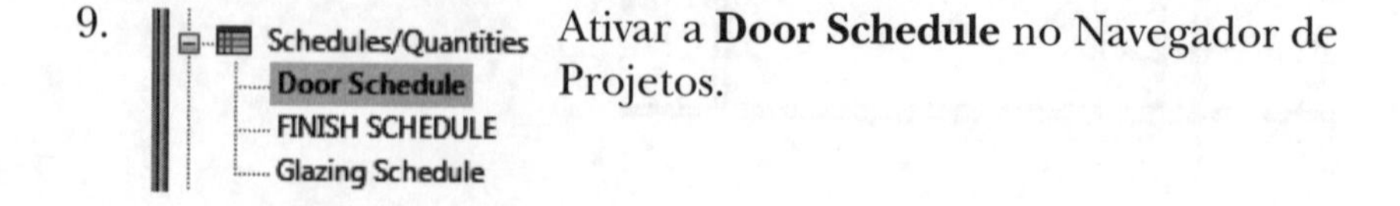

Ativar a **Door Schedule** no Navegador de Projetos.

10.

Door No	Door Type	SIZE			H
		W	H	THK	
1	36" x 84"	3' - 0"	7' - 0"	0' - 2"	
2	34" x 84"	2' - 10"	7' - 0"	0' - 2"	
3	34" x 84"	2' - 10"	7' - 0"	0' - 2"	
4	34" x 84"	2' - 10"	7' - 0"	0' - 2"	
5	72" x 78"	6' - 0"	6' - 6"	0' - 2"	
6	72" x 78"	6' - 0"	6' - 6"	0' - 2"	
7	36" x 84"	3' - 0"	7' - 0"	0' - 2"	
8	36" x 84"	3' - 0"	7' - 0"	0' - 2"	
9	36" x 84"	3' - 0"	7' - 0"	0' - 2"	
10	36" x 84"	3' - 0"	7' - 0"	0' - 2"	
11	12000 x 2290	2' - 11 7/16"	7' - 6 5/32"	0' - 1 3/16"	
12	12000 x 2290	2' - 11 7/16"	7' - 6 5/32"	0' - 1 3/16"	
	Curtain Wall	6' - 6 9/16"	7' - 8 1/4"		–

Note que a agenda da porta foi atualizada.

11. Salve como *ex5-10.rvt*.

Exercício 5-11

Exportando uma Agenda

Nome do desenho: *ex5-10.rvt*

Tempo estimado: 5 minutos

Este exercício reforça as seguintes habilidades:

❑ Agendas

1. Abra *ex5-10.rvt*.

2. FINISH SCHEDULE
Glazing Schedule
Room Style Schedule

Ative a **Glazing Schedule**.

3.

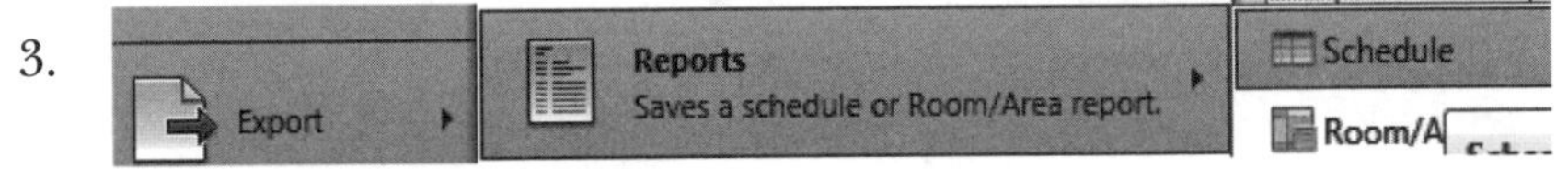

Vá até o menu do aplicativo.

Selecione **File → Export → Reports → Schedule**.

4. File name: Glazing Schedule.txt
   Files of type: Delimited text (*.txt)

   A agenda será salva como um arquivo de texto delimitado por vírgulas.

   Navegue até sua pasta de exercícios.

   Pressione **Save**.

5. 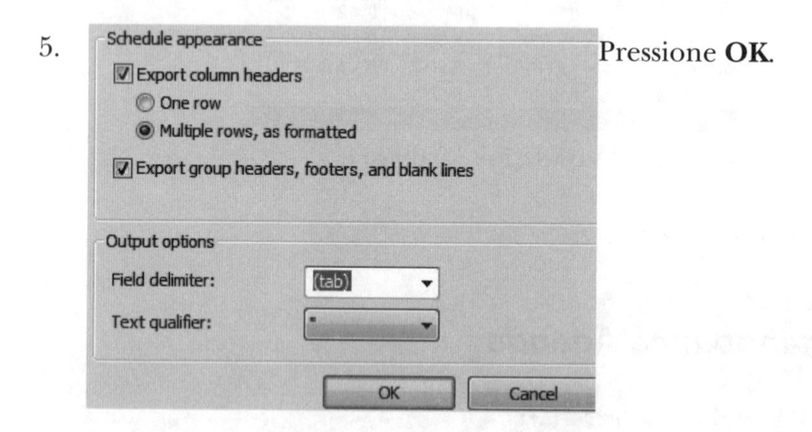

   Pressione **OK**.

6. Abra o Excel.

7. Open Selecione **Open (Abrir)**.

8. Text Files Ajuste os tipos de arquivos para arquivos de texto.

9. Navegue até o local em que você salvou o arquivo e selecione-o. Pressione Open (Abrir).

10.

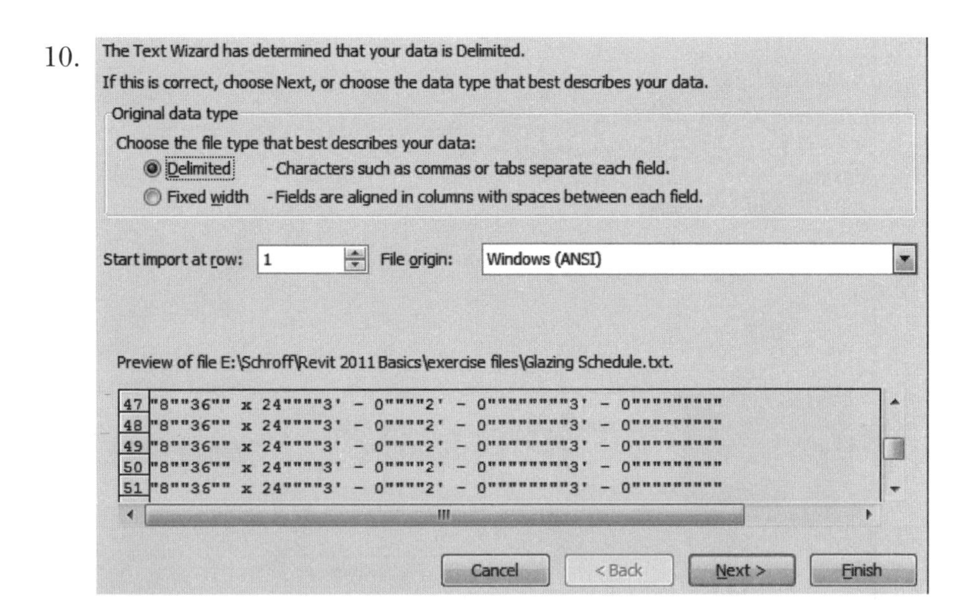

Pressione **Next** (**Próximo**).

11.

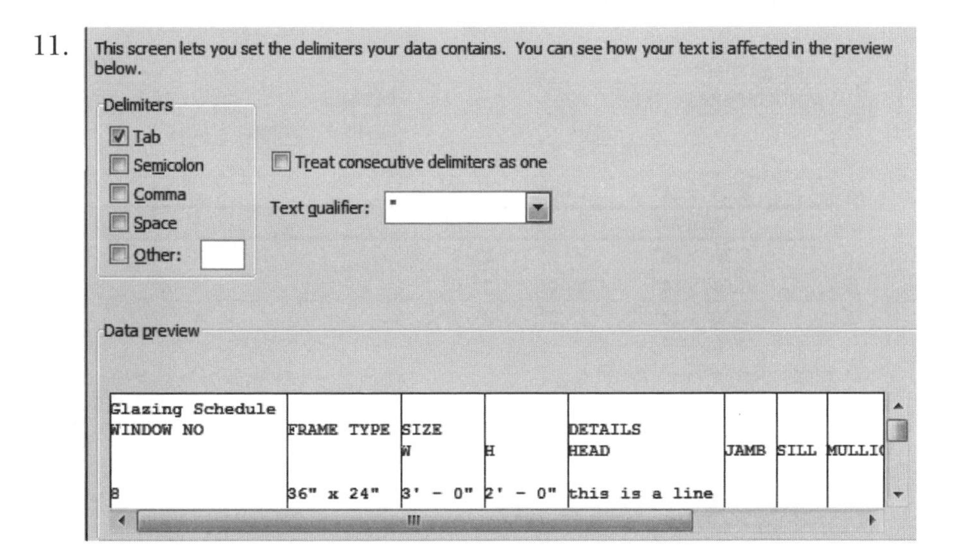

Pressione Next (**Próximo**).

12.

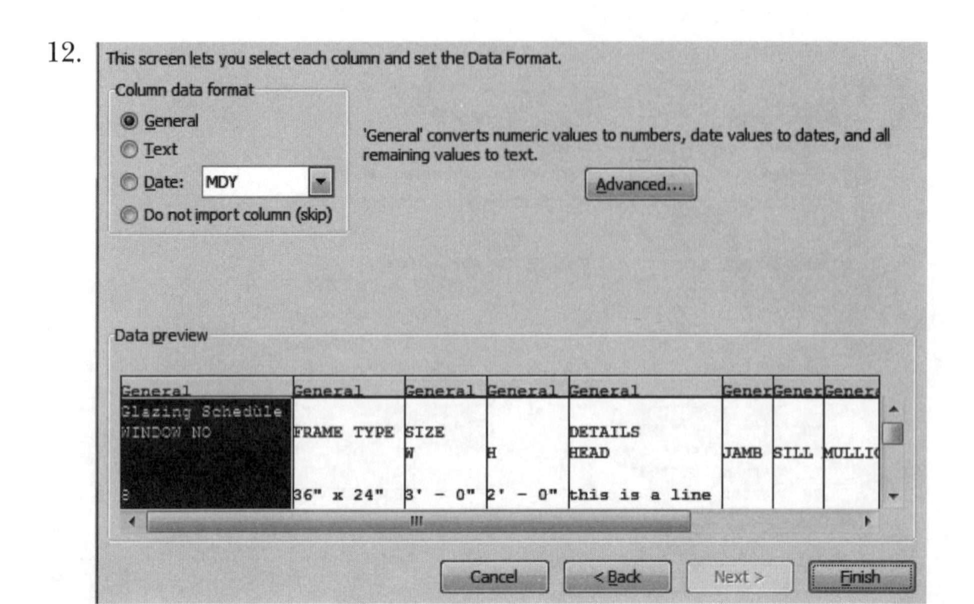

Pressione **Finish** (**Concluir**).

13.

1	Glazing Schedule						
2	WINDOW	FRAME TYPE	SIZE		DETAILS		
3			W	H	HEAD	JAMB	SILL
4							
5	8	36" x 24"	3' - 0"	2' - 0"			2' - 9"
6	8	36" x 24"	3' - 0"	2' - 0"			2' - 9"
7	8	36" x 24"	3' - 0"	2' - 0"			4' - 0"
8	8	36" x 24"	3' - 0"	2' - 0"			4' - 0"
9	8	36" x 24"	3' - 0"	2' - 0"			4' - 0"

A planilha será aberta.

14. Feche os arquivos do Revit e do Excel sem salvar.

Projetos Adicionais

FINISH SCHEDULE																
NO	ROOM NAME	FLOOR		BASE		NORTH WALL		EAST WALL		SOUTH WALL		WEST WALL		CLG		REMARKS
		MAT	FIN	MAT	FIN	MAT	FIN	MAT	FIN	MAT	FIN	MAT	FIN	MAT	FIN	

1. Usando parâmetros compartilhados, crie uma agenda de acabamento para os banheiros.

Door Schedule - Ver 2			
Mark	Type	Count	Remarks
1	36" x 84"	1	Single-Flush
2	36" x 84"	1	Single-Flush
3	36" x 84"	1	Single-Flush
4	36" x 84"	1	Single-Flush
5	72" x 78"	1	Double-Exterior
6	72" x 78"	1	Double-Exterior
7	36" x 84"	1	Single-Flush
8	36" x 84"	1	Single-Flush
9	36" x 84"	1	Single-Flush
10	36" x 84"	1	Single-Flush
	Curtain Wall Dbl Glass	1	Double Glazed

2. Crie uma agenda de porta.

Door Schedule 2							
			Rough Opening				
Mark	Type	Level	Rough Height	Rough Width	Material	Lock Jamb	Swing
1	36" x 84"	Level 1			ULTEX/WOOD	CENTER	RIGHT
2	36" x 84"	Level 1			ULTEX/WOOD	THROW	RIGHT
3	36" x 84"	Level 1			ULTEX/WOOD	THROW	LEFT
4	36" x 84"	Level 1			ULTEX/WOOD	THROW	LEFT
5	72" x 78"	Level 1			ULTEX/WOOD	THROW	CENTER
6	72" x 78"	Level 1			ULTEX/WOOD	THROW	CENTER
	Curtain Wall Dbl	Level 1			ULTEX/WOOD	THROW	CENTER
7	36" x 84"	Level 2			ULTEX/WOOD	THROW	LEFT
8	36" x 84"	Level 2			ULTEX/WOOD	THROW	RIGHT
9	36" x 84"	Level 2			ULTEX/WOOD	THROW	RIGHT
10	36" x 84"	Level 2			ULTEX/WOOD	THROW	RIGHT

3. Crie esta agenda de porta.

Questionário da Lição 5

Verdadeiro ou Falso

1. Uma agenda exibe informações sobre elementos de um projeto de construção num formato tabular.

2. Cada propriedade de um elemento é representada como um campo numa agenda.

3. Se você substituir um elemento do modelo, a agenda para esse elemento será automaticamente atualizada.

4. Parâmetros compartilhados são salvos numa planilha do Excel.

5. Uma agenda de um componente é uma vista viva de um modelo.

Múltipla Escolha

6. Selecione os três tipos de agenda que você pode criar no Revit:

   A. De componente

   B. De múltiplas categorias

   C. De chaves

   D. De símbolos

7. Notas chaves podem ser anexadas ao seguinte: Selecione três respostas.
   A. Elementos do modelo
   B. Detalhes de componentes
   C. Materiais
   D. Dados

8. Selecione a aba que não está disponível no diálogo Schedule Properties (propriedades da agenda):
   A. Fields (campos)
   B. Filter (filtro)
   C. Sorting/Grouping (ordenação/agrupamento)
   D. Formatting (formatação)
   E. Parameters (parâmetros)

9. Agendas são exportados neste formato de arquivo:
   A. Excel
   B. texto separado por vírgulas
   C. ASCII
   D. DXF

10. Para exportar uma agenda:
    A. Clique com o botão direito numa agenda e selecione **Export**.
    B. Coloque uma agenda numa folha, selecione a folha no Navegador de Projetos, clique com o botão direito e selecione Export.

C. Vá até a faixa Manage e selecione a ferramenta Export Schedule.

D. No menu do aplicativo, vá até File-> Export-> Reports-> Schedule.

RESPOSTAS:

1) V; 2) V; 3) V; 4) F; 5) V; 6) A, B e C; 7) A, B e C; 8) E; 9) B; 10) D

Lição 6

Telhados

O Revit fornece três métodos para a criar Telhados: Por extração, por pegada, ou por face. O método de extração exige que você rascunhe um esboço aberto. O método de pegada usa paredes exteriores ou um esboço. O método requer uma massa.

Exercício 6-1

Criação de um Telhado Usando Pegada

Nome do desenho: *ex5-10.rvt*

Tempo estimado: 15 minutos

Este exercício reforça as seguintes habilidades:

- ❑ Nível
- ❑ Telhado
- ❑ Propriedades de telhado
- ❑ Opções de telhado
- ❑ Isolar Elemento
- ❑ Selecionar todas as instâncias
- ❑ Vistas 3D

1. Abra *ex5-10.rvt.*

2. Floor Plans
   - Level 1
   - Level 1 - Lobby Detail
   - Level 2
   - Roof Line
   - Site

   Ative a vista **Roof Line** (linha do telhado) em Floor Plans dando um duplo clique sobre ela.

3. 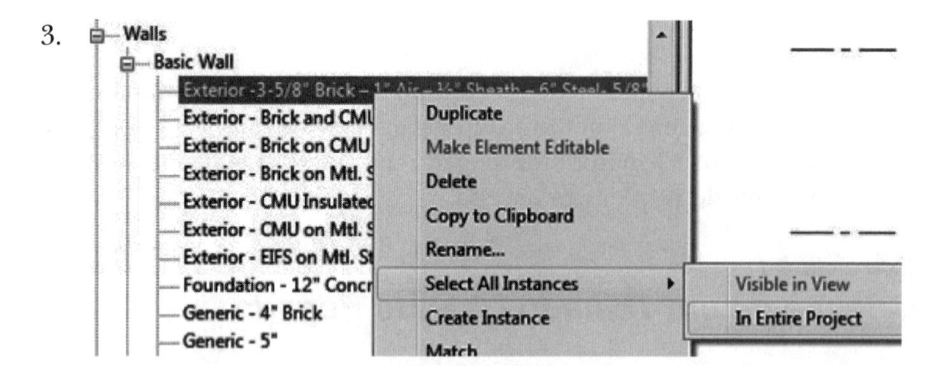

No navegador, localize a parede exterior que é usada no projeto.

Clique com o botão direito e selecione **Select All Instances → In Entire Project**.

4. Na barra Display:

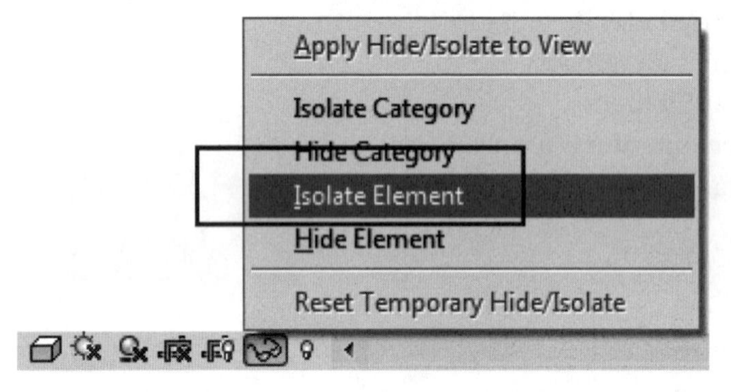

À esquerda, clique no ícone que se parece com óculos de sol.

Selecione **Isolate Element**.

Isso desativará a visibilidade de todos os elementos, exceto a das paredes exteriores.

Isso tornará mais fácil a seleção das paredes.

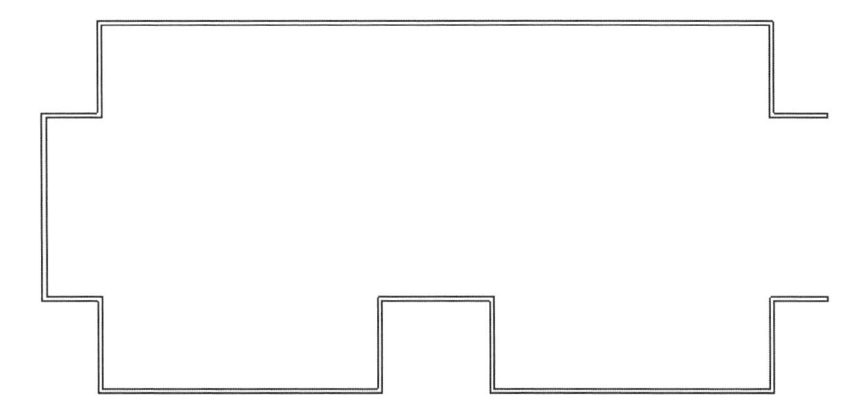

Você deverá ver a vista superior do seu modelo com apenas as paredes exteriores visíveis.

Você não verá a parede de cortina, porque ela é um estilo de parede diferente.

5. Clique na janela de exibição para liberar o conjunto de seleção.

6. 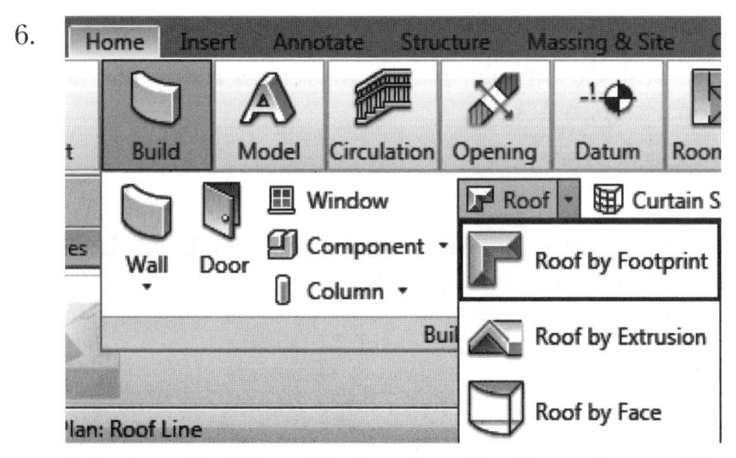

Selecione **Build → Roof → Roof by Footprint** na faixa Home.

Note que Pick Walls (selecionar paredes) é o modo ativo.

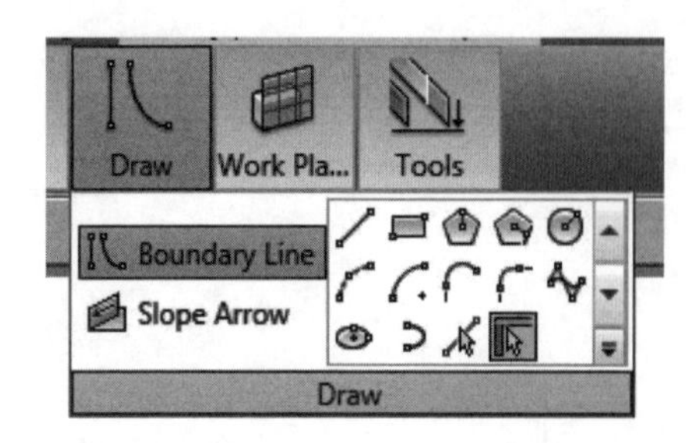

7. 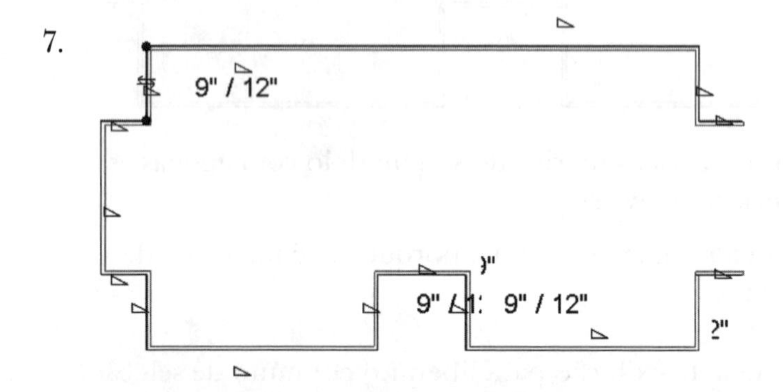

Você pode ampliar (zoom) e selecionar as paredes exteriores.

Você pode se deslocar ou rolar para se mover em redor da tela para selecionar as paredes.

Se esquecer uma parede, você receberá um diálogo avisando-o do erro.

Você pode usar a ferramenta ALIGN para alinhar a borda do telhado com o lado exterior da parede.

8. ☑ Defines slope | Overhang: 0' 6" | ☑ Extend to wall core

Na barra de opções, habilite **Defines slope** (define inclinação).

Ajuste Overhang (beiral) para **6"** [**600 mm**].

Habilite **Extend to wall core** (estender para o centro da parede).

É muito importante habilitar **Extend into wall (to core)** se você quiser que seu beiral referencie a estrutura de sua parede.

Por exemplo, se você quiser um beiral a 2'-0" da face da viga, e não do acabamento, você quererá essa caixa marcada. O beiral é localizado com base no seu ponto de seleção. Se o seu ponto de seleção for a face interna, o beiral será calculada a partir do acabamento da face interior.

Os símbolos de ângulo indicam a inclinação do telhado.

9. 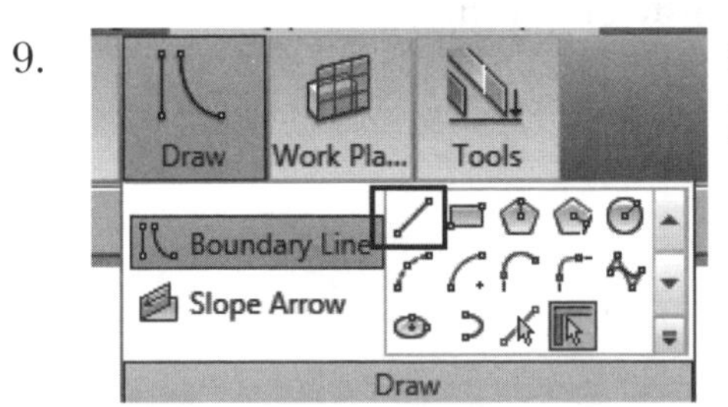

Selecione a ferramenta **Line** no painel Draw.

10. 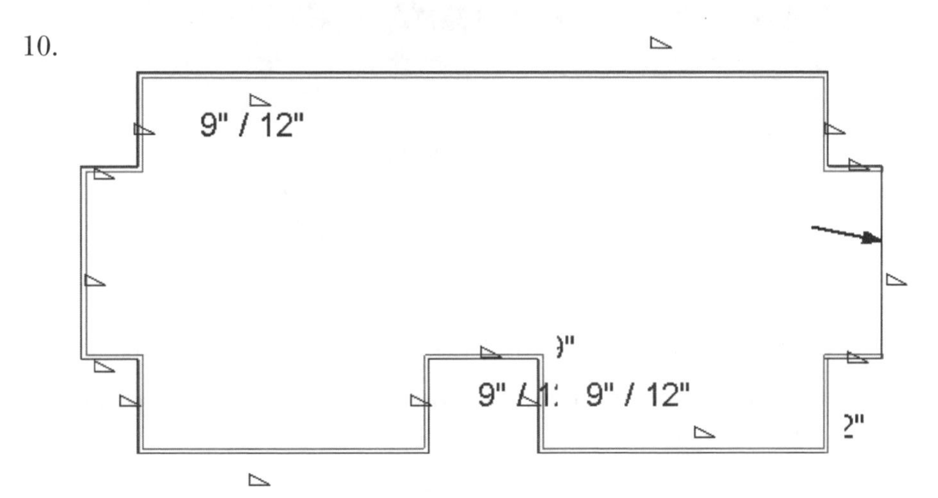

Desenhe uma linha para fechar o esboço.

Verifique o esboço para se assegurar de não haver brechas ou linhas com interseção.

11. Edit Type Selecione **Edit Type** no painel Properties.

12. Selecione o **Wood Rafter 8" – Asphalt Shingle - Insulated [Worm Roof - Timber]** em Type.

Pressione **OK**.

13. Selecione a **marca verde** em Mode.

14.

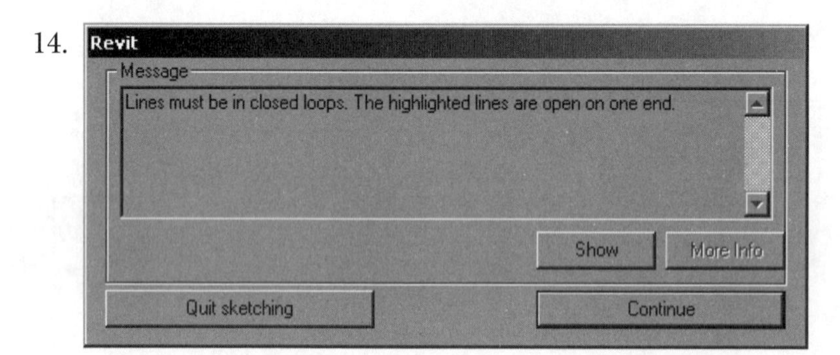

Este diálogo aparecerá se você tiver esquecido uma parede.

Você pode pressionar o botão **Show** e o Revit destacará a parede que você esqueceu.

15.

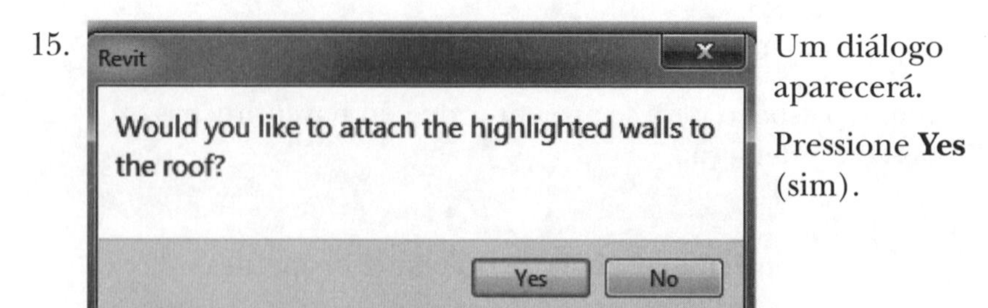

Um diálogo aparecerá.

Pressione **Yes** (sim).

16. 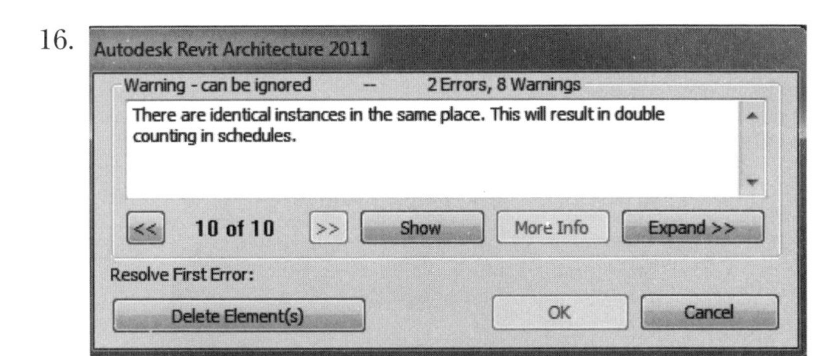

Se você receber uma mensagem de erro como esta, pressione **Delete Elements** para excluir quaisquer elementos conflitantes.

17. 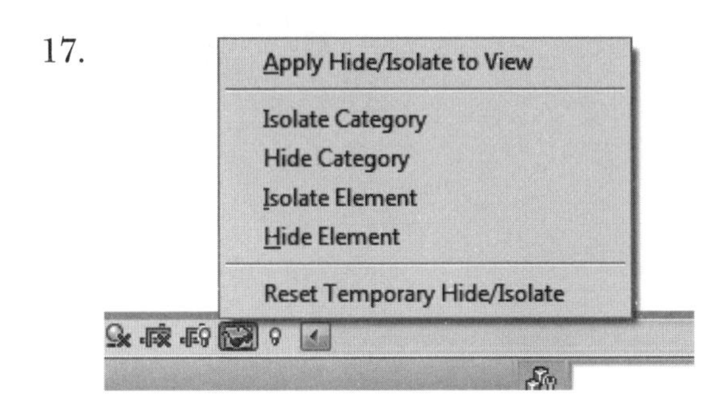

Na barra Display:

Clique nos óculos de sol.

Selecione **Reset Temporary Hide/Isolate**.

18. Vá para **3D View** (vista 3D).

19. 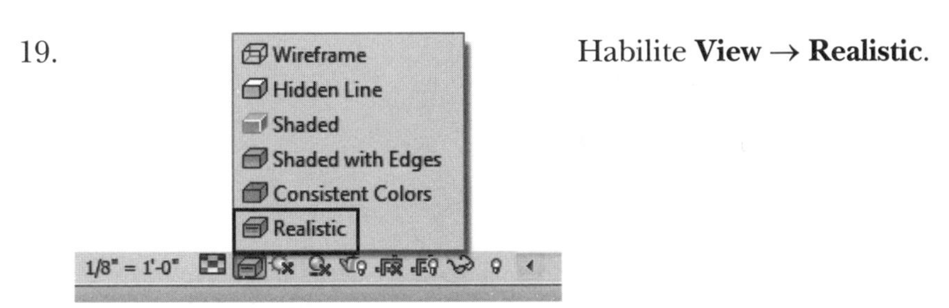

Habilite **View** → **Realistic**.

Agora podemos inspecionar nosso teto.

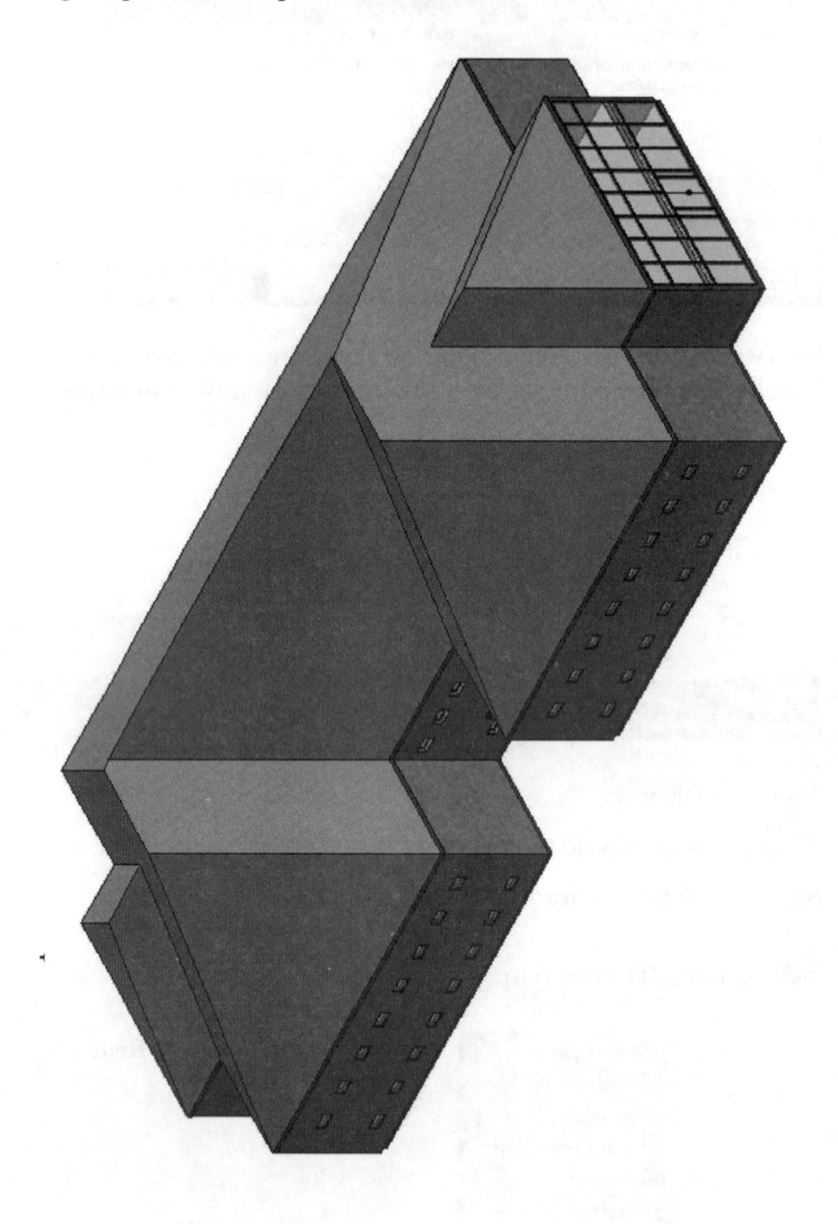

20. Salve como *ex6-1.rvt.*

DICA: A propriedade **Cutoff Level** de corte define a distância acima ou abaixo do nível em que o telhado é cortado.

Exercício 6-2

Modificando um Telhado

Nome do desenho: *ex6-1.rvt*

Tempo estimado: 10 minutos

Este exercício reforça as seguintes habilidades:

- ❑ Modificando telhados
- ❑ Edição do esboço
- ❑ Alinhamento de beiral
- ❑ Telhados
- ❑ Plano de trabalho

1. Abra ou continue trabalhando no *ex6-1.rvt.*

2. 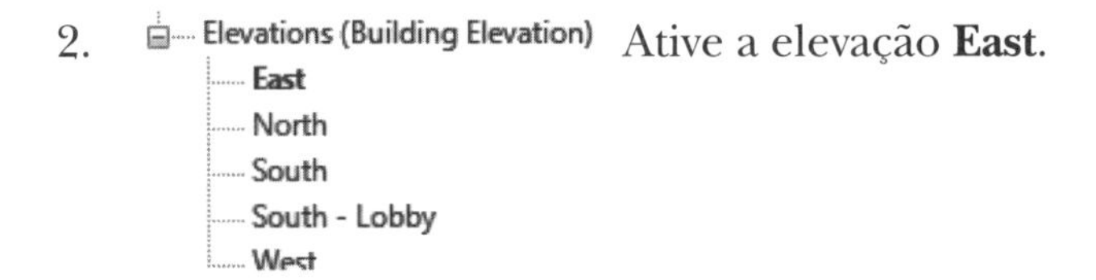

Ative a elevação **East**.

3. 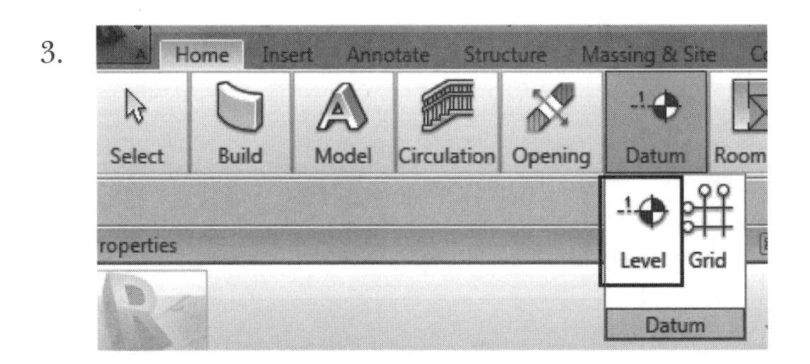

Selecione a ferramenta **Level** no painel Datum da faixa Home.

4. Adicione um nível a 10’ 6” acima do nível da linha do telhado (Roof Line).

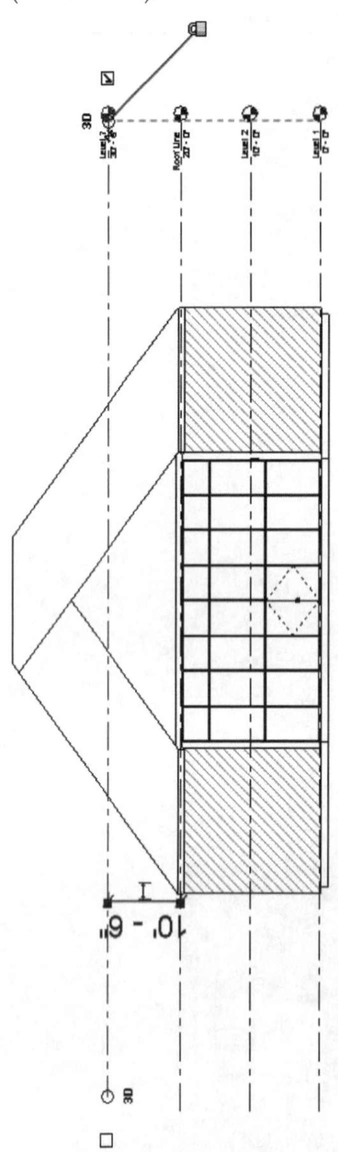

5. 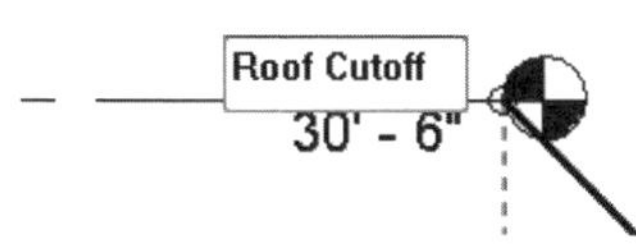

Renomeie o nível para **Roof Cutoff**.

6. Revit

Would you like to rename corresponding views?

Yes No

Selecione **Yes**.

7. Selecione o telhado de forma que ele fique destacado.

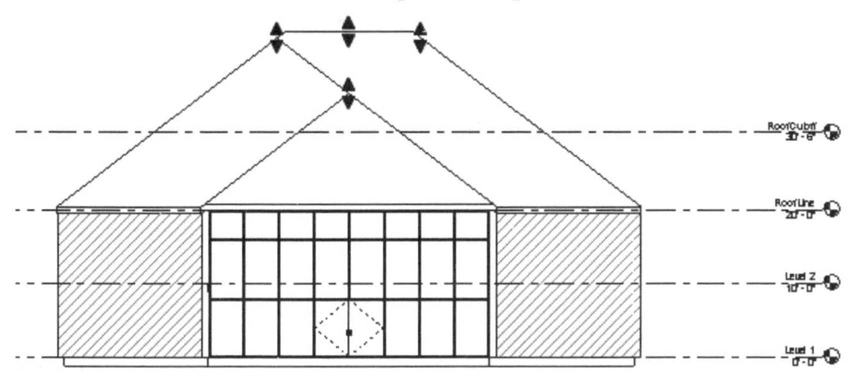

8.

Constraints	
Base Level	Roof Line
Room Bounding	☑
Related to Mass	☐
Base Offset From Level	0' 0"
Cutoff Level	None
Cutoff Offset	None
Construction	Level 1
Rafter Cut	Level 2
Fascia Depth	Roof Line
Rafter or Truss	Roof Cutoff

No painel Properties:

Ajuste o Cutoff Level para **Roof Cutoff**.

9. 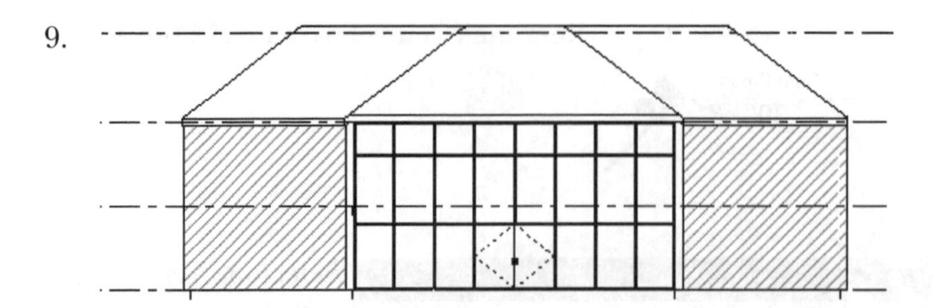

Note como o telhado se ajusta.

10. 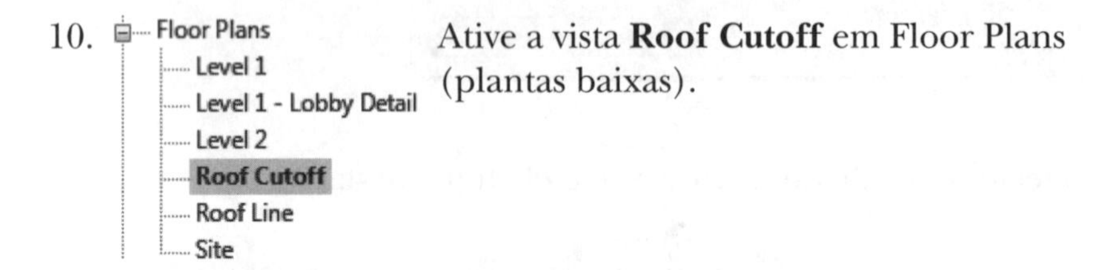

Ative a vista **Roof Cutoff** em Floor Plans (plantas baixas).

11. 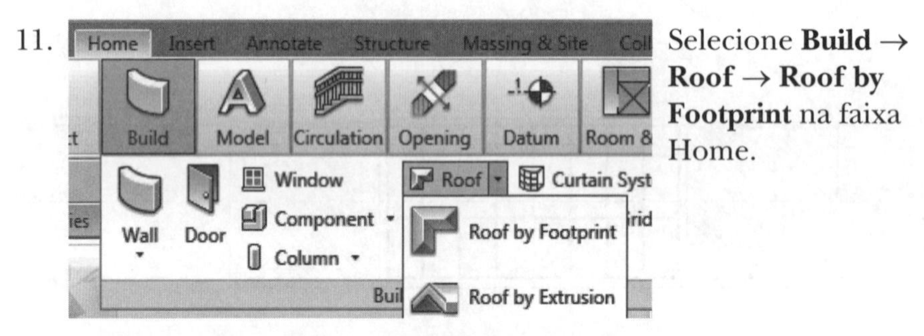

Selecione **Build → Roof → Roof by Footprint** na faixa Home.

12. 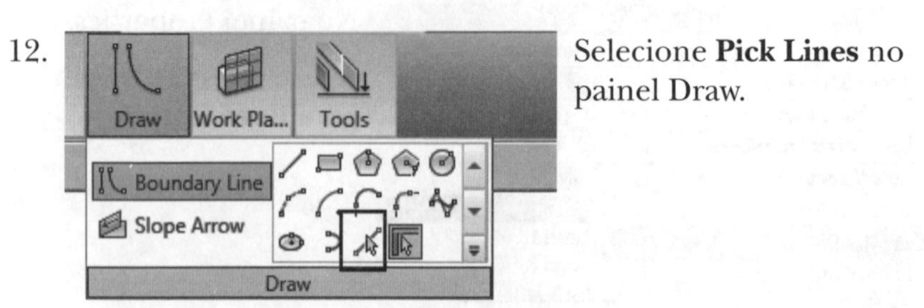

Selecione **Pick Lines** no painel Draw.

13. 

Desative **Defines slope** na barra Options.

14. Selecione uma borda.

Você não verá um símbolo inclinação porque a inclinação foi desativada.

15.

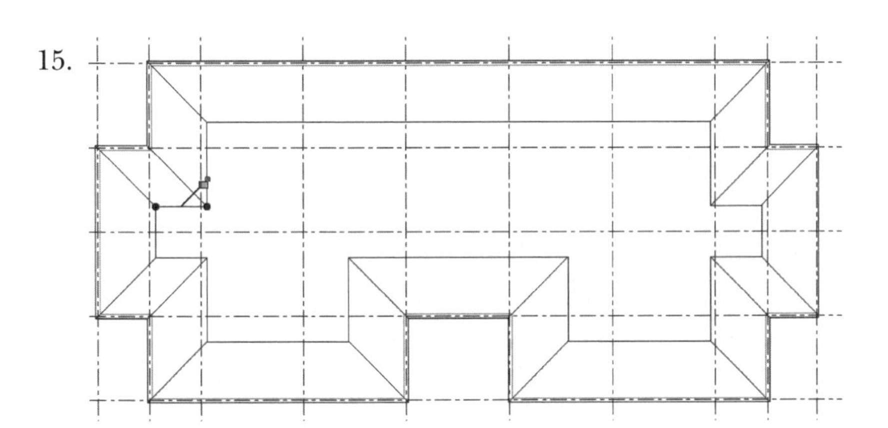

Selecione as bordas para formar um esboço fechado.

Note que nenhuma das linhas tem uma inclinação definida.

16. Edit Type Selecione **Edit Type** no painel Properties.

17.

Selecione o telhado **Generic - 9"** na lista drop-down.

Selecione **Duplicate**.

18.

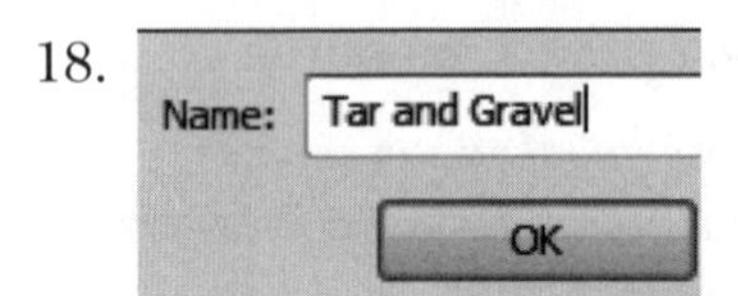

Entre **Tar and Gravel**.

Pressione **OK**.

19.

Edit...

0' 8 3/8"

Selecione **Edit** ao lado de Structure.

20. Insira duas camadas.

Layers

	Function	Material	Thickness	Wraps	Variab
1	Finish 1 [4]	Roofing - Gra	0' 0 1/4"		
2	Core Boundary	Layers Above W	0' 0"		
3	Membrane Layer	<By Category	0' 0"		
4	Substrate [2]	<By Category	0' 0"		
5	Structure [1]	<By Category	0' 9"		
6	Core Boundary	Layers Below W	0' 0"		

Arranje as camadas de modo que Layer 1 esteja ajustada para Finish 1 [4].
Layer 2 para Core Boundary.
Layer 3 para Membrane Layer.
Layer 4 para Substrate [2]
Layer 5 para Structure [1]
Layer 6 para Core Boundary.

21. Selecione a coluna Material de **Finish 1 [4]**.

Destaque o material **Roofing-Generic**.

Selecione a ferramenta **Duplicate** para material.

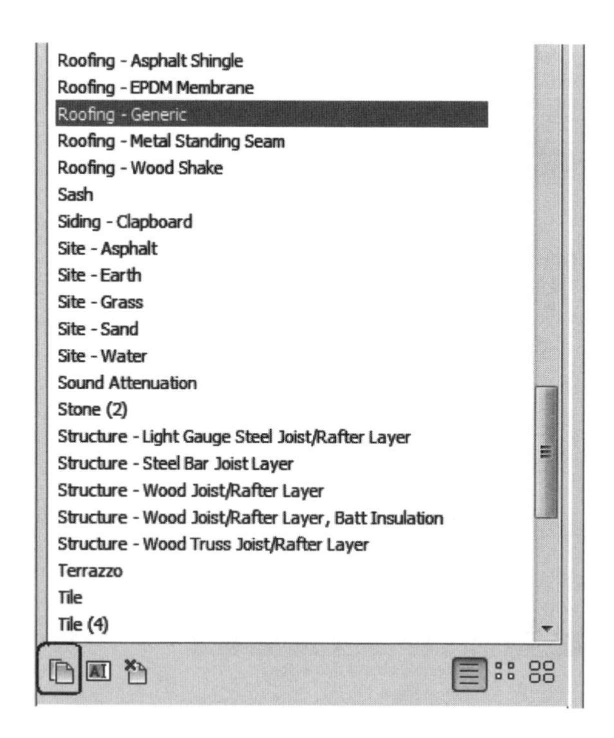

22.

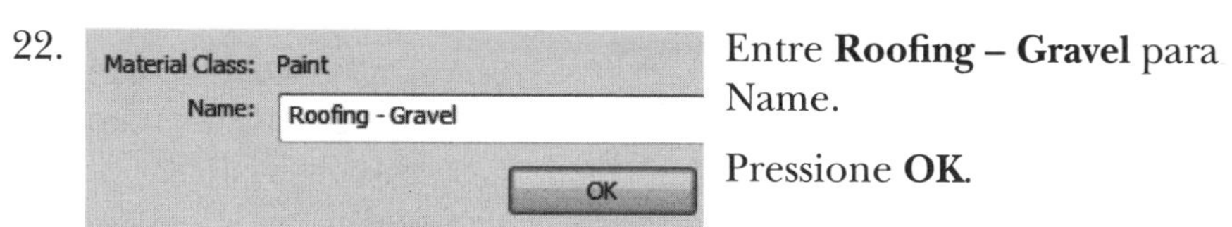

Entre **Roofing – Gravel** para Name.

Pressione **OK**.

23.

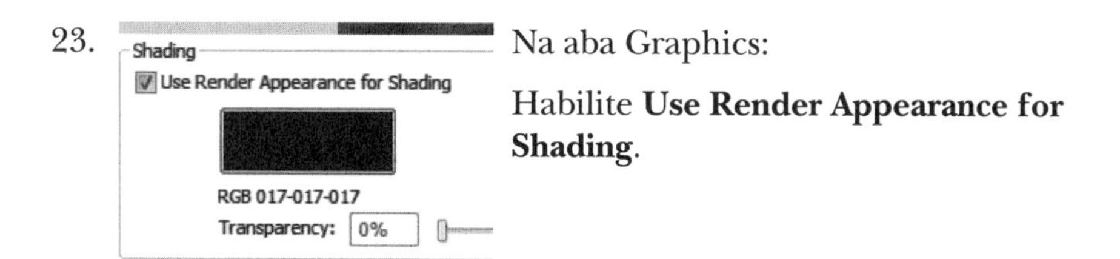

Na aba Graphics:

Habilite **Use Render Appearance for Shading**.

24.

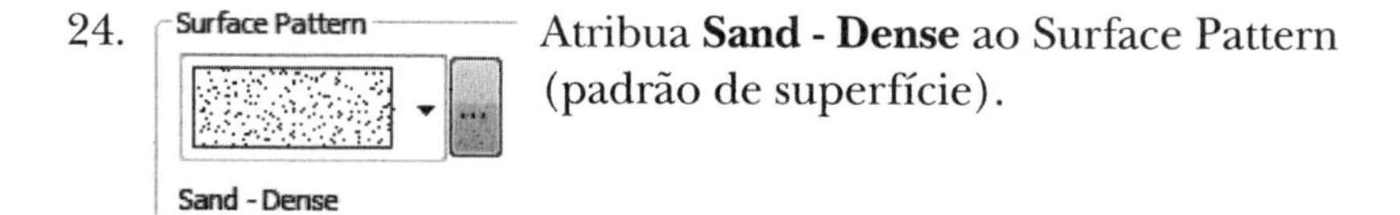

Atribua **Sand - Dense** ao Surface Pattern (padrão de superfície).

25. 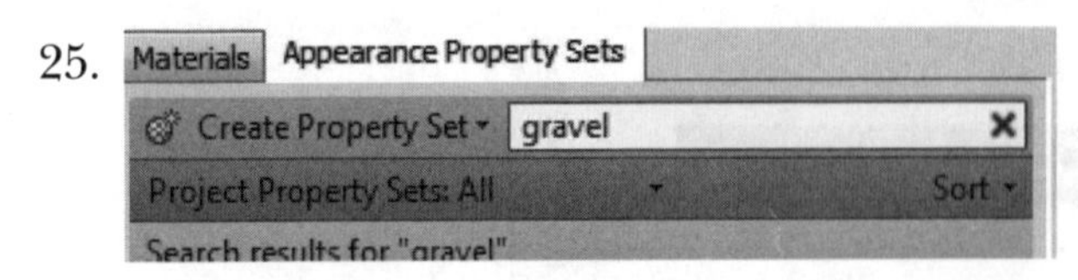

Selecione a aba Appearance.

Digite **gravel** no campo de busca.

26. 

Selecione o material **Gravel – Mixed**.

27.

Division 31	Earthwork
31 05 00	Common Work Results for Earthwork
31 23 00	Excavation and Fill
31 23 00.A1	Undisturbed Soil
31 23 00.A2	Compacted Soil
31 23 00.B1	Gravel
31 23 00.B2	Compacted Gravel Sub-Base
31 23 00.B3	Crushed Stone

Selecione a aba Identity.

Atribua **Gravel** à nota chave.

28.

Filter Criteria
Material Class: Rock

Descriptive Information
Description: Exterior finish, roofing
Comments:
Keywords:

Digite **Rock** no campo Material Class (classe do material).

29. Ajuste Keynote (nota chave) para **Gravel**.

Annotation Information
Keynote: 31 23 00.B1
Mark:

Division 31	Earthwork
31 05 00	Common Work Results for Earthwork
31 23 00	Excavation and Fill
31 23 00.A1	Undisturbed Soil
31 23 00.A2	Compacted Soil
31 23 00.B1	Gravel
31 23 00.B2	Compacted Gravel Sub-Base
31 23 00.B3	Crushed Stone

Pressione **OK**.

30\.

Layers

	Function	Material	Thickness
1	Finish 1 [4]	Roofing - Gravel	0' 0 1/4"
2	Core Boundary	Layers Above Wrap	0' 0"
3	Membrane Layer	Roofing - EPDM Membrane	0' 0"
4	Substrate [2]	<By Category>	0' 0"
5	Structure [1]	<By Category>	0' 9"
6	Core Boundary	Layers Below Wrap	0' 0"

Ajuste Material para **Roofing – EPDM Membrane.**

Ajuste a espessura (Thickness) da membrana para **0"**.

31\.

Layers

	Function	Material	Thickne
1	Finish 1 [4]	Roofing - Gravel	0' 0 1/4"
2	Core Boundary	Layers Above Wrap	0' 0"
3	Membrane Lay	Roofing - EPDM Membrane	0' 0"
4	Substrate [2]	Wood - Sheathing - plywood	0' 0 5/8"
5	Structure [1]	Structure - Wood Joist/Rafter Layer	0' 7.5"
6	Core Boundary	Layers Below Wrap	0' 0"

Ajuste Layer 4 para **Wood – Sheathing – Plywood** com uma espessura de ⅝".

Ajuste Layer 5 para **Structure - Wood Joist/Rafter Layer** com uma espessura de 7½".

Pressione **OK**.

32.

Graphics	
Coarse Scale Fill Pattern	Sand - Dense
Coarse Scale Fill Color	Black

Atribua **Sand - Dense** a Coarse Scale Fill Pattern.

Pressione **OK**.

33. Mode

Mode

Selecione a **marca verde** no painel Model para **Finish Roof**.

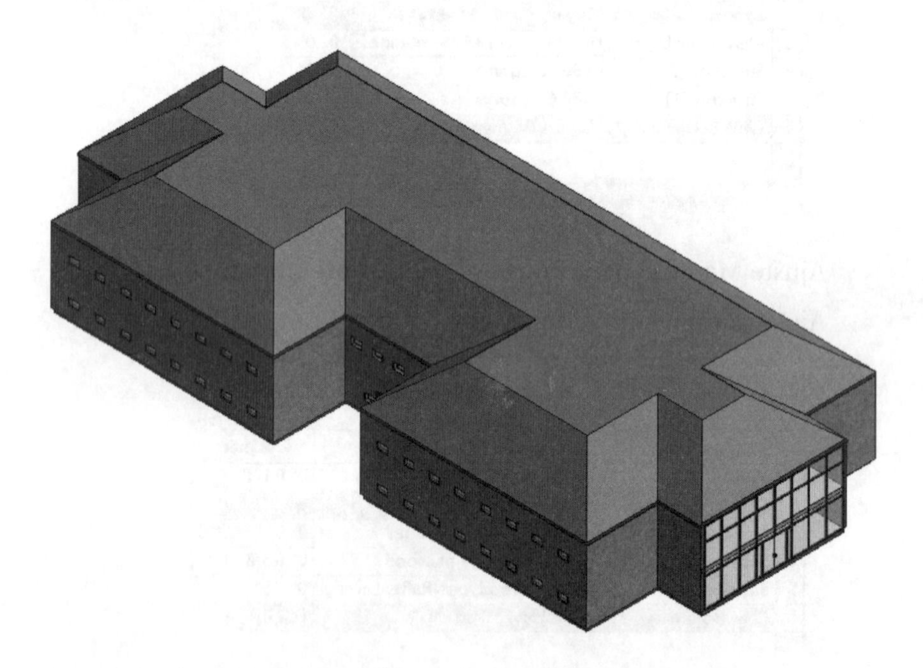

34. Salve como *ex6-2.rvt.*

Exercício 6-3

Modificando a Forma de um Telhado

Nome do desenho: *ex6-2.rvt*

Tempo estimado: 10 minutos

Este exercício reforça as seguintes habilidades:

- ❑ Edição de formas
- ❑ Janelas
- ❑ Carregamento a partir da biblioteca
- ❑ Matrizes

1. Abra ou continue trabalhando no *ex6-2.rvt.*

2. 3D Views
   - 3D - Lobby
   - 3D- Lavatory
   - {3D}

   Ative uma vista **3D**.

3. Selecione o telhado de alcatrão e cascalho.

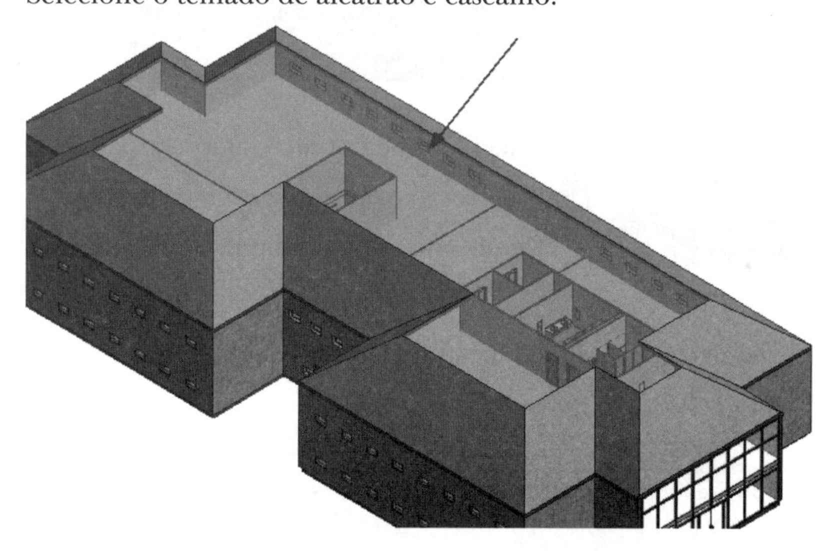

Ele será destacado em azul e parecerá ser transparente.

4. Selecione a ferramenta **Add Point** no painel Shape Editing da faixa.

5. Coloque pontos como mostrado.

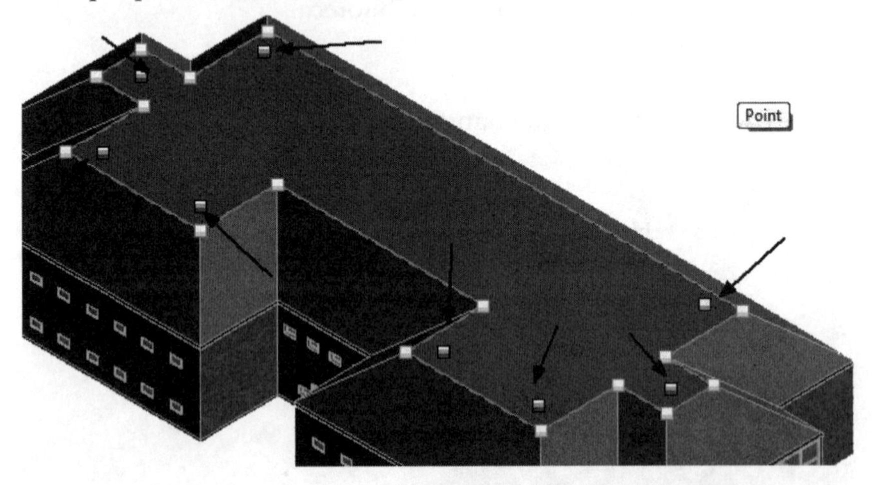

6. Selecione cada ponto e ajuste-os para **-0' 6"**.

   Estes serão os furos de drenagem.

   Clique com o botão direito e selecione **Cancel** quando tiver terminado.

7. A superfície do telhado mostrará as áreas de drenagem.

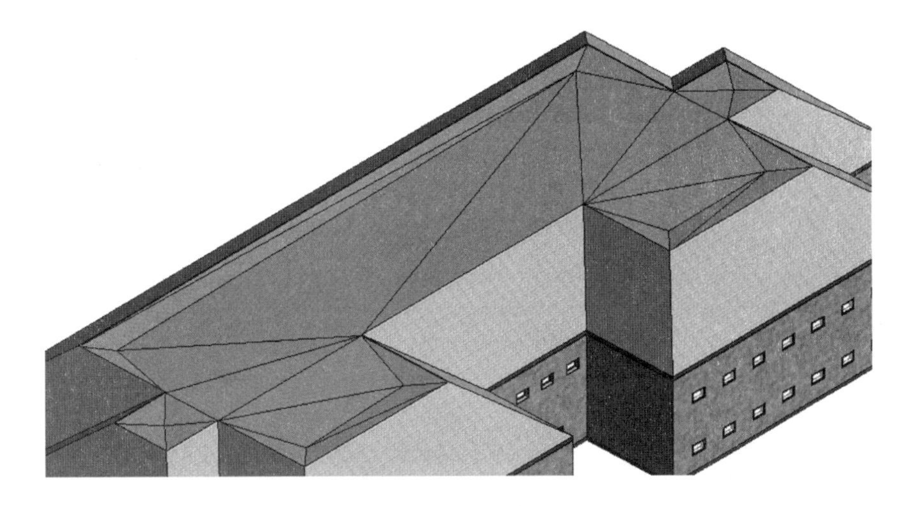

8. Salve como *ex6-3.rvt.*

Exercício 6-4

Adicionando Drenos de Telhado

Nome do desenho: *ex6-3.rvt*

Tempo estimado: 10 minutos

Este exercício reforça as seguintes habilidades:

- ❑ Janelas
- ❑ Carregamento a partir da biblioteca
- ❑ Matrizes

1. Abra ou continuar trabalhando no *ex6-3.rvt.*

2. 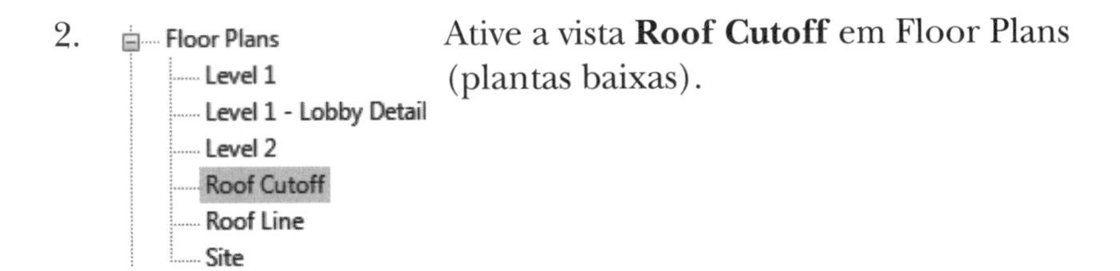

Ative a vista **Roof Cutoff** em Floor Plans (plantas baixas).

3. 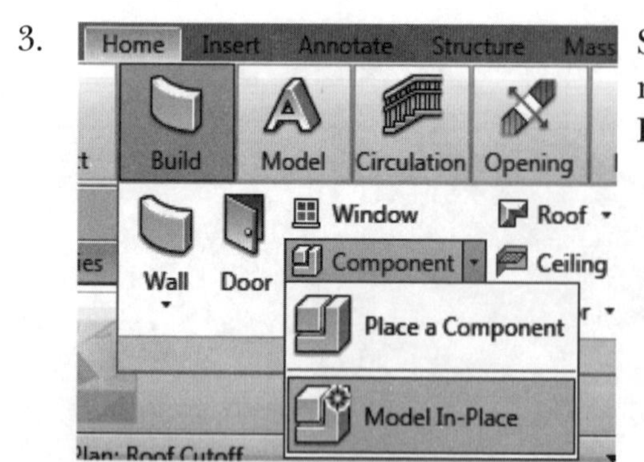

Selecione **Place a Component** no painel Build da faixa Home.

4. Selecione **Load Family** no painel Mode.

5. 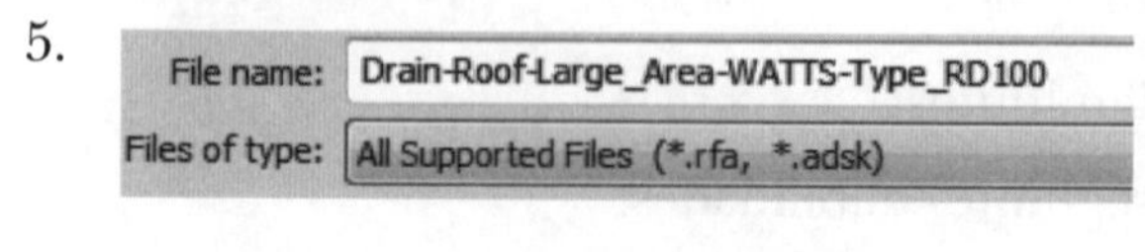

Localize o arquivo *Drain-Roof-Large_Area-WATTS-Type_RD100* nos arquivos de exercício que vêm no CD do livro.

Pressione **Open** (abrir).

6. 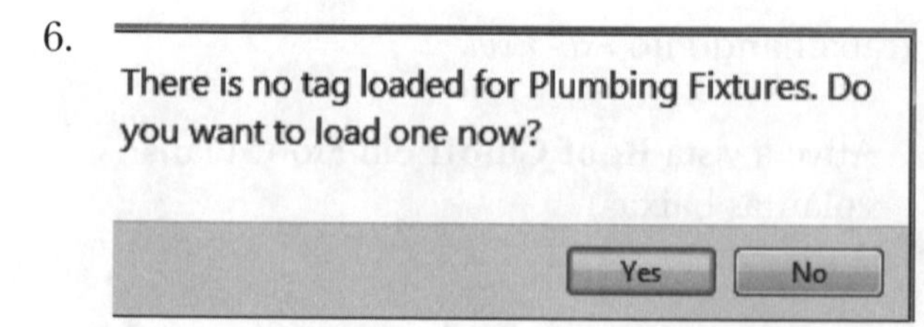

Se aparecer um diálogo perguntando se você quer carregar uma marca para Plumbing Fixtures (torneiras), pressione **No**.

7. 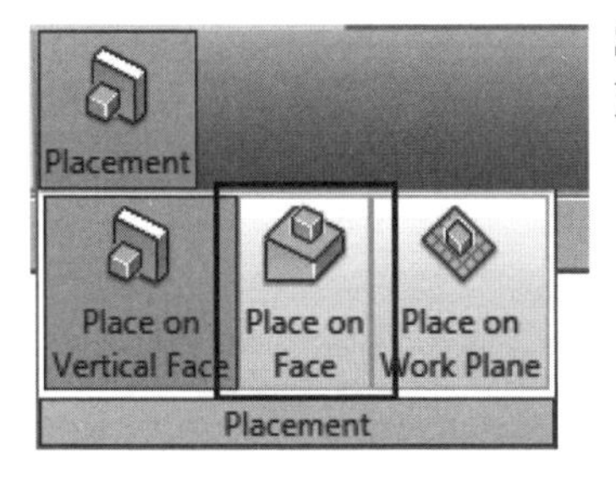

Selecione **Place on Face** no painel Placement.

8. Coloque drenos de telhado coincidentes com os pontos colocados anteriormente.

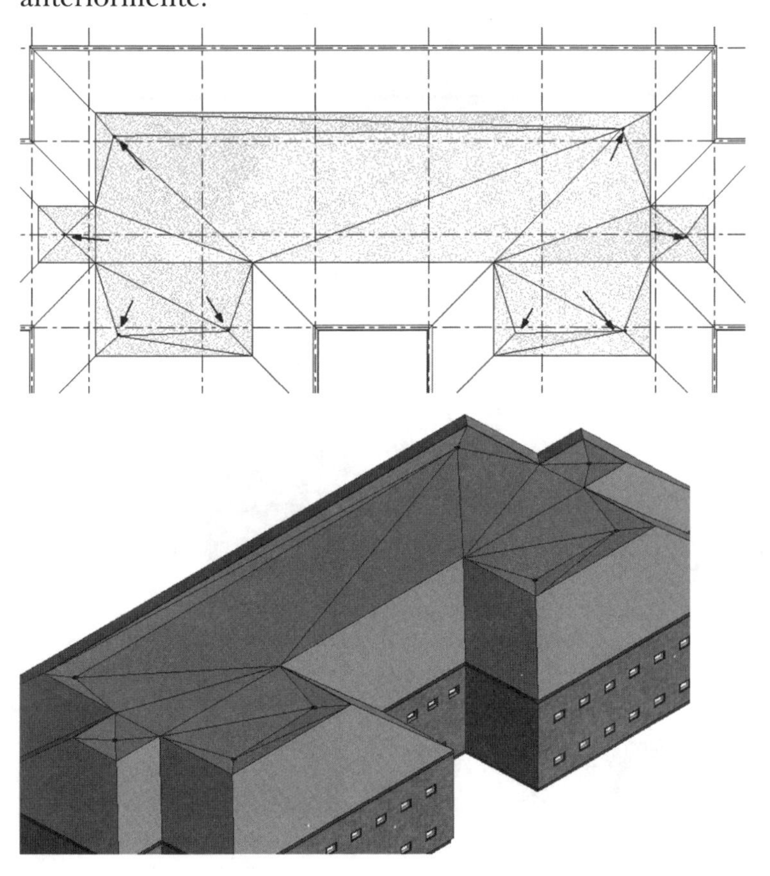

9. Salve o arquivo como *ex6-4.rvt.*

Projetos Adicionais

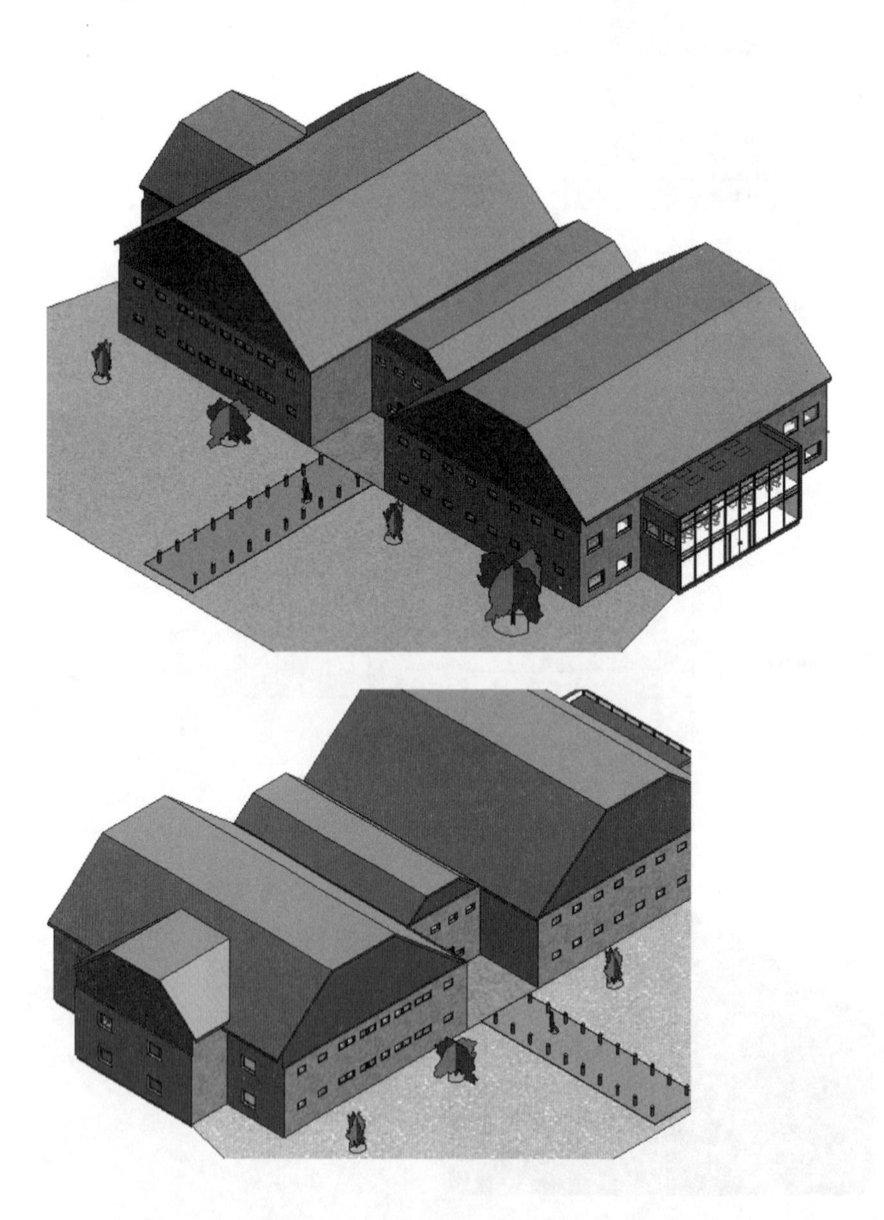

1. Crie um telhado com cumeeira usando telhado por extração.

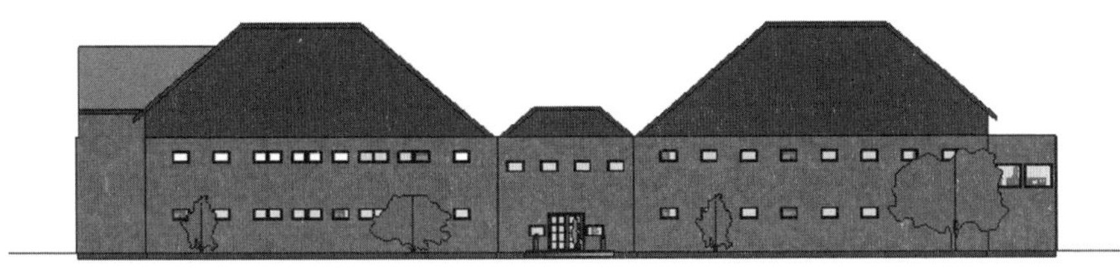

2. Crie uma família de telhados usando o material de telha espanhola.

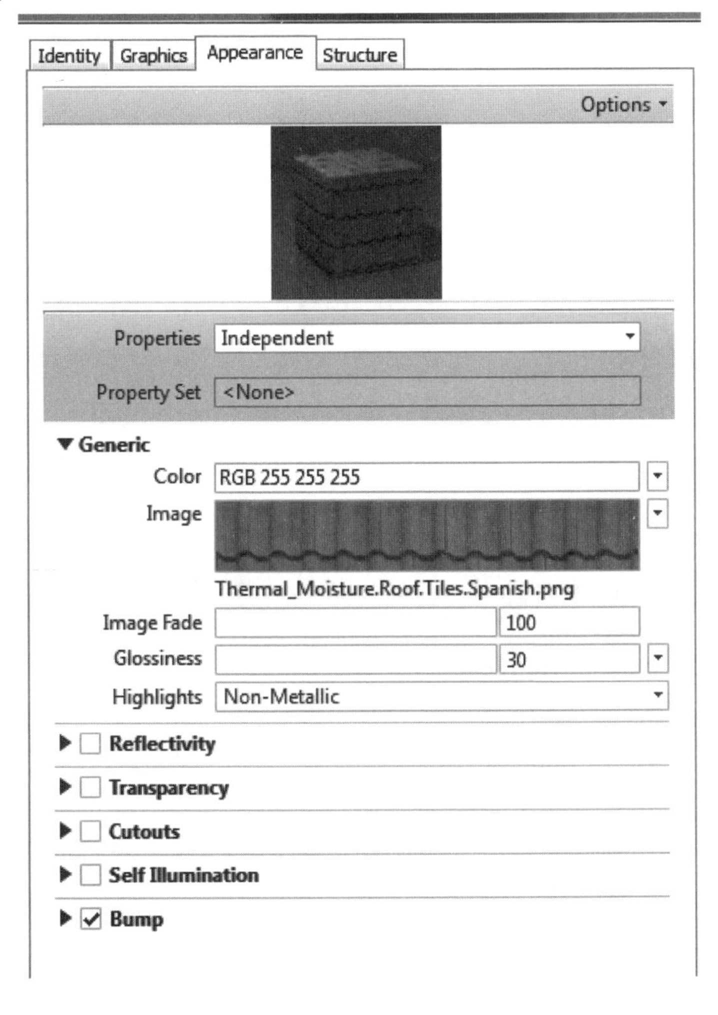

Questionário da Lição 6

Verdadeiro ou Falso

1. Uma pegada de telhado é um esboço 2D.

2. Ao criar um telhado por extração, o esboço deve ser fechado.

3. Ao colocar um telhado por pegada, você deve especificar o plano de trabalho para colocar o esboço.

4. Quando cria um telhado por extração, você pode estender a extrusão em direção à vista ou para fora dela.

5. A ferramenta Join/Unjoin Roof (juntar/separar telhado) pode ser usada para unir dois telhados.

Múltipla Escolha

6. Telhados podem ser criados usando-se as seguintes opções:
   Selecione três:
   A. Telhado por pegada
   B. Telhado por extração
   C. Telhado por face
   D. Telhado por esboço

7. A ferramenta Join/Unjoin Roof está localizada:
   A. No painel Modify da faixa Modify.
   B. No painel Build da faixa Home.
   C. No painel Geometry da faixa Modify.
   D. No menu de atalho, quando o telhado está selecionado.

8. Ao criar um esboço de telhado você pode usar qualquer um dos seguintes, EXCETO:
   A. Selecionar parede.
   B. Linhas
   C. Arcos
   D. Círculos.

9. Para anexar uma parede a um telhado que está acima dela, você deve usar esta opção:
   A. Base Attach (anexar base)
   B. Top Attach (anexar topo)
   C. Editar Perfil
   D. Join/Unjoin (juntar/separar)

10. O painel Properteis de um telhado exibe do telhado:
    A. A área
    B. O peso
    C. A elevação
    D. A função

RESPOSTAS:

1) V; 2) F; 3) F; 4) V; 5) V; 6) A, B, e C; 7) C; 8) D; 9) B; 10) A

Lição 7

Elevações & Planos

Exercício 7-1

Criando Documentos de Elevação

Nome do desenho: *ex6-4.rvt*

Tempo estimado: 10 minutos

Este exercício reforça as seguintes habilidades:

- ❑ Folhas
- ❑ Adição de vistas
- ❑ Alterando propriedades de vistas

1. Abra *ex6-4.rvt.*

2. Ative a faixa **View**.

3. Selecione **Sheet** (folha) no painel Sheet Composition para adicionar uma nova folha.

4. Selecione o bloco de título **D 22 x 34 Horizontal** [**A3 metric**].

5. 

Selecione o bloco de título **D 22 x 34 Horizontal** [**A3 metric**].

Pressione **OK**.

6.

Designed By	Designer
Checked By	Checker
Sheet Number	A105
Sheet Name	Exterior Elevations
Sheet Issue Date	03/17/11
Appears In Sheet List	☑

No painel Properties:

Mude o nome da folha (Sheet Name) para **Exterior Elevations**.

7.

- Elevations (Building Elevation)
  - East
  - North
  - South
  - South - Lobby
  - West

Localize a elevações North (norte) e South (sul) no Navegador de Projetos.

8.

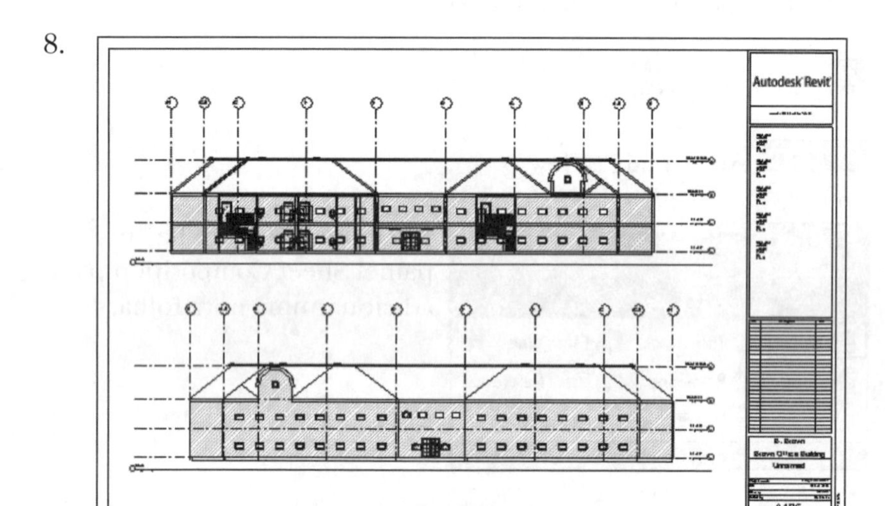

Arraste e solte as elevações norte e sul do navegador para a folha.

A elevação superior será a elevação norte.

A elevação inferior será a elevação sul.

Você deve notar que algumas entidades estão visíveis na vista, as quais você não quer ver, tais como as escadas de dentro.

16. Generic Model Tags / Grids / Levels — Em Annotation Categories, desative Grids e Sections.

    Pressione **OK**.

17. 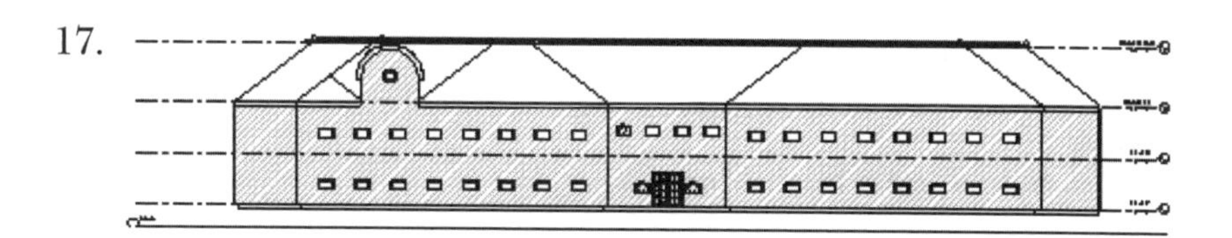

    Repita o procedimento para a outra vista de elevação.

18. Salve como *ex7-1.rvt.*

Exercício 7-2

Usando Trabalho de Linhas

Nome do desenho: *ex7-1.rvt*

Tempo estimado: 15 minutos

Este exercício reforça as seguintes habilidades:

- ❑ Ativação de vistas
- ❑ Ferramenta de trabalho de linha
- ❑ Estilos de linha
- ❑ Espessura de linha

1. Abra *ex7-1.rvt.*

2. 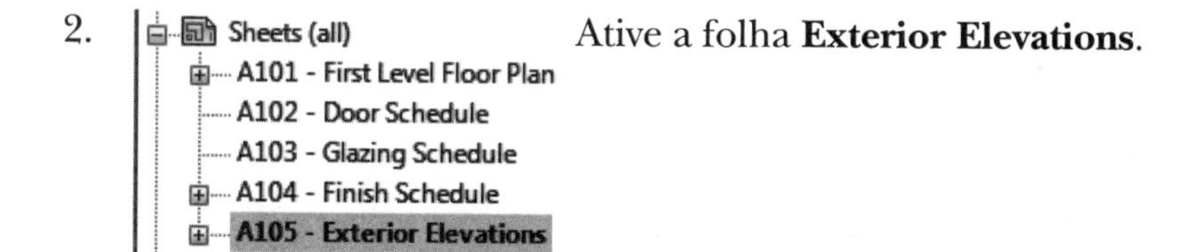

   Ative a folha **Exterior Elevations**.

3. Selecione a vista da elevação superior (**North**). Clique com o botão direito e selecione **Activate View** (ativar vista).

   Activate View funciona de forma similar ao Espaço do Modelo/Espaço do Papel do AutoCAD.

4. Selecione a faixa **Modify**.

5. Selecione a ferramenta **Linework** no painel View.

6. Selecione **Wide Lines** (linhas largas) no painel Style da faixa.

7. 

Selecione as linhas do telhado.

8. Deactivate View Clique com o botão direito na área de gráficos.

Selecione **Deactivate View** (desativar vista).

9. Manage Ative a faixa **Manage**.

10. 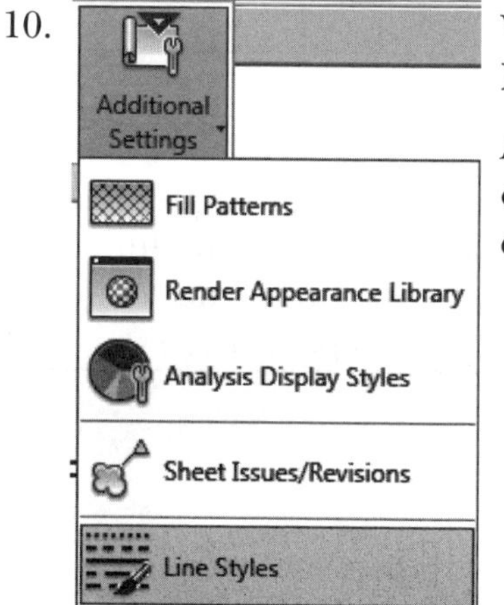

Vá até **Settings → Additional Settings → Line Styles**.

Afaste o diálogo para que você possa ver o que acontece quando aplica a nova espessura de linha.

11.

Medium Lines	3
Thin Lines	1
Wide Lines	16

Ajuste Line Weight de Wide Lines para **16**.

Pressione **Apply**.

12.

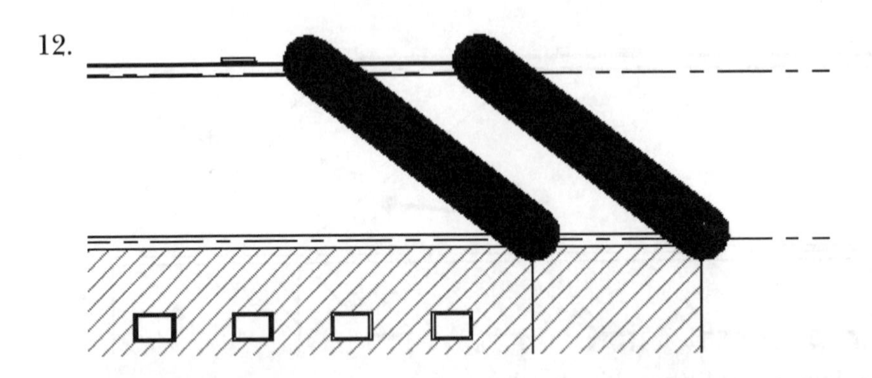

Nossas linhas do telhado mudaram dramaticamente.

13.

Thin Lines	1
Wide Lines	12

Ajuste o Line Weight de Wide Lines para **12**.

Pressione **Apply**.

Pressione **OK**.

14. Salve o arquivo como *ex7-2.rvt.*

DICA: Você pode usar linhas invisíveis para ocultar quaisquer linhas que não queira visíveis em sua vista. Linework (trabalho de linha) é específico para cada vista. Se você duplicar a vista, quaisquer edições de trabalho de linha que você tiver aplicado serão perdidas.

Exercício 7-3

Criando uma Vista de Corte

Nome do desenho: *ex7-2.rvt*

Tempo estimado: 15 minutos

Este exercício reforça as seguintes habilidades:

- ❑ Ativação de vista
- ❑ Adição do símbolo de corte

1. Abra *ex7-2.rvt*.

2. Sheets (all)
   - A101 - First Level Floor Plan
   - A102 - Door Schedule
   - A103 - Glazing Schedule
   - A104 - Finish Schedule
   - A105 - Exterior Elevations

   Ative a folha **Exterior Elevations**.

3. Activate View

   Selecione a vista da elevação inferior (**South**).

   Clique com o botão direito e selecione **Activate View** (ativar vista).

4. 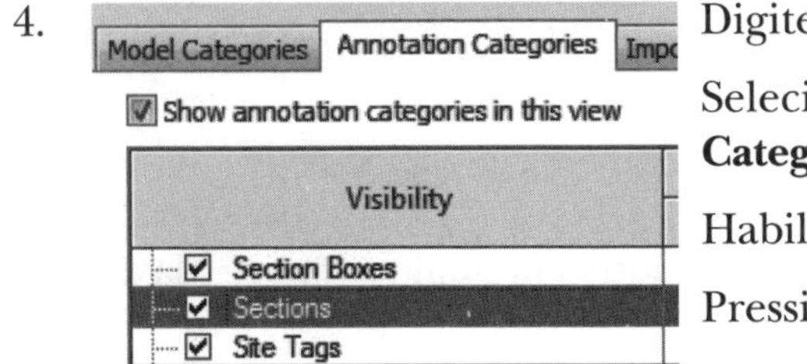

   Digite **VV**.

   Selecione a aba **Annotation Categories**.

   Habilite Visibility para **Sections**.

   Pressione **OK**.

5. View Ative a faixa **View**.

6. 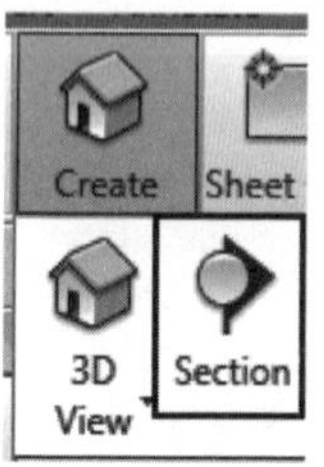

Selecione a ferramenta **Section** do painel Create.

7. 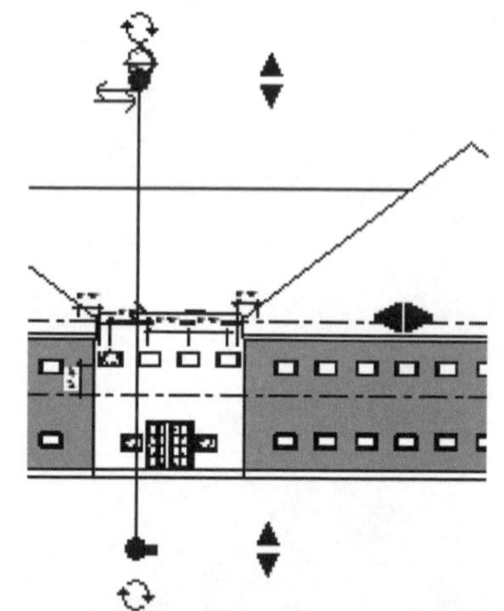
Coloque o símbolo de corte (seção) no meio do prédio.

Use as setas para virar a seta do símbolo para a direita.

Note que você pode usar os pegadores das setas para controlar a profundidade do corte.

8.

Extents	
Crop View	☑
Crop Region Visible	☑
Annotation Crop	☐

No painel Properties:

Habilite **Crop View** (aparar vista).

Habilite **Crop Region Visible** (região de corte visível).

9. Ajuste Far Clip Offset (deslocamento do recorte distante) para **80’** [**2800 mm**].

Far Clipping	
Far Clip Offset	80'
Scope Box	None

Clique em qualquer parte da janela.

10. Sections (Building Section)
    Section 1

O novo corte (seção) aparece no Navegador de Projetos.

11. Digite **VV** e desative a visibilidade de cortes na vista da elevação South (sul).

12. Deactivate View Clique com o botão direito e selecione **Deactivate View**.

13. View Ativar a faixa **View**.

14. 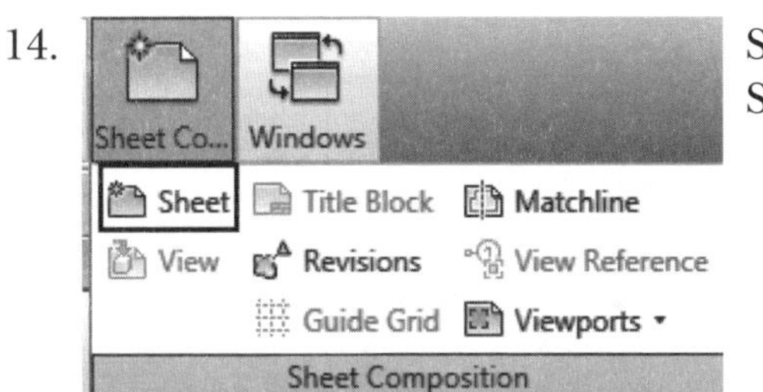

Selecione **New Sheet** no painel Sheet Composition.

15. Select a Titleblock

Select a titleblock

D 22 x 34 Horizontal

E1 30 x 42 Horizontal : E1 30x42 Horizontal

Selecione o bloco de título **D 22 x 34 Horizontal** [**A1 Metric**].

Pressione **OK**.

16.

Approved By	M. Instructor
Designed By	Designer
Checked By	Checker
Sheet Number	A106
Sheet Name	East Elevation
Sheet Issue Date	07/20/10
Appears In Sheet List	☑
Revisions on Sheet	Edit...
Other	
File Path	
Drawn By	J. Student
Guide Grid	<None>

No painel Properties:

Mude Sheet Name (nome da folha) para **East Section**.

Modifique o campo Drawn By com seu nome.

Modifique o campo Approved By com o nome de seu instrutor.

17. Arraste e solte a vista de corte para a folha.

18.

Viewports (1)	
View Scale	1/4" = 1'-0"
Scale Value 1:	48
Display Model	Normal

Selecione a vista.

No painel Properties:

Ajuste a View Scale (escala da vista) para **1/4" = 1'-0"**.

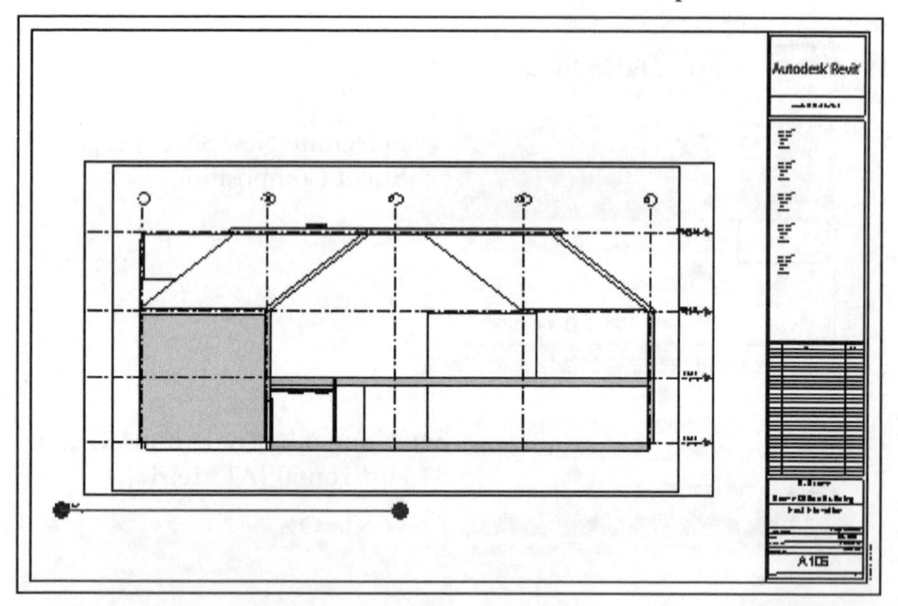

19. Salve o arquivo como *ex7-3.rvt.*

DICA: Qualquer símbolo azul se comportará como um hiperlink numa página web e pode ser duplo-clicado para se alternar para a vista referenciada. (Nota: O azul será impresso em preto nas suas plotagens, se você o quiser.)

Exercício 7-4

Modificando Estilos de Notas Chaves

Nome do desenho: *ex7-3.rvt*

Tempo estimado: 15 minutos

Este exercício reforça as seguintes habilidades:

- ❑ Notas chaves
- ❑ Materiais
- ❑ Edição de famílias

1. Abra ou continue trabalhando no *ex7-3.rvt*.

2. Ative a folha **Exterior Elevations**.

   Sheets (all)
   - A101 - First Level Floor Plan
   - A102 - Door Schedule
   - A103 - Glazing Schedule
   - A104 - LOBBY KEYNOTES
   - A105 - Exterior Elevations
   - A106 - East Section

3. Ative a vista de elevação sul.

   Se você não adicionar as notas no Espaço de Modelo, então as notas não serão automaticamente dimensionadas e movidas com a vista.

4. Annotate Ative a faixa **Annotate**.

5. 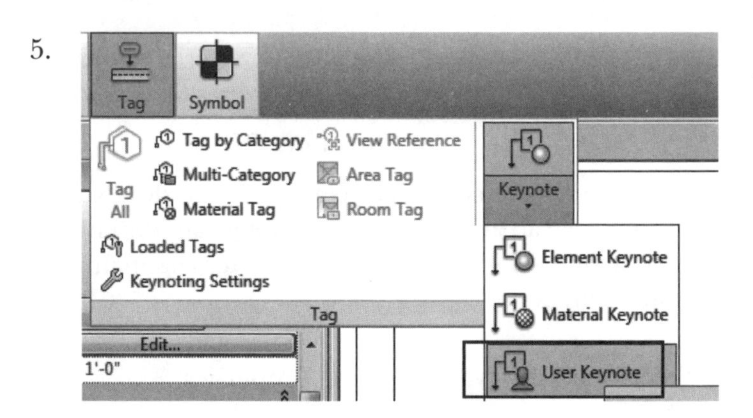

Selecione a ferramenta **User Keynote** no painel Tag.

Nota: O Revit só usa fontes disponíveis na pasta de fontes do Windows. Se você é usuário do AutoCAD com fontes legadas shx, precisará localizar as fontes ttf que sejam equivalentes às fontes que quer usar e carregá-las para a pasta de fontes do Windows. Para converter fontes shx para ttf, verifique em www.tcfonts.com.

6. 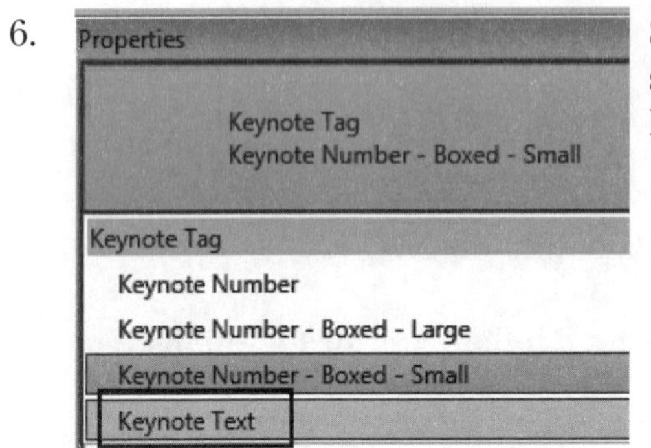

Selecione **Keynote Text** no seletor de tipo do painel Properties.

7. 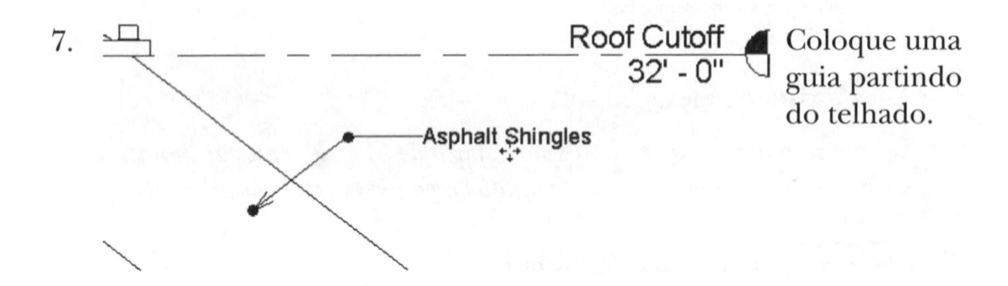

Coloque uma guia partindo do telhado.

8. 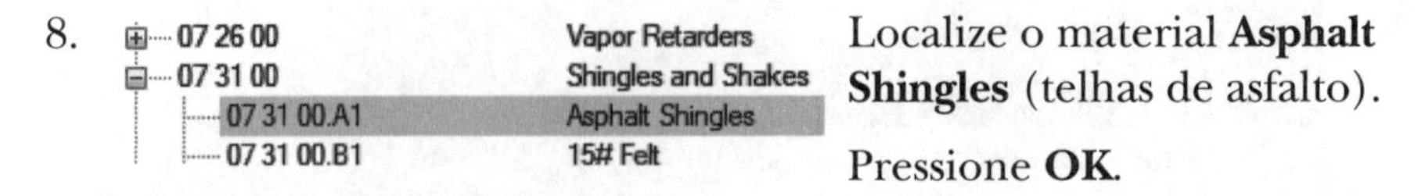

Localize o material **Asphalt Shingles** (telhas de asfalto).

Pressione **OK**.

Os arquitetos são meticulosos com relação ao tamanho do texto e, muitas vezes, com relação ao alinhamento. Notas não devem interferir com elevações, dimensões, etc. Você pode personalizar a aparência de notas chaves.

9. Edit Type — Selecione **Edit Type** no painel Properties.

10. Duplicate... Selecione **Duplicate**.

11. Name: Keynote Text - Custom / OK — Entre **Keynote Text – Custom**.

    Pressione **OK**.

12. Type Parameters

Parameter	Value
Graphics	
Keynote Text	☑
Keynote Number	☐
Boxed	☐
Leader Arrowhead	Arrow Filled 30 Degree
Dimensions	
Box Size	0' 0 15/16"

Mude Leader Arrowhead (seta da guia) para **Arrow Filled 30 Degree**.

Pressione **OK**.

13. 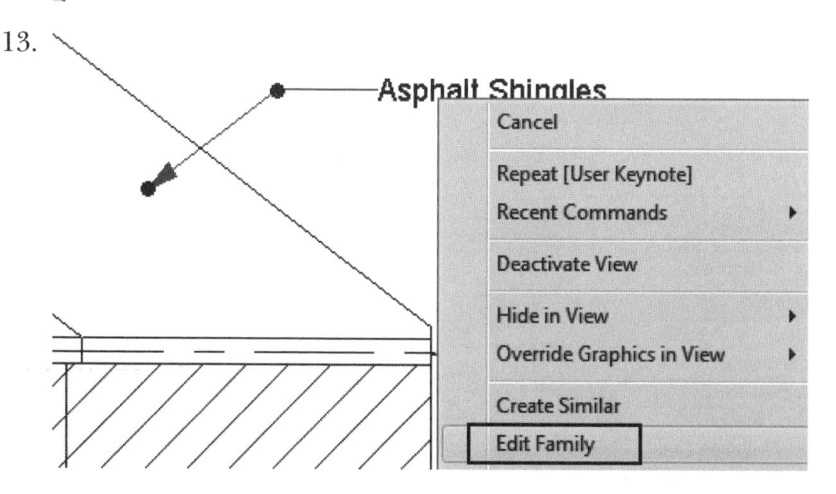

Aplique o novo tipo à nota chave.

Selecione a nota chave.

Clique com o botão direito e selecione **Edit Family**.

14. 05 20 00.A239 — Selecione o texto.

15. 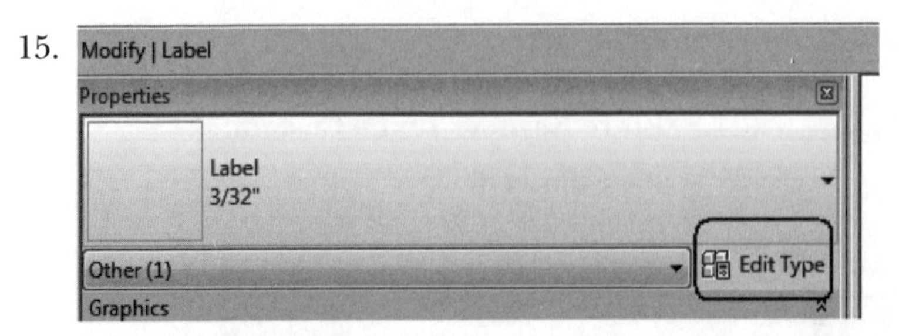

Selecione **Edit Type**.

16. 

Selecione **Duplicate**.

17. Mude o nome para **3/32" CityBlueprint**.

Pressione **OK**.

18. 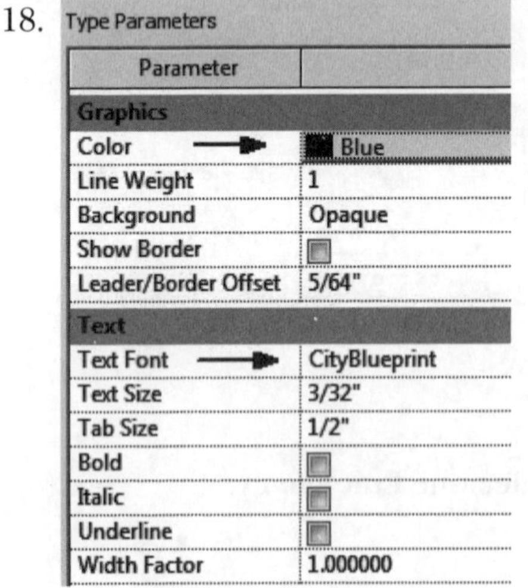

Type Parameters

Parameter	
Graphics	
Color	Blue
Line Weight	1
Background	Opaque
Show Border	
Leader/Border Offset	5/64"
Text	
Text Font	CityBlueprint
Text Size	3/32"
Tab Size	1/2"
Bold	
Italic	
Underline	
Width Factor	1.000000

Mude a cor (Color) para **Blue**.

Mude a fonte de texto (Text Font) para **CityBlueprint**.

Pressione **OK**.

19. 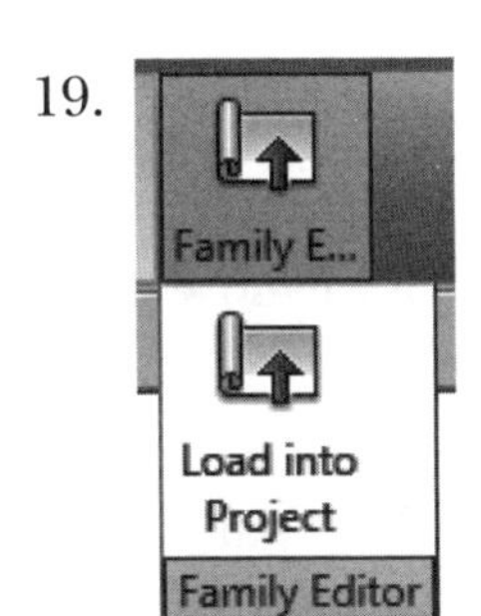

Salve o arquivo como *Keynote Tag CityBlueprint.*

Selecione **Load into Project** no painel Family Editor.

20. 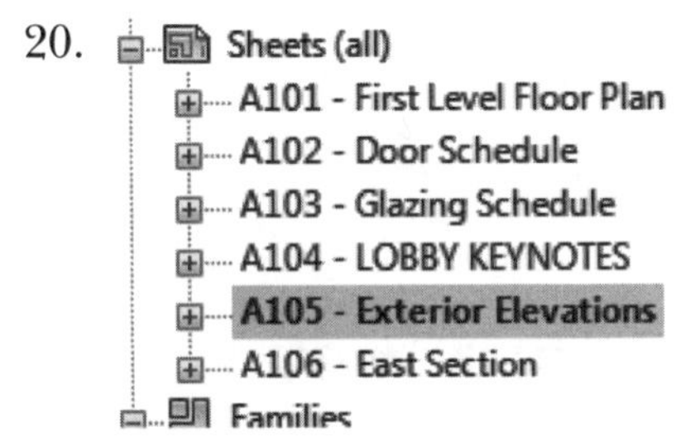

Voltar para a folha **Exterior Elevations**.

Ative a vista de elevação sul.

21. 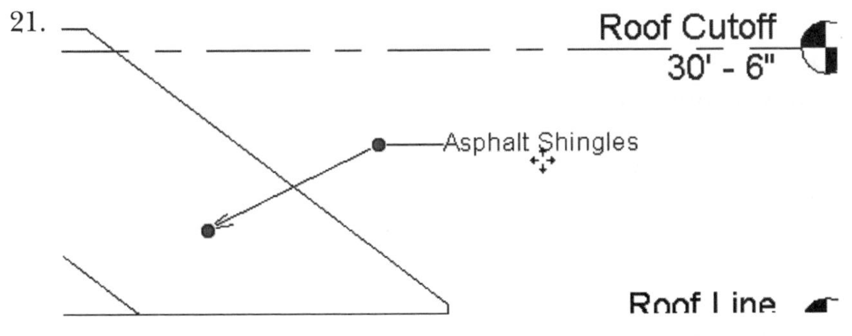

Selecione a nota chave colocada para o telhado.

22. 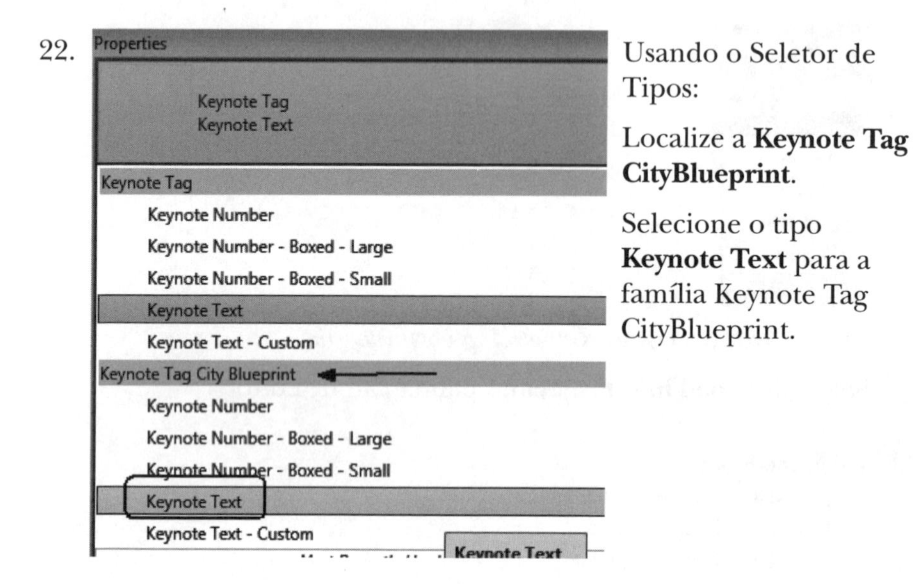

Usando o Seletor de Tipos:

Localize a **Keynote Tag CityBlueprint**.

Selecione o tipo **Keynote Text** para a família Keynote Tag CityBlueprint.

23. 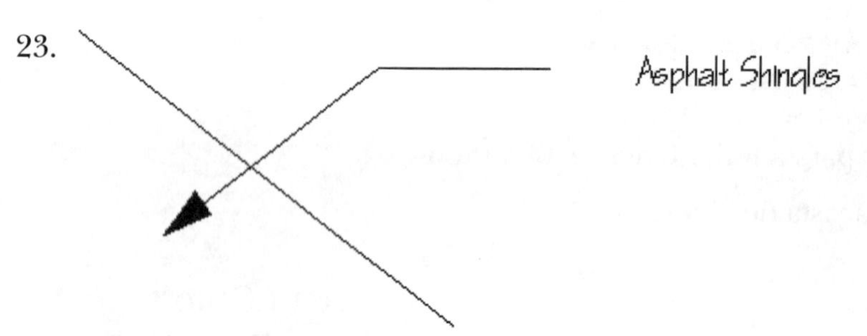

A fonte da nota chave é atualizada.

24. 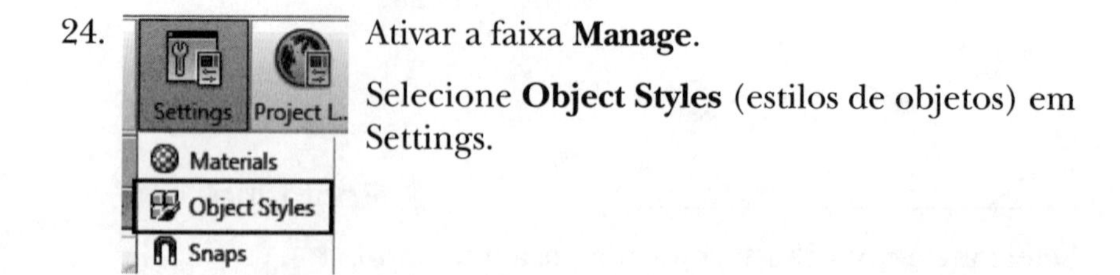

Ativar a faixa **Manage**.

Selecione **Object Styles** (estilos de objetos) em Settings.

25.

Model Objects | Annotation Objects | Imported Objects

Category	Line Weight	Line Color
	Projection	
Grid Heads	1	Black
Guide Grid	1	PANTONE Process
Keynote Tags	1	Blue
Level Heads	1	Black

Selecione a aba **Annotation Objects**.

Defina Line Color (cor da linha) de Keynote Tags para **Blue** (azul).

Pressione **OK**.

26.

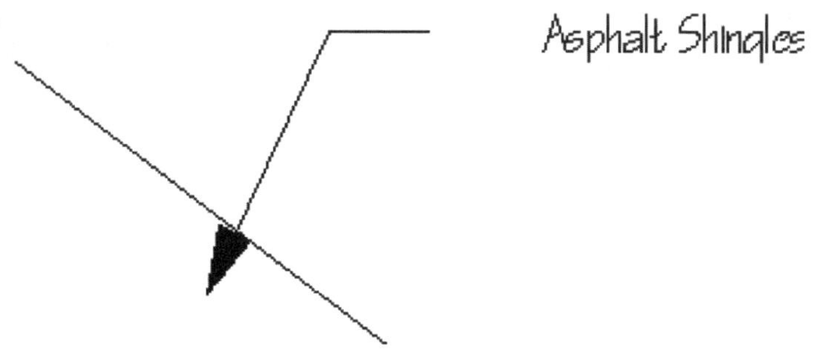

A guia muda para azul.

27. Adicione as notas do material.

Indicações de material para tijolos devem mencionar o padrão (fieira alternada, aparente, etc).

Outra nota típica de material seria o material de cobertura (telha de asfalto, azulejo, etc).

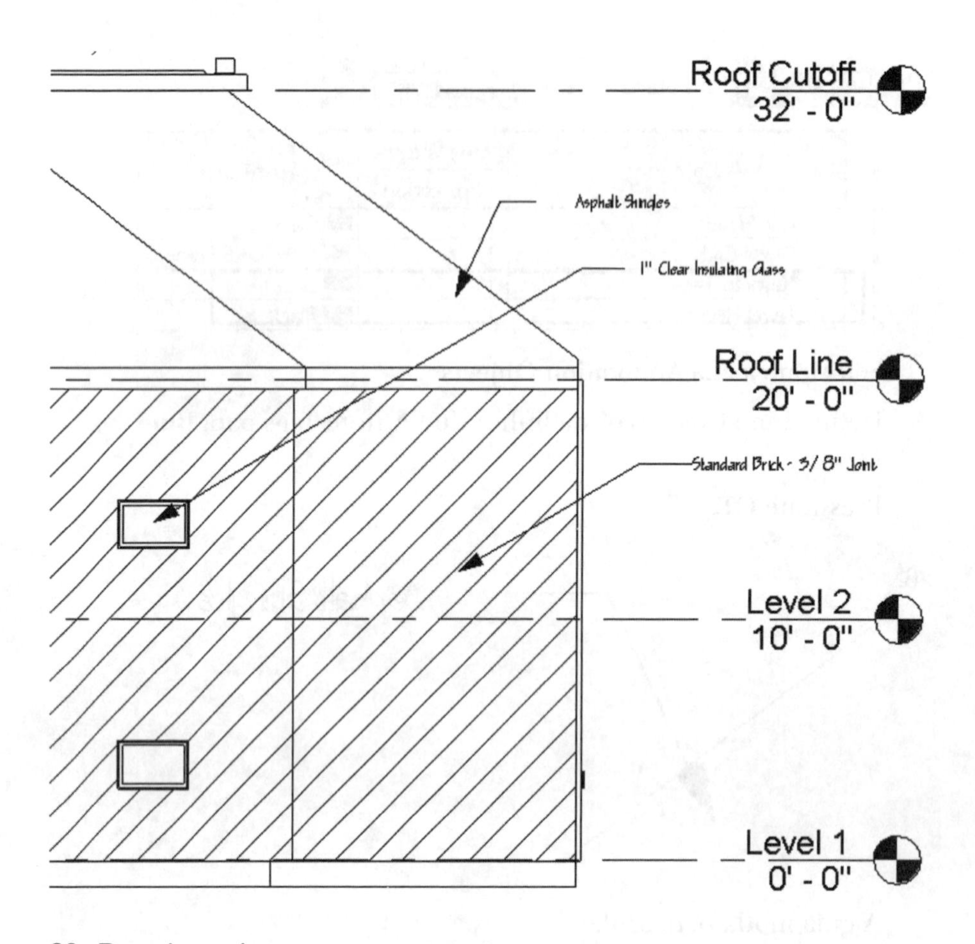

28. Desative a vista.

29. Salve o arquivo *ex7-4.rvt*.

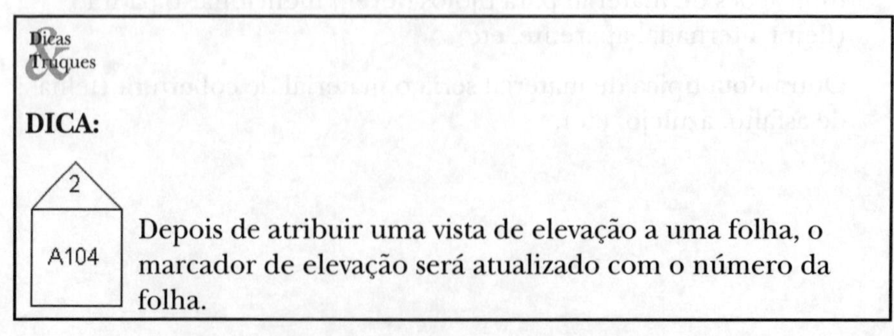

DICA:

Depois de atribuir uma vista de elevação a uma folha, o marcador de elevação será atualizado com o número da folha.

Exercício 7-5

Adicionando Marcas de Janelas

Nome do desenho: *ex7-4.rvt*

Tempo estimado: 5 minutos

Este exercício reforça as seguintes habilidades:

- ❑ Marcar tudo o que não está marcado
- ❑ Agendas de Janelas
- ❑ Agendas/Quantidades
- ❑ Propriedades de agendas

1. Abra *ex7-4.rvt.*

2. Sheets (all)
   - A101 - First Level Floor Plan
   - A102 - Door Schedule
   - A103 - Glazing Schedule
   - A104 - Finish Schedule
   - **A105 - Exterior Elevations**
   - A106 - East Elevation

   Ative a folha **Exterior Elevations**.

3. Activate View

   Selecione a vista de elevação superior (**North**).

   Clique com o botão direito e selecione **Activate View**.

4. Annotate

   Ativar a faixa **Annotate**.

5. 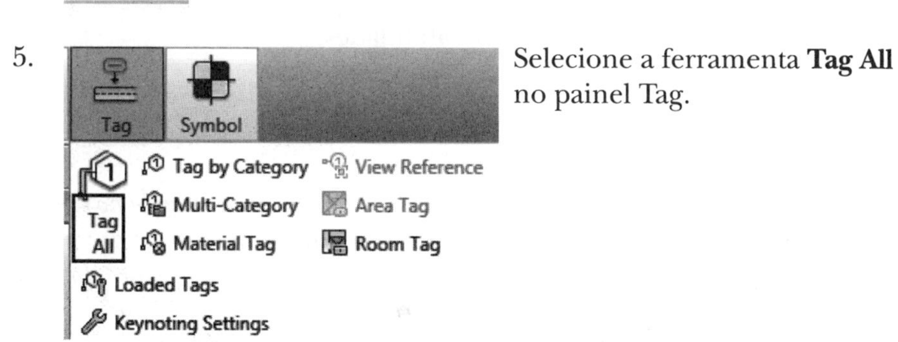

   Selecione a ferramenta **Tag All** no painel Tag.

6. 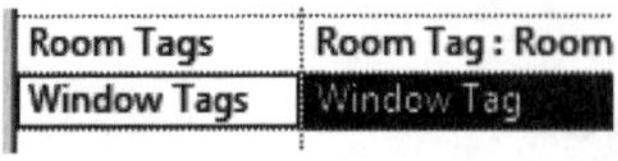 Destaque **Window Tags**.

Room Tags	Room Tag : Room
Window Tags	Window Tag

Pressione **OK**.

Category	Loaded Tags
Door Tags	M_Door Tag
Room Tags	M_Room Tag : Room Tag
Room Tags	M_Room Tag : Room Tag With Area
Room Tags	M_Room Tag : Room Tag With Volume
Window Tags	M_Window Tag

7. 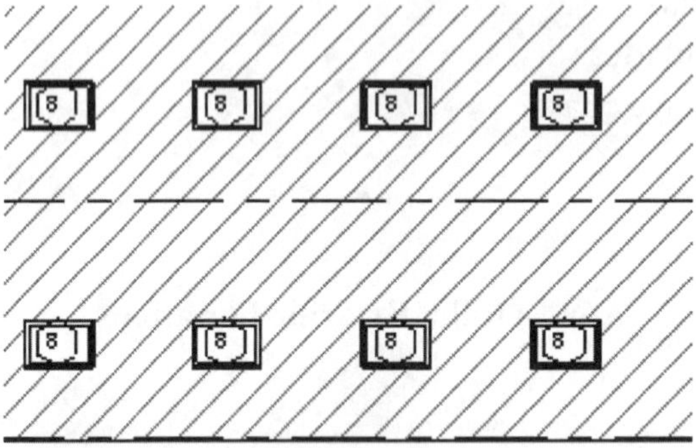 Marcas aparecerão em todas as janelas.

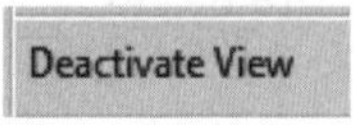

Deactivate View

Desative a vista.

8. Salve o arquivo como *ex7-5.rvt.*

Exercício 7-6

Mudando Marcas de Janelas de Tipo para Instância

Nome do desenho: *ex7-5.rvt*

Tempo estimado: 20 minutos

Este exercício reforça as seguintes habilidades:

- ❑ Tipos de família
- ❑ Parâmetros
- ❑ Marcas

No Exercício 7-5, nós adicionamos uma marca de janela que foi ligada ao tipo da janela. Assim, todas as marcas exibiam o mesmo número para todas as janelas do mesmo tipo. Alguns usuários querem que suas marcas sejam mostradas por instância (colocação individual). Desta forma, eles podem especificar em sua agenda a localização de cada janela, bem como o tipo. Neste exercício, você aprende a modificar a marca de janela do Revit para ligá-la a uma instância, em vez de a um tipo.

1. Abra *ex7-5.rvt.*

2. A104 - Roof Plan
   A105 - First Level Reflected Ceiling Plan
   A106 - Exterior Elevations

   Ative a folha **Exterior Elevations**.

3. Activate View

   Selecione a vista de elevação superior (**North**).

   Clique com o botão direito e selecione **Activate View**.

4. Selecione uma das marcas de janela.

   Certifique-se de não selecionar uma janela.

   A marca da janela (Window Tag) será exibida no painel Properties, se ela for selecionada.

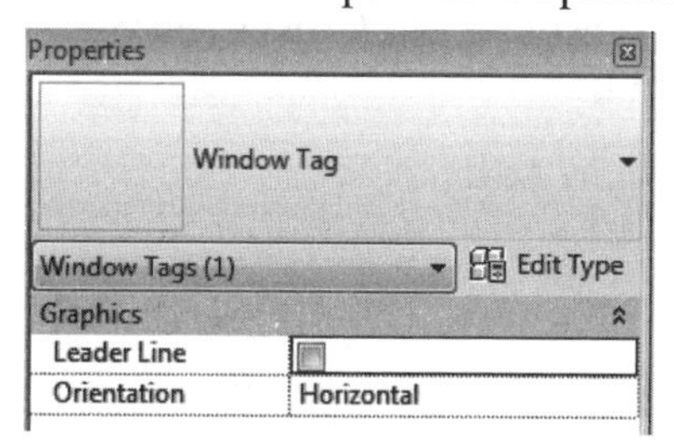

5. Clique com o botão direito e selecione **Edit Family**.

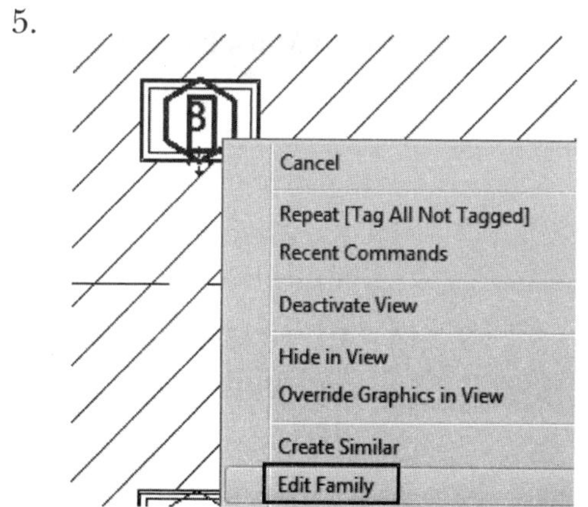

6. Selecione o rótulo/texto localizado no centro da marca.

   Selecione **Edit Label** barra da faixa.

7. Destaque **Type Mark** listado nos Label Parameters.

   Este está ligado ao tipo de janela colocada.

   Selecione o botão **Remove**.

8. 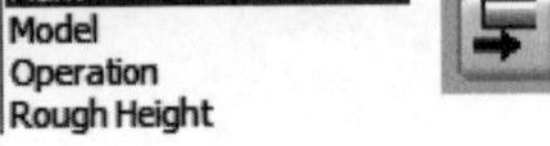

   Localize **Mark** na lista Category Parameters. Este parâmetro está ligado à instância ou janela individual.

   Selecione o botão **Add**.

9. Você deve ver o parâmetro Mark listado.

   Pressione **OK**.

10. 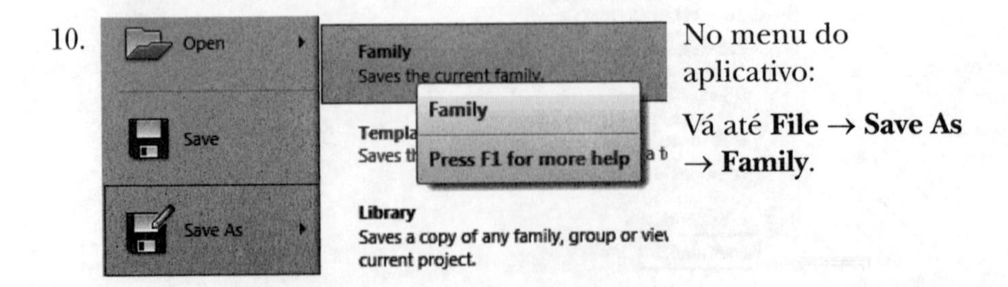

    No menu do aplicativo:

    Vá até **File** → **Save As** → **Family**.

11. Salve o arquivo com um novo nome - **Window Tag_Instance** - na sua pasta de trabalho de classe.

12. Selecione **Load into Project** para tornar a nova marca disponível no modelo de construção.

13. Feche o arquivo de marca da janela.

14. Volte ao arquivo *ex7-5.rvt.*

15. 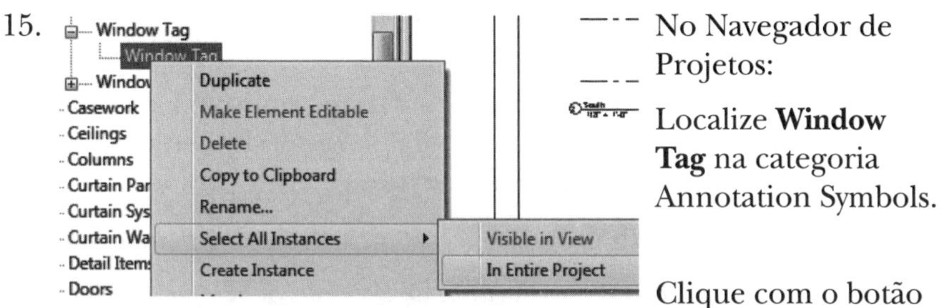

No Navegador de Projetos:

Localize **Window Tag** na categoria Annotation Symbols.

Clique com o botão direito e selecione **Select All Instances → In Entire Project**.

16. 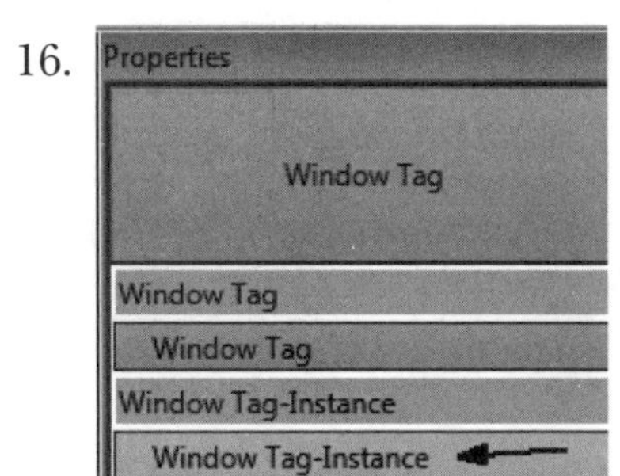

As marcas de janela serão selecionadas em todas as vistas.

No painel Properties:

Use o Seletor de Tipos para selecionar **Window Tag_Instance**.

17. 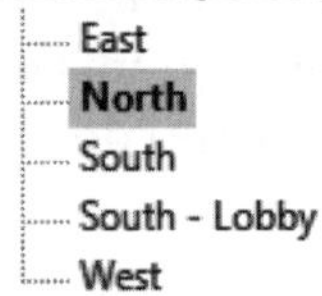

Ative a elevação **North**.

18. 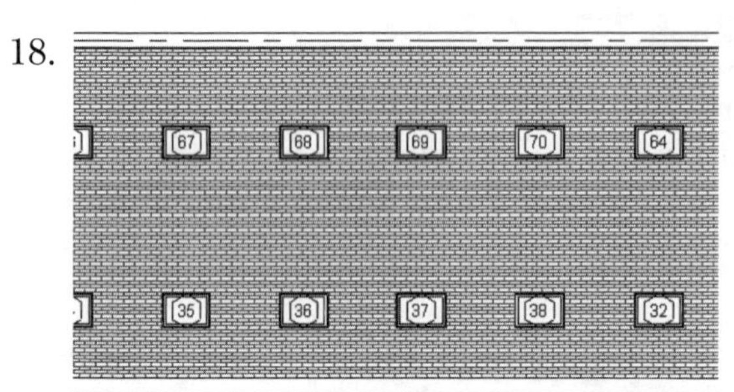

Amplie (zoom) para ver se as janelas agora estão renumeradas.

19. Salve como *ex7-6.rvt.*

Exercício 7-7

Criando uma Vista de Região Plana

Nome do desenho: *plan region view.rvt* (este arquivo é baixado do website da editora ou localizado no CD que acompanha o texto)

Tempo estimado: 20 minutos

Obrigado, John Chan, um dos meus alunos de Revit na SFSU, por este projeto!

Este exercício reforça as seguintes habilidades:

- ❑ Vista de região plana
- ❑ Vistas de nível dividido
- ❑ Trabalho de linha

Algumas plantas baixas são de níveis divididos. Nesses casos, os usuários precisam criar uma vista de região plana, a fim de criar uma boa planta baixa.

1. Abra *plan region view.rvt.*

2.

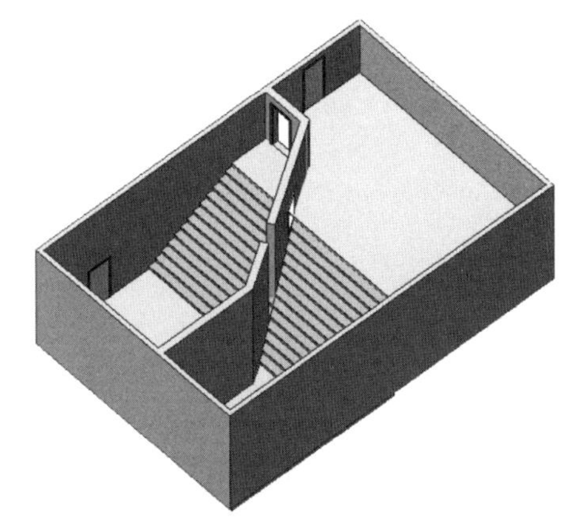

Se você alternar para uma vista 3D, verá que esta é uma planta baixa de nível dividido.

3. Ative a vista **1/F Level 1** nas plantas baixas.

Você vê as marcas de portas e janelas, mas sem portas ou janelas.

4. Ative a faixa **View**.

5.

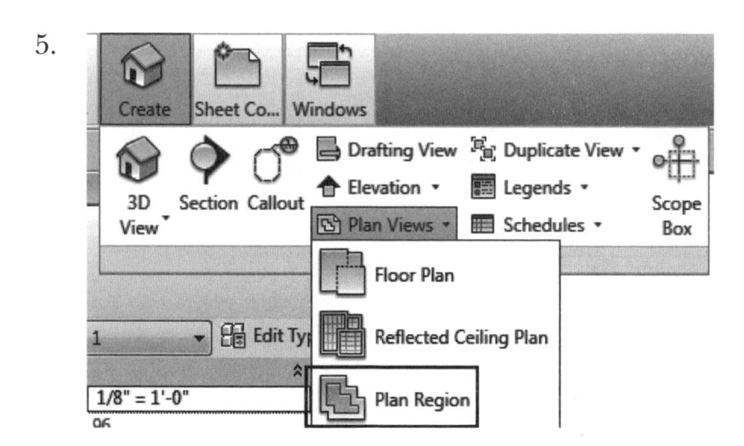

Selecione a ferramenta **Plan Views → Plan Region** no painel Create.

6. Selecione a ferramenta **Rectangle** na faixa.

7.

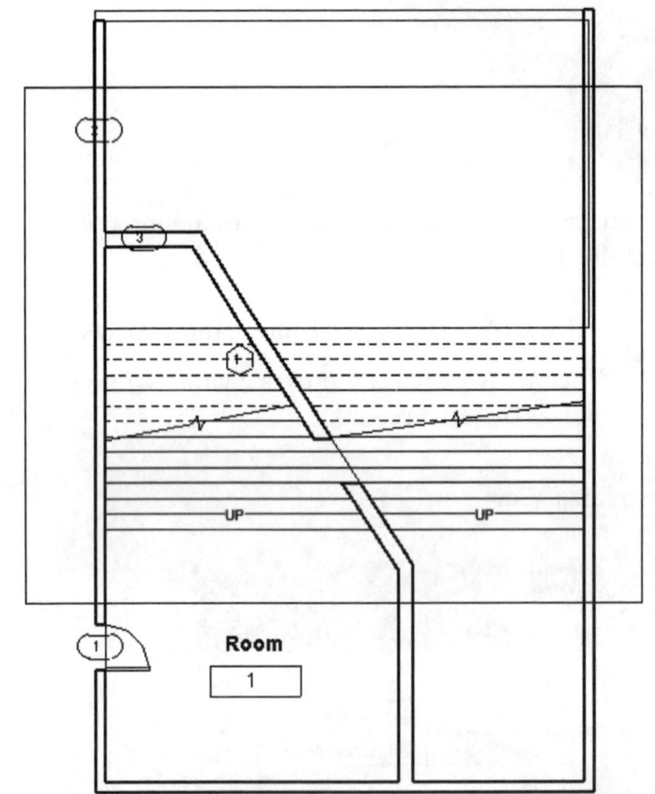

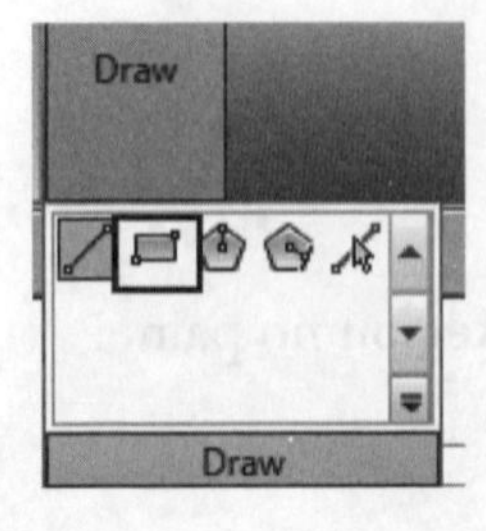

Desenhe um retângulo em torno da região em que você quer que as portas e janelas sejam visíveis.

Certifique-se de estender o retângulo por toda a planta, ou as escadas podem não aparecer convenientemente.

8.

Selecione o botão **Edit** ao lado de View Range, no painel Properties.

9.

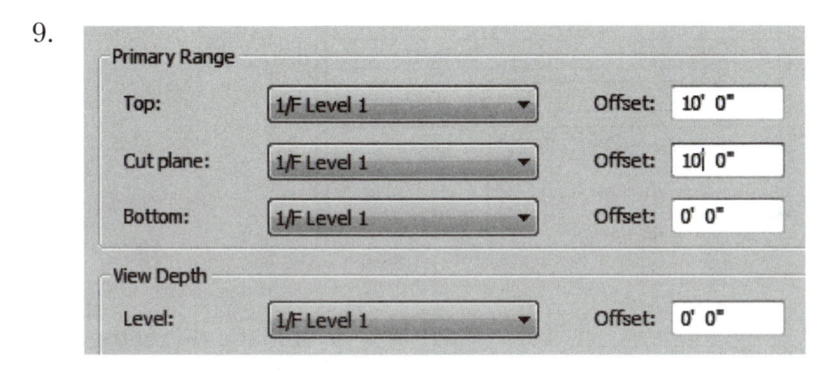

Ajuste o Offset (deslocamento) do plano Top para **10' 0"**.

Ajuste o Offset de Cut Plane (plano de corte) para **10' 0"**.

Pressione **OK**.

Nota: Os valores de suas dimensões podem ser diferentes se você estiver usando seu próprio modelo.

10.

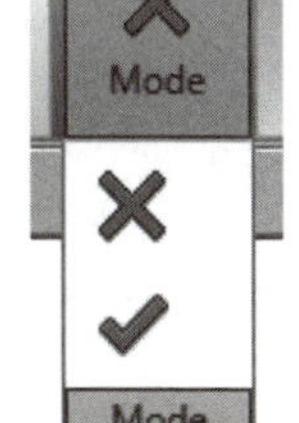

Selecione a **marca verde** no painel Mode para **Finish Plan Region**.

11.

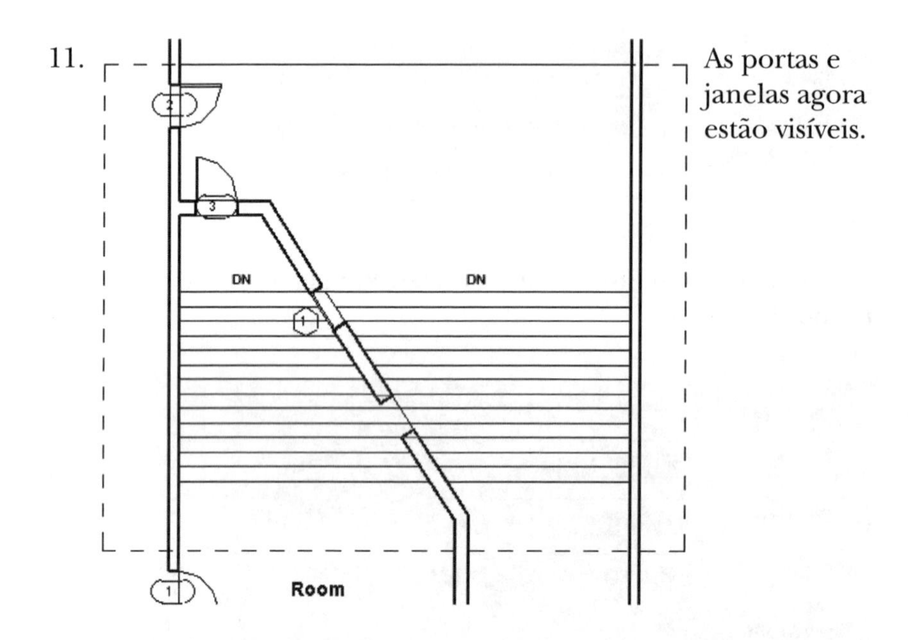

As portas e janelas agora estão visíveis.

12. Mechanical Equipment Tags
Multi-Category Tags
Parking Tags
Plan Region
Planting Tags

Para desativar a visibilidade do retângulo Plan Region na vista, digite **VG**.

Selecione a aba **Annotations**.

Desative **Plan Region**.

Pressione **OK**.

13.

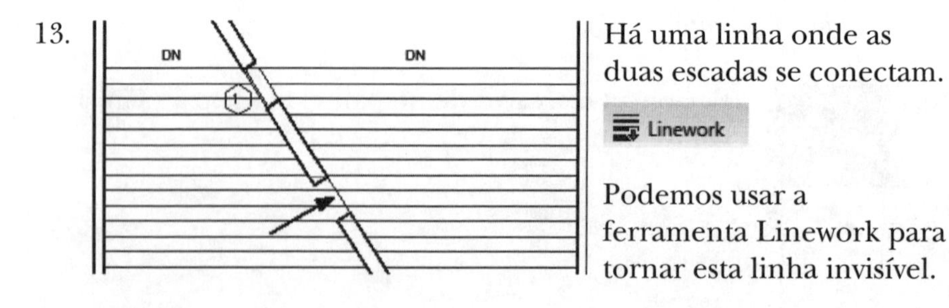

Há uma linha onde as duas escadas se conectam.

Podemos usar a ferramenta Linework para tornar esta linha invisível.

14. Modify Ative a faixa **Modify**.

15. View

View

Selecione a ferramenta **Linework** bo painel View.

16. Line Style:

<By Category>
<Beyond>
<By Category>
<Centerline>
<Demolished>
<Hidden>
<Invisible lines>
<Overhead>

Selecione **Invisible Lines** na lista drop-down Line Style.

17. Selecione as linhas que você quer tornar invisíveis.

18. 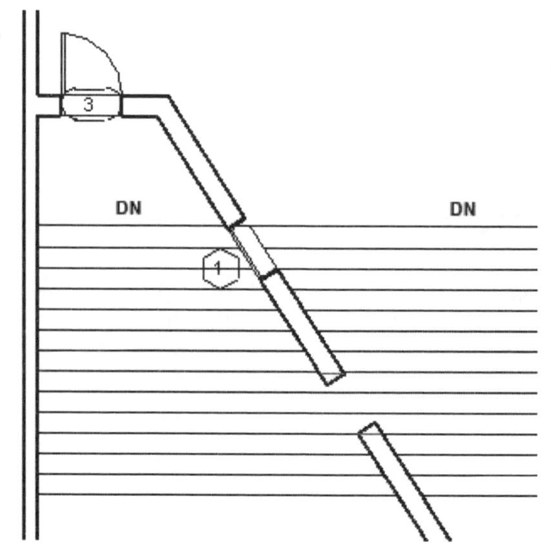

As linhas agora estão invisíveis.

19. Feche sem salvar.

Exercício 7-8

Criando uma Vista de Detalhes

Nome do desenho: *ex7-6.rvt*

Tempo estimado: 20 minutos

Este exercício reforça as seguintes habilidades:

- ❑ Componentes de detalhes
- ❑ Notas

Para criar uma vista de detalhes, você usa o modelo como uma camada subjacente para o detalhe. Você, então, carrega e adiciona os componentes de detalhe desejados. Por fim, adiciona quaisquer notas e dimensões.

1. Abra *ex7-6.rvt.*

2. Sections (Building Section) — Section 1 — Ativar **Section 1** no navegador.

3. 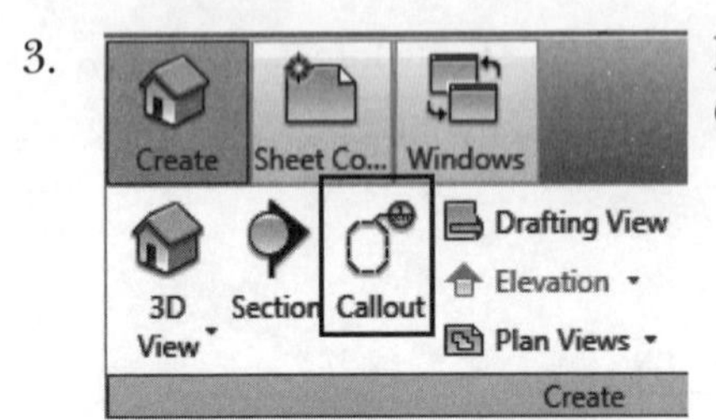

Na faixa View, selecione a ferramenta **Callout** (chamada) no painel Create.

4. 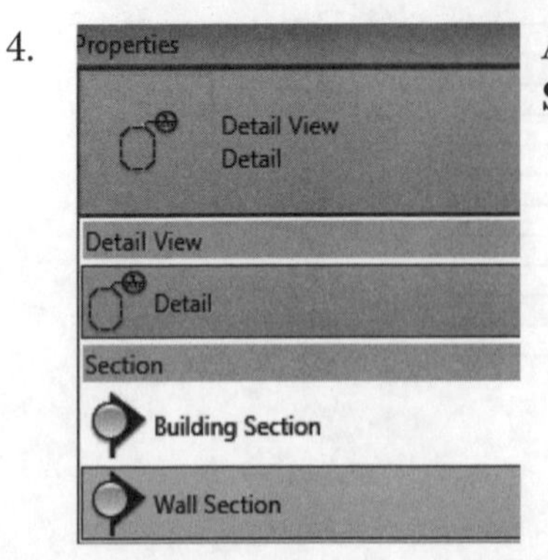

Ajuste o tipo de chamada para **Wall Section** no painel Properties.

5. Selecione a escala (Scale) para a vista de detalhes na barra Options.

Ajuste-a para **1/4" = 1'-0"** [**1:50**].

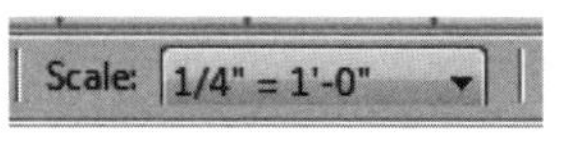

6. 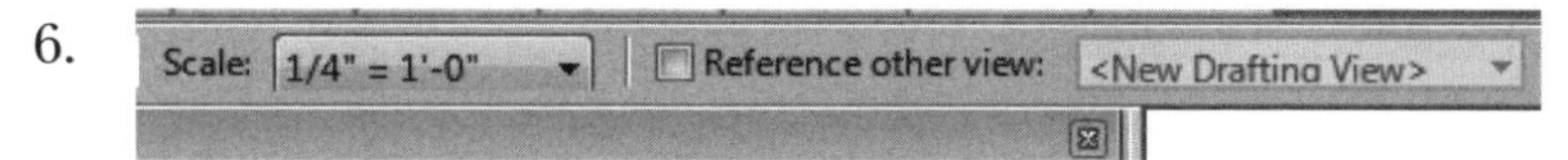

Desative **Reference other view:** (referenciar outra vista) na barra de status.

7. 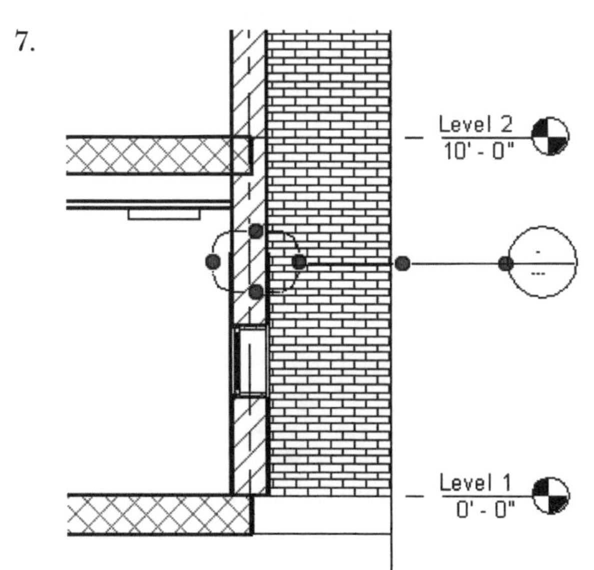

Coloque a chamada na parede leste.

Use os pegadores para posicionar a chamada de detalhe.

O número do detalhe e o número da folha serão automaticamente preenchidos quando você colocar a vista numa folha.

8. 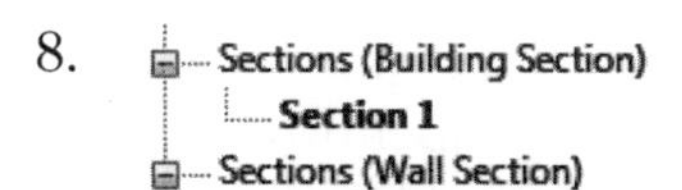

A chamada agora é listada no navegador.

Ative a vista **Callout of Section 1**.

9. Section: Callout of Section 1 — Edit Type

Graphics	
View Scale	1/4" = 1'-0"
Scale Value 1:	48
Display Model	Halftone
Detail Level	Fine
Visibility/Graphics O...	Edit...
Visual Style	Hidden Line
Graphic Display Opt...	Edit...
Show in	Parent View Only
Hide at scales coars...	1/4" = 1'-0"
Discipline	Architectural
Color Scheme Locat...	Background

No painel Properties:

Ajuste Display Model para **Halftone** (meio-tom).

Ajuste Detail Level para **Fine**.

10. Annotate — Ative a faixa **Annotate**.

11. 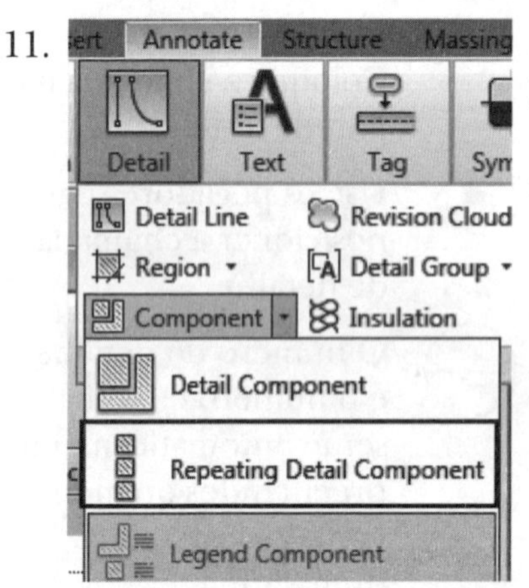

Selecione **Detail → Component → Repeating Detail Component** (componente de detalhe repetitivo) na faixa.

12. Repeating Detail Brick — Selecione **Repeating Detail: Brick** (detalhe repetitivo: tijolo) no painel Properties.

Se este não estiver disponível, selecione **Detail Component**. Selecione **Brick-UK Standard: Soldier & Plan** na lista drop-down Options. Clique para colocar uma vez no projeto, depois exclua-o. Isto o tornará disponível para uso como detalhe repetitivo.

13. Selecione o ponto de partida como mostrado.

Depois, arraste o cursor para cima para gerar o detalhe repetitivo.

Selecione o segundo ponto para finalizar o detalhe repetitivo.

14. 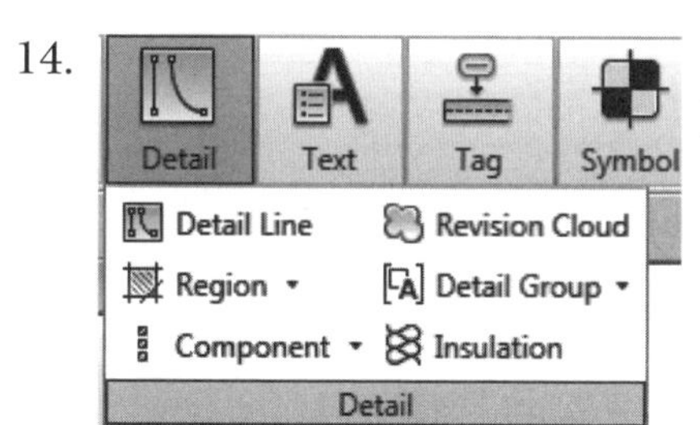

Selecione a ferramenta **Detail → Insulation** (isolamento).

15. 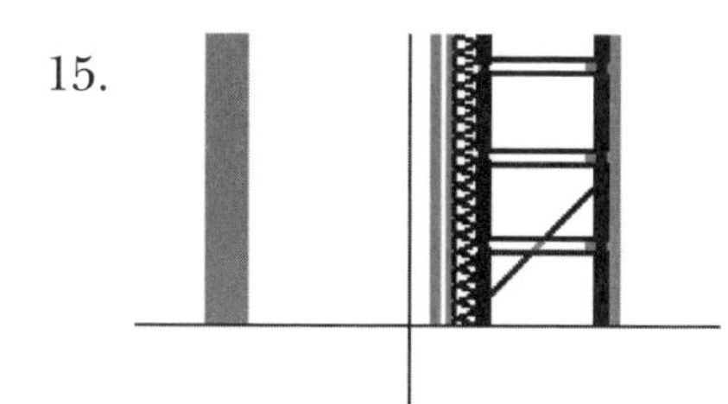

Clique para selecionar os pontos inicial e final do isolamento.

16. 

Você pode controlar a largura e o posicionamento do detalhe de isolamento na barra de status situada na parte inferior esquerda da tela.

17. 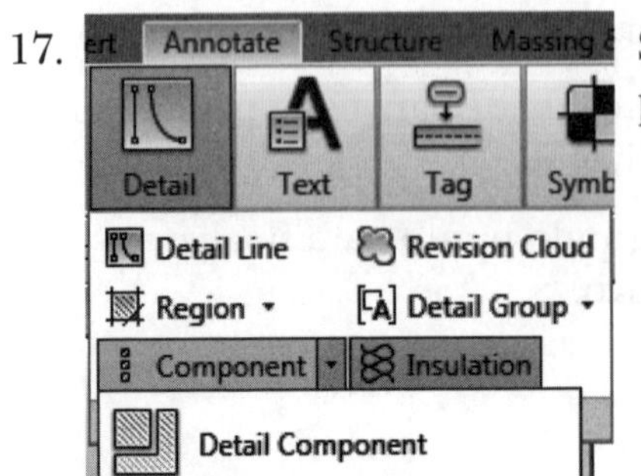

Selecione **Detail Component** no painel Detail da faixa Annotation.

18. Selecione **Load Family** no painel Mode.

19. 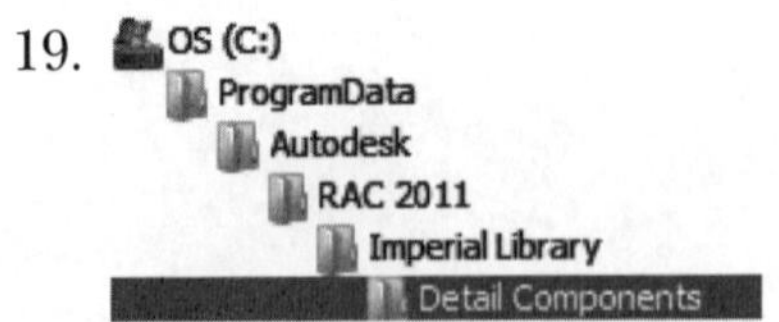

Navegue até a pasta **Detail Components**.

20. Navegar para baixo até a pasta **06160-Sheathing**.

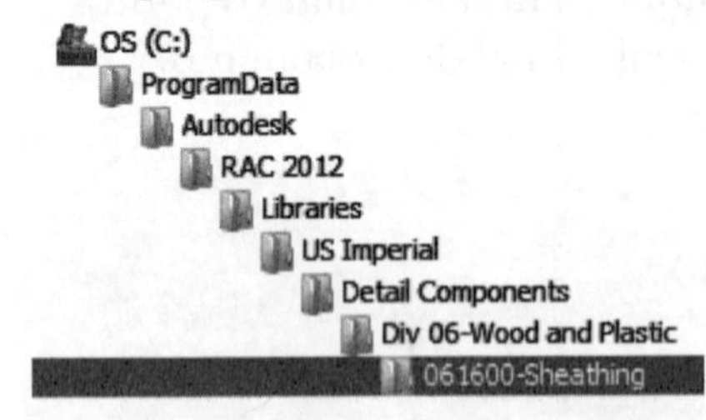

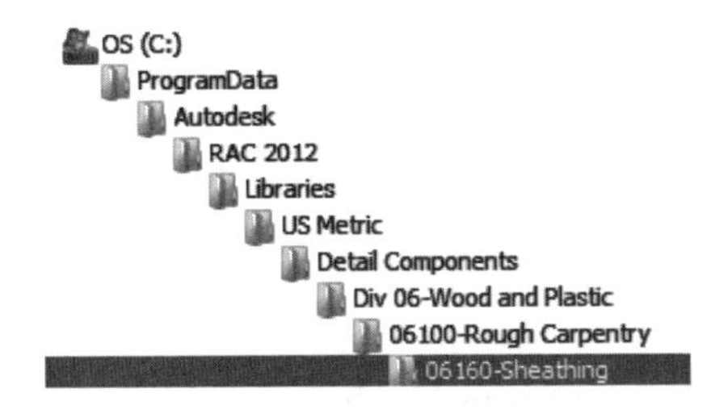

21. File name: Plywood-Section.rfa

File name: M_Plywood-Section.rfa
Files of type: Family Files (*.rfa)

Localize o arquivo *Plywood-Section* [*M_Plywood-Section.rfa*].

Pressione **Open** (abrir).

22. Coloque o componente de detalhe por trás do isolamento.

Você pode usar as teclas de seta para virá-lo, se precisar reorientar o posicionamento.

23. Selecione **Detail Component** na faixa Annotation.

24. Selecione **Load Family** no painel Mode.

25. Navegue até a pasta **092900-Gypsum Board** [**09250-Gypsum Wallboard**].

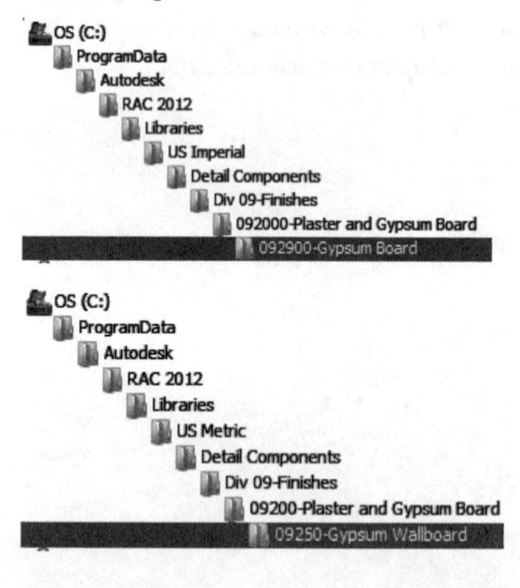

26. Localize o arquivo *Gypsum Wallboard-Section* [*M_Gypsum Wallboard-Section.rfa*].

Pressione **Open**.

27. Coloque o painel de gesso no lado esquerdo da parede.

Use as setas para virar a orientação do painel, se necessário.

28. 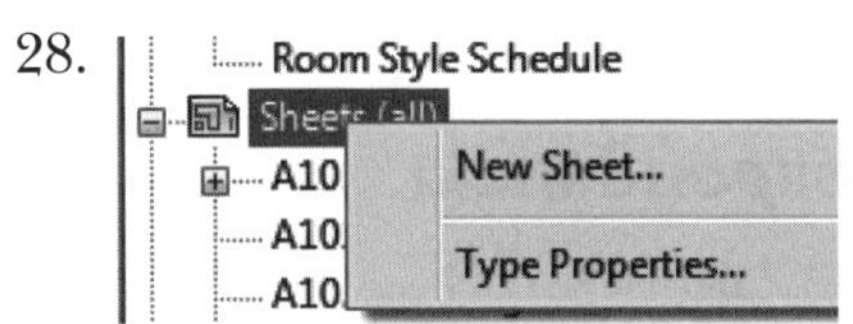

Destaque **Sheets** (folhas) no navegador.

Clique com o botão direito e selecione **New Sheet** (nova folha).

29. Select titleblocks:

D 22 x 34 Horizontal
E1 30 x 42 Horizontal : E1 30x42 Horizontal
None

Pressione **OK**.

30.

Sheet Number	A107
Sheet Name	Detail Views
Sheet Issue Date	07/20/10
Appears In Sheet List	☑

No painel Properties:

Mude o nome da folha (Sheet Name) para **Detail Views**.

31. 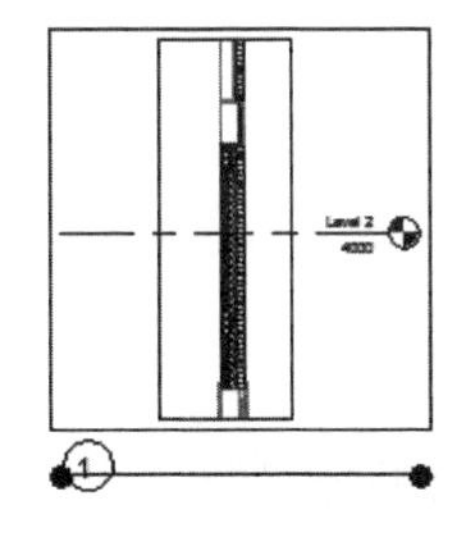

Callout of Section 1
1 : 50

Arraste e solte a vista de chamada sobre a folha.

32. 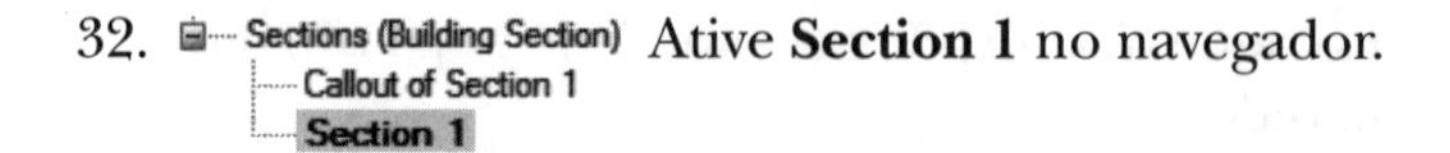

Ative **Section 1** no navegador.

33. Note que a chamada foi atualizada com o número do detalhe e número da folha.

34. Salve como *ex7-8.rvt.*

Exercício 7-9

Usando uma Linha de Correspondência

Nome do desenho: *ex7-8.rvt*

Tempo estimado: 20 minutos

Este exercício reforça as seguintes habilidades:

- ❑ Linhas de correspondência
- ❑ Folhas
- ❑ Vistas

1. Abra *ex7-8.rvt.*

2. 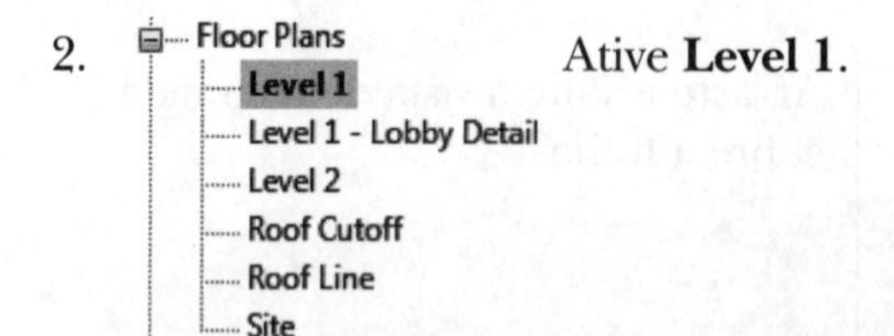

Ative **Level 1**.

3. 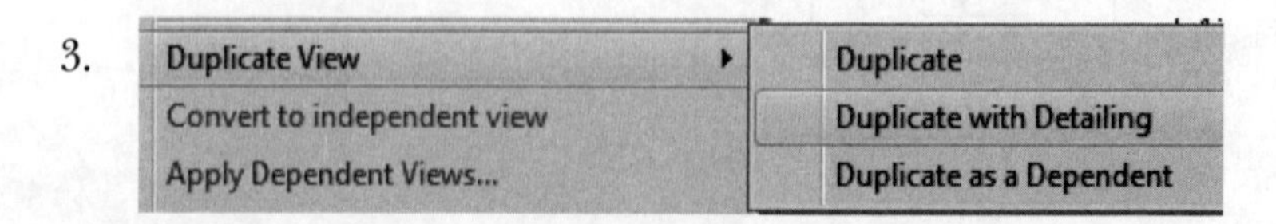

Clique com o botão direito no **Level 1**, no navegador.

Selecione **Duplicate View → Duplicate with Detailing** (duplicar com detalhamento).

4. 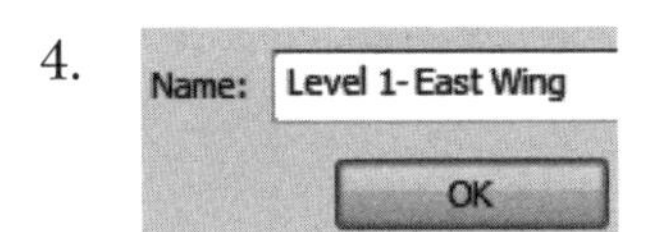

Renomeie a vista para **Level 1-East Wing**.

Pressione **OK**.

5. 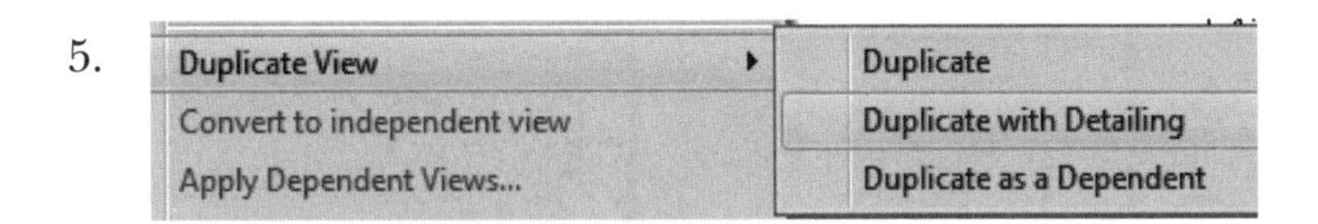

Clique com o botão direito no **Level 1**, no navegador.

Selecione **Duplicate View → Duplicate with Detailing**.

6. 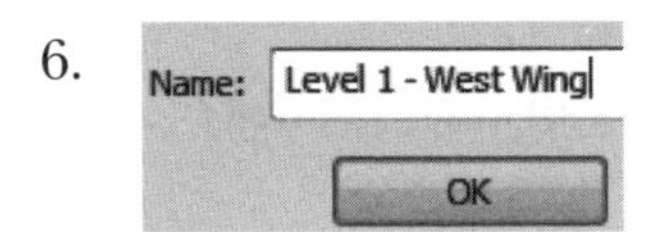

Renomeie a vista **Level 1-West Wing**.

Pressione **OK**.

7. 

Ativar a vista de planta baixa **Level 1-West Wing**.

No painel Properties:

Habilite **Crop View**.

Habilite **Crop Region Visible**.

8.

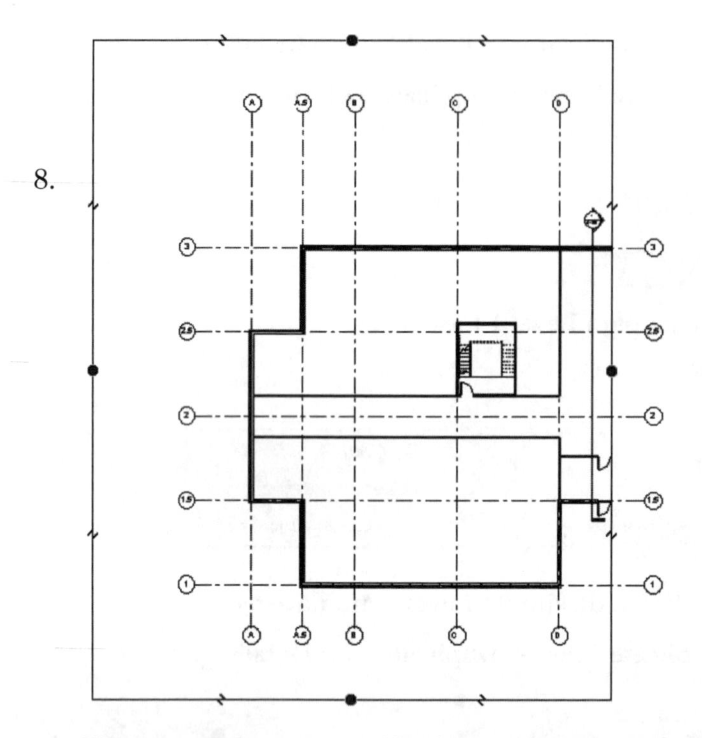

Use os pegadores na região de recorte para mostrar apenas o lado oeste da planta baixa.

9.

Level 1 - West Wing
Level 1- East Wing
Level 2

Ative **Level 1-East Wing**.

10.

Extents	
Crop View	☑
Crop Region Visible	☑
Annotation Crop	☐

No painel Properties:

Habilite **Crop View**.

Habilite **Crop Region Visible**.

11. 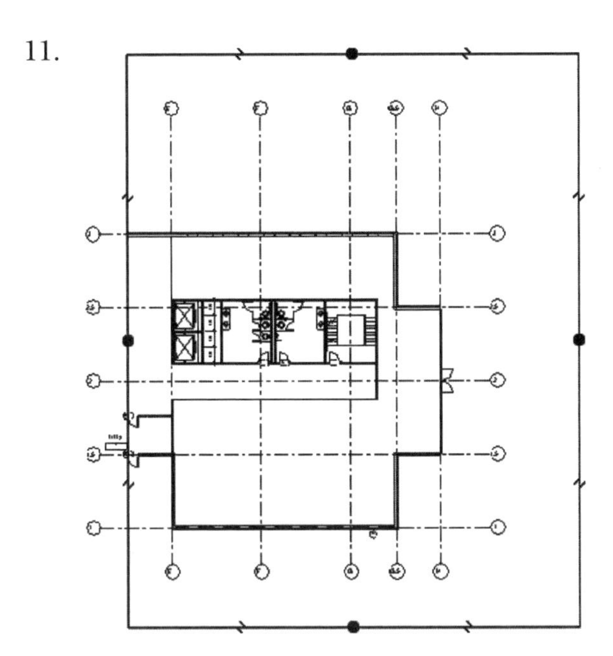

Use os pegadores na região de recorte para mostrar apenas o lado leste da planta baixa.

12. View

Ativar a faixa **View**.

13. 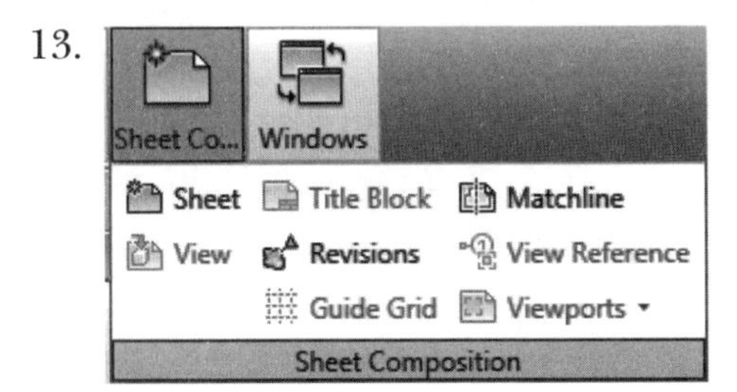

No painel Sheet Composition:

Selecione a ferramenta **Matchline**.

14. 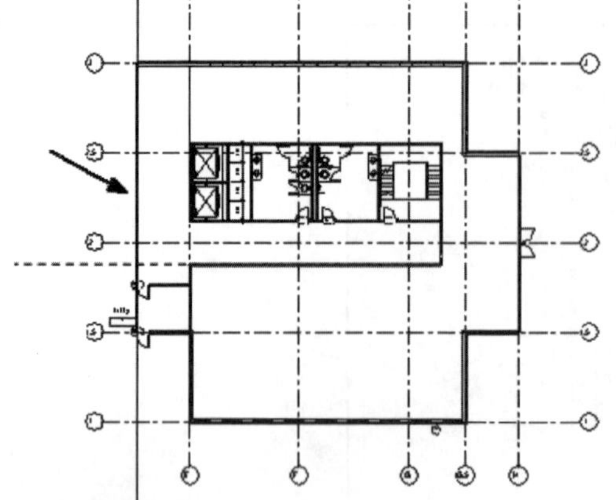 Desenhe uma linha onde a vista está cortada.

15. 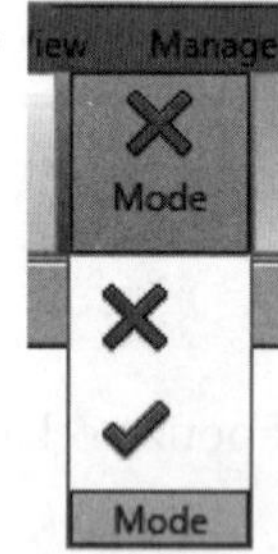

Selecione a **marca verde** em Mode para terminar a linha de correspondência.

16. 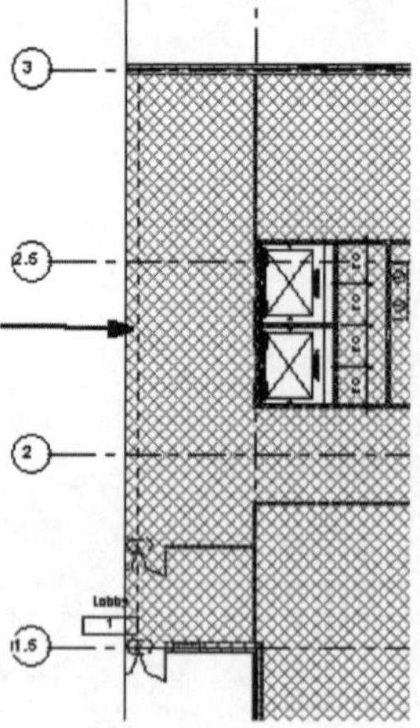 Ajuste a região de recorte para que você veja a linha de correspondência.

17. 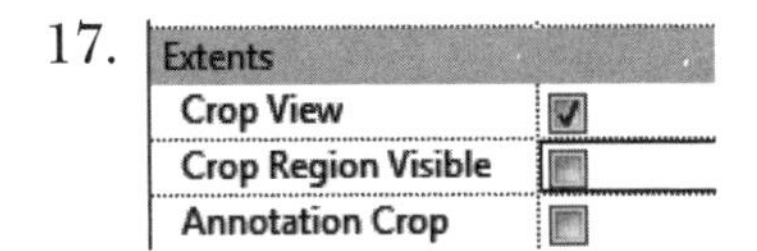

Desabilitar **Crop Region Visible** no painel Properties.

18. 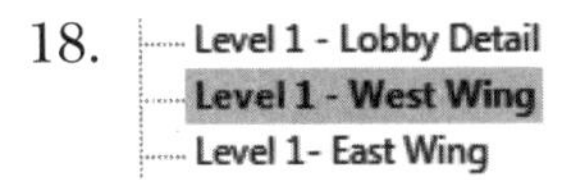

Ative a planta baixa **Level 1-West Wing**.

19. 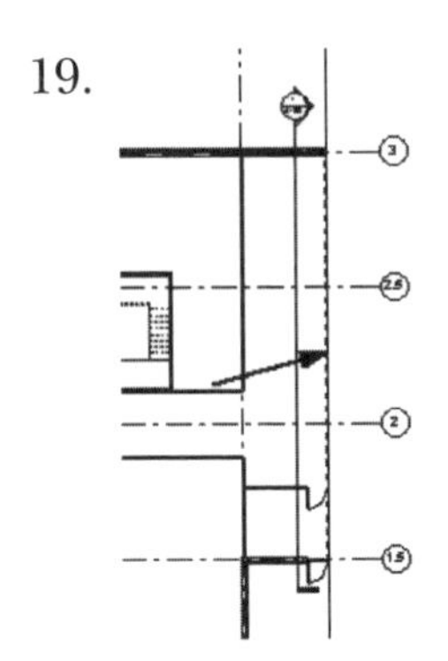

Você deverá ver uma linha de correspondência nesta vista, também.

20. 

Desabilite **Crop Region Visible** no painel Properties.

21. 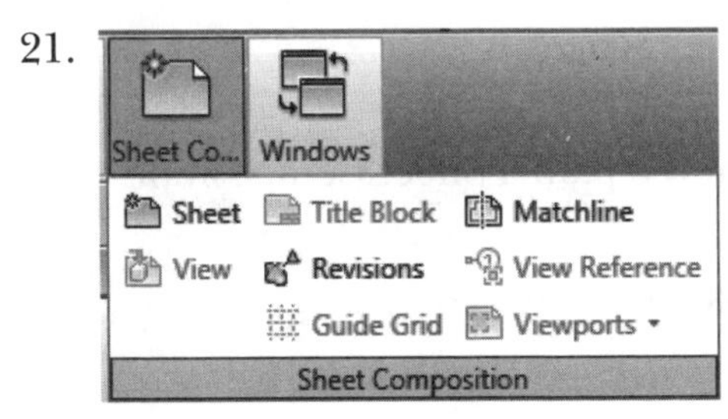

Adicione uma nova folha usando o painel Sheet Composition da faixa View.

Pressione **OK** para aceitar o bloco de título omissivo.

22. 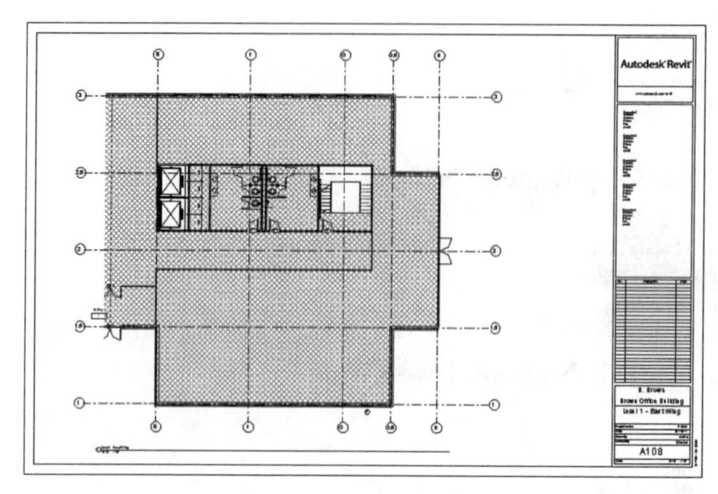

Coloque a planta baixa **Level 1-East Wing** na folha.

Ajuste a escala para que ela preencha a folha.

Ajuste as linhas de grade, se necessário.

Desative a visibilidade dos marcadores de elevação.

Nomeie a folha como **Level 1-East Wing**.

23. 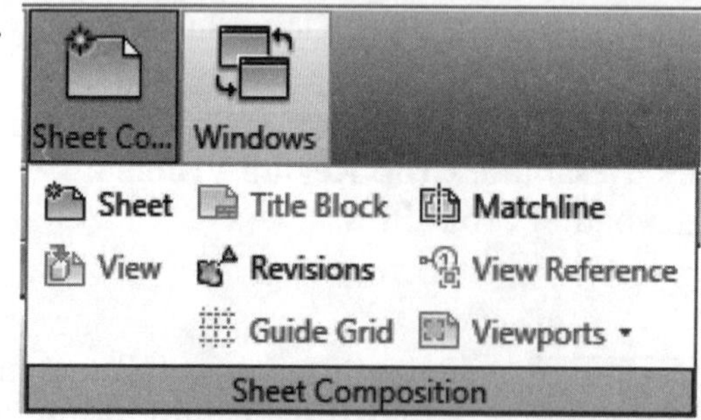

Adicione uma nova folha usando o painel Sheet Composition da faixa View.

Pressione **OK** para aceitar o bloco de título omissivo.

24. 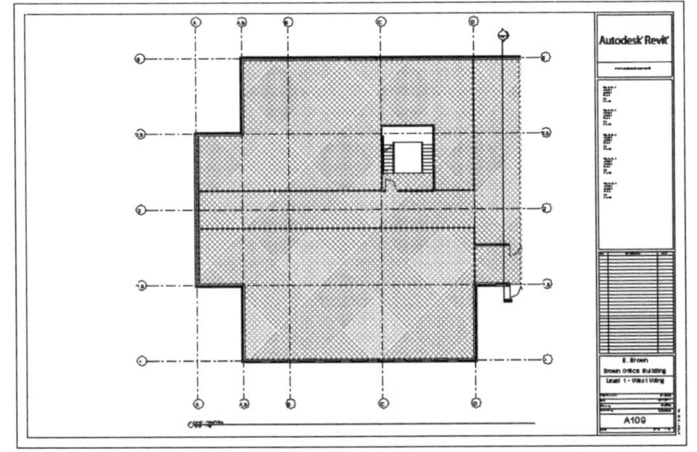

Coloque a planta baixa **Level 1-West Wing** na folha.

Ajuste a escala de modo a preencher a folha.

Desative a visibilidade dos marcadores de elevação.

Nomeie a folha como **Level 1-West Wing**.

25. Salve o arquivo como *ex7-9.rvt*.

Projetos Adicionais

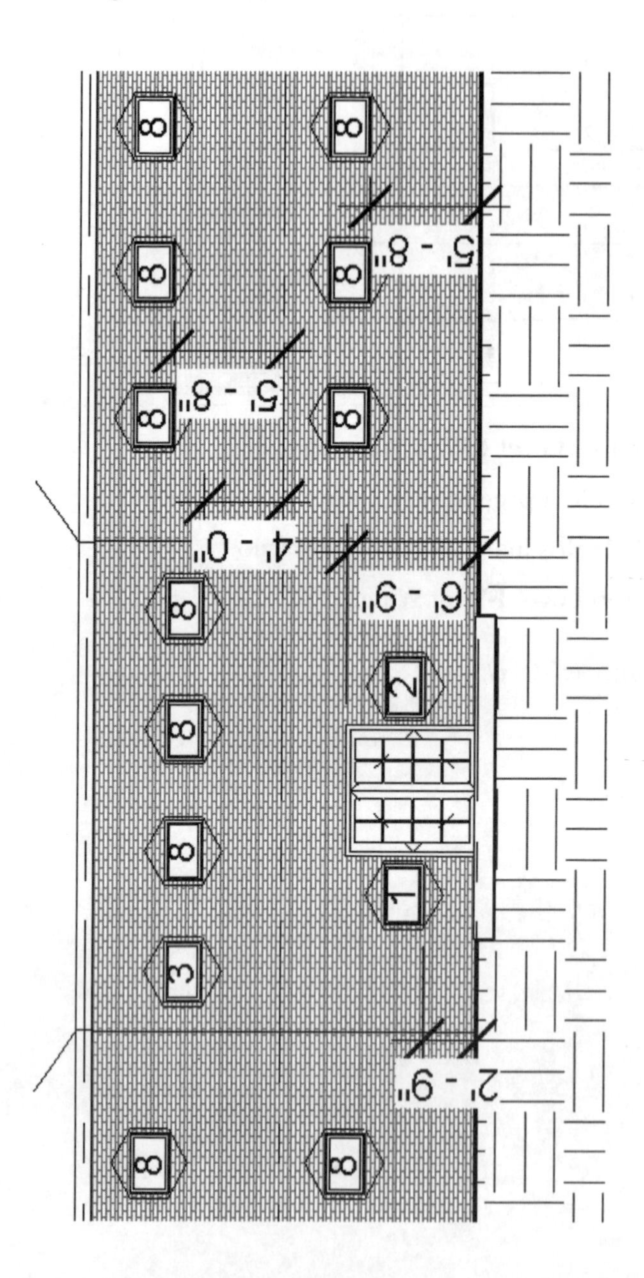

1. Crie uma vista de elevação Norte sem as plantas, grades ou ambiente. Adicione dimensões à vista de elevação.

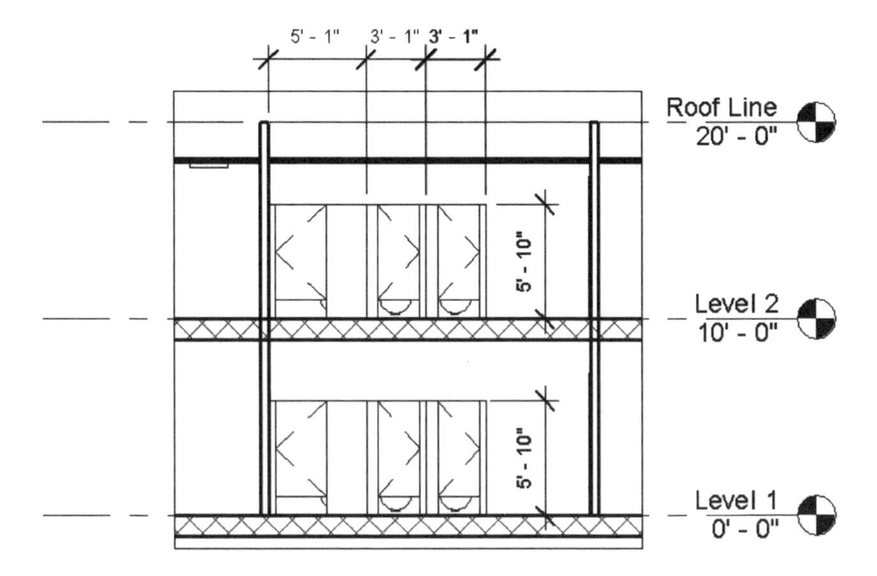

2. Crie uma vista de corte de elevação do banheiro feminino. Adicione-a a uma folha e dimensione-a.

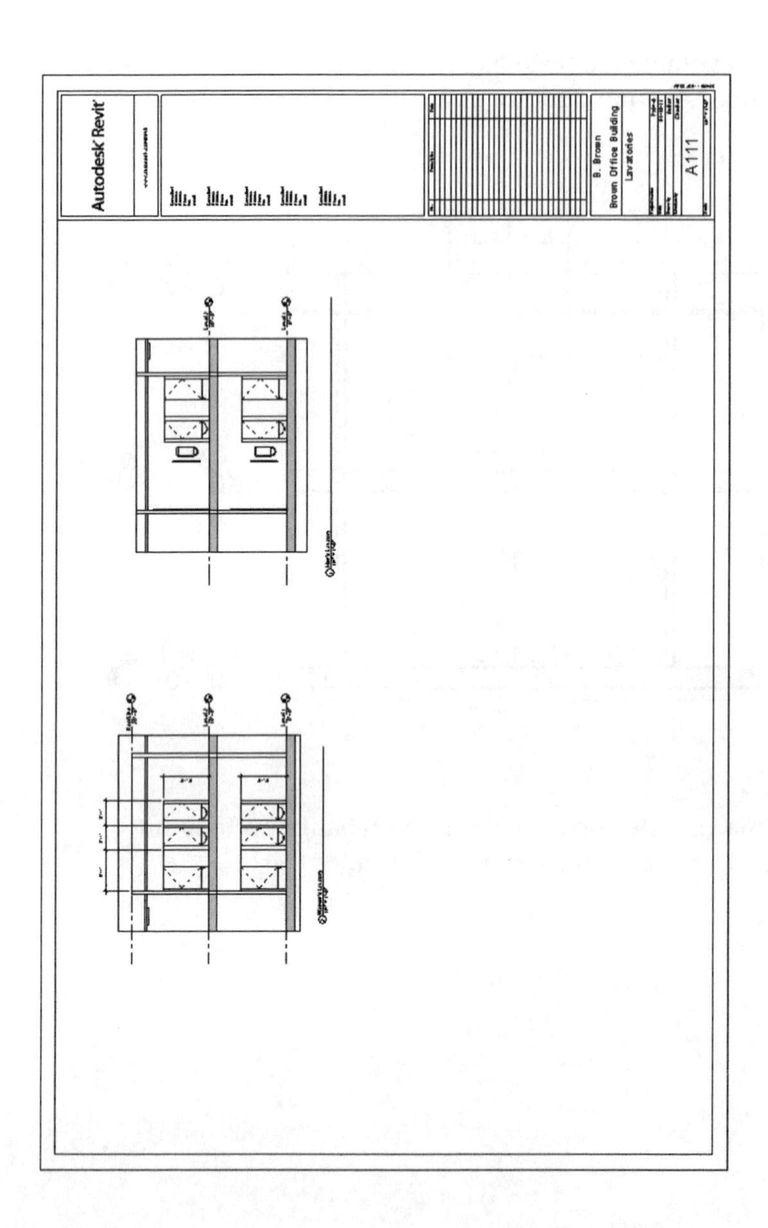

3. Adicione uma vista de corte do banheiro masculino à folha. Dimensione esta vista de corte.

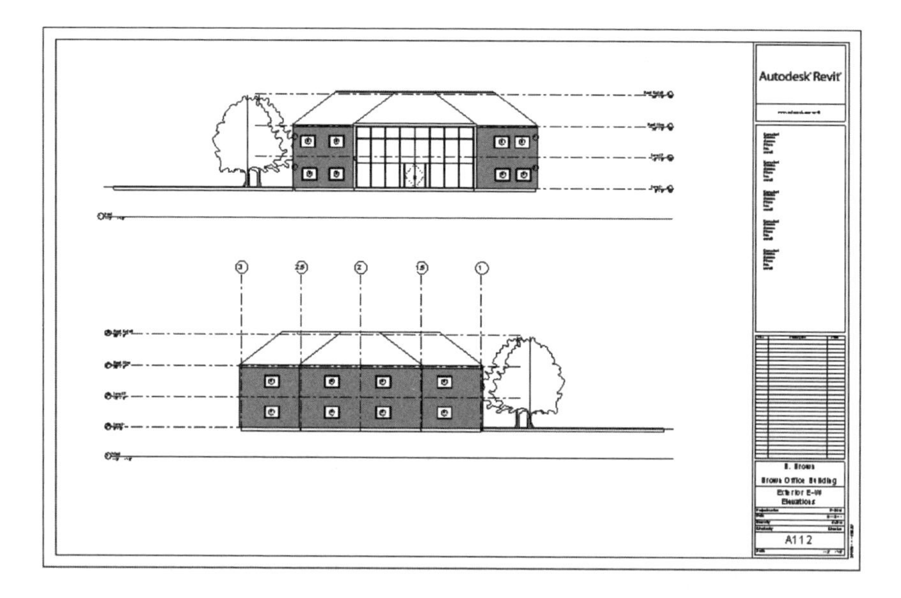

4. Crie uma folha com as elevações Leste e Oeste. Você pode ter de ajustar os símbolos de seta, as localizações e a profundidade de corte das elevações.

Questionário da Lição 7

Verdadeiro ou Falso

1. Você tem que desativar uma vista antes de poder ativar outra.

2. Ao adicionar dimensões a uma elevação, você adiciona dimensões horizontais, não dimensões verticais.

3. A ferramenta Linework (trabalho de linha) é usada para mudar o estilo de linha de uma linha numa vista.

4. Se você mudar o estilo de linha de uma linha numa vista, ela será automaticamente atualizada em todas as vistas.

5. Ao duplo-clicar num símbolo azul ativa-se automaticamente a vista ligada a esse símbolo.

Múltipla Escolha

6. Para adicionar uma visualização a uma folha, você pode:

   A. Arrastar e soltar o nome da vista do navegador para a folha.

   B. Ir para View-> New-> Add View.

   C. Selecionar 'Add View' na barra View Design.

   D. Todas as alternativas acima.

7. Para adicionar uma folha, você pode:
   A. Selecionar a ferramenta New Sheet da faixa View.
   B. Clicar com o botão direito numa folha e selecionar New Sheet.
   C. Destacar Sheets no navegador, clicar com o botão direito e selecionar 'New Sheet'.
   D. Ir para File-> New Sheet.

8. Para controlar a profundidade de uma vista de elevação (objetos visíveis por trás de objetos):
   A. Mude para o modo Hidden Line (linha oculta).
   B. Ajuste a localização do plano de corte da elevação.
   C. Ajuste a caixa de corte.
   D. Mude a Underlay View (vista subjacente).

9. A tecla de atalho de teclado para Linework (trabalho de linha) é:
   A. L.
   B. LW.
   C. LI.
   D. LK.

10. A opção de guia de texto NÃO disponível é:
   A. Guia sem ombro.
   B. Guia com ombro.
   C. Guia Curva.
   D. Guia Spline.

11. O número 1 no símbolo de corte mostrado indica:

A. O número da folha.

B. A escala da folha.

C. O número da elevação.

D. O número do detalhe na folha.

12. Os valores no símbolo de corte são automaticamente ligados a:

A. O navegador.

B. A folha em que a vista de corte está colocada.

C. O texto entrado pelo usuário.

D. A planta baixa.

13. Para controlar a espessura de linha de estilos de linha:

A. Vá para Settings → Line Styles.

B. Vá para Line Styles → Properties.

C. Selecione a linha, clique com o botão direito e selecione 'Properties'.

D. Vá para Tools → Line Weights.

RESPOSTAS:

1) V; 2) F; 3) V; 4) F; 5) V; 6) A e B; 7) A & C; 8) B; 9) B; 10) D; 11) D; 12) B; 13) A

Lição 8

Produção Final

A produção é uma habilidade adquirida. É preciso prática para configurar cenas para obter os resultados que você quer. É útil familiarizar-se com fotografia, já que muito da mesma teoria de iluminação e sombreamento é aplicável. A obtenção da cena correta é uma questão de tentativa e erro. É boa ideia fazer pequenos ajustes durante a configuração de uma cena, uma vez que, frequentemente, você aprende mais sobre os efeitos de diferentes configurações.

Exercício 8-1

Criando uma Superfície Topográfica

Nome do desenho: *ex7-9.rvt*

Tempo estimado: 15 minutos

Este exercício reforça as seguintes habilidades:

- ❑ Sítio
- ❑ Superfície topográfica

Antes de podermos criar algumas boas vistas produzidas, precisamos adicionar um pouco de cenário de fundo ao nosso modelo.

1. Abra ex7-9.rvt.

2. 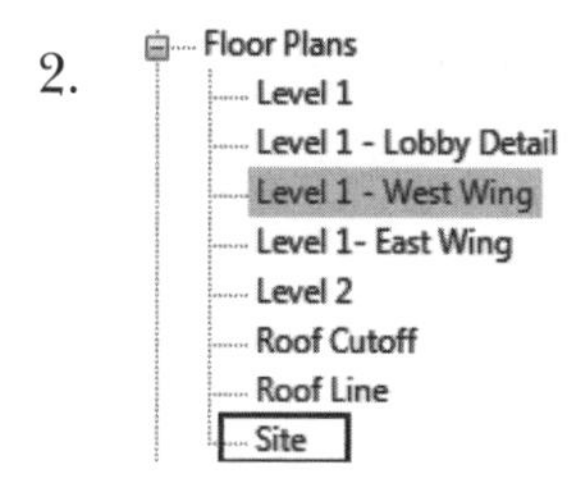

   Ative a vista **Site** (sítio).

   Digite **VV** para abrir o diálogo Visibility/Graphics.

   Na aba Annotations:

   Desative a visibilidade de grades, elevações, linhas de correspondência, e cortes.

3.

Site
Hidden Lines
Landscape
Pads
Project Base Point
Property Lines
Stripe
Survey Point
Utilities

Desative a visibilidade de Project Base Point (ponto base do projeto) e de Survey Point (ponto de agrimensura – localizado em Site) na aba Model Categories.

4. Massing & Site Ative a faixa **Massing & Site**.

5.

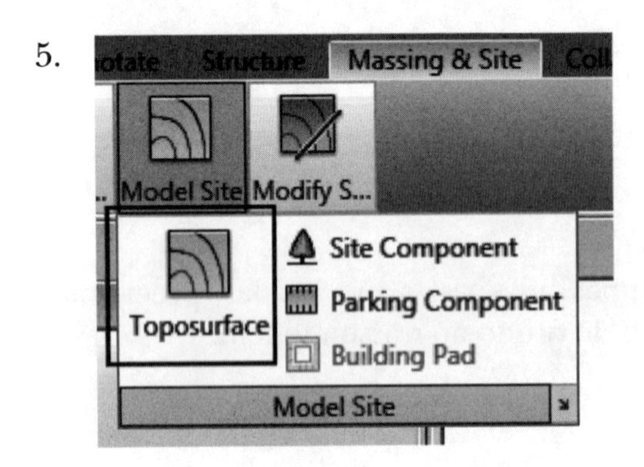

Selecione a ferramenta **Toposurface** no painel Model Site.

6.

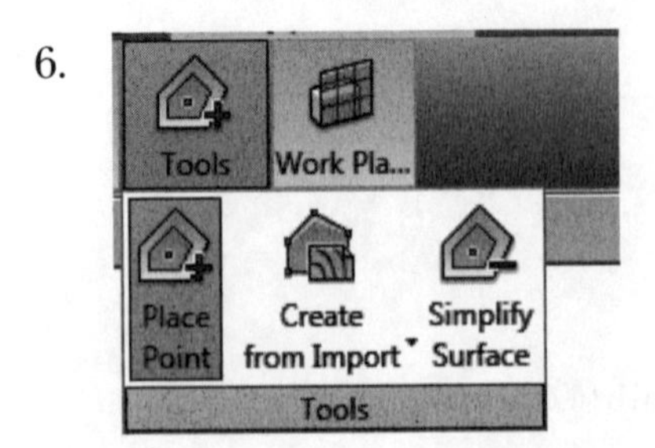

Use a ferramenta **Point** do painel Tools para criar um esboço de uma superfície gramada.

7. Selecione os pontos indicados para criar uma extensão gramada. Você pode pegar e arrastar os pontos para movê-los para a posição correta.

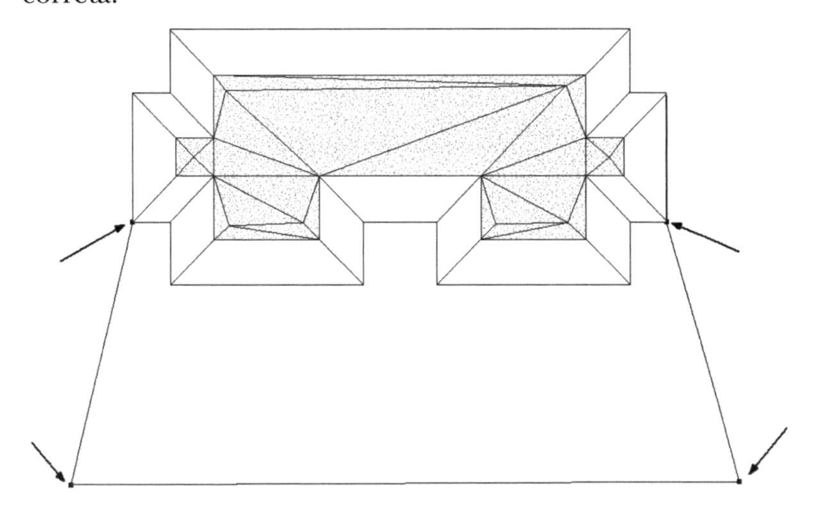

8. 

Selecione a marca verde no painel **Surface** para finalizar a superfície.

9. 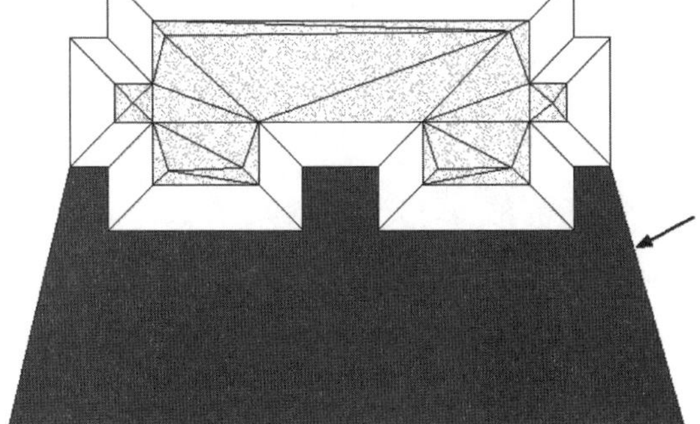
Selecione a superfície topográfica.

10. 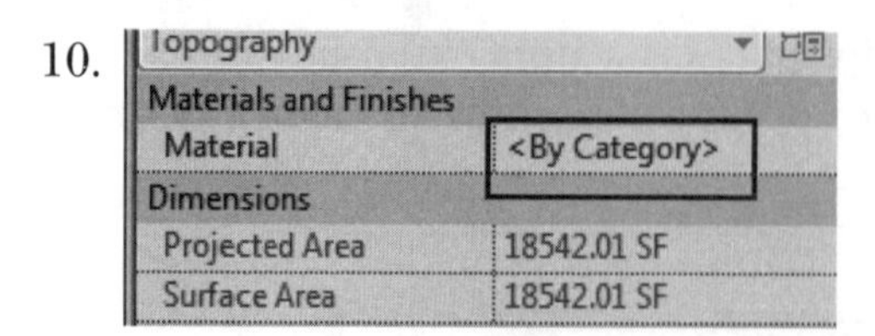

Clique na coluna **Materials** do painel Properties.

11. 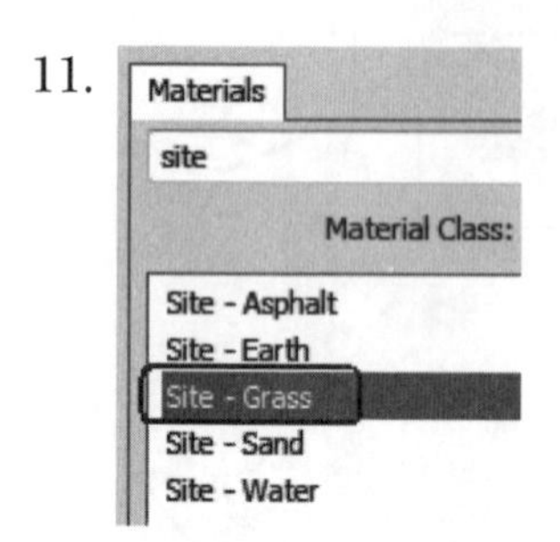

Em Materiais, selecione **Site-Grass** no diálogo.

Pressione **OK** para fechar o diálogo Properties.

12. 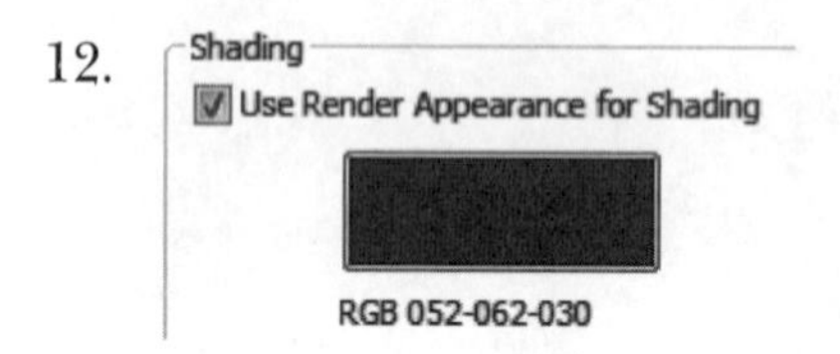

Habilite **Use Render Appearance for Shading** (usar produção de aparência para sombreamento) na aba Graphics.

13. 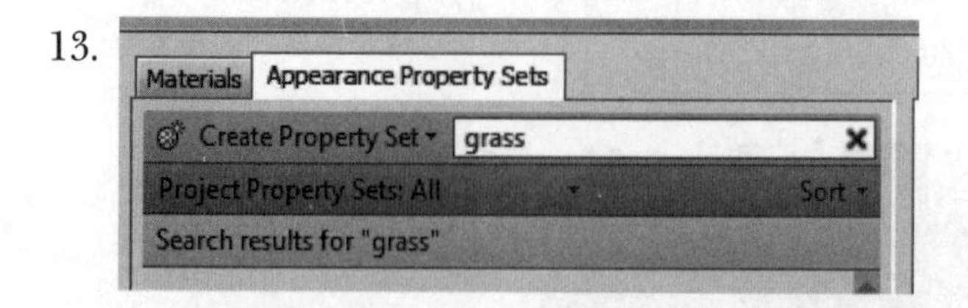

Selecione a aba Appearance.

Digite **grass** no campo de pesquisa.

14. 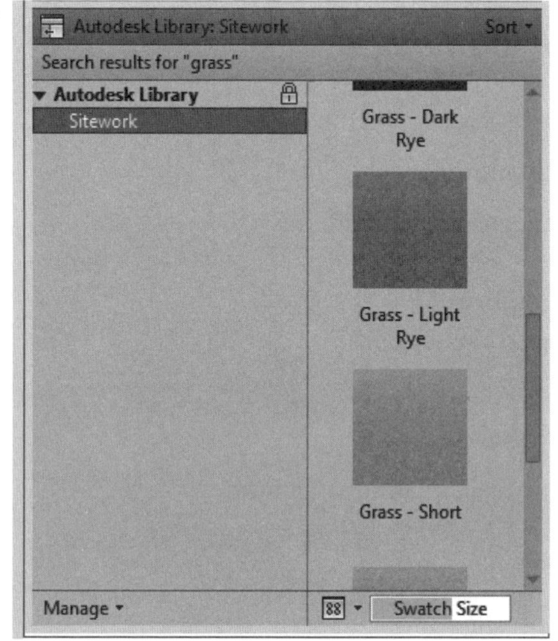

Uma seleção de materiais de gramado será exibida no painel inferior esquerdo.

Role para baixo para selecionar um material.

15. 

Selecione o **Grass – St. Augustine**.

Pressione **OK** para fechar o diálogo.

16. 

Alterne para **Realistic** para ver o material do gramado.

17. Salve como ex8-1.rvt.

Exercício 8-2

Criando uma Região Dividida

Nome do desenho: ex8-1.rvt

Tempo estimado: 20 minutos

Este exercício reforça as seguintes habilidades:

- ❑ Sítio
- ❑ Superfície topográfica
- ❑ Divisão uma superfície topográfica

1. Abra *ex8-1.rvt.*

2. 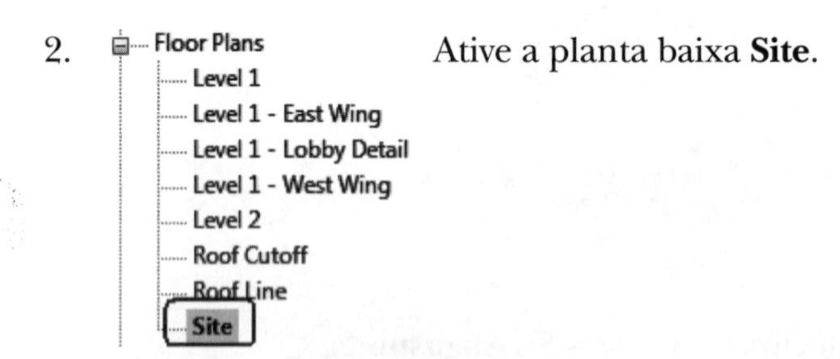

Ative a planta baixa **Site**.

3. Alterne para uma exibição **Wireframe** (estrutura).

4. 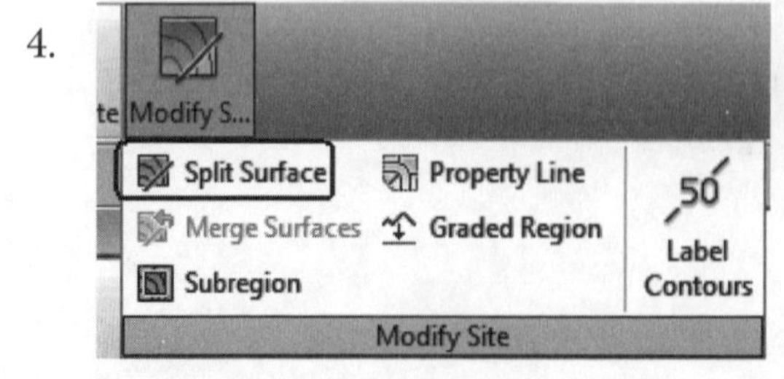

Ative a faixa **Massing & Site**.

Selecione a ferramenta **Split Surface** (dividir superfície), no painel Modify Site.

Selecione a superfície topográfica.

5. 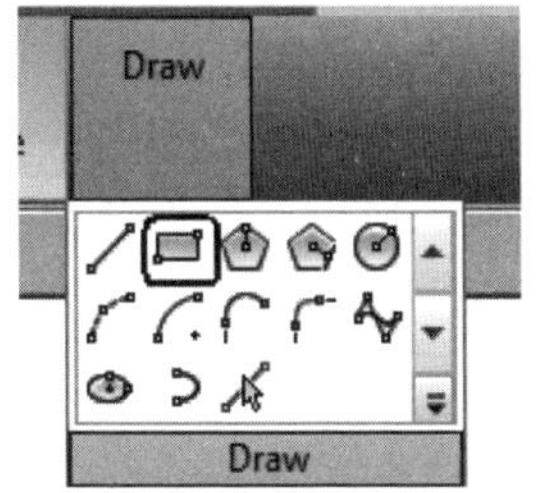

Selecione a ferramenta retângulo no painel Draw.

6. 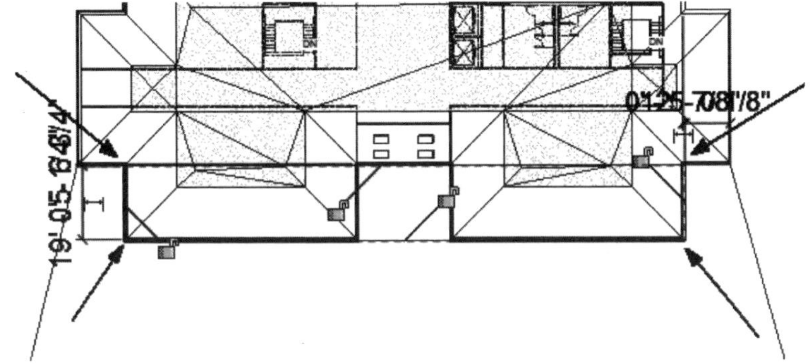

Desenhe um retângulo único em torno da área frontal do prédio.

7.

Topography	
Materials and Finishes	
Material	Site - Grass
Dimensions	
Projected Area	0.00 SF
Surface Area	0.00 SF
Identity Data	
Comments	
Name	
Mark	
Phasing	
Phase Created	New Construction
Phase Demolished	None

Clique no campo Material, no painel Properties.

8.

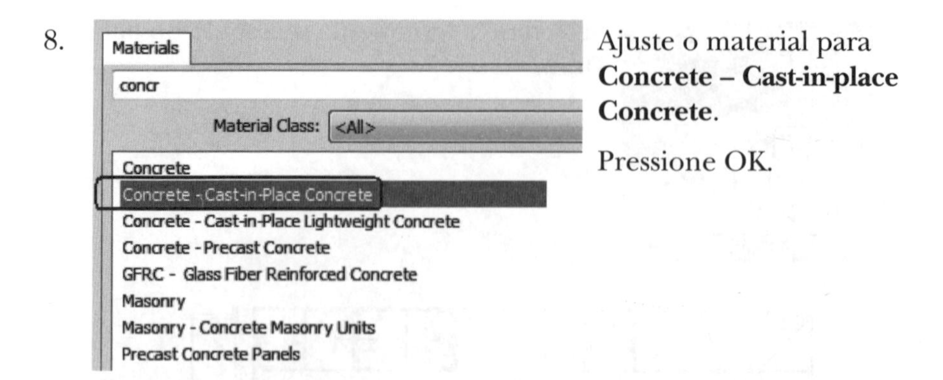

Ajuste o material para **Concrete – Cast-in-place Concrete**.

Pressione OK.

9.

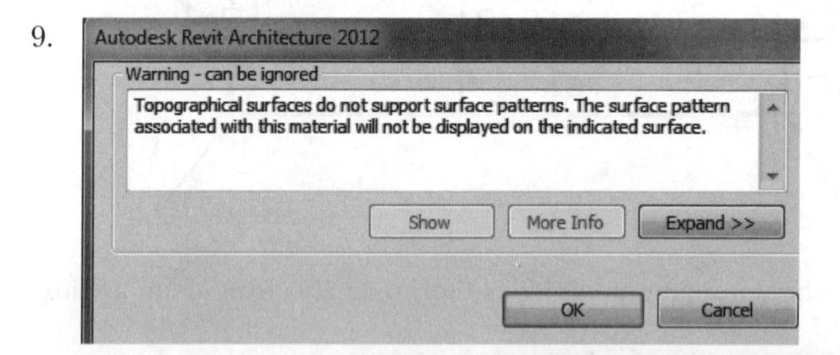

Você verá um diálogo informando que as superfícies topográficas não exibem padrões de preenchimento/hachura.

Pressione **OK**.

10.

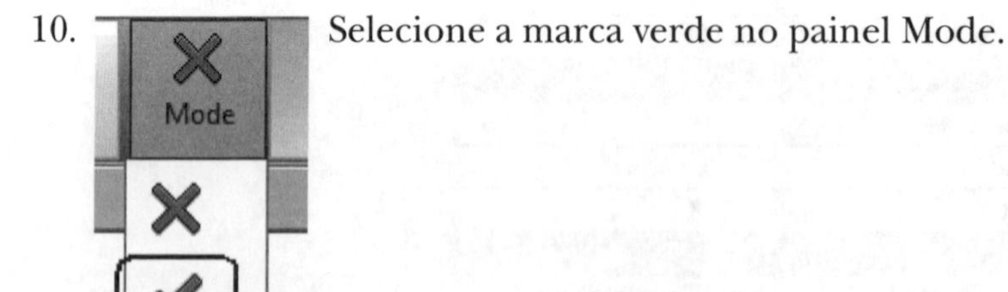

Selecione a marca verde no painel Mode.

11. 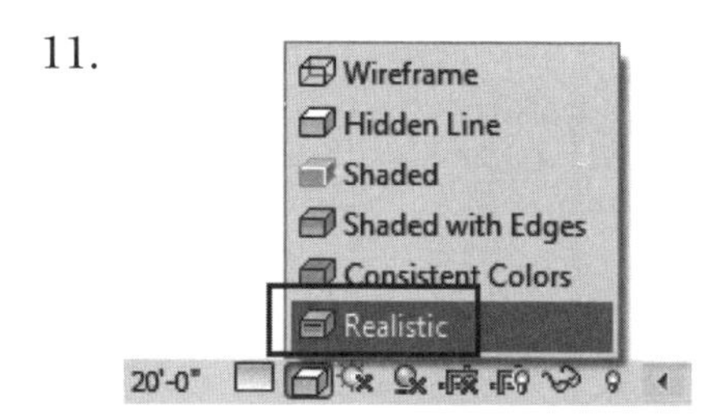

Alterne para **Realistic** para ver o novo material.

12. Salve como *ex8-2.rvt.*

Exercício 8-3

Criando uma Calçada

Nome do desenho: ex8-2.rvt

Tempo estimado: 30 minutos

Este exercício reforça as seguintes habilidades:

- ❑ Sítio
- ❑ Superfície topográfica
- ❑ Calçada
- ❑ Materiais
- ❑ Importando um padrão de preenchimento

1. Abra *ex8-2.rvt.*

2. 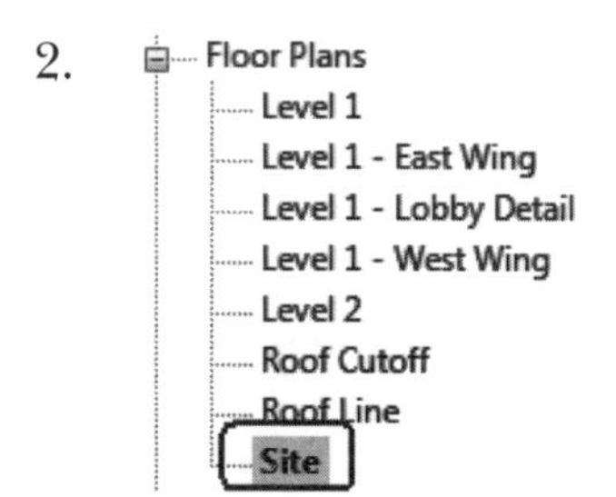

Ative a planta baixa **Site**.

3.

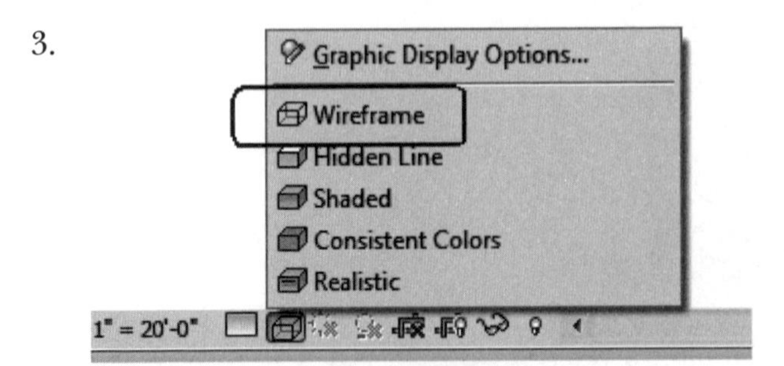

Alterne para uma exibição **Wireframe** (estrutura).

4.

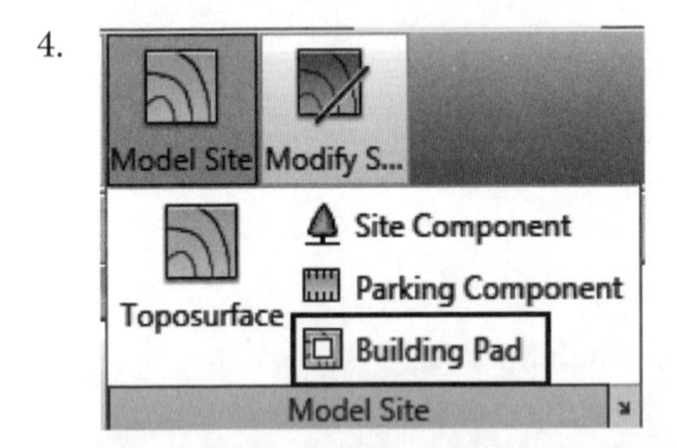

Selecione a ferramenta **Building Pad** no painel Model Site.

5.

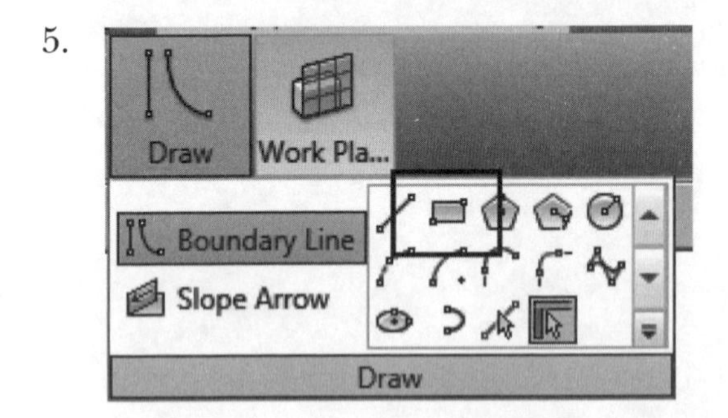

Selecione a ferramenta retângulo do painel Draw, da faixa.

6. Use a ferramenta retângulo para criar uma calçada até o prédio.

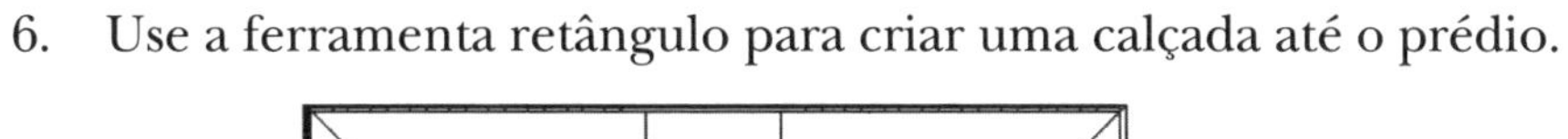

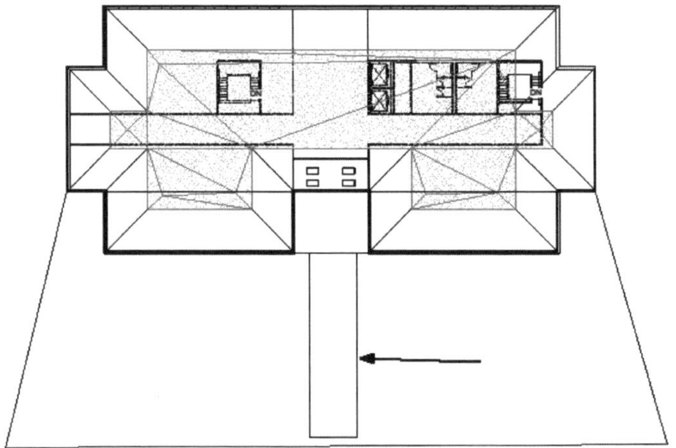

7. Selecione **Edit Type** no painel Properties.

8. Selecione **Duplicate**.

9.

Entre **Walkway** no campo Name.

Pressione **OK**.

10.

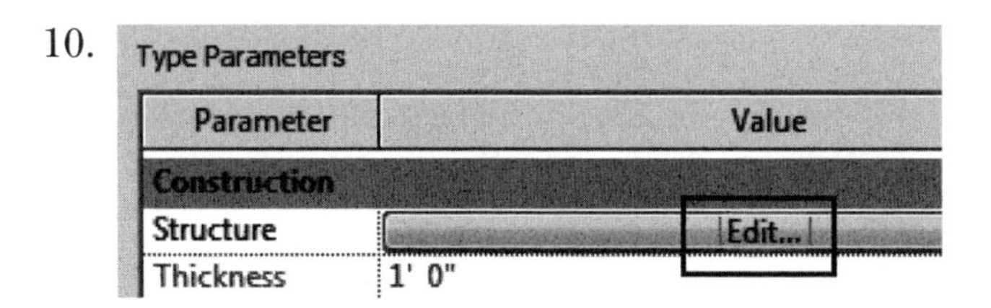

Selecione **Edit** em Structure.

11.

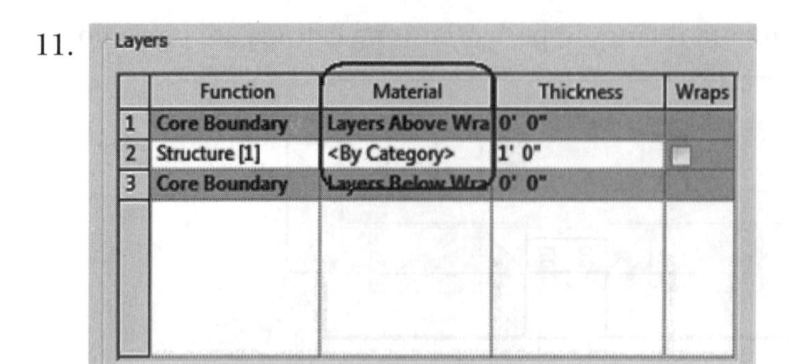

Clique na coluna Material para abrir a biblioteca de materiais.

12.

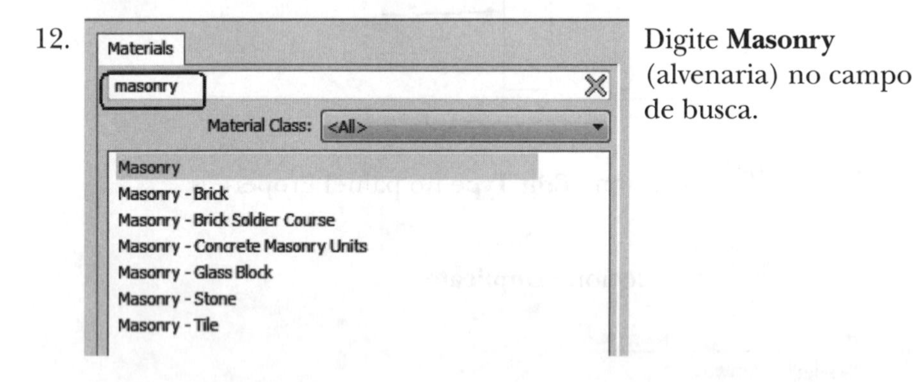

Digite **Masonry** (alvenaria) no campo de busca.

13.

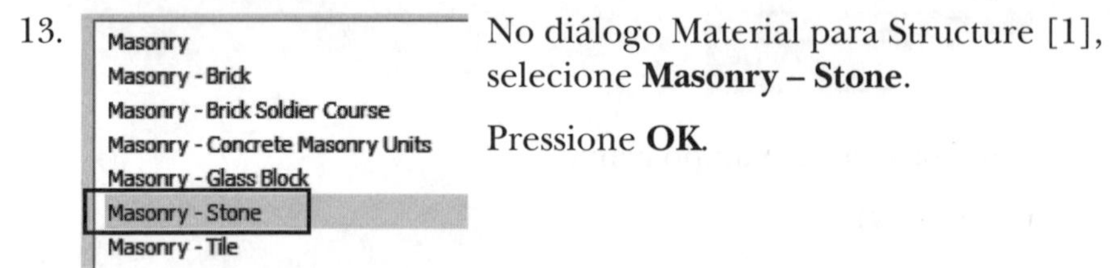

No diálogo Material para Structure [1], selecione **Masonry – Stone**.

Pressione **OK**.

14.

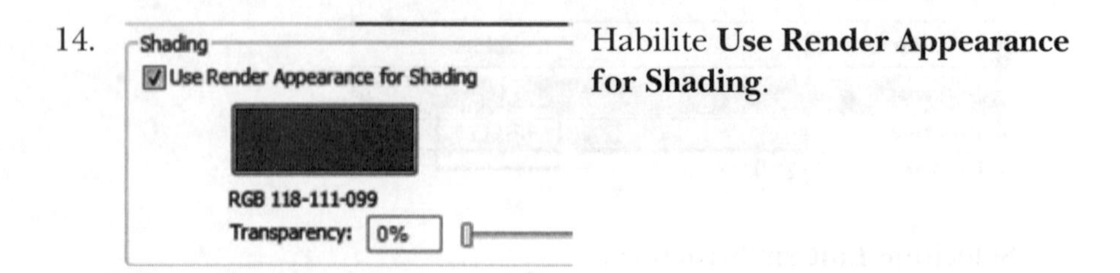

Habilite **Use Render Appearance for Shading**.

15.

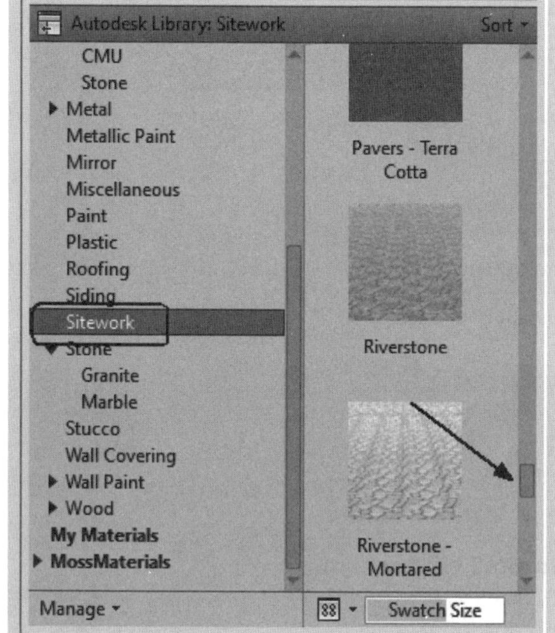

Selecione a aba Appearance.

Destaque a categoria Sitework.

Use a barra de rolagem para ver os diferentes materiais de pavimentação disponíveis.

16.

Selecione a **Cobble Stone – Blue-Gray**.

Pressione **OK**.

Pressione **OK** para fechar o diálogo Edit Assembly.

17.

Type Parameters

Parameter	Value
Construction	
Structure	Edit...
Thickness	1' 0"
Graphics	
Coarse Scale Fill Pattern	
Coarse Scale Fill Color	Black

Clique no campo Coarse Scale Fill Pattern.

18. 

Selecione **Edit**.

19. 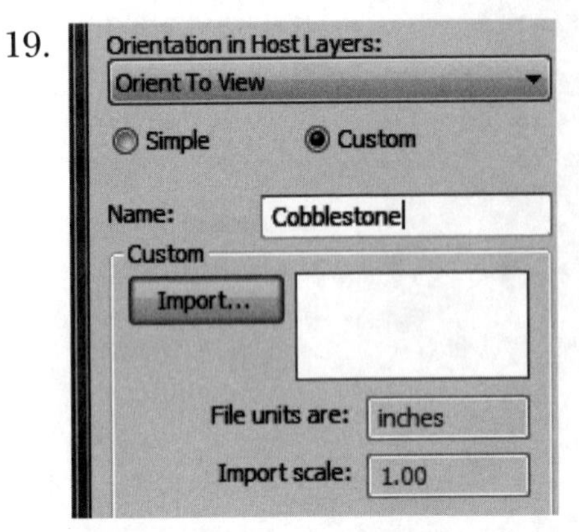

Digite **Cobblestone** no campo Name.

Pressione o botão **Import** em Custom.

20. 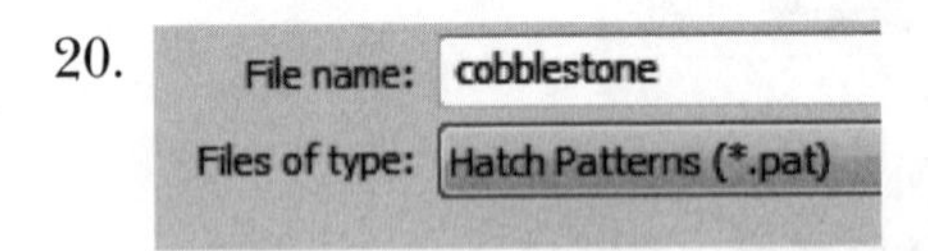

Localize o arquivo *cobblestone.pat* nos arquivos de exercício do CD.

Pressione **Open**.

21. 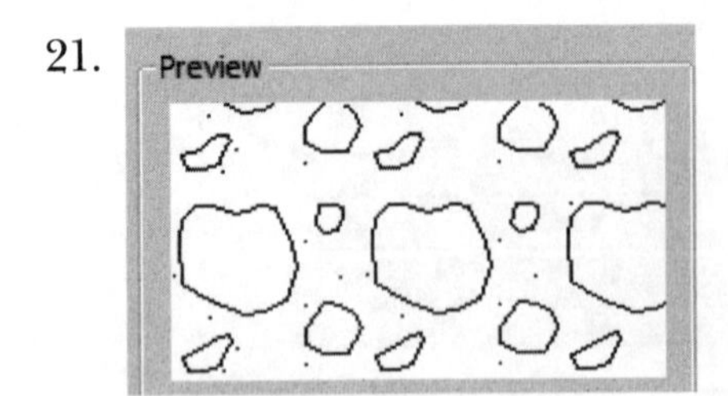

Você verá uma pré-visualização do padrão.

Pressione **OK**.

22. 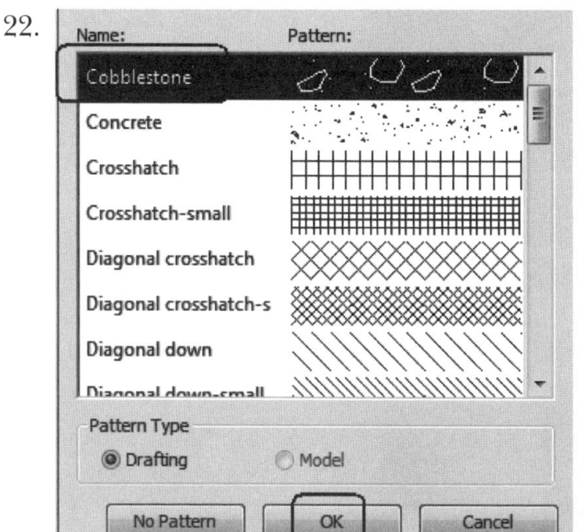

Destaque **Cobblestone**.

Pressione **OK**.

O Revit permite que você use qualquer arquivo pat do AutoCAD como padrão de preenchimento.

23. 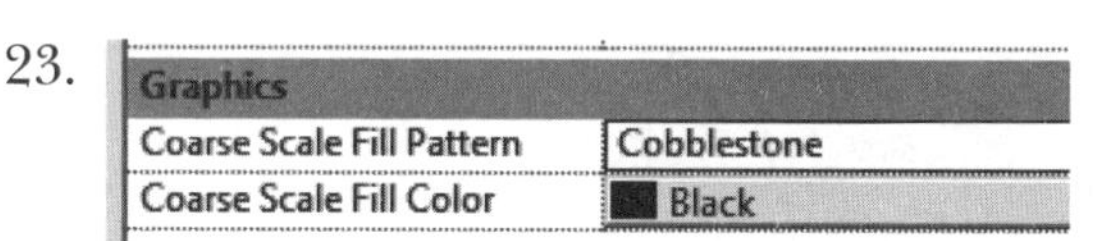

O Coarse Scale Fill Pattern é ajustado para **Cobblestone**.

Pressione **OK**.

24. 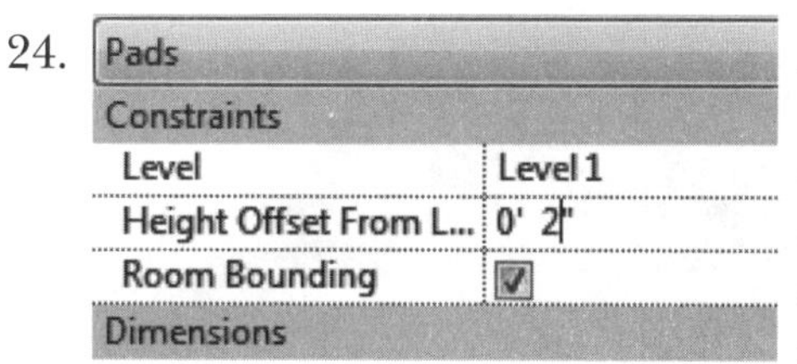

Ajuste Height Offset from Level (altura de deslocamento a partir do nível) para **2"**. Isso permite que a calçada fique um pouco acima do gramado e se torne mais visível.

25. 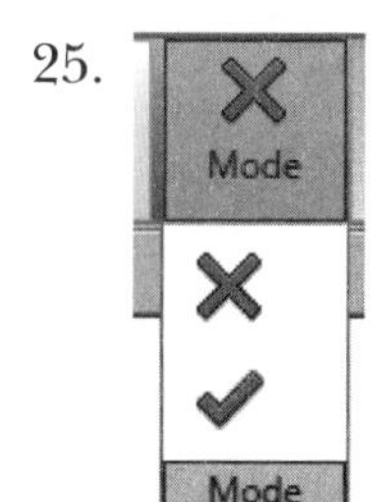

Selecione a marca verde no painel Surface para **Finish Building Pad**.

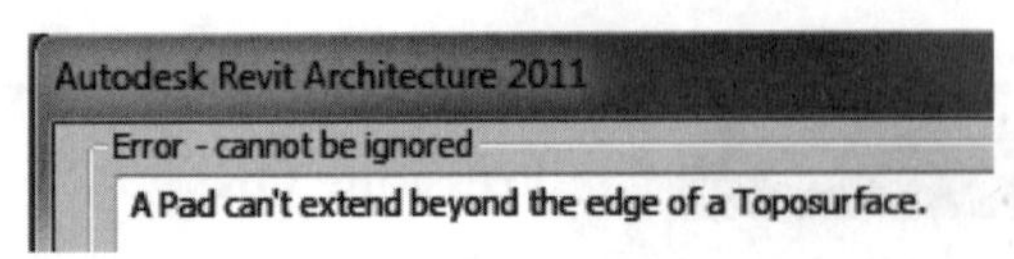

Se vir este erro, você precisará ajustar o desenho retangular de modo que ele fique inteiramente na superfície topográfica.

26. Alterne para uma vista **3D**.

27. Ajuste a exibição para **Realistic**.

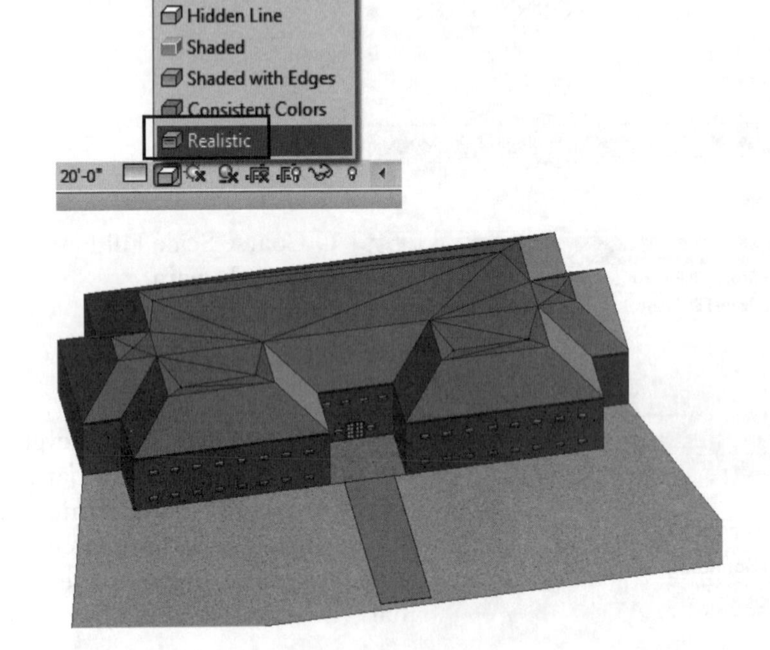

28. Salve como *ex8-3.rvt.*

Exercício 8-4

Adicionando Componentes do Sítio

Nome do desenho: ex8-3.rvt

Tempo estimado: 15 minutos

Este exercício reforça as seguintes habilidades:

- ❑ Sítio
- ❑ Plantação
- ❑ Pessoal

1. Abra *ex8-3.rvt.*

2. 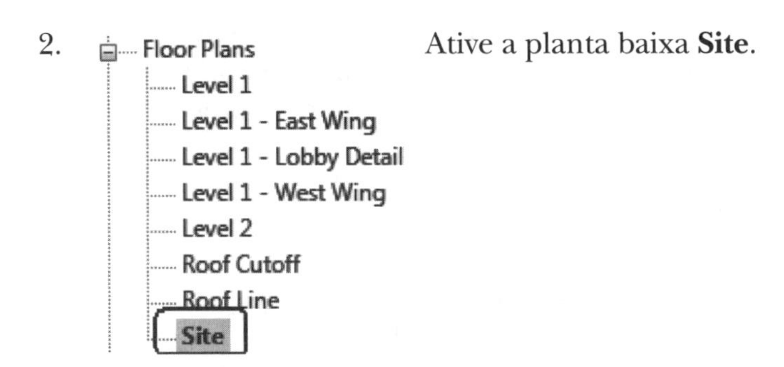

   Ative a planta baixa **Site**.

3. Alterne para uma exibição **Wireframe**.

4. Ative a faixa **Massing & Site**.

5. 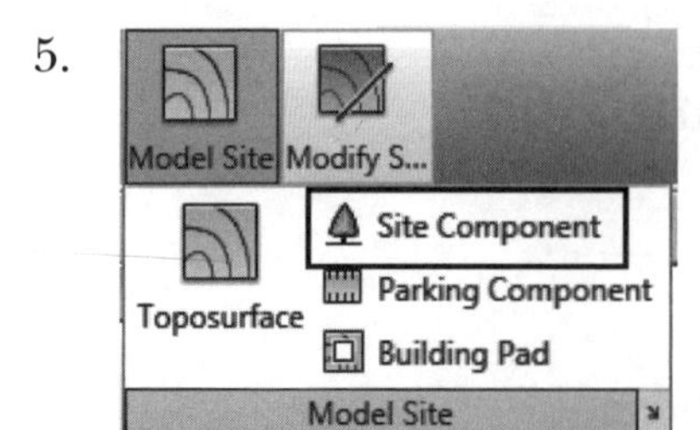

Selecione a ferramenta **Site Component** no painel Model Site.

6. RPC Tree - Deciduous Red Maple - 30' Selecione **Red Maple - 30' [Red Maple - 9 Meters]** no painel Properties.

DICA: Quando você seleciona a ferramenta Site Component em vez da ferramenta Component, o Revit automaticamente elimina todos os componentes carregados, com excepção dos componentes de sítio.

7. Coloque algumas árvores em frente ao prédio.

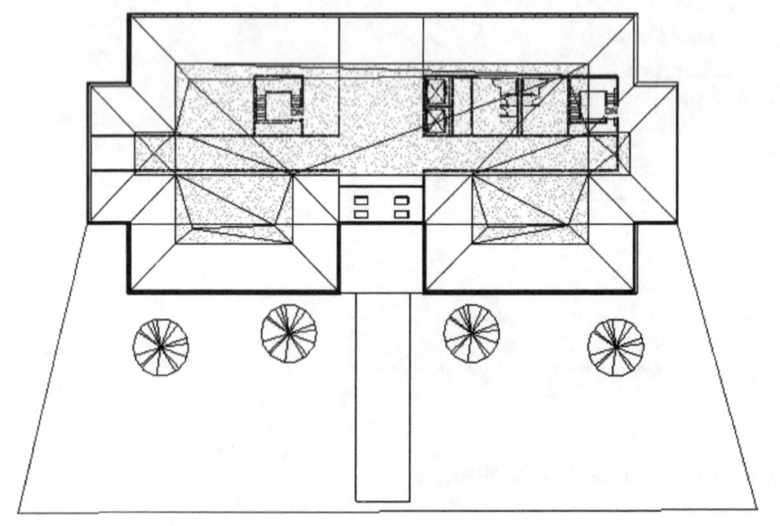

8. 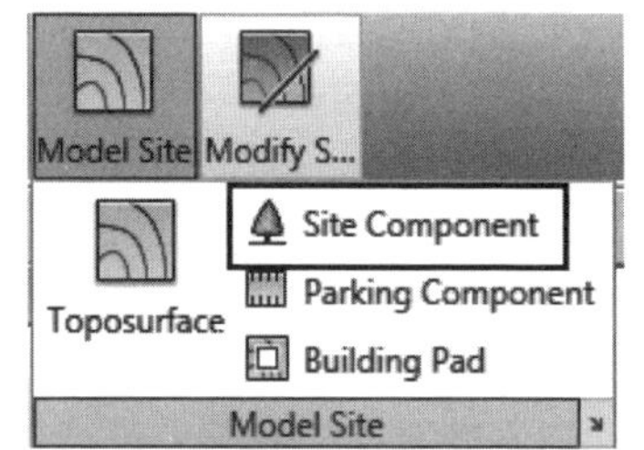

Selecione a ferramenta **Site Component** no painel Model Site.

9. 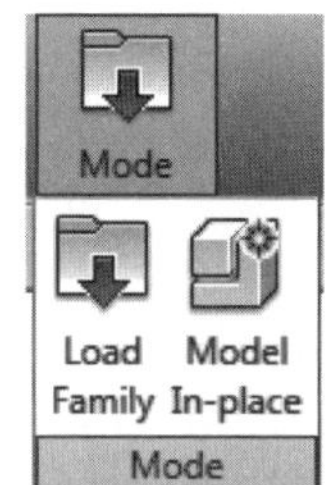

Selecione **Load Family** no painel Mode.

10. Navegue até a pasta *Entourage*.

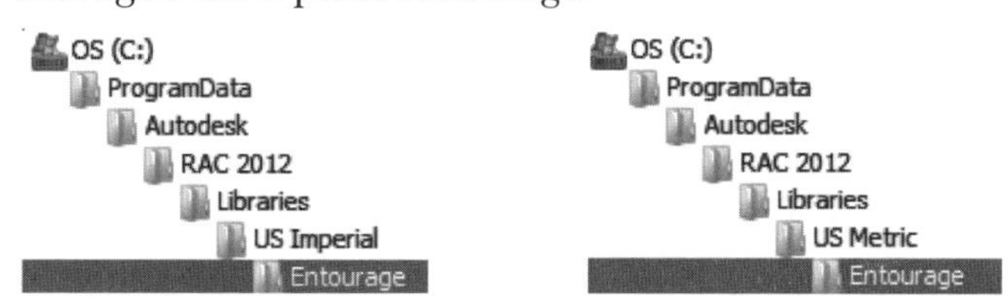

11. 

Localize o arquivo **RPC Female [M_RPC Female.rfa]**.

Pressione **Open**.

12. RPC Female Cathy Ajuste Female para **Cathy** no painel Properties.

13. 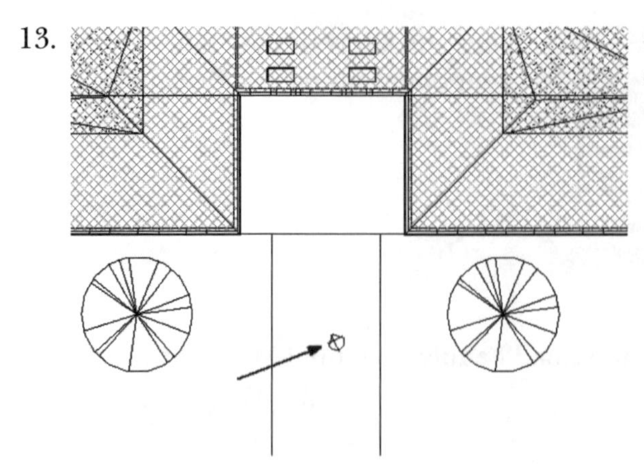

Coloque a pessoa na calçada.

14. Se você ampliar a pessoa, só verá um símbolo – você não verá a pessoa real até executar uma produção. Você pode precisar alternar para a vista Hidden Line (linha invisível) para ver o símbolo da pessoa.

O ponto indica a direção para a qual a pessoa está voltada.

15. Girar sua pessoa para que ela fique voltada para o prédio.

16. Salve o arquivo como *ex8-4.rvt*.

DICA: Certifique-se de que Level 1 ou Site esteja ativo, ou suas árvores poderão ser colocadas no nível 2 (e serem suspensas no ar). Se você equivocadamente colocou suas árvores no nível errado, poderá selecioná-las, clicar com o botão direito, selecionar Properties, e mudar o nível.

Exercício 8-5

Definindo Vistas de Câmera

Nome do desenho: ex8-4.rvt

Tempo estimado: 15 minutos

Este exercício reforça as seguintes habilidades:

- ❑ Câmera
- ❑ Renomear vista
- ❑ Propriedades de vistas

1. Abra *ex8-4.rvt.*

2. 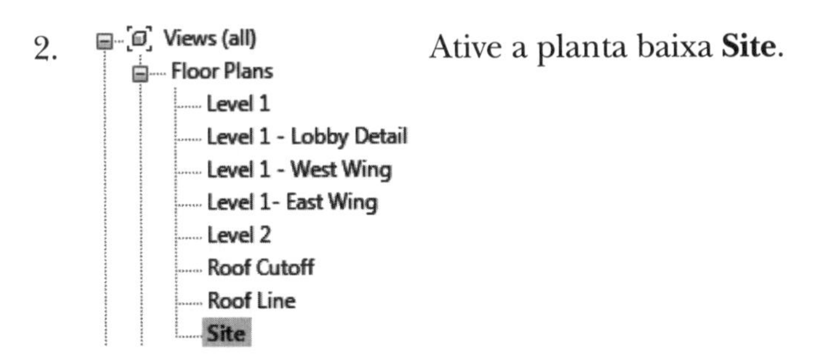

Ative a planta baixa **Site**.

3. Ative a faixa **View**.

4. Selecione a ferramenta **3D View → Camera** no painel Criar da faixa View.

5. 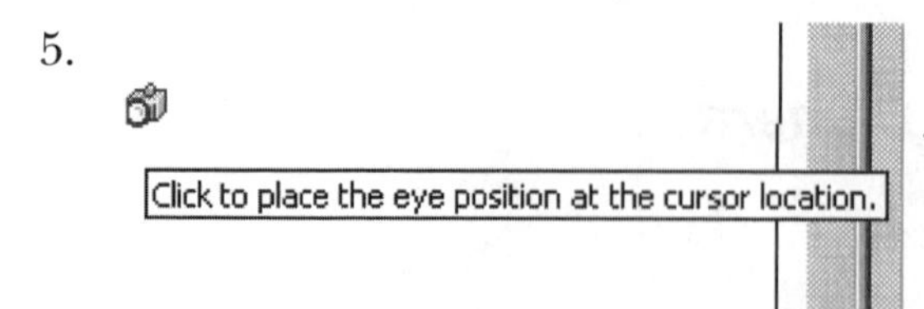

Se você mover o mouse na janela de gráficos, verá uma dica para escolher o local para a câmera.

6. 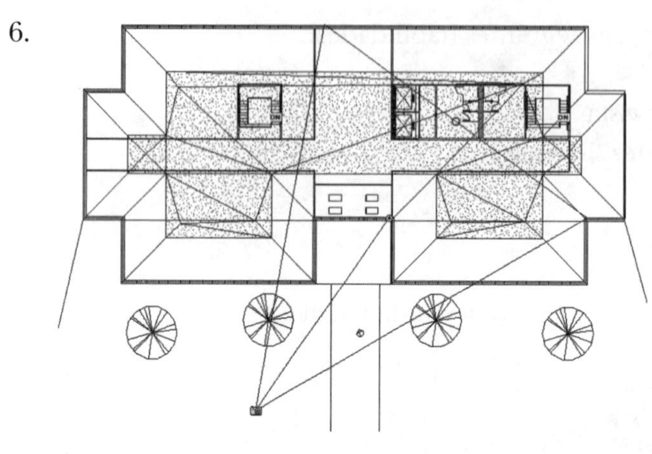

Aponte a câmera para a entrada frontal do prédio.

7. Uma janela será aberta com a vista da câmera do seu modelo.

   A pessoa e a árvore aparecem como figuras coladas porque a vista ainda não foi produzida.

8. Wireframe
Hidden Line
Shaded
Shaded with Edges
Consistent Colors
Realistic

Alterar o estilo gráfico do modelo para **Realistic**.

9. 

Nossa vista muda para uma exibição realista.

As pessoas e as árvores aparecerão como recortes de cartão, a menos que sejam produzidos. Isso é para poupar recursos do sistema.

10. 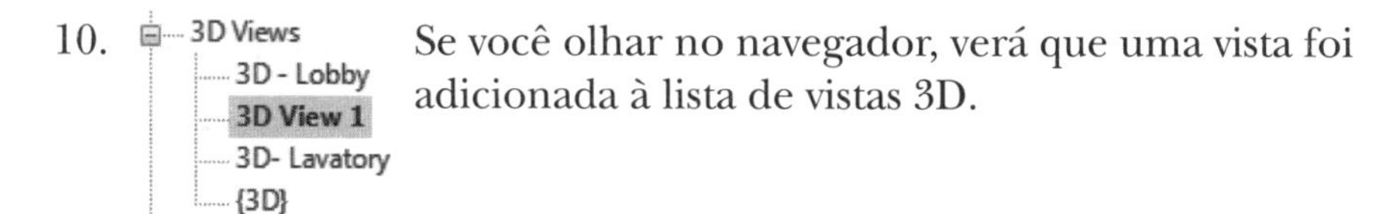

Se você olhar no navegador, verá que uma vista foi adicionada à lista de vistas 3D.

11. Destaque a **3D View 1**.

Clique com o botão direito e selecione **Rename**.

Renomeie para **Southeast Perspective**.

A vista que temos é uma vista em perspectiva – não uma vista isométrica.

Isométricos são desenhos em escala real. A vista da câmera é uma vista em perspectiva, com pontos de fuga. Vistas isométricas não têm ponto de fuga. Pontos de fuga são os pontos em que duas linhas paralelas parecem se encontrar na perspectiva.

12.

Camera	
Rendering Settings	Edit...
Perspective	☑
Eye Elevation	4' 6"
Target Elevation	5' 10"
Camera Position	Explicit

Camera	
Render Settings	Edit...
Perspective	☑
Eye Elevation	1370.0
Target Elevation	3200
Camera Position	Explicit

No painel de Properties:

Mude Eye Elevation (elevação do olho) para **4' 6" [1370 mm]**.

Mudar Target Elevation (elevação do alvo) para **5' 10" [3200 mm]**.

Pressione **OK**.

Sua vista muda um pouco.

13. Salve o arquivo como *ex8-5.rvt.*

DICA: Outras bibliotecas de materiais podem ser adicionadas ao Revit. Você pode armazenar suas bibliotecas de materiais num servidor para permitir que múltiplos usuários acessem as mesmas bibliotecas. Você deve adicionar um caminho em Settings → Options para apontar para a localização das suas bibliotecas de materiais. Existem muitas fontes on-line para materiais fotorealísticos; www.accustudio.com é um bom lugar para começar.

Exercício 8-6

Configurações de Produção

Nome do desenho: ex8-5.rvt

Tempo estimado: 20 minutos

Este exercício reforça as seguintes habilidades:

- ❑ Produção
- ❑ Configurações
- ❑ Salvar no projeto

Você também pode atribuir uma determinada hora, data, local, iluminação e ambiente ao seu modelo.

1.

Abra ex8-5.rvt.

2.

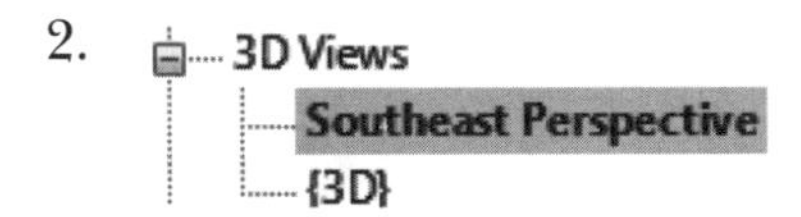

Ative a vista **Southeast Perspective**.

3.

Camera	
Rendering Settings	Edit...
Perspective	☑
Eye Elevation	4' 6"
Target Elevation	5' 10"
Camera Position	Explicit

No painel Properties:

Em Camera:

Selecione **Edit** para Render Settings.

4. 

Ajuste Setting de Quality para **Medium**.

Pressione **OK**.

5. 

Ative a faixa **Manage**.

Selecione **Location** no painel Project Location.

6.

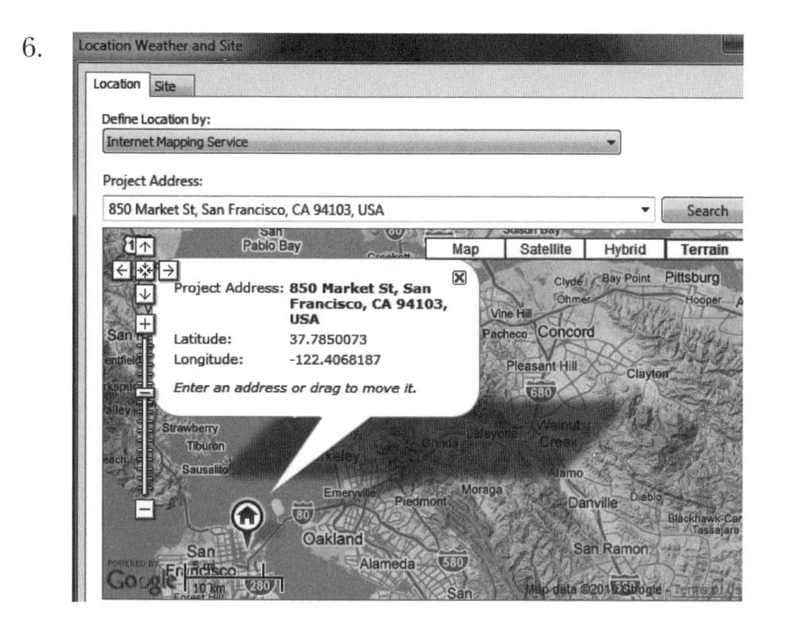

Ajuste Project Address (endereço do projeto) para 850 Market St. San Francisco, CA.

O mapa será atualizado para a localização.

Pressione OK.

7.

Selecione a ferramenta **Rendering** localizada na parte inferior da tela.

8.

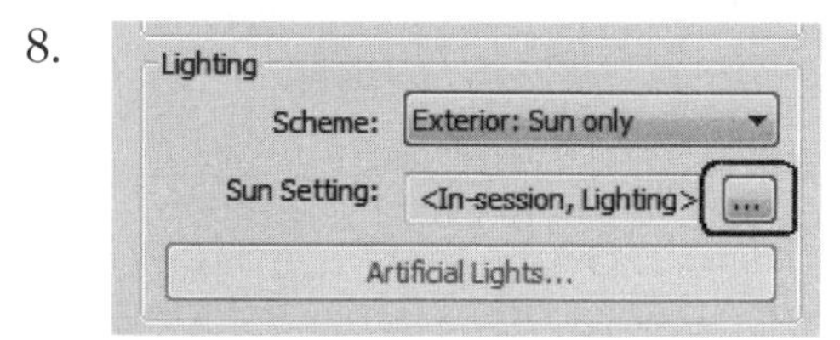

Selecione o botão de navegação ao lado **Sun Setting**.

9. Ajuste Solar Study para **Still**.

10. 

Ajuste Date (data) e Time (hora).

Pressione **OK**.

11. Selecione o botão **Render**.

12. 

Sua janela será produzida.

13. Selecione **Save to Project** (salvar no projeto).

14. 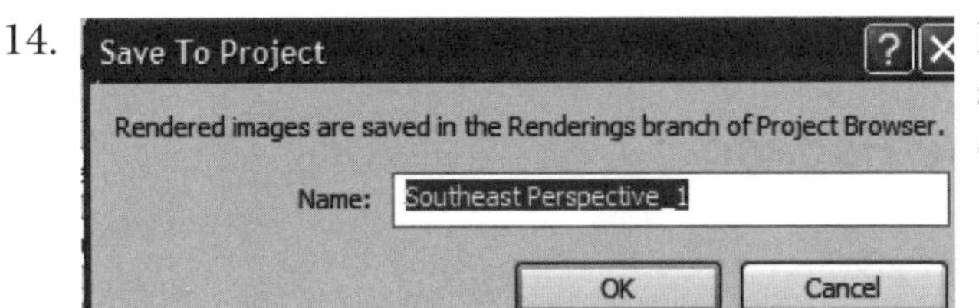

Pressione **OK** para aceitar o nome omissivo.

15. Renderings
Southeast Perspective_1

Sob Renderings, agora temos uma vista chamada **Southeast Perspective_1**.

Você pode, então, arrastar e soltar a imagem numa folha.

16. 

Selecione o botão **Show the Model**.

Feche o diálogo Rendering.

17. Nossa janela muda para o modo Shading - not Rendered (sombreamento – não produzido).

18. Salve o arquivo como *ex8-6.rvt.*

DICA:

- O ponto no símbolo de pessoa indica a frente da pessoa. Para posicionar a pessoa, gire o símbolo usando a ferramenta **Rotate**.
- Adicione luzes para criar sombra e efeitos em sua produção. Pela colocação de luzes em locais estratégicos, você pode criar uma imagem mais fotorrealista.

Exercício 8-7

Planejamento de Espaço

Nome do desenho: ex8-6.rvt

Tempo estimado: 20 minutos

Este exercício reforça as seguintes habilidades:

- ❑ Componentes
- ❑ Duplicação de vista
- ❑ Configurações de vistas
- ❑ Carregamento de famílias

1. Abra ex8-5.rvt.

2. 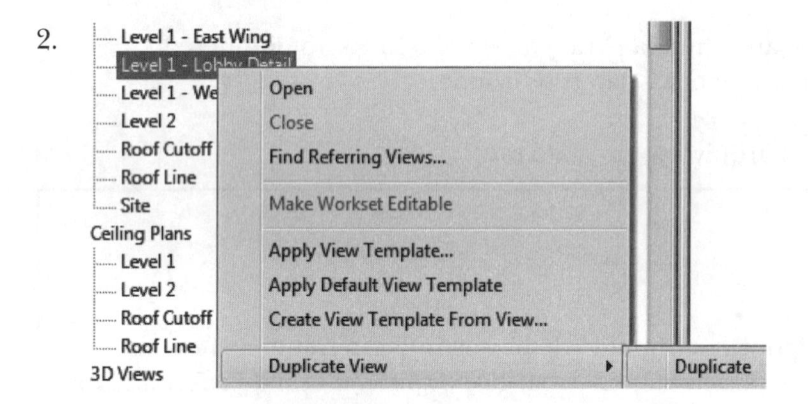

Selecione a planta baixa **Level 1 – Lobby Detail**.

Clique com o botão direito e selecione **Duplicate View → Duplicate**.

3. 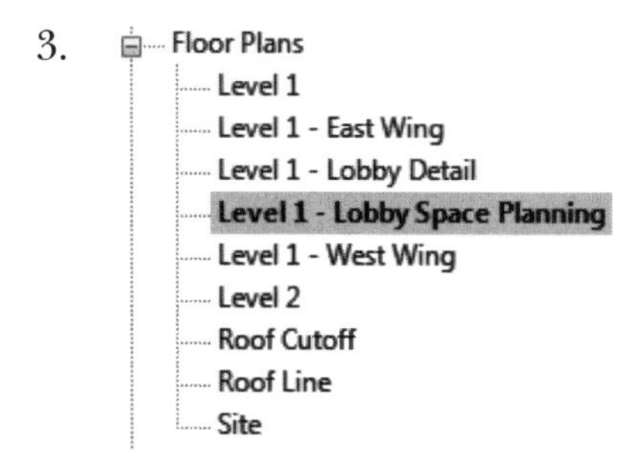

Renomeie a nova vista como **Level 1 – Lobby Space Planning**.

4. 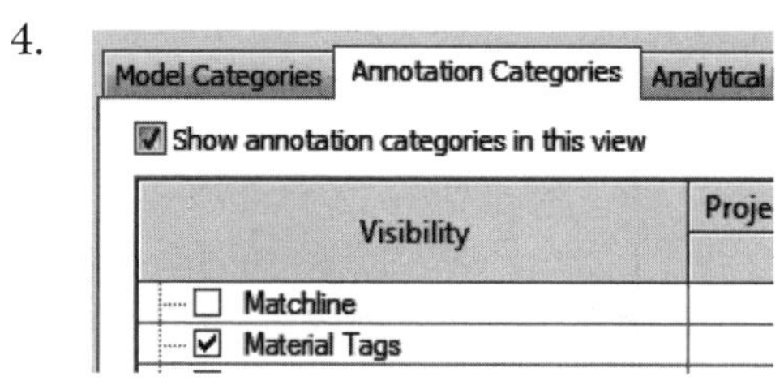

Digite **VV** para abrir o diálogo Visibility/Graphics.

Desative a visibilidade da linha de correspondência e do marcador de elevação.

Pressione **OK** para fechar o diálogo.

5. 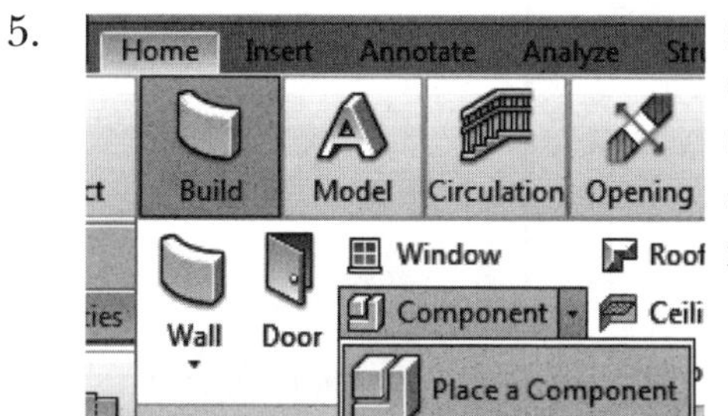

Selecione a ferramenta **Component → Place a Component** (colocar um componente) no painel Build da faixa Home.

6. 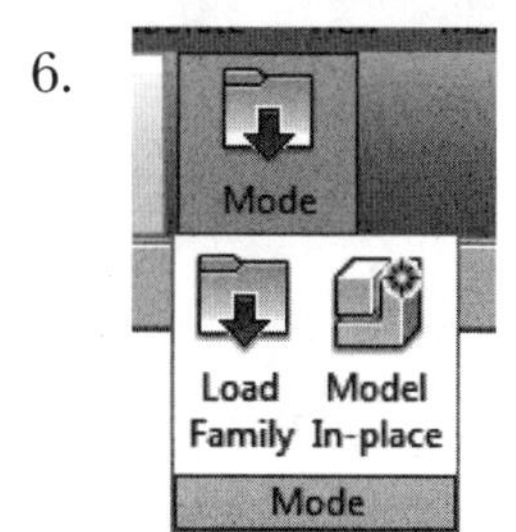

Selecione **Load** Family no painel Mode.

7\. File name: "Television_Frame" "Chair-Corbu" "Table-Coffee"
Files of type: All Supported Files (*.rfa, *.adsk)

Localize os arquivos *Television Frame, Chair-Corbu* e *Table-Coffee* nos arquivos de exercício.

Mantenha pressionada a tecla **CTRL** para selecionar mais de um arquivo.

Pressione **Open**.

8\. 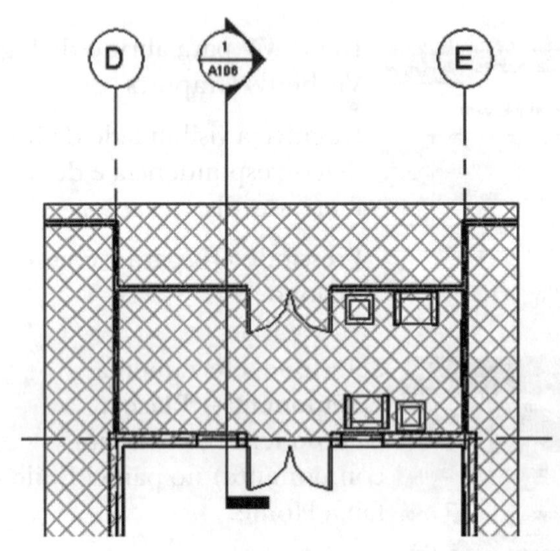

Coloque a cadeira e a mesa na sala de espera.

Se você pressionar a barra de espaço antes de clicar para fixar, você poderá girar o objeto.

9\. 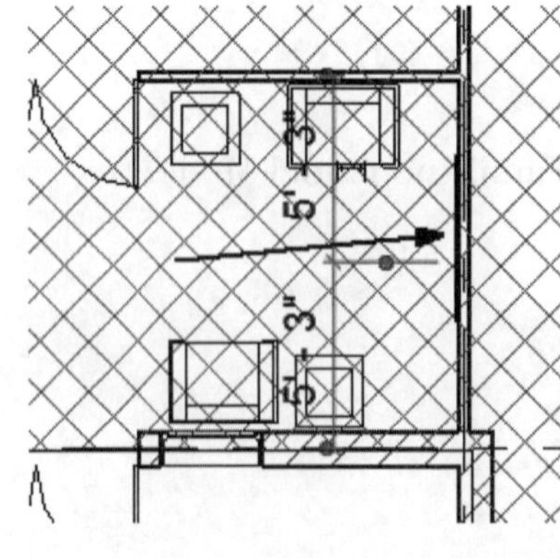

Coloque o *Television_Frame* na parede leste.

Constraints	
Level	Level 1
Elevation	3' 6"
Identity Data	
Comments	

No painel Properties:

Ajuste a elevação para **3' 6"**.

Isto localizará a tela 3' 6" acima de Level 1.

10. 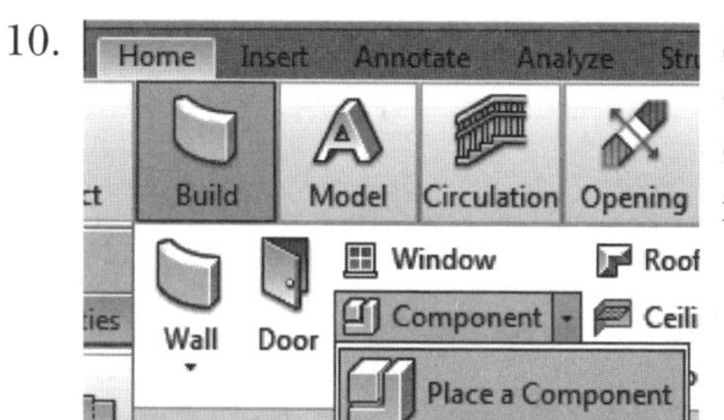

Selecione a ferramenta **Component → Place a Component** no painel Build da faixa Home.

11. 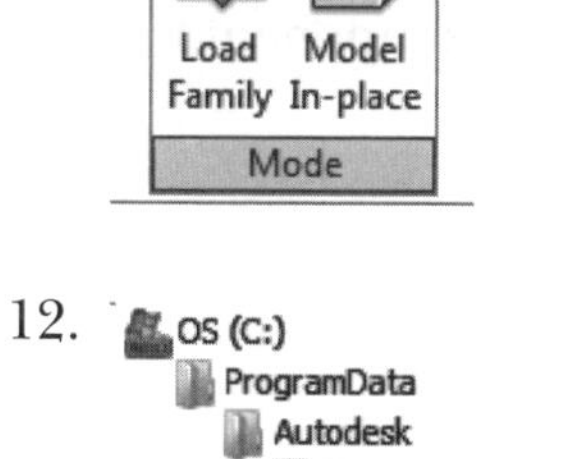

Selecione **Load** Family no painel Mode.

12. 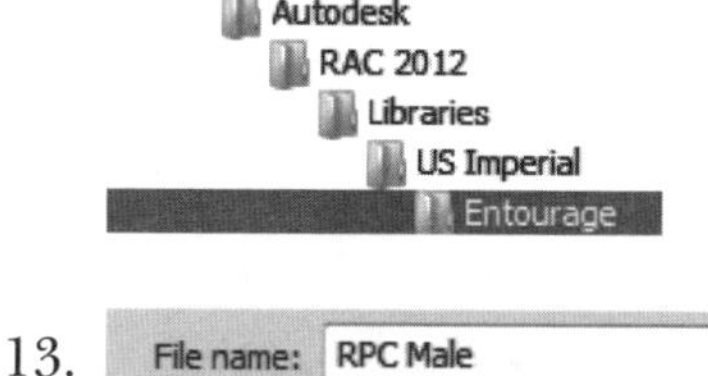

Navegue até a pasta *Entourage.*

13. File name: RPC Male
Files of type: All Supported Files (*.rfa, *.adsk)

Selecione a família **RPC Male**.

Pressione Open.

14. 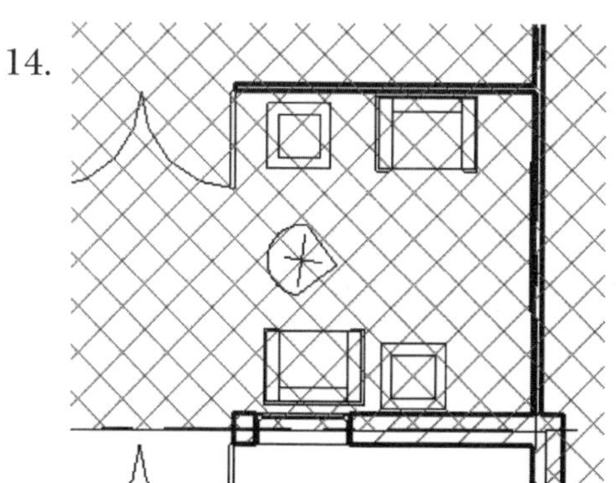

Coloque Dwayne no saguão.

Gire-o para que ele fique de frente para a tela da televisão/ parede leste.

15. Ative a planta de teto **Level 1**.

16.

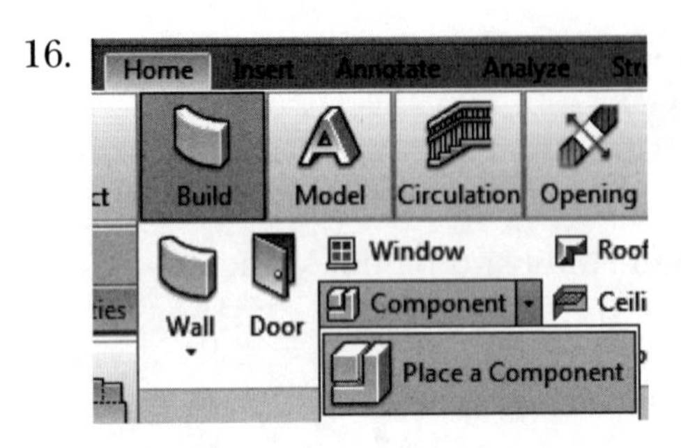

Selecione a ferramenta **Component → Place a Component** no painel Build da faixa Home.

17.

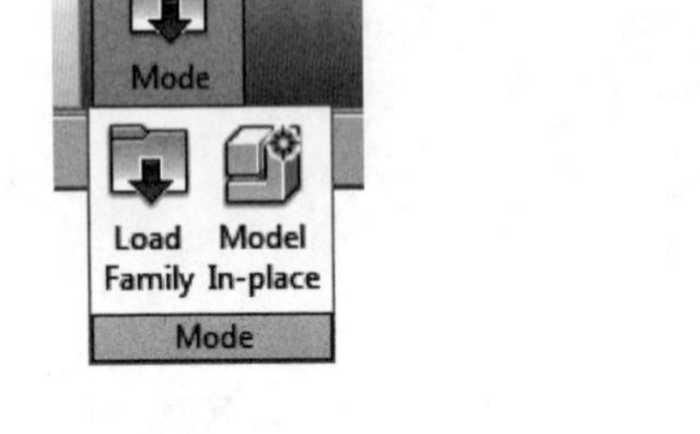

Selecione **Load** Family no painel Mode.

18.

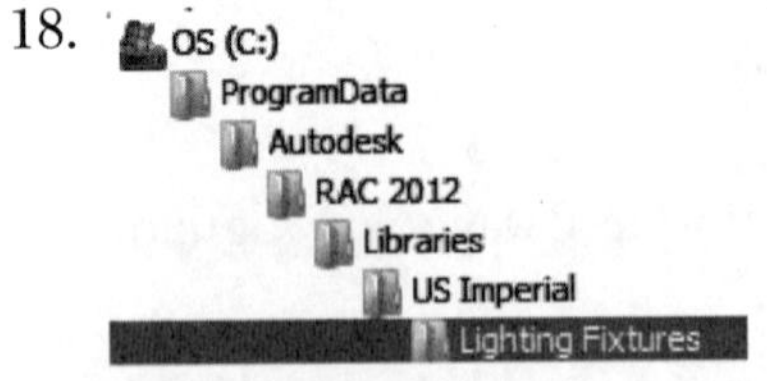

Navegue até a pasta *Lighting Fixtures.*

19. Localize a família *Studio Light.*

Pressione Open.

20. 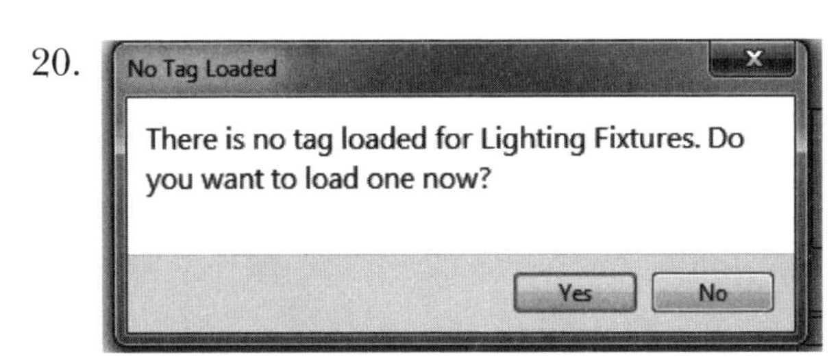

Se este diálogo aparecer.

Pressione **No**.

21. 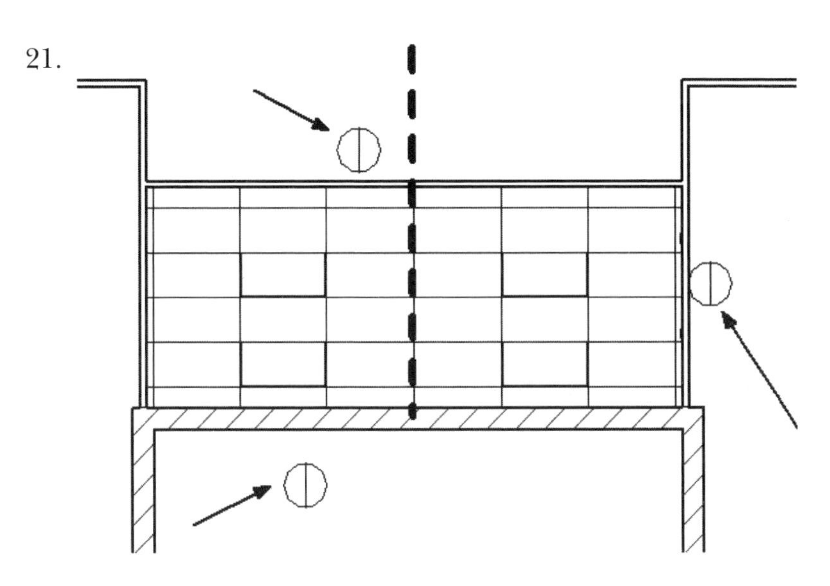

Coloque três luzes de estúdio.

As luzes do estúdio criarão um efeito melhor de luz e sombra para a produção.

22.

Constraints	
Level	Level 1
Host	Level : Level 1
Offset	3' 6"
Moves With Nearby Ele...	☐

Selecione cada luz e ajuste o Offset (deslocamento) de Level 1 para **3' 6"**.

A luz não aparecerá mais na planta de teto.

23. Salve como *ex8-7.rvt.*

Exercício 8-8

Cortes de Prédios

Nome do desenho: ex8-7.rvt

Tempo estimado: 10 minutos

Este exercício reforça as seguintes habilidades:

- ❑ Vistas de cortes
- ❑ Elevações
- ❑ Regiões de recorte

1. Abra *ex8-7.rvt.*

2. Level 1 - Lobby Detail
   Level 1 - Lobby Space Planning
   Level 1 - West Wing
   Level 1 - East Wing

   Ative a planta baixa **Level 1 - Lobby Space Planning**.

3. View Ative a faixa **View**.

4. 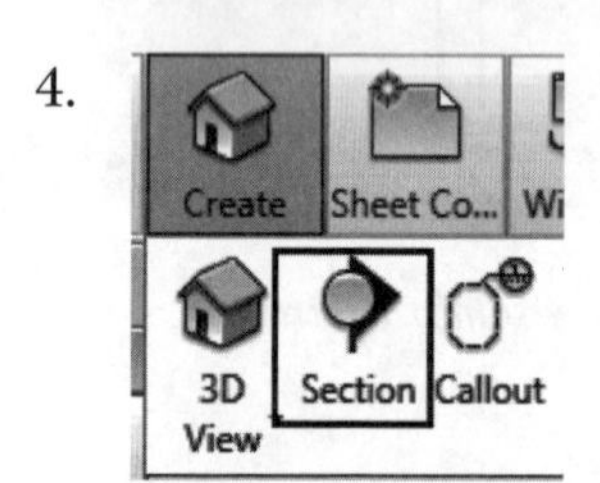

   Selecione **Create → Section.**

5. Properties
   Section
   Building Section

   Verifique se **Building Section** está ativado no painel Properties.

6.

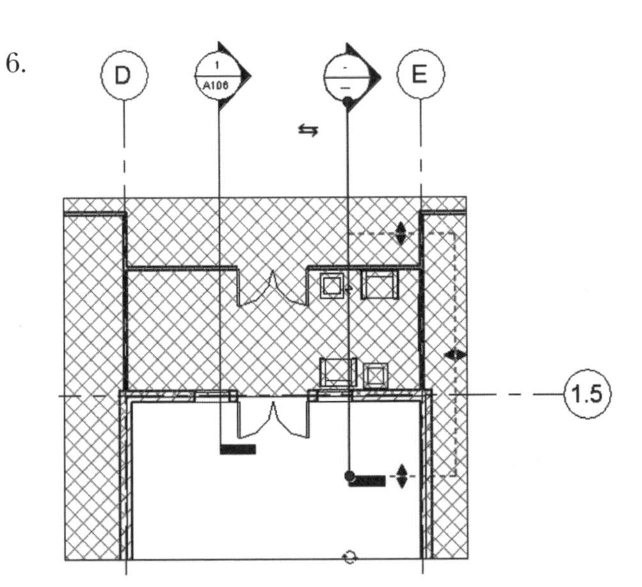

Coloque um corte de forma que ele fique voltado para a parede com a moldura da imagem.

7. Sections (Building Section)
East Section
Lobby Elevation

Renomeie o corte para **Lobby Elevation**.

8. Sections (Wall Section)
Callout of Section 1
Lobby Elevation

Ative o corte **Lobby Elevation**.

9.

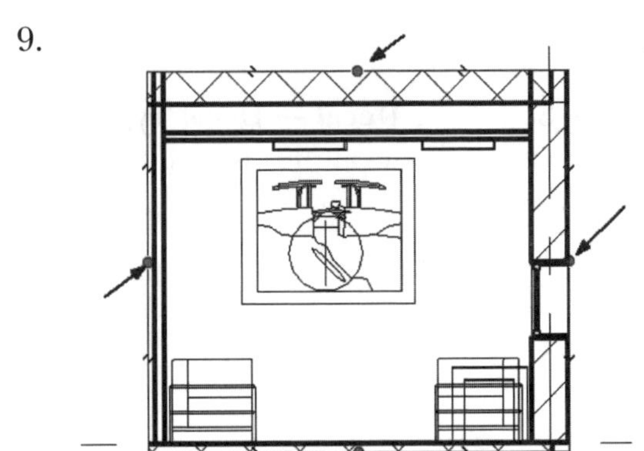

Ajuste a região de recorte de forma que somente a área do saguão fique visível.

Note a posição da luz de estúdio. Ajuste a elevação da luz para que ela fique posicionada no quadro. Você pode movê-la simplesmente selecionando a luz e movendo-a para cima ou para baixo.

10. Salve como *ex8-8.rvt.*

Exercício 8-9
Decalques

Nome do desenho: ex8-8.rvt

Tempo estimado: 20 minutos

Este exercício reforça as seguintes habilidades:

- ❑ Tipos de decalque
- ❑ Decalques
- ❑ Ajuste do plano de trabalho

1.  Abra ex8-8.rvt.

2. 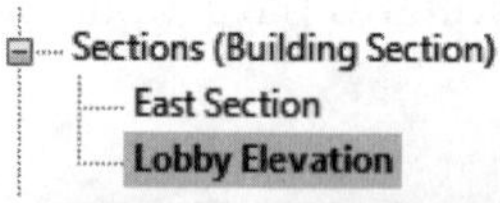 Ative o corte **Lobby Elevation**.

3. 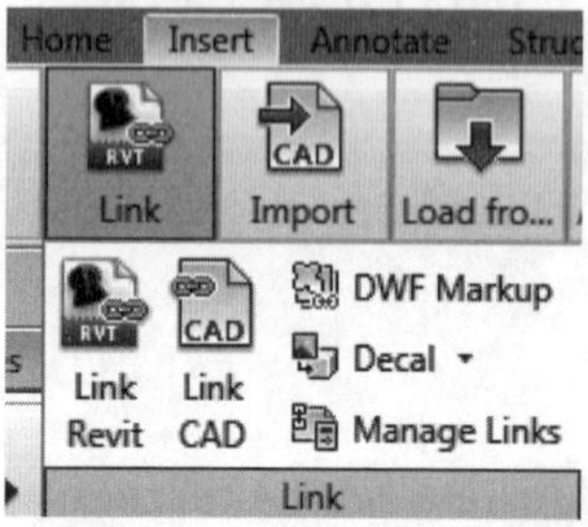 Ative a faixa **Insert**.

4. 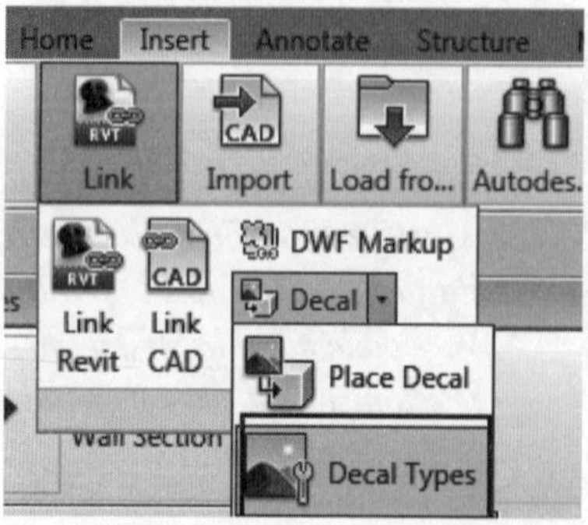 Selecione **Decal → Decal Types** (tipos de decalque) no painel Link.

5. Selecione **Create New Decal** na parte inferior esquerda do diálogo.

6. 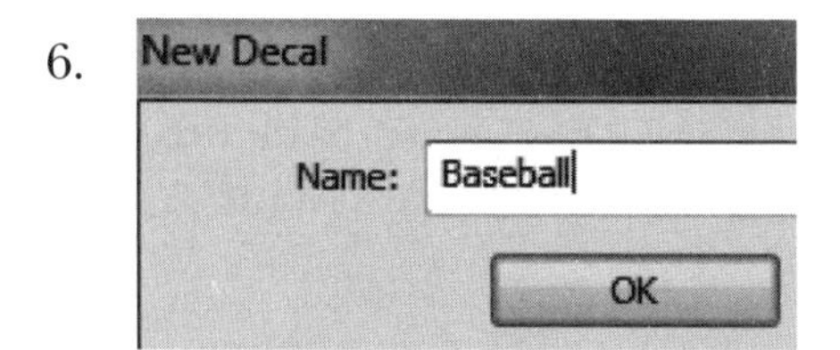

Digite um nome para seu decalque.

Uma imagem será atribuída ao decalque. Eu incluí três imagens, no CD, que podem ser usadas para este exercício: baseball, jockey, e soccer.

Você pode selecionar a imagem de sua escolha ou usar sua própria imagem.

Pressione **OK**.

7. 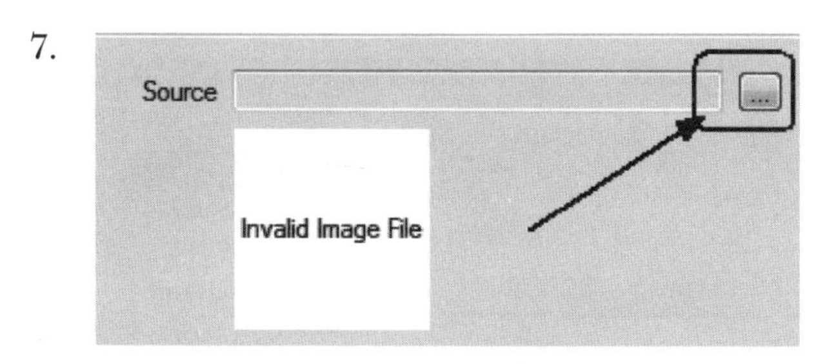

Selecione o botão de navegação para selecionar a imagem.

8. 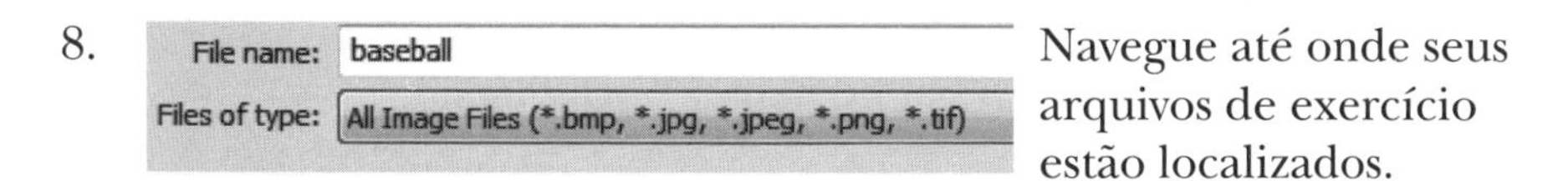

Navegue até onde seus arquivos de exercício estão localizados.

9. Selecione o arquivo de imagem baseball/jockey/soccer.

Pressione **Open**.

10. 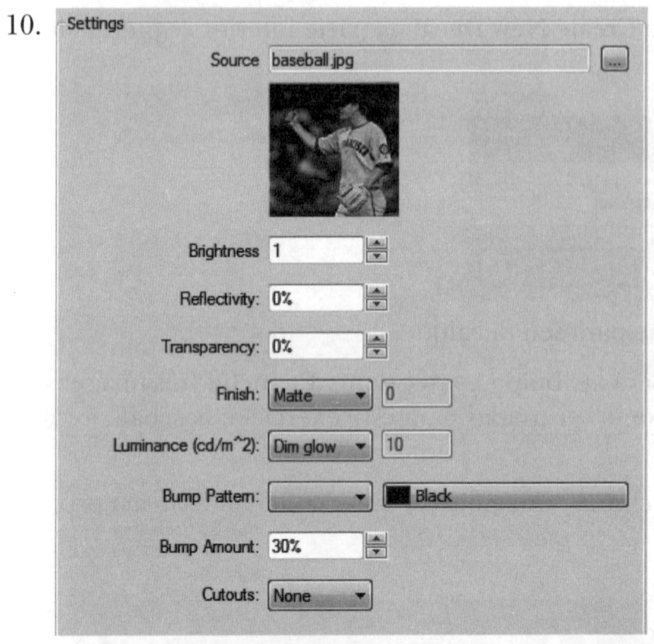

Você verá uma pré-visualização da imagem.

Ajuste Finish (acabamento) para **Matte**.

Ajuste Luminance (luminância) para **Dim glow**.

Pressione **OK**.

11. 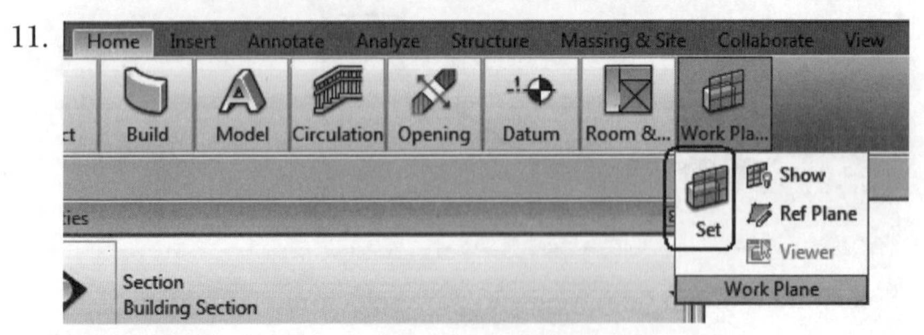

Ative a faixa Home.

Selecione a ferramenta **Set** no **painel Work Plane**.

12. 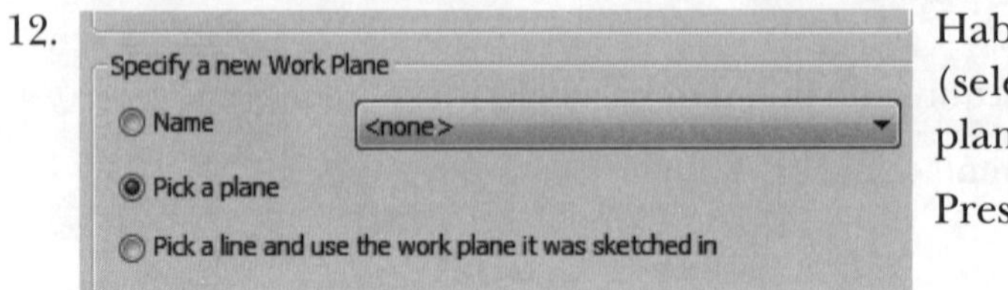

Habilite **Pick a Plane** (selecionar um plano).

Pressione **OK**.

13. 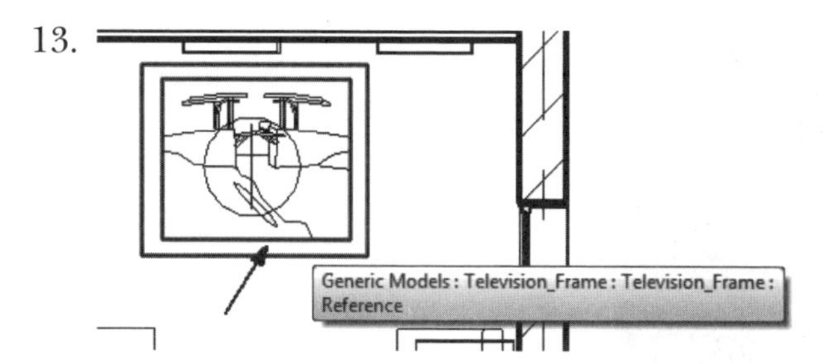

Selecione a face do quadro da televisão.

14. 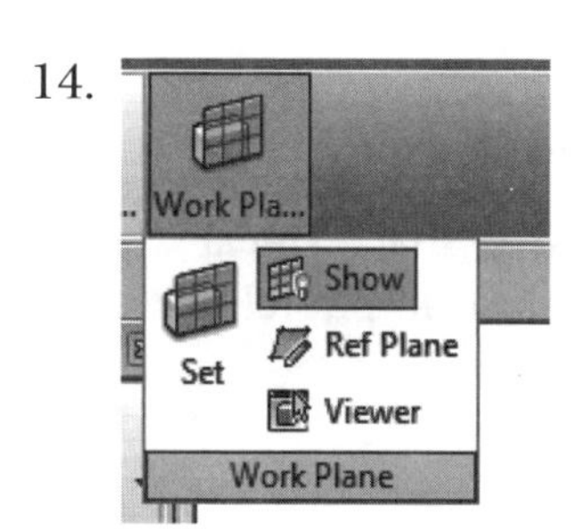

15. Ative a faixa Home.

16. Selecione a ferramenta **Show** no painel **Work Plane**.

17. 

Você deverá ver um plano de trabalho exibido sobre o quadro da televisão.

18. Roof Line
3D Views
3D - Lobby
3D- Lavatory
Southeast Perspective
{3D}

Ative a vista **3D-Lobby**.

19. 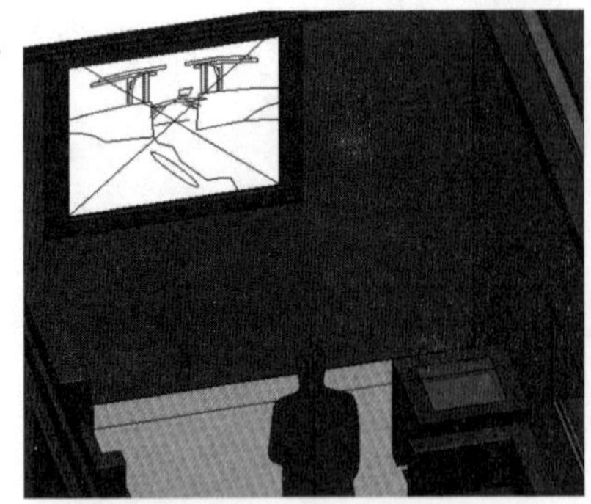

Ajuste a caixa do corte para que você possa ver o interior do saguão.

20. 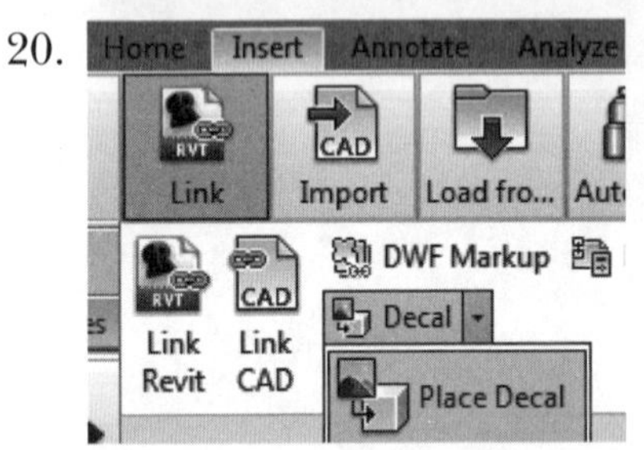

Ative a faixa Insert.

Selecione **Decal → Place Decal** (colocar decalque) no painel Link.

21. 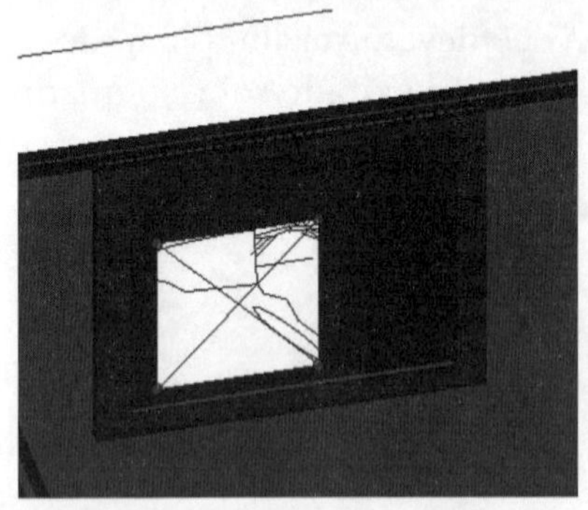

Coloque o decalque no quadro da televisão.

22. Na barra de opções:

Desative **Lock Proportions** (travar proporções).

Ajuste Width (largura) para **3' 10"**.

Ajuste Height (altura) para **3' 2"**.

23. Posicione o decalque de forma que ele fique dentro do quadro.

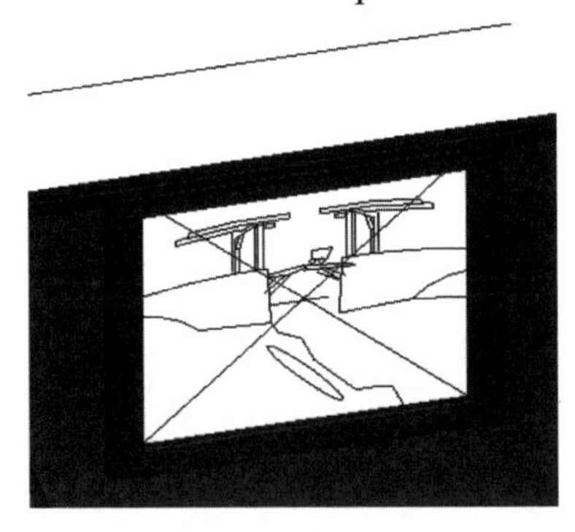

24. Salve como *ex8-9.rvt*.

Exercício 8-10

Criando uma Vista de Câmera 3D (reprisando)

Nome do desenho: ex8-9.rvt

Tempo estimado: 20 minutos

Este exercício reforça as seguintes habilidades:

- ❑ Câmera 3D
- ❑ Renomear vista
- ❑ Roda de navegação
- ❑ Produção

1. Abra ex8-9.rvt.

2. 

Ative a planta baixa **Level 1 – Lobby Space Planning**.

3. Ative a faixa View.

4. Selecione a ferramenta **3D View → Camera** no painel Create.

5. 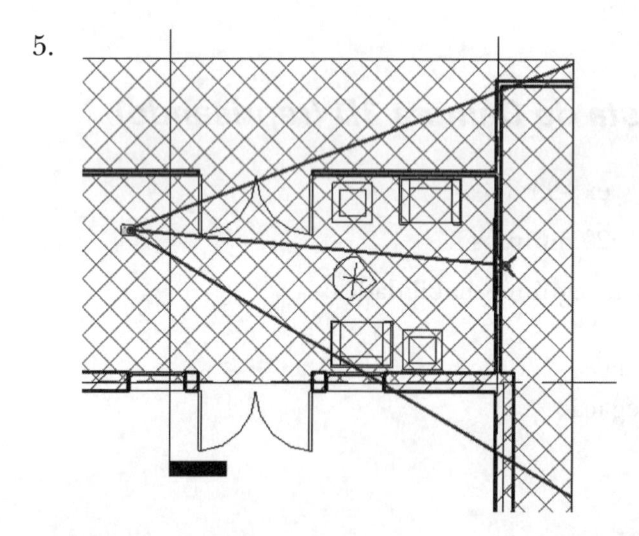

Coloque a câmera no canto superior esquerdo da sala de espera.

Girar a câmera e direcione-a para a área de assentos da sala de espera.

6. 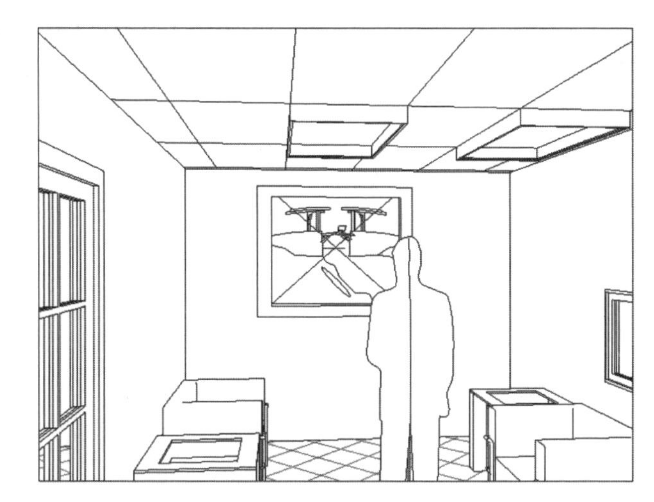

Uma janela aparecerá com nossa cena interior.

7. 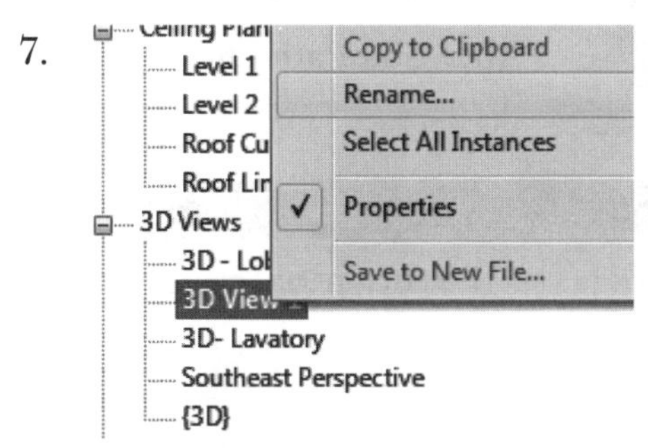

Destaque 3D View no Navegador de Projetos.

Clique com o botão direito e selecione **Rename**.

8. 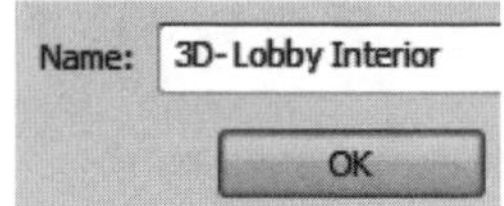

Renomeie a vista para **3D-Lobby Interior**.

9. 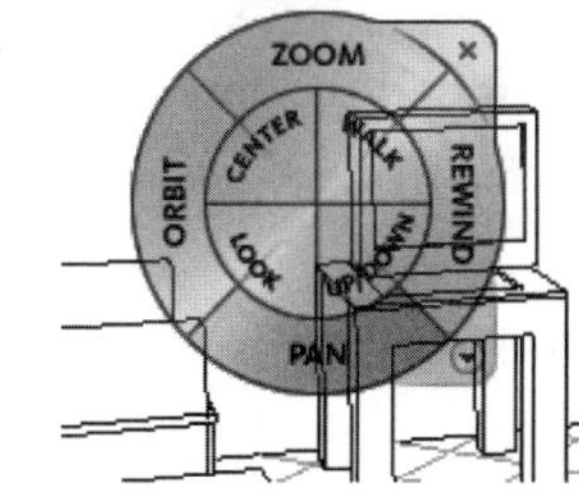

Selecione **Mini Tour Building Wheel** na barra de ferramentas View.

Use a roda de navegação para ajustar sua cena. Experimente os botões LOOK e WALK.

10. 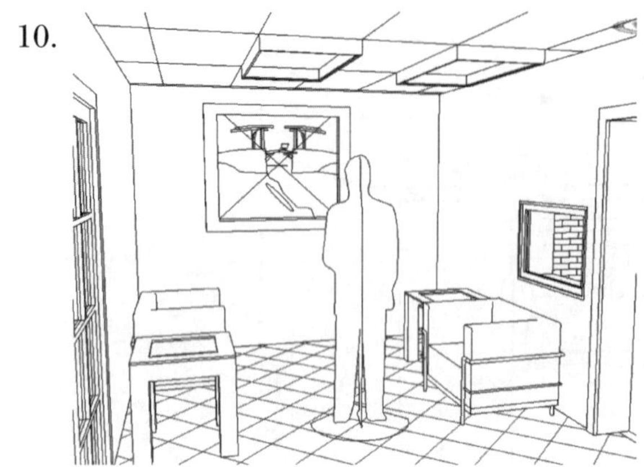

Ajuste a vista da câmera.

Você também pode usar essa ferramenta para "percorrer seu modelo".

11. 

Clique no sol, na barra de ferramentas de exibição.

Ative **Sun Path On**.

12.

Sun Path - Sun Not Displayed

The sun will not display because Relative to View is selected in Sun Settings. What would you like to do?

Use the specified project location, date, and time instead.
Sun Settings change to <In-session, Still> which uses the specified project location, date, and time.

Continue with the current settings.
Sun Settings remain in Lighting mode with Relative to View selected. Sun will not display.

Cancel

Selecione a opção **Use the specified project location, date, and time instead**.

13. Perspective

Ative **Shadows**.

14. Ative o diálogo **Rendering** (produção).

15. 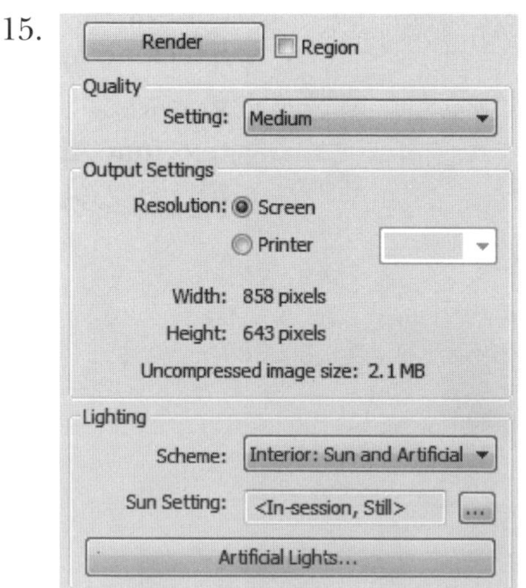

Ajuste Setting de Quality para **Medium**.

Ajuste Scheme de Lighting para **Interior: Sun and Artificial Light**.

Pressione **Render** (produzir).

16. 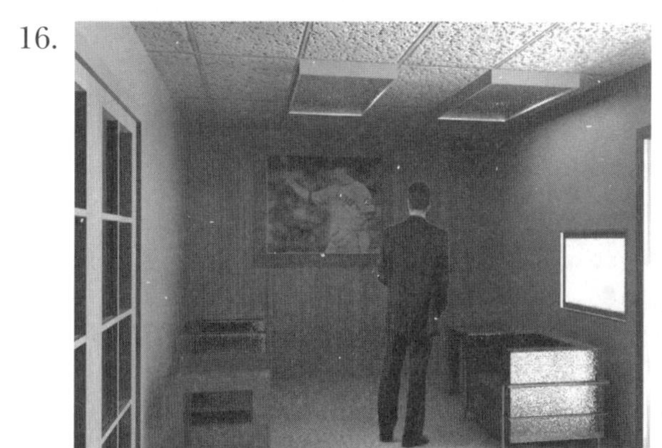

A cena interior é produzida.

Uma luz brilhante vindo da janela sul e da porta é da luz de estúdio. O reposicionamento desta luz pode tornar melhor a produção.

17. 

Selecione o botão **Adjust Exposure** (ajustar exposição) no diálogo Rendering.

18. 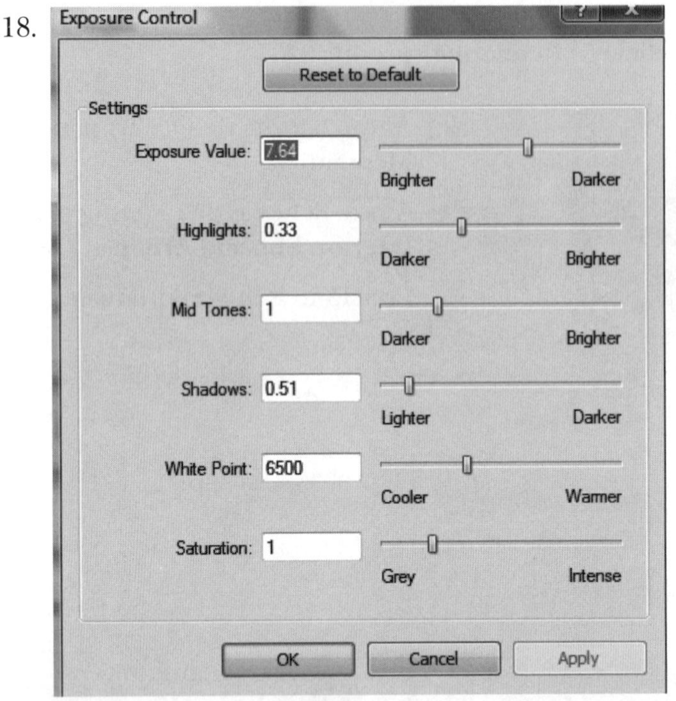

Se necessário:

Ajuste os controles e selecione **Apply**.

Reajuste e selecione **Apply**.

Pressione **OK**.

19. 

Pressione **Save to Project**.

20. 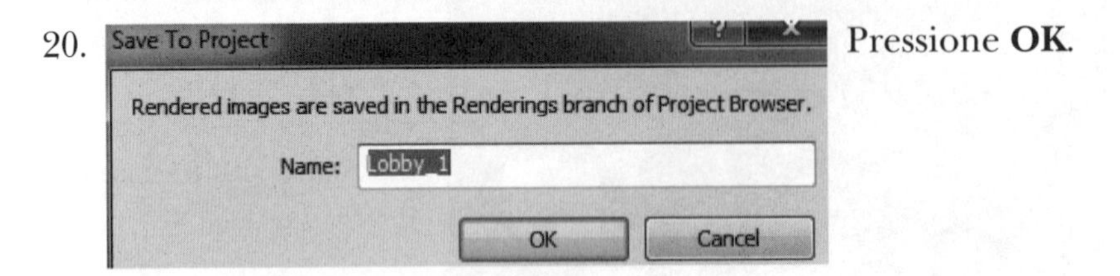

Pressione **OK**.

21. Feche o diálogo Rendering.

22. Salve o arquivo como *ex8-10.rvt*.

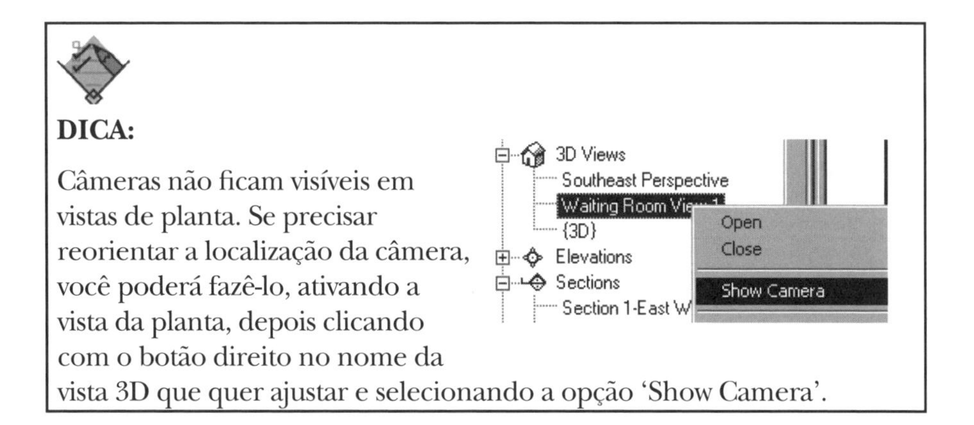

DICA:

Câmeras não ficam visíveis em vistas de planta. Se precisar reorientar a localização da câmera, você poderá fazê-lo, ativando a vista da planta, depois clicando com o botão direito no nome da vista 3D que quer ajustar e selecionando a opção 'Show Camera'.

Exercício 8-11

Colocando uma Produção numa Folha

Nome do desenho: ex8-10.rvt

Tempo estimado: 5 minutos

Este exercício reforça as seguintes habilidades:

- ❑ Propriedades de vistas
- ❑ Títulos de vistas

1. Abra *ex8-10.rvt.*

2. 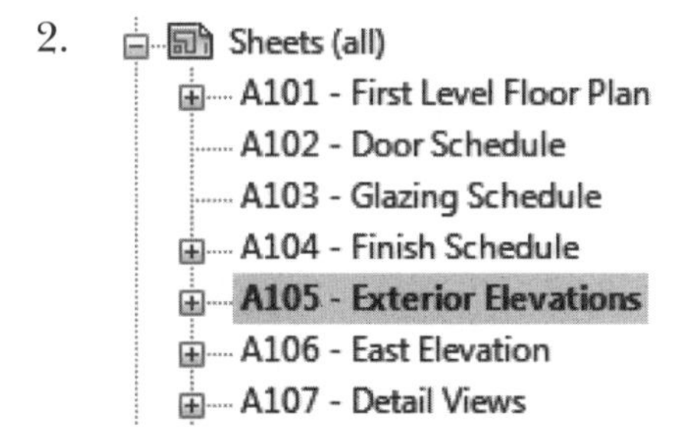

No navegador, ative a folha **Exterior Elevations**.

3. 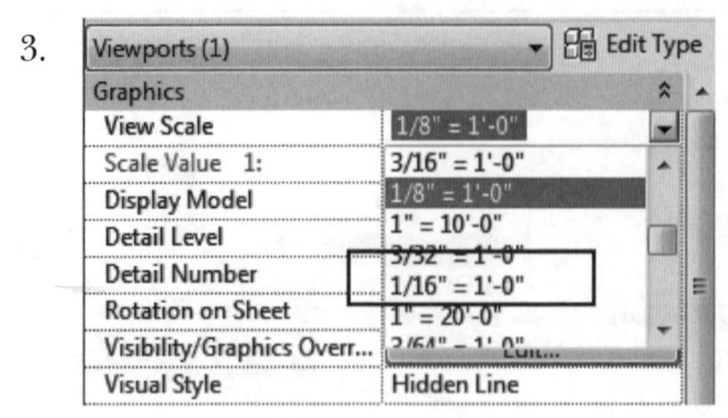

Selecione a elevação norte.

No painel Properties:

Ajuste View Scale para **1/16" = 1'-0" [1:200]**.

Pressione **OK**.

4. Repita o procedimento para a elevação sul.

5. 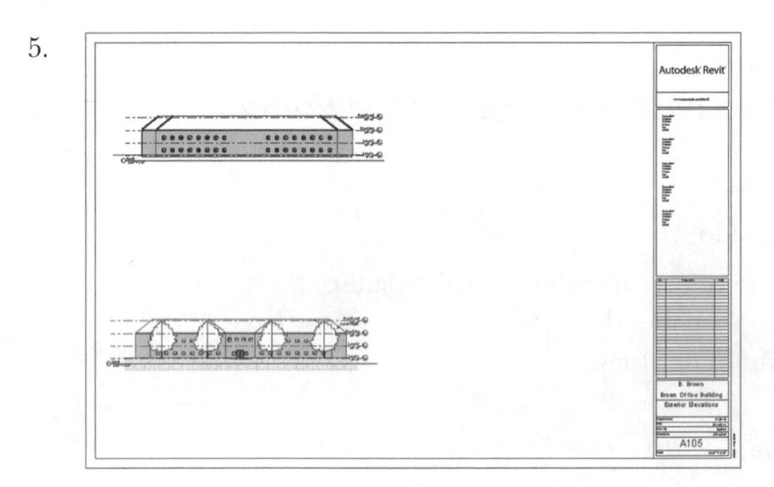

Amplie para preencher toda a janela (Zoom to Fit).

Desloque as vistas de elevação para a esquerda, para abrir espaço para uma vista adicional.

Note que você vê uma superfície topográfica na vista de elevação sul, porque ela foi adicionada para a produção do exterior.

6. 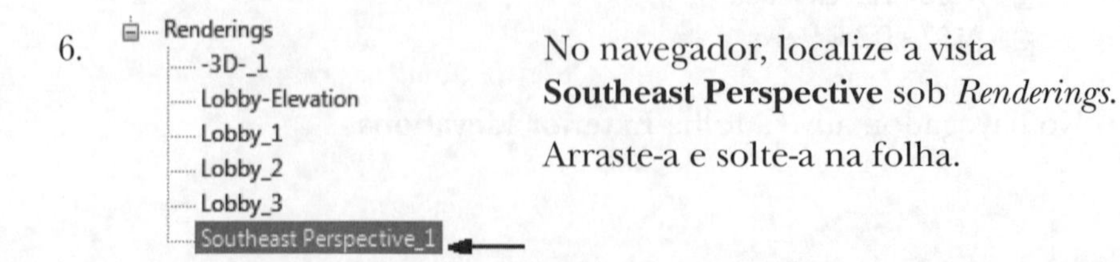

No navegador, localize a vista **Southeast Perspective** sob *Renderings*.

Arraste-a e solte-a na folha.

7. 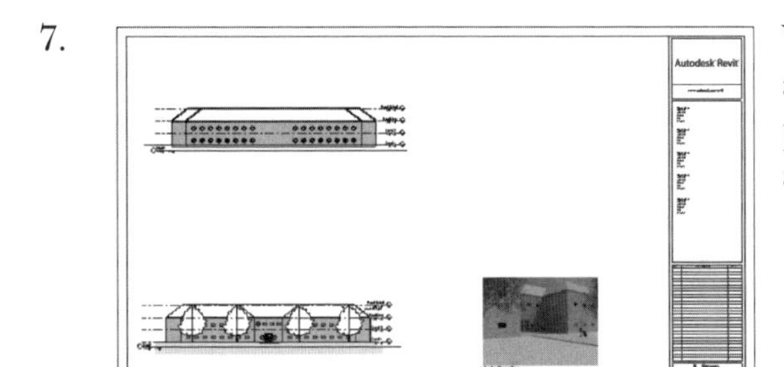

Você vê como é fácil adicionar vistas produzidas a seus arranjos.

8. 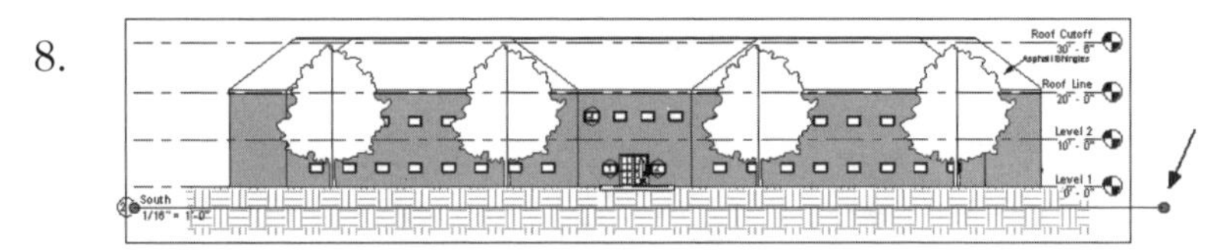

Para ajustar o comprimento do título da vista, clique na vista. Isso ativará os pegadores e permitirá que você ajuste o comprimento e a localização do título.

9. 

Selecione a imagem de produção que acabou de ser colocada.

10. 

No painel Properties:

Selecione **Edit Type**.

11.

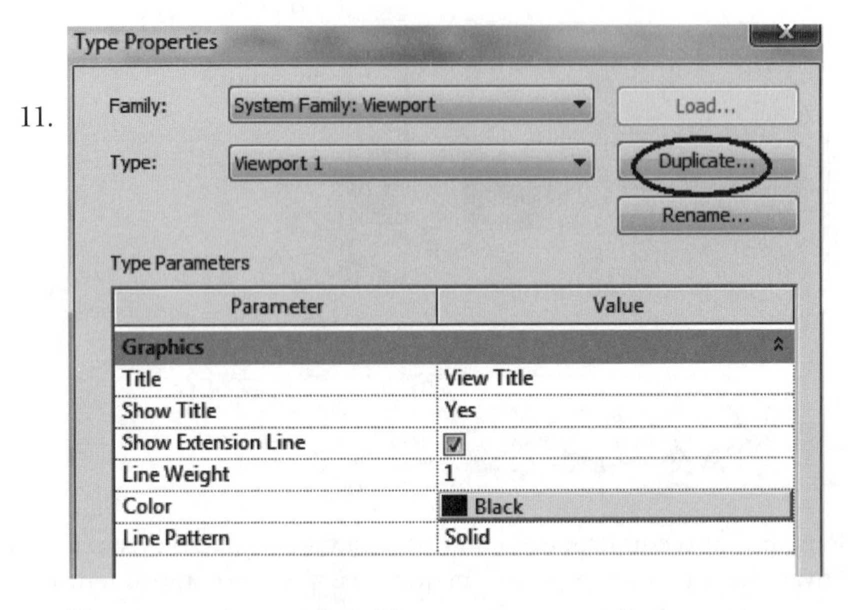

Note que o tipo atual de Viewport mostra o título.

Selecione **Duplicate**.

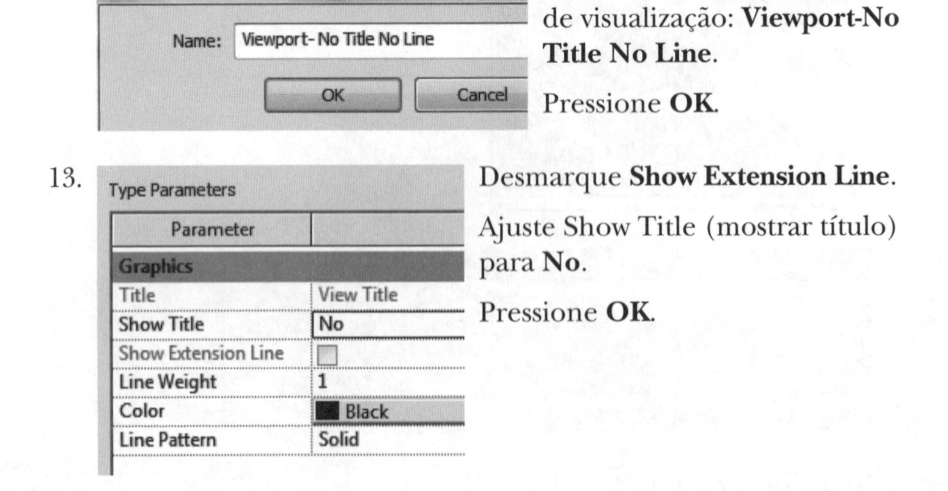

12. Nomeie o novo tipo de janela de visualização: **Viewport-No Title No Line**.

Pressione **OK**.

13. Desmarque **Show Extension Line**.

Ajuste Show Title (mostrar título) para **No**.

Pressione **OK**.

14. 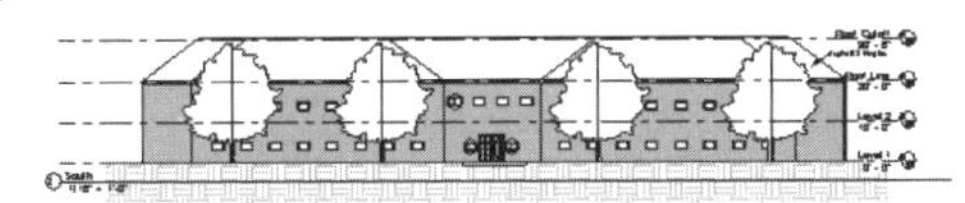

A janela de visualização da elevação tem um título.

A janela de visualização da produção não tem título.

15. Salve o arquivo como *ex8-11.rvt.*

DICA: Você pode liberar recursos de memória para produção, fechando todas as janelas que não esteja usando. Janelas com 3D ou produção consomem uma quantidade considerável de memória.

Exercício 8-12

Colocação de um Caminho para um Passo-a-Passo

Nome do desenho: i_Urban_House.rvt

Tempo estimado: 10 minutos

Este exercício reforça as seguintes habilidades:

❑ Criação de uma vista de passo a passo

1. File name: i_Urban_House.rvt

Localize o arquivo *i_Urban_House.rvt* e selecione **Open** (abrir).

2. Floor Plans
FIRST FLOOR
GROUND FLOOR

Ative a vista de planta baixa **First Floor**.

3. View

Ative a faixa **View**.

4. Selecione a ferramenta **Walkthrough** (passo a passo) na lista drop-down 3D View.

5. Verifique se **Perspective** está habilitado na barra de status.

Isso indica que uma vista em perspectiva será criada.

O Offset (deslocamento) indica a altura da câmera a partir do nível do piso.

6. 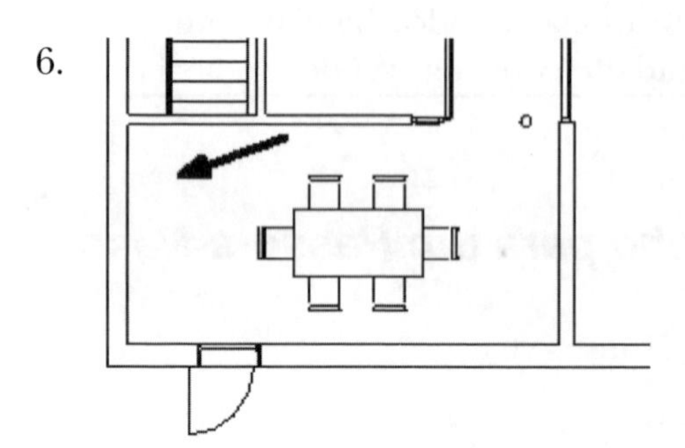

Selecione um ponto à esquerda da mesa da sala de jantar como ponto de partida para o caminho de sua câmera.

7. 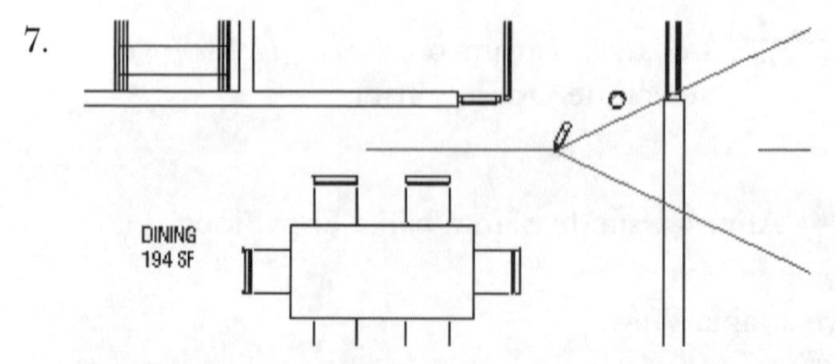

Coloque um segundo ponto no início do corredor.

8.

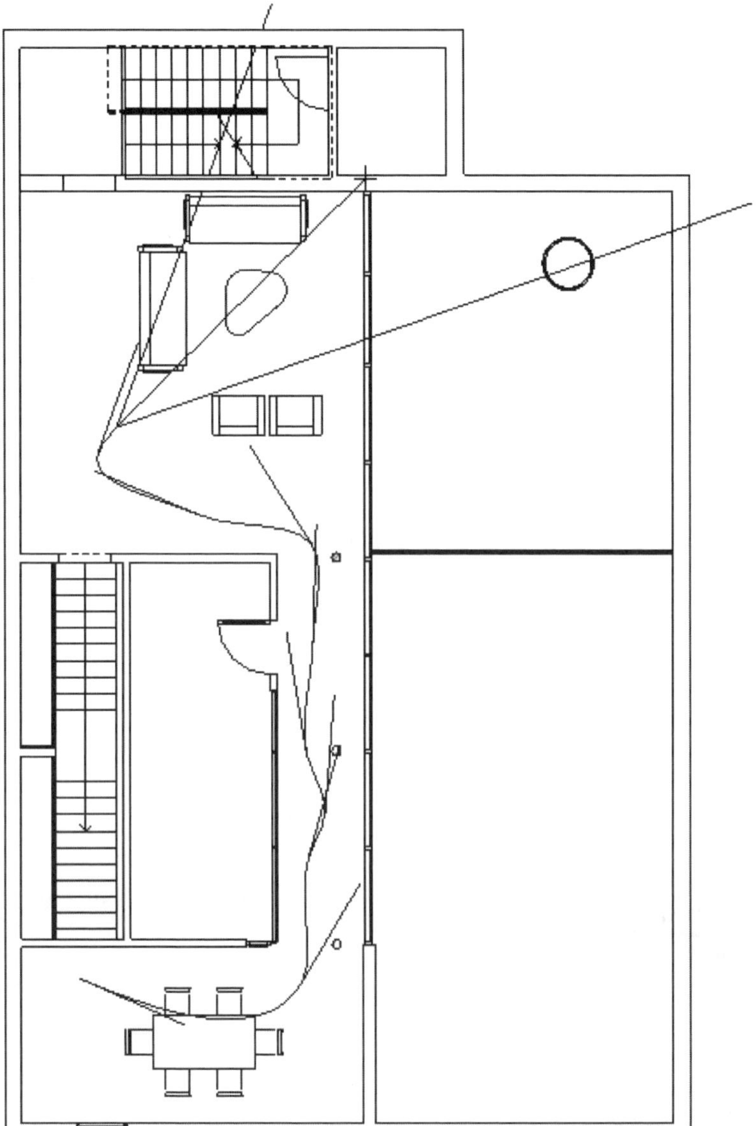

Coloque pontos nos locais indicados pelas setas para guiar seu passo-a-passo.

9. 

Selecione **Walkthrough → Finish Walkthrough** na faixa.

10. No Navegador de Projetos, você verá, agora, um Walkthrough listado em Walkthroughs.

11. Salve como *ex8-12.rvt.*

Exercício 8-13

Executando o Passo-a-Passo

Nome do desenho: ex8-12.rvt

Tempo estimado: 5 minutos

Este exercício reforça as seguintes habilidades:

- ❑ Execução de um passo-a-passo

1. Abra *ex8-12.rvt.*

2. Destaque o passo-a-passo no Navegador de Projetos.

   Clique com o botão direito e selecione **Open**.

3. Destacar o passo-a-passo no Navegador de Projetos.

   Clique com o botão direito e selecione **Show Camera**.

4. 

Selecione **Edit Walkthrough** na faixa.

5. Olhe para a barra de opções.

Ajuste Frame (número de quadros) para **1.0**.

6. Ative a faixa **Edit Walkthrough**.

7. 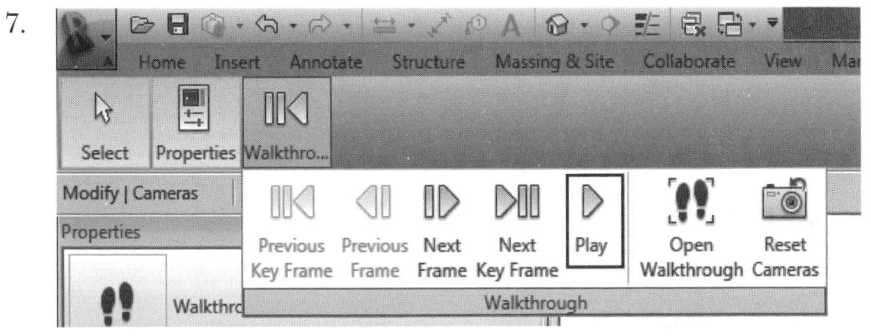

Pressione **Play** na faixa.

8. Pressione o botão que exibe o número total de quadros. O valor de seu número de quadros pode ser diferente.

9. Mude o valor de Total Frames (quadros totais) para **50**.

Pressione Apply e OK.

10. 

Pressione Play.

11. Salve como *ex8-13.rvt.*

Exercício 8-14

Editando o Caminho do Passo-a-Passo

Nome do desenho: ex8-13.rvt

Tempo estimado: 15 minutos

Este exercício reforça as seguintes habilidades:

- ❑ Mostrando a câmera
- ❑ Editando um passo-a-passo
- ❑ Modificando uma vista de câmera

1. Abra *ex8-13.rvt.*

2. Ative a vista da planta baixa First Floor.

3. 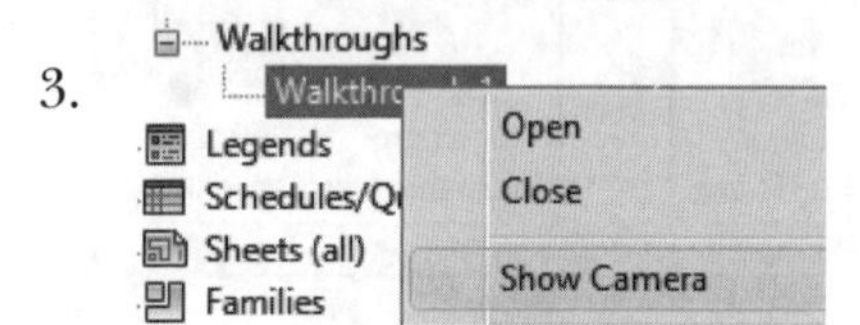

Destaque Walkthrough 1 no Navegador de Projetos.

Clique com o botão direito e selecione **Show Camera**.

4. 

Selecione **Edit Walkthrough** na faixa.

5. Extents
Crop Region Visible
Far Clip Active

Desative **Far Clip Active**.

6. 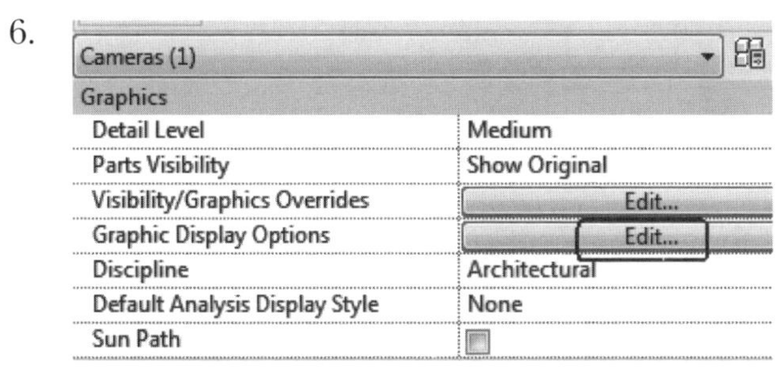

Selecione **Edit** ao lado de Graphic Display Options.

7. 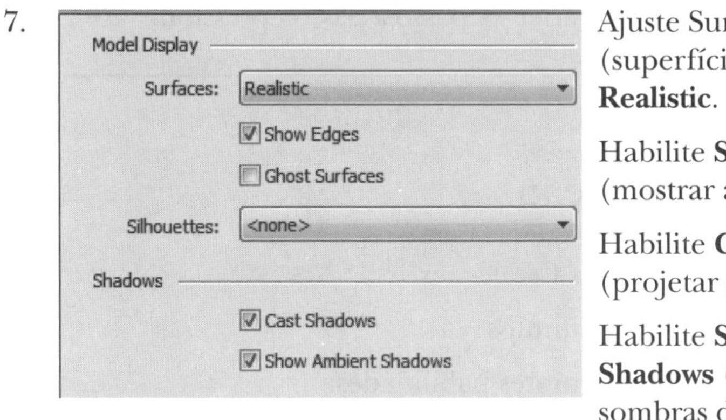

Ajuste Surfaces (superfícies) para **Realistic**.

Habilite **Show Edges** (mostrar arestas).

Habilite **Cast Shadows** (projetar sombras).

Habilite **Show Ambient Shadows** (mostrar sombras do ambiente).

Pressione Apply e OK.

8. Walkthroughs
Walkthrough 1

Duplo-clique no **Walkthrough 1** para abrir a vista.

9. 

Selecione **Edit Walkthrough** na faixa.

10. Pressione **Play**.

11. Salve como *ex8-14.rvt.*

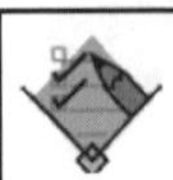

DICA: A aparência de objetos sombreados é controlada na definição do material. Para interromper o passo-a-passo, pressione ESC em qualquer ponto do quadro.

Exercício 8-15

Criando uma Animação

Nome do desenho: ex8-14.rvt

Tempo estimado: 15 minutos

Este exercício reforça as seguintes habilidades:

- ❑ Mostrando a câmera
- ❑ Editando um passo-a-passo
- ❑ Modificando uma vista de câmera

1. Abra *ex8-14.rvt.*

2. 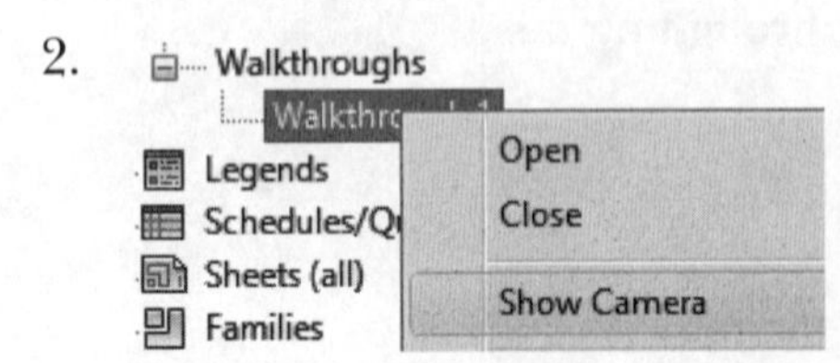

Destaque Walkthrough 1 no Navegador de Projetos.

Clique com o botão direito e selecione **Show Camera**.

3. 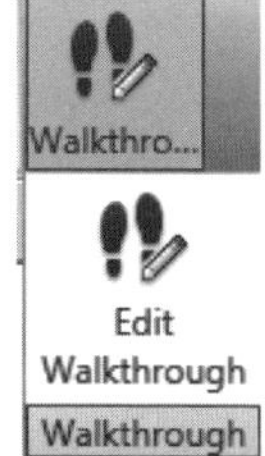

Selecione **Edit Walkthrough** na faixa.

4. Ajuste Frame (número de quadros) para **1.0**.

5. Vá até **File → Export → Images e Animations → Walkthrough**.

6. 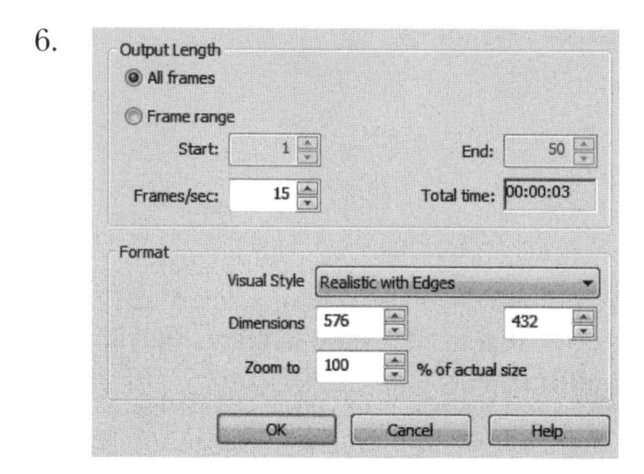

Ajuste Visual Style (estilo visual) para **Realistic with Edges**.

Pressione **OK**.

Você pode criar uma animação usando Rendering (produção), mas isso demora muito para processar.

7. 

Localize onde você quer armazenar seu arquivo avi. Você pode usar o botão de navegação (...) ao lado do campo Name para localizar seu arquivo.

8. Nomeie seu arquivo como *ex8-15 Walkthrough 1.avi.*

9. Pressione Save.

10. 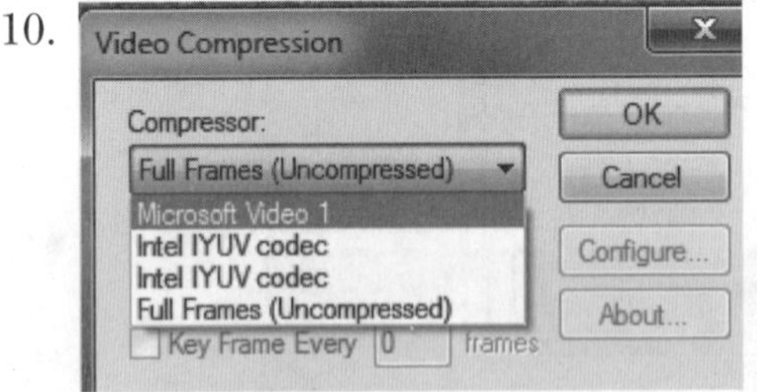

Selecione **Microsoft Video 1**.

Isto permitirá que você execute o avi no RealPlayer ou Microsoft Windows Media Player. Se você selecionar um compressor diferente, poderá não ser capaz de reproduzir seu arquivo avi.

11. Pressione **OK**.

12. Uma barra de progresso aparecerá no canto inferior direito da sua tela para que você saiba quanto tempo vai demorar.

13. ex8-8 Walkthrough 1.avi Video Clip 21.6 MB — Localize o arquivo usando o Explorer.

Duplo-clique no arquivo para reproduzi-lo.

14. Salve como *ex8-15.rvt.*

Exercício 8-16

Subindo Escadas

Nome do desenho: ex8-15.rvt

Tempo estimado: 15 minutos

Este exercício reforça as seguintes habilidades:

- ❑ Mostrando a câmera
- ❑ Editando um passo-a-passo
- ❑ Modificando uma vista de câmera

Em cada turma de Revit que eu ensino, há inevitavelmente alunos que querem ser capazes de subir as escadas com a câmera. Então, eis aqui como fazê-lo.

1. Abra *ex8-15.rvt.*

2. 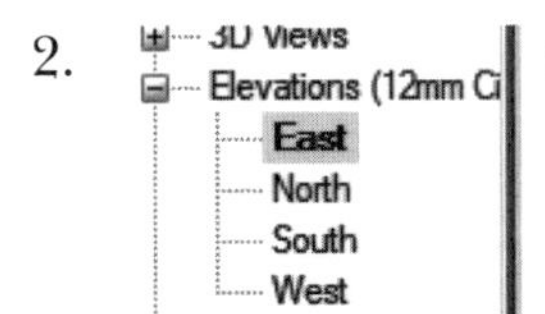

Selecione a vista de elevação **East** (leste).

3. 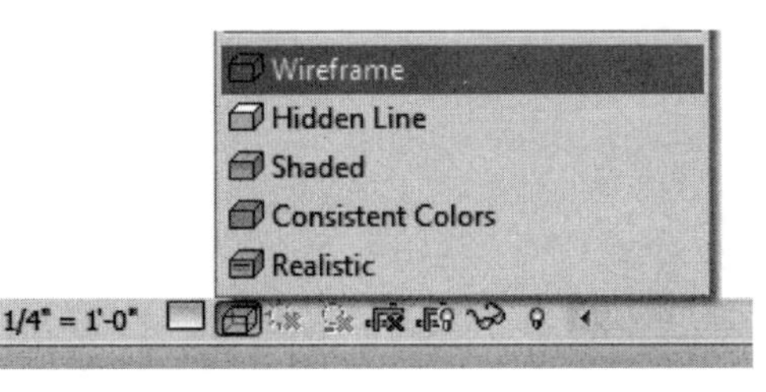

Alterne para o modo **Wireframe** (estrutura).

4. Na faixa View, selecione a ferramenta **3D → Walkthrough**.

5. Coloque o caminho do passo-a-passo seguindo pela porta, subindo as escadas, até a próxima sala.

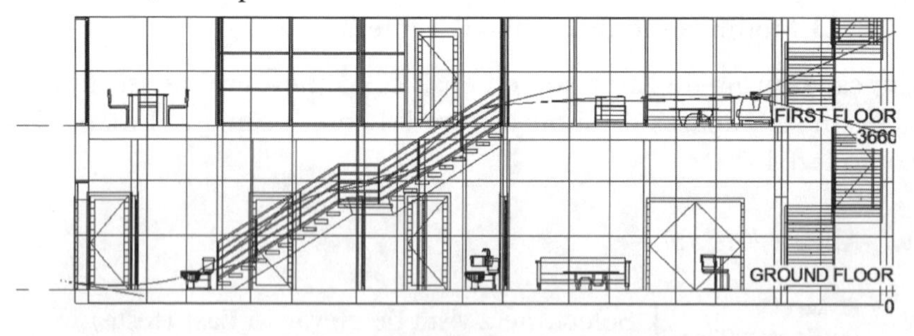

6. 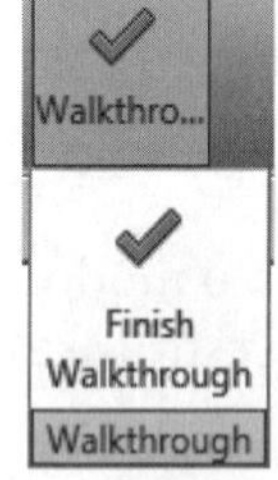

Pressione **Finish Walkthrough** (finalizar passo-a-passo).

7. Ative a planta baixa **GROUND FLOOR**.

8. 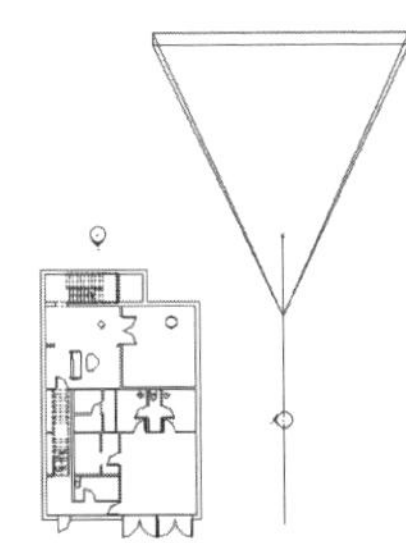

Você verá que o caminho do passo-a-passo foi colocado no exterior do prédio.

Use a ferramenta **MOVE** para mover o caminho para sobre as escadas.

9. 

Selecione **Edit Walkthrough**.

10. 

Selecione **Path** (caminho), na lista drop-down Controls, localizada no canto inferior esquerdo da tela.

11. Ajuste o caminho conforme necessário.

12. Destaque Walkthrough 2 no Navegador de Projetos.

Clique com o botão direito e selecione **Open**.

13. Ative a faixa **Edit Walkthrough**.

14. Reajuste Frame (quadro) para 1.

15. Pressione **Play**.

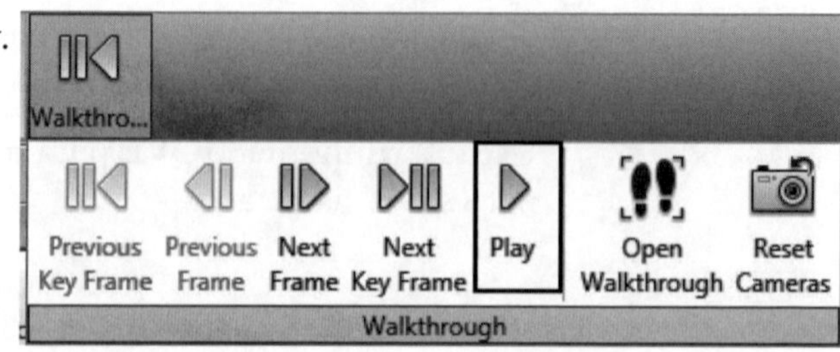

16. Salve como *ex8-16.rvt*.

Projetos Adicionais

1. Crie uma produção da área da copa.

2. Crie uma produção de uma das baias do escritório.

   A figura é a família Female Entourage - Cynthia. O CD tem as imagens e as famílias do monitor, do telefone, do teclado, e da CPU. Os arquivos de imagem também estão no CD, que pode ser usado na produção.

3. Adicione iluminação exterior, usando as luzes de mini-postes (bollard lights) da biblioteca do Revit, a ambos os lados da calçada para o prédio.

   Ajuste o dia para 11 de dezembro e a hora para 19:30.

   Ajuste a exposição, depois que a produção estiver pronta.

4. Crie um avi de passo-a-passo de uma de nossas cenas produzidas.

Questionário da Lição 8

Verdadeiro ou Falso

1. A ferramenta Walkthrough na faixa View permite que você crie um avi.
2. O botão Environment no diálogo Render Settings permite que você ajuste a hora do dia.
3. O botão Sun no diálogo Render Settings permite que você ajuste a hora do dia.
4. Quando cria uma produção (rendering), você é capaz de ver como suas pessoas aparecerão.
5. Produção é um processo relativamente rápido.
6. Produções podem ser adicionados a folhas.
7. Você pode ajustar o número de quadros num passo-a-passo.
8. Você não pode criar animações de passo a passo que vão de um nível a outro.
9. Uma vez que um caminho é colocado, ele não pode ser editado.
10. Você não pode modificar o estilo da vista de um passo-a-passo de wireframe (estrutura) para shaded (sombreado).

Múltipla Escolha

11. A pasta que contém Pessoal RPC é chamada:
    A. Site (sítio)
    B. People (pessoas)
    C. Entourage (comitiva)
    D. Rendering (produção)

12. A ferramenta Camera está localizado na faixa ________________.
    A. Rendering
    B. Site
    C. Home
    D. View

13. Para ver a câmera numa vista:
    A. Destaque a vista 3D no navegador, clique com o botão direito e selecione Show Camera.
    B. Destaque a vista no navegador, clique com o botão direito e selecione Show Camera.
    C. Vá até View-> Show Camera.
    D. Passe o mouse sobre a vista, clique com o botão direito e selecione Show Camera.

14. Para salvar sua produção, use:

    A. File → Export

    B. Save to Project

    C. Capture Rendering

    D. Export Image

15. Ao editar um passo-a-passo, o usuário pode modificar o seguinte:

    A. A câmera

    B. O caminho

    C. Adicionar quadros chaves

    D. Remover quadros chaves

    E. Todas as opções acima

RESPOSTAS:

1) F; 2) F; 3) V; 4) V; 5) F; 6) V; 7) V; 8) F; 9) F; 10) F; 11) C; 12) D; 13) B; 14) B;15) E

Lição 9

Personalizando o Revit

Exercício 9-1

Criando um Símbolo de Anotação

Arquivo: north arrow.dwg (localizado no CD de arquivos complementares)

Tempo estimado: 30 minutos

Este exercício reforça as seguintes habilidades:

- ❑ Importação de desenho do AutoCAD
- ❑ Explosão completa
- ❑ Consulta
- ❑ Símbolo de anotação

Muitos arquitetos acumularam centenas de símbolos que usam em seus desenhos. Este exercício mostra como pegar os símbolos existentes no AutoCAD e usá-los no Revit.

1. Localize o north arrow.dwg no CD incluído com o texto.

2. 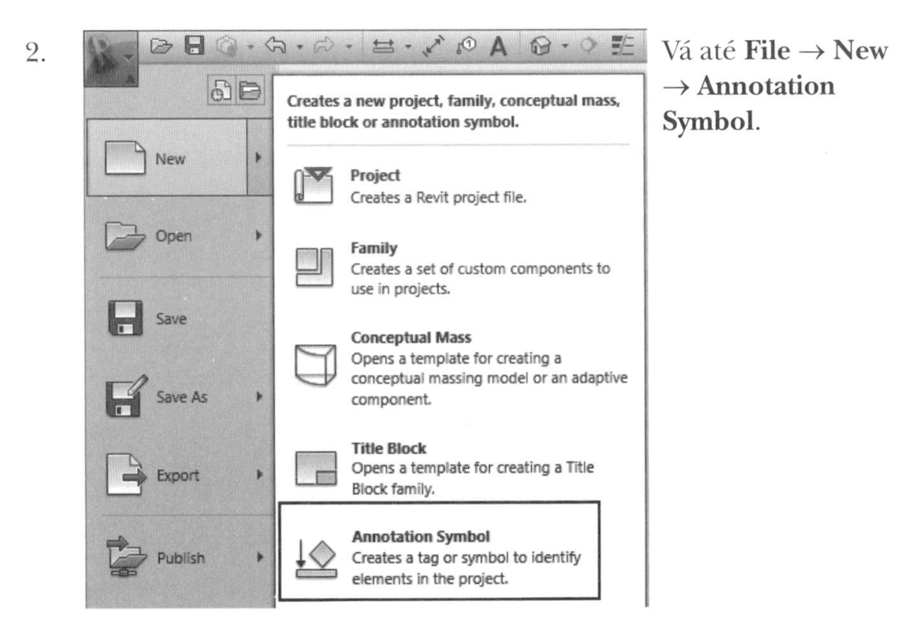

Vá até **File** → **New** → **Annotation Symbol**.

3.

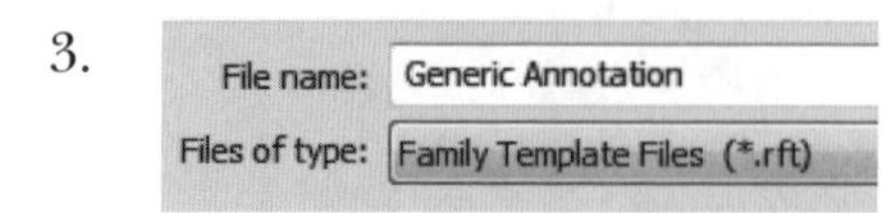

Destaque o arquivo **Generic Annotation.rft** sob Annotations.

Pressione Open.

4. Ative a faixa Insert.

Selecione **Import CAD**.

5. Localize o arquivo north arrow.dwg no CD de arquivos complementares.

6.

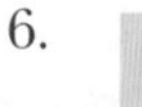

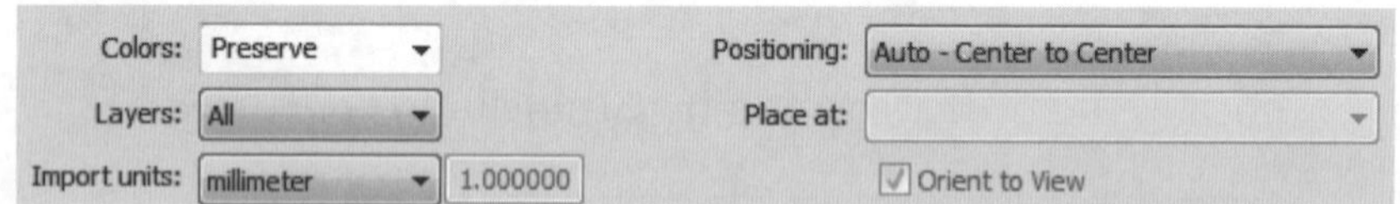

Em Colors (cores):
Habilite **Preserve**.
Em Layers (camadas):
Selecione **All** (tudo).
Em Import Units (unidades de importação):
Selecione **millimeter**.
Em Positioning (posicionamento):
Selecione **Auto - Center to Center**.

Isso permite que você dimensione automaticamente os dados importados.
Note que nós podemos optar por colocar manualmente os dados importados ou colocá-los automaticamente usando o centro ou a origem.

Pressione **Open**.

7. 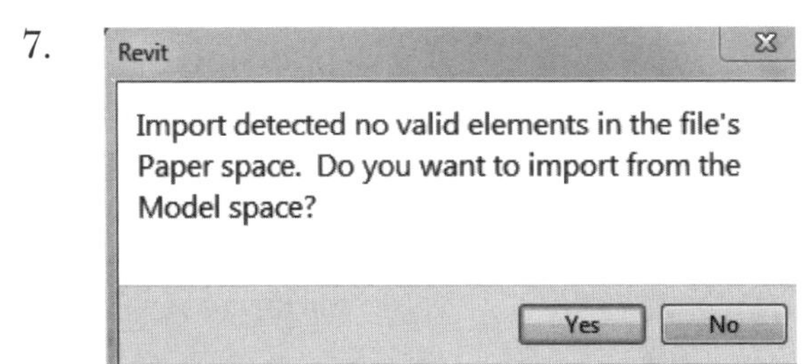

A ferramenta Import procura no espaço do papel e no espaço do modelo. Você será solicitado a informar quais dados importar.

Pressione **Yes**.

8. 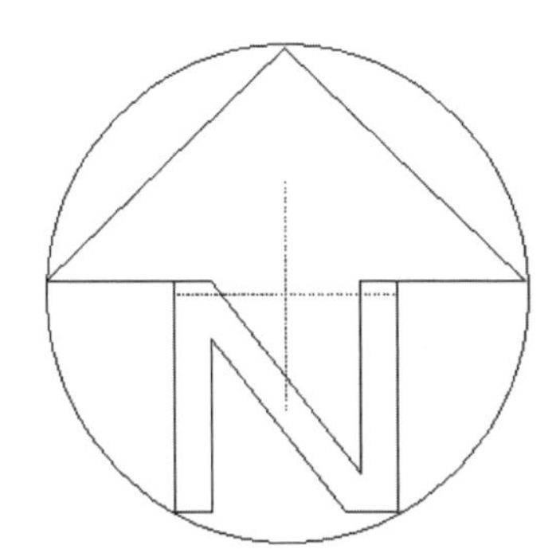

Amplie com **Zoom In Region** para ver o símbolo que você importou.

9. 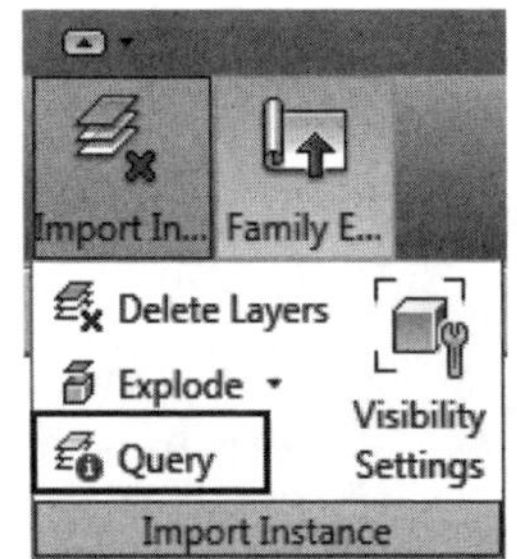

Selecione o símbolo importado.

Selecione **Query** (consulta) na faixa.

10. 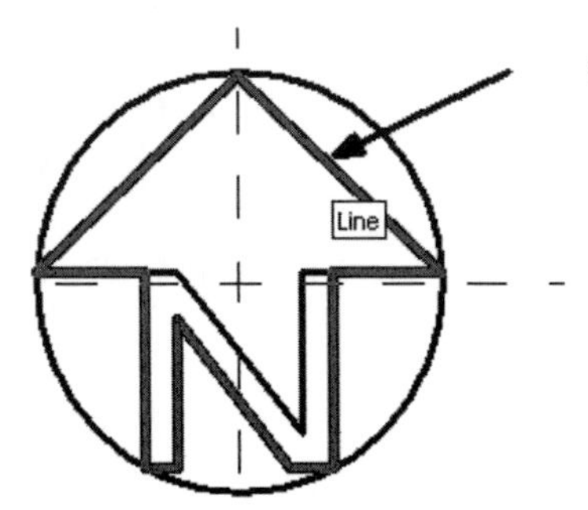

Clique na linha indicada.

11. Um diálogo aparecerá, o qual lista o que é o item selecionado e a camada em que ele reside.

    Pressione **OK**.

    Clique com o botão direito e selecione **Cancel** para sair do modo Query.

12. Selecione o símbolo importado.

    Selecione **Full Explode** (explosão completa).

    Podemos, agora, editar nossos dados importados.

13. 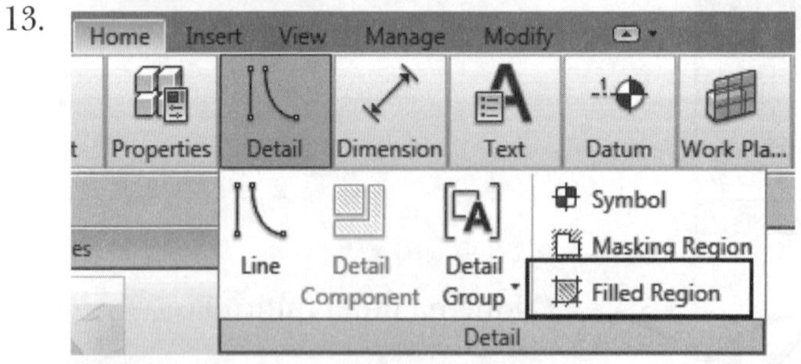

    Ative a faixa Home.

    Selecione a ferramenta **Filled Region** (região preenchida) no painel Detail da faixa Home.

14. Habilite **Chain** na barra de status.

15. 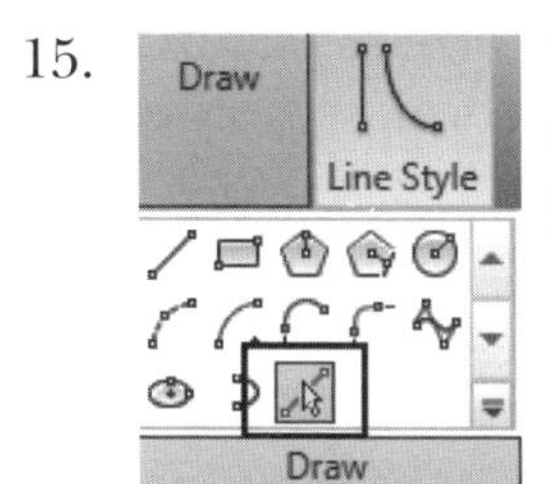

Use a ferramenta **Pick** no painel Draw para selecionar as linhas existentes para criar uma ponta de seta preenhida.

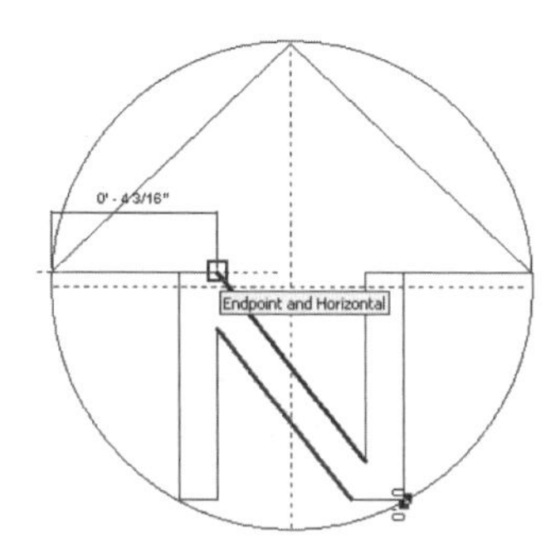

16. Selecione **Edit Type** no painel Properties.

17. Type Parameters

Parameter	
Graphics	
Background	Opaque
Line Weight	1
Color	Black
Other	
Cut fill pattern	Solid fill

Vemos que a região está ajustada para um preenchimento sólido (Solid Fill) e cor preta (Color: Black).

Feche o diálogo de propriedades de tipo.

18. 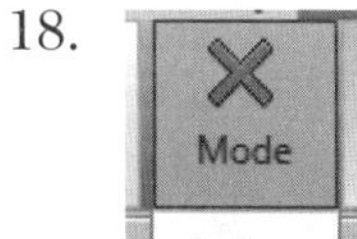

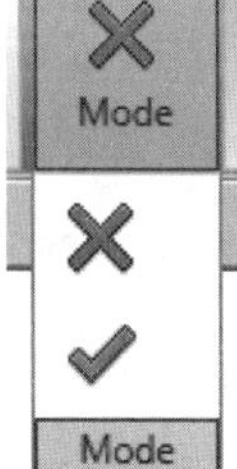

Selecione a marca verde no painel Mode para **Finish Region**.

19. 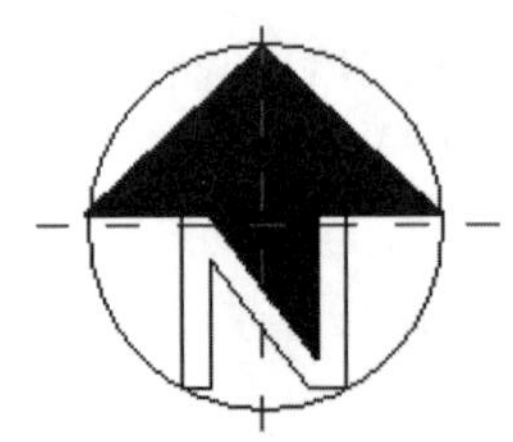

Usando os pegadores, encurte os planos de referência horizontal e vertical, se necessário.

Você precisará desafixar (unpin) os planos de referência antes de poder ajustar o link.

Certifique-se de fixar (pin) os planos de referência depois de ter terminado quaisquer ajustes. A fixação dos planos de referência assegura que eles não se moverão.

20. Delete this note before using

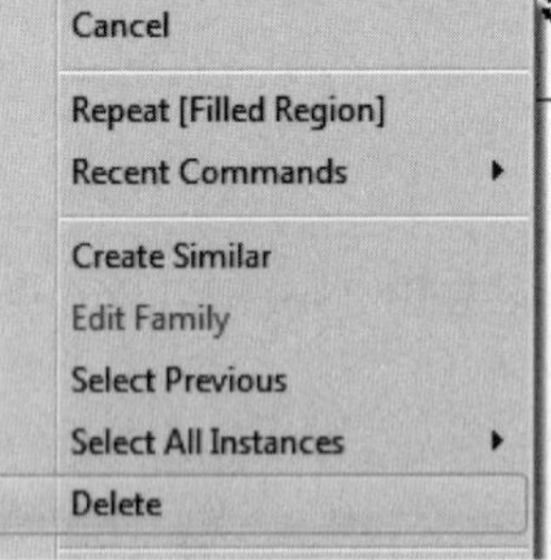

Selecione a nota que está no símbolo.

Clique com o botão direito e selecione **Delete**.

21. 

Selecione **Category and Parameters** no painel Properties, na faixa Modify.

22. Furniture System Tags
Furniture Tags
Generic Annotations
Generic Model Tags

Note que **Generic Annotations** (anotações genéricas) está destacado.

Pressione OK.

23. 

Salve o arquivo como uma nova família chamada **north arrow** (seta norte).

24. Abra *ex8-11.rvt*.

25. A101 - First Level Floor Plan / Floor Plan: Level 1 — Ative a folha **First Level Floor Plan**.

26. Annotate — Ative a faixa **Annotate**.

27. Symbol — Selecione a ferramenta **Symbol**.

28. 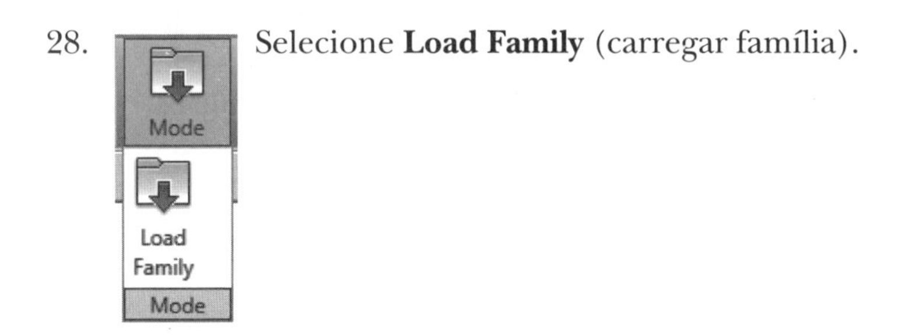

Selecione **Load Family** (carregar família).

29. File name: north arrow.rfa / Files of type: Family Files (*.rfa) — Carregue o arquivo *north arrow.rfa* que foi salvo em sua pasta de aluno.

30. 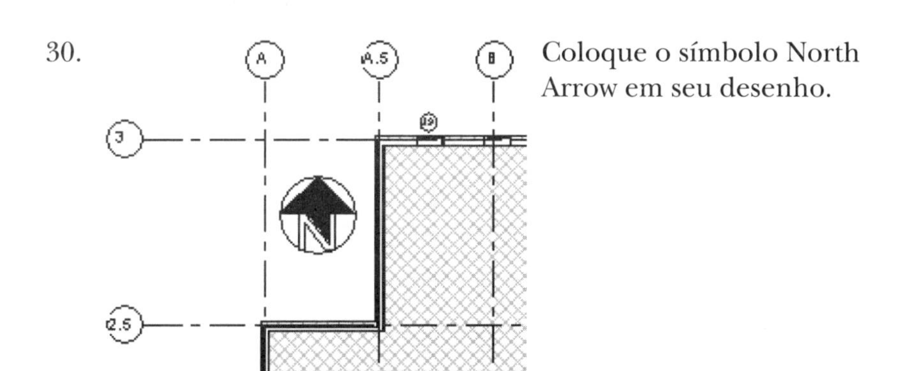

Coloque o símbolo North Arrow em seu desenho.

31. Salve *ex8-11.rvt* como *ex9-1.rvt.*

Exercício 9-2

Criando um Bloco de Título Personalizado

Tempo estimado: 60 minutos

Este exercício reforça as seguintes habilidades:

- ❑ Blocos de título
- ❑ Importação de CAD
- ❑ Rótulos
- ❑ Texto
- ❑ Propriedades de famílias

1.

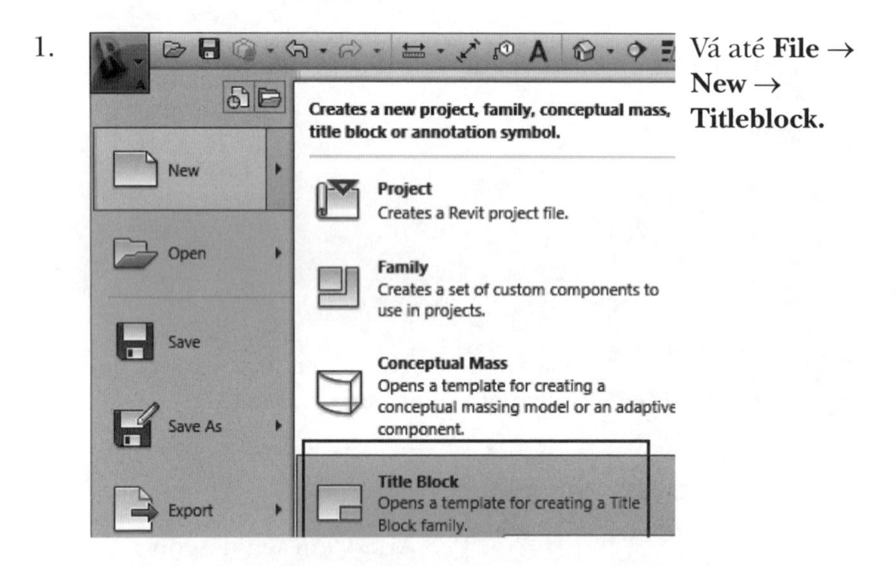

Vá até **File → New → Titleblock.**

2.

File name: New Size.rft
Files of type: Family Template Files (*.rft)

Selecione **New Size.**

Pressione **Open.**

3. 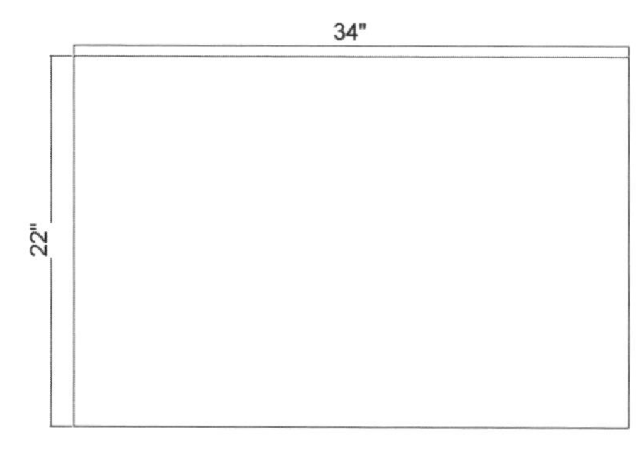

Clique na linha horizontal superior.

Selecione a dimensão e mude-a para **22”**.

Clique na linha direita vertical.

Selecione a dimensão e mude-a para **34”**.

DICA: O bloco de título que você define inclui o tamanho da folha. Se você excluir o bloco de título, a folha de papel também será excluída. Isso significa que seu bloco de título está ligado ao tamanho do papel que você define.

Você precisa definir um bloco de título para cada tamanho de papel que usar.

4. Zoom In Region
Zoom Out (2x)
Zoom To Fit

Clique com o botão direito na janela de gráficos e selecione **Zoom to Fit** (ampliar para preencher).

5. 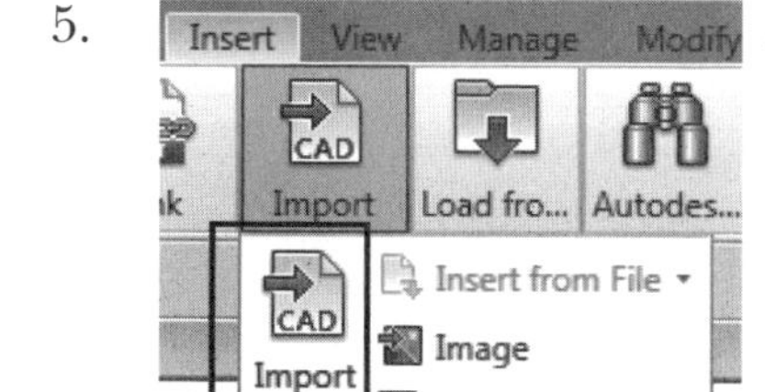

Ativar a faixa Insert.

Selecione **Import-> Import CAD**.

6. Localize *Architectural Title Block* no diretório de arquivos de exercício.

7. 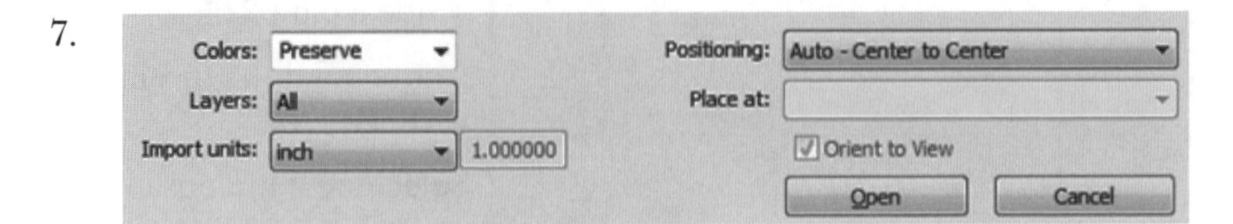

Ajuste Colors (cores) para **Preserve**.
Ajuste Layers (camadas) para **All**.
Ajuste Import Units (unidades de importação) para **Inch**.
Ajuste Positioning (posicionamento) para: **Auto - Center to Center**.

Pressione **Open**.

8. 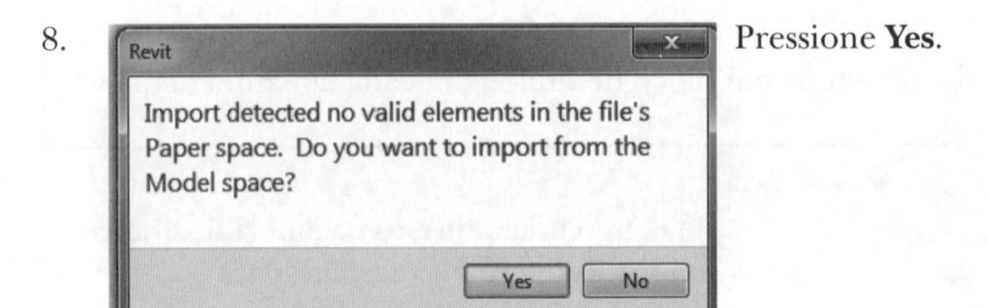

Pressione **Yes**.

9. 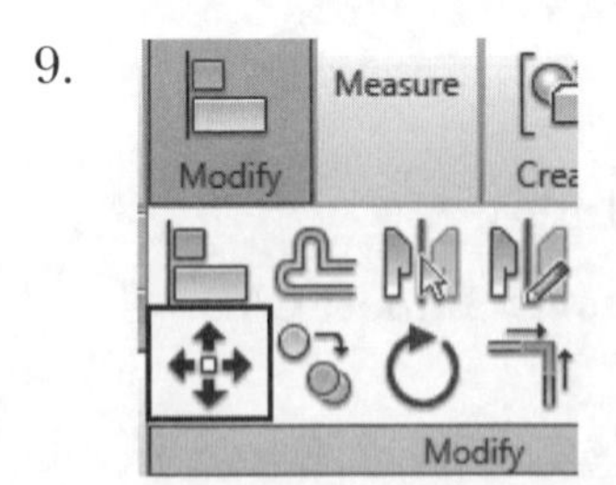

Selecione o bloco de título.

Use a ferramenta **Move** do painel Modify para reposicionar o bloco de título de forma que ele fique alinhado com a folha existente do Revit.

10.

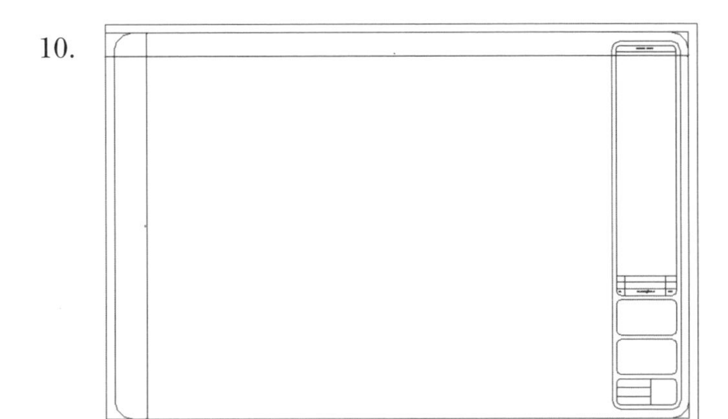

Selecione o bloco de título importado de modo que ele fique destacado.

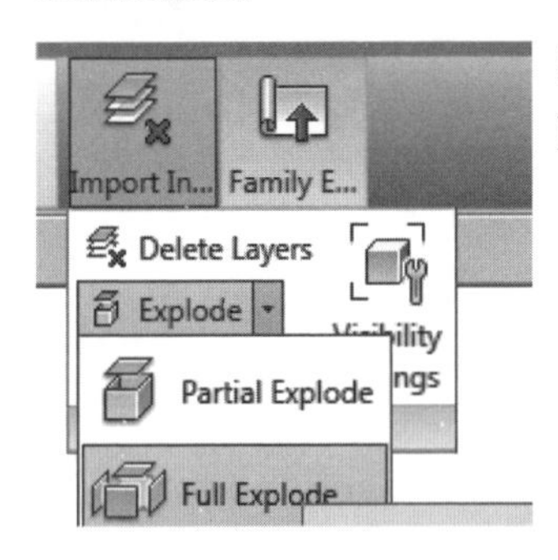

Selecione **Explode-> Full Explode** no painel Import Instance da faixa.

11.

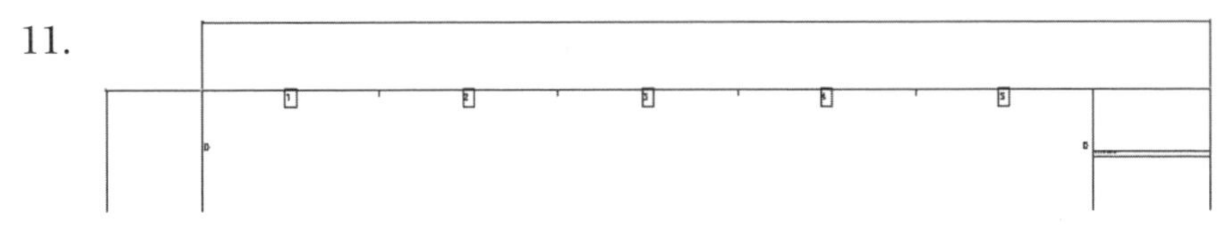

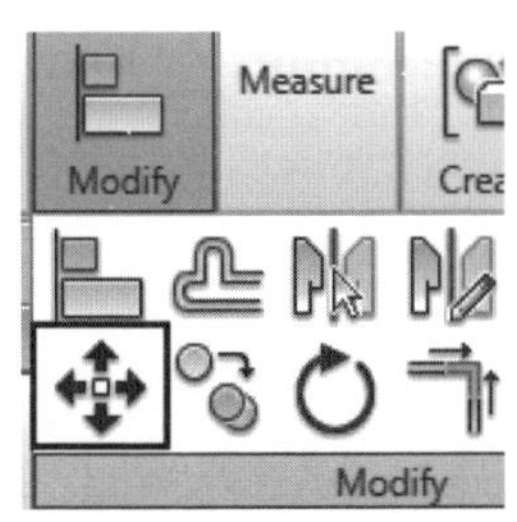

Use a ferramenta Move para ajustar a posição das linhas horizontais superiores e do texto, de forma que eles fiquem convenientemente posicionados na folha.

12. Ative a faixa **Home**.

Selecione a ferramenta **Line** no painel Detail.

13. Selecione a ferramenta **Fillet Arc** no painel Draw.

14. 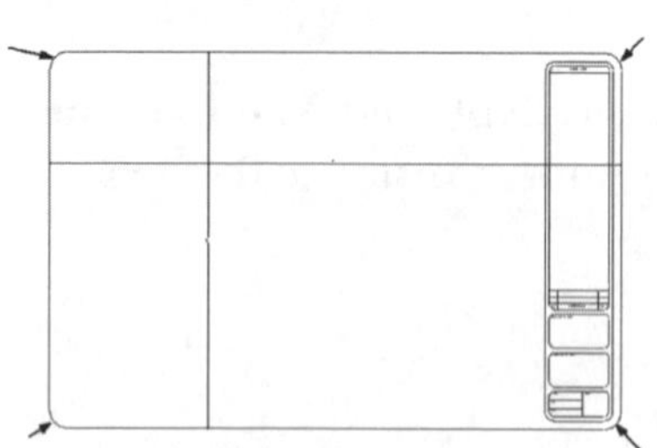

Crie filetes de 1" em cada canto.

15. 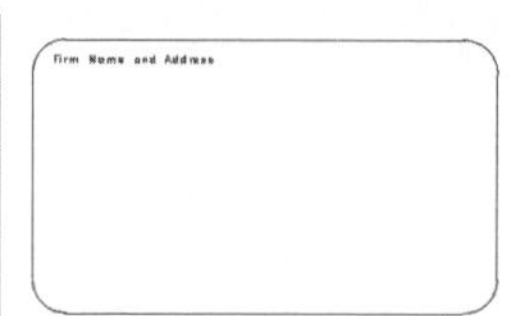

Colocaremos uma imagem no retângulo rotulado Firm Name and Address (nome e endereço da firma).

16. 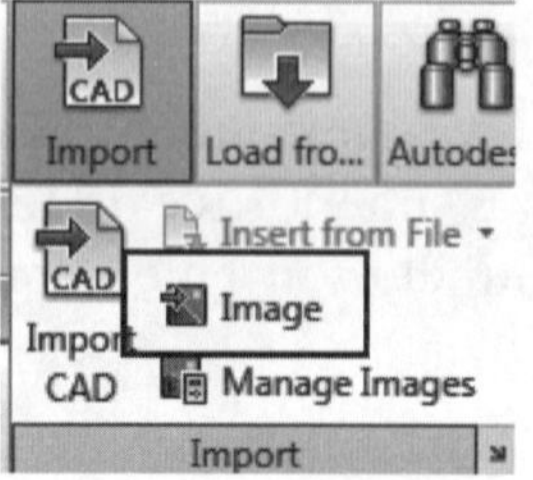

Ative a faixa **Insert**.

Selecione a ferramenta **Import → Image**.

17. 

Abra o arquivo *sfsu.jpg* dos arquivos de exercício do CD.

18. Coloque o logo no lado direito da caixa.

DICA: O Revit pode importar arquivos jpg, jpeg ou bmp. As imagens importadas podem ser redimensionadas, giradas e viradas usando-se os pegadores ativados.

19. 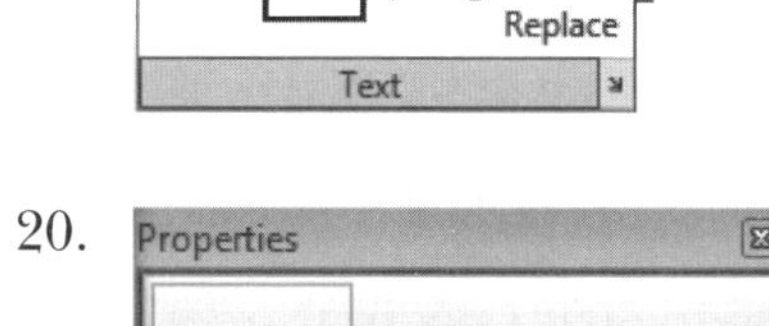

Selecione a ferramenta **Text** na faixa **Home**.

20. 

Selecione **Edit Type**.

21.

Text	
Text Font	Arial
Text Size	1/8"
Tab Size	1/2"

Mude Text Size (tamanho do texto) para **1/8"**.

Pressione **OK**.

O Revit pode usar qualquer fonte que esteja disponível na pasta de fontes do Windows.

22. 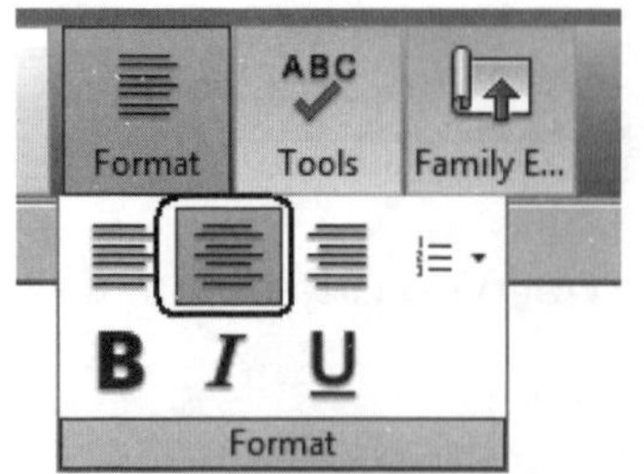

Selecione centralizado no painel Format.

23. 

Digite o nome de sua escola ou empresa abaixo do logo.

Selecione o texto.

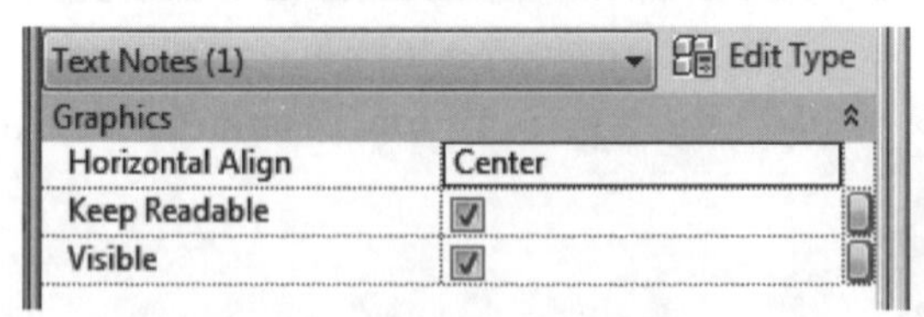

No painel Properties:

Ajuste Horizontal Align (alinhamento horizontal) para **Center**.

24. 

Coloque o endereço e outras informações abaixo do nome da escola.

Clique para finalizar o comando Text.

DICA: Os dados entrados no campo Value serão os valores omissivos usados no bloco de título. Para poupar tempo de edição, entre o valor que você provavelmente usará.

25. Selecione a ferramenta **Label** (rótulo) na faixa Home.

Rótulos são similares a atributos. Eles são ligados às propriedades do arquivo.

26. 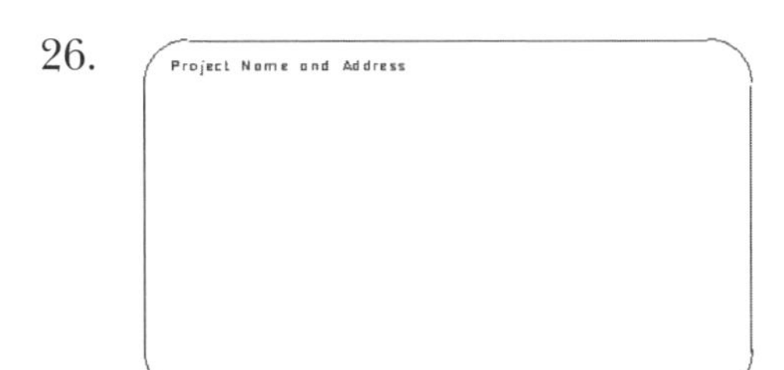

Clique na caixa Project Name and Address.

27. 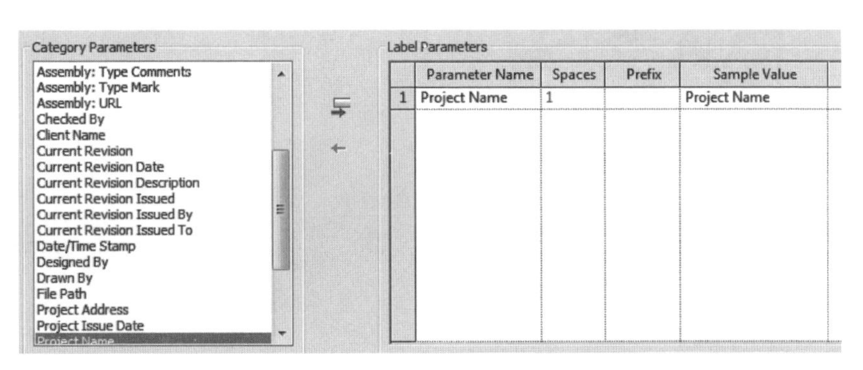

Clique para posicionar quando a linha tracejada aparecer.

Selecione **Project Name**.

Use o botão **Add** para movê-lo para a lista Label Parameters.

Pressione **OK**.

28. 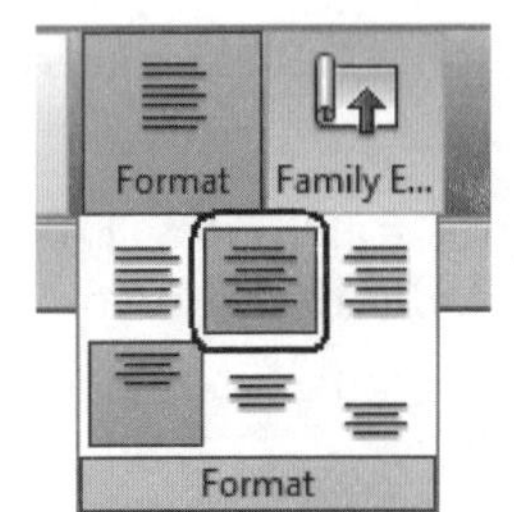

Selecione o rótulo.

No painel Format da faixa:

Ajuste Horizontal Align para **Center**.

29. 

Use Modify → Move para ajustar a posição do rótulo de nome e endereço do projeto.

30. 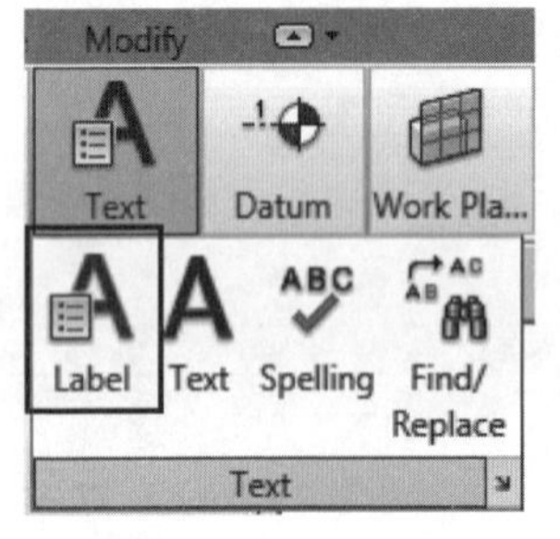

Selecione a ferramenta **Label**.

31. 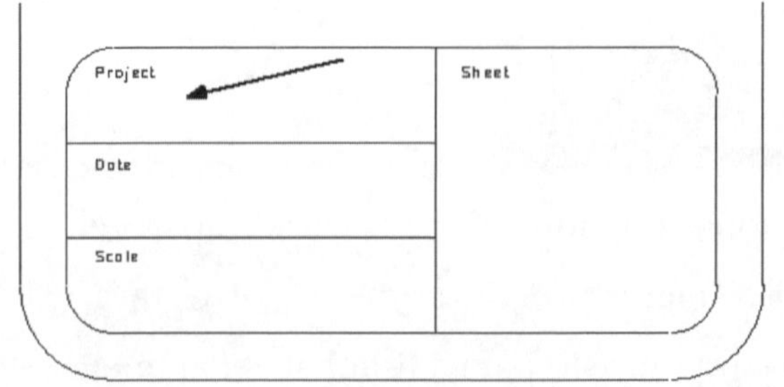

Clique na caixa do projeto.

32. 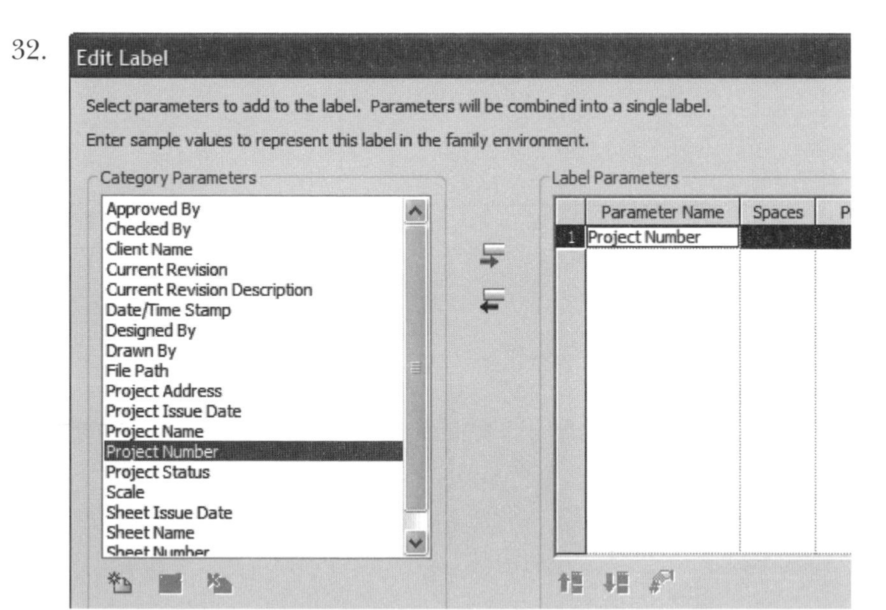

Localize **Project Number** (número do projeto) na lista de parâmetros.

Mova-o para o painel direito.

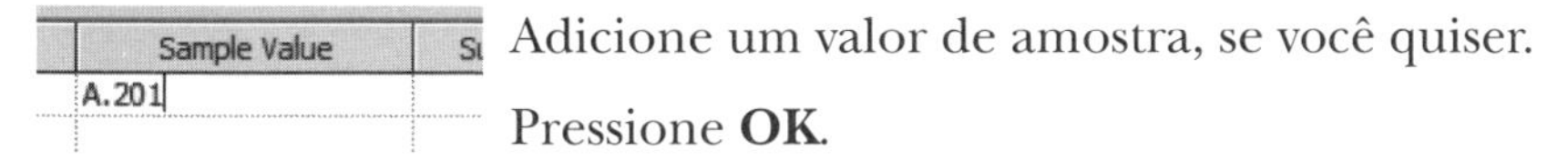

Adicione um valor de amostra, se você quiser.

Pressione **OK**.

33. 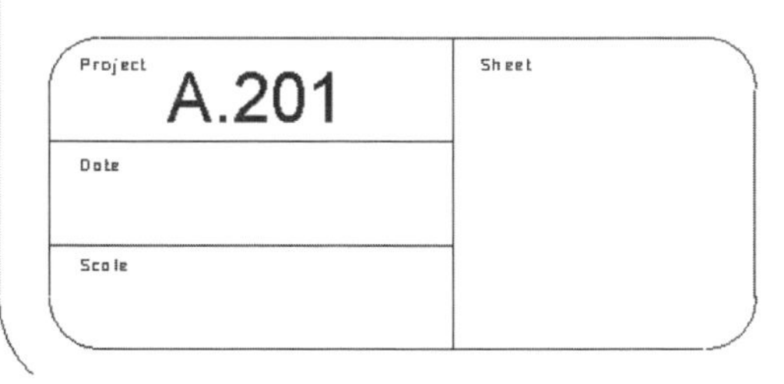

Clique para completar a colocação do rótulo.

Selecione e reposicione conforme necessário.

34. 

Selecione a ferramenta Label.

35. Clique na caixa Date.

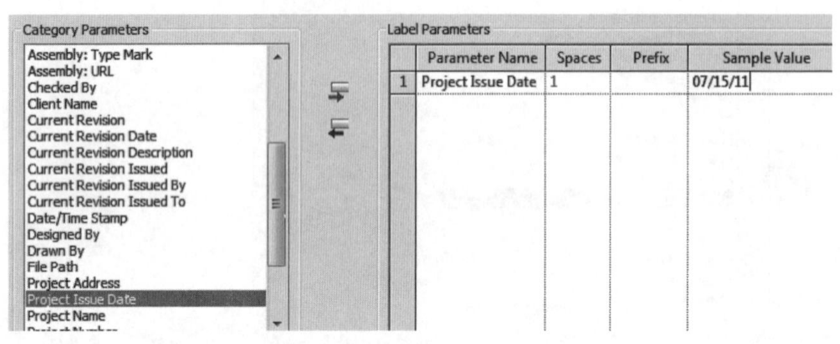

Destaque **Project Issue Date** (data de emissão do projeto).

Pressione o botão de adição.

No campo Sample Value (valor de amostra), entre a data omissiva a ser usada.

Pressione **OK**.

36.

Posicione a data no campo Date.

37.

Selecione a ferramenta **Label**.

38. 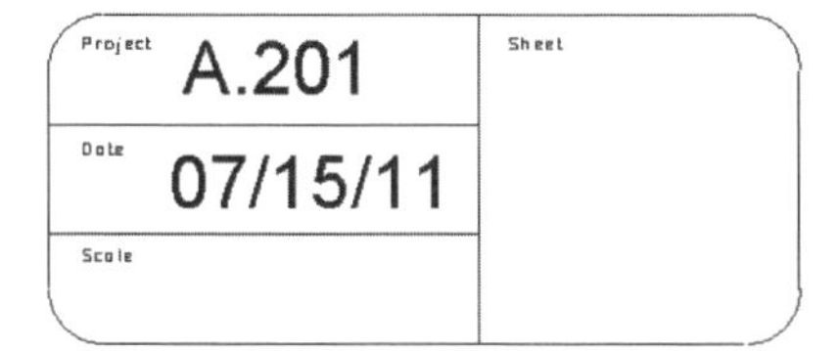

Clique na caixa Scale.

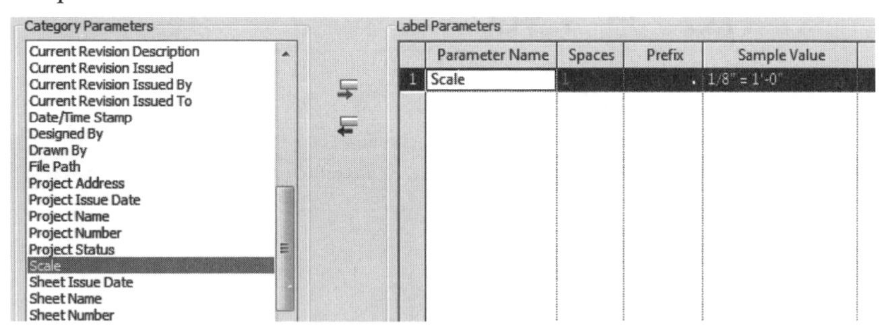

Destaque **Scale**.

Pressione o botão de adição.

Pressione **OK**.

39. 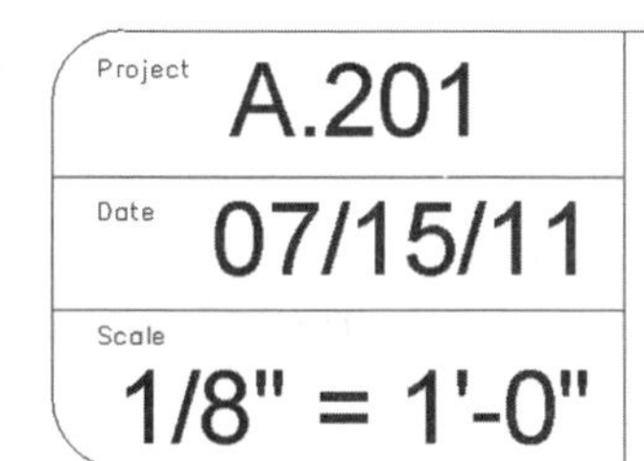

Ajuste linhas, texto e rótulos de modo que fiquem bem.

40. 

Selecione a ferramenta Label.

41. 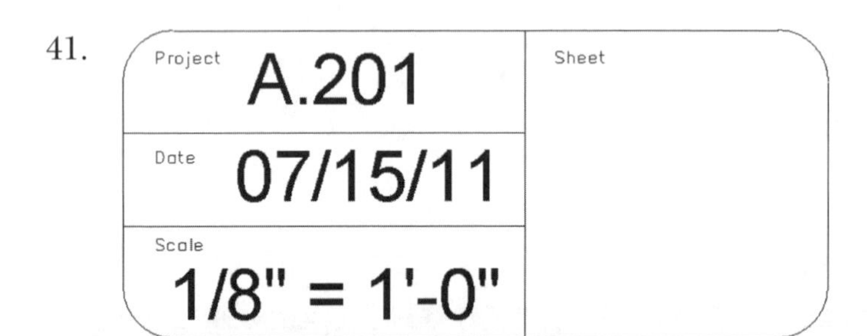

Clique na caixa de Sheet.

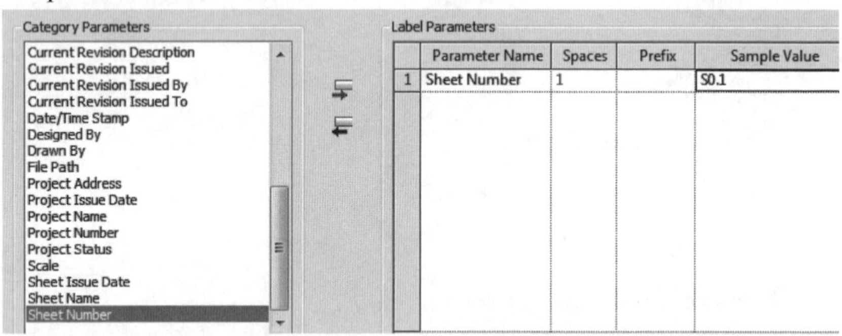

Destaque **Sheet Number** (número da folha).

Pressione o botão de adição.

Pressione **OK**.

42. 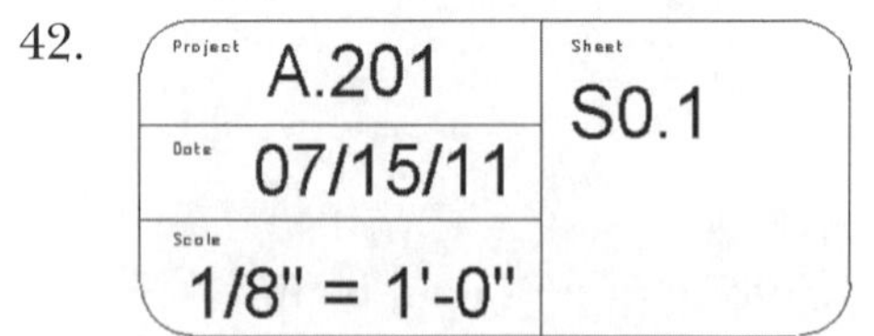

Posicione o rótulo.

43. 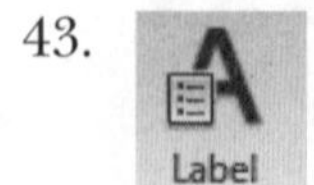

Selecione a ferramenta **Label**.

44. 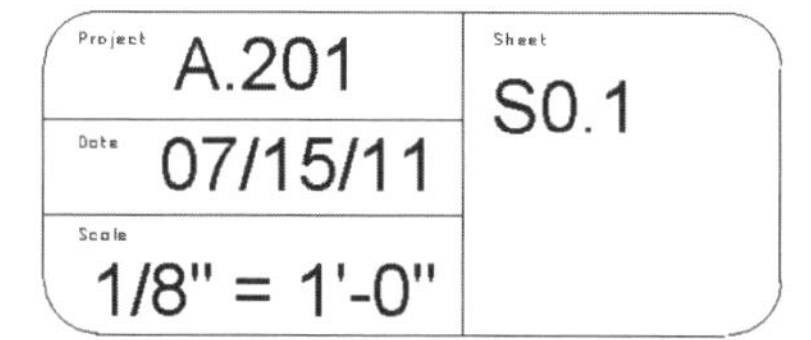

Clique na caixa de Sheet.

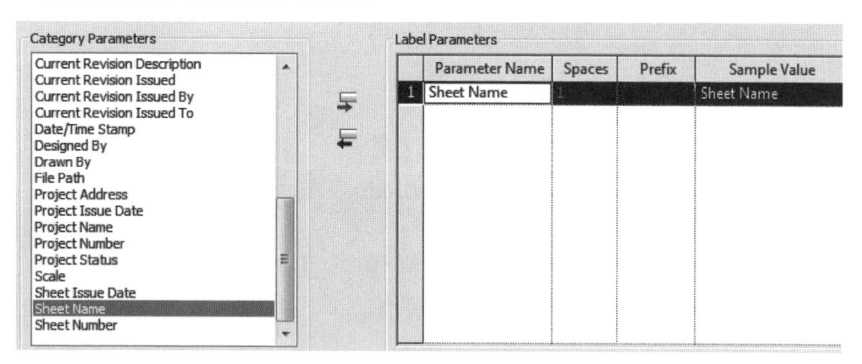

Destaque **Sheet Name** (nome da folha).

Pressione o botão de adição.

Pressione **OK**.

45. 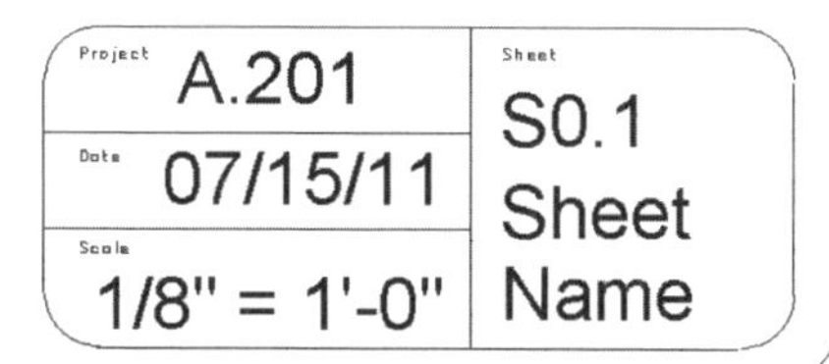

Posicione o rótulo Sheet Name.

46. 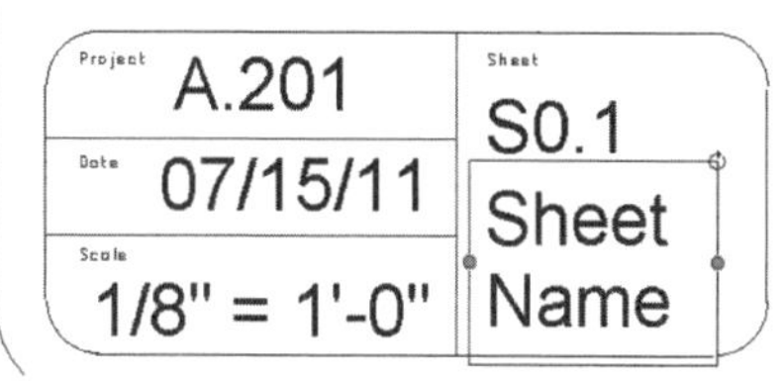

Selecione o rótulo Sheet Name.

47. 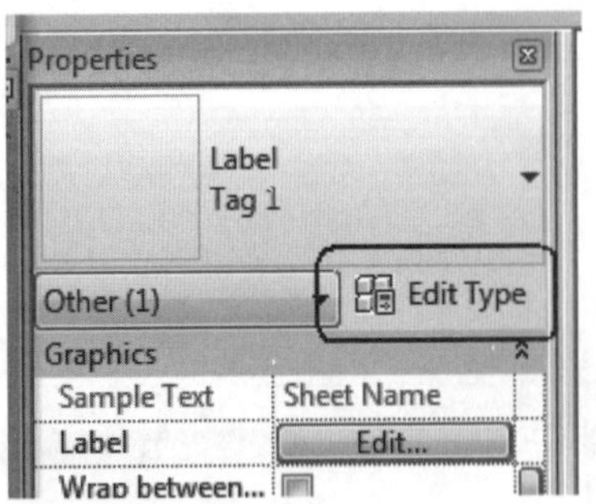

Selecione **Edit Type** no painel Properties.

48. Duplicate...

Selecione **Duplicate**.

49. Name: Tag - Small
OK

Renomeie como **Tag – Small**.

Pressione **OK**.

50. 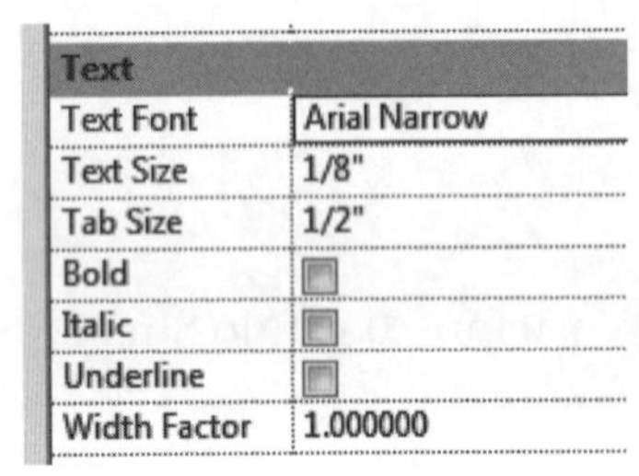

Ajuste Text Font (fonte do texto) para **Arial Narrow**.

Ajuste Text Size (tamanho do texto) para **1/8"**.

Pressione **OK**.

51. 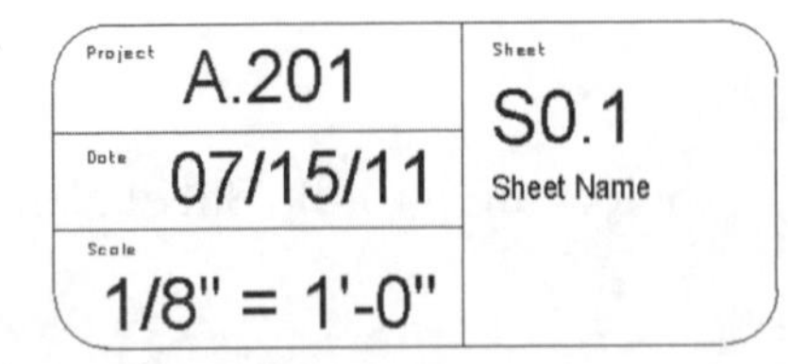

O rótulo é atualizado.

52. 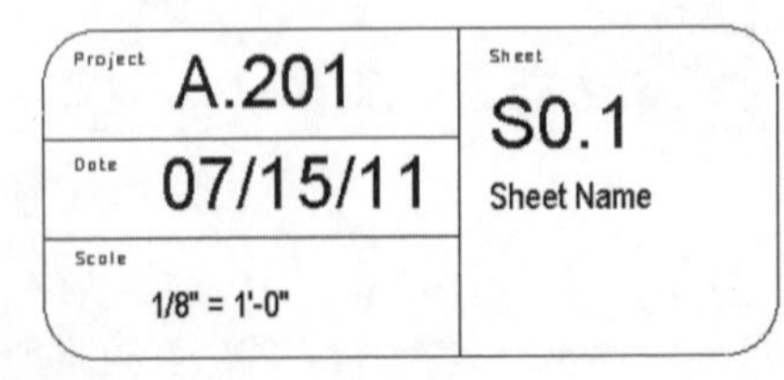

Selecione o rótulo de Scale.

53. Usando o seletor de tipos, ajuste o rótulo da escala para usar o Tag – Small.

Para modificar um rótulo, selecione-o.

No painel Properties: Selecione o botão **Edit** ao lado de Label.

Isto permitirá que você selecione um parâmetro diferente, se desejado.

54. Salve o arquivo como *Title block 22 x 34.rfa.*

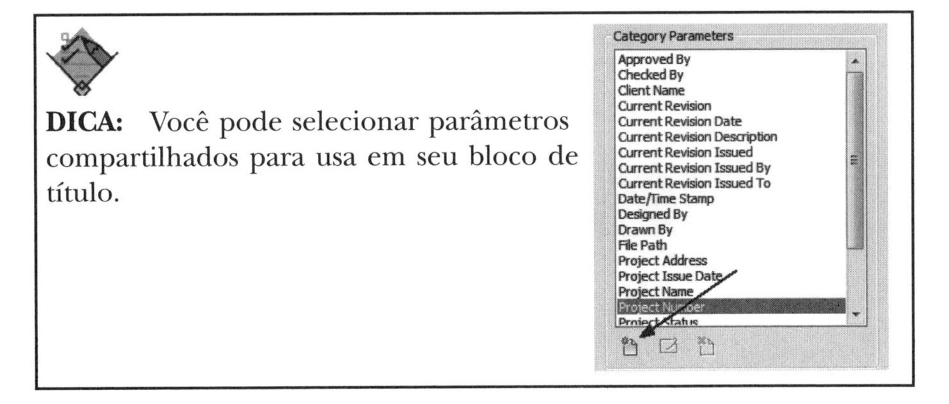

DICA: Você pode selecionar parâmetros compartilhados para usa em seu bloco de título.

Exercício 9-3

Usando um Bloco de Título Personalizado

Arquivo: ex9-1.rvt

Tempo estimado: 10 minutos

Este exercício reforça as seguintes habilidades:

- ❑ Bloco de título
- ❑ Importação de CAD
- ❑ Rótulos
- ❑ Texto
- ❑ Propriedades de famílias

1. Abra *ex9-1rvt*, se já não estiver aberto.

2. 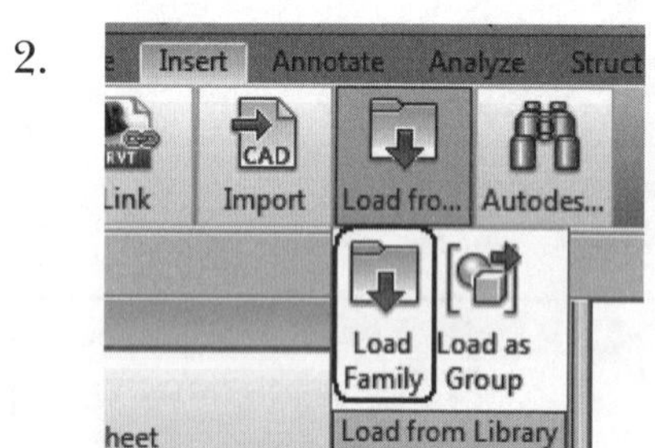

Ative a faixa Insert.

Selecione **Load Family** (carregar família) no painel Load from Library.

3. File name: Title Block 22 x 34
Files of type: All Supported Files (*.rfa, *.adsk)

Navegue até a pasta em que você salvou o bloco de título personalizado.

Selecione-o e pressione **Open**.

4. Sheets (all)
A101 - First Level Floor Plan
A102 - Door Schedule
A103 - Glazing Schedule
A104 - LOBBY KEYNOTES
A105 - Exterior Elevations
A106 - East Section
A107 - Detail Views
A108 - Level 1 - East Wing
A109 - Level 1 - West Wing

Ative a folha **First Level Floor Plan**.

5. Properties

D 22 x 34 Horizontal

Selecione o bloco de título para que ele fique destacado.

Você verá o nome dele no painel Properties.

6. 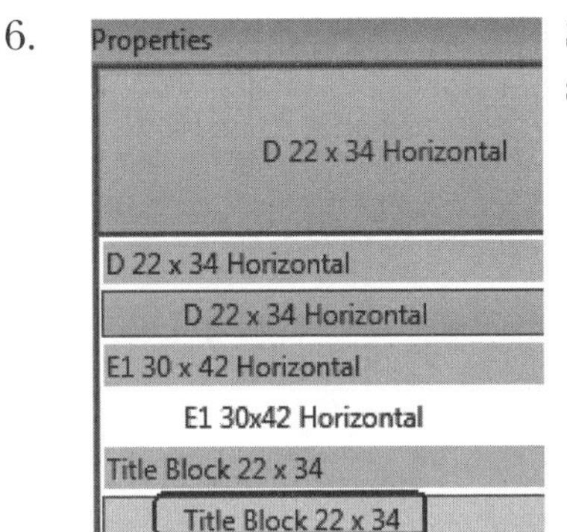

Selecione **Title Block 22 x 34** usando o seletor de tipos.

7. 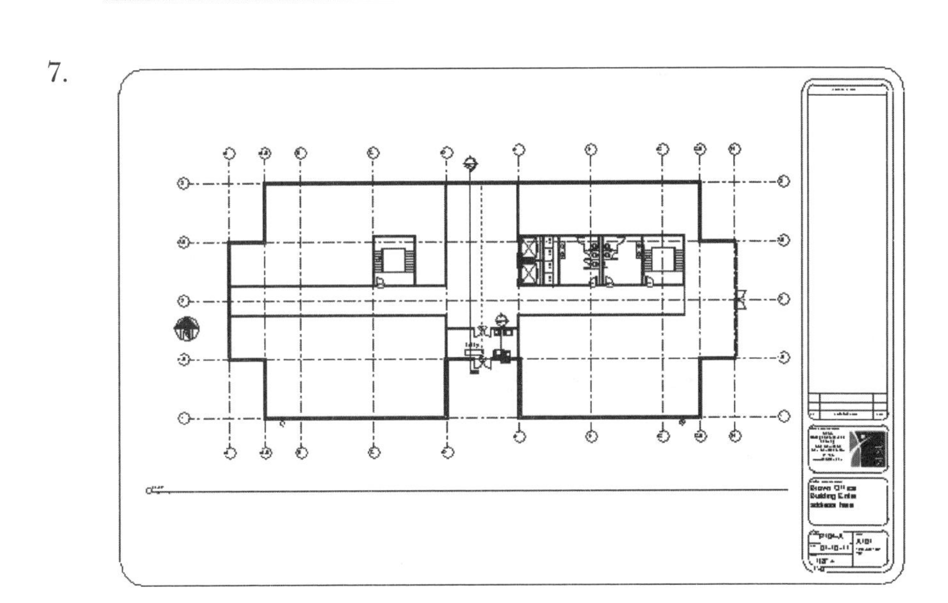

Você pode precisar reposicionar a vista no bloco de título.

8. 

Amplie o bloco de título.

Note que os valores dos parâmetros foram todos copiados.

9. Salve o arquivo como *ex9-3.rvt.*

DICA: É boa ideia salvar todos os seus gabaritos, famílias e anotações personalizados num diretório do servidor onde todos de sua equipe possam acessá-los.

Exercício 9-4

Criando um Estilo de Linha

Nome de desenho: ex9-3.rvt

Tempo estimado: 10 minutos

Este exercício reforça as seguintes habilidades:

- ❑ Estilos de linha

1. Abra *ex9-3.rvt.*

2.

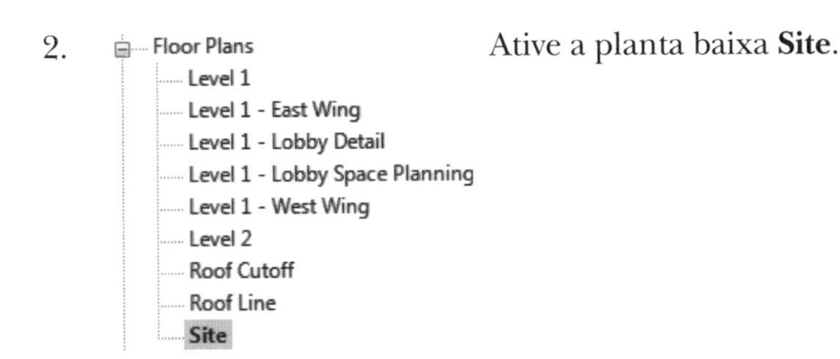

Ative a planta baixa **Site**.

3.

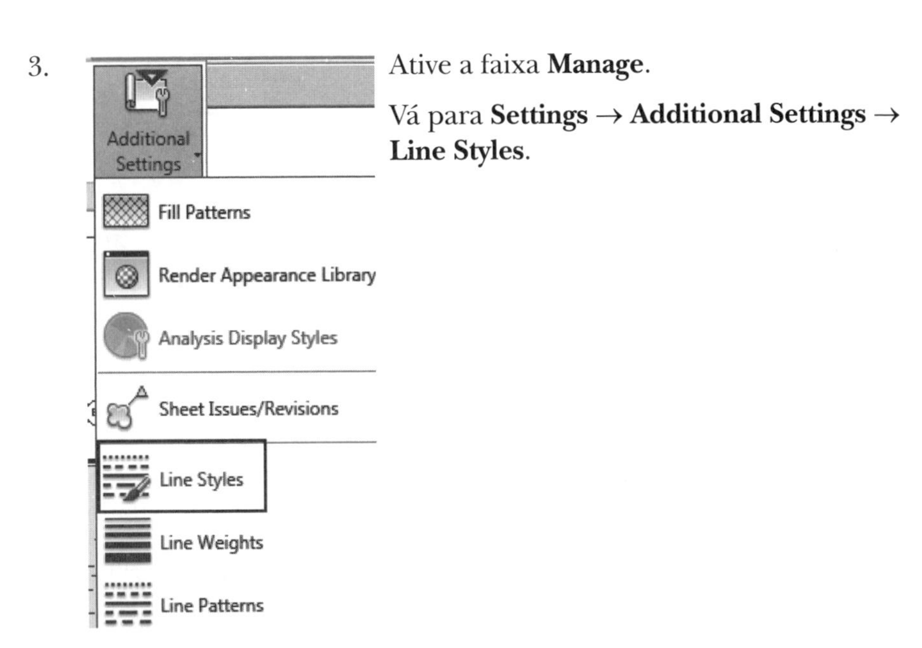

Ative a faixa **Manage**.

Vá para **Settings → Additional Settings → Line Styles**.

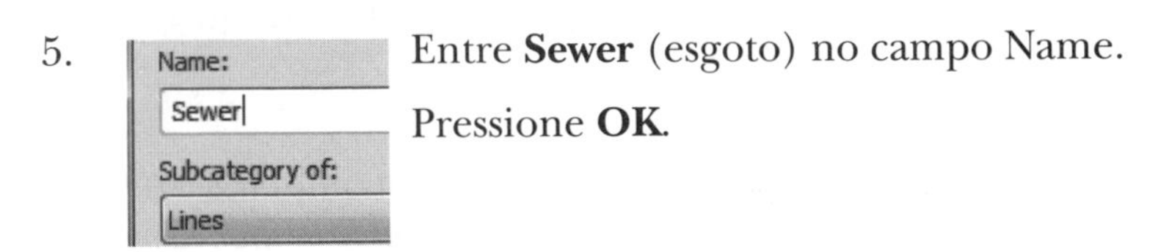

4. Selecione **New** em Modify Subcategories (modificar subcategorias).

5. Entre **Sewer** (esgoto) no campo Name.

   Pressione **OK**.

6.

Lines	1	RGB 000-166-000	Solid
Medium Lines	3	Black	Solid
Sewer	1	Black	Solid
Thin Lines	1	Black	Solid
Wide Lines	12	Black	Solid

Sewer aparece na lista.

Note que o Revit põe automaticamente em ordem alfabética quaisquer novos estilos de linha.

7.

Insulation Batting Lines	1	Black	Solid
Lines	1	RGB 000-166-000	Solid
Medium Lines	3	Black	Solid
Sewer	3	Blue	Dash dot dot
Thin Lines	1	Black	Solid

Ajuste Line Weight (espessura da linha) para **3**.
Ajuste Color para **Blue**.
Ajuste Line Pattern (padrão de linha) para **Dash dot dot** (traço ponto ponto).

Pressione **OK**.

8. Annotate Ative a faixa **Annotate**.

9. Selecione a ferramenta **Detail Line** em Detail.

10. 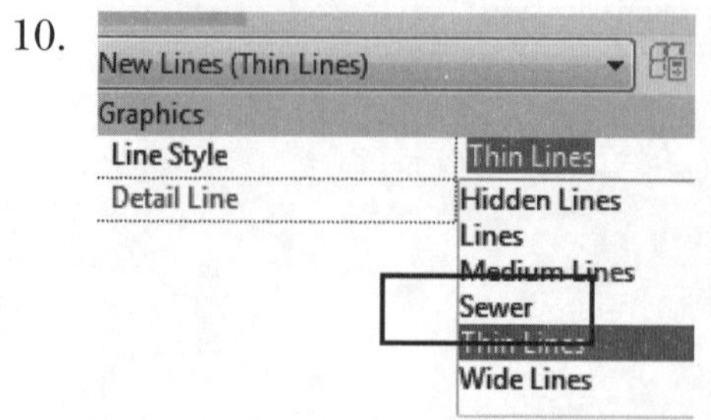

Selecione **sewer** na lista drop-down do painel Properties.

Você também pode ajustar o estilo de linha a partir da lista drop-down da faixa.

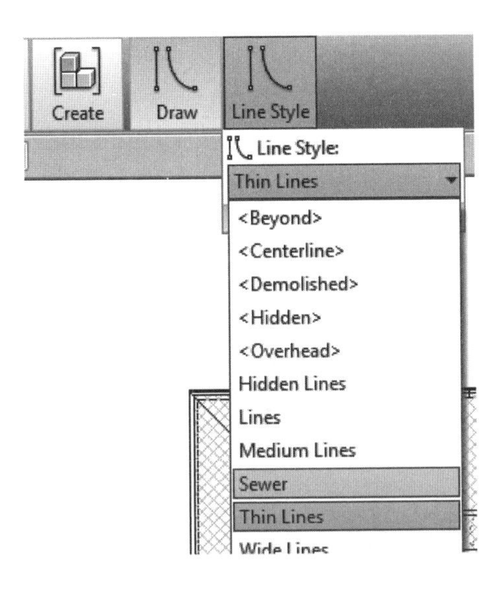

11. Desenhe uma linha do prédio até a linha de propriedade.

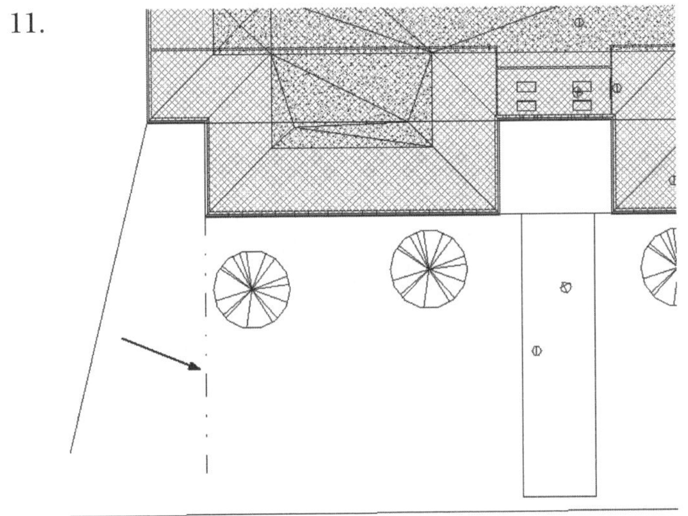

12. Salve o arquivo como *ex9-4.rvt*.

DICA: O Revit tem três ferramentas de linha: Lines, Detail Lines e Linework. Todas elas usam os mesmos estilos de linha, mas para diferentes aplicações. O comando Lines desenha linhas de modelo num plano especificado e pode ser visto em múltiplas vistas (ou seja, junções de traçados numa elevação exterior). O comando Detail Lines desenha linhas que são específicas da vista e que só aparecem na vista em que foram colocadas (isto é, detalhes). A ferramenta Linework é usada para alterar a aparência de linhas geradas pelo modelo numa vista.

Exercício 9-5

Definindo Atalhos de Teclado

Tempo estimado: 5 minutos

Este exercício reforça as seguintes habilidades:

- ❑ Atalhos de teclado

1.

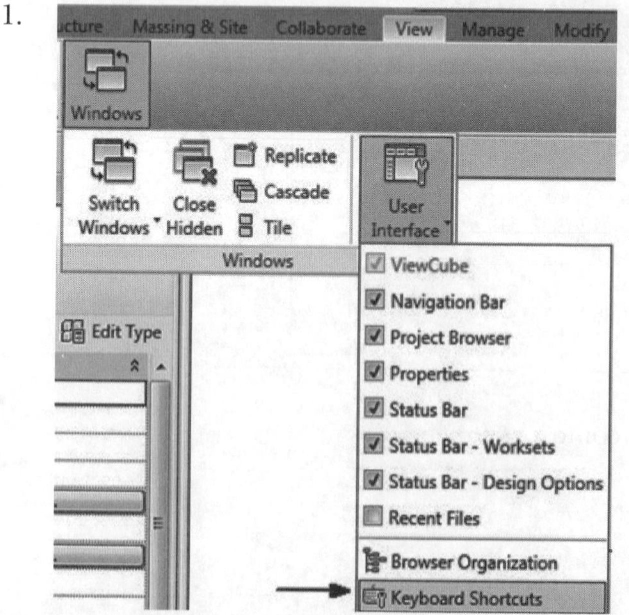

Ative a faixa View.

Selecione **User Interface → Keyboard Shortcuts** (atalhos de teclado) no painel Windows.

2.

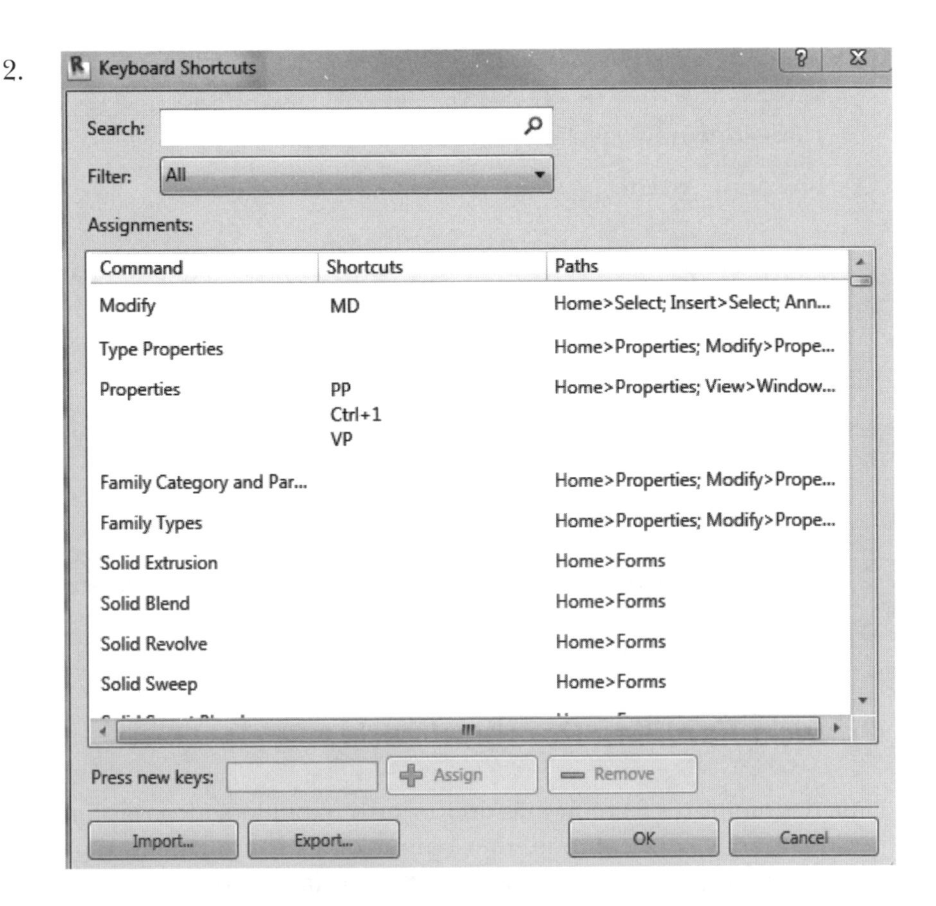

Uma caixa de diálogo será aberta, a qual permite que você atribua teclas de atalho para diferentes comandos do Revit.

3.

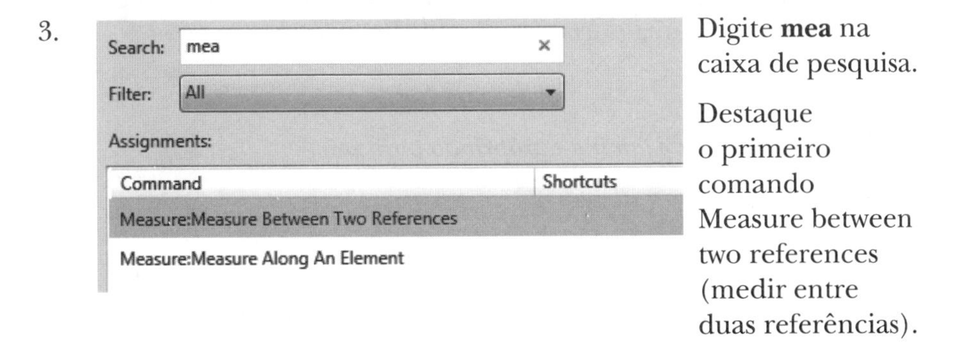

Digite **mea** na caixa de pesquisa.

Destaque o primeiro comando Measure between two references (medir entre duas referências).

4. Digite **TM** na caixa de texto Press new keys (pressione novas teclas).

   Pressione **Assign**.

5. 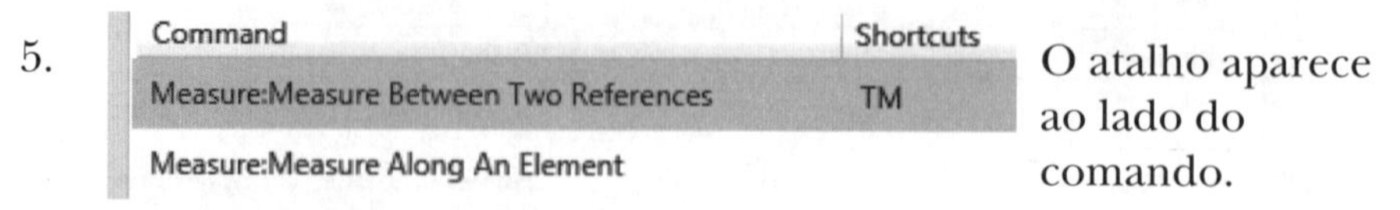

   O atalho aparece ao lado do comando.

   Pressione **OK** para fechar o diálogo.

6. Digite TM.

   Total Length (comprimento total) aparece na barra de opções e seu cursor fica no modo Measure (medir).

Criando Famílias Personalizadas

Uma das melhores ferramentas do Revit é a habilidade de criar famílias personalizadas para componentes comuns, tais como janelas e portas. Estas são mais poderosas que os blocos, porque são completamente paramétricas. Você pode criar um conjunto de geometria controlado por diferentes conjuntos de dimensões.

Os passos para criar uma família são os mesmos, independentemente de você estar criando uma porta, uma janela, móveis etc.

Passo 1:

Selecione o gabarito de família apropriado para uso.

Passo 2:

Defina sub-categorias para a família.

Sub-categorias determinam como o objeto aparecerá em diferentes vistas.

Passo 3:

Arranje planos de referência.

Passo 4:

Dimensione planos para controlar a geometria paramétrica.

Passo 5:

Rotule as dimensões para que se tornem parâmetros de instância ou tipos.

Passo 6:

Crie seus tipos usando a ferramenta 'Family Types'.

Passo 7:

Ative diferentes tipos e verifique se os planos de referência mudam corretamente com as dimensões atribuídas.

Passo 8:

Rotule seus planos de referência.

Passo 9:

Crie sua geometria e restrinja-a a seus planos de referência usando Lock (travar) e Align (alinhar).

Passo 10:

Ative os diferentes tipos de família para ver se a geometria reage corretamente.

Passo 11:

Salve a família e carregue-a num projeto para ver como ela se comporta dentro do ambiente do projeto.

Exercício 9-6

Criando uma Família de Mobília

Tempo estimado: 120 minutos

File: generic model.rft

Este exercício reforça as seguintes habilidades:

- ❑ Famílias de componentes padrões
- ❑ Gabaritos
- ❑ Planos de referência
- ❑ Alinhamento
- ❑ Dimensões
- ❑ Parâmetros
- ❑ Ferramentas de rascunho
- ❑ Extração de sólidos
- ❑ Materiais
- ❑ Tipos

1. 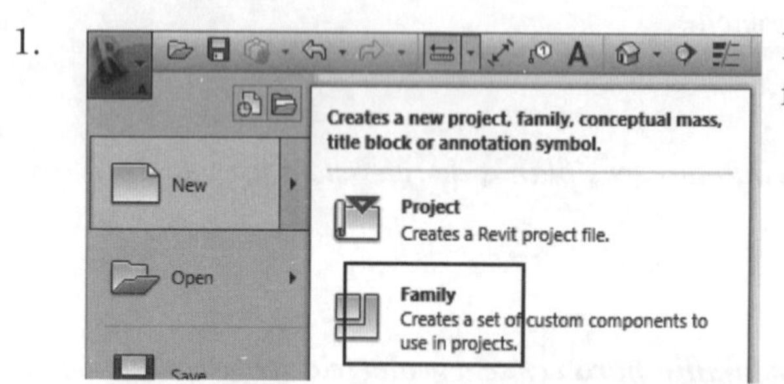

Inicie uma nova família.

2. Selecione o gabarito *Generic Model.*

3. Selecione a ferramenta **Reference Plane** no painel Datum da faixa Home.

4. 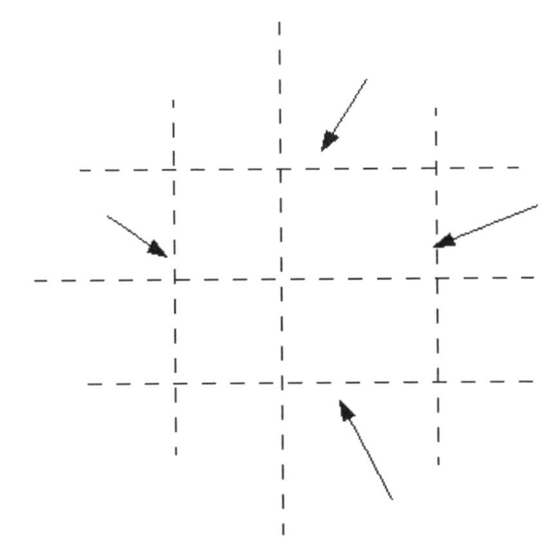

Desenhe quatro planos de referência: dois verticais e dois horizontais de cada lado dos planos de referência existentes.

Estes atuarão como bordas externas do tampo da mesa.

5. 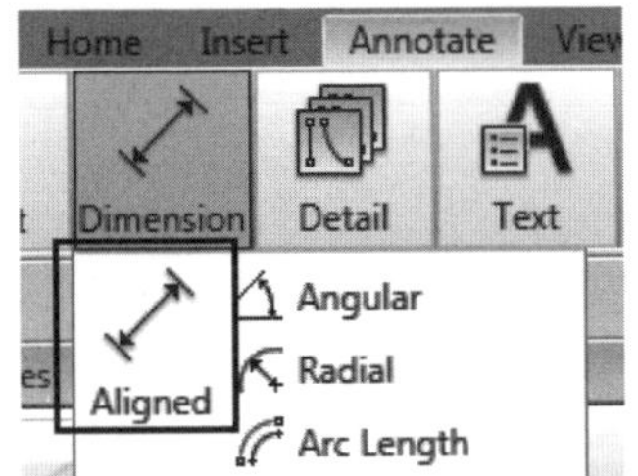

Ative a faixa Annotate.

Adicione uma dimensão contínua alinhada horizontal e verticalmente de forma que elas possam ser ajustadas para iguais.

6. 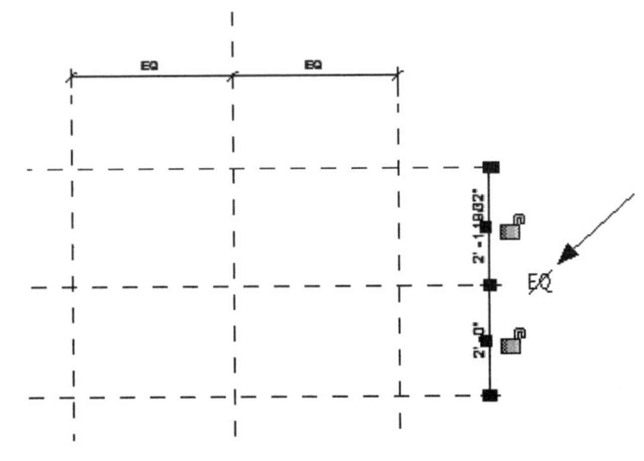

Para colocar a dimensão, selecione os planos de referência clicando na ordem, sem clicar para fixar, até que todos os três planos tenham sido selecionados.

Depois, clique na chave EQ para ajustar para iguais.

7.

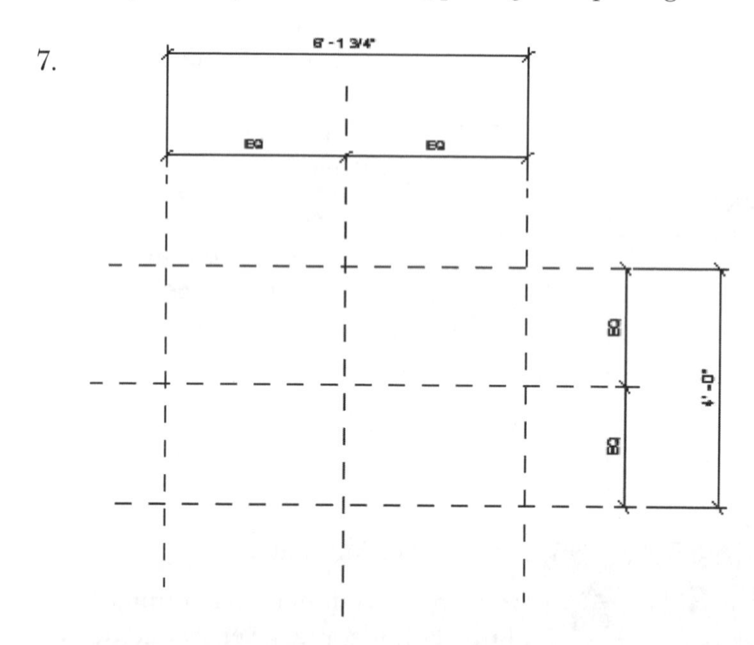

Coloque uma dimensão horizontal geral.

Coloque uma dimensão vertical geral.

8.

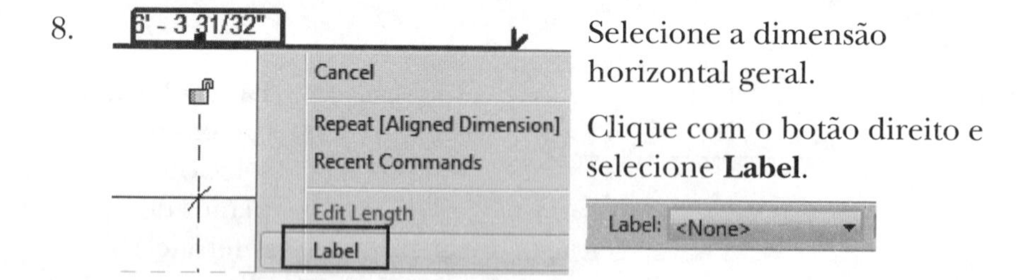

Selecione a dimensão horizontal geral.

Clique com o botão direito e selecione **Label**.

Você também pode selecionar Label na barra de opções.

9.

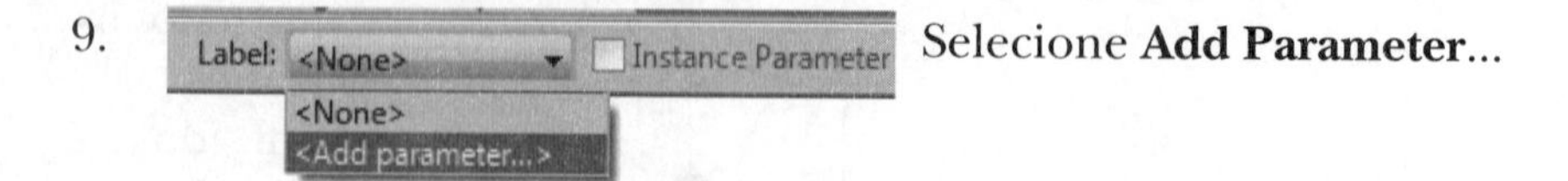

Selecione **Add Parameter**...

10. 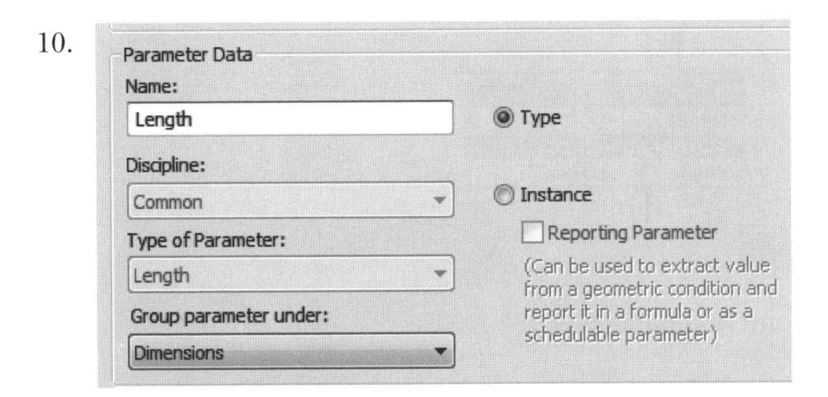

Em Name: digite **Length**.

Ajuste Group parameter under: para **Dimensions**.

Habilitar **Type**.

Pressione **OK**.

11. 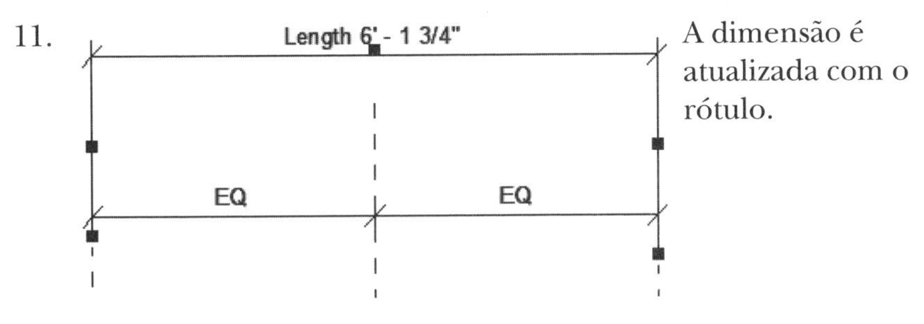

A dimensão é atualizada com o rótulo.

12. 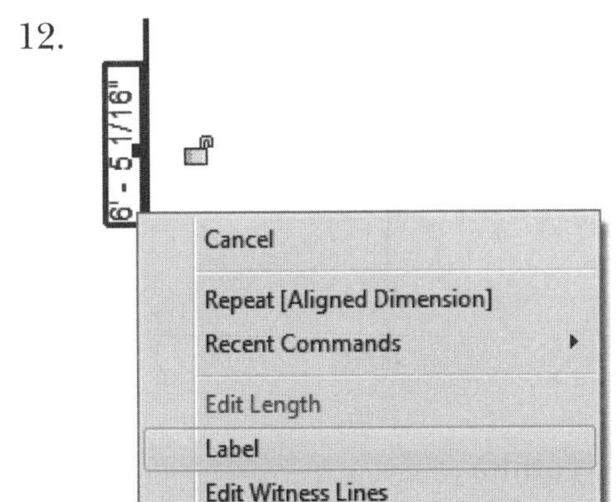

Selecione a dimensão vertical geral.

Clique com o botão direito e selecione **Label**.

13.

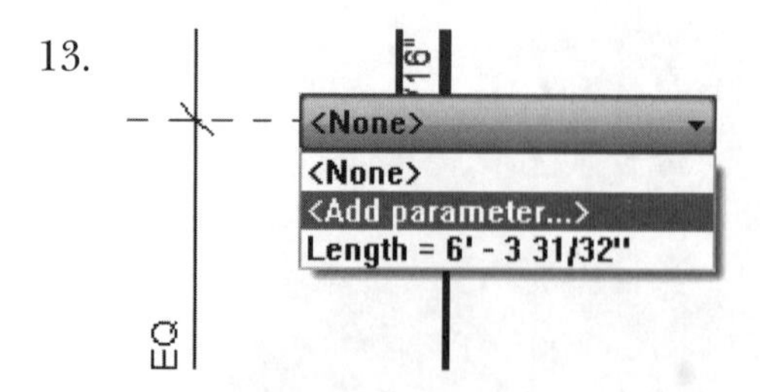

Selecione **Add Parameter**...

14.

Parameter Data
Name:
Width
Type
Discipline:
Common
Instance
Type of Parameter:
Reporting Parameter
Length
(Can be used to extract value from a geometric condition and report it in a formula or as a schedulable parameter)
Group parameter under:
Dimensions

Em Name: digite **Width**.

Ajuste Group parameter under: para **Dimensions**.

Habilitar **Type**.

Pressione **OK**.

15.

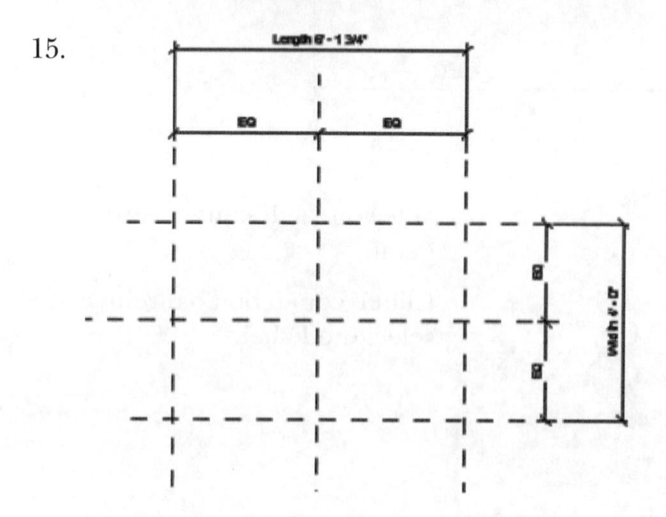

A dimensão é atualizada com o rótulo.

16. Selecione a ferramenta **Family Types** no painel Properties da faixa Modify.

17. Selecione New em **Family Types**.

18. Entre **Small** para Name.

Pressione **OK**.

19. Modifique os valores das dimensões:

Width (largura): **2'6"**

Length (comprimento): **4'0"**

20.

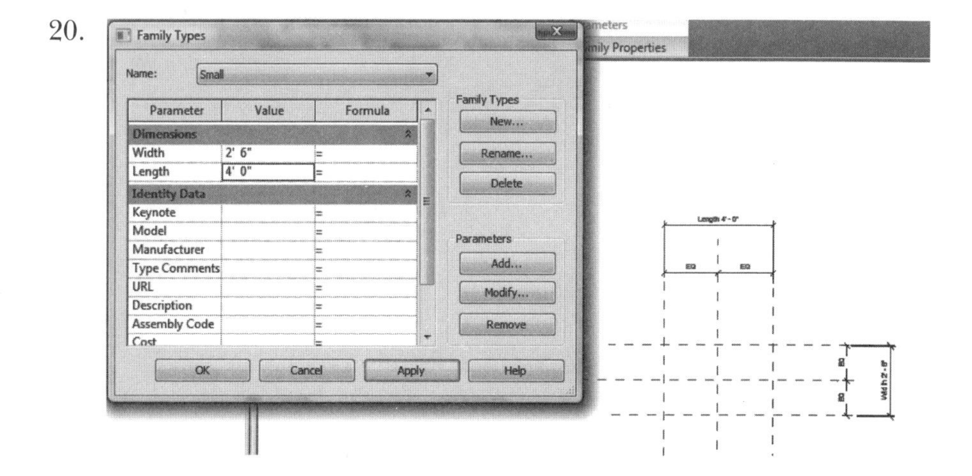

Mova o diálogo de forma que você possa observar como os planos de referência reagem.
Pressione **Apply**.
Note como as dimensões são atualizadas.
Isso é chamado de flexionar o modelo.

21. Selecione **New** em Family Types.

22. Entre **Medium** para Name.

    Pressione **OK**.

23. Modifique os valores das dimensões:

    Width: **3'0"**

    Length: **5'0"**

24. 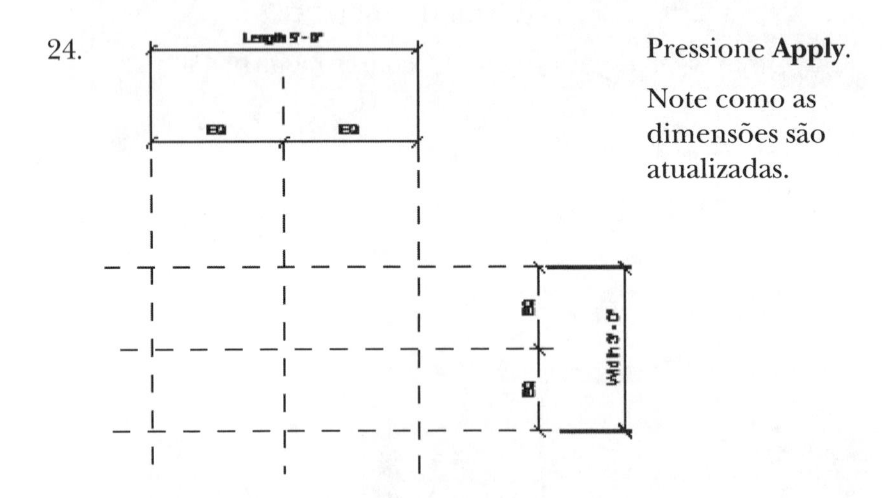

    Pressione **Apply**.

    Note como as dimensões são atualizadas.

25. Selecione **New** em Family Types.

26. Entre **Large** para Name.

Pressione **OK**.

27. Modifique os valores das dimensões:

Width: **4'0"**

Length: **7'0"**

28. 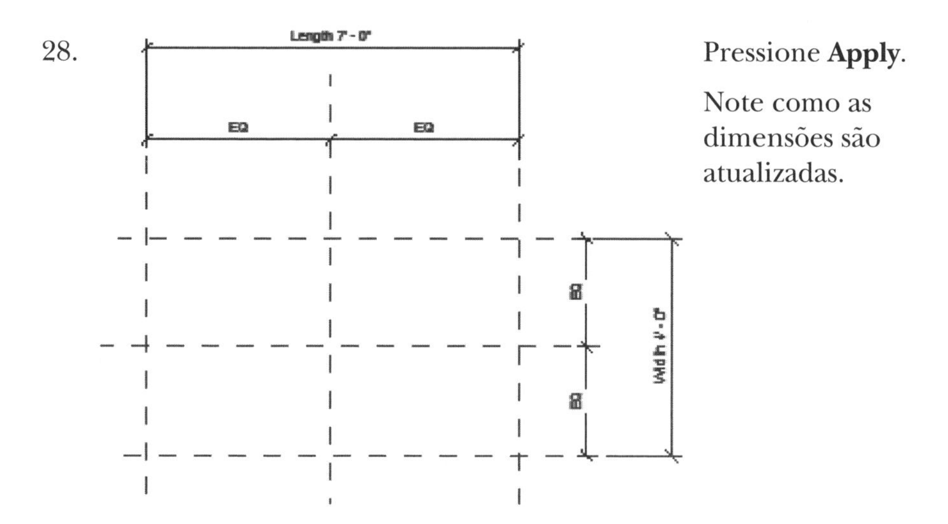

Pressione **Apply**.

Note como as dimensões são atualizadas.

29. 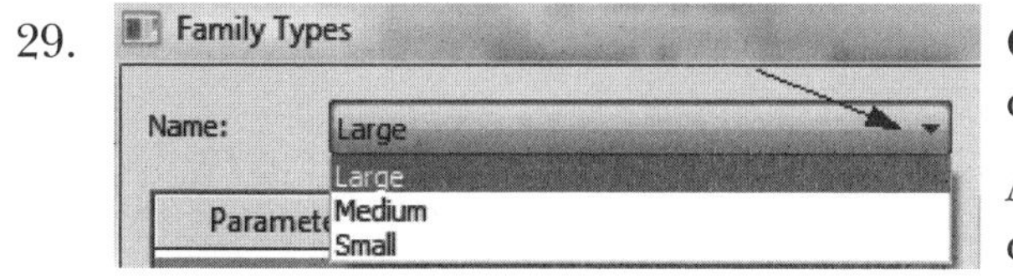

Clique na seta drop-down da barra Name.

Alterne entre os diferentes nomes de família e pressione Apply para ver as dimensões mudarem.

Pressione **OK**.

30. 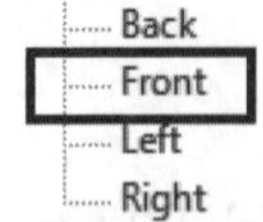

Ative a elevação **Front**.

31. Selecione a ferramenta **Reference Plane** no painel Datum da faixa Home.

32. 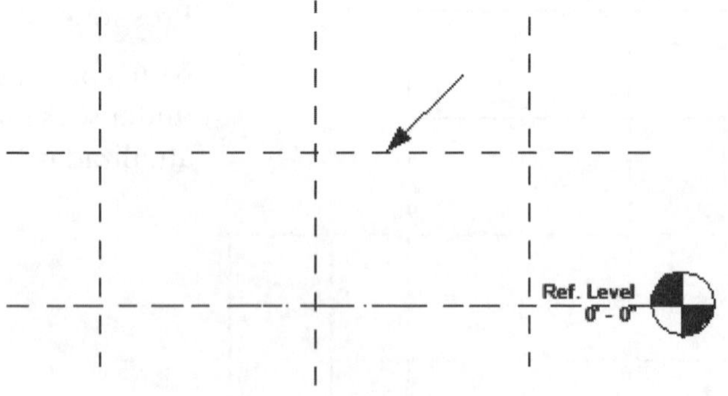

Desenhe uma linha horizontal acima do Ref Level (nível de referência).

33.

Identity Data	
Name	Table Top
Extents	
Scope Box	None
Other	

No painel Properties:

Renomeie o plano de referência **Table Top**.

34. 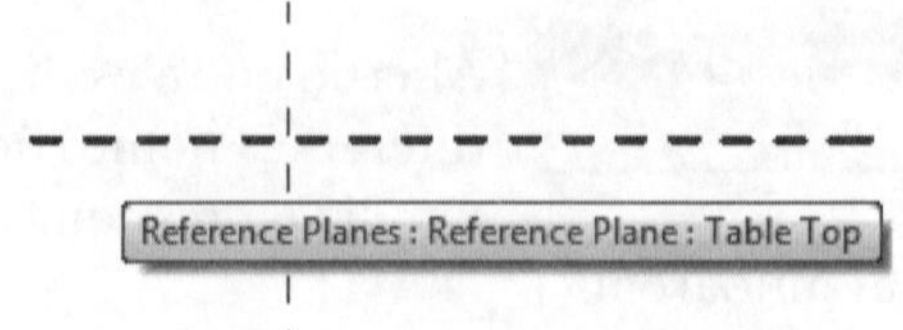

Se você passar o mouse sobre o plano de referência, o nome aparecerá.

35. 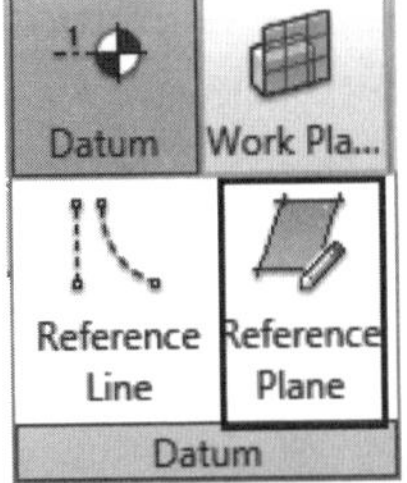

Selecione a ferramenta **Reference Plane** no painel Datum da faixa Home.

36. Desenhe uma linha horizontal abaixo do plano Table Top Ref.

37.

Identity Data	
Name	Table Thickness
Extents	

No painel Properties:

Renomeie o plano de referência para **Table Thickness**.

38. 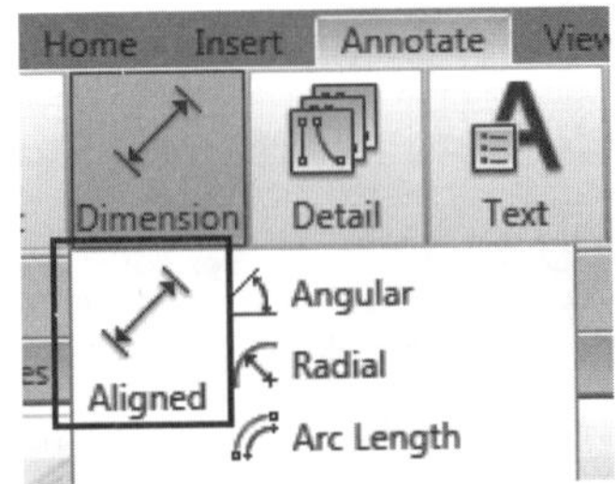

Ative a faixa Annotate.

Adicionar uma dimensão contínua alinhada horizontal e verticalmente para que possam ser ajustadas iguais.

39. 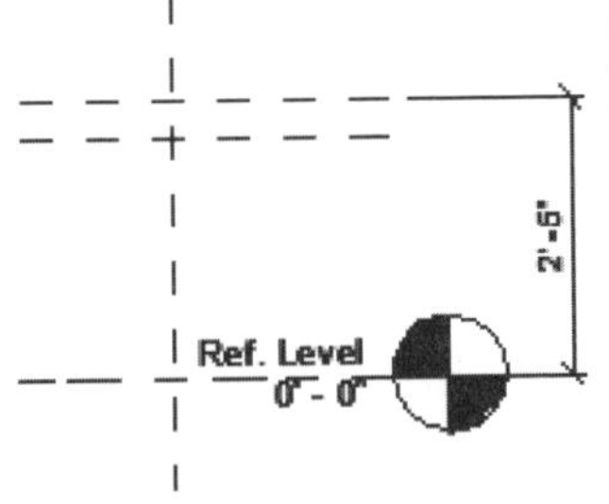

Coloque uma dimensão entre os planos Ref. Level e Top ref..

40. Coloque uma dimensão entre os planos de referência superior e referência de espessura.

41. Selecione a dimensão da altura da mesa, a dimensão entre os planos Ref. Level e Top ref..

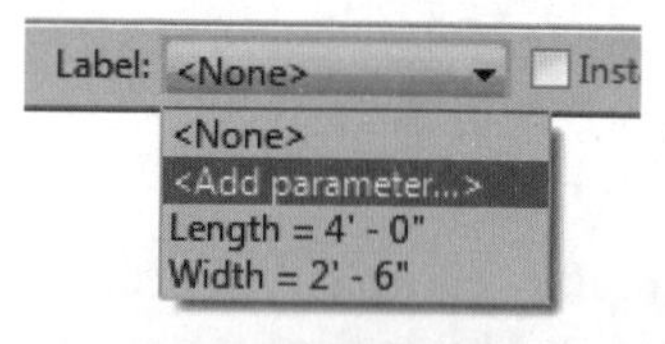

Selecione *Add Parameter* na lista drop-down **Label** da barra Option.

42. Em Name: digite **Table Height**.

Ajuste Group parameter under: para **Dimensions**.

Habilite **Type**.

Pressione **OK**.

43. 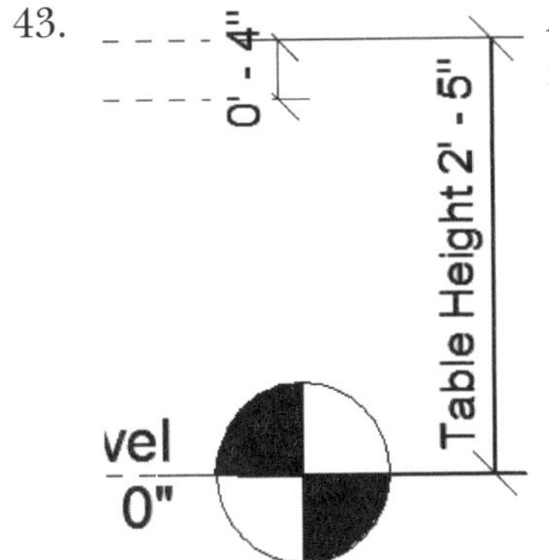

As dimensões são atualizadas com o rótulo.

44. Selecione a dimensão da espessura da mesa, a dimensão entre os planos Table Top ref. e que fica abaixo dele.

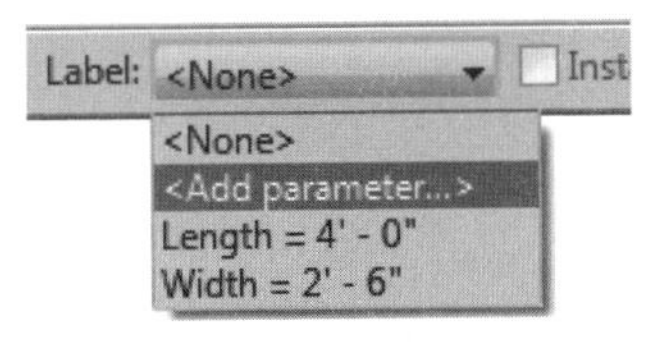

Selecione *Add Parameter* na lista drop-down **Label** na barra Option.

45. 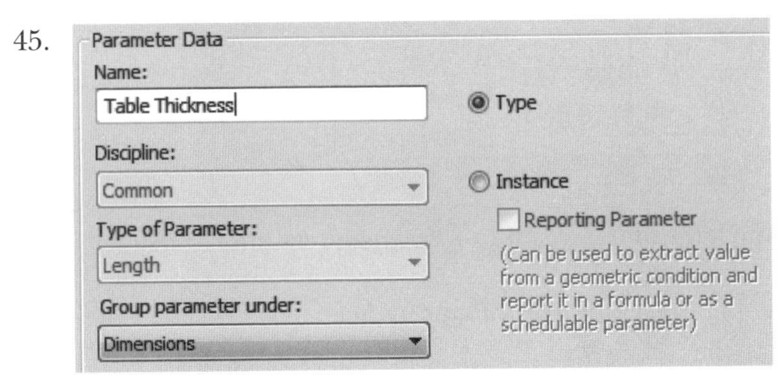

Em Name: digite **Table Thickness**.

Ajuste Group parameter under: para **Dimensions**.

Habilite **Type**.

Pressione **OK**.

46. A dimensão é atualizada com o rótulo.

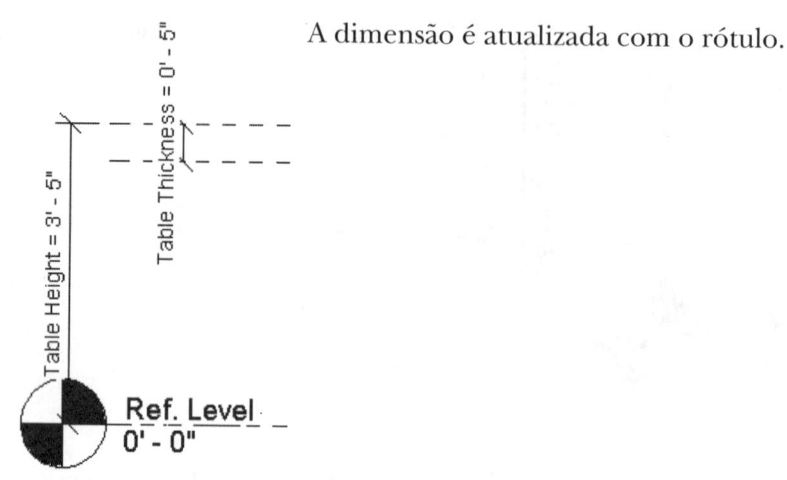

47. Ative Ref. Level em Floor Plans.

48. Selecione a ferramenta **Solid → Extrusion** na fita Home.

49. Selecione **Work Plane → Set**.

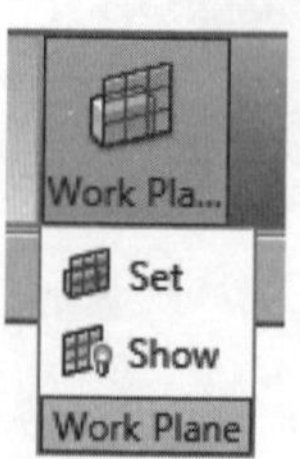

50. Habilite **Name**.

Selecione o plano de trabalho **Table Thickness** na lista drop-down.

Pressione **OK**.

51. Selecione a ferramenta **Rectangle** no painel Draw.

52. Coloque o retângulo de modo que ele fique alinhado com os planos de referência externos.

Selecione cada cadeado, de forma que fiquem fechados.

Isso restringe o retângulo aos planos de referência.

53. 

Selecione a ferramenta **Family Types** (tipos de família) no painel Properties.

54. 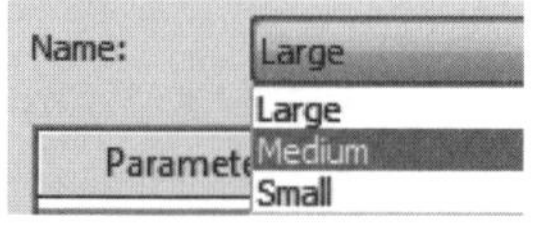

Selecione cada tipo e pressione **Apply**.

Verifique se o retângulo flexiona apropriadamente com cada tamanho.

Se isso não acontecer, verifique se o lado foi bloqueado para a linha de referência correta usando a ferramenta Align.

55. Materials and Finishes
Material <By Category>
Identity Data

No campo Material, selecione o botão de navegação indicado. Para que o botão de navegação apareça, você precisa clicar na coluna em que By Category é mostrado.

56. 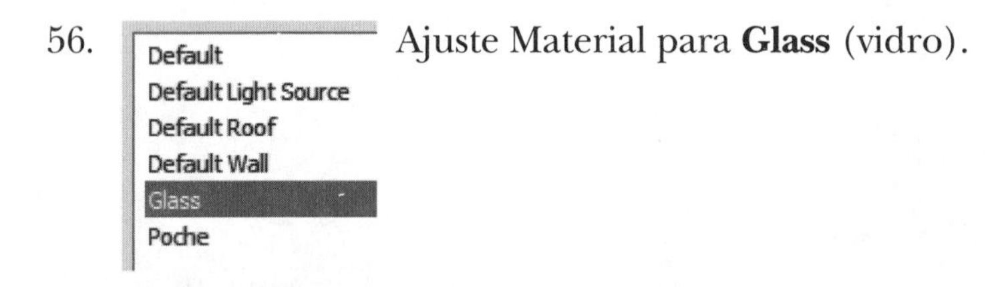

Ajuste Material para **Glass** (vidro).

57. Shading
Use Render Appearance for Shading
RGB 218-227-224

Habilite **Use Render Appearance for Shading.**

Pressione **OK**.

58. Materials and Finishes
Material Glass
Identity Data
Subcategory None
Solid/Void Solid

O material agora indica Glass.

59. 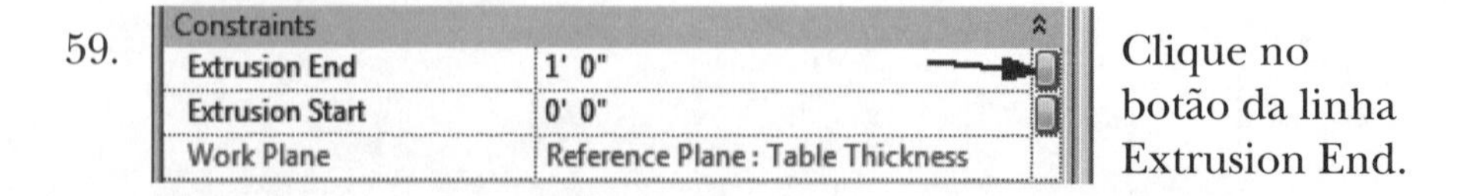

Clique no botão da linha Extrusion End.

60. 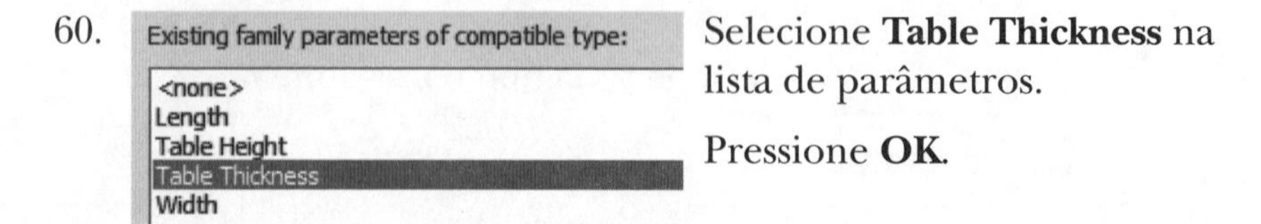

Selecione **Table Thickness** na lista de parâmetros.

Pressione **OK**.

61. Selecione a ferramenta **Family Types** no painel Properties.

62.

Name: Large

Parameter	Value
Dimensions	
Width	4' 0"
Table Thickness	0' 2"
Table Height	3' 5"
Length	7' 0"
Identity Data	

Table Thickness (espessura da mesa) foi agora adicionada como parâmetro para os tipos de família.

Mude o valor de Table Thickness de cada tipo para 2".

Pressione **OK**.

63. 

Selecione a marca verde em Mode para finalizar a extração.

64. 

Ative a elevação frontal (**Front**).

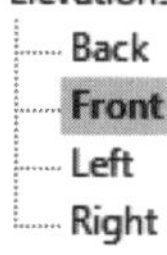

65.

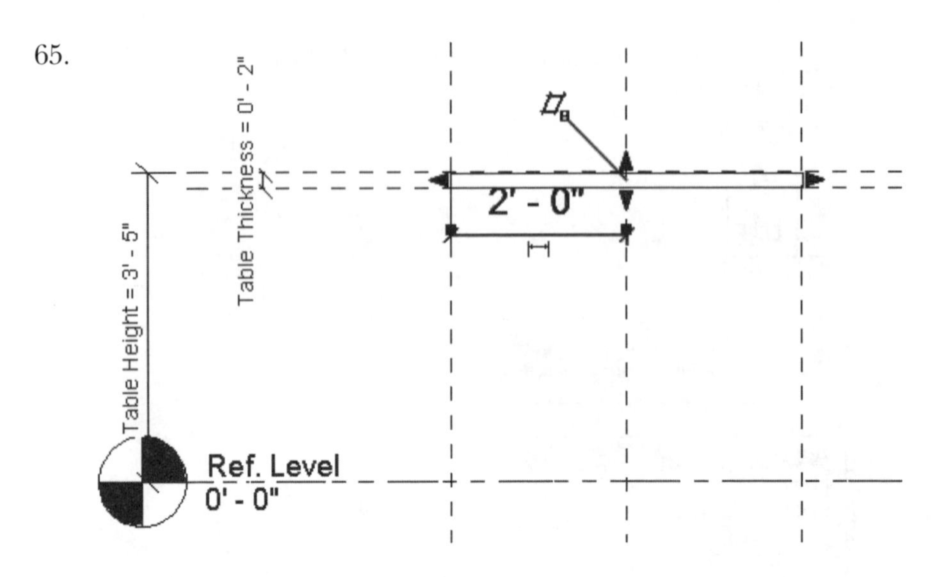

Você vê o tampo da mesa, que é igual à espessura da mesa.

66. Alterne para uma vista 3D.

67.

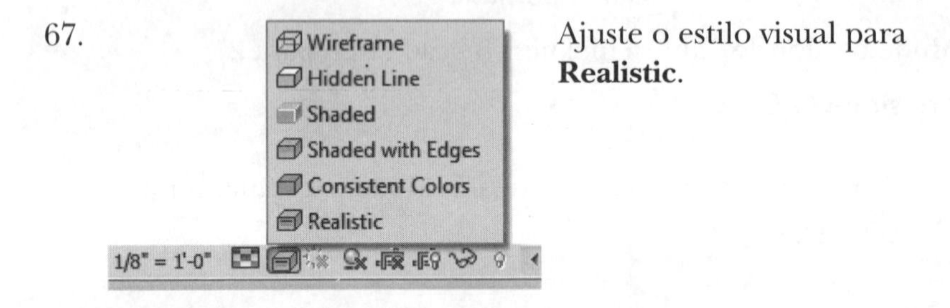

Ajuste o estilo visual para **Realistic**.

68.

Selecione a ferramenta **Family Types** no painel Properties.

69.

Flexione o modelo e veja como o tampo da mesa se ajusta.

70. Floor Plans
Ref. Level

Ative a vista Ref. Level.

71. Datum | Work Pla...
Reference Line | Reference Plane
Datum

Ativar a faixa Home.

Selecione a ferramenta **Reference Plane** no painel Datum.

72.

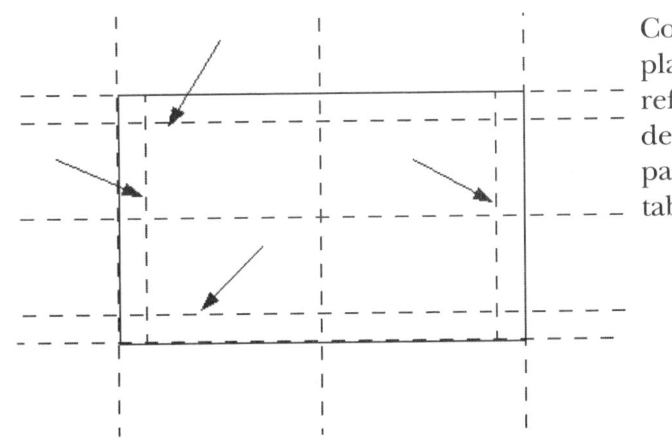

Coloque quatro planos de referência deslocados 4” para dentro da tabela.

73. Nomeie os planos de referência LV1 e LV2 para os planos verticais e LH1 e LH2 para os planos horizontais. Isto é para facilitar a seleção e identificação.

Para nomear o plano de referência, selecione-o, clique com o botão direito e selecione Element Properties (propriedades do elemento) e digite o nome no campo Name.

74. Selecione a ferramenta **Aligned Dimension** (dimensão alinhada) na faixa Annotate.

75.

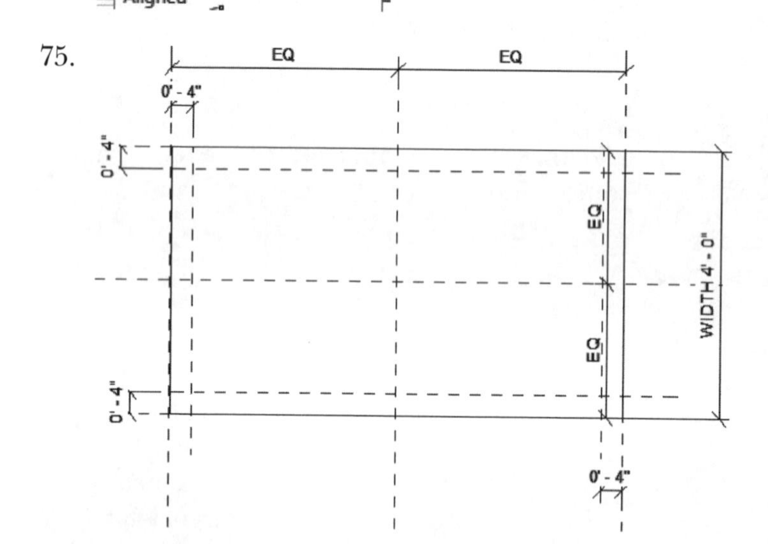

Adicione dimensões para restringir os planos de referência para ficarem deslocados quatro centímetros para dentro dos limites da mesa.

Certifique-se de colocar as dimensões entre os planos de referência e NÃO entre as bordas de extração da mes e os planos de referência.

76. 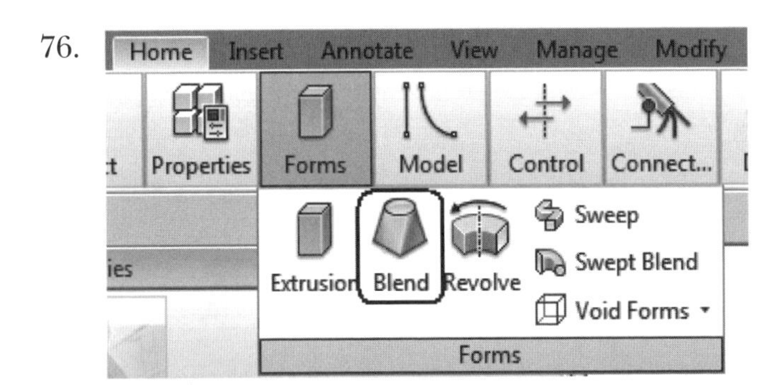

Selecione **Forms → Blend** na faixa Home.

77. Selecione a ferramenta **Set Workplane**.

78. 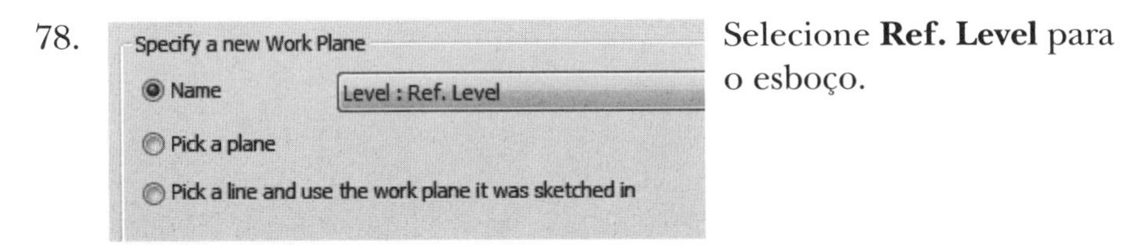

Selecione **Ref. Level** para o esboço.

79. Selecione a ferramenta **Circle** (círculo) no painel Draw.

80. Desenhe um círculo com raio de 1/2" de modo que o centro fique na intersecção dos dois planos de referência deslocados.

81. 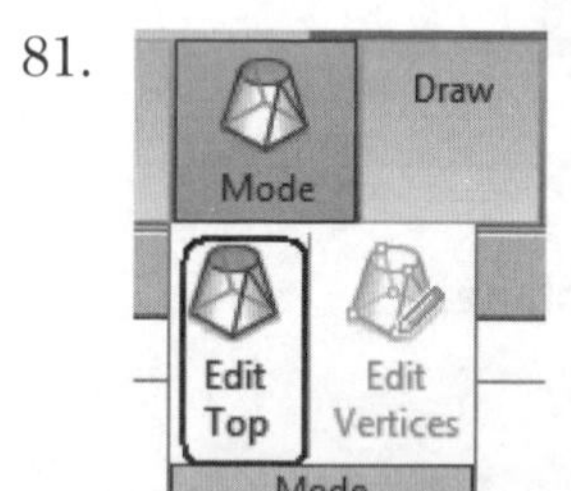

Selecione **Edit Top** no painel do Mode da faixa para alternar para o plano do esboço superior.

82. 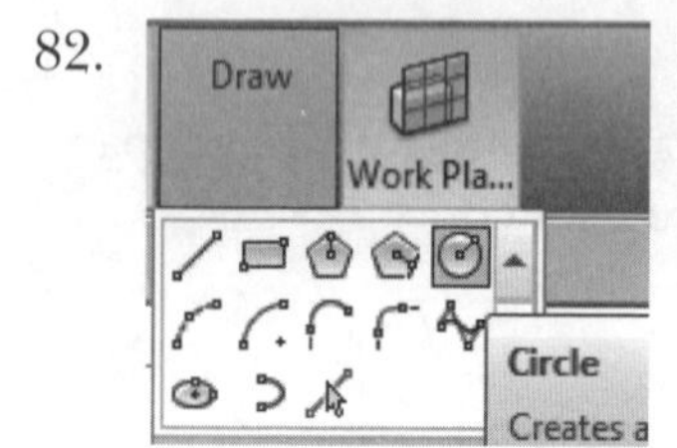

Selecione a ferramenta **Circle** no painel Draw.

83. 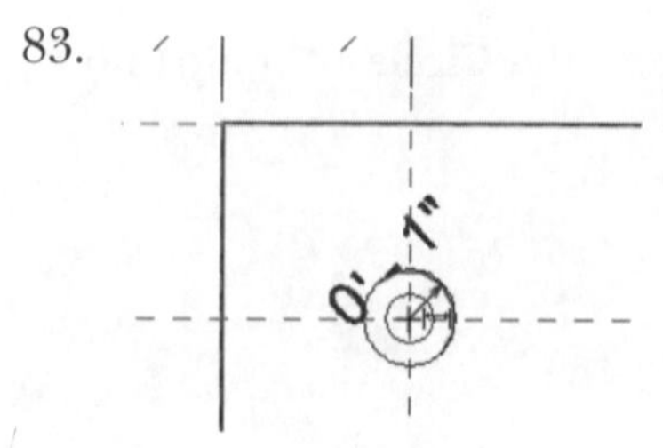

Coloque um círculo com raio de 1" de forma que o centro fique na intersecção dos dois planos de referência deslocados.

84. No painel Properties:

Navegue pelos materiais.

85. Destaque o material Default (omissivo).

Selecione duplicar material na parte inferior do painel.

86. 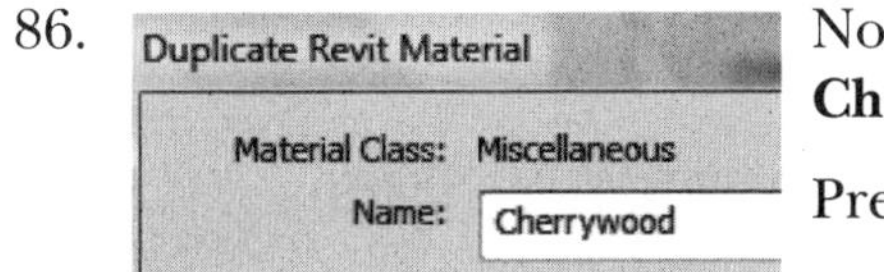

Nomeie o novo material como **Cherrywood**.

Pressione OK.

87. 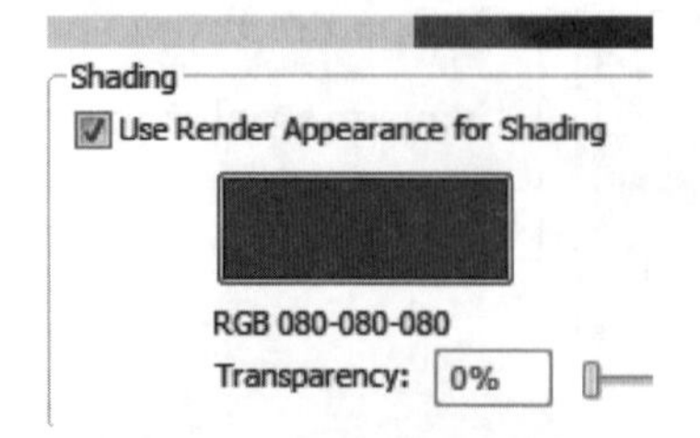

Habilite **Use Render Appearance for Shading**.

88.

Selecione a aba Appearance.

Digite **cherry** na caixa de pesquisa no canto superior direito do diálogo.

89. 

Role para baixo.

Localize o material **Wild Cherry – Honey**.

Pressione **OK**.

90. 

Mude Use For (usado para) para **Furniture** (mobília).

91.

O diálogo será atualizado com as propriedades do material cherry wood (cerejeira).

Pressione **OK**.

92.

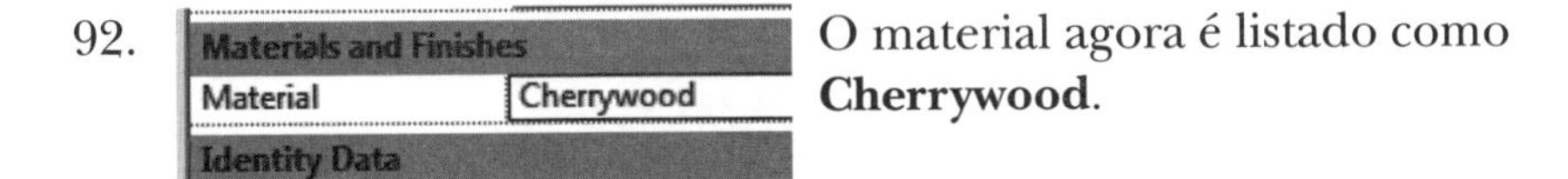

O material agora é listado como **Cherrywood**.

93.

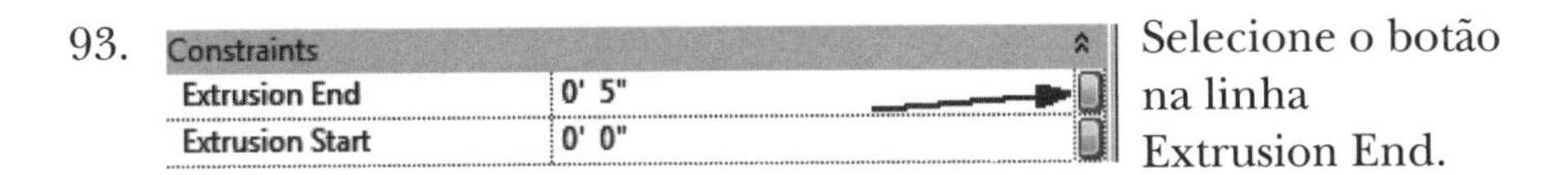

Selecione o botão na linha Extrusion End.

94.

Selecione **Add parameter** na parte inferior do diálogo.

95.

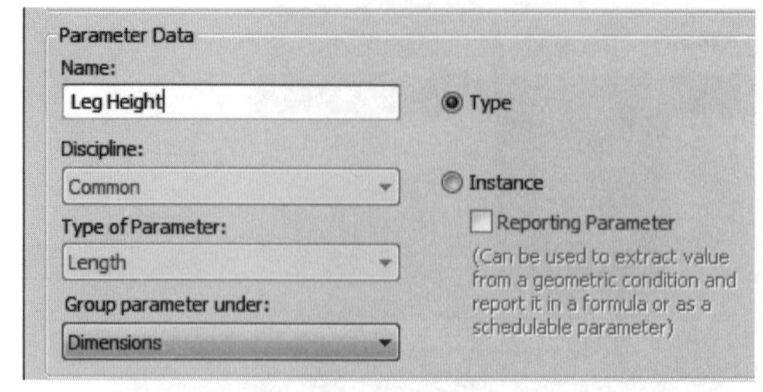

Entre **Leg Height** (altura da perna) para Name.

Habilite **Type**.

Pressione **OK**.

96. Destaque **Leg Height** na lista de parâmetros.

Pressione **OK**.

97. Selecione **Family Types** no painel Properties da faixa Home.

98.

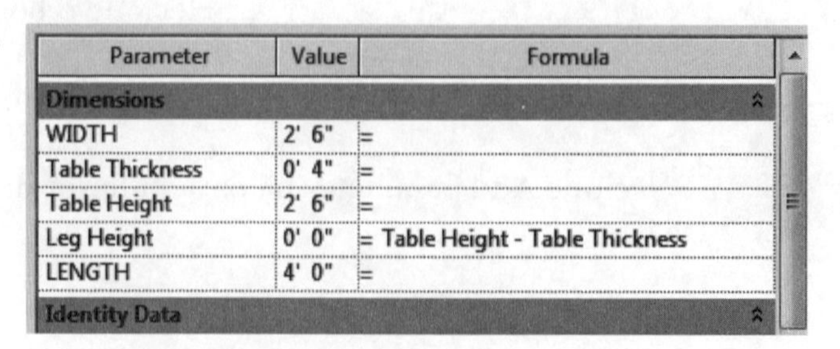

Parameter	Value	Formula
Dimensions		
WIDTH	2' 6"	=
Table Thickness	0' 4"	=
Table Height	2' 6"	=
Leg Height	0' 0"	= Table Height - Table Thickness
LENGTH	4' 0"	=
Identity Data		

Na coluna Formula, entre **Table Height – Table Thickness**.

Pressione **Apply**.

99.

Table Height	2' 6"	=
Leg Height	2' 2"	= Tabl
LENGTH	4' 0"	=

O valor de Leg Height será atualizado.

Pressione **OK**.

100. Selecione a marca verde no painel Mode para terminar a extração.

101. Ative a vista de elevação frontal (**Front**).

102. Você vê uma perna que afina gradativamente.

103. 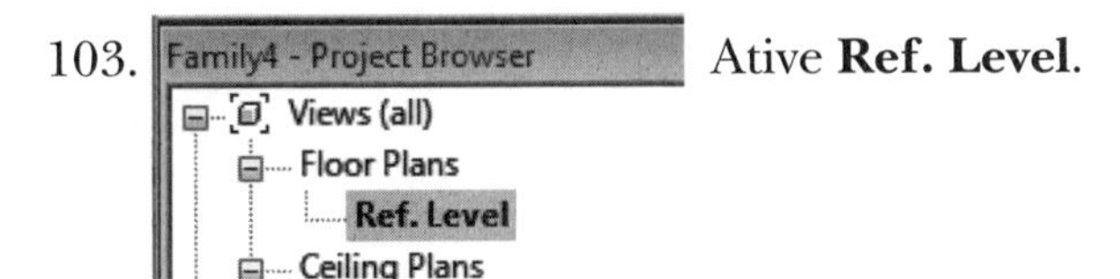

Ative **Ref. Level**.

104.

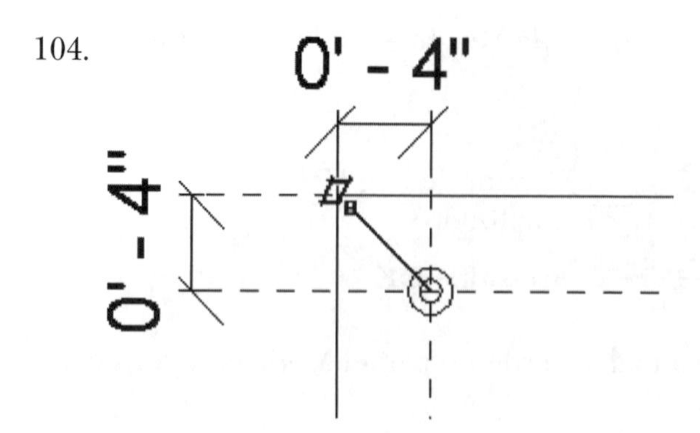

Selecione a perna de forma que ela fique destacada.

105.

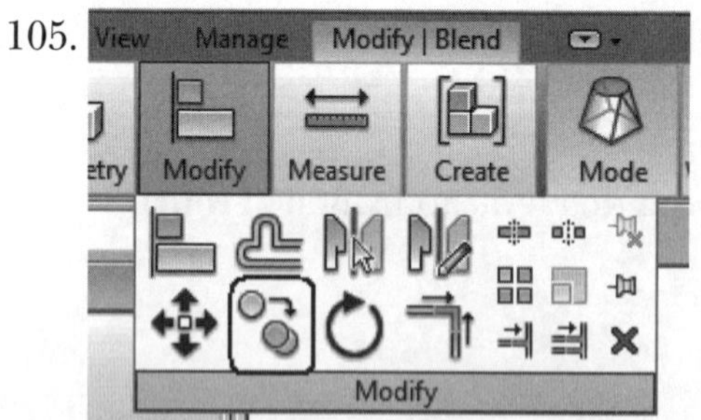

Selecione a ferramenta **Copy** no painel Modify.

106.

Habilite **Multiple** na barra Options.

107.

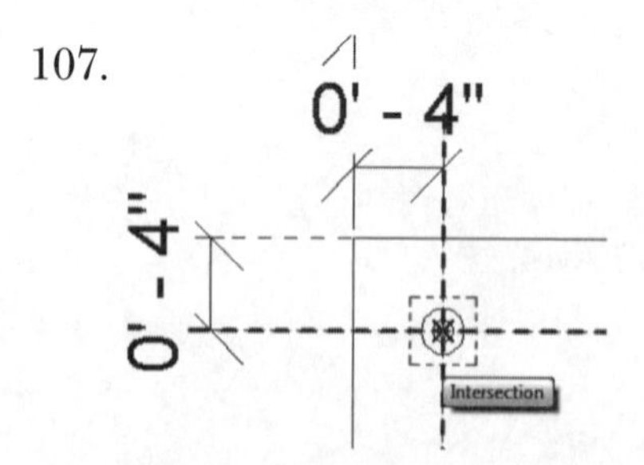

Selecione a intersecção onde se encontra o centro do círculo como o ponto base.

108.

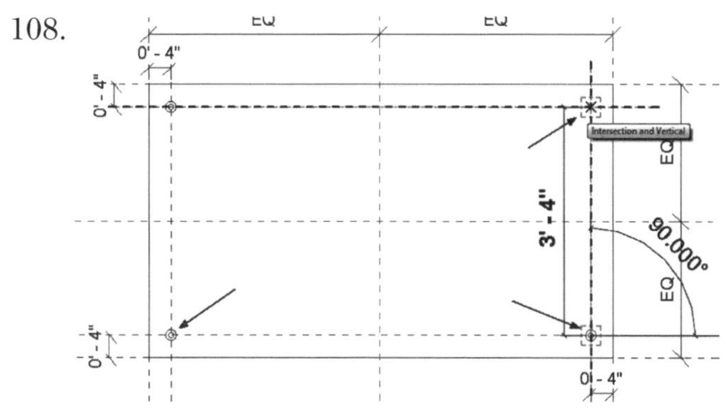

Coloque uma perna em cada ponto de intersecção de forma que haja quatro pernas.

Clique com o botão direito e selecione Cancel para sair do comando Copy.

109. Alterne para uma vista 3D.

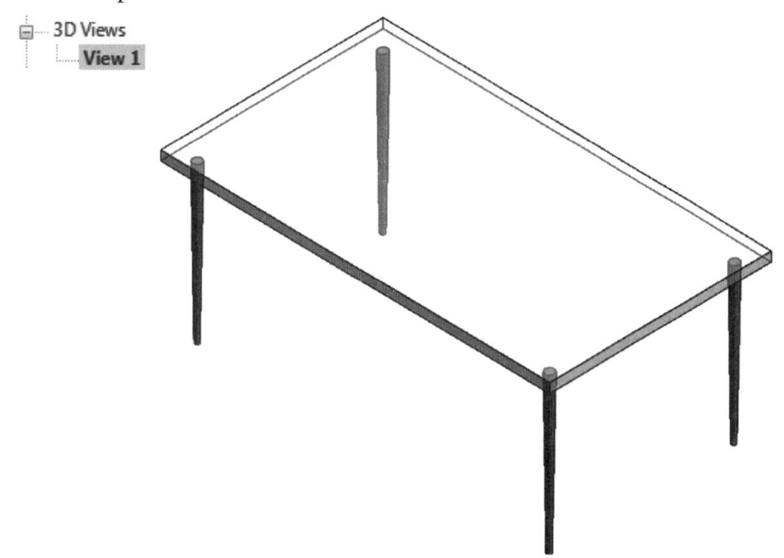

110.

Selecione **Family Types** no painel Properties da faixa Home.

Flexione o modelo para verificar se as pernas ajustam a posição corretamente.

111. Alterar os valores da altura e da espessura da mesa para cada tamanho, para ver o que acontece com o modelo.

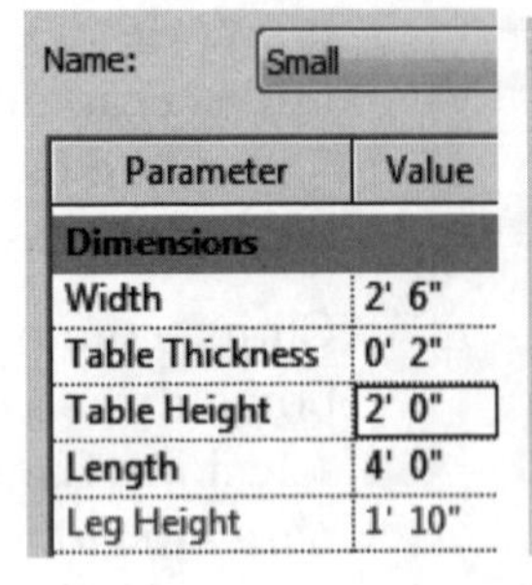

Name: Small

Parameter	Value
Dimensions	
Width	2' 6"
Table Thickness	0' 2"
Table Height	2' 0"
Length	4' 0"
Leg Height	1' 10"

Name: Medium

Parameter	Value
Dimensions	
Width	3' 0"
Table Thickness	0' 2"
Table Height	3' 6"
Length	5' 0"
Leg Height	3' 4"

Name: Large

Parameter	Value
Dimensions	
Width	4' 0"
Table Thickness	0' 2"
Table Height	4' 6"
Length	7' 0"
Leg Height	4' 4"

112. Salvar a família como *Table.rfa.*

113. Feche o arquivo.

Exercício 9-7

Modificando uma Família

Tempo estimado: 10 minutos

File: i_Office_2.rvt

Este exercício reforça as seguintes habilidades:

- ❑ Famílias de componentes padrão
- ❑ Tipos

1. File name: i_Office_2.rvt Abra *i_Office_2.rvt.*

2.

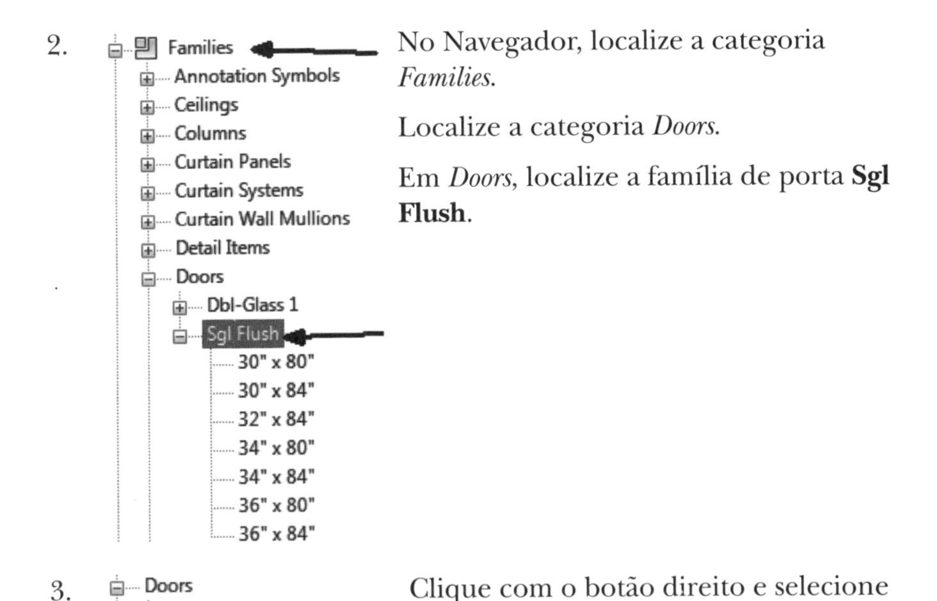

No Navegador, localize a categoria *Families.*

Localize a categoria *Doors.*

Em *Doors,* localize a família de porta **Sgl Flush**.

3. Clique com o botão direito e selecione **New Type**.

4.

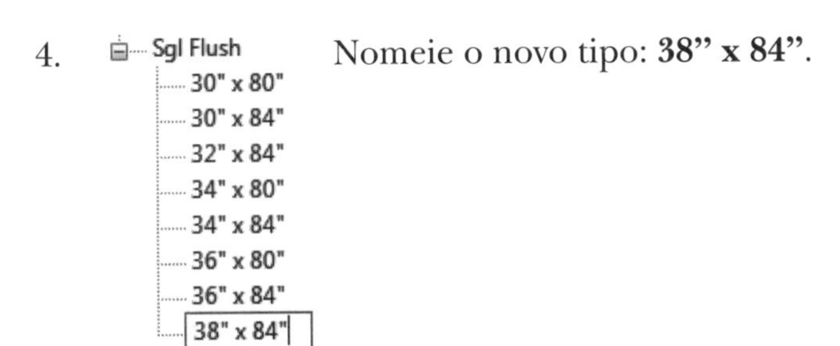

Nomeie o novo tipo: **38" x 84"**.

5. Destaque o tipo de porta **38" x 84"**. Clique com o botão direito e selecione **Type Properties**.

6. Mude a largura para **3' 2"**.

Pressione **Apply** e **OK**.

7. 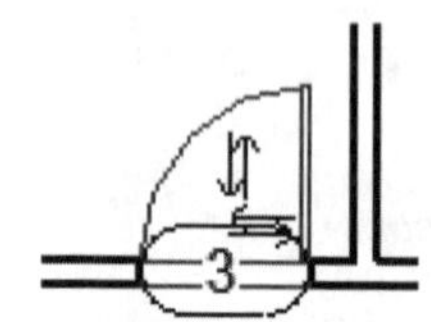

Selecione uma porta na janela de gráficos.

8. 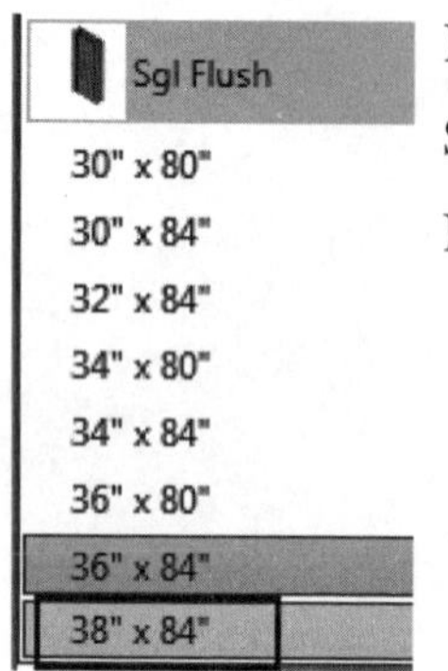

No painel Properties:

Selecione **38" x 84"** na lista drop-down.

Note que a porta é atualizada.

9. Feche sem salvar.

Teclas de Atalho do Revit

AL	Align (alinhar)
AR	Array (matriz)
CC	Copy (copiar)
CM	Component
CO	Copy
CS	Create Similar (criar similar)
DE	Delete (excluir)
DI	Dimension (dimensão)
DL	Detail Lines (linhas de detalhe)
DR	Door (porta)
EL	Spot Elevation (elevação do ponto)
ER	Editing Requests (exigências de edição)
F	Move
G	Group (agrupar)
GP	Group
GR	Grid (grade)
HC	Hide/Isolate Category (ocultar/isolar categoria)
HH	Hide/Isolate Objects (ocultar/isolar objetos)

SL	Split Lines and Walls (dividir linhas e paredes)
SM	Snap to Midpoint (atrair para ponto médio)
SN	Snap to Nearest (atrair para o mais próximo)
SO	Snaps OFF (desligar atrações)
SP	Snap to Perpendicular (atrair para perpendicular)
SQ	Snap to Quandrants (atrair para quadrantes)
SR	Snap to Remote Objects (atrair para objetos distantes)
SS	Standard Snap Mode (modo de atração padrão)
ST	Snap to Tangent (atrair para tangente)
SW	Snap to Workplane Grid (atrair para grade do plano de trabalho)
SX	Snap to Points (atrair para pontos)
TG	Tag (marca/marcar)
TR	Trim/Extend (recortar/estender)
TX	Text
UN	Project Units (unidades do projeto)
UP	Unpin Position (desafixar posição)
VH	Category Invisible (categoria invisível)
VI	View Invisible Categories (visualizar categorias invisíveis)

HI	Hide/Isolate Objects (ocultar/isolar objetos)
HL	Hidden Line (ocultar linha)
HR	Reset Temporary Hide/ Isolate (reajustar ocultação/ isolação temporária)
IC	Isolate Category (isolar categoria)
LC	Lose Changes (descartar mudanças)
LI	Lines (linhas)
LL	Level (nível)
LO	Lock Objects (bloquear objetos)
LW	Linework (trabalho de linha)
MD	Modify (modificar)
MM	Mirror (espelhar)
MV	Move
OF	Offset (deslocar)
P	Properties (propriedades)
PP	Pin Position (fixar posição)
PR	Properties (propriedades)
PT	Paint (pintar/pintura)
R	Rotate (girar)
RE	Resize (redimensionar)

VG	Visibility/Graphics (visibilidade/gráficos)
VP	View Properties (propriedades de vista)
VV	Visibility/Graphics (visibilidade/gráficos)
WA	Wall (parede)
WC	Window Cascade (cascatear janelas)
WF	Wire Frame (estrutura)
WN	Window (janela)
WT	Window Tile (janelas lado a lado)
ZA	Zoom to Fit (ampliar para caber)
ZC	Previous Zoom (ampliação anterior)
ZE	Zoom to Fit (ampliar para caber)
ZF	Zoom to Fit
ZN	Zoom Next (ampliar próximo)
ZO	Zoom Out (2X) (reduzir vista 2X)
ZP	Zoom Previous (ampliar anterior)
ZR	Zoom in region (window) (ampliar região)
ZS	Zoom to Sheet Size (limits) (ampliar para o tamanho da folha)
ZV	Zoom Out (2X) (reduzir vista)
ZX	Zoom to fit (ampliar para preencher)

RO	Rotate (girar)
RP	Reference Plane (plano de referência)
RR	Raytrace
RT	Room Tag (marca de cômodo)
RW	Reload Latest Worksets (recarregar últimos conjuntos de trabalhos)
S	Split Walls and Lines (dividir paredes e linhas)
SC	Snap to Center (atrair para o centro)
SD	Shading with Edges On (sombreamento com bordas ligado)
SE	Snap to Endpoint (atrair para ponta)
SF	Split Face (dividir face)
SH	Snap to horizontal/vertical (atrair para horizontal/vertical)
SI	Snap to Intersection (atrair para interseção)

ZZ	Zoom in region (window) (ampliar região)
CTRL+Y	Redo (refazer)
CTRL+Z	Undo (desfazer)
F1	Revit Help (ajuda do Revit)
F5	Refresh Screen (atualizar tela)
F7	Spelling (verificação ortográfica)
F8	Dynamic View (vista dinâmica

Índice Remissivo

Símbolos

3D → Walkthrough 580

A

aba Rendering 43
aba Spelling 43
aba SteeringWheels 44
Acoustic Ceilings (tetos acústicos) 414
Activate View (ativar vista) 468, 471
Add Point 454
Add/Remove Segments 258
adicionar dimensões 110
Adjust Exposure (ajustar exposição) 563
Align 81, 146
ALIGN 270
Aligned 222
ALIGNED DIMENSION 110
Aligned Dimension (dimensão alinhada) 640
alternar a orientação 153
Annotation Symbol 589
aparência de objetos sombreados 576
Appearence Property Sets 164
ArchVision 43
arquivo avi 578
Arquivo de Revista 39
arquivo pat 531
arquivos AccuRender 43
Array 135, 271
Autodesk Seek 230

B

Baluster Placement 197
Blend 641
bloco de título 473
botão Get More RPC 43
botão Options 38
botão Redo 6
botão Rewind 6
botão Undo 6
Boundary 184
Browser Organization 36
Building Pad 526
Building Section 552

C

cadeado 22
Camera 537, 560
Cast Shadows (projetar sombras) 575
Category Parameter 486
Ceiling 324
Ceiling Plans (plantas de teto) 322

Centerlines 222
Chain 78, 98, 199
chamada 33
Circle 83
Circle (círculo) 641
colocação individual 484
comando ALIGN 113
comando Lines 618
Component 111
componente Box 112
controlar a orientação da porta 102
Copy to Clipboard 250
cores personalizadas 335
Create Group 249
Create Parts 309
Create → Section 552
criar famílias personalizadas 620
criar uma animação 578
Crop View 503
Crop View (aparar vista) 405, 472
Curtain Grid 262
Curtain Wall (parede de cortina) 254
Cut 53
Cutoff Level 443

D

Datum 74
Deactivate View (desativar vista) 469
Decal Types 554
Define Custom Colors 335
Defines slope 446
Defines slope (define inclinação) 438
Degraus 186
Desenhar uma parede 131
Detail Component 498
Detail Line 616
diálogo Rendering (produção) 563
dicionário Custom 44
dimensão de escuta 26
dimensões de escuta 78
Dispenser - Towel 237
Divide Parts 309
Dome 117
Door 100, 178, 180, 227
Door Schedule 360
Draw Mirror Axis 84, 241
duplicar material 643
Duplicate 132, 448
Duplicate View (duplicar vista) 34
Duplicate with Detailing (duplicar com detalhamento) 503

E

Edit Assembly 166
Edit Label 486
Edit Path 191
Edit Sketch 189
Edit Type 132, 151, 292, 593

Edit Walkthrough 573, 574
Element Properties 640
elevador 220
Elevation 411
EQ Display 224
espelho 238
exibição Wireframe 118
exibição Wireframe (estrutura) 522
Explode-> Full Explode 599
Export → Reports → Schedule 426
EXTEND 155
Extend Single Element 155
Extrusion 634

F

Faixa Collaborate 30
faixa Insert 111, 121, 554
Faixa Manage 36
faixa Massing & Site 76
Faixa Modify 20, 81
Faixa View 32
família 77
famílias 2
Family Editor 374
Family Types 627
Family Types (tipos de família) 635
Far Clip Active 575
Far Clip Offset 472
ferramenta Group 30
ferramenta Resize 28
ferramenta Scale 25, 28
ferramentas de colaboração 30
ferramenta Undo 6
File → Export 577
Filled Region (região preenchida) 592
Fillet Arc 600
Filter 94, 157, 214
Finish Face: Exterior 153
Finish Walkthrough 572
Finish Walkthrough (finalizar passo-a-passo) 580
flexionar o modelo 628
Floor 291
fontes legadas shx 476
Frame (número de quadros) 577
Full Explode (explosão completa) 592

G

gabarito omissivo (default.rte) 31
Graphic Display Options 575
Grid 134
Group And Associate 272

H

Headers → Group 382
Hide in View 344
Home 10

hospedado na parede 220
hospedados na parede 61

I

ícone de dimensão 22
Import 591
Import CAD 148, 590, 597
Import → Image 600
In-Place Mass 77
Insulation 497
Invisible Lines 493
Isolate Element 290, 436

K

Keynote Text 476
keynoting Settings 405

L

Label 603, 604
Label Parameters 486
Legend 34
Level 74, 109, 174, 444
Line 77, 291, 301, 439, 600
LINE 193
Line Style 150
Line Styles 150
Linework 468
linha de correspondência 506
linha de localização 147
linha de localização (Location Line) 147
lixeira 237
Load Family 100, 180, 219, 231, 259, 325, 456, 547
Load Family (carregar família) 612
Load into Project 487
Localizações de arquivos 42
Location 542
Lock Proportions (travar proporções) 558

M

Make Plan View 75
marca de elevação 12
Massing & Site 518
Matchline 505
materiais de pavimentação 529
Material Class (classe do material) 450
material do piso 202
Measure 105, 151, 272, 619
Measure (medir) 3
Media Player 578
medir 619
medir distâncias 3
Mini Tour Building Wheel 561
Mirror 84
Modify → Move 604

Modify Subcategories (modificar subcategorias) 615
Move 598
mudar as unidades do Projeto 73
Multiple Alignment 270

N

New Generic Material 329
New Sheet 275, 398, 400, 403
New Sheet (nova folha) 501
Notifications 39

O

opção Use the specified project 562
Opções da Interface 40
OpenGL 41
ortografia 43
Overhang 438
Override 53

P

padrão de linha 616
painel Creat 489
painel Create 154, 472, 494
painel Datum 444, 622, 631
painel Detail 498, 592, 600
painel Draw 77, 153
painel Family Editor 479
painel Format 602
Painel Import 148
painel Import Instance 599
painel Link 554
painel Load from Library 121, 612
painel Mode 180, 498
painel Modify Site 522
painel Placement 112
painel Settings 360
painel Shape Editing 454
painel Sheet Composition 463, 473
painel Tag 476, 483
painel Work Plane 556
Paint 347
parâmetros compartilhados 611
Partial Explode 149
Paste 250
Perspective 570
Phase Filters 53
Pick 80, 593
Pick a Plane (selecionar um plano) 556
Pick Axis 141
Pick Lines 83, 153, 184, 446
Pick New Host 321
PIN 137
Pin Objects 131
Place a Component 230, 456, 547
Place Decal (colocar decalque) 558
Place on Face 457

Place on Work Plane 112
Plane 110
Plantas de teto 289
Plan Views 489
Plan Views (vistas de plantas) 33
Point 518
Positioning 149
Print 4
Project Address (endereço do projeto) 543
Project Information 401
Projection/Surface 53
Project Issue Date (data de emissão do projeto) 606
propriedade phase 62
Purge Unused (eliminar não utilizados) 378

Q

Query (consulta) 591

R

Railing 199
Rail Structure 194
rastreamento de objetos 83
RealPlayer 578
recorte distante 472
Rectangle 300, 490, 635
Redo 6
Reference Plane 622, 630, 631
região de apara 405
Regular baluster 197
Rendering 543
Render (produzir) 563
Repeating Detail Component (componente de detalhe repetitivo) 496
Reset Temporary Hide/Isolate 296, 441
retângulo 523
Rewind 11
Riser 186
roda de navegação 561
Roof by Face 123
Roof by Footprint 437, 446
Room 390

S

Save to Central (salvar para central) 3
Schedule/Quantities 379, 384
Schedules 34
Scope Box 34
Section 472
Section Box 246, 344
Select All Instances 290, 375, 421
Seletor de Tipo 23
Set 556
setas de orientação 167

Set Workplane 641
Shaft Opening 300
Shared parameter 367
Shared Parameters 360, 365
Sheet Composition 400
Sheet Name 399
Sheets (folhas) 275
Show 557
Show Ambient Shadows (mostrar sombras do ambiente) 575
Show Camera 576
Show Edges (mostrar arestas) 575
Show Mass 81
Show Title 568
Site Component 534
Snap Settings 230
SPIN 247
Split 189, 217
Split Face 346
Split Surface (dividir superfície) 522
Stairs 183
Starting View (vista inicial) 37
Steering Wheel 10
Storefront 254
Sun Path On 562
Switch Windows (alternar janelas) 35
Symbol 595
Symbolic Line 301

T

tabela Main Pattern 197
tabela Posts 197
Tag All 483
Tag by category (marca por categoria) 3
Text 601
Text Font (fonte do texto) 610
Text Size (tamanho do texto) 610
Titleblock 596
toalheira 237
Toposurface 518
Total Frames 573
Trash Receptacle 237
Tread Material 202
três tipos de dimensões 21
Trim 97, 155, 185

U

Underlay 177
Unhide 351
Unhide in View 351
Use Render Appearance for Shading (usar produção de aparência para sombreamento) 520
User Interface → Keyboard Shortcuts (atalhos de teclado) 618
User Keynote 406, 476

V

ViewCube 9, 90
View Range 316
View → Realistic 441
View Scale 474
View Templates (gabaritos de vistas) 32
virar uma porta 179
vista em perspectiva 540
vista Site 517
Visual Style (estilo visual) 578
volante 6

W

Walkthrough (passo a passo) 570
Wall by Face 123
Wall centerline 146
Wide Lines (linhas largas) 468
Window 102, 269

Z

Zoom In Region 591
Zoom to Fit 566
Zoom to Fit (ampliar para preencher) 597